DCG 11

Contrôle de gestion

MANUEL ET APPLICATIONS

EXPERT SUP
L'expérience de l'expertise

Les manuels DCG

DCG 1 • *Introduction au droit*, Manuel et Applications corrigées
Jean-François Bocquillon, Martine Mariage

DCG 2 • *Droit des sociétés*, Manuel et Applications corrigées
France Guiramand, Alain Héraud

DCG 3 • *Droit social*, Manuel et Applications corrigées
Paulette Bauvert, Nicole Siret

DCG 4 • *Droit fiscal*, Manuel et Applications
Emmanuel Disle, Jacques Saraf

• *Droit fiscal*, Corrigés du manuel
Emmanuel Disle, Jacques Saraf

DCG 5 • *Économie*, Manuel et Applications corrigées
François Coulomb, Jean Longatte, Pascal Vanhove

DCG 6 • Finance d'entreprise, Manuel et Applications
Jacqueline Delahaye, Florence Delahaye

• Finance d'entreprise, Corrigés du manuel
Jacqueline Delahaye, Florence Delahaye

DCG 7 • *Management*, Manuel et Applications corrigées
Jean-Luc Charron, Sabine Sépari

DCG 8 • *Systèmes d'information de gestion*, Manuel et Applications corrigées
Stéphane Bourliataux-Lajoinie, Cyril Gallitre, Yves Roy

DCG 9 • *Introduction à la comptabilité*, Manuel et Applications
Charlotte Disle, Robert Maeso, Michel Méau

• *Introduction à la comptabilité*, Corrigés du manuel
Charlotte Disle, Robert Maeso, Michel Méau

DCG 10 • *Comptabilité approfondie*, Manuel et Applications
Robert Obert, Marie-Pierre Mairesse

• *Comptabilité approfondie*, Corrigés du manuel
Robert Obert, Marie-Pierre Mairesse

DCG 11 • *Contrôle de gestion*, Manuel et Applications
Claude Alazard, Sabine Sépari

• *Contrôle de gestion*, Corrigés du manuel
Claude Alazard, Sabine Sépari

La collection Expert Sup : tous les outils de la réussite

- Les **Manuels** clairs, complets et régulièrement actualisés, présentent de nombreuses rubriques d'exemples, de définitions, d'illustrations ainsi que des fiches mémo et des énoncés d'application.
  Les **Corrigés** sont disponibles en fin d'ouvrage, sur le site expert-sup.com ou dans un ouvrage publié à part.
- Les **Cas pratiques** avec corrigés commentés et rappels de cours détaillés permettent de travailler toutes les difficultés du programme.

DCG 11

Contrôle de gestion

MANUEL ET APPLICATIONS

Claude ALAZARD
Agrégée d'économie et gestion
Professeur en classes préparatoires
au DCG

Sabine SÉPARI
Agrégée d'économie et gestion
Docteur en sciences de gestion
Maître de conférences à l'ENS Cachan

Membres du groupe d'élaboration des programmes (GRECE)

Avec la collaboration
de **José DESTOURS**
pour la Synthèse des outils mathématiques

2e édition
entièrement corrigée,
restructurée et enrichie

EDITIONS FRANCIS LEFEBVRE
La solution juridique

DUNOD

ISBN 978-2-10-054905-4
ISSN 1269-8792

Sommaire

Pour réussir le DCG et le DSCG

Le cursus des études conduisant à l'expertise comptable est un cursus d'excellence, pluridisciplinaire, vers lequel se dirigent, à raison, de plus en plus d'étudiants.

Dunod dispose depuis de très nombreuses années d'une expérience confirmée dans la préparation de ces études et offre aux étudiants comme aux enseignants une gamme complète d'ouvrages de cours, d'entraînement et de révision qui font référence.

Ces ouvrages sont entièrement adaptés aux épreuves, à leur esprit comme à leur programme, avec une qualité toujours constante. Ils sont tous régulièrement actualisés pour correspondre le plus exactement possible aux exigences des disciplines traitées.

La collection Expert Sup propose aujourd'hui :

– des manuels complets mais concis, strictement conformes aux programmes, comportant des exemples permettant l'acquisition immédiate des notions exposées, complétés d'un choix d'applications permettant l'entraînement et la synthèse ;
– des livres de cas pratiques originaux, spécialement conçus pour la préparation des épreuves ;
– la série « Réussir », spécifiquement dédiée à l'entraînement à l'examen.

Elle est complétée d'un ensemble d'outils pratiques de révision, avec la collection Express DCG, ou de mémorisation et de synthèse avec les « Petits » (*Petit fiscal*, *Petit social*, *Petit Compta*, *Petit Droit des sociétés*…).

Ces ouvrages ont été conçus par des enseignants confirmés ayant une expérience reconnue dans la préparation des examens de l'expertise comptable.

Ils espèrent mettre ainsi à la disposition des étudiants les meilleurs outils pour aborder leurs études et leur assurer une pleine réussite.

Jacques Saraf
Directeur de collection

MANUEL MODE D'EMPLOI

Clair et bien structuré, le cours présente **toutes les connaissances au programme** de l'épreuve DCG 11. Plus de **170 exemples et thèmes d'application**, présentés dans des rubriques distinctives, sont aisément repérables et permettent l'application immédiate des connaissances à acquérir.

Le cours
complet et progressif

*Le **mini-sommaire** précise le plan du chapitre*

*De nombreux **exemples** et **thèmes d'application** chiffrés et corrigés*

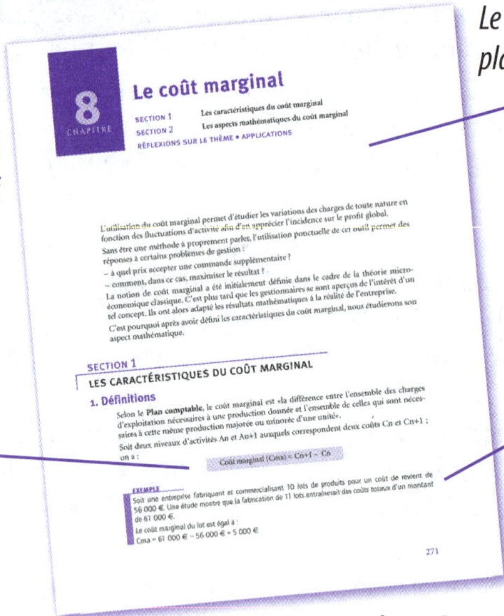

8 CHAPITRE

Le coût marginal

SECTION 1 Les caractéristiques du coût marginal
SECTION 2 Les aspects mathématiques du coût marginal
RÉFLEXIONS SUR LE THÈME • APPLICATIONS

L'utilisation du coût marginal permet d'étudier les variations des charges de toute nature en fonction des fluctuations d'activité afin d'en apprécier l'incidence sur le profit global.

SECTION 1
LES CARACTÉRISTIQUES DU COÛT MARGINAL

1. Définitions

Coût marginal (Cma) = Cn+1 – Cn

EXEMPLE

271

*Les **encadrés** en couleur mettent l'accent sur les définitions et les notions importantes*

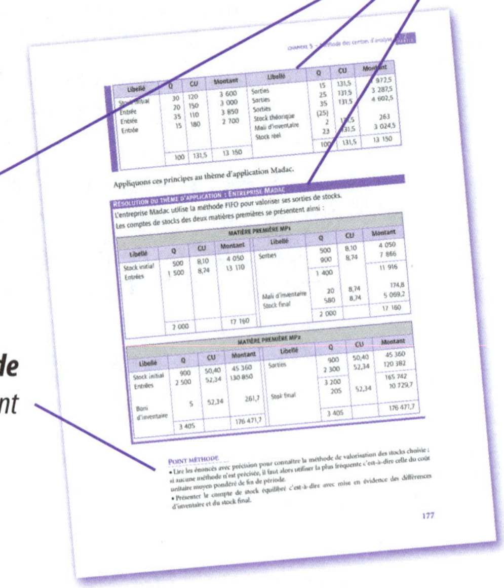

*Des **points de méthode** sont proposés régulièrement*

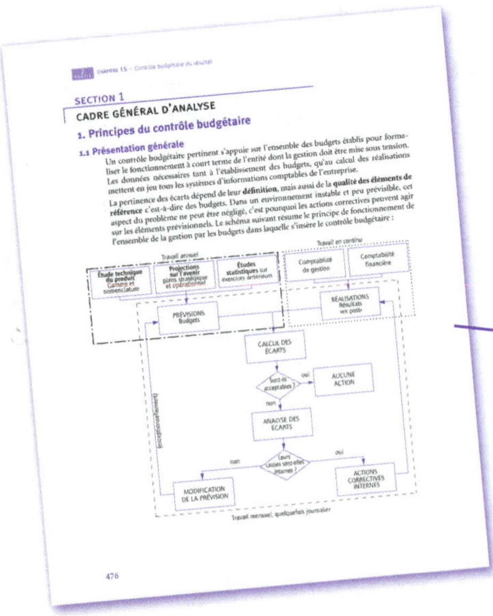

*Les **schémas** et **tableaux** présentent une synthèse visuelle des connaissances*

100 énoncés d'application et cas de synthèse couvrant tous les points du programme permettent la mise en œuvre et la validation des acquis.

En annexe de fin d'ouvrage, **9 fiches de synthèse des outils mathématiques**, un **index** et la **table des matières** détaillée sont autant d'outils complémentaires.

Les énoncés d'application

de thématique variée et de complexité progressive sont regroupés en fin de chapitre

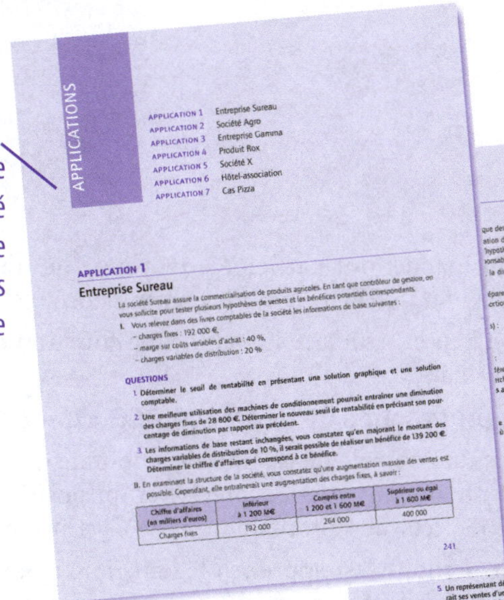

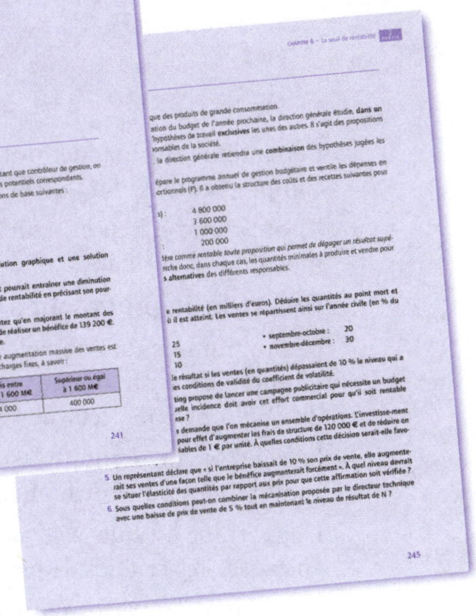

La synthèse des outils mathématiques :

9 fiches récapitulent les outils mathématiques indispensables

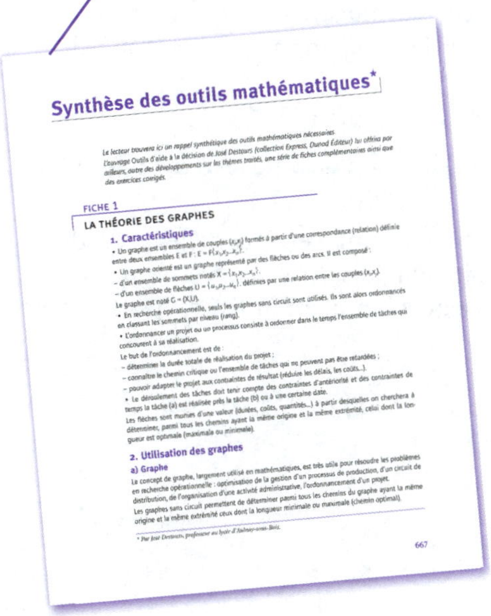

L'index des notions

permet de les retrouver facilement dans l'ouvrage

L'épreuve n°11, Contrôle de gestion

Les auteurs du manuel ont participé au Groupe de travail pour la réforme des examens comptables de l'État (GRECE) pour la commission « contrôle de gestion ».

Ils ont donc conçu et structuré le manuel en fonction des objectifs du programme et des modalités d'évaluation.

Objectifs du programme de l'épreuve DCG 11, « Contrôle de gestion »

Le programme du contrôle de gestion du Diplôme de Comptabilité et de Gestion (niveau Licence) présente une orientation précise et un positionnement spécifique, distincts ceux du Diplôme Supérieur de Comptabilité et de Gestion (niveau Master).

Le contrôle de gestion y est appréhendé dans une approche instrumentale, c'est-à-dire de compréhension et de maîtrise des outils et instruments dans des contextes donnés.

L'hypothèse est que la stratégie de l'organisation est fixée et présentée, elle n'est pas remise en cause. Les critères de performance sont explicités mais ils ne sont pas à découvrir.

La vision de la performance opérationnelle réside dans la mise sous tension permanente et dynamique du rapport satisfaction/coûts (coûts, qualité, délais).

Le cadre d'analyse est une unité organisationnelle : l'unité d'application est de niveau « local » (usine, centres de responsabilité…) dans une entreprise industrielle et/ou commerciale, nationale ou internationale, une entreprise de services. Le programme permet d'aborder le contrôle de gestion dans les PME.

Modalités d'évaluation

Le diplômé bac + 3 est considéré comme un acteur en situation de mise en œuvre de procédures.

Il doit repérer les informations pertinentes et nécessaires à la mise en œuvre des procédures de contrôle et de l'instrumentation associée. Il doit toutefois être capable de porter un jugement sur cette mise en œuvre. Le contexte dans lequel l'outil est utilisé est posé et n'est pas remis en question.

Programme de l'épreuve n° 11, DCG Contrôle de gestion *

DURÉE DE L'ENSEIGNEMENT	NATURE DE L'ÉPREUVE	DURÉE	COEFFICIENT
(à titre indicatif) 210 heures 18 crédits européens	Épreuve écrite portant sur l'étude d'une ou de plusieurs situations pratiques et/ou un ou plusieurs exercices et/ou une ou plusieurs questions	4 heures	1,5

THÈMES	SENS ET PORTÉE DE L'ÉTUDE	NOTIONS ET CONTENUS
1. Positionnement du contrôle de gestion et identification du métier (10 heures)	Le contrôle de gestion peut se définir comme un processus d'aide à la décision dans une organisation, permettant une intervention avant, pendant et après l'action. Il doit être positionné par rapport au contrôle stratégique, sachant que le programme porte fondamentalement sur le contrôle opérationnel. Il convient alors d'aborder le pilotage de l'organisation, non seulement dans une approche fonctionnelle, mais aussi dans une approche globale.	Le contrôle de gestion : définitions, rôle et place par rapport aux autres domaines disciplinaires et aux autres formes de contrôle Les missions du contrôle de gestion : contrôle pour qui ? pour quoi ? par qui ? à partir de quoi ? Le positionnement du contrôle de gestion dans l'organisation Le rôle du contrôle de gestion dans la communication et l'animation d'une organisation
2. Contrôle de gestion et modélisation d'une organisation (45 heures)		
2.1 Contrôle de gestion et théorie des organisations	Montrer la contingence du contrôle de gestion puis l'élargissement de son champ d'application en corollaire de l'évolution des théories des organisations et des configurations organisationnelles.	Les impacts des différentes écoles de pensée sur l'objet et le champ du contrôle de gestion Les représentations du fonctionnement de l'organisation (fonctions, processus, activités, matrices) et leur prise en compte par le contrôle de gestion
2.2 La construction des modèles de coûts	Présenter les modèles de calculs des coûts comme une représentation (au sens de construction d'image) de l'entité étudiée.	Mise en perspective par rapport au contexte : industrie ou prestations de services ; activités marchandes ou non marchandes Les coûts comme systèmes de représentation des consommations de ressources

☞

Arrêté du 08.03.2010.

2.3 Le processus de production des informations nécessaires à la mise en œuvre du contrôle	Saisir les principales caractéristiques d'élaboration et de diffusion des informations produites par la comptabilité financière afin de pouvoir les prendre en compte de façon pertinente en contrôle de gestion.	Les sources d'informations comptables Les modalités de traitement et de présentation comptables des données
2.4 La prise en compte de données aléatoires	Intégrer dans les modèles de contrôle de gestion des données soumises à des aléas.	Variable aléatoire : fonction de répartition et espérance mathématique (variable discrète et variable continue) Caractéristiques et modalités d'application des lois suivantes : binomiale, de Poisson, normale
2.5 Contrôle de gestion et performance économique	Identifier des critères de décision et de pilotage des organisations (marchandes et non marchandes).	La performance économique : définition, critères, moyens
3. La mise en œuvre du contrôle de gestion dans des contextes stabilisés (90 heures)		
3.1 Les caractéristiques des processus opérationnels stables et récurrents		Régularité des processus et standardisation des produits et/ou des services Caractéristiques du processus de production (flux poussés, flux tirés)
3.2 La détermination des coûts comme réponse à différents problèmes de gestion	Expliciter le pilotage d'une organisation structurée en émettant l'hypothèse que les processus opérationnels peuvent être considérés comme stables et récurrents. Les outils de gestion sont reliés à diverses utilisations : aider la prise de décision, évaluer les conditions d'exploitation, définir la tarification, mettre sous tension l'entité locale, animer la structure.	Coûts préétablis, coûts constatés Coûts de structure et coûts liés à l'activité pour la simulation et pour l'évaluation du risque d'exploitation Coûts spécifiques pour l'aide à la décision (abandon de produit, faire ou faire faire), pour l'évaluation de la profitabilité des produits, pour la mesure de performance économique des unités de production Coûts marginaux et différentiels pour l'aide à la décision (commande supplémentaire, utilisation optimale des capacités) Coûts complets calculés à partir du modèle des centres d'analyse pour évaluer l'évolution des conditions d'exploitation Prise en compte du niveau d'activité : l'imputation rationnelle des charges de structure Impacts des changements de prix sur les coûts
3.3 La structuration de l'organisation en cen-tres de responsabilité	Piloter l'organisation par les budgets sur la base d'un découpage fonctionnel de cette organisation	Approche fonctionnelle de l'organisation et les différents types de centres de responsabilité Hiérarchie et délégation des pouvoirs, délégation de ressources et contrôle de l'utilisation de ces ressources Prix de cession interne

☞

3.4 Les outils et procédures de la gestion budgétaire	La gestion budgétaire est un mode de gestion à court terme qui englobe tous les aspects de l'activité de l'organisation qui comprend une période de budgétisation puis une période de contrôle budgétaire.	Démarches et pratiques budgétaires Rôles des budgets dans l'organisation et rôle au regard de la stratégie adoptée Rôles, modalités, pratiques du *reporting* Rôles et place des différents acteurs : gestion par exception, motivation, direction par objectifs, évaluation des performances individuelles et collectives La négociation d'objectifs au sein de l'organisation : communication descendante et communication ascendante
	La budgétisation correspond à la construction d'ensembles cohérents de prévisions chiffrées.	Les outils de construction de budgets dans les domaines : • commerciaux : segmentation de marchés, prévisions des ventes, politique de prix
	Les budgets constituent un mode de mise sous tension d'une organisation et ils permettent d'assurer une bonne maîtrise des délégations au niveau des entités locales lorsque le cadre global de la planification demeure pertinent.	• productifs : optimisation, goulot d'étranglement, ordonnancement, planification des besoins en composants • des approvisionnements : modèles de gestion des stocks avec ou sans pénurie, modèles en avenir aléatoire • de la gestion du personnel : prévisions et analyse des variations de la masse salariale en volume, prix, glissement vieillesse et technicité ; impact de la rotation du personnel ; effet report, effet masse et effet niveau Les budgets de trésorerie Le budget d'investissement Les documents de synthèse prévisionnels Les enjeux et les limites de la budgétisation
		Les procédures budgétaires et l'analyse des écarts pour mettre sous tension les acteurs : le budget comme outil d'incitation. Le contrôle budgétaire dans le cadre d'un centre de profit : décomposition complète à partir de l'écart de résultat
3.5 Les outils d'amélioration des performances	Mettre en œuvre des outils qui viennent en complément de ceux qui ont une orientation financière, en particulier pour améliorer la qualité et limiter les délais.	Les outils de gestion de la qualité : cercles de qualité, analyse de la valeur, diagramme d'Ishikawa, diagramme de Pareto Contrôle statistique de la qualité Les tableaux de bord de gestion pour mettre sous tension les acteurs de l'entité locale

☞

☞

4. Les réponses du contrôle de gestion à des contextes non stabilisés (65 heures)	Il s'agit de présenter ce que peuvent être les réponses du contrôle de gestion, compte tenu par exemple, de la non récurrence des processus opérationnels, de la difficulté d'établir des prévisions au regard de l'instabilité des marchés commerciaux, de l'évolution des produits, etc. Au-delà des outils et des méthodes étudiés dans le point précédent, et qui peuvent dans certains cas être utilisés dans des contextes non stabilisés, il convient de prolonger la réflexion par des démarches plus adaptées.	
4.1 Les processus opérationnels dans des configurations organisation-nelles nouvelles	Caractériser un processus opérationnel non stabilisé. Expliciter le pilotage d'un processus de production flexible.	Flexibilité des processus, différenciation des biens et des services. Caractéristiques du processus de production : flux tirés, flux tendus, approvisionnements synchrones, gestion en juste à temps Vision de l'organisation centrée sur le client et sa satisfaction : activités, processus, projets Gestion de la chaîne logistique (*supply chain*)
4.2 L'amélioration continue du rapport valeur/coûts	Montrer que le contrôle de gestion s'adosse à de nouveaux outils dans une optique d'amélioration continue du rapport valeur/coûts et de pilotage en temps réel. Il s'agit non seulement d'améliorer la rentabilité ou la profitabilité, mais aussi la qualité des productions et prestations, les délais. Les méthodes de coûts à base d'activités semblent adaptées à l'établissement des coûts de produits différenciés et semblent faciliter une tarification différenciée. L'amélioration continue du rapport valeur/coûts peut aussi prendre appui sur des démarches d'étalonnage concurrentiel ou de reconfiguration, de gestion de la qualité totale.	Définition et usage des termes : valeur, utilité, coût Méthodes de détermination des coûts fondées sur l'analyse des activités Relations coûts, activités et performance dans les cas suivants : sous-traitance, étalonnage concurrentiel (*benchmarking*), reconfiguration (*reengeneering*) Méthode des coûts cibles et analyse de la valeur Budgets à base d'activités et de processus
4.3 Le pilotage de l'organisation en temps réel		Les tableaux de bord de gestion de l'organisation flexible. Communication interne sur les indicateurs : intérêt et évaluation, retour d'expérience

Indications complémentaires

1. On veillera à situer le contrôle de gestion par rapport aux sources d'information comptables et non comptables.
3.2 Le risque d'exploitation sera apprécié en se fondant sur le seuil de rentabilité (en avenir certain et en avenir aléatoire) et sur le levier opérationnel.
3.4 Les outils utilisés dans le domaine commercial s'appuieront sur les méthodes d'ajustement (linéaire et non linéaire), de régression, de lissage exponentiel et sur les séries chronologiques.
4.2 L'approche de la valeur prendra en compte les différentes parties prenantes (stakeholders).
3.5 et 4.3 Les tableaux de bord stratégiques ne font pas partie du programme.

Présentation de l'ouvrage

Objectif

L'objectif essentiel de ce livre est d'aider à la préparation de l'épreuve n°11 du DCG « contrôle de gestion ». Tous les points du programme sont ainsi traités de façon exhaustive.

L'épreuve cherche à tester deux compétences chez les candidats :

– la connaissance et la maîtrise des techniques du contrôle de gestion ;

– la capacité d'analyse pour prendre du recul par rapport aux techniques dans des cadres organisationnels définis.

L'ouvrage permet de répondre à ces deux exigences avec l'exposé des outils, des méthodes et les nombreuses applications progressives pour s'entraîner à la maîtrise des techniques d'une part, avec la présentation du cadre d'analyse, de l'utilisation des outils, de leurs limites à chaque stade de l'évolution du contrôle de gestion, d'autre part.

Logique de l'analyse et de la structure de l'ouvrage

Le contrôle de gestion ne peut être déconnecté du management des organisations, c'est-à-dire des objectifs des entreprises, du jeu d'influences exercées par les acteurs internes ou externes, des contextes concurrentiels, des tendances stratégiques et des effets de modes des outils de gestion, des formalisations et des concepts proposés sur les structures, les acteurs, et la gouvernance.

Les outils de gestion sont construits en réponse aux besoins de pilotage perçus par les décideurs compte tenu de la représentation qu'ils se font de l'organisation.

Leur développement s'est majoritairement effectué dans une période de croissance longue et dans un contexte concurrentiel stable ou peu évolutif.

En outre, un décalage temporel existe entre les recherches et formalisations sur le fonctionnement des organisations et leur diffusion dans les entreprises pour essayer d'en tirer profit et d'améliorer les pratiques. Dans le même temps, face à des problèmes de gestion nouveaux et concrets, les entreprises, par leur expérience, leur créativité et leur volonté, innovent et mettent en œuvre de nouvelles méthodes et outils, parfois avant, parfois en phase, parfois après les formalisations théoriques. De même, les cabinets conseils en gestion sont sources de diffusion plus rapide de concepts et d'outils, créant des tendances et des modes plus ou moins adaptées aux besoins des organisations.

Dans cette boucle dynamique d'interactions « formalisations/pratiques » parfois difficile à délimiter, il faut comprendre que le contrôle de gestion, comme tous les outils de pilotage des entreprises, subit des influences multiples et contradictoires qui le font évoluer en permanence tout en gardant des fondamentaux forts.

Ainsi, il est possible de comprendre qu'au fur et à mesure de l'enrichissement progressif et décalé de la représentation des organisations et de la compréhension de leur dynamique de fonctionnement, le contrôle de gestion voit ses objectifs évoluer, son champ s'étendre et ses outils se développer.

Cette analyse conduit à structurer l'ouvrage, de manière simple et lisible, en trois étapes distinctes sans pour autant refléter une exacte réalité de toutes les évolutions :

– 1re étape : l'organisation appréhendée de manière mécanique, stable, avec un objectif de productivité ;
– 2e étape : l'organisation de taille importante comprise comme lieu de responsabilisation des acteurs, et de contrats budgétaires.
– 3e étape : l'organisation insérée dans un champ d'action complexe et incertain, à la recherche du pilotage de toutes les variables de la performance.

• **1re étape** : L'organisation appréhendée de manière mécanique, stable, avec un objectif de productivité.

Le contrôle de gestion a été élaboré dans une vision taylorienne de l'organisation avec des contraintes et des objectifs spécifiques : calculer des coûts pour augmenter la productivité.

> La première partie du manuel délimite le cadre structurel et environnemental de l'entreprise taylorienne de la première moitié du XXe siècle avant de présenter toutes les méthodes de calculs de coûts qui ont été construites.
>
> ⇒ 1re partie : le contrôle de gestion et l'analyse des coûts

• **2e étape** : l'organisation dont la taille croit, cherche à responsabiliser ses acteurs, élabore une gestion budgétaire pour piloter des variables plus diversifiées. L'évolution des structures, de la taille, des stratégies, du rôle des acteurs a élargi les besoins d'informations et de variables à suivre.

> La deuxième partie du manuel présente la nouvelle approche des organisations qui a conduit à construire un autre pan du contrôle de gestion : l'analyse budgétaire.
>
> ⇒ 2e partie : Le contrôle de gestion et l'analyse budgétaire

• **3e étape** : L'organisation, système d'objectifs multiples et contradictoires, au champ d'action plus large, plus complexe et plus incertain, consciente de l'importance des acteurs, essaie de construire de nombreux outils pour piloter toutes les variables de la performance.

Le contrôle de gestion n'est plus considéré aujourd'hui comme un ensemble de techniques pour mesurer, comparer des activités, mais comme un outil de pilotage permanent de multiples variables de toute nature.

> La troisième partie du manuel introduit le nouveau cadre d'analyse des organisations et du pilotage de la performance avant de présenter les démarches qui permettent d'aider les acteurs à décider, à communiquer, à travailler ensemble, dans des contextes de changement permanent ou de rupture ;
>
> ⇒ 3e partie : le contrôle de gestion et le pilotage de la performance.

Au début de chaque partie, les grandes lignes du cadre d'analyse, de l'évolution de l'environnement interne et externe sont présentées pour contextualiser la construction et l'utilisation du contrôle de gestion.

Introduction : positionnement du contrôle de gestion

1

CHAPITRE

Le contrôle de gestion et le contexte de gestion

Pour délimiter la définition et le champ d'analyse du contrôle de gestion, il semble nécessaire de resituer les motifs d'apparition du contrôle, les contraintes de la gestion des entreprises et le contexte économique. Il en ressort alors les missions actuelles demandées au contrôle et au contrôleur de gestion.

La 1re section se focalisera sur le positionnement du contrôle de gestion. La 2e section présentera les relations entre l'entreprise et le contrôle de gestion.

SECTION 1
LE POSITIONNEMENT DU CONTRÔLE DE GESTION

Une approche historique nous permettra de présenter l'apparition du contrôle de gestion dans les entreprises, son évolution compte tenu de la prédominance des fonctions au sein des organisations et ses liens avec les autres formes de contrôle.

1. L'apparition du contrôle de gestion

Il semble que l'écriture soit apparue à Sumer en Mésopotamie, vers 3300 avant-J.C. pour aider à la gestion des terres et des troupeaux. Pour contrôler des relations économiques, une comptabilité a été élaborée ; ainsi serait née la première représentation écrite des nombres.

La gestion, la comptabilité et le contrôle apparaissent donc indissociables et essentiels dès lors qu'une activité économique doit être maîtrisée.

Si des prémices de comptabilité de coûts sont observables dans des manufactures textiles italiennes au XVe siècle et chez un imprimeur français au XVIe siècle, il est clair que les besoins de mesure et de contrôle des activités économiques augmentent et se diffusent véritablement à grande échelle à la fin du XIXe siècle, avec la constitution de grandes unités industrielles de production qui regroupent des machines et doivent organiser le travail.

D'un point de vue historique, il paraît nécessaire de séparer l'évolution portant sur le calcul et l'analyse des coûts de celle du contrôle des activités.

1.1 Histoire des « coûts »

L'histoire du calcul des coûts apparaît comme la plus ancienne car elle concerne toutes les formes d'entreprise, dès lors que s'instaure une activité économique.

Il est possible de repérer son apparition dès le XVe siècle :

- la technique comptable d'élaboration de coûts est formalisée par un moine vénitien Luca Pacioli en 1494 ;
- des manufactures de draperies et de laine à Florence vers 1450, une exploitation de mines d'argent et de cuivre en Autriche vers 1570, un imprimeur français à Anvers vers 1570 essaient de reconstituer la formation de leurs coûts, mais ce ne sont que des essais ponctuels.

La diffusion des pratiques et des formalisations (pas nécessairement corrélées) sur le calcul et l'analyse des coûts progresse véritablement avec la première phase de la révolution industrielle et ira en s'amplifiant.

Dans l'histoire de la comptabilité[1], il est intéressant de noter que les calculs des coûts ne peuvent être analysés comme une simple technique proposée par des « théoriciens » et « plaquée » sur des entreprises. Les calculs de coûts reflètent plutôt des pratiques d'acteurs qui utilisent des outils pour gérer des structures, pour canaliser des comportements, pour organiser le travail.

Bertrand Gille[2] parle de « socialisation de la technique » ; ainsi donc, au-delà d'un processus technique, le calcul et l'analyse des coûts comportent des aspects économiques, organisationnels, sociaux, juridiques, et donc transmettent une vision transversale et pluridisciplinaire des entreprises.

Les modifications organisationnelles de la production expliquent l'évolution des besoins dans le calcul des coûts.

C'est le passage du système du *putting-out* (production externalisée chez les ouvriers) au système de *factory* (production regroupée dans une usine).

LE SYSTÈME EXTERNALISÉ DE PRODUCTION OU PUTTING-OUT

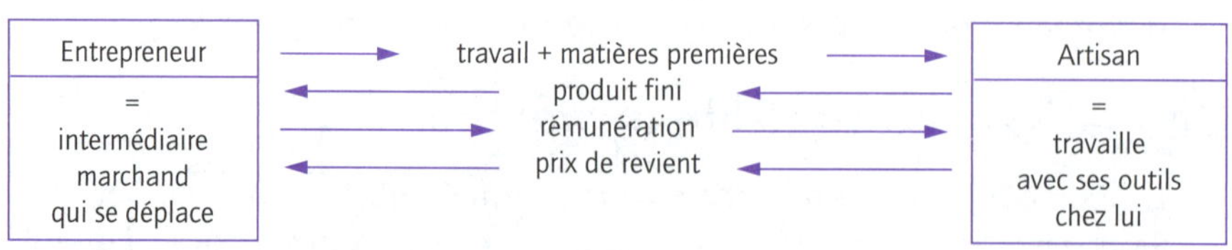

Dans le système de production le plus répandu avant la révolution industrielle, l'entrepreneur est un intermédiaire qui se déplace, apporte travail et matières premières chez l'artisan qui possède ses outils puis revient chercher le produit fini (d'où l'origine du terme « prix de revient »)

Dans ce système, l'entrepreneur ne cherche pas à connaître le coût, puisque l'information de la valeur ajoutée lui est donnée par le « prix de revient » qu'il compare au prix d'achat des matières.

(1) *Chatfield,* A history of accounting throught, *The dryden press, 1974.*
(2) *B. Gille,* Histoire des techniques, *La Pléiade, Gallimard, 1978.*

Les nouvelles technologies du XVIIIe et du XIXe siècle bouleversent les sources d'énergie et les machines et poussent ainsi à une organisation concentrée de la production : les machines sont regroupées dans des usines dans lesquelles les ouvriers viennent travailler.

LE SYSTÈME REGROUPÉ DE PRODUCTION OU FACTORY

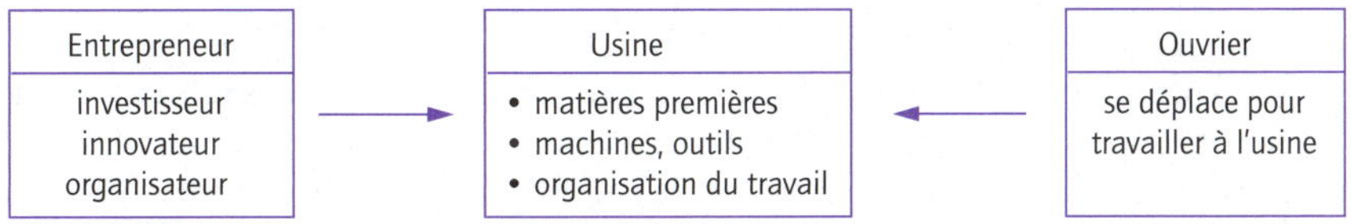

L'entrepreneur n'est plus alors seulement un intermédiaire marchand, il devient également un investisseur et un innovateur. Dès lors il cherche à mesurer des coûts et à contrôler le travail.

Dans l'histoire des coûts appliquée aux entreprises industrielles, plusieurs étapes apparaissent avec une évolution du vocabulaire.

• D'abord c'est la **comptabilité industrielle** qui s'élabore et se diffuse avec le développement industriel occidental durant tout le XIXe siècle (même si des formalisations n'apparaissent, en France, dans des traités de comptabilité industrielle qu'à partir de 1870).

Elle consiste à mesurer les coûts des flux internes à l'organisation, c'est-à-dire les coûts de transformation des matières premières sur les machines de l'usine avec des ouvriers.

Elle doit permettre au gestionnaire de mesurer les coûts des processus de production, donc des produits fabriqués, et d'aider à la fixation des prix face à la concurrence des autres industriels.

• Vers 1915 avec l'OST (Organisation scientifique du travail) proposée par F. Taylor, la comptabilité s'affine, segmente les activités, élabore des normes (coûts standards, coûts préétablis), calcule des écarts par rapport aux normes et contrôle les résultats, les responsabilités. La **comptabilité devient analytique d'exploitation** afin de prévoir et de vérifier les réalisations de toutes les organisations, et pas seulement industrielles.

• À l'heure actuelle, le terme **comptabilité de gestion** permet d'intégrer toutes les démarches et les techniques qui aident les gestionnaires à connaître les coûts au sein de leur organisation.

1.2 Histoire du « contrôle »

Le contrôle des activités et le domaine du contrôle de gestion qui en découle sont plutôt corrélés à la phase d'industrialisation de la fin du XIXe siècle et surtout du début du XXe siècle.

• Né de l'évolution du monde technique et économique avec les analyses de Taylor (1905) sur le contrôle de productivité, les recherches de Gantt (1915) sur les charges de structure et les choix de General Motors (1923) et de Saint-Gobain (1935) pour des structures par division, le contrôle de gestion concerne alors principalement **l'activité de production** mais ne s'appelle pas encore ainsi.

• Une première évolution dans les enjeux et le champ d'analyse des premières formes de contrôle de gestion va apparaître avec l'accroissement de la taille des unités de production et de leur diversification. Il devient nécessaire de déléguer des tâches, des responsabilités tout en exerçant un contrôle sur les exécutants.

Ainsi, après l'analyse des coûts, les entreprises mettent en place des budgets prévisionnels et réels pour contrôler les réalisations et mesurer les écarts ; c'est pourquoi le contrôle de gestion est souvent considéré comme synonyme, à tort, de **contrôle budgétaire**.

Si les premiers principes et méthodes du contrôle de gestion sont apparus entre 1850 et 1910, aux États-Unis et en Europe, les pratiques se sont élaborées progressivement en fonction des besoins des entreprises.

• Ensuite, avec le développement des produits et des services dans une conjoncture en croissance, les gestionnaires vont chercher dans le **contrôle de gestion** une aide aux décisions ainsi que des pistes pour contrôler les acteurs dans la structure.

Jusqu'au début des années 70, les grandes entreprises françaises qui ont introduit un contrôle de gestion ont reproduit approximativement le modèle des firmes industrielles américaines :

- un processus de **planification**, de gestion budgétaire, de contrôle budgétaire, allant du long terme au court terme ;
- dans une **structure hiérarchique** découpée verticalement en centres de responsabilité ;
- avec un système de pilotage par le **couple objectifs-moyens** (c'est-à-dire des informations sur des résultats qui permettent de réguler les actions).

Ainsi, depuis le début du siècle, le contrôle de gestion a été conçu dans le cadre d'une gestion taylorienne fondée sur **quatre principes** :

- stabilité dans le temps ;
- information parfaite des dirigeants ;
- recherche d'une minimisation des coûts ;
- coût de production dominant dans le coût total.

Le contrôle de gestion est alors un modèle pour mesurer et contrôler la productivité industrielle et en particulier la productivité du travail direct.

• À partir des années 70, les perturbations extérieures et intérieures aux organisations obligent à une remise en cause assez profonde de ce modèle dans ses objectifs, ses outils, ses utilisations.

1.3 Évolution de la prédominance des fonctions de l'entreprise

Tout système d'information d'aide à la gestion d'une performance doit tenir compte des contraintes et des opportunités de l'environnement économique, des orientations stratégiques des entreprises, des contraintes de structure des organisations.

Ainsi de nombreuses pressions et évolutions ont fait émerger un contrôle de gestion avec des objectifs plus larges, des démarches et des outils diversifiés.

Au fur et à mesure de la mise en exergue des différentes fonctions de l'entreprise et de l'importance des interdépendances entre les quatre pôles de la gestion : production – commercial – finance – ressources humaines, les gestionnaires étendent leurs demandes aux outils du contrôle de gestion.

• Avec les grandes entreprises industrielles du début du XXe siècle, les responsables et décideurs de la **production** apparaissent comme les acteurs stratégiques essentiels de l'entreprise.

Le premier champ d'action du contrôle de gestion se limitait alors à la gestion de la production dans un objectif de productivité et de rationalisation.

• À partir de la décennie 60, une deuxième fonction primordiale apparaît pour l'ensemble des entreprises : la **fonction commerciale**. Après la forte absorption de la demande, la saturation apparaît et les exigences du marché se traduisent par une diversité et une qualité accrues des produits.

L'entreprise doit alors appliquer la démarche mercatique (l'inverse de celle du producteur dans la phase précédente) pour connaître son marché avant de produire les biens qui seront acceptés.

Les orientations stratégiques :

– diversification des produits et des marchés,

– raccourcissement du cycle de vie des produits,

obligent à de nouveaux choix de production faisant émerger la nécessité d'une certaine flexibilité.

• Il est possible de repérer une troisième phase durant la décennie 70 ; c'est l'émergence, la diffusion et la domination au sein des grandes entreprises de la fonction **ressources humaines**. Les choix stratégiques et les résultats des activités semblent essentiellement corrélés à la gestion des acteurs. En tout état de cause, après cette période, il n'est plus possible de négliger la dimension humaine au sein des organisations.

• La décennie 80 peut constituer une quatrième étape dans l'évolution des dominations des fonctions ; en effet, avec les profondes modifications des marchés financiers, la fonction **finance** apparaît comme prédominante pour assurer la performance des entreprises.

Après la domination successive des quatre pôles de la gestion durant une quarantaine d'années, les années 90 voient apparaître une approche systémique mettant en évidence les influences réciproques, multiples et permanentes de toutes les dimensions de la gestion.

Ainsi toutes ces phases aboutissent à une vision contemporaine nécessitant l'intégration de toutes les variables de gestion.

Les choix stratégiques comme les choix de production évoluent dans ce nouveau cadre et nécessitent des adaptations des outils d'aide à la décision et au contrôle.

Face à cette interdépendance des fonctions et des activités, les outils de suivi et de contrôle de la production sont étendus et adaptés aux autres fonctions :

– le marketing,

– les ressources humaines,

– la finance.

Le contrôle de gestion doit donc servir au suivi opérationnel de court terme de toutes les fonctions et activités de l'entreprise.

2. Les différentes formes de contrôle

2.1 La notion de contrôle

• Contrôler une situation signifie être capable de la maîtriser et de la diriger dans le sens voulu. Tout contrôle vise à mesurer les résultats d'une action et à comparer ces résultats avec les objectifs fixés a priori pour savoir s'il y a concordance ou divergence.

Le contrôle doit donc aboutir, si nécessaire, à un retour sur l'amont pour rectifier les décisions et les actions entreprises.

Pour une entreprise, le **contrôle** est d'abord compris et analysé comme le respect d'une **norme** ; c'est un **contrôle de régularité**. Il participe alors au « processus de la gestion » :

Information ⟶ Décision ⟶ Action ⟶ Contrôle

Il est à noter qu'en France, les entreprises et les acteurs développent une culture forte pour ce contrôle de régularité associé à une sanction ou une récompense. Les raisons historiques remontent à Charlemagne, chargeant les *missi dominici* de contrôler les comptes dans les provinces.

Au sein d'une organisation, le contrôle se développe de manière dynamique ; c'est pourquoi il faut plutôt parler du processus de contrôle.

• **Le processus de contrôle** comprend toutes les étapes qui préparent, coordonnent, vérifient les décisions et les actions d'une organisation.

Le processus comprend donc en général trois phases :

Décision ⟶	Action ⟶	Résultat
Avant	**Pendant**	**Après**

Ces trois étapes sont repérées par des questions et des tâches précises[1] :

– **finalisation** : quels objectifs ? quelles ressources ? comment employer au mieux ces ressources ? comment évaluer les résultats ?

– **pilotage** : pendant l'action, quelles corrections mettre en place si nécessaire pour réorienter le déroulement en fonction des finalités choisies ?

– **évaluation** : quelle mesure des résultats ? quelle efficience ? quelle efficacité ?

Le processus de contrôle touche toutes les décisions et les actions d'une entreprise.

Ainsi il est possible d'appliquer ces trois étapes sur les trois niveaux de décision mis en évidence par I. Ansoff : décision stratégique, décision tactique, décision opérationnelle. On obtient un processus de contrôle distinct pour chaque niveau de décision ; cette définition permet de délimiter le champ du contrôle de gestion ainsi que nous le verrons par la suite.

Avec un découpage temporel de la gestion, clair plus que réaliste, il est possible de définir plusieurs contrôles corrélés à chaque niveau de gestion.

• La **gestion stratégique** oriente les activités sur le long terme de l'entreprise : à ce niveau, un **contrôle stratégique** doit aider les prises de décisions stratégiques par la planification stratégique, l'intégration de données futures en fonction d'un diagnostic interne et externe.

• La **gestion quotidienne** ou courante suit les actions de court terme (un an) et très court terme (moins d'un an) : c'est alors un **contrôle d'exécution** ou contrôle opérationnel qui doit permettre de réguler les processus répétitifs (productifs ou administratifs) en vérifiant que les règles de fonctionnement sont respectées.

Dans cette décomposition du temps, le **contrôle de gestion est alors positionné comme interface** entre le contrôle stratégique et le contrôle opérationnel. Il permettrait de réguler sur le moyen terme en contrôlant la transformation des objectifs de long terme en actions courantes.

(1) *H. Bouquin*, op. cit.

Long terme : Stratégie, planification	⟶	Contrôle stratégique
		⇓⇑
Moyen terme : Interface	⟶	Contrôle de gestion
		⇓⇑
Court terme : Gestion quoditienne	⟶	Contrôle opérationnel, contrôle d'exécution

Si l'on intègre les trois étapes du processus de contrôle, on obtient le tableau suivant, en sachant que les frontières entre chaque case ne sont pas étanches :

Niveau de décision / Processus de contrôle	Stratégique		Tactique		Exécution
• Finalisation • Pilotage • Évaluation	**contrôle stratégique**	⇔	**contrôle de gestion**	⇔	**contrôle d'exécution**

2.2 Les premières définitions du contrôle de gestion

Anthony [1] définit le contrôle de gestion en 1965, de la manière suivante : « Le **contrôle de gestion** est le processus par lequel les dirigeants s'assurent que les ressources sont obtenues et utilisées avec efficacité (par rapport aux objectifs) et efficience (par rapport aux moyens employés) pour réaliser les objectifs de l'organisation. »

En 1982, le Plan comptable reprenait cette analyse pour définir le contrôle de gestion comme « l'ensemble des dispositions prises pour fournir aux dirigeants et aux divers responsables des données chiffrées périodiques caractérisant la marche de l'entreprise. Leur comparaison avec des données passées ou prévues peut, le cas échéant, inciter les dirigeants à déclencher des mesures correctives appropriées. »

Cette approche limite le contrôle de gestion à des **procédures mécaniques de rétroaction**, sans tenir compte des orientations stratégiques ni du management de l'organisation.

Depuis la Seconde Guerre mondiale, avec l'évolution de l'environnement, des comportements et des besoins nouveaux sont apparus et les entreprises ont donné des dimensions supplémentaires au contrôle : celles **de conseil et de pilotage de l'organisation**.

La notion de contrôle de gestion est difficile à cerner car son champ d'analyse s'enrichit au fur et à mesure que la production évolue. Nous avons vu qu'historiquement, avec le développement industriel, c'est la connaissance des coûts qui était recherchée.

Mais **le contrôle de gestion englobe un champ d'analyse plus large que celui des coûts.**

Dès le début, les gestionnaires recherchent, avec le contrôle de gestion, au-delà de la connaissance des coûts, à orienter les acteurs pour **organiser et piloter la performance**.

(1) *R. N. Anthony,* Planning and Control Systems: a Framework for Analysis, *Harvard University, 1965.*

Cette double mission se développera dans l'environnement contemporain.

Ainsi le besoin de contrôle s'est élargi et s'est diversifié ; de nombreuses formes de contrôle sont apparues. Il semble nécessaire de les définir afin de délimiter et de positionner le contrôle de gestion.

2.3 Le contrôle interne

Le contrôle interne concerne la fixation des règles, des procédures et le respect de celles-ci.

L'Ordre des Experts-Comptables (OEC) en donne la définition suivante : « C'est l'ensemble des sécurités contribuant à la maîtrise de l'entreprise. Il a pour but, d'un côté, d'assurer la protection, la sauvegarde du patrimoine et la qualité de l'information, de l'autre, l'application des instructions de la direction et de favoriser l'amélioration des performances. Il se manifeste par l'organisation, les méthodes et les procédures de chacune des activités de l'entreprise pour maintenir la pérennité de celle-ci. »

En 1992, une commission à but non lucratif, Committee Of Sponsoring Organizations of the Treadway Commission ou COSO, a senti la nécessité de définir un cadre pour évaluer l'efficacité du contrôle interne.

Cet organisme a défini un référentiel de contrôle interne COSO 1, puis COSO en 2002, utilisé dans le cadre de la mise en place de la loi sur la Sécurité financière pour les entreprises.

Le référentiel COSO définit trois principes :

– le contrôle interne est un processus, pas seulement un recueil de procédures, qui nécessite l'implication des acteurs de l'organisation ;
– le contrôle interne doit permettre une assurance raisonnable d'un management respectant les lois ;
– le contrôle interne est adapté à la réalisation effective des objectifs.

Le référentiel COSO définit le contrôle interne comme **un processus mis en œuvre par les dirigeants à tous les niveaux de l'entreprise et destiné à fournir une assurance raisonnable quant à la réalisation des trois objectifs suivants :**

– la réalisation et l'optimisation des opérations,
– la fiabilité des informations financières,
– et la conformité aux lois et règlements.

Le contrôle interne, défini par le COSO, comprend cinq composants pour décrire le cadre de sa mise en place dans une organisation :

– l'environnement de contrôle, en fonction des spécificités de l'entreprise,
– l'évaluation des risques pour les activités de l'entreprise,
– les activités de contrôle, c'est-à-dire les règles et procédures mises en œuvre pour traiter les risques,
– l'information et la communication,
– le « contrôle du contrôle » interne.

Cette démarche intégrée dans les entreprises permet d'améliorer les procédures de contrôle tout en suscitant des remises en cause et des résistances des acteurs.

2.4 Audit interne, audit financier, audit opérationnel

Le terme « audit » est actuellement largement répandu dans les entreprises.

Selon l'Institut français des auditeurs et contrôleurs internes, l'audit interne est une activité autonome d'expertise, assistant le management pour le contrôle de l'ensemble de ses activités. L'audit doit permettre un avis sur l'efficacité des moyens de contrôle à la disposition des dirigeants.

L'audit doit permettre de :

– mesurer et améliorer la fiabilité des systèmes d'information comptable et financier existant ;

– mettre en place des systèmes efficaces de contrôle de tous les domaines de l'entreprise.

Le terme « interne » précise que le contrôleur fait partie de l'entreprise mais l'audit peut être aussi externe.

La première acception de l'audit est la révision comptable, c'est-à-dire l'examen des états financiers. Mais son champ s'est élargi à d'autres domaines : audit informatique, audit social, audit juridique, audit fiscal, etc.

Si **l'audit financier**, le plus répandu, a pour champ d'analyse les comptes de l'entreprise, l'audit opérationnel cherche à améliorer toutes les dimensions de la gestion d'une entreprise. C'est pourquoi la délimitation entre contrôle de gestion et audit est parfois ténue surtout si, au sein d'une organisation, les deux fonctions sont effectuées par la même personne.

La différence essentielle entre audit et contrôle de gestion tient à la temporalité :

– l'audit est une mission ponctuelle ;

– **le contrôle de gestion fonctionne en permanence dans une entreprise**.

Pour essayer de positionner les différents contrôles et les articuler les uns par rapport aux autres, voici une représentation possible :

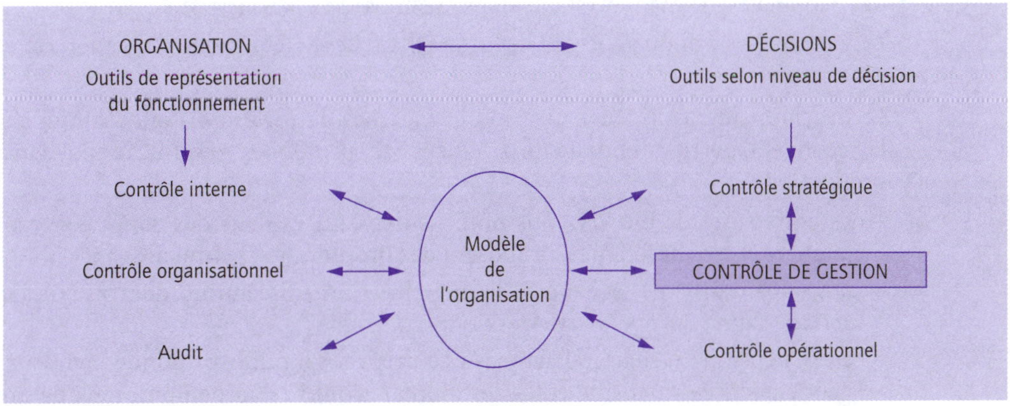

SECTION 2

LA PERFORMANCE DE L'ENTREPRISE ET LE CONTRÔLE DE GESTION

La fonction contrôle de gestion ne peut se comprendre sans une référence à l'environnement des entreprises qui les contraint à évoluer et à s'adapter. Dans ce cadre, les directions adressent au contrôle de gestion des demandes nouvelles en termes d'analyse de la performance et de la gestion du couple valeur/coût. Le rôle du contrôle de gestion s'oriente alors vers un pilotage de la performance et du changement. Ces nouvelles attributions vont faire émerger de nouvelles compétences au contrôleur de gestion.

1. L'environnement des entreprises

Il est possible de repérer les évolutions majeures du contexte économique et technologique des entreprises à partir du début du XXe siècle et du développement massif de l'industrialisation.

1.1 Environnement économique

Pour bien comprendre les outils d'aide élaborés par les gestionnaires dans leurs prises de décision, il convient de caractériser les forces et les contraintes de l'environnement actuel des entreprises.

a) L'offre

Les producteurs industriels, peu nombreux au début du XXe siècle et localisés géographiquement dans seulement quelques pays occidentaux, proposent des produits peu diversifiés, qui satisfont le marché.

L'offre en quantité, nettement inférieure aux besoins qui s'expriment, trouve sans problème des débouchés, de manière stable dans le temps et l'espace.

Les entreprises y ont peu besoin de lutter entre elles et leur mode de gestion est relativement proche.

Le développement de plusieurs pays et marchés, la forte croissance conjoncturelle après la Seconde Guerre mondiale provoquent de profondes modifications dans l'offre de production :

- des entreprises de plus en plus nombreuses, situées dans des zones géographiques très éloignées et très différentes, proposent des produits assez similaires ;
- la mondialisation des échanges, des marchés s'organise autour de trois pôles qui forment la triade : zone Europe, zone Amérique, zone Asie ;
- cette extension du champ d'action des entreprises modifie profondément leur gestion car la concurrence s'intensifie et les gestionnaires ont besoin de nombreux paramètres pour différencier leurs produits.

b) La demande

Avec l'industrialisation du début du siècle et l'apparition de produits satisfaisant des fonctions et des besoins nouveaux, la demande accepte et absorbe sans difficulté les productions des entreprises.

Cette « première » demande en forte croissance est seulement quantitative, peu évolutive dans le temps et peu exigeante dans les caractéristiques des produits.

Après une période de production et de consommation de masse, avec des produits standards, la demande devient plus précise dans ses attentes, plus versatile dans sa fidélité aux entreprises et à leurs marques, avec des évolutions rapides et imprévisibles.

Les produits doivent être plus diversifiés et avec une dimension qualitative certaine.

Pour résumer, il est possible de montrer dans un tableau le passage d'une **économie de « production » à une économie de « sélection »** :

Économie de production →	Économie de sélection
– offre inférieure à la demande ; peu de concurrence	– demande inférieure à l'offre ; forte concurrence
– demande homogène stable dans le temps et quantitative	– demande hétérogène instable avec des exigences de qualité
– marchés locaux	– marché mondial

1.2 Environnement technologique

Avec les contraintes techniques du début du XXe siècle, les entreprises disposaient de machines « rigides » destinées à une seule opération, une seule fonction, un seul produit.

À partir de 1960, grâce à la diffusion des technologies de l'électronique pouvant s'intégrer dans tous les métiers, à tous les niveaux de gestion, les rigidités techniques disparaissent.

Les machines et les postes de travail deviennent **polyvalents** et **flexibles,** pouvant changer d'outils, de fonctions, de produits.

Cette souplesse dans la production permet de réduire une contrainte forte des entreprises et de proposer des produits plus diversifiés en petite quantité.

Mais les potentialités des technologies électroniques ne s'arrêtent pas au domaine de la production; l'information et la communication sont particulièrement touchées par l'électronique, la télématique, qui offrent des supports aux performances presque illimitées.

Les entreprises intègrent ces nouvelles technologies de l'information et de la communication tant à l'intérieur qu'à l'extérieur de leur organisation, modifiant ainsi sensiblement leur **mode de gestion**, leur processus décisionnel, leur structure de fonctionnement.

1.3 Évolution des modes de production

De ces nombreuses évolutions du contexte tant économique que technologique des entreprises, il en découle une adaptation nécessaire des modes de production.

- Les entreprises ont d'abord mis en place une organisation taylorienne pour une **production standardisée**.
- Puis, face à une demande de plus en plus segmentée, les entreprises ont élaboré une organisation avec une différenciation retardée des produits permettant une **production diversifiée**.
- Aujourd'hui, les entreprises doivent souvent modifier leur organisation et leurs combinaisons productives pour une **production flexible**.

Ainsi, l'environnement économique et technologique paraît aujourd'hui instable, en perpétuelle évolution dans le temps et dans l'espace.

Il ressort que les qualificatifs qui caractérisent le mieux l'état actuel de l'environnement de la gestion sont : **complexe, turbulent, incertain** :

- **complexe** car les interrelations, interdépendances entre toutes les variables, sont difficilement connues et maîtrisées par les gestionnaires ;
- **turbulent** car les évolutions sont rapides, fréquentes, dispersées, nombreuses ;
- **incertain** car ces évolutions sont peu prévisibles et induisent en permanence un état des connaissances fluctuant.

Les besoins en information et la conception des systèmes d'information de l'entreprise dépendent fortement de ces degrés de turbulence et de complexité du contexte de gestion.

> Les entreprises doivent adapter leurs outils de production, la structure et le fonctionnement de leur organisation ; elles doivent donc aussi réfléchir à des évolutions de leurs outils de gestion, et du contrôle de gestion en particulier.

1.4 Le contexte stratégique actuel

Il est possible de repérer plusieurs tendances pour caractériser le contexte stratégique actuel.

a) Un système d'objectifs diversifiés et contradictoires

L'entreprise doit essayer simultanément d'atteindre plusieurs objectifs pas toujours convergents :

- la **productivité** et la **flexibilité**, considérées comme contradictoires, sont recherchées conjointement ;
- une **qualité** élevée et un **coût** minimum doivent coexister.

Le gestionnaire a donc besoin d'indicateurs sur tous ces paramètres, quantitatifs et qualitatifs, pour opérer des arbitrages et obtenir des avantages concurrentiels.

b) Un fort degré de concurrence

La mondialisation de l'offre et de la demande, la réduction du temps et de l'espace, les turbulences économiques, politiques, sociales et technologiques accroissent fortement le nombre de leviers d'action qu'il faut gérer pour faire face à une **concurrence de plus en plus diversifiée** et dispersée.

Les entreprises ont besoin de piloter leurs activités de manière précise et permanente pour les réorienter si les concurrents et le marché évoluent.

c) Un raccourcissement du temps de réaction

Ces évolutions économiques et technologiques inhérentes à tout environnement d'entreprises se situent aujourd'hui dans une dimension temporelle différente de celle du début du siècle.

Les évolutions et les retournements de tendances sont rapides, le degré de volatilité et de versatilité est fort, les périodes de stabilité se réduisent.

Donc une contrainte nouvelle forte pour la gestion des entreprises apparaît : **le temps**, c'est-à-dire le **délai de réaction**, la **durée** de fabrication, de distribution.

Là encore, cette contrainte supplémentaire conduit le gestionnaire à intégrer des paramètres qu'il faut mesurer, contrôler, suivre.

Ainsi, pour répondre à ces contraintes et à ces turbulences, les entreprises doivent mettre en place des analyses précises de leurs forces et de leurs faiblesses, des diagnostics internes et externes, pour bien orienter leurs choix stratégiques et les actions qui en découlent.

L'analyse stratégique comprend trois volets :

– l'analyse de la concurrence et du marché dans lequel l'entreprise évolue ;
– l'analyse des potentialités technologiques, des tendances et des opportunités ;
– l'analyse des compétences de l'organisation, de la structure, des acteurs.

Le contrôle de gestion en tant qu'aide au pilotage stratégique et à la gestion des acteurs peut être un système d'information efficace.

2. La gestion des entreprises et la performance

La présentation des objectifs et des variables actuelles de la gestion permet de mieux situer les enjeux du contrôle de gestion.

2.1 La gestion des entreprises aujourd'hui

La **gestion**, science des choix et de l'action, consiste à conduire une organisation en utilisant de nombreuses techniques et démarches pour aider aux décisions.

La gestion est à la fois théories et pratiques, application de plusieurs sciences, hybride entre des sciences « dures » (sciences exactes) et des sciences « molles » (sciences humaines), carrefour de plusieurs disciplines (économie, histoire, géographie, sciences politiques, droit, sociologie, mathématiques).

Dans son acception actuelle, **la gestion** (traduction du terme anglo-saxon *management*, lui-même issu du français « ménager ») **regroupe deux dimensions : la gestion stratégique et la gestion opérationnelle**.

GESTION

Gestion stratégique ou gestion de marché	+	**Gestion opérationnelle ou gestion de l'entreprise**
↓		↓
– analyse stratégique – orientations – mise en œuvre – contrôle		– structure – systèmes de décision – systèmes d'information – systèmes d'animation des hommes

Ainsi la gestion voit son champ d'action s'agrandir tant à l'intérieur qu'à l'extérieur de l'organisation.

Dans ce contexte complexe et incertain, les variables à gérer comme leviers des décisions se multiplient et s'influencent réciproquement, parfois de manière contradictoire ; ainsi, par exemple, le gestionnaire doit piloter la qualité tout en minimisant les coûts, et réduire les délais tout en distribuant des produits et des services sur un espace plus grand.

Le cadre actuel de la gestion est celui de la recherche d'une **compétitivité permanente**, c'est-à-dire d'une position concurrentielle forte tant par les prix que par d'autres paramètres.

Liés à la compétitivité, deux concepts forts apparaissent aujourd'hui dans les objectifs de la gestion, nous allons les présenter avant d'en déduire les variables à piloter : **la valeur et la performance**.

2.2 Performance et valeur

a) La performance

Pour être compétitive, toute entreprise doit être performante, c'est-à-dire meilleure que ses concurrents tant dans sa stratégie que dans son organisation.

En gestion, le terme de **performance** est défini comme l'association de **l'efficacité et de l'efficience**.

L'efficacité (traduction de l'anglais *effectiveness*) consiste pour une entreprise à obtenir des résultats dans le cadre des objectifs définis.

L'efficience (traduction de l'anglais *efficiency*) correspond à la meilleure gestion possible des moyens, des capacités en relation avec les résultats.

Il est possible de délimiter l'efficience avec les deux notions d'**oisiveté** et de **gaspillage**. L'oisiveté est la non-utilisation des capacités de production qui engendre des coûts de capacité. Le gaspillage est l'utilisation dégradée de capacités utiles qui pourraient produire davantage et qui engendrent des coûts de fonctionnement.

Ainsi l'efficience peut être définie(1) comme le produit d'un rendement des ressources utilisées (non-gaspillage) par un taux d'utilisation des ressources (non-oisiveté) :

$$\text{efficience} = \text{non-gaspillage} \times \text{non-oisiveté}$$

La performance oblige donc à une vision globale interdépendante de tous les paramètres internes et externes, quantitatifs et qualitatifs, techniques et humains, physiques et financiers de la gestion.

Qu'est-ce que la performance en gestion ?

Les différentes études pour cerner la notion et ses évolutions peuvent être synthétisées dans les deux approches suivantes : celle de A. Bourguignon et celle de M. Lebas tirées de la RFC (extraits des articles regroupés sans ordre hiérarchique).

- « La *performance* n'existe pas de façon intrinsèque. Elle est définie par les utilisateurs de l'information par rapport à un contexte décisionnel caractérisé par un domaine et un horizon-temps. »
- « La *performance* n'est pas ponctuelle, elle ne se comprend que de façon dynamique, dans le long terme. Une performance n'est qu'instantanée. Elle ne devient significative de performance que si l'entreprise se donne la capacité à renouveler, pour le futur et de façon récurrente, ce résultat favorable.
- Le terme *performance* devrait être réservé à la description de l'évolution des résultats sur une période jugée assez longue par le preneur de décision. »
- « La notion de *performance* est toujours attachée à la notion de responsabilité. Celui qui est responsable est celui qui peut ou doit agir sur les paramètres de la performance et doit rendre

(1) *H. Bouquin,* Comptabilité de gestion, *Sirey, 1997.*

des comptes sur sa performance et sur l'utilisation des moyens mis sous son autorité. »

• « La *performance* n'existe que si on peut la mesurer, c'est-à-dire qu'on peut la décrire par un ensemble ou un vecteur de mesures (ou d'indicateurs) plus ou moins complexes. La mesure de la performance ne peut en aucun cas se limiter à la connaissance d'un résultat.

Il ne faut en aucun cas confondre la *performance* avec le (les) indicateur(s) ou la (les) mesure(s) qui la décri(vent)t. »

• « La *performance* ne peut s'exprimer que comme un ensemble " équilibré " de paramètres complémentaires, et parfois contradictoires décrivant le(s) résultat(s) et le(s) processus d'atteinte de ce(s) résultat(s). »

• « La *performance* n'est pas un concept qui se définit de façon absolue. Elle appelle un jugement et une interprétation. Le choix du référentiel de comparaison est une décision stratégique fondamentale.

• « La *performance* n'est pas un concept qui se définit de façon absolue. Elle appelle un jugement et une interprétation. Le choix du référentiel de comparaison est une décision stratégique fondamentale.

• La *performance*, c'est faire mieux que le « concurrent » sur le moyen et long terme, dans l'idéal sur l'ensemble des paramètres définissant la performance, au minimum sur ceux des paramètres jugés être les plus significatifs de la satisfaction des clients. »

• « La *performance* n'est pas une simple constatation, elle se construit. »

« Elle n'a de sens que par rapport à une prise de décision par un utilisateur responsable. La performance est relative à un contexte choisi en fonction de la stratégie.

Elle est spécifique à un utilisateur et à une stratégie.

• Elle correspond à un domaine d'action et à un horizon temps. Elle résulte de la définition d'un champ de responsabilité et définit celui-ci en retour.

• Il n'y a pas de définition exhaustive et universelle de la *performance*, et pourtant chaque entreprise doit définir le terme pour sa communication interne et externe. »

A. Bourguignon, *Revue française de comptabilité*, août 1995.

« En matière de gestion, la performance est la réalisation des objectifs organisationnels »

Cette définition est applicable dans tous les champs de la gestion (contrôle de gestion, politique générale, GRH...). Elle vaut pour l'organisation comme pour l'individu : est « performant » celle/celui qui atteint ses objectifs. Elle induit que :

- la performance dépend d'un référent : l'objectif (ou but) ;
- la performance est multidimensionnelle dès lors que les buts sont multiples ;
- la performance est un sous-ensemble de l'action. Deux lectures sont possibles :
  - au sens strict, la performance est l'effet, le résultat de l'action ;
  - au sens large, on peut considérer, dans une approche plus systémique, qu'un résultat n'est rien en soi mais qu'il est indissociable de ses moyens (buts, activités, feedback) : la performance est l'ensemble des étapes logiques élémentaires de l'action, de l'intention au résultat effectif ;
- la performance est subjective, puisqu'elle est le produit de l'opération, par nature subjective, qui consiste à rapprocher une réalité d'un souhait, à constater le degré de réussite d'une intention.

Cette définition est déclinable au pluriel, sans modification de sens. Elle est nécessairement aussi floue que le concept qu'elle explicite, puisqu'elle en contient les multiples sens. »

M. Lebas, *Revue française de comptabilité*, août 1995.

Le gestionnaire doit donc rechercher la performance globale, qui intègre plusieurs niveaux d'évaluation :

– pour la production, c'est l'amélioration permanente de la productivité, donc un rendement physique, associé à un niveau élevé de qualité ;
– pour la vente, c'est la compétitivité sur le marché ou la différence valeur-coût ;
– pour la finance, c'est la rentabilité qui peut être définie de plusieurs manières.

Dans une approche financière restrictive, il est ainsi possible de décomposer un ratio de rentabilité globale en une combinaison de plusieurs indicateurs de performance pour chacun des domaines :

$$\underset{\textit{Taux de Rentabilité}}{\frac{\text{Résultat}}{\text{Capital}}} = \underset{\textit{Profitabilité}}{\frac{\text{Résultat}}{\text{Chiffre d'affaires}}} \times \underset{\textit{Rotation du capital}}{\frac{\text{Chiffre d'affaires}}{\text{Actif}}} \times \underset{\textit{Structure financière}}{\frac{\text{Actif}}{\text{Capital}}}$$

Cette formule n'intègre pas tous les paramètres influençant la performance mais a pu être considérée au départ comme fondatrice du contrôle de gestion.

Elle a été remise en cause de plusieurs manières pour élargir le champ d'analyse de la performance en introduisant d'autres variables et aboutir à la notion de valeur.

b) La valeur

Aujourd'hui, la notion de **valeur** prend une importance cruciale dans la gestion, au-delà de son sens économique premier. La valeur concerne le produit et l'entreprise.

• La valeur d'un produit n'est pas seulement la différence entre un prix de vente et un coût de revient mais l'appréciation subjective et fluctuante, par la demande, de l'utilité apportée par les fonctions d'un produit.

• La valeur d'un produit ne s'obtient pas seulement par l'activité de transformation de matières premières en biens et ne se limite pas à la notion de valeur ajoutée ; elle découle aussi de l'apport de toutes les activités principales et de soutien de l'organisation comme l'analyse la notion de « chaîne de valeur » de M. Porter :

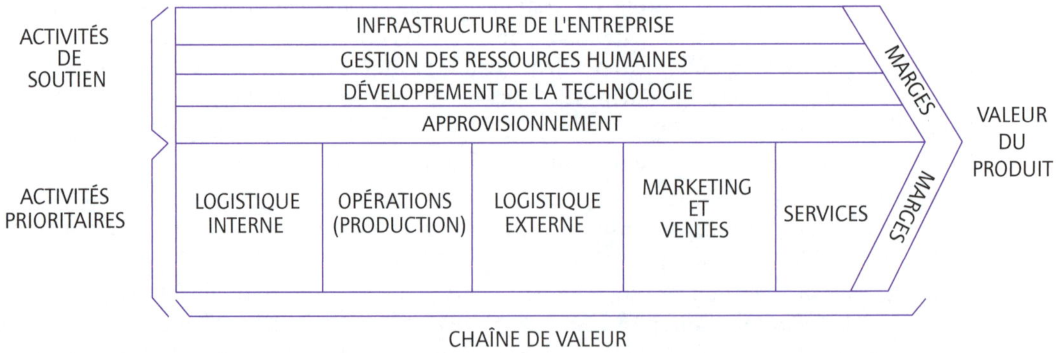

La valeur de l'entreprise dépendra ainsi, en partie, de la valeur de ses produits et de ses activités.

Le gestionnaire n'agit plus seulement en fonction des coûts mais doit piloter **le couple valeur-coût**.

L'approche en termes de valeur oblige donc à gérer les activités, à remettre en cause éventuellement l'organisation et son système d'information.

2.3 L'importance de l'organisation

a) Définition de l'organisation

Robbins[1] définit l'**organisation** comme « un ensemble de moyens structurés constituant une unité de coordination ayant des frontières identifiables, fonctionnant en continu en vue d'atteindre un ensemble d'objectifs partagés par les membres participants. »

En effet, un ensemble d'activités ne peut se faire sans une certaine organisation. Quelles que soient la complexité et la diversité des tâches des acteurs, il est nécessaire de **diviser** le travail mais aussi de le **coordonner**.

Ainsi dès qu'une organisation apparaît pour générer une activité économique, il semble utile de pouvoir mesurer et contrôler ses résultats.

b) Les différentes dimensions de l'organisation

La gestion actuelle considère l'organisation de manière dynamique et beaucoup plus largement que la seule représentation de la division des tâches visualisée par l'organigramme. L'organisation correspond :

- à la structure choisie pour répartir le travail, tant à l'intérieur qu'à l'extérieur de l'entreprise ;
- à la délimitation du pouvoir et des processus de prise de décision ;
- aux systèmes d'information mis en place ;
- à l'animation des acteurs.

c) Corrélation stratégie – organisation/structure

Depuis les analyses de Chandler, les gestionnaires perçoivent les interférences entre les choix stratégiques et les caractéristiques structurelles d'une organisation.

Le diagnostic stratégique des forces et des faiblesses d'une entreprise ne peut ignorer les atouts et les compétences de son organisation, autant comme points d'appui pour fonder un axe stratégique que pour mettre en œuvre des choix stratégiques.

Ainsi le **contrôle de gestion** considéré comme un système d'information pour la stratégie et l'opérationnel, doit aussi tenir compte de la structure et se construit à partir de la représentation organisationnelle de l'entreprise.

d) Organisation et contrôle de gestion

Le manager demande aussi au contrôle de gestion d'être un outil d'animation de la structure, d'amélioration des processus de fonctionnement, de régulation des comportements des acteurs.

Les systèmes classiques du calcul de coût se fondent sur les divisions traditionnelles des organisations (structure fonctionnelle, divisionnelle).

---

(1) *S.P. Robbins,* Théorie des organisations, *Prentice Hall, 1987.*

L'approche transversale de l'organisation, la volonté de suivre les activités tout au long du processus de transformation, le décloisonnement et la mise à plat des fonctions sont donc en contradiction avec le découpage proposé par la comptabilité analytique.

Si l'on veut que le contrôle de gestion soit un système d'information qui aide au pilotage, un indicateur de création de valeur et de satisfaction du client, il faut modifier et adapter les principes de calcul, la décomposition du prix des produits, intégrer de nouvelles variables qualitatives, organisationnelles et humaines.

Conclusions sur les systèmes d'information et les structures

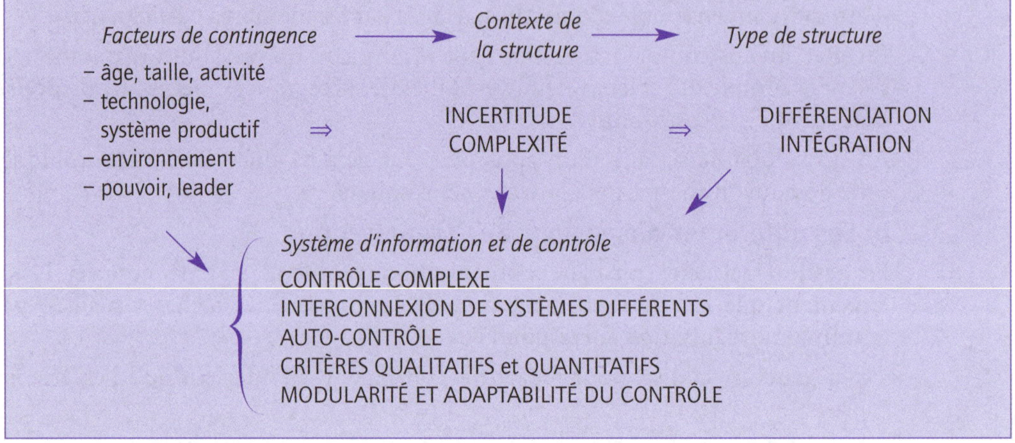

Le contrôle de gestion élaboré dans un but de contrôle pour des organisations productives tayloriennes est perçu dorénavant avec des objectifs et un champ d'action beaucoup plus étendus. Ses techniques évoluent principalement en fonction des nouvelles structures organisationnelles, de la place accordée aux acteurs de l'organisation et aux orientations stratégiques des entreprises.

3. Évolutions du contrôle de gestion vers le pilotage de la performance

La modification de l'environnement économique, les nouvelles acceptions de la performance, la recherche de l'optimisation valeur/coût poussent les organisations à demander au contrôle de gestion de redéfinir ses objectifs et d'être une aide au pilotage. Dans cette perspective, il devient possible de proposer une nouvelle définition pour le contrôle de gestion.

3.1 Les objectifs actuels du contrôle de gestion

a) La performance de l'entreprise

Dans l'environnement complexe et incertain, l'entreprise doit recentrer en permanence ses objectifs et ses actions. Le pilotage de la performance doit être un compromis entre l'adaptation aux évolutions externes et le maintien d'une cohérence organisationnelle pour utiliser au mieux les ressources et les compétences. On demande alors au contrôle de gestion d'aider à allouer les ressources aux axes stratégiques du moment. Le contrôle de gestion doit optimiser qualité, coût, délai, en utilisant tous les outils de résolution de problème tels que l'analyse de processus, les outils de gestion de la qualité... Le contrôle de gestion doit aussi aider au pilotage des variables de la performance sociale demandée par les parties prenantes.

b) L'amélioration permanente de l'organisation

Pour utiliser au mieux les ressources et les compétences, l'entreprise doit piloter son organisation comme une variable stratégique. La structuration par les processus semble être une voie pertinente pour la performance ; il s'agit de découper l'organisation en processus opérationnels et en processus supports pour ensuite modifier et améliorer ceux qui ne sont pas rentables. Le contrôle de gestion peut aider à formaliser ces processus et surtout à mesurer les coûts de ces processus pour déterminer les marges et les leviers d'accroissement possible de valeur ajoutée.

c) La prise en compte des risques

Dans le pilotage de la performance, gouvernement d'entreprise et risque deviennent indissociables et il est nécessaire de connaître les impacts des activités d'une entreprise sur ses parties prenantes en intégrant les risques liés. Pour illustrer, sans être exhaustif, Bouin et Simon proposent un tableau qui croise ces variables.

IMPACT DES ACTIVITÉS SUR LES AXES DE LA CRÉATION DE VALEUR					
Activités (non exhaustif)	**Nature du risque (exemples)**	**Impact valeur client**	**Impact valeur salariés**	**Impact valeur actionnaires**	**Impact valeur sociétale**
Vendre	Concurrence Nouveaux entrants Marketing et politique de prix Phase de vie des produits ou service	×		×	
Approvisionner Gérer les stocks Livrer	Indisponibilité des produits Niveau de stock Obsolescence des produits Système d'information défaillant	×		×	
Produire	Qualité Quantité Coûts Délais	×		×	×
Investir	Adéquation avec la stratégie Quantification Critères de choix et de rentabilité		×	×	×
Investir	Sélection Qualification des hypothèses Calculs de sensibilité Processus décisionnel Procédure d'engagement Système de suivi		×	×	×

☞

☞

Activités (non exhaustif)	Nature du risque (exemples)	Impact valeur client	Impact valeur salariés	Impact valeur actionnaires	Impact valeur sociétale
Gestion et management des ressources humaines	Satisfaction du personnel Délégation de pouvoir Compétence Programmation/gestion des ressources Conformité avec le droit du travail	×	×	×	×
Gestion administrative, économique et comptable	Performance des processus de collecte/traitement et restitution Information comptable ou de gestion erronée Sécurité des actifs Fraude Système d'information défaillant Plans budgets erronés Tableaux de bord non pertinents	×	×	×	×
Gestion environ-nementale	Image de marque Législation	×	×	×	×

X. Bouin, F.X. Simon, Les nouveaux visages du contrôle de gestion, Dunod, 2004, p. 15.

Ainsi, le contrôle de gestion peut valoriser les impacts de ces activités sur la création de valeur pour les parties prenantes, selon différents critères avec des degrés d'occurrence (d'apparition) de risque divers.

Il est possible de synthétiser ces tendances pour en délimiter les **objectifs du contrôle** de gestion :

Auparavant, l'objectif du contrôle de gestion était la :	*maîtrise des coûts*	Prévoir, mesurer, contrôler les coûts pour allouer les ressources et atteindre les objectifs.
Aujourd'hui, on ajoute un deuxième ensemble d'objectifs :	*l'amélioration continue des processus*	Prévoir, progresser, accompagner le changement, faire évoluer les outils, les systèmes d'information, les comportements.

L'objectif actuel du contrôle de gestion est d'être un système d'information et de pilotage permanent de l'ensemble de l'organisation.

Les décideurs ne demandent pas seulement au contrôle de gestion de calculer les coûts et de mesurer les résultats *a posteriori* mais de suivre en permanence la performance de l'ensemble des activités pour aider en temps réel les prises de décision tout au long du processus stratégique et opérationnel.

3.2 Le contrôle de gestion et le pilotage de la performance

Dans ce contexte, le contrôle de gestion voit ses objectifs et son champ d'analyse s'élargir. En effet les décideurs cherchent à utiliser les outils du contrôle de gestion comme une aide au diagnostic des facteurs clés de succès (FCS). Le contrôle de gestion devient soutien à la décision stratégique.

H. Bouquin représente ainsi le contrôle de gestion comme déclinaison de la stratégie(1) :

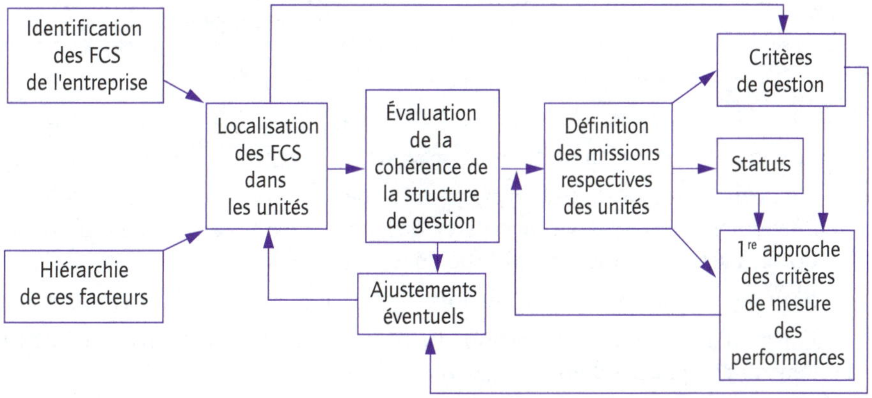

À partir de la détermination des facteurs clés de succès, il est nécessaire d'organiser les actions qui en découlent, les investissements nécessaires et d'affecter les objectifs et les ressources aux différents départements ou centres de responsabilité concernés ; enfin une fois les missions définies, il faut élaborer les critères pour mesurer les résultats.

a) Le pilotage

Comme ensemble de procédures représentant tout le fonctionnement d'une organisation, le contrôle de gestion peut être une aide au **pilotage** permanent, donnant en temps réel des indicateurs de performance pour orienter les décisions stratégiques.

D'après Demeestère(2), le **pilotage** est une démarche de management qui relie stratégie et action opérationnelle et qui s'appuie, au sein d'une structure, sur un ensemble de systèmes d'informations comme les plans, les budgets, les tableaux de bord, la comptabilité de gestion, qui constitue le contrôle de gestion.

Ainsi il est possible de situer le contrôle de gestion dans une démarche de pilotage de l'organisation car ces deux notions se retrouvent au cœur d'un ensemble de relations comme le montre le schéma suivant :

(1) *H. Bouquin,* Fondement du contrôle de gestion, *PUF, Que sais-je ?, n° 2892.*

(2) *R. Demeestere, P. Lorino, N. Mottis,* Contrôle de gestion et pilotage de l'entreprise, *Nathan, 2002.*

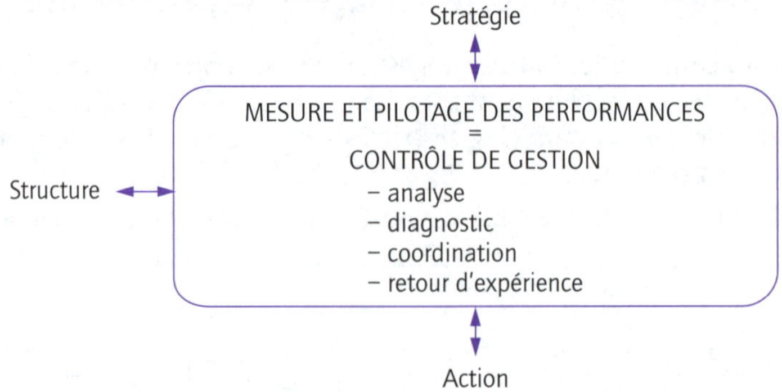

Le contrôle de gestion doit être en interaction avec les objectifs et les stratégies de l'entreprise.

Les techniques pour préparer, coordonner et contrôler l'activité de production doivent s'articuler à partir des objectifs et des stratégies définis globalement pour l'entreprise et doivent servir à mesurer leur efficience et leur efficacité.

Pour ce faire, le contrôle de gestion intervient **avant**, **pendant** et **après** l'action.

On peut présenter l'intégration du contrôle de gestion dans le processus de pilotage de l'entreprise par le schéma ci-dessous.

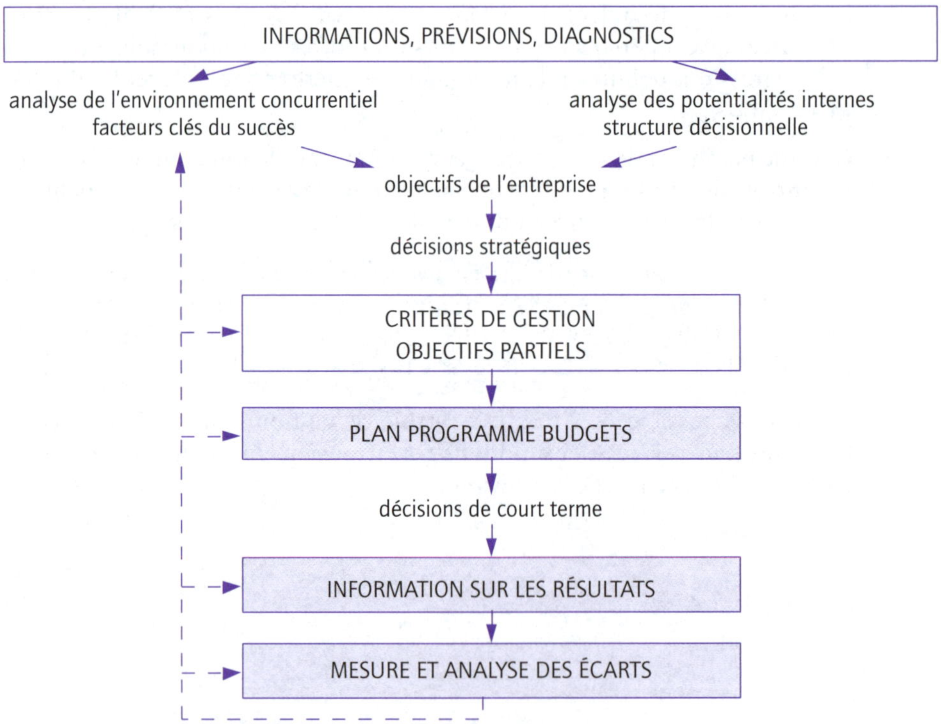

(Le contrôle de gestion apparaît dans les cadres colorés)

b) Les demandes actuelles au système d'information du contrôle de gestion

Il est possible de résumer les objectifs et le champ d'analyse du contrôle de gestion actuel par un tableau montrant l'élargissement des demandes faites au contrôle de gestion.

Besoins-demandes initiales →	Extension des besoins
• Analyse, suivi de la production	• Analyse, suivi de toutes fonctions, toutes activités
• Vision interne	• Interne et externe, réseau, partenariat
• Organisation verticale cloisonnée	• Structure transversale aplatie
• Données quantitatives et financières	• Quantitatif et qualitatif, financier et physique
• Analyse statique, ponctuelle	• Analyse dynamique avec amélioration permanente
• Analyse du passé	• Analyse rétrospective et anticipatrice
• Analyse opérationnelle	• Analyse stratégique, tactique, opérationnelle
• Homme exécutant	• Acteur décideur responsable
• Concept lié : **productivité**	• Concept lié : **valeur**

Ainsi, le cadre de réflexion et de construction du système « contrôle de gestion » a changé.

Les premières représentations classiques de l'organisation utilisées par le contrôle de gestion intègrent trois caractéristiques fortes :

– une structure hiérachique cloisonnée, donc des centres de responsabilités ;
– une articulation du long terme au court terme par la planification budgétaire ;
– une culture de contrat-objectif pour un contrôle d'exécutant.

Or ces trois caractéristiques sont remises en cause ; il est nécessaire d'élaborer une **nouvelle représentation de l'organisation** telle qu'elle fonctionne aujourd'hui pour faire émerger un nouveau contrôle de gestion :

– une **structure plus transversale avec des flux à gérer** ;
– des choix stratégiques fondés sur des paramètres financiers et de coûts, mais aussi des **variables qualitatives et physiques** ;
– des **acteurs responsables** avec des décisions décentralisées.

Les mêmes demandes au contrôle de gestion se développent dans un cadre organisationnel différent :

Auparavant : →	Maintenant :
– pour la production	– pour toutes les activités
– pour une structure verticale cloisonnée stable	– pour une structure dynamique transversale
– pour le court terme	– pour tous les horizons de temps
– pour des exécutants dans une entité	– pour des acteurs responsables dans des réseaux

De ces nouvelles demandes découle un élargissement du champ d'action et des rôles assignés au contrôle de gestion.

Le contrôle de gestion doit produire des informations sur les coûts et les résultats de toutes les fonctions, activités, de tous les processus présents dans une organisation ; **il doit permettre de suivre en temps réel les indicateurs quantitatifs et qualitatifs** construits pour piloter la performance économique, financière, pour aider aux prises de décisions de toute nature.

Les pressions de l'environnement forcent aussi les entreprises à intégrer des paramètres sociaux, sociétaux, environnementaux dans leurs objectifs et leurs actions ; les entreprises sont aussi jugées sur leur performance sociale : ainsi, le contrôle de gestion doit élaborer des indicateurs sur les domaines de la pollution, de la satisfaction client, de la qualité des produits et des services, de la participation à la société civile, les informations distribuées et suivre ces variables pour toutes les parties prenantes de l'organisation.

Le contrôle de gestion peut aussi accompagner les changements d'une organisation, aider à construire de nouvelles configurations, déterminer les processus pertinents afin d'en calculer les coûts.

Le contrôle de gestion devient également un **système d'information pour assurer la coordination des activités et l'apprentissage de l'organisation** : le contrôle de gestion peut être un levier de conseil et d'amélioration pour le travail de tous les acteurs. Il peut aussi s'intégrer dans une démarche qualité.

3.3 Définition actuelle du contrôle de gestion

Aujourd'hui, dans le contexte actuel, le contrôle au sein d'une entreprise doit remplir deux rôles :

– le pilotage de la performance ;

– le pilotage du changement.

■ *Le contrôle de gestion pour piloter la performance*

Deux fonctions :

– **aider à piloter l'efficacité**, c'est-à-dire à gérer les facteurs clés de compétitivité par un ensemble de décisions et d'actions stratégiques (exemple : un tableau de bord pour maîtriser la qualité perçue par la demande d'un produit pour se différencier des concurrents) ;

– **aider à piloter l'efficience**, c'est-à-dire gérer les moyens opérationnels pour atteindre les objectifs fixés, donc maîtriser les facteurs clés de l'équilibre financier (ex. : un calcul d'écart pour réduire un coût de production et atteindre un point mort).

Il serait restrictif d'associer le contrôle de gestion à la seule seconde fonction.

Ainsi par l'efficience et l'efficacité, le contrôle de gestion doit aider à **piloter la performance**. H. Bouquin (1) précise les fonctions du contrôle de gestion en tant que pilotage de la performance par les trois verbes suivants :

– modéliser la complexité ;

– organiser la division du travail du management ;

– réguler les comportements.

Ainsi, le contrôle de gestion apparaît comme un processus articulant le long terme avec le court terme, de la stratégie à l'exécution. C'est pourquoi, il apparaît deux fonctions essentielles synthétiques et complémentaires du contrôle de gestion :

– **informer les décideurs** par des coûts, des indicateurs, des tableaux de bord, pour aider aux décisions stratégiques, tactiques et opérationnelles ; mettre en relation les objectifs et les ressources, gérer la performance par le couple valeur-coût ;

– **aider à réguler les comportements** des acteurs, à gérer le changement organisationnel, à améliorer les processus de fonctionnement de la structure.

(1) *H. Bouquin*, op. cit.

■ *Le contrôle de gestion comme outil de pilotage du changement*

De manière corrélée, le contrôle de gestion peut aussi être une aide pour **piloter le changement** :

– aide à la réactivité stratégique par la mesure permanente du couple valeur/ coût ;

– aide à l'amélioration opérationnelle par des démarches Kaisen ;

– aide au changement organisationnel, comme nous venons de le voir avec la régulation des comportements.

Le contrôle de gestion, défini aujourd'hui comme un outil de maîtrise de la performance, doit traiter et intégrer quatre variables :

Coût	+	**Qualité**	+	**Temps**	+	**Organisation**
• Conception • Production • Distribution • Externalisation		• Indicateurs • Amélioration permanente		• Temps réel • Délai réduit		• Implication des acteurs • Changement de structure

RÉSUMÉ DE L'ÉVOLUTION DU CHAMP D'ACTION DU CONTRÔLE DE GESTION

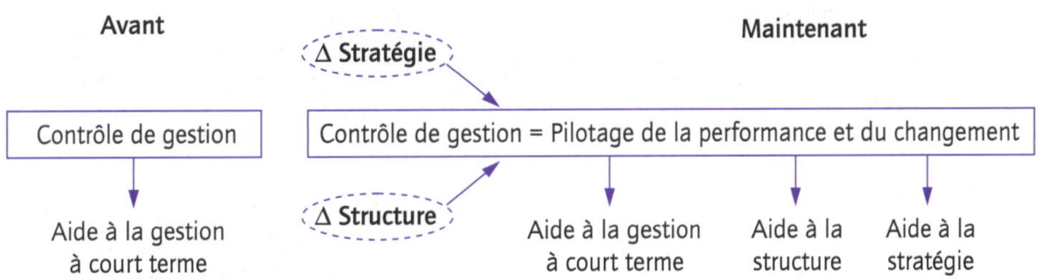

Il est également possible de résumer l'évolution du contrôle de gestion en citant Lorino[1] :

« Le contrôle de gestion passe d'une approche centrée sur les **ressources** et les **responsabilités** à une approche centrée sur les **processus** et les **compétences.** »

SCHÉMA SYNTHÉTIQUE DU CONTRÔLE DE GESTION AUJOURD'HUI

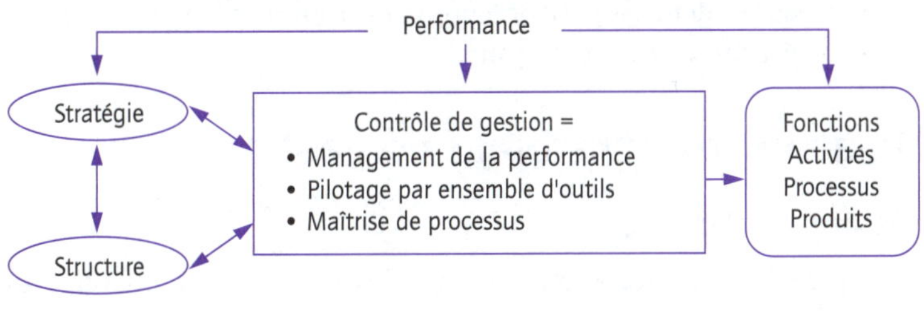

Le contrôle de gestion est un processus finalisé, en relation avec les objectifs de l'entreprise, et incitatif, en relation avec la motivation des responsables. Le contrôle de gestion ne se limite plus à la maîtrise de l'allocation et de l'utilisation des ressources pour atteindre les

(1) *P. Lorino,* Contrôle de gestion et pilotage, *Nathan, 1997.*

objectifs, mais doit permettre un pilotage permanent et un processus d'amélioration continue de la stratégie et de l'organisation.

Le contrôle de gestion est un processus, comprenant un ensemble d'outils de calcul, d'analyse, d'aide à la décision (quantitatifs et qualitatifs), **pour piloter** les produits, les activités et les processus d'une organisation, en fonction de ses objectifs, **pour aider à la gestion** de l'organisation et de ses acteurs (management des équipes et socialisation des acteurs), **pour aider à la réflexion**, aux décisions et aux actions des managers à tous les niveaux hiérarchiques.

LE CONTRÔLE DE GESTION AUJOURD'HUI

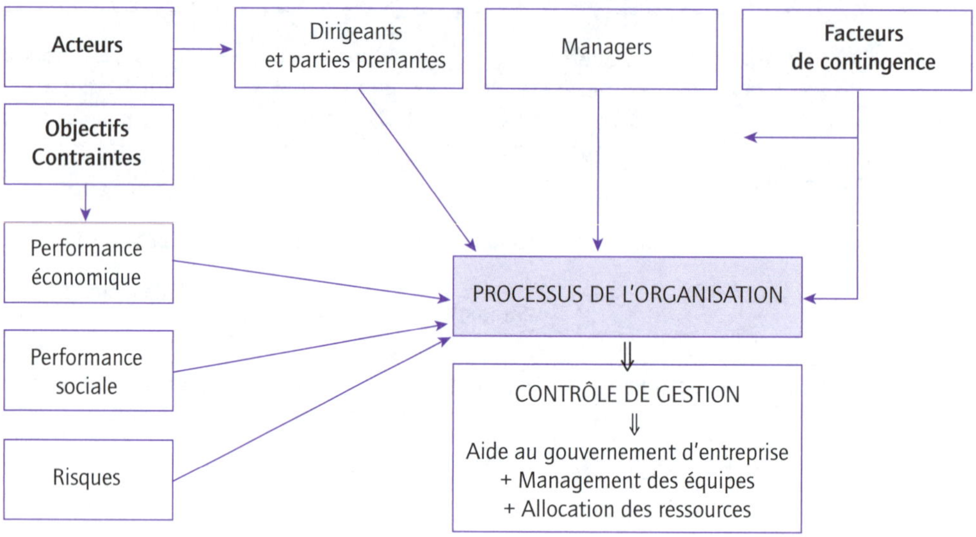

SECTION 3

LE CONTRÔLEUR DE GESTION

Le rôle du contrôleur de gestion évolue en fonction de la gestion et de son environnement en élargissant son champ d'action.

1. Le rôle actuel du contrôleur de gestion

1.1 Les missions actuelles

En essayant de délimiter les nouveaux rôles assignés au contrôleur de gestion, au-delà de ses rôles traditionnels :

Rôle classique	Nouveaux rôles
Traduction de la politique générale en plans, programmes, budgets	Démarche dynamique permanente d'amélioration Accompagnement du changement, de l'organisation et des compétences
Analyse des résultats et des écarts, sur les coûts, les budgets et les tableaux de bord	Amélioration des systèmes d'information et des outils
Coordination et liaison avec les autres services	Dialogue, communicateur, conseil et formateur, manager d'équipe et de projet

il est possible de lister ses missions actuelles.

Le contrôleur de gestion, dont le rôle premier était de fournir certaines informations, a vu ses missions s'élargir auprès des acteurs et de toute l'organisation ; c'est pourquoi il est possible de synthétiser ses rôles actuels autour de trois axes :

• **Information** ⇒ fournir des outils pertinents et les améliorer en permanence en fonction des besoins et du contexte.

• **Acteur** ⇒ communiquer, expliciter, conseiller les acteurs dans l'utilisation des outils de gestion.

• **Organisation** ⇒ aider et accompagner l'ensemble de l'organisation dans les changements à mettre en œuvre.

Ses qualités de **communicateur** et de **pédagogue** sont alors essentielles :

– communiquer avec clarté :
  - des informations fiables, pertinentes, utiles à tous les acteurs à tous les niveaux de l'organisation ;
  - les évolutions nécessaires à mettre en œuvre,
  - les outils de résolution de problème pour aider à améliorer le pilotage,
  - pour faciliter le dialogue entre les acteurs ;

– expliciter avec rigueur :
  - les objectifs, les contraintes, le contexte de l'entreprise pour justifier les orientations choisies,
  - les résultats et les écarts observés pour en analyser les causes et réfléchir à des solutions,
  - l'accompagnement des changements à mettre en place.

Au total, le contrôleur de gestion n'est plus seulement fournisseur d'information mais aussi animateur de processus.

1.2 Les compétences requises

Le contrôleur de gestion doit être polyvalent. Il doit être en effet à la fois :

– **spécialiste** : maîtriser les outils pointus,
  et généraliste : organiser, coordonner les procédures ;

– **opérationnel** : gérer l'exécution,
  et fonctionnel : conseiller les décideurs ;

– **technicien** : intégrer la dimension technique,
  et humain : gérer les hommes et les groupes.

Ainsi apparaissent une extension et une diversification des missions du contrôleur de gestion. Il doit :

– mettre en place les procédures de contrôle opérationnel nécessaires ;

– former et motiver les exécutants pour les responsabiliser ;

– informer et conseiller les décideurs.

La diversité des missions du contrôleur de gestion montre le rôle stratégique de ce système d'information et les **compétences tant techniques qu'organisationnelles et humaines requises par la fonction.**

Ces missions nombreuses portant sur des procédures de travail des individus élargissent beaucoup le rôle initial du contrôleur de telle manière que l'on peut s'interroger sur le profil nécessaire.

Le contrôleur ne contrôle plus… il conseille, aide à la décision, conçoit des systèmes d'information, évalue les performances, met en place des indicateurs de qualité.

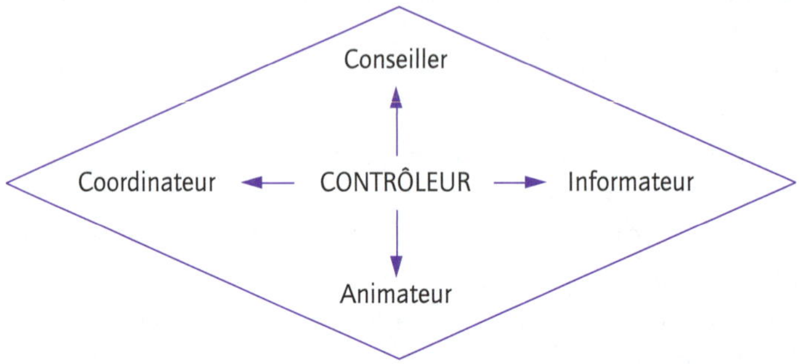

Un tableau « idéal » des qualités du contrôleur de gestion est dressé par Bouin et Simon :

Qualités techniques	Qualités humaines
• Rigoureux, méthodique, organisé • Fiable, clair • Cohérent • Capable de synthèse • Faisant circuler l'information sélectionnée • Maîtrisant les délais • Connaissant les outils	• Morales : honnêteté, humilité • Communicantes : dialogue, animation, formation, diplomatie, persuasion • Mentales : ouverture, critique, créativité • Collectives : écoute, accompagnement, implication • Sociales : gestion des conflits • Entreprenariales : esprit d'entreprise

Au total, le contrôleur de gestion doit connaître l'entreprise et ses acteurs, être positif et dynamique, tourné vers l'avenir.

2. Position du contrôleur de gestion dans l'organisation

Il n'y a pas de règles et de normes pour positionner les contrôleurs de gestion dans l'organigramme d'une organisation, puisque de nombreux facteurs de contingence, liés à la taille, à la nature du pouvoir, à l'activité conditionnent sa place. Il est possible de repérer un certain nombre de critères qui influencent le rapport de force qui s'instaure entre le contrôleur et la direction : l'autorité, l'image, l'influence, la sanction, l'information, le temps. Ces curseurs de pouvoir (selon Bouin et Simon) s'intègrent en fonction des trois composantes du pouvoir : le pouvoir intrinsèque, la volonté à utiliser ce pouvoir, la capacité à l'exercer.

Ainsi il en ressort que différents rattachements sont possibles :

- **au directeur général** : c'est un signal fort pour lier contrôle de gestion et stratégie et donner un pouvoir et une légitimité certaine. Cette position se justifie par l'étendue de son champ d'action, tant stratégique qu'opérationnel. Cela dénote également un rôle plus important que celui du directeur financier ;
- **au directeur financier** : cette position illustre une certaine dépendance du contrôleur de gestion au directeur financier, ce qui peut nuire à la communication avec les autres services et restreindre son terrain à un domaine plus strictement financier, privilégiant des informations comptables au détriment des informations plus opérationnelles (qualité, délai…) ;
- **au même niveau que d'autres directions** : cette position accorde une place égale à toutes les directions en dessous de la direction générale, ce qui peut faciliter les échanges entre les directions et accorder au contrôleur un pouvoir identique à celui des autres directeurs.

Dans des petites structures, le contrôleur de gestion peut être aussi directeur financier et administratif.

Dans les structures décentralisées (filiales, centres de profit), le contrôleur de gestion peut être aussi rattaché au responsable de l'entité de base, en termes hiérarchiques, et au contrôleur de gestion central, en termes fonctionnels.

Quelle que soit sa position, le contrôleur de gestion doit pouvoir être sur le terrain, écouter et communiquer avec tous les services et tous les niveaux hiérarchiques, être le consultant interne de l'ensemble de l'organisation.

APPLICATION

La métamorphose du contrôle de gestion

Il y a un peu plus de vingt ans, le contrôle de gestion a été très violemment critiqué. Les méthodes traditionnelles de comptabilité analytique sont alors montrées du doigt pour leur incapacité à rendre compte correctement de la réalité complexe des organisations. Le conservatisme sous-jacent au contrôle budgétaire est opposé aux besoins de flexibilité et de réactivité des entreprises – budgets trop souvent établis en fonction des réalisations passées, prévisions élaborées en début d'année non adaptées aux réalités de l'environnement. Il est reproché au suivi des réalisations de focaliser l'attention sur le court terme et de favoriser ainsi le report sine die d'actions au coût immédiat mais aux retombées positives sur le long terme. Quant à la performance, elle n'est souvent appréhendée qu'au travers d'indicateurs financiers alors que la qualité, les délais, l'innovation, l'image de marque constituent des vecteurs de la compétitivité parfois plus importants que les coûts.

Depuis, les outils du contrôle de gestion ont connu un étonnant développement avec notamment l'apparition et la diffusion de l'*activity based costing*, de l'*activity based management*, du *balanced scorecard*, du *rolling forecast*. Ces outils ont vocation à attirer l'attention des managers sur la préparation de l'avenir de la société en sus de l'optimisation des résultats à court terme et à leur permettre de piloter la performance financière et non financière. Parallèlement, les capacités de stockage et de traitement de l'information, ainsi que ses modes de collecte et de diffusion ont vécu une véritable révolution, rendant possible la personnalisation des outils en fonction des besoins des contrôleurs et des managers.

Les spécialistes militent depuis lors pour que le contrôle de gestion, historiquement vécu comme un processus de suivi et de surveillance, se métamorphose en un processus de pilotage vers la performance économique. Le contrôleur de gestion est présenté comme devant animer ce processus. Il est alors décrit comme responsable, non plus seulement de la mise en place des outils adéquats, de la collecte, du traitement et de la diffusion de l'information, mais aussi de l'adaptation constante des raisonnements aux besoins des managers, de l'incitation de ces derniers à prendre en compte dans leurs décisions les informations et analyses disponibles, etc. L'idée est que le contrôle de gestion, par la pertinence et la richesse des informations produites et des analyses réalisées, participe au quotidien aux réflexions, décisions et actions des managers, quel que soit leur niveau hiérarchique. Notre questionnement porte sur l'ampleur de cet important changement d'orientation et sur ses conditions de réalisation : quelle est la réalité du terrain ? à quelles conditions le contrôleur de gestion d'une entreprise donnée parvient-il à se positionner en conseiller ? comment obtenir une participation optimale des managers et de la direction de l'entreprise au processus de contrôle de gestion ?

L'enjeu est celui de la pertinence et de la légitimité du processus et du métier. Les professionnels ont besoin de prendre du recul par rapport au contrôle de gestion qu'ils vivent au quotidien : réfléchir à l'écart éventuel entre ce que leur apporte leur contrôleur et ce qu'il pourrait leur apporter, s'interroger sur leur propre participation à ce processus, mesurer en quoi leur comportement favorise ou gêne le changement. Quant aux contrôleurs et aux directions financières, il leur faut prendre conscience des compétences à maîtriser et des comportements à adopter pour que le processus prenne tout son sens.

Le contrôleur et le conseil

Le processus de contrôle de gestion a et a toujours eu pour vocation d'orienter le comportement de l'ensemble des managers de l'entreprise vers la réalisation des objectifs stratégiques.

Ainsi, Anthony l'a défini comme « le processus par lequel les managers s'assurent que les ressources sont obtenues et utilisées, effectivement et efficacement, pour atteindre les objectifs de l'organisation ». L'influence attendue sur les managers s'appuie sur la pression qui résulte de la fixation des objectifs et du suivi régulier des réalisations discutées au moins en fin d'année avec le supérieur hiérarchique de chacun d'entre eux. Dans ce cadre traditionnel, le contrôleur de gestion est surtout un centralisateur, un analyste, un producteur et un diffuseur d'informations. Il organise l'animation du processus d'élaboration du budget à travers lequel les objectifs et les moyens de chaque service sont définis. Il met aussi à la disposition des managers des informations standardisées qui leur permettent de suivre leurs réalisations et celles de leurs collaborateurs. Pour remplir ces missions où la surveillance est importante, il se doit de faire vivre le système d'information adéquat.

En 1988, lorsqu'Anthony révise sa définition, il présente le contrôle de gestion comme « le processus par lequel les managers influencent d'autres membres de l'organisation pour mettre en œuvre les stratégies de l'organisation ». Plus large, cette définition ouvre la porte à une nouvelle modalité d'influence, l'aide à la décision, qui se juxtapose aux modes traditionnels d'orientation des comportements par la fixation des objectifs et le suivi des réalisations. Textes académiques et manuels sont rapidement tous d'accord : la mission du contrôleur de gestion doit comprendre une activité de conseil qui permette aux managers d'enrichir leurs interprétations de la réalité – que se passe-t-il ? quels sont les points forts et points faibles actuels ou à venir de l'organisation ? sur quels leviers est-il possible d'agir ? pour quel impact potentiel ? – et les aide ainsi à préparer leurs décisions. Mais quelle est donc aujourd'hui la réalité du terrain ? Le métier a-t-il évolué comme le prescrivent les écrits ?

Plusieurs conceptions du métier. Les quelques études portant sur le métier de contrôleur de gestion en France mettent en évidence que coexistent aujourd'hui plusieurs conceptions dans les entreprises. Ainsi, sur un échantillon de 139 professionnels, 65 % des contrôleurs exercent effectivement une activité de conseil et d'aide à la décision, mais la fonction des 35 % restants continue à relever de la conception classique du métier en se focalisant sur des missions de définition du système de gestion, d'adaptation des outils aux besoins des opérationnels et de traitement des données budgétaires. L'analyse des postes montre que les premiers, les conseillers, remplissent toutes les missions des seconds, les techniciens, plus des missions de conseil. (Voir tableau plus bas.)

Des missions de conseil très diversifiées. La description, par les contrôleurs de gestion que nous avons rencontrés, des missions de conseil qu'ils remplissent montre que celles-ci peuvent prendre des formes très diverses. Pour le directeur du contrôle de gestion d'une grande société, « un bon contrôleur de gestion-conseiller est dérangeant, il "challenge" les managers pour lesquels il travaille ». « Mon manager me demande d'être son bras droit et pour cela d'être son poil à gratter », nous indique un autre contrôleur. C'est ainsi, au travers des questions qu'il pose et par la prise de recul qu'il suscite chez les managers, qu'un contrôleur pourrait exercer sa mission de conseil.

Il la remplit aussi, bien entendu, en apportant des réponses au moyen d'études ponctuelles permettant de formuler des recommandations, par exemple :

- simulations (quelles seront les conséquences de cet investissement ?) ;
- projections (quel prix pouvons-nous pratiquer pour cette commande particulière ? Quelle est la rentabilité potentielle de ce projet de création d'un nouveau site de production ?) ;

• analyses d'écart (pourquoi le coût d'une opération donnée dérape-t-il ? pourquoi les ventes de ce produit sont-elles à ce niveau et comment les améliorer ?) ;

• audits (le système de rémunération des vendeurs qui vient d'être mis en place est-il performant ? a-t-il des effets pervers ? combien coûte la gestion de la non-qualité ? ce coût pourrait-il être réduit ? le processus pourrait-il être plus efficace ?).

Enfin, le rôle de conseiller passe souvent par la mise en perspective d'informations produites par divers services :

• réalisation régulière d'une synthèse faisant le lien entre les coûts et la qualité ;

• benchmark (comparaison des réalisations de l'entité à celles d'entités similaires internes ou extérieures au groupe) ;

• participation à des réunions transversales sur la gestion des matières premières, le contrôle qualité.

Du fait de la richesse des apports potentiels de cette fonction de conseil, son absence dans de nombreux postes ne peut qu'interpeller. Dans certains cas, elle s'explique par le fait que l'entreprise où travaille le contrôleur-technicien n'évolue pas dans un environnement assez complexe et assez changeant pour rendre inopérant le contrôle de gestion traditionnel. L'existence fréquente, notamment au sein de grandes entreprises, de postes de contrôleurs de gestion complémentaires les uns des autres est une autre explication de la permanence de postes de techniciens.

Mais l'existence actuelle de postes traditionnels, malgré les critiques dont ils ont fait l'objet, s'explique aussi par d'autres facteurs. Un manque de connaissance des nouvelles orientations possibles du métier, tant du côté des contrôleurs que de la direction, peut se trouver ici ou là. Mais c'est plutôt du côté des résistances au changement qu'il faut rechercher les causes de cette situation : inquiétude des dirigeants et managers envers un contrôle de gestion moins strictement délimité, pouvant s'immiscer plus largement dans les décisions à prendre et, finalement, restreindre leur espace de liberté ; inquiétude des contrôleurs de gestion face à de nouvelles compétences à acquérir et de nouvelles responsabilités à assumer. En fait, il apparaît qu'avant de se positionner comme conseiller, le contrôleur de gestion doit réussir à faire ses preuves, auprès des décideurs et sans doute aussi à ses propres yeux.

La force des efforts quotidiens. Le positionnement du contrôleur de gestion comme conseiller des managers exige nécessairement qu'il soit à même de remplir cette fonction, c'est-à-dire qu'il soit intéressé et compétent. En termes de compétences, les conseillers accordent plus d'importance que les techniciens à des qualités comme la capacité d'analyse et de synthèse, la rigueur et la précision, qualités dont on pressent intuitivement en quoi elles contribuent à la valeur des travaux réalisés en matière de conseil. De même, le respect des engagements, indispensable à la confiance, ressort comme une compétence plus particulièrement utile aux conseillers. Enfin, l'étude souligne la nécessité de maîtriser des compétences relationnelles comme le sens du contact, l'écoute, la pédagogie, la capacité à convaincre et la capacité à travailler en groupe. Il s'agit d'être apte à comprendre les besoins, attentes et questionnements du manager sans les déformer, à obtenir des clarifications lorsque nécessaire, mais aussi à faire passer les informations, les messages, les raisonnements que l'interlocuteur a parfois du mal à entendre.

Mais ce positionnement exige également d'avoir fait la démonstration de son utilité. "On arrive avec l'étiquette de comptable, ce qui n'est pas très positif, et avec l'étiquette de contrôleur, c'est-à-dire d'empêcheur de tourner en rond. Il faut donc d'abord expliquer en quoi on a le droit d'être là, montrer qu'on pose les bonnes questions, qu'on s'intéresse à ce qu'ils font", nous dit un contrôleur de gestion qui commence à percevoir, après un an d'effort, les fruits de son investissement auprès des opérationnels. En fait, il apparaît indispensable de créer la confiance par la pertinence des questions posées et par la qualité des apports, tant sur le fond que sur la forme. Le plus long est assurément de susciter le besoin en faisant la démonstration de l'intérêt de ce qui peut être apporté, et de rassurer en démontrant quotidiennement que les informations et analyses menées par les contrôleurs de gestion ne contraignent pas les décisions mais au contraire enrichissent le champ des possibles en permettant d'argumenter, de considérer les avantages et inconvénients des alternatives envisagées, de mieux comprendre progressivement sur quels leviers agir, d'explorer de nouvelles idées. Ce n'est que progressivement que l'attention portée aux questionnements et aux informations produites par le contrôleur augmente et que ses interlocuteurs s'approprient de nouveaux raisonnements. "On sent qu'on est en train de réussir quand des sujets étrangers à la culture usine deviennent des sujets de discussion courants", indique un contrôleur de gestion industriel. Un autre se félicite de voir des opérationnels commencer à le solliciter sur toutes sortes de sujets.

Cette étape de transition requiert du contrôleur de gestion maîtrise de son métier et bonne connaissance de l'activité des différents managers pour lesquels il travaille. Elle requiert également du temps. Pour prendre du recul par rapport aux chiffres produits. Pour s'informer des projets dans l'air, trouver des angles d'éclairage intéressants. Pour observer les pratiques du terrain. Le contrôleur de gestion d'une entité dont le dirigeant lui avait signifié qu'il souhaitait le voir devenir son bras droit s'est vu fixer la première année, parmi ses objectifs annuels, celui de réserver au moins 20 % de son temps à réfléchir et élaborer des propositions. Il estime aujourd'hui que cette décision a été déterminante pour l'établissement de la confiance du dirigeant et, par là, pour la réussite de son positionnement. À l'inverse, le contrôleur d'un grand groupe s'est plaint d'un retour involontaire vers un poste de technicien faute de temps. Il expliquait ce fait par le développement du reporting imposé par le nouveau dirigeant du groupe qui noyait les contrôleurs de gestion dans du travail récurrent et les empêchait ainsi de poser les bonnes questions et d'apporter tout éclairage aux managers de leurs divisions respectives.

Ainsi, un positionnement de conseiller ne se décrète pas. Ce n'est que petit à petit que la confiance peut se créer, que des relations de partenariat peuvent s'instaurer. Beaucoup de temps peut être gagné dès lors que le manager est conscient du rôle que son contrôleur de gestion peut jouer et nous ne pouvons que conseiller aux décideurs de régulièrement s'interroger sur l'étendue de ce que leur apporte effectivement leur contrôle de gestion par rapport à ce qu'il devrait idéalement leur apporter et de faire part de cette réflexion à leur contrôleur.

De même, la participation des managers au contrôle de gestion ne se décrète pas. On comprend que des managers gardent certaines informations pour eux. On comprend qu'ils souhaitent ne pas accorder trop d'attention à des informations et des raisonnements dont ils ne sont pas forcément familiers. Pourtant, cette participation est de leur intérêt.

La participation des managers

Que le contrôleur de gestion exerce ou non des activités de conseil, son travail n'a de valeur que s'il aide véritablement les membres de la direction et les managers à prendre des décisions pertinentes en temps et en heure et donc que les informations et analyses produites soient utilisées par ces derniers. En matière de qualité de l'information véhiculée et traitée dans le cadre du processus, les managers jouent un rôle déterminant. La définition du système de contrôle de gestion et la mise en place d'outils comme la méthode ABC ou les tableaux de bord nécessitent une réflexion des managers sur les facteurs de coûts et de performance et un échange de qualité avec les contrôleurs de gestion chargés de développer ces outils. De plus, les outils du contrôle de gestion doivent être nourris régulièrement par les informations détenues par les uns et les autres. Seul ce "partage" de l'information permet d'interpréter correctement certains faits constatés.

Par exemple, un écart sur le coût des matières premières consommées peut provenir d'une erreur de manipulation ou d'un manque de motivation des opérateurs (renseignements détenus par le chef d'atelier), d'un dysfonctionnement des machines sur lesquelles ces matières ont été travaillées (donnée connue du responsable de la maintenance) ou encore de matières non conformes à la qualité requise ou d'un coût unitaire supérieur au coût prévu (information en provenance du service achat). Travailler avec les uns et les autres permet au contrôleur, mais aussi et surtout aux managers, de comprendre la réalité qui se cache derrière les chiffres.

Ainsi, la participation des managers dans le processus de contrôle de gestion – tant comme fournisseurs d'informations que comme utilisateurs du résultat du traitement et interprétation de l'ensemble des informations – est indissociable de la qualité du processus de contrôle de gestion lui-même et favorise l'interprétation et la compréhension de la réalité.

Malheureusement, cette participation n'est pas spontanée. Ainsi, la tentation d'aménager les informations détenues avant de les transmettre aux contrôleurs de gestion ou aux managers est parfois trop forte. L'exemple des ingénieurs d'affaires ou des consultants qui, pour ne pas faire apparaître de malus sur leurs réalisations, n'affectent pas les consommations excédentaires sur l'affaire à laquelle elles se rapportent mais sur une autre affaire capable de les absorber discrètement le montre bien. On constate le même phénomène dans l'élaboration des budgets où les managers consultés sont parfois (souvent ?) soupçonnés d'exagérer leurs besoins tout en étant frileux sur leurs potentiels de recettes. Par ailleurs, les managers peuvent tout à fait n'accorder que peu d'attention aux informations émanant du contrôle de gestion et fonder leurs décisions sur de tout autres éléments. Quels sont donc les facteurs susceptibles de favoriser cette participation ?

L'influence des supérieurs hiérarchiques. Aucune étude ne l'a encore confirmé statistiquement à notre connaissance, mais l'usage que font du contrôle de gestion les supérieurs hiérarchiques d'un manager est, aux yeux de contrôleurs, une variable d'influence importante de la participation de ce manager au contrôle de gestion. Le fait qu'un responsable appuie explicitement nombre de ses réflexions et décisions sur l'éclairage apporté par le contrôleur de gestion incite généralement ses adjoints à en faire autant.

Au contraire, il suffit qu'un responsable utilise le contrôle de gestion pour mettre une pression exagérée sur les services qu'il dirige, ou pour systématiquement refuser l'octroi de nouvelles ressources, pour que ses collaborateurs aient tendance à percevoir ce processus plus comme une contrainte que comme un soutien dans leurs fonctions, quels que soient les compétences et les efforts réalisés par le contrôleur.

De même, la latitude que le supérieur hiérarchique laisse à ses collaborateurs joue manifestement un rôle direct sur leur participation au processus. Plusieurs contrôleurs de gestion interrogés regrettent que de grands directeurs interviennent trop souvent sur des décisions théoriquement du ressort de leurs collaborateurs. Le manager a alors le sentiment qu'il est inutile qu'il explore plusieurs alternatives ou prépare, avec son contrôleur, des décisions ambitieuses. Au contraire, deux contrôleurs ont souligné l'excessif non-interventionnisme des dirigeants de leurs entités respectives. Certains indicateurs – concernant exclusivement la R&D pour l'un des contrôleurs concernés et tous les services de l'entreprise de l'autre – restent immuablement dans le rouge sans qu'aucune décision ne soit prise pour les améliorer. La hiérarchie du responsable direct des réalisations en cause n'intervenant pas, ni en cours ni en fin d'exercice, ce dernier n'est pas incité à s'intéresser à ces signaux d'alerte et à chercher des solutions. Les deux contrôleurs de gestion ressentent cette situation comme échappant totalement à leur pouvoir d'influence.

L'évolution des pratiques de certains directeurs apparaît ainsi aux yeux de contrôleurs comme une condition du développement de la participation des managers au contrôle de gestion. Mais le comportement du contrôleur lui-même n'est pas en reste.

L'impact du comportement du contrôleur. Avant toutes choses, les contrôleurs de gestion doivent être conscients de l'impact que l'image du contrôle de gestion a sur la participation des managers au processus. Quelques constats dans ce sens ont ainsi été mis en évidence : plus le processus mis en œuvre par un contrôleur-technicien est perçu comme un « carcan », moins les managers utilisent ses informations pour la gestion quotidienne de leur service ; en revanche, plus ils comprennent le contrôle de gestion animé par un contrôleur-conseiller comme un processus « fournisseur d'information », plus ils utilisent les informations qui en résultent pour la gestion quotidienne de leur service ; enfin, plus ils le perçoivent comme un « conseil/soutien », plus ils s'impliquent dans « la transmission d'informations » de gestion. L'image du contrôle de gestion apparaît donc comme un de ses facteurs sur lequel il convient d'agir. Ces relations sont logiques : les managers ne sont tentés d'utiliser les informations produites et transmises par le contrôleur de gestion que s'ils les jugent aptes à les aider dans leurs missions ; de même, ils ne perçoivent l'intérêt de transmettre des informations de qualité que lorsque le processus leur paraît utile ; tout jugement négatif, toute réticence à l'égard du processus en général constituerait au contraire un frein à l'utilisation et à la transmission des données.

Or, à l'évidence, le comportement du contrôleur de gestion en matière de communication influence l'image du processus. Un directeur du contrôle de gestion mettait ainsi récemment en garde les membres de son équipe sur l'impact négatif de la solution de facilité qui consiste, lorsqu'une information désagréable tombe de la direction (exemple : baisse du budget d'un service), à se détacher de la décision et à refuser toute discussion (« moi je n'y suis pour rien, c'est comme ça »). Il prônait au contraire d'apporter toute explication susceptible d'aider à l'acceptation de cette information. Dans le même sens, il apparaît que plus les contrôleurs de gestion pratiquent une forme de communication dite ouverte, plus l'image du contrôle de gestion est positive. Ce type de communication consiste ici à s'entretenir avec le manager au travers de questions ouvertes afin de mieux comprendre sa situation et ses réticences, à rechercher des solutions avec lui, et à lui expliquer l'importance de l'information demandée ou du raisonnement proposé. Au contraire, plus des formes de communication fermée sont utilisées par le contrôleur (exemple : la demande maintes fois réitérée, l'appel à la hiérarchie), plus les managers perçoivent le contrôle de gestion comme un carcan ou un organe de surveillance. Malheureusement, la communication orale ouverte n'est pas un comportement naturel et nécessite un apprentissage spécifique, complémentaire aux techniques du contrôle de gestion habituellement dispensées dans les programmes de formation à ce métier.

En conséquence, le comportement du contrôleur de gestion comme celui du supérieur hiérarchique du manager apparaissent comme des facteurs qui influencent la participation du manager au contrôle de gestion. Le positionnement du contrôleur comme conseiller, un des axes de développement du métier, permet également d'associer plus étroitement les managers.

Ainsi, le métier de contrôleur de gestion a évolué depuis une vingtaine d'années dans sa conception même, passant d'un rôle de fournisseur d'information à celui d'animateur d'un processus auquel la participation des managers est essentielle. La volonté et le comportement de la direction de l'entreprise, l'image du contrôle de gestion, ainsi que le comportement du contrôleur en matière de communication orale et son positionnement comme conseiller sont autant de variables clés qu'il appartient aux professionnels de gérer au quotidien... et aux formateurs d'intégrer aux programmes proposés. Du côté des managers, quel que soit leur niveau hiérarchique, il est essentiel de comprendre que le contrôle de gestion doit être un processus de soutien dans l'exercice de leurs fonctions. Il ne faut pas hésiter à être demandeur, c'est-à-dire à soumettre des projets, des questionnements aux contrôleurs et à solliciter d'eux un éclairage. Ce n'est qu'ensemble que managers et contrôleurs de gestion continueront de faire progresser le contrôle de gestion pour en faire véritablement un outil de pilotage au seul service des décideurs.

Les points forts

- Autrefois cantonné à un rôle technique de traitement des données et perçu comme un outil de surveillance, le contrôle de gestion évolue vers une mission de conseil.
- Les managers, à la fois fournisseurs et utilisateurs d'informations, jouent un rôle déterminant dans la qualité du processus. Mais leur participation n'est pas donnée.
- La détermination des dirigeants, l'image de la fonction, le comportement du contrôleur lui-même sont des éléments essentiels de la réussite de cette transformation.

UNE TYPOLOGIE DES POSTES DE CONTRÔLEURS DE GESTION EN FONCTION DE SES MISSIONS

Missions	Contrôleur de gestion – technicien	Contrôleur de gestion – conseiller
Définition du système de gestion et contrôle du respect des procédures	X	X
Adaptation des outils de gestion aux besoins des opérationnels	X	X
Traitement des données budgétaires	X	X
Conseil opérationnel		X
Conseil stratégique		X

A. Godener, M. Fornerino, « La métamorphose du contrôle de gestion », *L'Expansion Management Review*, déc. 2005.

QUESTION

Dégager les idées essentielles à retenir pour un gestionnaire contemporain.

1

PARTIE

LE CONTRÔLE DE GESTION ET L'ANALYSE DES COÛTS

Le contrôle de gestion est associé à la structure organisationnelle dans laquelle il est déployé.

Ainsi, il semble nécessaire de caractériser, d'une part, la représentation des organisations selon les premières formalisations de la théorie des organisations et, d'autre part, la nature de l'environnement des entreprises pour appréhender la construction et l'analyse des coûts telles que le propose le contrôle de gestion lors de son émergence (chapitre 2).

Les outils du calcul des coûts sont présentés par rapport à la nature de la réponse qu'ils apportent aux besoins de gestion. Ils sont replacés dans le contexte qui leur donne toute leur pertinence. Cependant, cette vision tient compte d'une logique historique de diffusion de ces méthodes.

L'étude commence par la présentation de la **méthode des centres d'analyse** qui permet de positionner les principes fondamentaux des calculs classiques de coût (chapitre 3).

Nous verrons, par l'étude des **coûts partiels** (chapitres 4 et 5) et du **coût différentiel** (chapitre 6) que, sauf dans un contexte de court terme où les coûts fixes peuvent être considérés comme « fatals », ils ne peuvent être une réponse pertinente aux problèmes de tarification.

L'étude de **coût d'imputation rationnelle** (chapitre 7) nous permet de réintroduire une logique de causalité dans la formation du résultat mais pas de répondre de façon satisfaisante à des préoccupations de politique de prix.

Cette présentation des méthodes de calculs des coûts peut être complétée par l'étude des **coûts par activités** (chapitre 16) qui, proposant une nouvelle modélisation de coûts complets, a été intégrée à la partie 3, « Le contrôle de gestion et le pilotage de l'organisation », car cette méthode apporte une réponse plus pertinente en termes de positionnement du prix des produits et autorise le contrôle stratégique.

2
CHAPITRE

L'organisation et les coûts

Les premières constructions et mises en place du contrôle de gestion dans les entreprises se sont fondées sur une vision datée de l'organisation. En outre, ces formalisations apparaissent dans un contexte économique et productif spécifique au début du XXe siècle. Il est nécessaire de caractériser les premières représentations des organisations et du contexte économique productif pour comprendre en quoi elles expliquent les premières formes du contrôle de gestion.

SECTION 1
LES PREMIÈRES REPRÉSENTATIONS DES ORGANISATIONS ET DE L'ENVIRONNEMENT ÉCONOMIQUE

Dans la première moitié du XXe siècle, de nombreux chercheurs ont proposé des représentations formelles des entreprises ou des organisations. Compte tenu du contexte économique et productif, seules certaines d'entre elles ont eu, au moment de l'émergence du contrôle de gestion, un impact sur ce dernier.

1. L'organisation

L'organisation est le terme générique utilisé aujourd'hui pour définir une entité ayant une activité, de quelle que nature que ce soit, qui doit gérer des moyens et atteindre des objectifs.

Robbins [1]définit l'organisation comme « un ensemble de moyens structurés constituant une unité de coordination ayant des frontières identifiables, fonctionnant en continue en vue d'atteindre un ensemble d'objectifs partagés par les membres participants ».

Les problèmes de gestion sont posés dans le cadre des organisations.

(1) S.P. Robins, *Théorie des organisations*, Prentice Hall, 1987.

Dans cette partie, seront proposées les premières formalisations de la théorie des organisations ainsi que leurs impacts sur la structure des organisations.

1.1 Les apports des premières théories des organisations pour représenter l'organisation

a) L'approche rationnelle productive

Dans le contexte des débuts de la société industrielle, la productivité constitue l'objectif prioritaire. Il faut produire en grande quantité des produits standards pour répondre à la demande et réduire les coûts unitaires.

Taylor introduit l'organisation scientifique du travail, Bedeaux décompose les mouvements et mesure les temps d'opération pour diviser les tâches et augmenter les rendements. Weber analyse la bureaucratie comme l'établissement de normes et de règles imposées à des exécutants. Fayol délimite les fonctions essentielles pour gouverner une entreprise, dont la fonction de contrôle.

Toutes les démarches et analyses cherchent une plus grande **rationalité** dans la production, dans la structure, dans la direction.

Les concepts sur lesquels repose ce cadre d'analyse sont essentiellement :

- les **économies d'échelle** : fabrication par lot de grande taille pour augmenter la productivité et réduire les coûts unitaires en répartissant les frais fixes sur des quantités importantes ;
- la **standardisation** : homogénéité des produits sans différenciation ;
- la **division du travail**, **spécialisation** : décomposition et segmentation des tâches ;
- l'**exécution/contrôle** : mesure de l'activité et du rendement des postes, comparaison aux normes établies.

Le contrôle est un des fondements de cette vision de l'organisation. Principalement quantitatif, il est nécessaire à tous les niveaux de l'entreprise.

Le **contrôle de gestion** qui apparaît vers les années 1930 est un outil de gestion élaboré pour s'intégrer dans la problématique de maîtrise de la production.

Il s'insère tout à fait dans les principaux concepts cités :

- la séparation des coûts directs et indirects (souvent fixes), le calcul des coûts unitaires ;
- le découpage de l'activité, la décomposition du coût de production selon les étapes techniques ;
- le calcul et l'analyse des écarts permettent de contrôler l'exécution des tâches.

Le contrôle de gestion permet de mesurer quantitativement des actions pour les comparer aux normes préétablies et les corriger si besoin est.

Il a souvent été utilisé comme moyen de contrôle, voire de sanction pour les salariés de l'entreprise.

> **Le contrôle de gestion dans l'approche classique** est une mesure quantitative des écarts entre réalisations et prévisions pour sanctionner les exécutants.

b) L'approche des relations humaines

L'école des relations humaines a profondément modifié les conceptions sur l'intégration des individus dans l'entreprise.

Différentes études ont mis en évidence les motivations affectives et l'importance de la participation des acteurs de l'entreprise.

La réaction à l'approche précédente prend plusieurs aspects.

- Mayo met en évidence à la Western Electric que les salaires et les conditions de travail ne suffisent pas à motiver les acteurs de l'entreprise. La productivité augmente en revanche avec l'attention qui leur est portée et les motivations sont plus fortes avec un degré de responsabilité plus élevé.
- McGregor présente la théorie *Y* (opposée de la théorie *X*) où l'individu est capable de s'intéresser, de participer aux buts et aux activités de l'organisation tout en essayant de réaliser ses propres objectifs.
- Herzberg analyse les facteurs de satisfaction au travail et démontre l'importance et la nécessité d'enrichir et d'élargir les tâches et les responsabilités des acteurs de l'organisation.

Le contrôle s'en trouve modifié, dans son objectif et dans ses moyens. Il n'est plus seulement ressenti comme une vérification du supérieur hiérarchique sur l'exécutant. Le subordonné plus responsable peut s'autocontrôler, au moins pour les tâches les plus courantes.

Dans cette approche, le contrôle de gestion peut rester un outil de contrôle des individus mais il devient aussi un instrument de motivation et de participation.

Ce sont les principes de contrôle des objectifs, la direction par les objectifs (DPO), la direction participative par les objectifs (DPPO), le système de sanction-récompense.

Le contrôle de gestion dans l'approche des relations humaines est un moyen pour stimuler des acteurs de l'organisation.

c) L'approche système

Un **système** est une structure organisée réunissant plusieurs éléments différents mais qui fonctionnent en interaction pour atteindre un objectif commun.

La théorie des systèmes élaborée par des biologistes modélise dans sa globalité l'ensemble des éléments en interaction qui compose une entité, ouverte sur son environnement, cherchant à lutter contre l'entropie (le désordre) et mettant en place des processus de régulation ou *feed-back*.

Dans cette approche, **l'entreprise devient un système complexe, finalisé, ouvert sur un environnement incertain, regroupant des acteurs et des fonctions en interrelation** : ce sont donc les liaisons internes qui apparaissent plus importantes que les composantes de l'organisation. Si l'ensemble des décisions est appréhendé de manière globale et interdépendante, il faut que les outils de traitement des informations intègrent aussi cette approche pour aider à la décision.

■ *Une vision globale nécessaire*

La démarche du gestionnaire qui pilote une organisation repose sur le cycle :

INFORMATION → DÉCISION → ACTION → CONTRÔLE (retour de CONTRÔLE vers INFORMATION)

Le contrôle de gestion apparaît comme un instrument indispensable au pilotage et ce, sous plusieurs aspects.

■ *Un pilotage de l'ensemble et des parties*

Le contrôle de gestion doit être une «loupe» sur certains points de l'activité (par l'intermédiaire, entre autres, des calculs de coûts partiels), mais doit aussi donner une image de l'enchaînement des activités pour en mesurer l'efficacité globale, au travers des plans et budgets, par exemple.

■ *Un pilotage permanent*

Le contrôle de gestion est aussi un baromètre permanent pour mesurer les actions et aider à leur recentrage pour atteindre les objectifs fixés.

■ *Une vision cybernétique nécessaire*

La cybernétique est la discipline qui analyse le comportement des systèmes finalisés. Elle étudie comment ces derniers s'adaptent aux modifications de leur environnement, grâce à des procédures de contrôle qui régulent par rétroaction.

Le **contrôle de gestion** s'intègre bien dans cette problématique.

Pour lutter contre les dérèglements du système dus aux prévisions imparfaites et aux perturbations de l'environnement et pour rétablir l'équilibre, le contrôle de gestion mesure les actions réalisées et permet les rétroactions nécessaires sur les prévisions, les objectifs et les actions.

d) L'approche décisionnelle

La **décision** peut être définie comme un choix délibéré parmi plusieurs possibilités dans le but de résoudre un problème.

La théorie économique propose une vision rationnelle des individus qui décide en fonction des informations données par les outils sans biais ni incertitude.

Dans ce cadre, le contrôle est un contrôle de régularité, de conformité à des normes avec d'éventuelles sanctions à la clé.

Le contrôle ex post compare les résultats effectifs aux objectifs affichés et permet de mettre en place des boucles de rétroaction pour corriger les dérives.

Au total, après ces premières écoles et approches, il est possible de délimiter une vision du fonctionnement des organisations :

> L'organisation de l'entreprise est perçue comme une mécanique récurrente :
> – cherchant à atteindre une productivité rationnelle maximale,
> – organisée autour des fonctions et des postes de travail stables,
> – composée d'acteurs rationnels et un début de relations sociales,
> – ayant un pouvoir centralisé et des processus de décision linéaires
> – nécessitant des boucles de contrôle et de rétroaction.

C'est dans cette représentation qu'ont été élaborés les structures organisationnelles et les calculs de coûts du contrôle de gestion.

1.2 La structure

Ces différentes théories si elles proposent des visions de l'entreprise plus riches ne peuvent être dissociées des choix de structure mis en place par les directions pour assurer le fonctionnement de l'organisation.

En effet, le découpage du travail et du pouvoir au sein d'une entreprise dépend de la représentation de l'organisation et influence ensuite la construction des coûts.

a) Qu'est ce qu'une structure ?

Toute entreprise a besoin d'une structure pour combiner, coordonner ses activités afin d'atteindre ses objectifs.

Dans un sens restreint, la structure organisationnelle est la décomposition des services, le découpage des tâches et les relations entre les niveaux hiérarchiques ; dans un sens plus dynamique, la structure intègre également les procédures de fonctionnement et de communication entre chaque pôle.

La structure de l'entreprise est influencée par les stratégies des entreprises mais à son tour influence le système décisionnel et informationnel. La répartition du travail et des responsabilités conditionne le découpage des coûts dans l'organisation.

b) Les formes structurelles classiques

Pour définir une structure, il est nécessaire de définir :

– le travail : nature et sphère d'influence ;

– le pouvoir : type et place du pouvoir.

La prise en compte de ces deux critères permet de repérer plusieurs formes classiques :

– la **structure hiérarchique** : la spécialisation du travail est forte et le pouvoir est centralisé ; un service est relié à un seul chef ; le contrôle est plutôt vérification a posteriori et sanction ;

– la **structure fonctionnelle** : le travail est réparti selon les fonctions nécessaires à l'activité et le pouvoir est attaché à chaque fonction. Cela conduit donc à une multiplicité des chefs pour chaque service ; les critères de contrôle ne sont pas les mêmes selon les fonctions concernées ; trop souvent se posent des problèmes de coordination et de communication ;

– la **structure hiérarchico-fonctionnelle** (*staff and line*) : solution hybride des deux premières, elle associe des services hiérarchiques qui peuvent contrôler et des services fonctionnels qui conseillent sans pouvoir ;

– la **structure matricielle** : structure plus souple à deux dimensions où chaque salarié est rattaché à un chef de produit et à un responsable fonctionnel. Cette structure permet une décentralisation des pouvoirs mais requiert une coordination précise ; de plus, le contrôle est parfois délicat à mettre en place cette structure floue ne délimite pas de manière précise et définitive l'autorité.

2. L'environnement économique et productif

La perception d'un contexte économique et productif stable des entreprises orientent aussi la structuration du contrôle de gestion.

2.1 Les caractéristiques du contexte économique

Il s'agit de comprendre que les caractéristiques de l'environnement économique, juridique, technologique du moment conditionnent les objectifs des entreprises, les variables à gérer, les choix de production, de ventes et donc influencent la nature des coûts construits pour aider à la gestion.

Jusqu'aux années 70, plusieurs paramètres peuvent délimiter l'environnement des entreprises :

– la **demande** des clients pour les produits qui apparaissent sur le marché est stable, **homogène et quantitative** car ce sont des premiers besoins, sans exigence de qualité très forte ;
– l'**offre** des entreprises productives est faible eu égard aux demandes des clients qui aspirent à la consommation de masse. Compte tenu de la pénurie relative, la formation des prix s'appuie sur la constatation de coûts auxquels on ajoute une marge ;
– la concurrence est **peu développée, surtout nationale ou régionale (européenne par exemple)** ;
– les technologies proposées aux entreprises sont mono fonction, mono produit rendant les machines et **les postes de travail rigides** avec un temps de changement d'outils long.

Ainsi, il en ressort que les entreprises se fixent des objectifs de quantité et de productivité pour répondre à une demande forte sous contrainte de technologies rigides.

2.2 Les caractéristiques du contexte productif

De cet environnement économique et technologique stable, il en découle des choix de production en correspondance logique avec les objectifs et les contraintes des entreprises :

– pour organiser des flux de production prédéterminés à volume et à charges constants, l'organisation taylorienne définit de manière précise des **tâches très parcellaires** à réaliser par des opérateurs aux qualifications spécialisées et stables ;
– les produits sont élaborés par le bureau des études qui définit les spécificités techniques et les procédés de fabrication qui ne changent pas ou peu. La **standardisation des produits** induit la standardisation des procédés, des tâches, des matières et des ressources utilisées. Les normes sont établies pour une période relativement longue et la répétition régulière des opérations permet des effets d'expérience et d'apprentissage ;
– l'organisation taylorienne gère des **lignes de production rigides**, avec une régulation par des stocks de produits intermédiaires et finis, et planifie les flux de production en amont à partir de prévisions de vente.

En résumé :

PROBLÉMATIQUE TRADITIONNELLE DE LA PRODUCTION			
Environnement →	**Objectifs** →	**Choix stratégiques** →	**Choix de gestion**
• Offre peu nombreuse peu concurrentielle inférieure à la demande • Demande homogène, stable, quantitative • Technologies rigides	• Productivité • Quantité	• Produits standard peu diversifiés • Production de masse, de grande série • Division du travail, spécialisation, centralisation	• Pilotage par l'amont • Régulation par les stocks • Opérateur exécutant • Contrôle *a posteriori*

À l'issue du positionnement de la représentation des organisations et des spécificités de l'environnement, il est possible de comprendre les choix effectués par les entreprises pour calculer les coûts de leurs activités.

SECTION 2

LE CONTRÔLE DE GESTION DANS CE CADRE D'ANALYSE

Le questionnement sur les coûts est fondamental pour une entreprise dès qu'elle est en interaction avec des concurrents ou qu'elle s'interroge sur le prix acceptable par les clients lors de l'implantation sur un nouveau marché. Après avoir défini le concept de coût pour le contrôle de gestion, il est nécessaire d'associer les informations et leurs sources pour calculer ces coûts.

1. Les premières constructions du contrôle de gestion : les coûts

Construire un coût c'est effectuer un regroupement de charges autour d'un critère pertinent qui permette de répondre aux interrogations du décideur.

Après avoir présenté la notion de coût, il sera utile de réfléchir à la pertinence des coûts pour répondre aux besoins des entreprises.

1.1 Définition de la notion de coûts

Un **coût** est défini comme la **somme des charges relatives à un élément défini au sein du réseau comptable**. Le choix des coûts à calculer se fait en fonction des activités de l'entreprise, de sa structure, de ses objectifs de gestion et de pilotage.

Un coût se caractérise par trois éléments :

CARACTÉRISTIQUES DES COÛTS SELON LE PLAN COMPTABLE

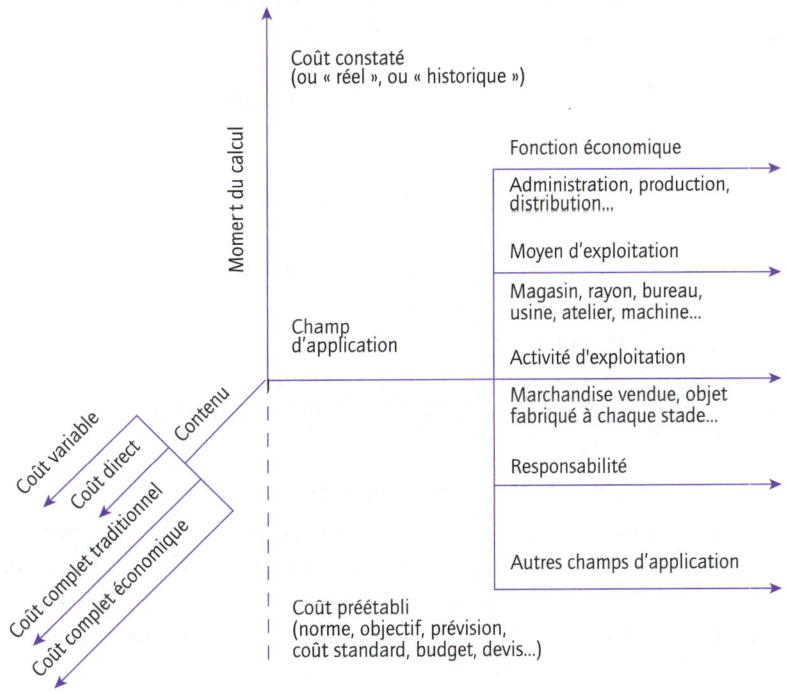

a) Le champ d'application

Le champ d'application du coût est très varié :

– une **fonction ou une sous-fonction économique** de l'entreprise (approvisionnement, production, distribution ou administration) ;

– un **moyen d'exploitation** c'est-à-dire une machine, un poste de travail, un rayon de magasin, un canal de distribution ;

– une **activité** à savoir une famille de produits, un produit, ou encore une zone d'activité ;

– un **centre de responsabilité** c'est-à-dire un sous-système de l'entreprise doté d'un indicateur de performance et à qui est laissée une certaine latitude dans les moyens à mettre en œuvre pour satisfaire ses objectifs.

b) Le moment du calcul

Ce critère permet de distinguer deux types de coûts :

– le coût **historique** qui est un coût calculé postérieurement aux faits qui l'ont engendré : on parle aussi de coût constaté ou coût réel ;

– le coût **préétabli** qui est un coût calculé antérieurement aux faits qui l'engendreront.

Le coût préétabli peut avoir le caractère de « normes » ou de simples prévisions. Selon l'optique du calcul, on parlera de **coûts standards**, de **devis** ou plus simplement de **coûts prévisionnels**.

c) Le contenu

Pour une période déterminée, un coût peut être calculé, soit en y incorporant toutes les charges enregistrées en comptabilité générale, soit en n'y incorporant qu'une partie de ces charges.

Le Plan comptable distingue ainsi deux familles de coûts.

■ *Les coûts complets*

Ces coûts sont constitués par la totalité des charges relatives à l'objet du calcul.

Il en existe deux sortes :

– les coûts complets **traditionnels** si les charges de la comptabilité financière sont incorporées sans modification ;

– les coûts complets **économiques** si ces charges ont subi des retraitements en vue d'une meilleure expression économique des coûts.

■ *Les coûts partiels*

Ce sont des coûts obtenus en n'incorporant qu'une partie des charges pertinentes en fonction du problème à traiter.

Il existe deux grandes catégories de coûts partiels.

• Le **coût variable** : c'est un « coût constitué **seulement des charges qui varient avec le volume d'activité** de l'entreprise sans qu'il y ait nécessairement une exacte proportionnalité entre la variation des charges et celle du volume des produits obtenus ».

Sont donc **exclues** du calcul les charges dites « **de structure** » qui sont considérées comme fixes sur la période considérée.

• Le **coût direct** : c'est un « coût constitué par des charges qui peuvent lui être **directement affectées** (généralement charges opérationnelles ou variables) et **des charges qui**, même si elles transitent par des centres d'analyse, **concernent** ce **coût sans ambiguïté** (variables et fixes) ».

Le calcul et la connaissance des coûts qui viennent d'être définis sont élaborés par un système spécifique d'informations anciennement appelé la **comptabilité analytique**.

1.2 La pertinence des coûts

Le système de coût construit à partir du découpage « choisi » de l'organisation ne garantit pas pour autant la validité des informations collectées, traitées, diffusées.

Quelles sont les qualités que doivent avoir les coûts pour bien « représenter » la réalité des charges des processus d'une organisation ? Les coûts définis par la comptabilité de gestion sont-ils suffisants pour analyser l'ensemble des coûts supportés par l'organisation ? Quelle est leur degré d'objectivité ? Quels facteurs influencent la construction des outils de calcul de coût ? Quelle est la marge de manœuvre du gestionnaire face à ces coûts pour piloter l'entité ?

a) Objectivité et exhaustivité

Le contrôle de gestion a été défini comme un système d'information.

Pour qu'un système d'information soit efficace, les résultats du traitement doivent être en adéquation avec les objectifs et les besoins de l'utilisateur.

Le contrôle de gestion doit donc informer le système de décision en proposant le coût le plus adapté possible aux problèmes de gestion à résoudre.

> Le meilleur coût pour une organisation n'est pas nécessairement celui qui a le plus de qualité, mais celui qui apparaît au bon moment et à la bonne place, qui parvient au bon utilisateur avec la précision souhaitée par ce dernier.

C'est la notion de **pertinence** qui est subjective et différente selon les entreprises, en fonction de leurs facteurs de contingence.

Les prises de décision évoquées précédemment s'appuyaient sur des coûts constitués de charges saisies par le système d'information. Pour autant, ne rien faire peut entraîner un coût pour l'organisation sous forme d'un manque à gagner.

> Le **coût d'opportunité** est « le manque à gagner résultant du renoncement qu'implique tout choix[1] ».

Il s'analyse plus comme une perte de ressources probables que comme un coût à proprement parler. La comptabilité de gestion tournée essentiellement vers une optique de maîtrise des coûts néglige cette notion. Pour autant, les techniques classiques intègrent cette approche des coûts dans les modèles de gestion des stocks en prenant en compte un coût de pénurie qui s'évalue souvent comme le manque à gagner résultant de la rupture de stock et des demandes non satisfaites qui en découlent.

Les gestionnaires tentent de plus en plus d'intégrer les coûts d'opportunité dans l'analyse économique des problèmes de gestion et principalement les coûts d'opportunité sociale tels que l'absence d'un opérateur, l'apparition d'un conflit ou une dégradation du climat social comme source de manque à gagner.

---

(1) P. Lassègue, Gestion de l'entreprise et comptabilité, *Dalloz, 1988.*

La maîtrise et la connaissance des coûts sont des éléments des problèmes de décision, mais encore faut-il savoir quel coût prendre en compte ?

b) Le pouvoir du gestionnaire sur les coûts

Le gestionnaire, décideur stratégique ou responsable opérationnel, aura à cœur de choisir le coût pertinent et de connaître les limites de son action, c'est-à-dire le pouvoir qu'il peut avoir sur les coûts envisagés.

Le décideur doit se préoccuper de connaître son champ d'action et donc identifier les coûts sur lesquels il a une emprise et ceux qui échappent à son autorité.

■ *Coût réversible et irréversible*

Un coût est dit **irréversible** quand il n'est plus permis de revenir sur la décision d'engagement. Il est **réversible** dans le cas contraire.

EXEMPLE

La décision d'installation d'une nouvelle machine est irréversible alors que celle d'engager des heures supplémentaires ne l'est pas.

L'augmentation des coûts irréversibles réduit le champ d'action du décideur.

■ *Coût contrôlable et coût administré*

Un coût est dit **contrôlable** quand le décideur a un pouvoir total sur l'apparition de ce coût (embauche d'un salarié) et dit **administré** quand il s'impose au décideur de l'extérieur de l'entreprise par l'administration ou les pouvoirs publics (charges sociales, fiscales ou redevances).

La proportion des coûts administrés s'accroît principalement pour la main-d'œuvre. Les freins au licenciement ont d'ailleurs tendance à faire de ce coût un élément irréversible. On comprend mieux alors que l'embauche de personnel supplémentaire, coût irréversible et, pour partie, administré, devienne une décision difficile à engager.

■ *Coûts déterminés et discrétionnaires*

Un coût est dit **déterminé** quand il a une relation claire avec l'effet obtenu : la consommation de matières qui est dépendante de la production effectuée.

Un coût est dit **discrétionnaire** lorsque la relation est plus diffuse (discrète) avec le résultat (il est difficile de trouver une corrélation entre des tâches administratives et la consommation de fournitures de bureau).

■ *Coûts visibles et coûts cachés*

Un coût **caché** est provoqué par un élément connu (exemple : délai d'attente entre lots de fabrication) dont les charges qu'il génère ne sont pas isolées par le calcul mais agrégées à un autre coût de l'entreprise (le coût de production des produits fabriqués).

Le contrôle des coûts en tant que système d'information n'est pas en mesure de calculer les coûts cachés. La non-qualité, les délais d'attente des clients, sont des exemples de coûts cachés. En général, tout ce qui relève de la qualité du service ou du produit s'apparente à des coûts cachés.

Il est possible d'évaluer une partie des coûts cachés par des études spécifiques : l'augmentation des pièces rebutées peut exprimer une baisse de qualité des produits fabriqués.

Ainsi, la recherche de la « qualité totale » dans l'entreprise tendra à mettre en évidence tous les coûts cachés de non-qualité : on parle même du « gisement de non-qualité ».

■ *Coûts internes et coûts externes*

Les coûts **externes** sont des coûts transférés à des tiers extérieurs à l'entreprise.

Ainsi, l'entreprise qui transfère l'obligation du stockage chez son fournisseur ou qui fait supporter par la collectivité les charges de dépollution qu'engendre son activité reporte sur les autres des charges qu'elle devrait supporter : il s'agit de coûts externes.

L'autorité du décideur est limitée à l'ensemble des coûts internes, contrôlables. Elle sera forte sur des coûts visibles, réversibles et non discrétionnaires. À l'opposé, le décideur n'a que peu d'emprise sur des coûts administrés externes.

Le pouvoir du décideur sur les coûts est donc limité. Le schéma suivant essaie de résumer les coûts inhérents à toute organisation qu'ils soient ou non pris en compte par la comptabilité de gestion.

LE GESTIONNAIRE FACE AUX COÛTS

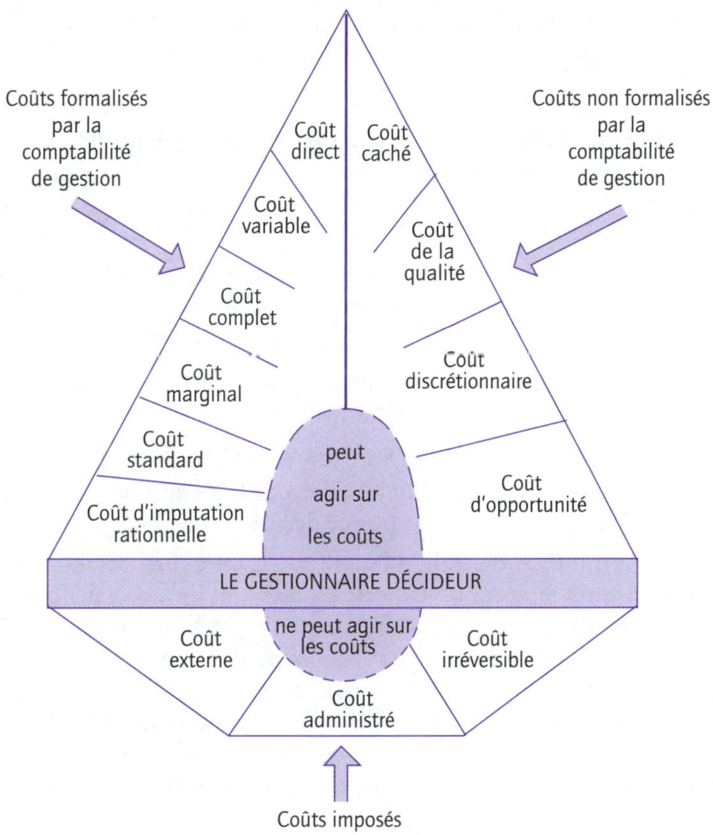

c) La construction des outils

• **Aucune construction d'outil n'est statique.** Elle évolue en fonction de l'environnement. Le gestionnaire a besoin de nouvelles informations, de nouvelles analyses de données, de nouveaux domaines d'interprétation qui nécessitent l'amélioration des outils existants ou l'élaboration de nouveaux outils.

Ainsi, il existe de fortes corrélations entre l'évolution du « modèle » de l'organisation tel qu'il est perçu et géré par les acteurs et les évolutions dans la construction des outils qui s'appuient sur cette représentation.

Liées à ces évolutions diverses et conjointes, il est possible de repérer plusieurs sources de construction de nouveaux outils de contrôle de gestion. À titre d'exemple et sans être exhaustif, nous reprenons l'analyse proposée par le Commissariat général du plan.

• **Les outils sont liés à la vision de la réalité économique et organisationnelle du moment**. À partir d'une représentation économique et organisationnelle de l'entreprise fondée sur des concepts précis, des outils sont élaborés pour mesurer et aider à gérer l'entreprise, à travers ces concepts ; par exemple la performance, la valeur.

• **Les outils sont liés aux évolutions des techniques comptables et de management**. Avec de nouvelles représentations des entreprises (structure aplatie, décentralisée, transversale), apparaissent de nouvelles techniques comptables qui intègrent de nouvelles dimensions ou variables. Ainsi, le découpage de l'organisation en activités, processus, projets, conduit à de nouveaux outils de calculs de coûts ou de nouvelles démarches de management :

– comptabilité par activités ;

– gestion par processus, par projet.

• **Les outils sont construits pour des problèmes spécifiques, sur mesure**. Dans le cas d'un contexte très contingent d'entreprise, dans lequel les outils « classiques » ne peuvent s'appliquer, les gestionnaires conçoivent des techniques spéciales correspondant à une seule situation d'entreprise :

– un modèle mathématico-logique pour un choix d'investissement, par exemple des compagnies pétrolières en avenir incertain ;

– un modèle de planification et de contrôle décentralisé mis en place pour la RATP ;

– un outil de classification des malades hospitalisés dans le cadre du programme de médicalisation du système d'information (PMSI).

En conclusion, il ressort que le **coût est un compromis**.

En effet, un coût est dit pertinent s'il est élaboré au bon moment pour le bon décideur et avec la précision satisfaisante pour ce dernier.

Cette notion diffère de celle d'exactitude d'un coût. L'exactitude renvoie à la validité des calculs arithmétiques qui ont permis l'élaboration du coût. Or l'exactitude, c'est-à-dire la prise en compte de tous les éléments pour leur bon montant et de façon exhaustive, a un coût. Le degré de précision des calculs peut parfois n'être obtenu qu'au prix d'un coût d'accès à l'information prohibitif par rapport au gain apporté par la précision des calculs. Dans ce contexte, il vaut mieux élaborer un coût approximatif au bon moment qu'un coût exact mais tardif. Il convient d'arbitrer entre le coût de l'information supplémentaire et le risque de prendre une décision sur un coût non exact mais existant.

Ainsi, un « bon » système de coût est un compromis entre le coût d'obtention des informations et celui provoqué par des informations inexactes.

Pour élaborer tous ces coûts, pour toutes les fonctions, à tous les niveaux de l'entreprise, le contrôleur de gestion doit puiser des informations dans différentes sources et en particulier dans la comptabilité financière.

2. Les sources d'information pour le contrôle de gestion

2.1 Le contrôle de gestion, système d'information pour l'entreprise

H.C. Lucas définit le système d'information comme « l'ensemble des procédures organisées qui permettent de fournir de l'information nécessaire à la prise de décision et/ou au contrôle de l'organisation » ;

Cette définition s'applique tout à fait au contrôle de gestion.

a) Le système d'information « contrôle de gestion »

Si l'on veut représenter la boîte noire du contrôle de gestion, avec ses inputs, ses outputs et la transformation effectuée, on obtient :

- **en entrée** : les charges et les produits de la comptabilité financière ainsi que d'autres données de la comptabilité de gestion ; les flux financiers externes et les flux internes constituent les entrées du système d'information ;
- **traitement** : les procédures comptables, l'établissement des budgets, le calcul des coûts et des écarts sont les traitements de ce système d'information ;
- **en sortie** : les coûts, les budgets les plans, les coûts, les écarts, sont les sorties du système d'information « contrôle de gestion ».

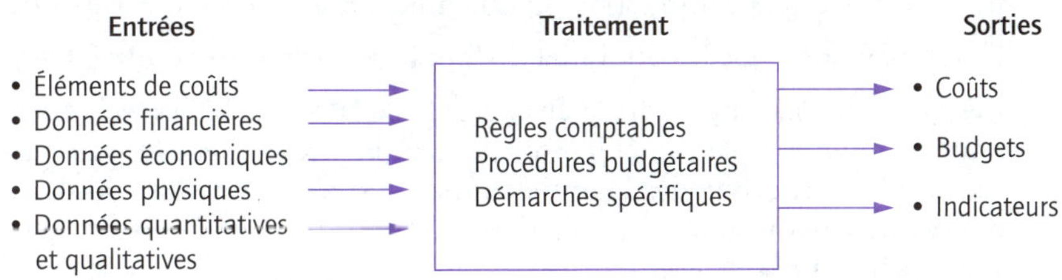

Les interactions entre le système d'information et le système de décision sont très fortes. Le contrôle de gestion, comme système d'information, influence donc les décisions de l'entreprise, tant tactiques que stratégiques.

b) La place du contrôle de gestion dans les systèmes d'information de l'entreprise

Plusieurs systèmes d'information interviennent pour les prises de décision. Il est possible d'en repérer trois principaux :

- le système d'information sur l'environnement ;
- le système d'information contrôle de l'opérationnel ;
- le système d'information du contrôle stratégique.

Très présent dans le deuxième système, le contrôle de gestion apparaît également dans le dernier.

Leur intégration peut être représentée dans le schéma suivant :

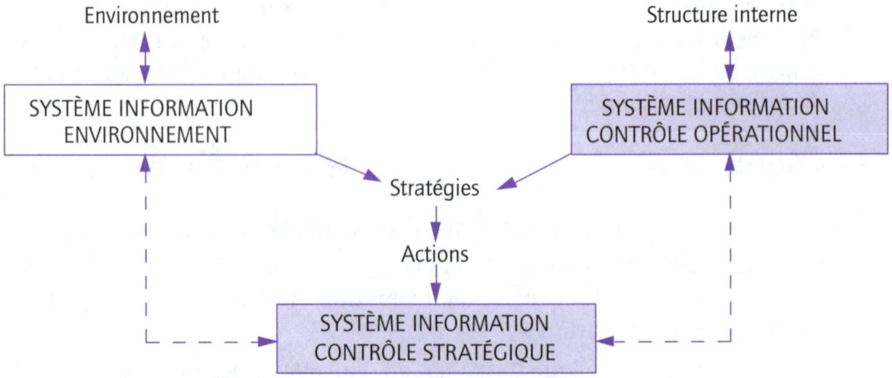

(Le contrôle de gestion apparaît dans les cadres colorés.)

c) La diversité des outils utilisés par le système d'information « contrôle de gestion »

Les services du contrôle de gestion ont souvent besoin de traiter, de transformer, de calculer des informations avant de pouvoir les utiliser dans les méthodes, les procédures de contrôle de gestion et de les analyser pour en tirer des conclusions. Ils se servent donc de nombreux outils d'aide à la décision « piochés » dans différentes disciplines et transformés pour leurs besoins ou conçoivent des outils spécifiques.

Ainsi pour montrer l'étendue de la gamme des outils d'aide à la décision dont disposent les gestionnaires et le contrôle de gestion, il est possible de dresser un tableau de quelques techniques classées par fonction ou domaine d'utilisation (voir page suivante).

Il faut bien noter que le panorama est loin d'être exhaustif et tout à fait perfectible.

L'essentiel est de comprendre la diversité et la transversalité des techniques : des outils statistiques sont utilisés par toutes les fonctions de l'entreprise et à l'inverse la fonction commerciale utilise des techniques quantitatives de gestion comme des outils quantitatifs d'autres disciplines (mathématiques, statistiques, RO, informatique) autant que des techniques de sciences humaines.

2.2 Les sources d'informations pour le contrôle de gestion

Les premières informations utilisées dans les méthodes de calcul de coût sont puisées dans la comptabilité financière et dans l'organisation en général.

a) La comptabilité financière

Le contrôle de gestion étant apparu historiquement après la comptabilité financière et se voulant être une « loupe » sur les charges d'une entreprise, il est logique que la comptabilité (auparavant générale maintenant financière) soit une source d'information pour le contrôle de gestion.

La comptabilité est donc, jusqu'aux années 70, la source essentielle des analyses menées par le contrôle de gestion ; d'ailleurs, l'organisation du travail fondée sur les principes tayloriens se retrouve dans ce système d 'information comptable et correspond aux objectifs assignés au contrôle de gestion.
En France, la première méthode de calcul des coûts formalisé est celles des sections homogènes. Ces travaux sont apparus avant la Deuxième guerre mondiale et se sont développés dans les entreprises dans les années d'après-guerre. On parle alors de comptabilité

	Fonction	Production	Commerciale	Financière	Ressources humaines
Techniques propres à la gestion	Techniques quantitatives de gestion	• Gestion des stocks • **Gestion des stocks en avenir aléatoire** • Comptabilité de gestion • (coûts préétablis et écarts) • Analyse de la valeur • Goulot d'étranglement • Contrôle de gestion (budget de production)	• Comptabilité de gestion (marges et prix de vente) • **Prévisions des ventes** • Ratios de rentabilité commerciale • Contrôle de gestion (budget des ventes)	• Comptabilité financière • Contrôle de gestion (budgets d'investissement ou de trésorerie) • Seuil de rentabilité • Analyse financière (ratios, effet de levier) • Délai de récupération du capital, TIR et VAN • **Méthode des scores** • **Théorie des portefeuilles**	• Contrôle de gestion (DPO et DPPO) • Comptabilité de gestion (évolution coûts salariaux) • Bilan social
	Organisation administrative	• Ordonnancement • Circuit d'information (SCOM) • Conception graphique	• Ordonnancement • Circuit d'information (SCOM) • Conception formulaire	• Ordonnancement • Conception graphique	• Circuit d'information (SCOM) • Organigramme • Conception de formulaires
Techniques d'autres disciplines	Mathématiques statistiques	• Statistique descriptive • **Probabilité** • **Espérance mathématique** • **Loi de distribution statistique**	• Moyennes mobiles • Moindres carrés • Statistique descriptive • **Espérance mathématique** • **Probabilité** • Arbre de décision • **Arbre probabilisé** • Actualisation • Lissage exponentiel	• Statistique descriptive • Critères de choix *(Hurwick, Wald, Laplace)* • **Arbre probabilisé** • **Espérance mathématique** • **Probabilité** • **Loi de distribution statistique**	• Statistique descriptive
	Recherche opérationnelle	• Théorie des jeux • **Gestion des files d'attente** • Gestion des flux	• *Analyse bayésienne* • *Optimisation des flots (logistique et transports)*	*Analyse bayésienne* • *Théorie des jeux* • PERT ou MPM	
	Sciences humaines	• Brainstorming • Cercles de qualité	• Étude des motivations • Études des besoins	• Étude des motivations • Psychologie	• Analyse psychologique • Bilan social • Sociologie des groupes • Méthodes de recrutement
	Informatique	• **Simulation, systèmes expert** • Logiciel de production (GPAO, MRP)	• **Simulation, systèmes expert** • Logiciels de gestion commerciale	• **Simulation, systèmes expert** • Logiciel de comptabilité et de finances	• **Simulation, systèmes expert** • Logiciel de paie

En romain : avenir certain – En **gras** : avenir incertain – En *italique* : avenir indéterminé.

industrielle. En 1982, le PCG a défini les notions fondamentales de coût et clarifier la méthode qui est rebaptisée « méthode des centres d'analyse ». Il utilise alors le terme de « comptabilité analytique » et non celui de « comptabilité de gestion » qui est apparu plus tardivement.
La comptabilité de gestion organise le cheminement des flux internes en vue d'aboutir à des coûts par produits ; elle présente une vision détaillée de chaque activité et développe des procédures spécifiques à chaque entreprise.

La comptabilité financière donne une vue globale et synthétique des comptes de l'entreprise. Obligatoire et normalisée, elle manipule des flux externes essentiellement monétaires. Base de calcul de l'impôt, fortement influencée par des visions juridiques et patrimoniales, la comptabilité financière est incapable avec sa seule logique de répondre à des questions indispensables au calcul du résultat.

Elle doit puiser dans l'architecture des coûts de la comptabilité de gestion les informations nécessaires à :

– l'évaluation des stocks et des encours dont l'importance croît avec des processus productifs de plus en plus complexes ;
– l'évaluation des productions d'immobilisations faites par l'entreprise.

Le schéma suivant reprend les liens entre les comptabilités.

LE CHAÎNAGE DES DEUX SYSTÈMES D'INFORMATION :
comptabilité financière et comptabilité de gestion

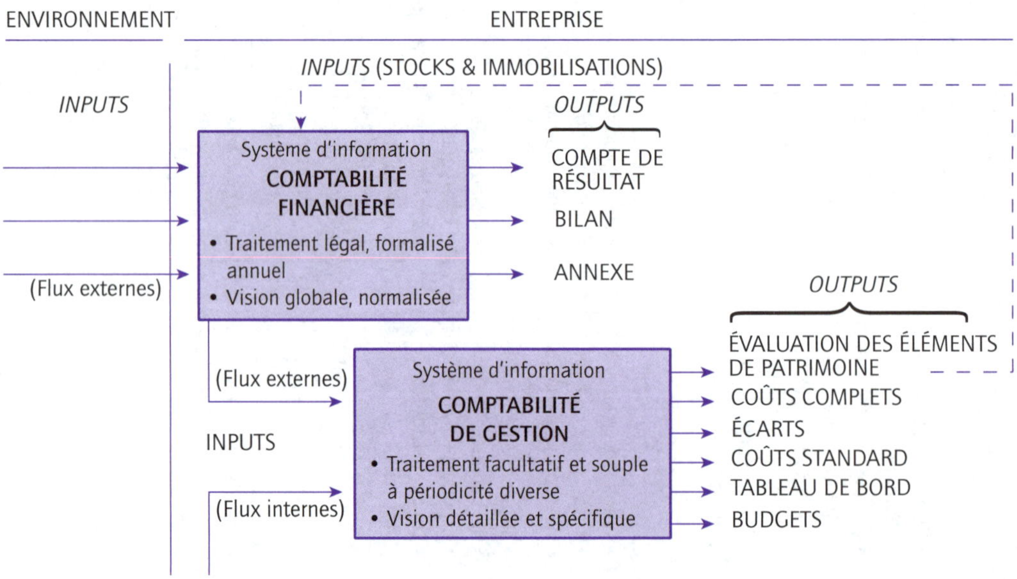

Les angles d'attaque de ces comptabilités diffèrent par les utilisations de leurs informations ; en effet, la comptabilité financière est « réservée » à ceux qui financent les activités, les tiers qui ont besoin d'évaluer la situation de l'entreprise, alors que la comptabilité de gestion est utilisée par ceux qui gèrent pour aider à positionner l'entreprise par rapport aux concurrents. Mais cette dichotomie ne reflète pas complètement la réalité car les pratiques conduisent à utiliser des informations d'où qu'elles viennent, pourvu qu'elles soient pertinentes pour les décisions.

b) Les informations sur l'organisation

Le contrôle de gestion a besoin d'informations sur les paramètres concrets de réalisation des activités pour décomposer les charges, affecter les temps de travail, comme par exemple :

- sur les processus de production : les temps machines utilisés, les quantités fabriquées, les plannings de travail, les pannes, les absences…
- sur les processus de soutien : le nombre de commerciaux, d'opérateurs, le temps de traitement d'une commande, d'une facture, les caractéristiques des fournisseurs et sous traitants…

Le contrôle de gestion peut aussi capter des informations dans son environnement pour mener des comparaisons avec des entreprises concurrentes : statistiques nationales par branches et secteurs, enquêtes et études sur mesure, ainsi que des informations sur la conjoncture comme les taux de croissance, d'inflation, de crédit, etc.

2.3 L'impact de la normalisation comptable sur le contrôle de gestion

L'internationalisation des marchés et des échanges commerciaux et financiers, la multiplication des alliances transnationales entre entreprises, nécessitent une homogénéisation des indicateurs de performance des entreprises.

Au-delà des associations nationales de comptables et de contrôleurs de gestion qui discutent de leurs problèmes et harmonisent leurs pratiques, des consortiums ou des fédérations internationales essaient de rassembler ces professions pour élaborer des procédures communes.

Mais les convergences sont difficiles à trouver et l'observation de la réalité fait apparaître une juxtaposition de référentiels.

Depuis une vingtaine d'années, une institution internationale réfléchit au problème de la mondialisation des règles comptables.

- En **1973**, des associations professionnelles de comptables ont constitué un comité international pour la normalisation comptable, l'**IASC** (*International Accounting Standards Comittee*), organe privé sans pouvoir institutionnel sur les entreprises.

Pendant une première période, de 1973 à 1995, le comité a essayé d'élaborer des normes internationales en comparant les normes de chaque pays et en choisissant les plus pertinentes.

Les normes internationales étaient déterminées de telle manière qu'elles soient les plus cohérentes possibles avec des référentiels nationaux très différents.

L'IASC avait alors un rôle d'harmonisateur pour des pratiques financières transnationales (fusions, consolidations, achats) sans pour autant avoir un quelconque pouvoir de contrainte sur les entreprises pour leur adoption.

Le comité a ainsi édicté une trentaine de normes comptables internationales (IAS International Accounting Standards).

En 1995, l'IASC, dont la notoriété s'accroît, a conclu un accord avec un organisme regroupant les commissions de bourse (IOSCO) pour proposer une panoplie complète de normes permettant aux entreprises de se faire coter à l'étranger avec les mêmes états financiers. Avec cet accord, l'IASC n'est plus un **harmonisateur des meilleurs pratiques mais devient un concepteur ex-nihilo de normes sans référence à une pratique existante**.

Cependant, des organismes officiels, plus nationaux mais au poids très important, émettent aussi des normes et des recommandations :

– le Financial Accounting Standard Board (FASB), comité américain propose des normes moins strictes qui favorisent les entreprises souhaitant être cotées sur les bourses américaines (US GAAP);
– la Securities and Exchange Commission (SEC), organe très puissant de régulation de la bourse américaine, cherche aussi à influencer les états financiers des sociétés cotées aux USA.

Des rapports de force s'établissent et l'IASC souffre de sa non-reconnaissance internationale, d'autant que son fonctionnement conduit à émettre des doutes sur sa neutralité économique.

En 2001, l'IASC clarifie son rôle et son fonctionnement afin d'améliorer son indépendance : elle change de nom et devient l'IASB (International Accounting Standards Board). Les normes ne se résument plus aux meilleures pratiques comptables mais s'élargissent à toute la communication financière des entreprises. Elles prennent le nom d'IFRS (International Financial Reporting Standards).

En 2002, l'IASB acquiert une **reconnaissance internationale** : un règlement européen rend obligatoire, à compter du 1er janvier 2005, l'utilisation des IFRS dans les **comptes consolidés de toutes les sociétés cotées européennes.**

Ainsi, coexistent deux référentiels proposés aux entreprises transnationales : le premier est américain et s'appuie sur les US-GAAP, le deuxième est celui de l'IASB et remporte de plus en plus de succès à l'international.

Dès lors, un fort mouvement de convergence est visible entre les différents référentiels et semble inéluctable.

Le contrôle de gestion est dépendant de tendances d'harmonisation internationale car il utilise des données comptables et financières issues des systèmes comptables imposés, mais les démarches et les techniques du contrôle de gestion ne sont pas soumises à des normalisations européennes ou internationales ; chaque entreprise élabore ses systèmes de prévisions, de contrôle, ses tableaux de bord « sur mesure » en fonction de ses besoins.

Ainsi, la mise en place des normes IFRS à compter du 1er janvier 2005 a renforcé les liens entre les deux comptabilités :

– la comptabilité financière a de plus en plus besoin d'informations pour valoriser à la juste valeur les éléments patrimoniaux des groupes qui ne peuvent être obtenus que par une comptabilité de gestion appropriée : valeur des actifs immatériels, flux futurs actualisés de certains investissements… ;
– la comptabilité de gestion puise ces données de base dans le compte de résultat de la comptabilité financière qui, dans une perspective française, distingue de façon précise les éléments d'exploitation des éléments exceptionnels.

La focalisation des IFRS sur le bilan au détriment du compte de résultat oblige la comptabilité de gestion à une vigilance accrue sur la nature des charges à intégrer aux coûts, dans la mesure où la distinction entre éléments récurrents et non récurrents tend à disparaître dans le compte de résultat optique IFRS.

APPLICATION

Evolution des systèmes de coûts

Une réflexion autour des deux idées suivantes :

– les systèmes de coûts/contrôle ont historiquement évolué en développant leur capacité à prendre en compte une quanté croissante de mouvements :

– on retrouve le même cheminement dans d'autres disciplines.

Nous avons dénombré quatre étapes :

1. Statique

On raisonne dans un univers stable . Il y a une vérité. Les problèmes sont résolus grâce à une démarche analytique.

2. Équilibre statique

Il y a mouvement mais selon des lois immuables. Nous sommes donc dans un univers déterministe dans lequel le futur est à l'image du passé. Les seuls systèmes concevables sont des système fermés asservis.

3. Équilibre dynamique

On introduit le changement dans les lois qui régissent le mouvement. Il y a donc une possibilité de transformation de l'univers que l'on essaye de maîtriser. Les systèmes évoluent vers des systèmes ouverts adaptatifs.

4. L'ordre probabiliste du désordre

Le mouvement est généralisé et imprévisible dans le détail. En revanche, on peut attacher une probabilité aux événements élémentaires. Les transformation d'ensemble sont indéterminées. Les systèmes se perfectionnent et deviennent autodidactes, c'est-à-dire capables d'apprentissage à partir d'observations.

Statique

L'apparition de manufactures au début de la révolution industrielle a déterminé l'insuffisance des calculs empiriques de coûts. Elle a fait naître deux nouveaux problèmes : d'une part celui de la taille et d'autre part celui d'une production de plus en plus « multi-produits ». La méthode des sections homogènes correspond à ces besoins, conformément à l'esprit de cette première étape. Concevant l'entreprise comme une somme d'entités formant autant de rouages ou d'engrenage (aspect mécanique) et garantissant la sécurité du flux d'informations (les sections se vident les unes dans les autres), cette méthode donne l'illusion d'une rigueur absolue qui confère à certains de ses auteurs et utillsateurs un sentiment de sécurité et de vérité souvent inexpugnable. En France la consécration de cette méthode par le droit fiscal (Plans comptables 1947-1957 et dans une large mesure 1982, cahier des clauses comptables des marchés publics) renforce cette conviction. Le terme même de « coût réel » retenu tant par l'usage que par le droit (article 38 quinquies du CGI) montre bien l'illusion de certitude que procure le recours à une technique très mécanique et arithmétique.

L'équilibre statique

L'imputation rationnelle des charges fixes est caractéristique de cette étape : elle mesure l'effet de la variation d'activité (dûe à l'environnement) sur l'entreprise. De fait, l'imputation rationnelle a deux fonctions essentielles :

– d'une part calculer les coûts complets stables par l'élimination des effets des variations d'activité. On retrouve bien là une idée force de cette étape : retrouver, par delà certaines variations considérées comme anormales ou exceptionnelles, le « rapport nécessaire » – constant – que constitue le coût complet qui redevient une « loi universelle » ;

– d'autre part, mesurer c'est-à-dire en fait isoler l'effet de l'environnement sur l'entreprise (l'écart d'activité). Cela revient à considérer que l'environnement agit sur l'entreprise mais que celle-ci ne doit pas répercuter cet effet, et reste neutre vis-à-vis de l'environnement, elle y est asservie.

Par ailleurs. l'imputation rationnelle suppose une suite d'équilibres successifs (succession de niveaux d'activité normale) qui nie et rejette à la fois l'évolution continue et l'interaction entreprise-environnement.

L'équilibre dynamique

Systèmes coûts-contrôle : les standards, expression de rapports sociaux dans l'entreprise

Rappelons que les standards sont issus du taylorisme et que le sens premier de « standard » est étalon de mesure, modèle, type. Il s'agit donc bien de faire évoluer un mode de production vers un modèle considéré comme idéal par ceux qui détiennent, dans l'entreprise, le pouvoir d'organiser. L'existence d'un management scientifique est confirmée. Ceci consacre deux changements importants :

1) La fonction de production n'est plus unique puisque la technologie et le salariat permettent de faire varier les combinaisons des facteurs de production.

2) La fonction de production (cadences et conditions de travail, type de mécanisation, etc.) n'est plus le résultat d'un équilibre social s'imposant à l'ensemble des membres d'une corporation mais devient l'objet d'une « négociation » dans chaque entreprise qui se traduira en standards de production.

Un standard, dès lors qu'il est intégré dans un système de contrôle de gestion n'est ni une performance moyenne ni une moyenne des performances. Il est ce vers quoi elles doivent tendre et les changements introduits dans les standards constituent un instrument de pilotage privilégié par les dirigeants pour faire évoluer la fonction de production, pour la transformer. Les standards sont donc à la fois les instruments et les révélateurs d'une transformation des rapports de production, de l'environnement technique et social. Au contraire, les méthodes des sections homogènes et de l'imputation rationnelle des charges fixes supposaient implicitement la permanence de la fonction de production.
Enfin, par rapport aux méthodes précédentes, le temps joue un rôle essentiel puisqu'il fait l'objet d'un découpage en périodes et anime le cycle prévision – constatation – mesure de l'écart.

L'ordre probabiliste du désordre

Systèmes coûts-contrôle : la direction par objectifs dans l'entreprise, un système autodidacte

« Le langage de la DPO et du contrôle de gestion est un langage systémique qui permet le contrôle des faits par les hommes et des hommes par les faits », de substituer le management par l'autocontrôle au management par la domination. Le management scientifique, capable de proposer un modèle global correspondant à l'optimum est abandonné. La réalité ne se laisse plus simplifier mais on reconnait au contraire la variété et le désordre comme étant des sources de richesses. L'évolution de l'environnement n'est plus prévisible et maitrisable mais la complexité de l'organisation lui permet d'apprendre à faire face à tous les changements.

Le principe 1 homme =1 tâche est abandonné, chacun ayant à jouer plusieurs rôles dans l'organisation. Une structure matricielle en donne au moins deux. La création de groupe de projet, de cercles de qualité, de groupes d'expression accroît le nombre des attributs de l'individu. Le concept de « destruction créatrice » fait son apparition dans les sciences de gestion.

Le modèle de l'entreprise n'est plus celui d'une mécanique bien rodée mais celui des organismes vivants complexes dont la survie constitue le seul principe intégrateur. Il n'y a donc plus, par exemple, de système de prix de cession interne assurant un optimum fiscal ou une redistribution planifiée du profit global entre toutes les cellules de l'organisation mais, au contraire, une mise en concurrence systématique par la généralisation des prix négociés. Ce désordre qui au premier abord peut apparaître comme un gigantesque gaspillage opère en fait une sélection impitoyable (fermetures d'ateliers, abandon de filiales, etc.) garantissant. une mise sous tension maximum et une incomparable efficacité.

A. Burlaud, C. Simon, « Évolution des systèmes coûts/contrôle »,

QUESTIONS

1. **Quels sont les enrichissements successifs des quatre contextes présentés ?**
2. **Caractériser les systèmes de coûts-contrôle lors des quatre étapes.**

3
CHAPITRE

Méthode des centres d'analyse

Pour piloter et prendre des décisions à court terme et long terme, le gestionnaire élabore et utilise de nombreux outils d'aide à la décision. Dans de très nombreux cas, il fonde ses décisions sur des démarches d'analyse de coûts. Il est donc indispensable de comprendre les conditions de validité des démarches mises en œuvre pour juger de la pertinence des coûts obtenus et des contextes dans lesquels ils représentent un réel éclairage pour la prise de décision.

Le contexte français a conduit à la prédominance d'un système de calcul de coût complet actuellement appelé « méthode des centres d'analyse ». Ce système encore majoritairement utilisé dans les entreprises françaises fait, aujourd'hui, l'objet de nombreuses critiques. Cette évolution historique a conduit à une modification des termes couramment utilisés : « la comptabilité analytique » qui « analyse » le résultat comptable global a été plus ou moins abandonnée au profit de « **comptabilité de gestion** » qui aide à la prise de décision et donc à la gestion. Cependant, dans les entreprises, le terme « analytique » traduit encore souvent la section comptable dont la mission principale est le suivi du calcul des coûts de l'organisation. Dans ce chapitre, les termes « comptabilité analytique » et « comptabilité de gestion » doivent être considérés comme similaires.

Après avoir mis en perspective les principes de construction de la méthode (section 1), l'étude du périmètre de l'analyse (section 2) permettra de définir les charges intégrées dans les coûts. La mise en œuvre de la méthode sera par la suite explicitée (section 3) ainsi que les liens de concordance avec la comptabilité financière (section 4). Enfin, les critiques formulées à l'encontre de la méthode seront exposées en conclusion.

SECTION 1
CADRE D'ANALYSE DE LA MÉTHODE

Dans sa volonté d'harmonisation et de normalisation, les différents plans comptables ont poussé à la formalisation d'une méthode codifiée connue aujourd'hui sous le nom de « méthode des centres d'analyse ».

Cette méthode, initialement appelée « **méthode des sections homogènes** », est issue des travaux menés pendant la Seconde Guerre mondiale par le lieutenant-colonel Rimailho dans le cadre de l'organisation d'ateliers de l'armée puis poursuivie dans le cadre de la CEGOS (Commission générale d'organisation scientifique).

Elle est reconnue et adoptée par la Commission de normalisation des comptabilités (décret du 4 avril 1948) et par les plans comptables généraux de 1947 et de 1957. A cette époque, elle permet le développement d'un système d'information autonome de celui de la comptabilité financière : on parle alors de « comptabilité industrielle » car cette méthode se focalise sur les coûts de production puis de « comptabilité analytique » quand elle s'étend à l'analyse de l'ensemble des fonctions de l'entreprise.

Après avoir envisagé les principes fondateurs de la méthode, nous exposerons sa structure générale.

1. Principes et hypothèses implicites du système

Les outils de gestion sont des réponses à des préoccupations de gestion inscrites dans le temps et dans l'espace. Pour bien comprendre la portée d'un outil, il est logique de le resituer dans le contexte où il est apparu. **Chaque outil renvoie à un modèle implicite de fonctionnement des entreprises qui lui assure sa pertinence.**

1.1 Le contexte de référence

Le calcul des coûts complets ou du moins sa diffusion semble apparaître dans les années 30, même si le problème du calcul des coûts de revient se pose de façon beaucoup plus précoce. À cette époque, les entreprises sont des firmes dont les caractéristiques essentielles sont les suivantes :

- vente de produits homogènes, fabriqués en grandes séries ;
- procédés de fabrication stables et homogènes ;
- prépondérance de la fonction de production au sein de l'entreprise ;
- importance des consommations directes dans le coût des produits ;
- gestion taylorienne qui dissèque le travail humain dans des gammes opératoires ;
- notion de performance de l'entreprise identifiée à la minimisation du coût du produit.

Par ailleurs, l'écoulement des produits n'est pas une difficulté car les entreprises travaillent sur des marchés « de relative pénurie » c'est-à-dire que la demande de produits est supérieure à l'offre : on parle aussi de « marchés offreurs ».

Inscrite dans le temps, cette réalité de l'entreprise conduit le système de calcul des coûts à être **essentiellement un système de calcul du coût de production**.

Compte tenu de ce contexte, la méthode fait clairement des choix :

- analyser toutes les charges donc **définir le périmètre de calcul** comme celui de l'entité dans sa globalité ;
- être un système d'information **en interaction forte** avec la comptabilité financière ;
- choisir comme **maille d'analyse le ou les produit(s)** et suivre le déversement des ressources par un découpage comptable lié à la structure organisationnelle de la production de ces produits.

1.2 Principes fondateurs

Tout système de calcul des coûts doit, si possible et de façon complémentaire :

– faciliter la gestion donc la maîtrise des ressources consommées ;
– proposer un couple coût-valeur qui facilite le dialogue entre l'entité et son environnement ;
– orienter les comportements des acteurs.

Pour atteindre ce système d'objectifs, il semble nécessaire, comme pour toute modélisation de calcul de coût, d'intégrer trois préoccupations dans sa construction : le degré de traçabilité, la causalité et l'homogénéité.

• Se préoccuper du mode de consommation des ressources revient à définir dans le système d'information les processus techniques qui permettent la transformation des ressources obtenues de l'environnement en biens finals. C'est la notion de **traçabilité des coûts** qui peut se définir comme « **capacité du système à suivre le cheminement des ressources de l'entrée à la sortie de l'organisation malgré leur transformation progressive** ».

Ce principe est appliqué dans la méthode des coûts complets : le cheminement du calcul des coûts doit s'appuyer sur le schéma productif de l'entreprise.

• La deuxième préoccupation renvoie à la notion d'efficience, c'est-à-dire à la confrontation des ressources consommées avec la valeur générée par ses mêmes ressources. Pour être un levier d'amélioration, soit dans le contexte taylorien, pour permettre une baisse des coûts, il faut introduire un **lien de causalité entre le volume de production et le volume de la ressource consommée.** La causalité peut se définir comme la capacité du système de calcul des coûts à associer à une cause une conséquence. La causalité renvoie aux comportements des coûts.

Si cet aspect semble assez évident pour les charges directes où la non-réalisation du produit entraine de façon évidente la non-consommation de ressources, le respect de ce principe est moins évident pour les charges indirectes.

• La méthode des centres d'analyse dans sa version initiale de « méthode des sections homogènes » associait à la notion de causalité celle d'**homogénéité** des charges regroupées et positionnait cette caractéristique au cœur de la représentation. En effet, **l'homogénéité est un élément indispensable pour établir des lois de comportement de coûts** qui donne une capacité à agir sur les dits coûts par l'intermédiaire d'un lien de causalité reconnu.

Les « sections homogènes » sont définies comme une entité comptable dont l'activité peut-être mesurée par une unité de mesure appelée unité d'œuvre. Cette section produit une seule activité selon un processus stable. Les ressources imputées à ces sections sont homogènes dans leurs comportements et liées au niveau d'activité de la section. Est ainsi recréé un lien de causalité ou, à défaut, un lien de corrélation qui permet une modélisation satisfaisante du calcul des coûts.

2. Organisation générale de la méthode

L'organisation et l'ordre de calcul des coûts s'appuient sur la logique d'élaboration des produits par les entreprises. Dans une vision très globale, le cycle d'exploitation des entreprises industrielles peut se résumer par :

Approvisionnement → Production → Distribution

En conséquence, les charges de la comptabilité financière doivent être agrégées suivant leur appartenance à une des étapes définies ci-dessus et cela qu'il s'agisse de charges directes ou de charges indirectes.

La constitution des coûts par étapes fait apparaître :
– un ou des coûts d'approvisionnement ou d'achat ;
– des coûts de production ;
– des coûts de distribution.

L'obtention du coût de revient des produits se fait par intégration successive des différents coûts selon un procédé s'apparentant au mécanisme des « poupées gigognes » :

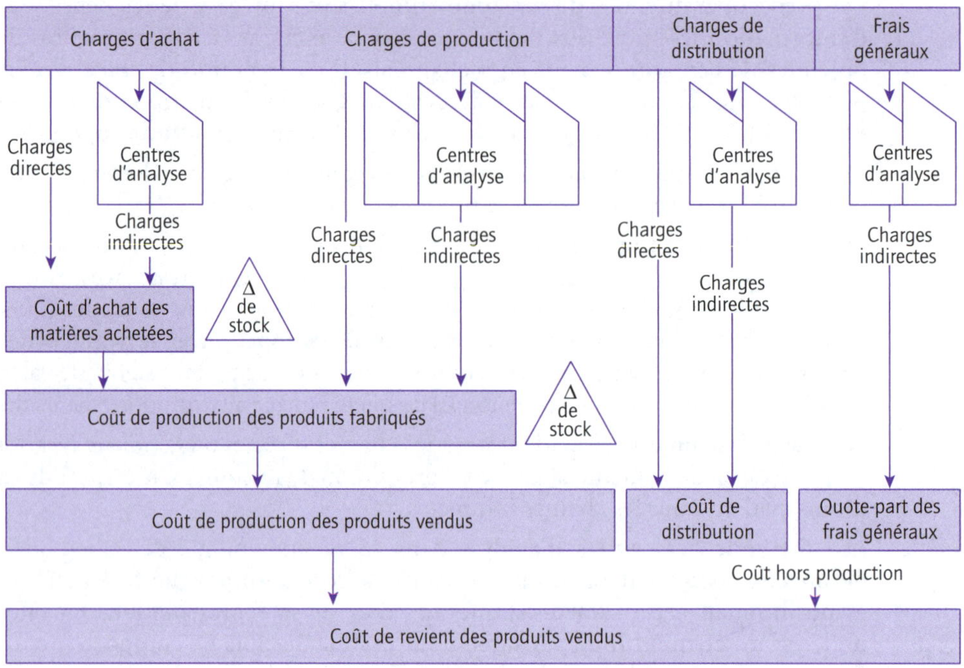

Ce principe de reversement d'un coût dans un autre et ce, de façon successive, est énoncé de façon très générale et oblige à une adaptation à chaque entreprise.

En effet, le PCG stipule que « le système de comptabilité analytique d'une entreprise doit être adapté exactement à sa structure organique et aux activités d'exploitation particulières qu'elle exerce. »

La validité de l'architecture des coûts ainsi construite doit être confortée par une analyse à précise des élémentts à intégrer aux coûts.

SECTION 2

LES CHARGES INTÉGRÉES AUX COÛTS

La comptabilité de gestion est conçue pour :

- analyser le « résultat général » et le décomposer en « résultats élémentaires » par activité ou par produit afin de permettre des contrôles de rendement et de rentabilité ;
- fournir à la comptabilité financière des bases d'évaluation de certains éléments d'actifs (stocks et production d'immobilisations).

Ces objectifs conduisent à revoir les charges et les produits de la comptabilité financière dans une optique économique. Nous devons donc définir les charges prises en compte par la comptabilité de gestion, mais aussi leur critère de reclassement et le traitement spécifique qu'il induit.

1. Les charges, éléments constitutifs des coûts

La comptabilité financière est fortement influencée par des considérations juridiques et fiscales. La comptabilité de gestion peut (et doit) se libérer de ces influences et privilégier au maximum une approche économique des phénomènes étudiés afin de répondre aux impératifs qui lui sont fixés.

C'est pourquoi les charges de la comptabilité financière subissent des retraitements avant d'être intégrer dans des coûts. Ces retraitements ont pour objet soit :

- d'éliminer certaines charges (les charges non incorporables) ;
- d'en substituer certaines (les charges calculées) ;
- d'en créer d'autres (les éléments supplétifs).

1.1 Les charges non incorporables

En principe, toutes les charges enregistrées dans un compte de la classe 6 en comptabilité financière sont incorporables aux coûts sauf celles qui répondent à un des critères suivants.

Ces charges dites « **non incorporables** » sont :

- des charges *sans rapport direct* avec l'activité de l'entreprise (exemple : prime d'assurance-vie sur la tête d'un dirigeant) ;
- des charges *qui ne relèvent pas de l'exploitation courante* (exemple : toutes les charges à caractère exceptionnel) ;
- des charges *qui n'ont pas le caractère de charges* (exemple : impôt sur les bénéfices, participation des salariés).

Ainsi la comptabilité de gestion ne retient pas certaines charges. Parmi celles qui sont incorporables, elle considère que, pour certaines, leur montant doit être « recalculé ».

1.2 Les charges calculées

Ce sont des charges incorporées aux coûts pour un montant différent de celui pour lequel elles figurent dans la comptabilité financière. Leurs montants sont « recalculés » selon des critères appropriés aux besoins de l'analyse.

Il existe trois types de charges calculées :

– les charges d'usage ;

– les charges étalées ;

– et les charges abonnées.

a) Les charges d'usage

Les charges d'usage se substituent aux dotations aux amortissements de la comptabilité financière.

Pour éviter les critères trop conventionnels qui servent au calcul des dotations aux amortissements en comptabilité financière, le PCG recommande l'utilisation de « charges d'usage » qui diffèrent des amortissements sur trois points essentiels :

– la **base amortissable** d'une immobilisation doit être sa valeur actuelle (fondée sur le prix du marché) et non sa valeur d'origine et ce, pour tenir compte du coût réel de remplacement de cette immobilisation ;

– la **durée d'amortissement** doit être une durée probable d'utilisation qui peut différer de la durée admise pour l'amortissement ;

– la **charge d'usage** reste incorporée aux coûts tant que l'immobilisation reste en service et même si elle est complètement amortie comptablement.

La charge d'usage ainsi calculée est prise en compte dans les charges incorporables et crée des différences d'incorporation positives ou négatives.

EXEMPLE

Immobilisation A :

- valeur d'acquisition : 100 000 €
- date d'acquisition : 1.01.N–6
- durée d'amortissement fiscale : 10 ans
- mode d'amortissement : Linéaire
- valeur marchande au 31.12.N : 240 000 €
- durée d'usage : cette machine a été acquise pour répondre à un marché spécifique et qui ne dépassera pas 8 ans.

Dotation comptable aux amortissements au titre de l'année N :

100 000/10 = 10 000 €

Charge d'usage au titre du même exercice :

240 000 €/8 = 30 000 €

Différence d'incorporation sur amortissements :

30 000 € – 10 000 € = 20 000 €

b) Les charges étalées

Le PCG préconise d'intégrer aux coûts, des charges étalées qui se substituent aux dotations aux provisions de la comptabilité financière.

La comptabilité de gestion ne retient en terme de dotations aux provisions que celles pour risques et charges. En effet, les dépréciations des éléments d'actifs relèvent d'une analyse patrimoniale ce qui n'est pas l'objet du calcul des coûts. De même, les dotations pour provisions réglementées ont un caractère trop fiscal pour être considérées comme des charges incorporables.

Les provisions pour risques et charges anticipent des dépenses de gestion courante parfaitement intégrables aux coûts mais leurs montants importants et irréguliers d'un exercice à l'autre entraînent des variations sensibles dans les résultats obtenus.

C'est pourquoi la comptabilité de gestion retient des charges étalées et fait ainsi apparaître des différences d'incorporation positives ou négatives.

Les critères qui prévalent au calcul des charges étalées sont fixés par les entreprises et doivent permettre une meilleure évaluation économique des coûts calculés.

EXEMPLE

Dotations pour risques et charges :

- année N–1 : 10 000 €
- année N : 12 000 €
- année N+1 : 9 000 €.

Pour tenir compte des variations des dotations d'un exercice sur l'autre, l'entreprise retient des charges étalées pour un montant moyen de 10 000 €.

Elle fait ainsi apparaître des différences d'incorporation de 2 000 € en année N et de – 1 000 € en année N+1.

c) Les charges abonnées

L'abonnement des charges permet d'intégrer aux coûts des charges incorporables de la comptabilité financière selon une périodicité différente de leur périodicité d'apparition.

EXEMPLE

La facture d'électricité est reçue tous les deux mois et concerne la consommation des deux mois précédents, soit 6 200 €.

La comptabilité de gestion a été obligée de tenir compte dans ses coûts d'une consommation estimée, à savoir 3 000 €/mois.

L'écart entre la réalité de la charge (6 200 €) et les charges abonnées d'électricité (3 000 € × 2 mois) est une différence d'incorporation.

Après avoir repris les charges pour des montants différents afin de rechercher une meilleure expression économique des coûts de l'entreprise, la comptabilité de gestion intègre, dans ses calculs, des charges inconnues de la comptabilité financière.

1.3 Les charges supplétives

Ce sont des charges incorporées aux coûts, bien qu'elles ne figurent pas en comptabilité financière pour des raisons juridiques et fiscales.

En créant ces charges, la comptabilité de gestion permet le calcul de coûts comparables entre entreprises concurrentes de forme juridique et de mode de financement différents.

Le PCG retient comme charges supplétives :

- la **rémunération conventionnelle des capitaux propres** : la rémunération des capitaux nécessaires à l'exploitation doit être prise en compte dans le calcul des coûts, quelle que soit leur nature : fonds propres ou ressources empruntées ;

EXEMPLE

On retient une rémunération des capitaux propres de l'entreprise égale à l'intérêt statutaire servi dans la répartition de bénéfices, soit 6 %.

Montant du capital : 200 000 €.

La charge supplétive prise en compte s'élèvera à :

200 000 € × 6 % = 12 000 € pour l'année.

– la **rémunération du travail de l'exploitant** : il s'agit de permettre des comparaisons réalistes entre des entreprises où le personnel dirigeant est salarié et dont la rémunération est une charge comptable, et des entreprises individuelles où, pour des raisons juridiques, le dirigeant et sa famille perçoivent une partie des résultats.

EXEMPLE

Dans une entreprise individuelle, on intégrera aux coûts une rémunération fictive du propriétaire dirigeant de 3 000 € par mois en référence avec le coût d'un dirigeant-salarié de même qualification.

Il est possible de résumer l'ensemble des retraitements effectués sur les charges de la comptabilité financière pour obtenir les charges incorporables de la comptabilité de gestion par le schéma suivant :

LES CHARGES INCORPORABLES

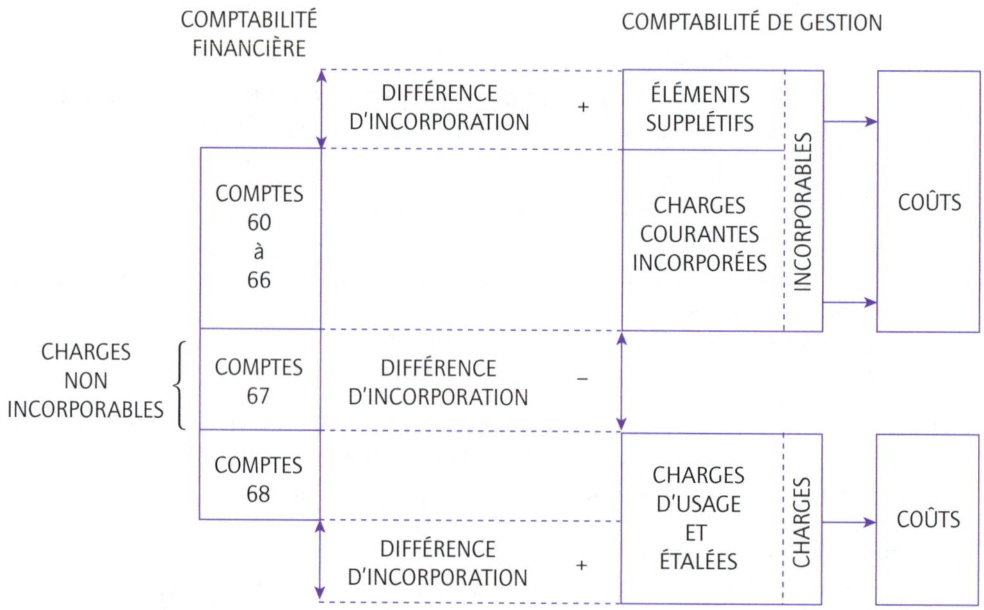

Ce retraitement des charges est une étape indispensable pour obtenir des coûts qui soient l'expression économique des conditions d'exploitation de l'entreprise. Quand l'ensemble des charges incorporables est délimité, on peut à proprement parler commencer le traitement des différents coûts.

Celui-ci va préalablement partager les charges selon leur destination :

– les charges dont la destination est connue intégreront directement les coûts des produits : ce sont des charges dites « **directes** » ;

– les autres, appelées charges **indirectes**, devront suivre un traitement particulier avant d'intégrer les coûts.

2. Le traitement des charges indirectes

La méthode des coûts complets partage les charges incorporables en charges directes et charges indirectes, et préconise pour les charges indirectes un traitement spécifique : l'affectation dans les centres d'analyse.

2.1 Définitions

Les charges sont dites « **directes** » lorsque l'on peut les **affecter sans ambiguïté et sans calcul préalable** au coût d'un produit ou d'un établissement : ce sont des charges dont la destination est connue.

Les charges indirectes sont donc définies *a contrario* : elles concernent plusieurs produits ou l'ensemble de l'entreprise. Elles obligent, pour connaître leur destination, à des calculs préalables dans les **centres d'analyse**.

Le cheminement des différentes charges vers les coûts peut être schématisé de la façon suivante :

AFFECTATION DES CHARGES

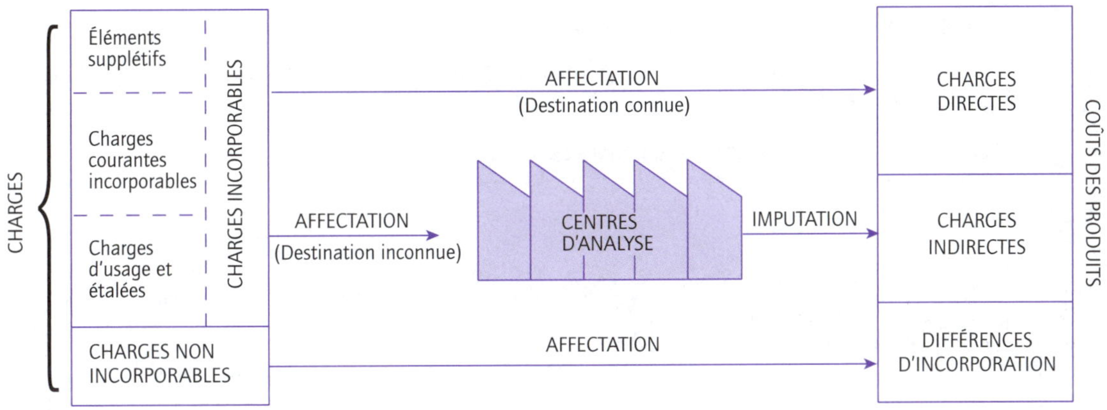

2.2 Les centres d'analyse

a) Définition

Un centre d'analyse est « **une subdivision comptable de l'entreprise où sont analysés et regroupés les éléments de charges indirectes préalablement à leur imputation aux coûts** ».

Deux critères procèdent à la définition des centres d'analyse :

– ils doivent correspondre autant que possible à une **division réelle** de l'entreprise ou à l'exercice d'une responsabilité ;
– les charges totalisées dans un centre doivent avoir un **comportement commun** de telle sorte qu'il soit possible de déterminer une unité de mesure de l'activité de chaque centre.

b) Les unités de mesure d'activité

■ ***Les unités d'œuvre***

Les unités d'œuvre représentent l'**unité de mesure de l'activité** des différents centres.

Elles permettent de :

– fractionner le coût d'un centre d'analyse et d'obtenir un **coût par unité d'œuvre** ;

– d'imputer une fraction du coût d'un centre d'analyse à un coût de produit à partir du nombre d'unités d'œuvre consommées par la fabrication de ce produit.

Les unités d'œuvre les plus fréquentes sont :

– les heures de main-d'œuvre directe ;

– les heures machine ;

– ou encore les quantités de produits œuvrés par le centre.

L'assiette de répartition

Il peut être impossible de déterminer une unité d'œuvre physique pour un centre. Dans ce cas, on utilisera pour exprimer son « activité » une base monétaire, **l'assiette de répartition** (exemple : chiffre d'affaires, coût de production des produits vendus).

L'imputation des charges du centre au coût des produits se fera à l'aide d'un **taux de frais** défini comme le quotient du total des charges du centre par l'assiette de répartition.

Taux de frais = Total des charges du centre × 100/Assiette de répartition

c) Classification des centres d'analyse

La classification et le mode de fonctionnement des centres d'analyse peut s'exprimer de la façon suivante :

TYPES DE FONCTIONNEMENT DES CENTRES D'ANALYSE

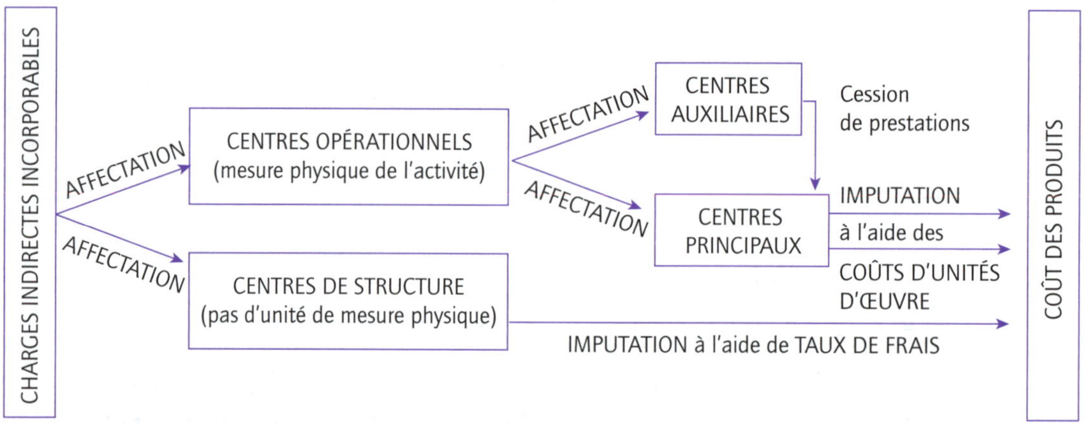

Il faut distinguer :

– des centres d'analyse dits « **opérationnels** » : leur activité est mesurable par une unité d'œuvre physique : par exemple, kg traité, heure de main-d'œuvre qui travaillent, soit :
  - au profit des produits et on parle de « **centres principaux** » (exemple : atelier de finition),
  - au profit d'autres centres et on parle de « **centres auxiliaires** » (exemple : gestion des bâtiments, des matériels) ;

– des centres d'analyse dits « **de structure** » : leur activité n'est pas mesurable par une unité physique significative.

Le procédé du taux de frais est utilisé pour imputer leur coût.

L'ensemble de ces travaux est effectué dans une cadre unique : le tableau de répartition des charges indirectes.

2.3 Le tableau de répartition des charges indirectes

C'est dans le cadre de ce tableau que s'effectue le traitement spécifique des charges dites « indirectes ». Trois étapes sont repérables :

■ 1re étape : répartition primaire

Les charges indirectes incorporables sont réparties entre tous les centres concernés en fonction :

– de consommation réelle ce qui nécessite des systèmes de mesure installés dans les centres (ex : compteurs divisionnaires pour électricité ou eau) ;

– de clés de répartition plus ou moins arbitraire.

La totalisation des charges affectées ou imputées dans les centres donne la répartition primaire.

■ 2e étape : répartition secondaire

Il s'agit de répartir le total de la répartition primaire des centres auxiliaires dans le coût des centres principaux au profit de qui ils fonctionnent.

Cette cession de charges peut s'effectuer selon deux méthodes :

– par une **mesure réelle des prestations fournies** : on utilise les consommations de chaque centre principal ;

– par une **estimation plus ou moins arbitraire** des prestations fournies aux centres principaux : on utilise alors une clé de répartition.

Lors de cette répartition secondaire, il est fréquent qu'il y ait des prestations réciproques ou croisées entre centres auxiliaires (voir exemple).

Par définition, les centres auxiliaires travaillent au profit des centres principaux. En conséquence, la répartition secondaire conduit à « vider » les centres auxiliaires des charges qui y étaient affectées : le total des charges de ces centres doit donc être nul.

Il s'agit seulement d'une redistribution des charges entre les centres. C'est pourquoi le total de la répartition secondaire doit toujours rester égal au total de la répartition primaire.

■ 3e étape : calcul des coûts d'unité d'œuvre de chaque centre

Le total de la répartition secondaire de chaque centre d'analyse est fractionné en un coût unitaire en fonction du nombre d'unités d'œuvre de chaque centre.

Chaque produit recevra une proportion de charges indirectes qui sera fonction des unités d'œuvre qui auront été nécessaires à sa production.

EXEMPLE

L'entreprise « Lebou » est une petite entreprise de fabrication de parquets de chêne et de châtaignier. La mise en place de la comptabilité de gestion a suivi au plus près le cycle de fabrication :

En tenant compte des éléments de ventilation suivants :

Éléments de ventilation

Centres d'analyse	Consommations		Clés de répartition	
	d'eau	d'électricité	A. ch. externes	Amort. & prov.
Administration		350 kW	30 %	3
Gestion du personnel			10 %	
Gestion des immo.	?	800 kW	10 %	3
Approvisionnement			10 %	1
Sciage	1 250 m³	1 200 kW		4
Usinage	1 380 m³	1 700 kW		5
Tri-expédition		200 kW		1
Distribution			40 %	3
Totaux	2 830 m³	4 250 kW	100 %	20

Le tableau se présente alors comme suit :

Répartition primaire des charges indirectes

Charges indirectes (par nature)	Montant à répartir	Centre de structure	Centres opérationnels						
			Centres auxiliaires		Centres principaux				
		Administration générale	Gestion du personnel	Gestion des immobilisations	Approvisionnement	Sciage	Usinage	Tri expédition	Distribution
Achats non stockés									
• eau	2 830			200		1 250	1 380		
• électricité	34 000	2 800		6 400		9 600	13 600	1 600	
• f. entretien	3 200			3 200					
• f. bureau	1 600	1 600							
S. extérieurs	98 000	29 400	9 800	9 800	9 800				39 200
Impôts et taxes	1 200	400							800
Personnel	183 495	30 000	12 380	11 928	15 222	45 315	26 650	32 000	10 000
Charges de gestion	14 000	8 000							6 000
Intérêts	24 000	20 000							4 000
DAP	68 980	10 347		10 347	3 449	13 796	17 245	3 449	10 347
Charges supplétives	39 000	39 000							
Total répartition prim.	470 305	141 517	22 180	41 875	28 471	69 961	58 875	37 049	70 347

La répartition secondaire s'effectue en transférant vers les centres principaux le volume des charges enregistrées dans les centres auxiliaires à partir des clés de répartition ci-dessous et en tenant compte d'éventuelles prestations réciproques.

Centres récepteurs	Centres émetteurs	
	Gestion du personnel	Gestion des immobilisations
Administration	10 %	5 %
Gestion du personnel	–	10 %
Gestion immobilisations	5 %	–

☞

Centres récepteurs	Centres émetteurs	
	Gestion du personnel	Gestion des immobilisations
Approvisionnement	10 %	2 %
Sciage	30 %	35 %
Usinage	30 %	40 %
Tri-expédition	10 %	3 %
Distribution	5 %	5 %

C'est le cas entre le centre « gestion du personnel » et le centre « Gestion des immobilisations ».

Soit X le total de la répartition secondaire du centre « Gestion du personnel » et Y celui du centre « Gestion des immobilisations »

on peut écrire :

X = 22 180 + 0,10 Y

Y = 41 875 + 0,05 X

Il suffit, alors de résoudre un système de 2 équations à 2 inconnues. Après résolution du système, on obtient :

X = 26 500 € et Y = 43 200 €

La répartition secondaire peut se terminer.

Répartition secondaire des charges indirectes

Charges indirectes (par nature)	Montant à répartir	Centre de structure	Centres opérationnels							
			Centres auxiliaires		Centres principaux					
		Administration générale	Gestion du personnel	Gestion des immobilisations	Approvisionnement	Sciage	Usinage	Tri expédition	Distribution
Total répartition primaire	470 305	141 547	22 180	41 875	28 471	69 961	58 875	37 049	70 347
G. du personnel		2 650	– 26 500	1 325	2 650	7 950	7 950	2 650	1 325
G. immobilisations		2 160	4 320	– 43 200	864	15 120	17 280	1 296	2 160
Total répartition secondaire	470 305	146 357	0	0	31 985	93 031	84 105	40 995	73 832
Nature U.O.		Ct de prod			m^3 acheté	H machine	H MOD	m^2 expédié	€ de CA HT
Nombre U.O.					102	3 100	2 950	2 750	
ou montant assiette		291 300							624 000
Coût unité d'œuvre		50,24 %			313,58	30,01	28,51	14,91	11,83 %

POINT MÉTHODE

- Pour le calcul des charges incorporables :
  – bien lire l'énoncé, les éléments sont souvent donnés en fin d'énoncé ;
  – attention à la périodicité du calcul des coûts et celle relative aux données des charges supplétives (calcul sur un mois mais taux de rémunération des capitaux annuel) ;
  – ne pas oublier les *prorata temporis* dans les calculs des charges d'usage.
- Pour le tableau de répartition des charges indirectes :
  – vérifier l'exactitude « totaux en lignes » et « totaux en colonnes » ;
  – repérer clairement le centre qui « donne » et celui qui « reçoit » dans le cas de prestations réciproques ;
  – respecter les règles d'arrondis pour le calcul des coûts d'unités d'œuvre ;

SECTION 3

DU COÛT D'ACHAT AU COÛT DE REVIENT

La méthode des centres d'analyse préconisée par le plan comptable en 1982 définit un calcul de coûts par stade de fabrication qui doit respecter le processus de production de chaque entreprise.

Cette étude théorique s'appuie sur un thème d'application chiffré adapté d'une épreuve du DCG (ex-DECF) : l'entreprise Madac.

THÈME D'APPLICATION : ENTREPRISE MADAC

Une entreprise fabrique un seul produit fini PF à partir de deux matières premières MP1 et MP2. Le processus de fabrication conduit à l'obtention d'un sous-produit SP vendable après traitement et d'un déchet D, sans valeur, qu'il convient d'épurer avant évacuation pour éviter la pollution de l'environnement.

Quatre ateliers assurent cette production :

- atelier A1 : utilisation de la matière première MP1 pour obtenir le produit intermédiaire PI livré en continu (sans stockage) à l'atelier A2 ;
- atelier A2 : adjonction de matière première MP2 au produit intermédiaire PI pour obtenir le produit PF ; cette opération donne naissance au sous-produit SP et au déchet D ;
- atelier A3 : traitement du sous-produit SP pour le rendre commercialisable ;
- atelier A4 : épuration chimique du déchet D avant évacuation par épandage canalisé, au fur et à mesure de la production, donc sans stockage.

Pour un exercice donné, on vous fournit les renseignements suivants :

Données d'inventaire au 1er janvier de l'exercice :

- MP1 : 500 kg à 8,10 €/kg
- MP2 : 900 kg à 50,40 €/kg
- Produit fini PF : 184 unités à 120 €/unité
- Encours de PF : 170 unités pour une valeur de 18 000€
- Sous-produit SP : 80 kg à 200 €/kg
- Déchet D : néant

Achats de l'exercice :

- Matière MP1 : 1 500 kg à 7,80 €/kg
- Matière MP2 : 2 500 kg à 51,40 €/kg

Consommations de l'exercice :

- Matière MP1 : 1 400 kg
- Matière MP2 : 3 200 kg
- Eau (pour évacuer D) : 142,5 m^3 pour une valeur de 270,50 €
- Produit chimique : 45 kg à 6,50 €/kg

Main-d'œuvre directe utilisée :

- Atelier A1 ; 510 h à 48,50 €/h
- Atelier A2 ; 1 500 h à 51,00 €/h

- Atelier A3 ; 605 h à 52,40 €/h
- Atelier A4 ; 169 h à 45,00 €/h
- Distribution : 210 h à 62,00 €/h

Le tableau de répartition des charges indirectes est fourni ci-après :

TABLEAU DE RÉPARTITION DES CHARGES INDIRECTES										
Charges	Totaux	Centres auxiliaires		Centres principaux opérationnels						Centre de structure
		Gestion du matériel	Gestion du personnel	Approvi-sionne-ment	Atelier 1	Atelier 2	Atelier 3	Atelier 4	Distribution	Adminis-tration
Totaux primaires Sous-répartition • gestion matériel • gestion personnel	100 350	3 750 – 4 000 250	4 600 400 – 5 000	2 000 1 000 750	40 000 800 1 250	20 000 800 1 250	15 000 200 250	5 000 200 500	3 000 600 500	7 000 – 250
Totaux secondaires Nature de l'U.O. Nombre d'U.O Coût de l'U.O.	100 350	0	0	3 750 kg de MP achetée 4 000 0,9375	42 050 kg de MP1 consom-mée 1 400 30,0357	22 050 heures de MOD 1 500 14,70	15 450 kg de sous-produit S obtenu 250 61,80	5 700 m³ de déchet D traité 142,5 40,00	4 100	7 250
arrondi au centime sup.				0,94	30,04					

Production de l'exercice :

- Produit PF : 2 660 unités
- Sous-produit : 250 kg
- Déchet D : 142,50 m³

Ventes de l'exercice :

- Produit PF : 2 800 unités à 150 €/l'unité
- Sous-produit SP : 270 kg à 208 €/kg

Données d'inventaire au 31 décembre :

- Matière MP1 : 580 kg
- Matière MP2 : 205 kg
- Produit P : 44 unités
- Sous-produit SP : 60 kg
- Encours de P : 220 unités
- Déchet D : Néant

Règles de valorisation retenues par l'entreprise

- Toutes les sorties de stocks sont valorisées selon la méthode du premier entré-premier sorti.
- Il est admis que le coût de production du sous-produit SP à la sortie de l'atelier A3 est égal au prix de vente moyen sur le marché de ce sous-produit. Pour l'exercice concerné, l'entreprise a prévu et retenu un prix de 210 €/kg.
- L'ensemble des charges de distribution est imputé uniquement sur les coûts du produit PF.

• Pour l'évaluation des encours de l'atelier 2, on considère que chaque produit encours a reçu la totalité des matières et 50 % de la MOD et des charges indirectes.

Analyse du cas :

Schéma technique

Le schéma technique est alors le suivant :

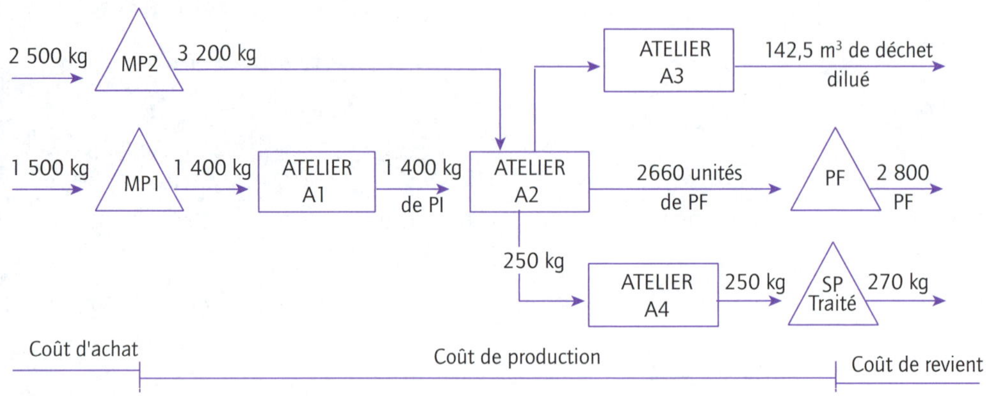

Commentaires

• Il a été retenu la symbolique suivante : triangle = stock ; rectangle = atelier.

• Le processus de fabrication se définit ainsi : transformation de la matière MP1 en produit fini PF.

• Ce processus est décomposé en plusieurs phases de production qui se définissent par rapport au produit principal ; ici on observe deux phases correspondant aux ateliers A1 et A2.

• Les valeurs numériques représentent la valeur des flux entrant et sortant des différents lieux : ateliers ou stocks. Ce sont ces valeurs qui peuvent être retenues pour évaluer l'activité des centres d'analyse ; elles représentent le nombre d'unités d'œuvre de ces mêmes centres (exemple : la nature de l'unité d'œuvre du centre « Atelier A1 » est le kg de matière première MP1 consommée : cette quantité est le flux entrant dans l'atelier A1, soit 1 400 kg).

• Le schéma de production permet de connaître l'enchaînement des coûts à calculer.

– avant le stockage des matières premières : coût d'achat (un par matière première stockée) ;

– entre le stockage des matières premières et des produits finis : coûts de production avec, en général, un calcul de coût par phase du processus de fabrication ;

– après le stockage des produits finis : coûts de revient (un par produit vendu).

Point méthode

• En général, le processus de fabrication est défini dans l'énoncé du problème : bien lire le sujet et vérifier l'exactitude du schéma tracé avec le processus de fabrication ; toute la justesse de votre raisonnement en dépend.

• Repérer à l'aide du schéma le nombre et la nature des coûts à calculer avant tout calcul.

• Dès que le processus de fabrication est complexe (pertes de poids dues au traitement dans les ateliers, modifications des unités de produits), il est fortement recommandé de valoriser les flux entrant et sortant des ateliers.

1. Le coût d'achat

Le coût d'achat est un coût qui regroupe les charges relatives à la fonction approvisionnement de l'entreprise.

Après avoir défini les produits achetés lors du cycle d'exploitation de l'entreprise, nous étudierons les éléments constitutifs d'un coût d'achat.

1.1 Les produits approvisionnés

Il est possible d'en retenir quatre types :

a) **les marchandises** qui représentent tout ce que l'entreprise achète pour revendre en l'état et sans transformation ;

b) les **matières premières** qui sont des objets ou substances plus ou moins élaborés destinés à entrer dans la composition des produits traités ou fabriqués ;

c) les **emballages** qui sont des objets destinés à contenir les produits livrés à la clientèle en même temps que leur contenu. Une distinction :

– les **emballages de conditionnement** qui sont en contact avec le produit et qui font partie du coût de production du produit fini : la bouteille en plastique qui contient l'eau, le sachet qui contient le sucre, etc.

– les **emballages de distribution** qui permettent la distribution du produit et font partie du coût de distribution : le film plastique qui entoure les bouteilles, le carton qui regroupe plusieurs paquets de sucre.

d) les **matières et fournitures consommables** qui sont des objets plus ou moins élaborés, consommés au premier usage et qui concourent à la fabrication sans entrer dans la composition des produits traités : huile moteur, petites fournitures, etc. La consommation de ces fournitures est souvent traitée en charges indirectes de production.

Il faut calculer un coût d'achat pour chaque type d'éléments approvisionnés et dont on désire suivre le niveau des stocks.

1.2 Composantes d'un coût d'achat

Le coût d'achat est constitué des charges directes et indirectes d'approvisionnement.

Les **charges directes** d'achat sont :

– les achats nets valorisés hors taxes tels qu'ils ressortent des factures fournisseurs ;

– les frais directs d'achat à savoir les transports, les droits de douane, commissions et courtages.

Les **charges indirectes** sont essentiellement les coûts des centres d'analyse d'approvisionnement : réception, contrôle ou manutention ; le coût pris en compte est imputé en fonction du nombre d'unités d'œuvre consommées par les produits.

RÉSOLUTION DU THÈME D'APPLICATION : ENTREPRISE MADAC

Les coûts d'achat

Les coûts d'achat se présentent ainsi :

CALCUL DES COÛTS D'ACHAT						
	MP1			MP2		
	Quantités	Coûts	Montant	Quantités	Coût	Montant
Charges directes :						
– Achats	1 500	7,80	11 700	2 500	51,40	128 500
Charges indirectes :						
– Approvisionnement	1 500	0,94	1 410	2 500	0,94	2 350
Coût d'achat des MP	1 500	8,74	13 110	2 500	52,34	130 850

POINT MÉTHODE

- La séquence de travail peut se résumer aux quatre étapes suivantes :
  1. élaboration du schéma de production,
  2. calcul des prestations réciproques si nécessaire,
  3. mise en évidence du coût des unités d'œuvre (tableau de répartition),
  4. calcul des coûts d'achat.
- Il faut calculer autant de coûts d'achat qu'il y a de matières approvisionnées.

Le calcul des coûts d'achat a pour objectif de déterminer le coût d'entrée en stock des différentes matières qui vont faire l'objet d'un suivi particulier par la méthode de l'inventaire permanent.

2. L'inventaire permanent

C'est une organisation comptable qui permet, par la tenue de comptes de stocks, le suivi et la valorisation des mouvements des éléments stockés.

Nous étudierons :

– les principes de cette organisation,

– les méthodes de valorisation des sorties,

– les liens avec l'inventaire physique de la comptabilité financière.

2.1 Les principes de l'inventaire permanent

Ces principes sont valables pour tous les éléments stockés au cours du processus de fabrication :

– les matières premières ;

– les produits intermédiaires ;

– les produits finis.

La comptabilité de gestion se doit de calculer les coûts selon une périodicité rapprochée (souvent le mois). Elle ne peut se contenter de connaître les stocks et donc les consommations une fois l'an comme le fait la comptabilité financière à l'aide de l'inventaire physique. Elle met donc en place une **organisation comptable qui enregistre les mouvements de stock** (entrées et sorties) **en quantités et valeurs et permet ainsi de déterminer à tout moment le stock final théorique** : c'est **l'inventaire comptable permanent**.

Le suivi des mouvements de stock est réalisé sur des comptes de stocks qui ont la structure suivante :

Débit	**Crédit**
• stock initial • entrées valorisées au coût d'entrée	• sorties valorisées au coût de sortie • stock final

Le coût d'entrée varie en fonction des éléments stockés :

– pour les matières premières, il s'agit du coût d'achat ;

– pour les produits intermédiaires ou finis, du coût de production.

Le coût de sortie dépend de la méthode de valorisation choisie.

Un compte de stock doit obligatoirement être équilibré ce qui permet d'écrire :

Stock initial + Entrées = Sorties + Stock final

d'où l'on tire : Sorties = Stock initial + Entrées – Stock final

Sorties = Entrées + (Stock initial – Stock final)

ou encore :

Sorties = Entrées + (Variation de stock)

2.2 Valorisation des sorties

Les méthodes de valorisation sont nombreuses. Certaines sont préconisées par le PCG mais sans obligation formelle, ce qui explique que les entreprises puissent en choisir d'autres pour des motifs économiques ou de simplicité.

Il existe trois familles :

– celles du coût unitaire moyen pondéré (CUMP) ;

– celles d'épuisement des lots ;

– celles des coûts conventionnels.

EXEMPLE

Données :

Stock au 1er juin : 30 unités à 120 € l'une

Entrées du mois : le 10 : 20 unités à 150 € l'une

le 17 : 35 unités à 110 € l'une

le 26 : 15 unités à 180 € l'une

Sorties du mois : le 06 : 15 unités

le 12 : 25 unités

le 28 : 35 unités

a) Méthode du coût unitaire moyen pondéré

Cette méthode, recommandée par le PCG, est la plus fréquente ; il en existe deux variantes :

– le coût unitaire moyen pondéré de fin de période ;

– le coût unitaire moyen pondéré après chaque entrée.

Coût unitaire moyen pondéré calculé en fin de période

La valorisation des sorties ne s'effectue qu'en fin de période en calculant le coût unitaire moyen pondéré par les quantités des éléments en stock selon la formule :

$$\frac{\text{Valeur du stock initial + Valeur des entrées de la période}}{\text{Stock initial en quantités + Entrées en quantités}}$$

RÉSOLUTION DE L'EXEMPLE

$$\text{CUMP} = \frac{(30 \times 120\ €) + [(20 \times 150\ €) + (35 \times 110\ €) + (15 \times 180\ €)]}{30 + 20 + 35 + 15}$$

CUMP = 131,50 €

Coût unitaire moyen pondéré calculé en fin de période

Date	Libellé	Q	CU	Montant	Date	Libellé	Q	CU	Montant
01/06	S. Init	30	120	3 600	06/06	Sortie	15	131,5	1 972,5
10/06	Entrée	20	150	3 000	12/06	Sortie	25	131,5	3 287,5
17/06	Entrée	35	110	3 850	28/06	Sortie	35	131,5	4 602,5
26/06	Entrée	15	180	2 700	30/06	St. Final	25	131,5	3 287,5
		100	131,5	13 150			100	131,5	13 150,0

Coût unitaire moyen pondéré après chaque entrée

Le principal reproche fait à la méthode précédente provient de ce qu'il faut attendre la fin de la période de référence pour pouvoir valoriser les sorties de stock, ce qui est en contradiction avec le principe de base de l'inventaire permanent : pouvoir déterminer à tout moment la valeur du stock final.

Le CUMP après chaque entrée en stock permet la valorisation des sorties tant qu'un nouveau lot de matières n'est pas réceptionné.

RÉSOLUTION DE L'EXEMPLE

- Sorties du 06 : 15 × 120 € = 1 800

il reste en stock : 15 unités à 120 €.

- Sorties du 12 : valorisées au CUMP après l'entrée du 10

CUMP = (15 × 120) + (20 × 150)/(15 + 20) = 137,14 €

Il reste en stock 10 unités à 137,14 €.

- Sorties du 28 : valorisées au CUMP après l'entrée du 26

CUMP = (10 × 137,14 €) + (35 × 110 €) + (15 × 180 €)/(10 + 35 + 15) = 132,02 €.

Il reste en stock 25 unités à 132,02 €.

Le compte de stock se présente comme suit :

Coût unitaire moyen pondéré après chaque entrée

Date	Libellé	Entrées			Sorties			Stock final		
		Q	CU	Montant	Q	CU	Montant	Q	CU	Montant
01/06	S. Init	30	120	3 600						
06/06	Sortie				15	120	1 800	15	120	1 800
10/06	Entrée	20	150	3 000				35	137,14	4 800
12/06	Sortie				25	137,14	3 428,5	10	137,14	1 317,5
17/06	Entrée	35	110	3 850				45	116,03	5 221,5
26/06	Entrée	15	180	2 700				60	132,02	7 921,5
28/06	Sortie				35	132,02	4620,87	25	132,02	3 300,63

Du fait de sa lourdeur, cette méthode de calcul du CUMP reste peu employée bien qu'elle permette la valorisation des sorties en temps réel.

b) Méthode d'épuisement des lots

Ces méthodes permettent une valorisation immédiate des sorties de stocks sans nécessiter des calculs longs et complexes. Il en existe deux :

– premier entré, premier sorti ;

– dernier entré, premier sorti.

■ *Premier entré – Premier sorti (PEPS)*

Cette méthode s'appelle aussi FIFO (first in, first out) : les éléments stockés sortent du stock en étant prélevés sur les lots les plus anciens.

RÉSOLUTION DE L'EXEMPLE

- Sorties du 06 : Valorisées à 120 € l'unité soit 1 800 € ; il reste en stock 15 unités à 120 €.
- Sorties du 12 : On prélève sur les lots par ancienneté soit ; 15 unités à 120 € et 10 unités à 150 € ; il reste en stock 10 unités à 150 €.
- Sorties du 28 : 10 unités à 150 € et 25 unités à 110 € ; il reste en stock deux lots à savoir : 10 unités à 110 et 15 unités à 180 €.

Le compte de stock se présente ainsi :

Premier entré – Premier sorti

Date	Libellé	Entrées			Sorties			Stock final		
		Q	CU	Montant	Q	CU	Montant	Q	CU	Montant
01/06	S. Init	30	120	3 600						
06/06	Sorties				15	120	1 800	15	120	1 800
10/06	Entrées	20	150	3 000				{ 15 20	120 150	1 800 3 000

☞

Date	Libellé	Entrées			Sorties			Stock final		
		Q	CU	Montant	Q	CU	Montant	Q	CU	Montant
12/06	Sorties				15 10	120 150	1 800 1 500	10	150	1 500
17/06	Entrées	35	110	3 850				10 35	150 110	1 500 3 850
26/06	Entrées	15	180	2 700				10 35 15	150 110 180	1 500 3 850 2 700
28/06	Sorties				10 25	150 110	1 500 2 750	10 15	110 180	1 100 2 700

Cette méthode est autorisée par le PCG, elle apparaît simple et facile à mettre en œuvre.

■ *Dernier entré — Premier sorti (DEPS)*

Appelée aussi LIFO (Last in, First out), cette méthode utilise le principe opposé à la précédente puisque les sorties sont valorisées au coût des derniers lots entrés.

RÉSOLUTION DE L'EXEMPLE

Dernier entré – Premier sorti

Date	Libellé	Entrées			Sorties			Stock final		
		Q	CU	Montant	Q	CU	Montant	Q	CU	Montant
01/06	S. Init	30	120	3 600						
06/06	Sorties				15	120	1 800	15	120	1 800
10/06	Entrées	20	150	3 000				15 20	120 150	1 800 3 000
12/06	Sorties				20 5	150 120	3 000 600	10	120	1 200
17/06	Entrées	35	110	3 850				10 35	120 110	1 200 3 850
26/06	Entrées	15	180	2 700				10 35 15	120 110 180	1 200 3 850 2 700
28/06	Sorties				15 20	180 110	2 700 2 200	10 15	120 110	1 200 1 650

Cette méthode, expressément interdite par le fisc, est, en période de hausse de prix, inflationniste puisqu'elle introduit dans les coûts des produits une sur-évaluation des consommations de matières.

Toutes les techniques expliquées ci-dessus concourent au même objectif : valoriser les sorties de stock.

Aucune n'est parfaite et selon la méthode utilisée, la valeur du stock final varie, donc la variation de stock et par voie de conséquence le montant du résultat.

RÉSOLUTION DE L'EXEMPLE

Tableau de comparaison des résultats obtenus

	CUMP fin	CUMP ent	PEPS	DEPS
Sorties SF	9 862,5 3 287,5	9 849,2 3 300,8	9 350 3 800	10 300 2 850
	13 150	13 150	13 150	13 150

Dans le cas où la comptabilité de gestion valorise les stocks par une méthode non reconnue par le plan comptable, il y a lieu de retraiter la **valeur** du stock final en fin d'exercice de façon à obtenir une concordance avec la valeur des stocks retenue en comptabilité financière et qui doit figurer au bilan.

2.3 Inventaire physique et stock final

La pratique de l'inventaire permanent permet à tout moment de connaître l'existant théorique en stock.

Le PCG impose, au minimum, un dénombrement physique des existants réels à la fin de l'exercice.

La non-concordance entre l'existant théorique et l'existant réel fait apparaître des différences de quantités appelées « **différences d'inventaire** ».

Les causes de ces différences peuvent être multiples :

– des mesurages approximatifs,

– des erreurs de suivi administratif,

– des vols ou détériorations de manutention.

L'entreprise doit faire apparaître le stock final pour la **quantité réellement dénombrée** et **redresse le stock théorique** mais **ne corrige pas les coûts calculés**.

Les différences d'inventaire sont de deux sortes :

Stock réel < Stock théorique → Il s'agit d'un **mali d'inventaire** traité comme une sortie fictive.
Stock réel > Stock théorique → Il s'agit d'un **boni d'inventaire** traité comme une entrée fictive.

RÉSOLUTION DE L'EXEMPLE

Supposons que l'inventaire physique face apparaître une quantité en stock de 23 unités, le compte de stock se présentera ainsi :

Libellé	Q	CU	Montant	Libellé	Q	CU	Montant
Stock initial	30	120	3 600	Sorties	15	131,5	1 972,5
Entrée	20	150	3 000	Sorties	25	131,5	3 287,5
Entrée	35	110	3 850	Sorties	35	131,5	4 602,5
Entrée	15	180	2 700	Stock théorique	(25)		
				Mali d'inventaire	2	131,5	263
				Stock réel	23	131,5	3 024,5
	100	131,5	13 150		100	131,5	13 150

Appliquons ces principes au thème d'application Madac.

Résolution du thème d'application : Entreprise Madac

L'entreprise Madac utilise la méthode FIFO pour valoriser ses sorties de stocks.

Les comptes de stocks des deux matières premières se présentent ainsi :

MATIÈRE PREMIÈRE MP1							
Libellé	Q	CU	Montant	Libellé	Q	CU	Montant
Stock initial	500	8,10	4 050	Sorties	500	8,10	4 050
Entrées	1 500	8,74	13 110		900	8,74	7 866
					1 400		11 916
				Mali d'inventaire	20	8,74	174,8
				Stock final	580	8,74	5 069,2
	2 000		17 160		2 000		17 160

MATIÈRE PREMIÈRE MP2							
Libellé	Q	CU	Montant	Libellé	Q	CU	Montant
Stock initial	900	50,40	45 360	Sorties	900	50,40	45 360
Entrées	2 500	52,34	130 850		2 300	52,34	120 382
					3 200		165 742
Boni d'inventaire	5	52,34	261,7	Stok final	205	52,34	10 729,7
	3 405		176 471,7		3 405		176 471,7

Point méthode

- Lire les énoncés avec précision pour connaître la méthode de valorisation des stocks choisie ; si aucune méthode n'est précisée, il faut alors utiliser la plus fréquente c'est-à-dire celle du coût unitaire moyen pondéré de fin de période.
- Présenter le compte de stock équilibré c'est-à-dire avec mise en évidence des différences d'inventaire et du stock final.

• Les informations nécessaires pour présenter un compte de stock sont soit :
– des données : le stock initial, les quantités sorties, le stock final réel en quantités,
– le résultat de calculs précédents : valeur des entrées,
– des informations à calculer : valeur des sorties, et valeur du stock final.

La valorisation des sorties de stock est fondamentale car les consommations de matières représentent une proportion importante des coûts de production.

3. Le coût de production

Le coût de production est un coût qui intègre, outre la consommation des matières consommées, les charges de production relatives au produit.

L'étude du schéma technique nous a montré que l'on calcule des coûts de production entre le stockage des matières premières et le stockage des produits.

Le nombre de coûts à calculer dépend de la complexité du processus de fabrication de l'entreprise et de la nature des produits apparaissant au cours de ce processus.

C'est pourquoi nous étudierons :
– les produits obtenus dans un cycle de production ;
– les composantes du coût de production.

3.1 Les produits obtenus dans un cycle de fabrication

Ils concernent soit le produit dit « principal », soit le produit dit « secondaire ».

a) Le produit principal et ses dérivés

En fonction de son niveau d'élaboration, seront distingués des produits finis, des produits intermédiaires ou des encours de production.

• Le **produit fini** est un produit qui a parcouru la totalité du cycle de fabrication et atteint un stade d'achèvement complet (par rapport à ce processus).

• Le **produit intermédiaire** est un produit qui a terminé certaines phases du processus de fabrication mais n'a pas encore effectué la totalité du cycle de fabrication. Il peut être stocké ou livré en direct à l'atelier suivant. On parle aussi de produit semi-fini ou de produit semi-œuvré.

• L'**encours de fabrication** est un produit qui, au moment du calcul des coûts, n'a pas terminé une phase du cycle de production : il est encore en atelier. Chaque cycle peut donc avoir des encours. Par principe, il est admis que ces encours sont terminés en priorité à la période suivante.

b) Les produits secondaires

Un produit est dit « **secondaire** » lorsqu'il apparaît lors de la production d'un produit principal du fait des conditions techniques de fabrication.

Selon sa valeur, il est nommé sous-produit ou produit résiduel :
– le **sous-produit** est un produit qui apparaît du fait de la production du produit principal : produire de la farine (produit principal) oblige à l'apparition de son (sous-produit) ;

– les produits résiduels sont soit des déchets soit des rebuts :
  • déchets quand il s'agit de résidus de fabrication qui résultent du processus normal de production (exemple : sciure dans une scierie),
  • rebuts pour des produits finis ou intermédiaires qui ne répondent pas aux normes exigées (exemple : produits défectueux).

3.2 Les composantes d'un coût de production

L'élaboration d'un coût de production est plus ou moins complexe selon l'existence au sein de la phase de fabrication d'encours ou de produits secondaires.

Après avoir analysé le principe de regroupement des charges de production, nous envisagerons les difficultés soulevées par ces types de produits.

a) Principe

Le coût de production est constitué des charges directes et indirectes de production.

Les **charges directes** de production sont :

– matières, produits et emballages de conditionnement valorisés au coût de sortie du stock ou au coût d'achat pour les articles qui ne sont pas stockés ;
– les frais directs de production, essentiellement le coût de la main-d'œuvre directe des ateliers.

Les **charges indirectes** sont les coûts des centres d'analyse de production : usinage, montage, finition. Le coût des centres est imputé d'après les unités d'œuvre utilisées pour réaliser le produit.

> **REMARQUE**
> Le coût des emballages consommés et le coût des matières consommables sont fréquemment traités comme des charges indirectes et ventilés dans le tableau de répartition.

RÉSOLUTION DU THÈME D'APPLICATION : ENTREPRISE MADAC

Il s'agit de calculer le coût de production du produit intermédiaire P1 à l'atelier A1.

La mise en œuvre des principes ci-dessus donne :

	Qtes	C. Unit.	Montant
Charges directes :			
• mat. première MP1 consommée	{ 500	{ 8,10	{ 4 050
	900	8,74	7 866
• main-d'œuvre directe	510	48,50	24 735
Charges indirectes :			
• centre atelier 1	1 400	30,04	42 056
Coût de production du produit PI	1 400	56,22	78 707

Le calcul du coût de production du produit fini est lui un peu plus complexe puisqu'il cumule plusieurs difficultés :

– des encours ;
– des déchets ;
– un sous-produit.

b) Les encours de production

L'intégration des encours de production soulève deux problèmes :

– l'influence sur le coût de production du produit principal ;

– l'évaluation des encours de fin de période.

■ *L'influence sur le coût du produit principal*

La difficulté soulevée par l'intégration du coût des encours dans le coût de production du produit peut s'exprimer par le schéma suivant :

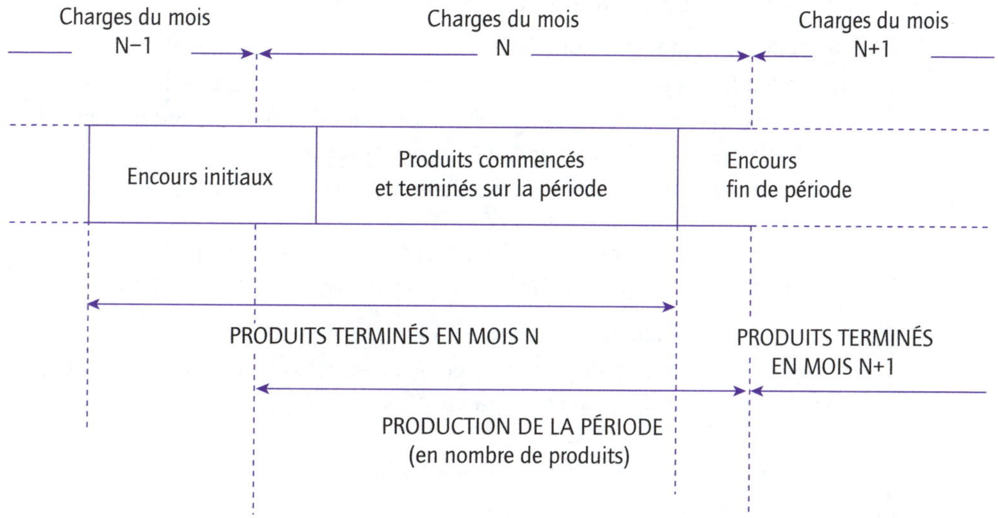

Le décalage entre le coût de production de la période (charges d'un mois) et le coût de production des produits terminés sur la période oblige à établir la règle suivante :

	Coût de production de la période N (charges du mois N)
+	Coût de production des encours initiaux (commencés en N–1)
–	Coût de production des encours de fin de période (terminés en N+1)
=	**Coût de production des produits terminés en période N**

À chaque fin de période, il faut donc évaluer les encours de production qui subsistent dans les ateliers de fabrication.

■ *Évaluation des encours de fin de période*

Les encours (produits en cours de phase de fabrication) sont évalués en produits « équivalents terminés » et en fonction de leur degré d'avancement.

EXEMPLE

12 encours dont le degré d'avancement est de 40 % sont considérés comme équivalents à :

12 × 40 % = 4,8 produits terminés ou dits « Équivalents terminés ».

Le degré d'avancement des encours par rapport aux différents éléments de coûts constituant le coût de production (matières consommées, main-d'œuvre directe, charges indirectes des centres) n'est pas obligatoirement le même.

RÉSOLUTION DU THÈME D'APPLICATION : ENTREPRISE MADAC

Rappel : *« Pour l'évaluation des encours à l'atelier 2, on considère que chaque produit a reçu la totalité des matières et 50 % de la MOD et des charges indirectes. »*

On nous indique qu'il a été terminé sur la période 2 660 unités de PF et qu'il reste en cours de fabrication 220 produits.

En appliquant la règle d'évaluation de l'exemple on peut écrire que :

1. Par rapport aux matières consommées

Il s'agit tout à la fois du produit intermédiaire PI et de la matière première MP2.

Les encours de la période ont un degré d'avancement de 100 % et donc ils sont équivalents à :

220 × 100 % = 220 produits « Équivalents terminés »

La production réelle de la période pour cet élément de coût a donc été de :

2 660 pds terminés sur la période
\+ 220 pds commencés sur la période (encours de fin de période)
− 170 pds commencés au cours de la période précédente (encours initiaux)

= 2 710 pds qui ont consommés 100 % des matières.

Cette production a reçu 1 400 kg de produit PI en provenance de l'atelier A1 pour une valeur globale de 78 707 €. Chaque produit a donc consommé :

78 707/2 710 = 29 € de produit PI.

Pour une consommation de matières premières MP2 de 165 742 € (*cf.* compte de stock) chaque produit a consommé :

165 742/2 710 = 61,16 € de MP2.

2. Par rapport à la MOD et aux charges indirectes

Les encours de la période ont un degré d'avancement de 50 % et ils sont donc équivalents à :

220 × 50 % = 110 produits « Équivalents terminés ».

La production réelle de la période par rapport à ces éléments de coûts doit tenir compte :

2 660 Pdts terminés sur la période
\+ 110 Pdts équivalents terminés (Encours finals)
− 85 Pdts équivalents terminés (Encours initiaux : 170 × 50 %).

= 2 685 Pdts qui ont consommé 76 500 € de main d'œuvre et les charges de l'atelier 2 pour 22 050 €.

Chaque produit a donc supporté :

(76 500 + 22 050)/2 685 pdts = 36,70 €.

3. Valeur des encours de fin de période

Produits PI	220	29,00	6 380
Matières consommées	220	61,16	13 455
Main-d'œuvre Centre Atelier 2 }	110	36,70	4 037
Coût des encours de fin de période	220	108,51	23 872

Remarque : Cette évaluation des encours à base des charges réelles est lourde à mettre en œuvre ; les entreprises peuvent lui préférer une évaluation basée sur les coûts standards : voir chapitre 8 L'organisation et les budgets.

POINT MÉTHODE

- L'évaluation des encours doit se faire avant le calcul du coût de production du produit principal.
- Pour chaque composante d'un coût à savoir : matières consommées, main d'œuvre directe et charges indirectes :
  – lire avec précaution l'énoncé pour déterminer les différents degrés d'avancement des encours ;
  – calculer la production réelle de la période en utilisant la notion d'équivalents terminés ;
  – en déduire le coût de la composante supporté par un produit.
- Additionner les coûts des différents éléments pour obtenir la valorisation des encours.

c) Le coût de production des produits secondaires

La présence de produits secondaires dans un cycle de fabrication peut soit :

– augmenter les coûts si leur élimination génère des charges supplémentaires ;

– diminuer les coûts si ces produits sont vendables.

■ *Augmentation des coûts*

Les produits secondaires doivent être détruits ou enlevés : ils génèrent donc des charges supplémentaires. Le coût de leur élimination vient augmenter le coût de production du produit principal.

RÉSOLUTION DU THÈME D'APPLICATION : ENTREPRISE MADAC

Rappel : Un déchet apparaît au niveau de l'atelier A2 et doit être épuré chimiquement dans l'atelier A4 avant épandage (cf. texte).

Le coût de l'atelier A4 est assimilable au coût d'élimination du déchet et viendra en augmentation du cout du produit principal.

COÛT DE L'ÉPANDAGE				
Charges directes				
Eau	142,5	m^3	–	270,50
Produit chimique	45	kg	6,50 €	292,50
Main-d'œuvre	169	h	45,00 €	7 605,00
Charges indirectes				
Centre A4				5 700,00
Coût de l'épandage	142,5	m^3	97,32 €	13 868,00

■ *Diminution des coûts*

Les produits secondaires sont alors vendus en l'état ou après transformation : c'est le cas le plus fréquent, du moins, pour les sous-produits.

Leur prix de vente sert de base à l'évaluation de leurs coûts de production propres qui vient en déduction du coût de production du produit principal.

Il est admis que la vente des produits secondaires ne génère ni gain ni perte ; cela conduit à une évaluation forfaitaire et conventionnelle du coût de production de ces mêmes produits mais qui permet une approche réaliste du coût du produit principal.

RÉSOLUTION DU THÈME D'APPLICATION : ENTREPRISE MADAC

Rappel : Un sous-produit apparaît au niveau de l'atelier A2 ; il doit être traité dans l'atelier A3 pour être commercialisable.

Calcul du coût de production du sous-produit au sortir de l'atelier A2

Le raisonnement est le suivant :

Le prix de vente du marché est égal au coût de production du sous-produit à la sortie de l'atelier de transformation ; comme on connaît les charges spécifiques à cette transformation, on peut en déduire le coût de production à l'entrée de ce même atelier, ce qui revient à déterminer le coût de production au sortir de l'atelier A2.

	Q	CU	Montant
Prix de vente	250	210	52 500
à déduire : Charges de A3 :			
• main-d'œuvre	605	52,4	– 31 702
• atelier A3			– 15 450
Coût de production du sous-produit SP à la sortie de l'atelier A2			= 5 348

C'est ce coût qui viendra en déduction du coût du produit principal.

En intégrant toutes les difficultés précédentes, le coût de production de produit PF devient :

	Q	CU	Montant
Charges directes :			
Produit PI consommés	980	80,31	78 707
Matières MP2	{ 900	50,40	45 360
	2 300	52,34	120 382
Main-d'œuvre	1 500	51,00	76 500
Charges indirectes			
Atelier A2	1 500	14,70	22 050
Total des charges de la période			342 999
• encours initiaux			+ 18 000
• encours de fin de période			– 23 872
• coût de production du sous-produit SP			– 5 348
• coût d'élimination du déchet D			+ 13 868
Coût de production du produit PF	2 660	129,94	345 647

Il faut ensuite présenter les comptes de stocks du produit PF et du sous-produit SP :

PRODUIT FINI PF							
Libellé	Q	CU	Montant	Libellé	Q	CU	Montant
Stock initial	184	120	22 080	Sorties	{ 184 2 616	120 129,94	22 080 339 923
					2 800		362 003
Entrées	2 660	129,94	345 647	Stock final	44		5 724
	2 844		367 727		2 844		367 727

SOUS-PRODUITS SP							
Libellé	Q	CU	Montant	Libellé	Q	CU	Montant
Stock initial	80	200	16 000	Sorties	{ 80	200	16 000
Entrées	250	210	52 500		190	210	39 900
				Stock final	60	210	12 600
	330		68 500		330		68 500

4. Le coût de revient

Le coût de revient est l'étape ultime du calcul des coûts : il comprend toutes les charges relatives au produit, c'est lui qui représente le **Coût complet**.

Nous étudierons successivement sa structure et ses composantes.

4.1 Structure du coût de revient

Un coût de revient est calculé par type de produits vendus.

Un coût de revient est composé :
– du coût de production des produits vendus,
– des coûts hors production eux-mêmes constitués par :
 • le coût de distribution,
 • une quote-part du coût des centres de structure.

4.2 Les coûts hors production

a) le coût de distribution

C'est un coût autonome qui globalise les charges relatives aux différentes opérations de distribution. Comme tous les coûts, il peut être composé de :

– **charges directes** : frais de personnel, de publicité et des emballages de conditionnement consommés dans la mesure où ils n'ont pas été intégrés dans les charges indirectes ;
– **charges indirectes** : coût des centres de distribution (études de marché, magasinage, après-vente, etc.).

b) Quote-part des charges des centres de structure

Certaines fonctions restent spécifiques à l'entité économique qu'est l'entreprise, ou encore, sont communes à plusieurs activités ou établissements. Il peut s'agir : de la recherche, de la planification, du contrôle, du financement ou de l'informatique.

L'évolution économique a fait que ces charges sont de plus en plus importantes eu égard à l'ensemble des charges de l'entreprise ; elles sont le plus souvent indépendantes du volume d'activité et **ne peuvent être intégrées au coût des stocks de produits.**

Le Plan comptable préconise de les regrouper dans des centres dits « **centres de structure** » et de les imputer aux coûts de revient des produits au prorata d'une **assiette de répartition à l'aide d'un taux de frais.**

RÉSOLUTION DU THÈME D'APPLICATION : ENTREPRISE MADAC

Il est possible, maintenant, de terminer le tableau des charges indirectes puisque l'on connaît la valeur de l'assiette de répartition utilisée pour le centre de structure « Administration ».

En effet, le coût de production des produits vendus s'élève à :

362 003 + 55 900 = 417 903 €

le taux de frais du centre « Administration » est de :

7 250/417 903 = 1,73 %

Les charges de distribution étant spécifiques au produit fini PF (*cf.* énoncé), le tableau de calcul du coût de revient peut se présenter ainsi :

	Produit PF			Produit SP		
	Qte	C. U.	Montant	Qte	C. U.	Montant
Coût de production des produits vendus	2 800		362 003	270		55 900
Coût de distribution						
• M.O.D.	210	62	13 020			–
• centre distribution	–		4 100			–
Quote-part des centres de structure						
• administration	362 003	1,73 %	6 263	55 900	1,73 %	967
Coût de revient	2 800	137,64	385 386	270	210,62	56 867

SECTION 4

RÉSULTATS ANALYTIQUES ET CONCORDANCE

L'objectif des calculs effectués reste la mise en évidence de résultats par produit ou famille de produits.

Ces résultats obtenus par des traitements comptables différents de ceux de la comptabilité financière doivent être rapprochés du résultat de celle-ci pour vérifier la concordance des différents modes de calcul.

1. Les résultats de la « comptabilité de gestion »

Il est nécessaire de distinguer les « **résultats analytiques élémentaires** » par produit du « **résultat de la comptabilité de gestion** ».

1.1 Les résultats analytiques élémentaires

Un résultat analytique élémentaire se calcule par type de produit vendu.

Ce résultat est obtenu en faisant la différence entre :

– les **produits d'exploitation** relatifs au produit vendu, c'est à dire son chiffre d'affaires ;

– et le **coût de revient** de ce même produit.

RÉSOLUTION DU THÈME D'APPLICATION : ENTREPRISE MADAC

En appliquant les principes énoncés ci-dessus, il faut calculer les résultats analytiques élémentaires pour le produit fini PF et le sous-produit SP.

Les résultats se présentent ainsi :

CALCUL DES RÉSULTATS ÉLÉMENTAIRES						
	Sous-produit SP			Produit fini PF		
	Qte	C. U.	Montant	Qte	C. U.	Montant
Chiffre d'affaires	270	208	56 160	2 800	150	420 000
Coût de revient des produits vendus	270	210,62	56 867	2 800	137,64	385 386
Résultats élémentaires	270	– 2,62	– 707	2 800	12,36	34 614

1.2 Le résultat de la « comptabilité de gestion »

Le travail analytique s'effectue sur des informations en provenance de la comptabilité financière ; il peut être intéressant de périodiquement le contrôler.

a) Principe de concordance

Dans une première approche, le résultat de la comptabilité de gestion peut être considéré comme la somme des résultats analytiques élémentaires.

Ce résultat doit coïncider avec celui de la comptabilité financière calculé sur la même période.

Compte tenu de l'aspect formel et obligatoire de la comptabilité financière, son résultat est considéré comme le résultat de référence. Il s'agit donc de **faire coïncider** le résultat de la comptabilité de gestion avec celui de la comptabilité financière.

L'égalité recherchée n'est pas obtenue spontanément car les **modes de traitement** des charges et des produits **diffèrent** dans les deux approches.

b) Causes de non-concordance

Elles sont diverses mais peuvent se regrouper en deux grands types :

– la comptabilité de gestion travaille sur des bases de charges et de produits différentes de celles de la comptabilité financière (exemples : charges non incorporables, éléments supplétifs…) ;

– la comptabilité de gestion n'a pas incorporé dans les coûts toutes les charges incorporables (exemples : mali ou boni d'inventaire, calcul sur des coûts arrondis…).

Tous ces éléments sont en fait des « Différences de traitement comptable ». La prise en compte de ces différences doit permettre d'obtenir l'égalité recherchée à savoir :

Somme des résultats analytiques élémentaires
\+ ou – **Différences de traitement comptable**
= **Résultat de la comptabilité de gestion**

qui doit être **identique** au résultat de la comptabilité financière.

Il est important de connaître les influences de ces différences sur le résultat de la comptabilité de gestion.

2. Les différences de traitement comptable et la concordance

Elles sont de deux types :

– les différences d'incorporation ;
– les différences d'inventaire, de cession et d'imputation.

2.1 Les différences d'incorporation

Il s'agit de différences entre charges et produits incorporés par la comptabilité de gestion par rapport à ceux pris en compte par la comptabilité financière.

Le Plan comptable en retient cinq sortes dont nous avons déjà vu, pour la plupart, des exemples.

a) Différences d'incorporation sur amortissements et provisions

Il est possible de substituer aux dotations aux amortissements et aux provisions de la comptabilité financière des charges spécifiques de la comptabilité de gestion.

Ce sont :

– les charges d'usage pour les dotations aux amortissements ;
– les charges étalées pour les dotations aux provisions pour risques et charges.

EXEMPLE

Soit des dotations aux amortissements de 32 000 € et des charges d'usage substituées de 30 000 €. Dans ce cas, les charges des centres sont minorées, donc également les coûts dans lesquels elles sont reversées. Le résultat analytique est augmenté par rapport à celui de la comptabilité financière. Dans la démarche de rapprochement, il faut alors déduire la différence sur amortissement et provision du résultat analytique pour obtenir celui de la comptabilité financière.

Différence d'incorporation sur amort. et provisions ⇒ coûts ↗ ⇒ R. anal. ↗ ⇒ Différence à déduire

Dans notre exemple, les charges d'usage sont inférieures aux dotations de la comptabilité financière mais ce n'est pas forcément toujours le cas. Dans le cas où les charges d'usage et étalées sont supérieures aux dotations de la comptabilité financière, l'influence sur le résultat analytique est opposée à celle décrite dans l'exemple.

Dans chaque cas, il s'agit donc d'analyser l'influence sur les coûts de la différence d'incorporation sur amortissements et provisions.

b) Différences d'incorporation pour éléments supplétifs

Les éléments supplétifs sont des charges spécifiques au traitement analytique.

EXEMPLE

Dans une entreprise, on retient, pour le mois et dans le calcul des coûts en tant que charges indirectes, l'élément suivant : rémunération des capitaux propres au taux de 6 % l'an.

Ces capitaux s'élèvent à 100 000 €.

La prise en charge de ces éléments supplétifs de 500 € (100 000 € × 6 % × 1/12) s'effectue au moment de l'affectation des charges indirectes dans les centres d'analyse.

Ici, les charges des centres sont majorées, donc également les coûts dans lesquels elles sont reversées. Le résultat analytique est diminué par rapport à celui de la comptabilité financière.

Différence d'incorporation sur éléments supplétifs ⇒ Coûts ↗ ⇒ R. anal. ↘ ⇒ Différence à ajouter

L'influence des éléments supplétifs sur le résultat de la comptabilité de gestion est toujours la même.

c) Différences d'incorporation sur autres charges de la comptabilité financière

Ce compte reçoit deux types d'ajustement de charges :

– les charges non incorporables de la comptabilité financière,

– l'abonnement de certaines charges.

■ *Les charges non incorporables aux coûts*

Toutes les charges de la comptabilité financière non reprises en comptabilité de gestion doivent transiter par ce compte, à l'exclusion des charges d'amortissement et de provision.

EXEMPLE

Parmi les comptes de la comptabilité financière figurent des charges exceptionnelles pour un montant de 15 300 €. Ces charges, non retenues par la comptabilité de gestion minorent les coûts.

Donc

Différence d'incorporation sur autres charges de la compta. financière ⇒ Coûts ↘ ⇒ R. anal. ↗ ⇒ Différence à déduire

■ *L'abonnement des charges*

Certaines charges ont une périodicité d'apparition différente de la périodicité du calcul des coûts.

EXEMPLE

La consommation de chauffage est abonnée chaque mois pour un montant de 1 000 € et considérée comme une charge indirecte.

En fin de période de printemps, il apparaît que la dépense réelle de chauffage s'est élevée à 12 340 €.

Dans les coûts, il a été pris en compte des charges pour 12 000 € au lieu de 12 340 €, montant réel.

Leur influence est la suivante :

Différence d'incorporation sur autres charges de la compta. financière	⇒ Coûts ↘ ⇒ R. anal. ↗ ⇒ Différence à déduire

Dans le cas où les charges réelles sont inférieures aux charges abonnées annuelles, l'influence est inverse.

d) Différences d'incorporation sur produits

Certains produits de la comptabilité financière ne sont pas pris en compte en « comptabilité de gestion ». Ils font apparaître des différences d'incorporation sur produits. Il s'agit principalement des produits exceptionnels.

Dans le cadre de la concordance, l'influence de ces différences d'incorporation est directe et unique.

Différence d'incorporation sur produits de la compta. financière	⇒ Produits ↘ ⇒ R. anal. ↘ ⇒ Différence à ajouter

POINT MÉTHODE

L'influence des différences d'incorporation est variée. Si certaines d'entre elles ne peuvent agir que dans un sens, d'autres peuvent avoir des incidences inverses au sein d'un même exercice ou dans des exercices différents.

Il est conseillé aux étudiants d'éviter de retenir par mémorisation ces règles mais plutôt de s'attacher à comprendre les mécanismes de fonctionnement, de telle sorte qu'ils puissent les réutiliser en toutes circonstances.

2.2 Les différences d'inventaire, de cession

Elles sont au nombre de deux, et concernent des différences entre des charges incorporables de la comptabilité de gestion et le montant pris en compte dans les coûts.

a) Différences d'inventaire constatées

Par l'inventaire permanent, la comptabilité de gestion peut déterminer le stock théorique de fin de période. La confrontation avec l'inventaire physique de la comptabilité financière peut faire apparaître des différences de quantités : ce sont les différences d'inventaire constatées.

EXEMPLE

L'inventaire physique a permis de dénombrer 12 produits A.

Le stock théorique de ce produit est de 10 produits A valorisés au CUMP de 45 € l'un.

Stock théorique < Stock réel = Boni d'inventaire assimilé à une entrée en stock fictive

L'influence sur les coûts peut s'analyser ainsi :

la consommation de produits a été majorée de deux produits et donc le résultat élémentaire sur produit A est minoré par rapport à celui de la comptabilité financière.

Différences d'inventaire constatées ⇒ coûts ↗ ⇒ R. anal. ↘ ⇒ Différence à ajouter

En cas de mali d'inventaire (stock réel inférieur au stock théorique), la consommation de produits est minorée et son influence sur la concordance est inverse.

Différences d'inventaire constatées ⇒ coûts ↘ ⇒ R. anal. ↗ ⇒ Différence à déduire

POINT MÉTHODE

La présentation d'un compte de stock équilibré c'est-à-dire ajusté sur le stock réel de fin de période permet la mise en évidence des différences d'inventaire sur les comptes de stocks.

b) Différences sur coûts et taux de cession

Il est fréquent que l'imputation des coûts d'unités d'œuvre (ou des taux de frais) aux coûts des produits s'effectue avec des coûts arrondis afin de faciliter les calculs.

Pour solder les centres d'analyse, il faut pratiquer un ajustement qui fait apparaître des différences sur coûts et taux de cession.

EXEMPLE

Les charges affectées à un centre d'analyse s'élèvent à 120 576 €.

Le nombre d'unités d'œuvre est de 6 200.

L'entreprise utilise des coûts d'unités d'œuvre arrondis au centime inférieur pour le calcul des coûts des produits.

Le coût de l'unité d'œuvre non arrondi apparaît à :

120 576/6 200 = 19,44774....

Les coûts des produits ont reçu 19,44 × 6 200 = 120 528 € et les différences pour coûts et taux de cession s'élèvent à :

Charges du centre – Charges imputées
120 576 – 120 528 = 48 €

L'utilisation du coût d'unité d'œuvre arrondi a conduit à minorer les coûts des produits, et, en conséquence, à majorer les résultats analytiques élémentaires sur les produits.

Différence sur coût et taux de cession ⇒ Coûts ↘ ⇒ R. anal. ↗ ⇒ Différence à déduire

L'utilisation de coûts arrondis étant de pratique courante, il est fréquent de rencontrer des différences de coût et taux de cession.

RÉSOLUTION DU THÈME D'APPLICATION : ENTREPRISE MADAC

Les résultats se présentent ainsi :

Calcul des résultats élémentaires

	Sous-produit SP			Produit fini PF		
	Qte	C. U.	Montant	Qte	C. U.	Montant
Chiffre d'affaires	270	208	56 160	2 800	150	420 000
Coût de revient des produits vendus	270	210,62	56 867	2 800	137,64	385 386
Résultats élémentaires	270	– 2,62	– 707	2 800	12,36	34 614

Pour illustrer le processus de concordance, il est nécessaire d'introduire de nouvelles données.

a) Informations complémentaires sur le cas

Les charges indirectes se décomposent en :

- *frais de personnel : 23 000 €*
- *autres charges : 51 650 €*
- *charges d'usage : 19 700 €*
- *éléments supplétifs : 6 000 €*

Les dotations aux amortissements et aux provisions de la comptabilité financière se décomposent en :

- *dotations aux amortissements : 17 300 €*
- *dotations aux provisions : 4 750 € non incorporables.*

L'entreprise a encaissé 2 100 € de produits financiers non incorporables.

La résolution du thème a mis en évidence des différences d'inventaire constatées et des différences sur coûts et taux de cession.

b) Analyse des différences de traitement comptables

Différences d'inventaire constatées

- Mali d'inventaire sur MP1 : 20 kg à 8,74 soit 174,8 €.
- Boni d'inventaire sur MP2 : 5 kg à 52,34 soit 261,7 €,

soit au total un boni de 86,9 €.

Différences sur coût et taux de cession

Elles proviennent principalement de l'utilisation de coûts d'unités d'œuvre arrondis :

Centre	Approvis.	Atelier 1	Administ.
Total des charges Charges imputées dans les coûts	3 750 3 760	42 050 42 056	7 250 7 230
Frais résiduels	– 10	– 6	+ 20

soit en global des frais résiduels de 4 € en sous-imputation dans les coûts des produits.

L'ensemble des différences peut être regroupé dans le tableau suivant :

Nature de la différence	Montant
Différences sur amortissements et provisions (19 700 – 17 300) ↗ coûts ↘ R. Élém. ⇒	+ 2 400
Différences sur éléments supplétifs ↗ coûts ↘ R. Élém. ⇒	+ 6 000
Différences sur autres charges de la comptabilité financière ↘ coûts ↗ R. Élém. ⇒	– 4 750
Différences d'inventaire constatées ↗ coûts ↘ R. Élém. ⇒	+ 86,9
Différences sur coûts et taux de cession ↘ coûts ↗ R. Élém. ⇒	– 4
Différences sur produits de la comptabilité financière ↘ Produits ↘ R. Élém. ⇒	+ 2 100
Total des différences de traitement comptable	+ 5 832,9

Le **résultat de la comptabilité de gestion** apparaît alors comme la somme des résultats élémentaires sur produits et du total des différences de traitement comptable :

- Résultat sur le produit PF : + 34 614
- Résultat sur le sous-produit SP : – 707
- Différence de traitement comptable : + 5 832,9

Résultat de la comptabilité de gestion : 39 739,9

Ce travail de concordance peut être vérifié par l'établissement du compte de résultat (optique comptabilité financière).

Un premier tableau reprend les stocks de matières et de produits afin de calculer des variations de stock.

	Stock initial	Stock final réel	Variation de stock
Matières premières MP1	4 050	5 069,2	– 1 019,2
Matières premières MP2	45 360	10 729,7	+ 34 630,3
			+ 33 611,1
Encours de production	18 000	23 872	– 5 872
Produit PF	22 080	5 724	+ 16 356
Sous-produit SP	16 000	12 600	+ 3 400
			+ 13 884

Par conséquent, le compte de résultat se présente ainsi :

Achats	140 763,00	Production vendue	476 160
Variation de stocks	+ 33 611,10	Production stockée	– 13 884
MOD	+ 153 562,00	Produits financiers	+ 2 100
Autres charges	+ 96 700,00		
Bénéfice	+ 39 739,90		
Total général	464 376,00	Total général	464 376

Détails :

1) Achats MP1 + MP2 + Pds chimiques + Eau
11 700 + 128 500 + 292,5 + 270,5

2) MOD = 24 735 + 76 500 + 31 702 + 7 605 + 13 020

3) Autres charges = Total RS – Éléments supplétifs + Charges non incorporables + Dotation aux amortissements – Charge d'usage
= 100 350 – 6 000 + 4 750 + 17 300 – 19 700

POINT MÉTHODE

Dans un travail de concordance, il est important de recenser de façon exhaustive l'ensemble des différences de traitement comptable.

Penser que la majorité des différences d'incorporation est indiquée comme « informations » de la comptabilité financière et apparaissent très souvent dans le tableau de répartition des charges indirectes.

Les différences d'inventaire et de taux de cession résultent de vos calculs. Il dépend de vous, de les repérer au moment de l'établissement des coûts.

En tout état de cause, des erreurs dans l'élaboration des coûts n'empêchent pas l'obtention d'un résultat concordant.

Cet outil de calcul des coûts a été et est encore majoritairement utilisé par les entreprises. Avec la pratique et le temps, la base de données d'information qu'il constitue a permis de répondre à des besoins de gestion élargis qui ont fait perdre au système ses cohérences internes d'autant que le contexte qui l'avait vu naître a profondément évolué en cinquante ans.

CONCLUSION : UN SYSTÈME D'INFORMATION EN CRISE

Séduits par l'architecture des coûts proposés par la méthode des centres d'analyse, les gestionnaires se sont servis de sa base de données pour asseoir des réponses à des besoins de gestion complémentaires.

Ces demandes portent leur **propre logique** qui peut être **contradictoire** avec la qualité d'un « bon système de calcul des coûts ».

• Une première distorsion est apparue dès la mise en place du système ; selon le positionnement dans le temps, la demande implicite au calcul des coûts n'a pas le même sens :

– calculer le coût de revient a priori relève du **contrôle stratégique** et d'un choix de positionnement sur le marché, **le problème de la pertinence de la modélisation proposé par le calcul des coûts est fondamental** ;
– faire le même calcul a posteriori relève du **suivi opérationnel** et donc du contrôle mensuel des consommations de ressources et de la productivité de la main-d'œuvre. Dans ce contexte, **la concordance avec la comptabilité financière** trouve sa logique et la qualité de traçabilité des coûts revêt un aspect important.

Très vite, l'existence en parallèle des gammes et des nomenclatures et du suivi en matière de coûts, a permis d'envisager un bouclage et un processus de rétro-action avec la mise en place des coûts préétablis et du calcul des écarts.

La généralisation des procédures budgétaires à l'ensemble de l'entreprise s'est elle aussi appuyée sur le système des coûts complets tendant à **transformer la section homogène en unité budgétaire de base**. Ce phénomène s'est trouvé accentué par la mise en place de centres de responsabilité nécessaire à la dynamisation de la structure : l'homogénéité des activités et **le lien de causalité entre consommations de ressources et volume d'activité se sont alors distendus**.

• Parallèlement, la comptabilité financière a exprimé une demande plus pressante de normalité dans le cadre de l'évaluation des stocks et des immobilisations.

Tous ces aspects, souvent contradictoires dans leurs objectifs, ont conduit à faire de la méthode des centres d'analyse **la base incontournable de la comptabilité de gestion**. L'apparition dans les années 1970 de logiciels informatiques a été perçue comme une possibilité de répondre à toutes les demandes complexes adressées au système d'information.

Mais, très vite, les contradictions ont été mises en évidence entre les logiques implicites des différentes demandes, l'informatisation de cette époque apportant une rigidité supplémentaire à toute remise à plat du système d'autant que le contexte économique et productif se transformait radicalement.

Cet aspect sera étudié dans le chapitre 13, « l'organisation et la performance ». Toutes les caractéristiques de l'entreprise énoncées plus haut se sont trouvées modifiées mais certaines ont une influence plus prépondérante sur la perte de pertinence du système de calcul des coûts.

• La production est maintenant caractérisée par :

– une flexibilité apportée par les machines à commande numérique,
– une différenciation poussée des produits,
– une diversité des tailles des séries,
– la diminution du travail humain agissant sur les objets.

En conséquence, **le respect de l'homogénéité comme celui de la prépondérance de la main-d'œuvre directe est perdu**.

• Des fonctions autres que la fonction de production émergent :

– L'approvisionnement se modifie dans sa nature : les aspects « réception magasinage » perdent de l'importance au profit d'activités d'études de marché et de recherche de fournisseurs et de la logistique qui devient fondamentale avec la gestion en flux tendus ;
– La « recherche et développement » peut représenter jusqu'à 30 % des coûts d'une période et ses choix sont décisifs sur les coûts des produits futurs (composants ou technologie de production) ;
– La commercialisation et la distribution deviennent plus prépondérantes que la production : la démarche s'est renversée : c'est le client qui décide en fonction de combinaisons produits/services/valeur ;
– Les activités de supports comme la qualité, la maintenance, la logistique, les ressources humaines prennent de l'importance en fonction de la transformation de la perception de la valeur par le client.

En conséquence, **le coût de production n'est plus prépondérant dans l'ensemble des coûts** de l'entreprise et **les charges indirectes deviennent majoritaires**.

• D'autant que la mise en œuvre de la méthode des centres d'analyse par les entreprises a conduit à des **visions simplifiées** du modèle. Trop souvent, il est constaté :

– l'utilisation d'une **unité d'œuvre majoritaire**, la main-d'œuvre directe, alors que rien ne s'oppose à l'utilisation d'autres unités de mesure plus judicieuses ;
– l'utilisation de **reversements en cascades** entre sections sans respect du principe de traçabilité ni celui de causalité ;
– l'affectation de charges dans des sections exprimant plus la volonté de répartir toutes les charges que celle de les répartir en respectant le principe de causalité compte tenu du coût d'obtention de l'information complémentaire sur ce lien ;
– la définition des centres d'analyse sur la base des centres budgétaires ou de responsabilité conduisant à un **regroupement de plusieurs activités non homogènes** ;

– une **difficulté de mise à jour du système** de calcul des coûts tenant compte des modifications des procédés de fabrication : définition de nouveaux centres, éclatement de certains pour maintenir le principe d'homogénéité.

Parallèlement de nouveaux besoins ont été exprimés au système de calcul des coûts et d'évaluation de la performance que la méthode des centres d'analyse peine à prendre en compte.

• La notion de performance s'est déplacée du concept de minimisation du coût vers celui de coût-valeur du produit qui ne peut se comprendre sans une confrontation avec le marché. Cette vision implique une nouvelle conception de l'architecture des coûts qui se traduit par :

– une multiplication des objets de coûts ;
– un questionnement sur la participation de l'activité à la valeur ;
– une même importance des différentes fonctions à ce processus de valeur ;
– l'abandon de la vision micro-économique en termes d'optimisation : un optimum global n'est pas la somme des optimums locaux ;
– l'introduction de la dimension humaine dans la création de la valeur.

Le système de calcul des coûts se doit donc de **clairement distinguer** ce qui relève de l'**évaluation *a priori* du coût dans une démarche de contrôle stratégique** (politique de réduction des coûts à la conception), de ce qui relève d'**une démarche d'amélioration continue** (politique de maintenance du coût).

APPLICATIONS

APPLICATION 1

Société Ygrec

La société Ygrec fabrique, d'une seule matière première, deux produits : A dans l'atelier 1 et B dans l'atelier 2.

Renseignements concernant le mois de janvier :

- Achats de matières premières : 13 000 unités pour 19 531 €.
- Production terminée : 11 500 unités de A et 1 200 unités de B.
- Ventes de produits : 10 800 unités de A à 7 € l'un et 1 600 unités de B à 15,25 € l'un.
- Stock de début de mois :
  - matières premières : 4 000 unités pour 7 059 €
  - produits A : 1 500 unités pour 8 135 €
  - produits B : 900 unités pour 11 403 €
  - encours initial de produits A : 2 124 €
  - encours initial de produits B : 1 060 €
- Main-d'œuvre directe : 1 180 heures dans l'atelier 1 et 310 heures dans l'atelier 2. Coût horaire : 15 €
- Consommation de matières premières : 11 800 unités dans l'atelier 1 ; 2 500 unités dans l'atelier 2.
- Stock de fin de mois :
  - matières premières : 2 550 unités
  - produits A : 2 100 unités
  - produits B : 500 unités
  - encours de produit A : 5 075 €
  - encours de produit B : 903 €

Les totaux des répartitions primaires ainsi que les clés de répartition des centres auxiliaires vous sont fournis ci-après :

Totaux	Prestations connexes	Gestion matériel	Approvisionnement	Atelier 1	Atelier 2	Distribution	Administration
50 738	5 550	3 300	3 700	21 750	4 390	11 250	798
....	....	20 %	10 %	50 %	10 %	10 %	
	10%	....	20 %	40 %	20 %	10 %	
Unités d'œuvre			Unité de MP achetée	HMOD	HMOD	100 € de ventes	Coût de production

QUESTIONS

1. **Finaliser le tableau de répartition des charges indirectes.**
2. **Calculer, sous forme de tableau, tous les coûts nécessaires pour obtenir le coût de revient des produits finis A et B.**
3. **Présenter les comptes de stocks évalués en CUMP.**
4. **Compte tenu de 1 020 € de charges non incorporables, déterminer « le résultat de la comptabilité analytique ». Vérifier la réponse en présentant, pour le mois de janvier, le compte de résultat simplifié de la comptabilité financière.**

APPLICATION 2

Charges incorporables

Les informations suivantes extraites de la comptabilité financière vous sont fournies :

Informations concernant le mois de septembre

- Ensemble des comptes 60 à 66 : 127 000 €
- Compte 67 : 2 300 €

Informations annuelles

- Compte 6811 : 60 000 €
- Compte 6815 : 260 000 €
- Compte 6872 : 36 000 €

Le **comptable financier** vous précise, par ailleurs, que :

- les dotations aux amortissements comprennent 18 000 € de dotations aux frais d'établissement ;
- les immobilisations ont une valeur d'origine de 420 000 € et sont amorties linéairement sur une durée de 10 ans ;
- les dépenses de chauffage des locaux sont abonnées et prises en compte pour un montant mensuel de 2 200 €. Montant des dépenses réelles : 22 300 €.

Par ailleurs, le **responsable analytique** vous explique son intention de tenir compte dans l'évaluation des charges incorporables, des éléments suivants :

- la moitié des immobilisations a une valeur sur le marché de 300 000 € et l'entreprise n'envisage de les utiliser que sur une période de 5 ans ; en conséquence, des charges d'usage seront intégrées aux coûts.
- parmi les provisions, 120 000 € concernent un litige exceptionnel et l'entreprise a l'habitude d'étaler des charges pour un montant annuel de 180 000 € ;

– les capitaux propres de l'entreprise s'élèvent à 400 000 €. Ils sont rémunérés au taux de 6 % l'an ;

– l'exploitant évalue sa rémunération à 9 500 € par mois.

QUESTION

Calculer le montant des charges incorporables aux coûts pour la période du mois de septembre en distinguant clairement les charges prises en compte en comptabilité analytique de celles de la comptabilité financière et les différences d'incorporation créées à cette occasion. (Faire un tableau.)

APPLICATION 3

Entreprise Callao

L'entreprise industrielle Callao transforme deux matières premières M et N dans un atelier 1 pour donner un produit fini P en vrac et un sous-produit S. Puis S est traité dans un atelier 2 ce qui nécessite une nouvelle consommation de N, avant d'être vendu.

Le produit P est mis en sac de 25 kg et livré immédiatement. Il n'y a donc pas de produit conditionné en stock.

Pendant la période, on a consommé :

– atelier 1 : 54 000 kg de M et 30 000 kg de N ;

– atelier 2 : 2 000 kg de N ;

– atelier de conditionnement : 2 880 sacs.

La production porte sur 75 000 kg de produit P et 3 000 kg de sous-produit S qui ont été traités et vendus.

Les charges de personnel sont des charges incorporables et seul l'atelier 1 consomme de la main-d'œuvre directe.

On vous fournit :

– annexe 1 : compte de résultat ;

– annexe 2 : modalités de répartition des charges indirectes ;

– annexe 2 : tableau de répartition des charges indirectes ;

– annexe 3 : état des stocks.

QUESTIONS

1. **Quel est le montant des charges non incorporables ? À quoi correspondent-elles ?**
2. **Finaliser le tableau de répartition des charges indirectes.**
3. **Calculer le coût d'achat des matières premières.**
4. **Calculer le coût de production de S à la sortie de l'atelier 1.**
5. **Calculer le coût de production du produit P en vrac, de P conditionné.**
6. **Calculer le coût de revient de P. En déduire le résultat analytique.**

ANNEXE 1

Extrait du « Compte de résultat »

Charges	Montant	Produits	Montant
Achats de matières M	416 000	Ventes de produit P	1 227 880
Achats de matières N	285 000	Ventes du produit S	75 078
Achats de mat. Consommables	142 613	Produits financiers	13 897
Achats de sacs	6 000	Produits exceptionnels	2 500
Services extérieurs (dont publicité 83 615)	127 942		
Autres services extérieurs	58 439		
Impôts et taxes	65 634		
Charges de personnel	211 649		
Charges financières	5 925		
Dotations aux amortissements	27 616		
Charges exceptionnelles	1 500		
Solde créditeur	**67 820**		

ANNEXE 2

Modalités de répartition des charges indirectes

Répartition primaire : clés de répartition

Charges	Administration	Gestion RH	Approvisionnement	Distribution	Totaux
Impôts et taxes	2	2	1	1	6
Publicité	1	4	1	1	7
Charges financières	–	8	–	7	15

Répartition secondaire

Centre	Entretien	Gestion RH	Approvt	Atelier 1	Atelier 2	Condt	Distribution	Total
Entretien	–	5	10	55	15	5	10	100
Gestion RH	1	–	10	65	5	4	15	100

ANNEXE 3

Tableau de répartition des charges indirectes

Comptes	Total	Gestion personnel	Gestion bâtiment	Approvisionnement	Atelier 1	Atelier 2	Conditionnement	Distribution	Administration
602	135 404				133 262	2 142			
61	44 327	2 200	6 801	3 612	17 400	2 900	5 600	5 814	
623	83 615	....		....				....	....
62	58 439	18 613		21 924				17 902	
63	65 634			....				....	....
64	109 349	32 357	19 389	32 330			11 898	13 375	
66	5 925	....							
68	25 695	4 612	490	2 250	10 338	1 558	2 822	3 625	
Total	528 388		26 680						
G. RH		....	....	....	....	....	....	....	....
G. bâtiments		....	....	....	....	....	....	....	....
Nature des unités d'œuvre				Kg de MP achetée	Kg de produit P obtenu	Kg de S traité	Sac de 25 kg	100 € de P vendu	Ct de prod. de P en vrac
Nombre d'unités d'œuvre									
Coût de l'unité d'œuvre									

ANNEXE 4

État des stocks

Nature	Stocks au 1er janvier		Achats de la période (Qtés)	Stocks en fin de période	
	Quantités	Montant		Quantité	Montant
Matière M	8 000	75 800	52 000	5 900	53 985
Matière N	2 000	11 200	38 000	8 100	68 445
Mat. consom.		24 124	142 613 €		36 355
Sacs			3 000	100	200
En cours A1		1 998			520
Produits P vrac	6 200	80 240		9 200	130 640

APPLICATION 4

SA Les Minoteries Réunies

La société anonyme les Minoteries Réunies traite des blés tendres de différentes qualités pour obtenir de la farine. Elle s'approvisionne pour partie auprès de coopératives sur le territoire national, pour partie sur le marché international.

Les différentes phases du traitement pour obtenir de la farine à partir des grains de blé sont les suivantes.

• **Le premier traitement** subi par le blé consiste en un passage dans un atelier de « nettoyage » ayant pour but d'éliminer du blé les diverses impuretés (morceaux de paille, grains d'avoine, d'orge ou de maïs...).

La quantité de déchets récupérés est estimée en moyenne à 1,6 % du poids du blé obtenu après nettoyage. Ces déchets sont vendus au prix de 7 € le quintal et c'est sur la base de ce prix que se fait l'estimation du coût des déchets, coût venant en déduction du coût du traitement du blé.

• Dans une **seconde phase**, tout le blé nettoyé passe dans un atelier de préparation pour que les grains de blé se présentent, du point de vue consistance, dans les meilleures conditions permettant une séparation facile des enveloppes du grain de blé et de l'amande farineuse.

Le blé nettoyé subit en particulier un lavage ayant essentiellement pour conséquence d'élever le taux d'humidité des grains afin de poursuivre la fabrication, ce qui se traduit par une augmentation du poids du blé nettoyé de 2 %. On obtient alors le froment prêt à être réduit en farine.

• **Troisième traitement** après un repos d'environ 48 heures, tout le froment est écrasé dans un atelier de broyage à l'aide de machines spécialisées de plusieurs types (en particulier des machines appelées « planchisters »).

Le broyage permet d'obtenir de la farine en vrac faisant l'objet d'un stockage et un sous-produit important : le son, destiné à l'usine d'aliments pour bétail. Le poids de son représente 20 % de la quantité de froment broyé.

Le coût de production du son est établi à partir de sa valeur commerciale (29 € le quintal) estimée au prix du marché, déduction faite d'une décote forfaitaire de 2,5 € par quintal pour frais de distribution et de 8 € par quintal de main d'œuvre directe pour frais de manutention.

• Enfin, lors d'un **quatrième traitement**, la farine en vrac ayant fait l'objet de commande est conditionnée dans un atelier de commercialisation. Le conditionnement s'effectue sous différentes formes :

– par sachets papier de 1 kg pour la farine destinée à l'usage ménager,

– par sacs de 50 kg pour les utilisateurs professionnels (boulangers et autres).

On vous fournit les renseignements concernant le mois de décembre N.

Stocks au 01.12.N

• Blé : 25 350 quintaux pour 332 700 € (1 quintal = 100 kg)

• Farine en vrac : 30 464 quintaux pour 901 136 €

• Encours atelier broyage : 366 035 €

Stocks au 31.12.N

• En-cours atelier broyage : 323 030 €

Achats du mois de décembre

• Blé : 185 000 quintaux à 12,84 € le quintal

• Quantité de blé entrant dans l'atelier de nettoyage : 173 736 quintaux

• Déchets récupérés à la sortie de l'atelier de nettoyage : 2 736 quintaux

• Coût d'achat du sac de 50 kg : 0,8 €

• Coût d'achat du sachet de 1 kg : 0,06 €

Ventes du mois de décembre : 217 500 sacs à 20,6 € le sac pour l'usage professionnel et 3 625 000 sachets à 0,54 € le sachet pour l'usage familial.

Heures machine utilisées : 3 477 heures en nettoyage et 4 618 heures en préparation.

Main-d'œuvre directe utilisée : 11 856 en préparation et 44 205 en broyage.

• *Dans l'atelier commercialisation :*

17 110 €, dont 2 610 € pour le conditionnement à usage professionnel

14 500 € pour le conditionnement à usage ménager

Charges indirectes du mois de décembre

	Centres auxiliaires		Centres principaux				
Centre	**Force motrice**	**Gestion matériel**	**Transport**	**Nettoyage**	**Préparation**	**Broyage**	**Distribution**
Répartition primaire	174 000	22 000	416 400	59 448	484 452	770 100	493 040
Force motrice		10 %		10 %	20 %	50 %	10 %
Gestion matériel	15 %		15 %	15 %	15 %	30 %	10 %
Nature U.O.			Quintal transporté	Heure machine	Heure machine	Quintal Broyé	20 € de ventes HT

QUESTIONS

1. **Présenter le tableau de répartition des charges indirectes. (Il est demandé de justifier tous les calculs.)**
2. **Déterminer les coûts de revient des deux types de farine en distinguant les coûts des différentes phases du traitement.**

APPLICATION 5

Société « Les Sablières de Sologne »

La société Les Sablières de Sologne a été créée dans les années 70 par M. Émile Chantereau qui en était le PDG et le principal actionnaire, jusqu'à son décès en 1983. Par la suite la direction de l'entreprise fut assurée par sa femme Sylvie Chantereau.

L'activité première de la société était l'exploitation de carrière et la fabrication de sable et de gravier. Vint s'y ajouter, quelques années plus tard et pour profiter de l'ouverture de grands chantiers de BTP dans la région, une importante activité de fabrication de grave et de béton.

Après plusieurs années de prospérité et d'expansion, la position commerciale et financière de l'entreprise a commencé à se dégrader : baisse du chiffre d'affaires et du résultat, problèmes incessants de trésorerie. Sans être dramatique, la société disposant d'une assise financière très solide, la situation reste préoccupante pour Mme Chantereau, celle-ci ayant le sentiment que le contrôle de son entreprise lui échappe.

Ainsi, la société souffre chroniquement d'une certaine désorganisation au niveau de la production. L'éloignement des centres de traitement et des gisements distants entre eux de plusieurs kilomètres rend le contrôle de la direction technique difficile. Les arrêts sont fréquents, leurs causes multiples (intempéries, « pauses sauvages », pannes dues elles-mêmes à la fois à un matériel vieillissant et à un certain laxisme du service d'entretien).

D'autant que la force de vente, composée par deux représentants encadrés par M. Roy, est peu stimulée car ce dernier est absorbé par des problèmes liés à la gestion des véhicules et à l'administration commerciale, ce qui se ressent sur le dynamisme commercial de l'entreprise. Or celle-ci pourrait facilement augmenter son chiffre d'affaires moyennant une politique de prospection plus intense.

Par ailleurs, l'entreprise est confrontée depuis quelques années à un gonflement de ses frais administratifs et il devient urgent de pouvoir suivre l'évolution de ce poste au mois le mois. Il en est de même pour les frais financiers.

Dans l'esprit de Mme Chantereau, le redressement de son entreprise doit suivre deux axes : d'une part une politique commerciale plus rigoureuse et le développement éventuel de nouveaux produits et d'autre part, la mise en place d'un système de contrôle de gestion et d'un certain nombre d'outils de suivi de la trésorerie.

En tout état de cause, le système mis en place devra déboucher sur la construction, à terme, d'un tableau de bord permettant de suivre la rentabilité globale et par activité, l'évolution des points clés de l'entreprise, en particulier les quantités produites, l'efficience dans l'utilisation des moyens de production et l'état des stocks.

Mme Chantereau souhaite pouvoir disposer mensuellement de quelques indicateurs lui permettant de mesurer la performance du service commercial et d'autre part de cerner l'efficacité de la gestion financière à court terme.

Dans une première mission, votre travail sera de concevoir et mettre en place une comptabilité analytique en coûts complets. Un triple objectif vous est imposé :

1. l'évaluation des coûts de revient des produits vendus de façon à pouvoir déterminer un prix de vente dans un contexte fortement concurrentiel ;
2. l'évaluation des stocks ;
3. la préparation de l'entreprise au contrôle de gestion tel qu'il a été envisagé plus haut.

QUESTIONS

1. **Dans le cadre d'une mise en place d'une comptabilité analytique, définir un découpage pertinent pour les centres d'analyse, les types de charges qui y seront affectés, et les unités d'œuvres utilisées.**
2. **Analyser la structure des coûts à calculer et les éléments de charges à prendre en compte pour ces calculs.**

Ces travaux doivent permettre, à terme, de répondre aux souhaits de la direction de l'entreprise : ils doivent donc s'appuyer sur des propositions de réorganisation qui permettraient d'améliorer l'efficacité de la société.

(d'après DESCF 91)

ANNEXE 1

Processus de production

L'entreprise exploite deux types de matériaux bruts :

– le calcaire brut de la carrière n° 1,

– le tout venant de la carrière n° 2.

Le processus d'extraction est assuré par plusieurs équipes d'ouvriers munis de pelleteuses. Ces équipes interviennent indifféremment dans les deux carrières.

Des camions de l'entreprise assurent le transport, jusqu'aux différents centres de traitement I, II et III, des matériaux bruts qui y sont stockés en attente de traitement. Ces mêmes camions sont également utilisés pour le transport des matériaux à la clientèle.

Sur la base du calcaire brut et à l'issue du traitement I, on obtient simultanément trois types de matériaux différents : calcaire 5,25 – 0/6,3 – 30/120. Ce type de situation, très fréquente dans les carrières, se retrouve aussi à l'issue du traitement II. Elle rend impossible l'imputation de coûts de traitement aux matériaux sur la base d'unités d'œuvres classiques : heure/machine, heure/main-d'œuvre.

De même, sur la base du tout-venant et à l'issue des opérations du traitement II : criblage et lavage, sortent simultanément 3 types de matériaux : sable 0/4, gravillons 4/10, gravillons 6/20.

En plus de ces activités de traitements de matériaux, l'entreprise a une importante activité de fabrication de grave et de béton. Aussi dispose-t-elle, au site n° III, d'une unité de fabrication pouvant produire soit du grave CPJ, soit du grave laitier, soit du béton, selon la demande. Chaque production exige un mélange particulier incluant les matériaux issus de l'entreprise et des matériaux achetés à l'extérieur. Par exemple, le béton est élaboré à partir d'un mélange de gravillons 6/20 et 0/6,3, de sable 0/4 et de sablon et adjuvant CPJ 45 acheté à l'extérieur.

Les différents traitements nécessitent une importante consommation d'électricité. Il existe un réseau de distribution d'énergie propre à l'entreprise.

ANNEXE 2

Circuit de traitement des matériaux

(SABLIÈRES DE SOLOGNE)

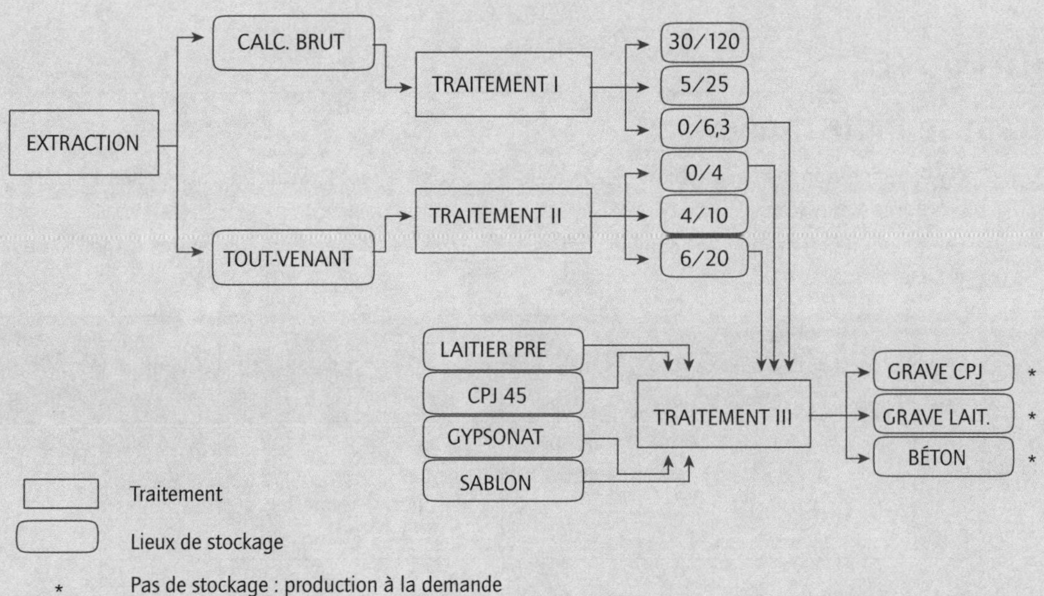

ANNEXE 3

Organigramme de l'entreprise

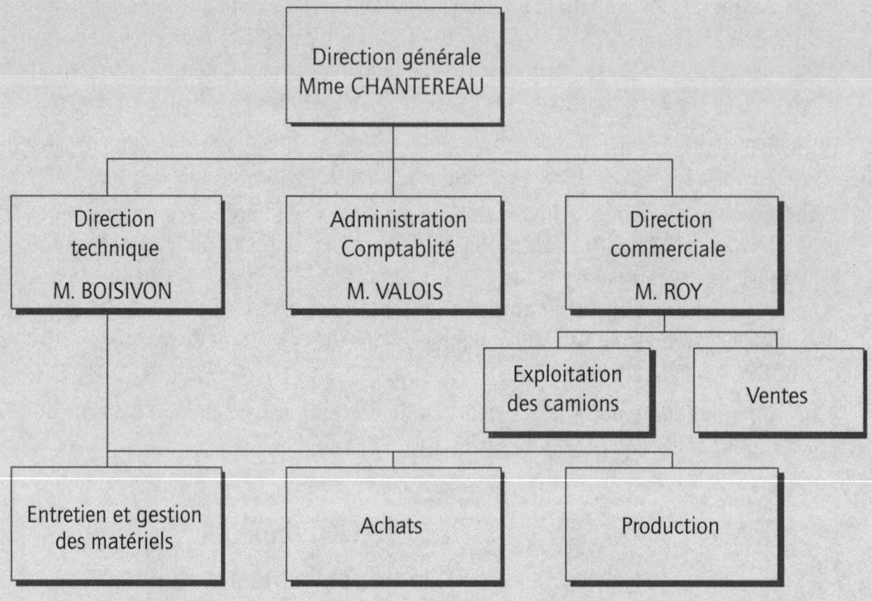

APPLICATION 6

Entreprise industrielle

Une entreprise industrielle fabrique des objets P sur commande, à partir de trois matières M1, M2, M3, dans trois ateliers A, B, C.

Le tableau de répartition des charges indirectes du mois de janvier entre les centres d'analyse peut être résumé ainsi :

	Total	Approvisionnement et manutention	Atelier A	Atelier B	Atelier C	Distribution	Autres frais à couvrir
Charges	125 220	6 750	18 000	31 500	52 000	16 700	270
Unité d'œuvre			heures MOD	heures machines	heures machines	100 € de ventes	
Nombre d'unités			6 000	1 800	2 600	3 340	

Dans ces charges indirectes figurent :

– des matières consommables, pour 3 290 € ;

– les intérêts à 5 % du capital qui s'élève à 76 800 €.

Un certain nombre de provisions s'élevant à 720 € ne sont pas comprises dans le total ci-dessus parce que non incorporables aux coûts.

Le centre « Approvisionnement et manutention » se répartit de la façon suivante :

– 60 % aux achats de matières premières *au prorata* des quantités achetées ;

– 40 % au coût de revient des ventes des deux commandes n° 1722 et n° 1723, proportionnellement aux nombres 4 et 5.

Stocks au 1er janvier

– matière première M1	25 tonnes à 327,60 € la tonne
– matière première M2	10 tonnes à 279,00 € la tonne
– matière première M3	8 tonnes à 240,75 € la tonne
– matières consommables :	2 952 €

Achats effectués au cours du mois de janvier

– matière M1	15 tonnes à 340 € la tonne
– matière M2	20 tonnes à 312 € la tonne
– matière M3	10 tonnes à 216 € la tonne
– matières consommables :	3 924 €

Les opérations de fabrication de janvier ont intéressé quatre commandes portant les numéros 1722, 1723, 1724 et 1725. Les deux premières ont été terminées et vendues avant le 31 janvier : les deux autres sont inachevées à la fin de ce mois. Il n'existait aucune commande en cours de fabrication au 1er janvier.

Charges	Commande 1722	Commande 1723	Commande 1724	Commande 1725
Matière première M1	4 300 kg	5 430 kg	3 780 kg	2 110 kg
Matière première M2	3 780 kg	4 620 kg	3 240 kg	1 870 kg
Matière première M3	2 120 kg	2 940 kg	1 910 kg	1 050 kg
Heures de main-d'œuvre directe				
Atelier A	1 610 h	2 030 h	1 550 h	810 h
Atelier B	720 h	840 h	430 h	220 h
Atelier C	340 h	420 h	240 h	–
Heures machines				
Atelier A	80 h	95 h	72 h	38 h
Atelier B	590 h	680 h	380 h	150 h
Atelier C	910 h	1 240 h	450 h	–

Coût de l'heure de main-d'œuvre directe :

– atelier A	36,80 €
– atelier B	34,40 €
– atelier C	38,40 €

Sorties des magasins de matières premières : elles sont chiffrées au coût moyen pondéré en tenant compte du stock initial et des achats du mois.

Le 31 janvier, il vous est en outre communiqué les renseignements suivants :

a) Provenant de la comptabilité analytique :

– résultat analytique sur la commande n° 1722 7 347 €

– produits d'exploitation non incorporés 1 730 €

– les règles d'arrondi sur les consommations de matières ont généré 0,43 € de différence de coût et taux de cession de sur-imputation.

b) Provenant de la comptabilité financière :

– montant des ventes :

commande n° 1722	150 000 €
commande n° 1723	184 000 €

– résultats de l'inventaire extra-comptable :

matière M1	24,35 tonnes
matière M2	16,44 tonnes
matière M3	10 tonnes
matières consommables	3 584 €

– non incorporables aux coûts et résultats analytiques :

profits exceptionnels	215 €
pertes exceptionnelles	3 214 €

QUESTIONS

1. **Mettre en évidence les différences d'inventaire sur matières et valoriser les stocks de fin de période.**
2. **Calculer le coût de production des commandes 1723, 1724 et 1725. Expliquer et justifier vos calculs. Le coût total des matières consommées par commande est arrondi à l'euro le plus proche.**
3. **Calculer le résultat analytique de la commande 1723.**
4. **Retrouver toutes les différences de traitement comptable et en déduire le résultat de la comptabilité analytique.**
5. **Retrouver ce résultat en présentant un compte de résultat simplifié (optique comptabilité financière).**

(d'après examen)

APPLICATION 7

Société Plastymère

L'un des établissements industriels de la société Plastymère fabrique, entre autres, quatre types de films plastiques multi-couches en polypropylène vendus en rouleaux.

Lors d'une première phase sont obtenus des granulés dans un atelier de granulation.

Lors de la phase suivante, dans un atelier d'extrudage, ces granulés subissent un traitement complémentaire par mise en œuvre de techniques dépendant de la nature du produit attendu. À cette occasion, diverses matières pondéreuses sont adjointes (cartons minces, aluminium, etc., selon le type de film souhaité).

Lors de la phase *granulation*, les informations suivantes relatives à l'exploitation du mois écoulé ont été collectées :

- Une seule matière première principale a été utilisée. Le stock au début du mois dans l'atelier était de 100 tonnes (évaluées au total 57 000 €). Les entrées du mois ont été, dans l'ordre chronologique, les suivantes :

200 tonnes pour un coût total de	116 000 €
250 tonnes pour un coût total de	150 000 €
300 tonnes pour un coût total de	188 400 €

  Les sorties et le stock de clôture sont évalués selon la méthode du «premier entré, premier sorti». Il n'y a pas de différences d'inventaire.

- Consommations :

Matière première principale consommée (800 tonnes)	(à calculer)
Matières additives diverses consommées (de poids négligeable)	312 352 €
Main-d'œuvre directe	1 199 200 €
Autres charges	888 328 €

- Les opérations de granulation n'entraînent aucune perte de poids ou de matière.
- Les encours du début du mois ont déjà absorbé :

Matière première principale (48 tonnes)	39 824 €
Matières additives diverses	32 000 €
Main-d'œuvre directe	80 288 €
Autres charges	75 600 €
	227 712 €

  Les degrés d'avancement correspondants ne sont pas connus.

- À la fin du mois, un encours de 160 tonnes est constaté, et les degrés d'avancement suivants ont pu être recensés :

Matière première principale	100 %
Matières additives diverses	80 %
Main-d'œuvre directe	50 %
Autres charges	60 %

QUESTIONS

1. **Calculer le coût de production des granulés finis obtenus durant le mois.**
2. **Calculer le coût de l'encours de clôture. Proposer une vérification.**

APPLICATION 8

Entreprise Lambda

Note : Faute de demande explicite du texte, tous les coûts globaux sont arrondis à l'euro le plus proche et les coûts unitaires au centime le plus proche.

Les calculs doivent être clairement explicités et présentés le plus possible sous forme de tableaux.

Dans son usine d'Angoulême, l'entreprise Lambda fabrique et vend un produit unique, appelé PF. Vous êtes responsable du service comptabilité analytique de cette usine.

Le traitement de ce produit unique nécessite :

– le passage dans un atelier d'usinage dans lequel est incorporée, en début de fabrication, une matière M1 qui a subi, dès son achat, un traitement de préparation spécifique ;

– la pièce usinée est transmise immédiatement à l'atelier suivant, où elle est traitée anti-corrosion par vaporisation en continu d'une matière M2...

Le produit traité est stocké pour séchage. Il est vendu à des grossistes en boîte de 10 sachets. Chaque sachet contient 3 unités de produit PF. Certaines ventes, en vrac, sont effectuées à l'usine de Blaye qui appartient à la firme Lambda.

Le traitement spécifique de préparation de la matière M1 est effectuée dès son acquisition et avant stockage. Pendant ce traitement, la matière traitée perd 2 % de son poids par évaporation, et fait apparaître un déchet dont le poids peut être évalué à 10 % des quantités de matières obtenues et stockées.

Ce déchet est vendu 2,50 € le kilogramme à une entreprise qui se charge de l'évacuer mais uniquement par lots de 500 kilogrammes.

Stocks au 1.04.N

Matière première M1 :	2 000 kg pour un total de 64 565 €
Matière première M2 :	15 kg pour une valeur de 2 692 €
Emballages perdus :	
• sachets :	2 200 à 0,50 € le sachet
• boîtes cartons :	1 120 à 5,70 € la boîte
Emballages récupérables	
• palettes :	480 à 35 € la palette dont 200 chez les clients.
Encours d'usinage	34 996 €
Encours de TT anti-corrosion	20 379 €
Produit fini PF	2 000 à 29,30 € l'unité

Achats de la période

Matière première M1 :	16 500 kg à 12 € le kg
Matière première M2 :	215 kg à 242 € le kg
Emballages perdus :	
• sachets :	17 000 à 0,50 € le sachet
• boîtes cartons :	5 000 à 5 € la boîte

Consommations de la période

Matière première M1 :	13 090 kg
Matière première M2 :	210 kg

Main-d'œuvre directe (atelier de préparation M1) : 400 h

Sachets : compte tenu des problèmes de réglage des machines, on considère comme normale une consommation de 105 sachets pour 300 produits.

Production de la période :

52 000 unités de produit fini PF.

Ventes de la période

Produit fini PF : 1 500 boîtes à 1 490 € la boîte et 7 200 en vrac à 3 800 € le cent

Déchets : 2 enlèvements ont eu lieu

Tableau de répartition des charges indirectes

Traitement MP1	Approvisionnement	Usinage	Traitement Anti-corrosion	Distribution
95 070 kg traité	256 550 kg matière stockée	160 470 HMOD	131 980 HMOD	40 560 € de CA exprimé en %

L'entreprise a l'habitude d'imputer les coûts UO arrondis au centime le plus proche.

Taux horaire de la main-d'œuvre directe

Atelier de préparation M1 32 €
Atelier d'usinage 70 €
Atelier de TT anti-corrosion 50 €

Éléments de valorisation des encours : Situation au 30 avril N

Équipes	Produits terminés			Produits en cours		Heures réelles fournies
		dont encours au 1.04.N Nombre	Valeur	Nombre	% d'avancement	
At. Usinage (évalués en kg)						
Équipe 1	6 000	130	18 900	120	20 %	2 200 H
Équipe 2	7 000	110	16 096	140	50 %	2 320 H
						4 520 H
At. Anti-corrosion (évalués en unités de produits)						
Équipe 1	24 400	800	16 240 (80 %)	680	70 %	3 050 H
Équipe 2	27 600	200	4 139 (80 %)	140	60 %	3 550 H
						6 600 H

Remarque : À des fins de simplification, l'usine a l'habitude de retenir des **rendements standards** pour la valorisation de ses encours à savoir :

- 0,30 heure pour un kilogramme,
- 0,125 heure pour un produit.

On considère comme normal l'obtention de 4 produits par kilo de matière M1 usinée.

Remarques relatives à l'inventaire de fin de période

Matière première M1 : 3 600 kg

Matière première M2 : un pot de 2 kg de matière a disparu

Emballages commerciaux perdus :

- sachets : 3 400 unités
- boîtes : pas de manquantes

QUESTIONS

1. Déterminer le coût d'entrée en stock de la matière M1 et présenter le compte de stock correspondant, sachant que par simplification, les sorties de stock de matière M1 sont valorisées à un coût conventionnel de 37 € le kilogramme.
2. Présenter les calculs conduisant à la valorisation des encours au 30.04.N. Justifier toutes vos sommes.
3. Un client a passé commande de 9 000 unités de produit fini PF. conditionnées et livrées par palettes de 50 boîtes. Chaque palette lui a été consignée 45 € l'unité. Un escompte de 1 % hors taxes lui a été accordé.

   Présenter le corps de la facture. Déterminer le coût de revient et le résultat analytique de cette commande.

APPLICATION 9

Société Aramis

La société Aramis a pour activité la réalisation de logiciels informatiques de gestion pour de grands groupes. Chaque logiciel vendu représente un projet important qui nécessite entre 100 et 10 000 « jours-hommes » pour sa réalisation et permet à l'entreprise de réaliser un chiffre d'affaires compris entre 50 milliers d'euros et 5 millions d'euros par projet. Certains projets sont pluriannuels. Chaque développement de logiciel constitue un projet spécifique qui est l'objet d'un contrat préalable, mais aussi d'avenants signés en cours de réalisation.

L'entreprise se développe sur trois marchés principaux :

– des clients de l'entreprise de longue date et qui sont qualifiés de partenaires de l'entreprise ;

– des clients plus récents qui correspondent à un redéploiement des activités de l'entreprise ;

– et enfin un marché international assez spécifique en termes d'approche commerciale.

La gestion de cette société se trouve confrontée à trois préoccupations principales :

• Le suivi des projets informatiques, car tout dépassement de temps se répercute très rapidement sur les résultats du projet et par conséquent de l'entreprise.

• La nécessité d'une analyse permanente de la rentabilité, d'autant plus indispensable que chacun des projets est important.

• L'importance croissante des investissements de recherche et développement qui nécessite un retour sur investissement court compte tenu de l'évolution technologique extrêmement rapide dans ce secteur.

Le contrôleur de gestion de cette société vous confie une mission qui porte sur une étude de rentabilité par catégories de clients. La société Aramis effectue, jusqu'à présent, un calcul de coût pour chacun de ses principaux métiers : développement, installation, maintenance. Mais ce calcul ne permet pas une détermination des marges réalisées.

La société souhaite donc compléter ce calcul de coûts par une étude de la rentabilité par catégorie de clients :

• Clients – Partenaires.

• Nouveaux clients – nouveaux marchés.

• Clients à l'international.

Une analyse des charges est également effectuée pour les centres d'activités suivants :

- Le centre « Recherche et développement ».
- Le centre « Commerce » qui regroupe l'ensemble des frais du département commercial.
- Le centre « Structure ».

QUESTIONS

1. Mise en œuvre de la procédure

1.1 Calculer les marges par catégorie de clients en respectant la nouvelle procédure.

1.2 Calculer le résultat global de l'entreprise et les résultats analytiques par catégorie de clients.

2. Réflexion sur les modalités de calcul de la procédure

2.1 Pour chaque type de charges indirectes (*cf.* annexe 3) par rapport aux catégories de clients et aux centres d'activités, plusieurs clefs de répartition étaient possibles. La clef de répartition sélectionnée pour l'ensemble de ces charges est le critère des effectifs.

Rappeler les règles qui prévalent dans le choix d'une clé de répartition. Comment ont été trouvées les différentes clés possibles. Justifier le choix du critère de l'effectif au détriment des autres clés possibles.

2.2 Commenter la pertinence des modalités d'imputation des charges des centres d'activités à chaque catégorie de clients.

3. Analyse des résultats obtenus

3.1 Commenter la rentabilité relative des différents clients ainsi que celle de l'entreprise.

3.2 Quels sont à votre avis les avantages de cette démarche de calcul par rapport à celle pratiquée par l'entreprise auparavant (analyse par métiers) ?

ANNEXE 1

Procédure de calcul de la rentabilité par clients

Étape 1. Détermination de la marge de calcul de la rentabilité par clients

Un coût direct, composé du montant des charges de personnel (charges sociales et fiscales incluses) et des frais de déplacement, est calculé pour chaque type de clients et pour chaque centre d'activités.

Ensuite une marge sur coût direct et un taux de marge sont mis en évidence pour l'entreprise et par type de clients.

Étape 2. Détermination de la marge sur coût de production (recherche et développement incluse) globale par catégorie de clients

1) Les charges indirectes (données en annexe 3) sont réparties entre les types de clients et les centres concernés proportionnellement aux effectifs. Les montants attribués aux types de clients sont considérés comme des éléments des coûts de production des logiciels.
2) Les frais de recherche et développement sont imputés à chaque catégorie de clients et au centre de structure, en fonction du nombre de jours de recherche.
3) Après mise en évidence du coût de production, calcul de la marge sur coût de production et du taux de marge globaux et par catégorie de clients.

Étape 3. Détermination du résultat analytique global et par catégorie de clients

1) Les frais commerciaux sont imputés à chaque catégorie de clients au prorata du chiffre d'affaires.
2) Les charges de structure sont imputées à chaque catégorie de clients au prorata des coûts de production (recherche et développement incluse).
3) Calcul du coût de revient, du résultat et du taux de rentabilité en % du chiffre d'affaires global et par type de clients.

ANNEXE 2

Informations relatives aux charges de personnel et frais de déplacement de l'exercice N

Répartition des effectifs par type de clients et centres d'activités

Catégorie de clients ou centre / Qualification	Clients type 1	Clients type 2	Clients type 3	R & D[1]	Commerce	Structure	Effectif total
Ingénieurs informaticiens	30	4	10	2			46
Analystes	8	2	5	1			16
Programmeurs	4	1	4	1			10
Total production	**42**	**7**	**19**	**4**			72
Attachés administratifs					2	2	4
Ingénieurs commerciaux					3	1	4
Cadres de direction					1	1	2
Effectif total	**42**	**7**	**19**	**4**	**6**	**4**	**82**

(1) R & D = Recherche et développement.

Rémunération du personnel

Qualification du personnel	Effectif total	Salaires bruts totaux (milliers d'euros)
Ingénieurs informaticiens	46	1 900,00
Analystes	16	400,00
Programmeurs	10	220,00
Total production	**72**	**2 520,00**
Attachés administratifs	4	64,00
Ingénieurs commerciaux	4	160,00
Cadres de direction	2	120,00
Total des rémunérations	**82**	**2 864,00**

Charges sociales et fiscales sur salaires

1 718,40 milliers d'euros, soit 60 % des rémunérations brutes.

Frais de déplacements en milliers d'euros

	Clients type 1	Clients type 2	Clients type 3	R & D[1]	Commerce	Structure
Total	80,00	20,00	90,00	10,00	30,00	30,00

(1) R & D = Recherche et développement.

ANNEXE 3

Informations relatives aux autres charges et au chiffre d'affaires de l'exercice N

Charges indirectes par rapport aux catégories de clients et centres d'activités

Type de charges	Critères de répartition envisagés	Montant (milliers d'euros)
Énergie informatique	• Nombre de jours facturés • Effectifs	400
Équipement	• Nombre de jours facturés • Effectifs	300
Locaux	• Nombre de jours facturés • Effectifs • Charges de personnel	200
Total		900

L'« énergie informatique » est le terme employé pour désigner la consommation de puissance de calcul au niveau des unités centrales des systèmes informatiques. Les charges correspondantes sont consommées pour les études réalisées pour les clients ainsi que la « Recherche et développement » mais ne concernent pas les centres « Commerce » et « Structure ».

Modalités d'imputation des charges de recherche et développement

Les jours de « Recherche et développement » de l'exercice se sont répartis comme suit :

	Clients type 1	Clients type 2	Clients type 3	Structure	Total
Investissements commercialisables	100	400	400		900
Investissements non commercialisables				50	50
Total	**100**	**400**	**400**	**50**	**950**

Chiffre d'affaires

	Clients type 1	Clients type 2	Clients type 3	Total
Montant (milliers d'euros)	**3 900,00**	**620,00**	**2 200,00**	**6 720,00**

(d'après DECF 2000.)

4 Le seuil de rentabilité

La définition d'un coût complet ne se comprend vraiment que comme une évaluation prospective du coût futur d'un produit afin de déterminer soit :

– son prix dans une conception d'un marché offreur ;
– son lancement si ce coût semble acceptable par rapport aux exigences des clients potentiels dans un marché demandeur.

Dans les deux cas, le positionnement du calcul des coûts est celui du long terme et du choix stratégique.

Si le contrôle de gestion est conçu comme le processus qui décline les choix stratégiques en plans opérationnels à moyen et court terme, il se doit de proposer des méthodes de calcul des coûts qui répondent aux besoins à court terme des gestionnaires ; dans cet horizon, des capacités existent, des choix ont été faits, des moyens mis en œuvre et donc certains coûts sont irréversibles et imposés aux responsables.

Dans ce contexte, il est logique de ne considérer que les coûts variables ou directement reliés aux coûts des produits. Les méthodes de calcul des coûts sont alors des méthodes de coûts partiels. Elles servent au pilotage opérationnel des centres de responsabilité et permettent une aide à la décision à très court terme.

Une de ces analyses s'appuie sur la différence de comportement des charges en distinguant charges variables et charges fixes. La prise en compte de la variabilité des charges permet de structurer le compte de résultat différemment, de mettre en œuvre une analyse coût-volume-profit ou seuil de rentabilité, outil qui se prête aisément à des travaux de prévision de court ou de moyen terme.

SECTION 1
UN MODÈLE DE COMPORTEMENT DES CHARGES

Après avoir défini le critère de variabilité, nous étudierons les conséquences mathématiques de cette approche puis l'incidence des rendements et des modifications de structure sur la représentation du comportement des charges.

1. Critère de variabilité

Dans le cadre de cette méthode, on cherche une représentation simplifiée du comportement des charges qui doit permettre l'explication et l'étude d'une situation réelle complexe. On établit bien alors un **modèle** de comportement des charges qu'il faut appréhender comme une **simplification de la réalité plus opératoire** pour maîtriser cette même réalité.

Deux grands types de comportement sont retenus.

1.1 Les charges variables

Les charges variables, c'est-à-dire celles dont le montant varie dans le même sens que l'activité mesurée soit par la production, soit par un temps d'activité. La simplification nécessaire à l'élaboration du modèle conduit à considérer que ces charges varient de façon **proportionnelle** à l'activité : on parle alors de **charges variables opérationnelles**.

Ainsi les charges dont le comportement est retracé dans le schéma *1* seront, dans le modèle, représentées par les fonctions du schéma *2*.

SIMPLIFICATION DU COMPORTEMENT DES CHARGES VARIABLES

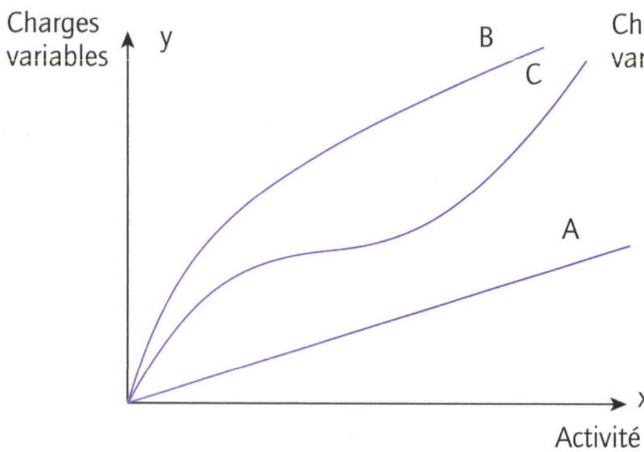

Schéma 1
Comportement réel des charges

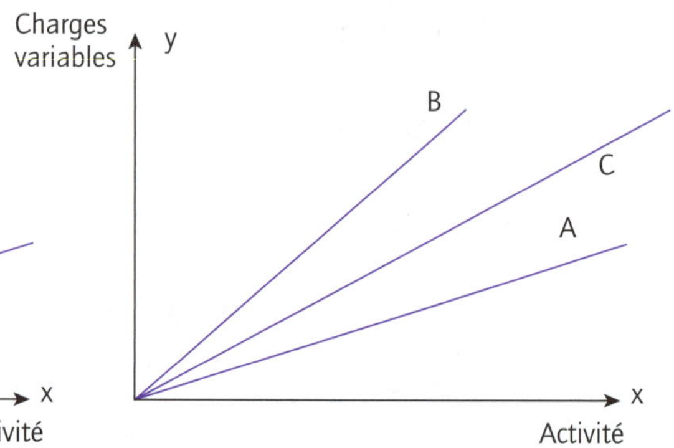

Schéma 2
Comportement modélisé des charges

Charges A : réellement proportionnelles aux quantités.
Charges B : augmentation moins rapide que les quantités.
Charges C : augmentation moins rapide au début, puis plus rapide que l'activité.

1.2 Les charges fixes

Les **charges fixes** dont le montant est indépendant de l'activité dans le cadre d'une structure donnée, c'est-à-dire d'une organisation productive caractérisée par un nombre fixé de machines, d'opérateurs qui définissent une capacité productive possible.

Cette notion de structure est une référence de court terme. Tout investissement supplémentaire de capacité peut modifier la structure et donc les charges qui s'y rattachent. Sur un horizon supérieur à deux ou trois ans, aucune charge ne peut être considérée comme fixe.

Ces charges sont encore appelées **charges de structure**.

Le modèle doit permettre des analyses de situations existantes (travaux *a posteriori*) et des prévisions (travaux *a priori*). C'est pour cela qu'il est utile de connaître les fondements mathématiques du choix des comportements des charges.

2. Étude des différentes charges

Les charges analysées restent celles de la comptabilité financière retraitées ou non. Des informations sur le montant des charges et les niveaux d'activité sont collationnées à des fins statistiques.

Chaque charge est analysée de telle façon qu'il soit possible de déterminer son comportement par rapport à une structure donnée définie par des machines, des hommes et des capacités productives.

EXEMPLE

Soit un atelier organisé de 5 machines identiques fonctionnant avec deux ouvriers qualifiés par machine et un chef d'atelier. Dans le cadre de cette structure, et pour des niveaux d'activité différents évalués en heure machine, les montants de charges par nature ont été relevés dans le tableau suivant :

Niveaux d'activité	800	1 000	1 200	1 600
Montant total :				
• Matières	48 000	60 000	72 000	96 000
• Main-d'œuvre	34 000	40 000	46 000	58 000
• Amortissement matériel	50 000	50 000	50 000	50 000

Les charges de main-d'œuvre sont constituées des salaires des ouvriers, payés aux heures travaillées et des appointements du chef d'atelier.

On constate que :
- les charges de matières sont variables et proportionnelles aux temps d'activité, sans doute par le respect d'un rendement (60 € de matières par heure-machine) ;
- les charges d'amortissement du matériel semblent indifférentes au niveau d'activité, du moins dans une plage de 800 à 1 600 heures machine ;
- les charges de main-d'œuvre augmentent avec l'activité mais sans rapport de proportionnalité évident.

2.1 Les charges semi-variables

Les informations complémentaires fournies font apparaître que les charges de main-d'œuvre sont de nature composite, sans doute fixes pour la partie des appointements du chef d'atelier et variables pour le reste. Dans ce cas, on parle de charges **semi-variables.** La logique de la méthode oblige à éclater les charges semi-variables en charges opérationnelles et en charges fixes.

EXEMPLE

Soit la représentation graphique des charges de main-d'œuvre en fonction de l'activité :

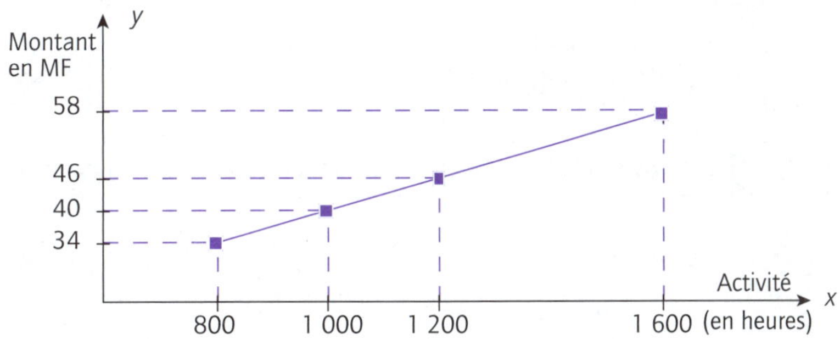

Connaissant pour des valeurs données de l'activité (x) la valeur des charges (y) il suffit de déterminer les valeurs de a et b, paramètres de la droite d'équation $y = ax + b$.

Soit deux observations M de coordonnées (800 ; 34 000) et N de coordonnées (1 600 ; 58 000) :

$$\begin{cases} 34\,000 = a \times 800 + b \\ 58\,000 = a \times 1\,600 + b \end{cases} \quad \text{on obtient} \quad \begin{cases} a = 30 \\ b = 10\,000 \end{cases}$$

Cette distinction nous permet alors de regrouper les charges variables et les charges fixes entre elles. Le tableau se présente ainsi :

Niveaux d'activité	800	1 000	1 200	1 600
Charges totales				
• Charges variables	72 000	90 000	108 000	144 000
• Charges fixes	60 000	60 000	60 000	60 000
Coût total	132 000	150 000	168 000	204 000

Niveaux d'activité	800	1 000	1 200	1 600
Charges unitaires				
• Charges variables	90	90	90	90
• Charges fixes	75	60	50	37,5
Coût moyen	165	150	140	127,5

2.2 Les charges variables

Charges variables totales

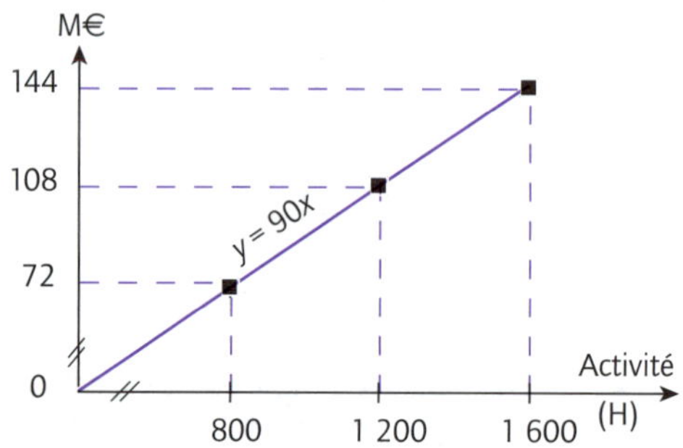

Forme générale : $y = ax$

Charges variables unitaires

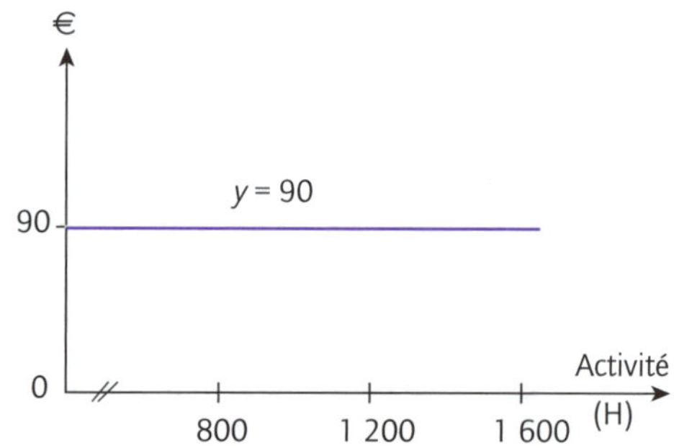

Forme générale : $y = a$

Unitairement, les charges variables sont **constantes** par rapport à l'activité.

2.3 Les charges fixes

Charges fixes totales

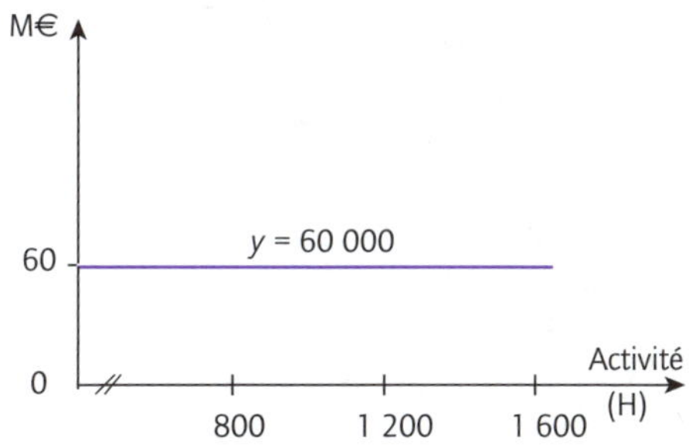

Forme générale : $y = b$

Charges fixes unitaires

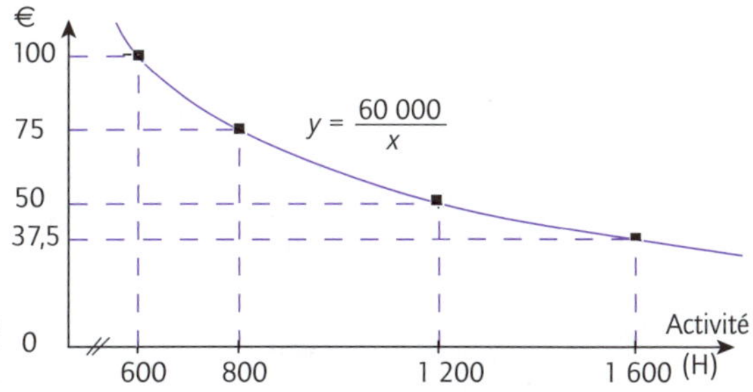

Forme générale : $y = \frac{b}{x}$

Unitairement, les charges fixes sont **décroissantes** par rapport à l'activité.

2.4 Le coût total et le coût moyen

Coût total

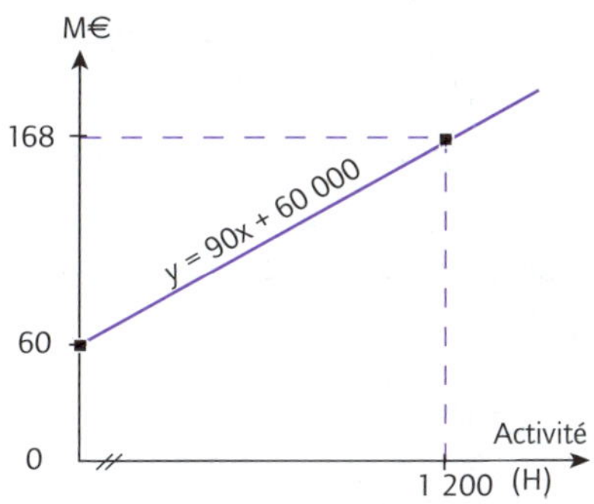

Forme générale : $y = ax + b$

Coût moyen

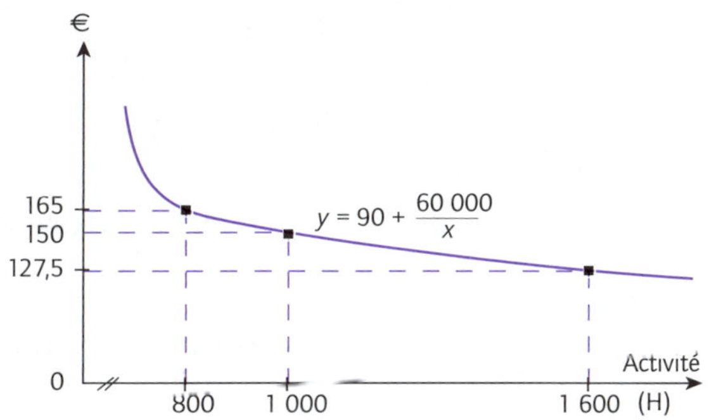

Forme générale : $y = a + \frac{b}{x}$

Compte tenu des régles de comportement des charges énoncées plus haut, il est préférable de travailler sur :
- des charges variables unitaires,
- des charges fixes totales.

Les représentations graphiques proposées ici sont celles qui seront retenues dans le modèle de variabilité des charges mais elles restent une approximation et une simplification de la réalité. Ainsi, pour une structure donnée, les rendements ne sont pas toujours identiques.

3. Coûts et rendements

Il est fréquent que la fonction de coût total soit représentée par une courbe dite « en S » plus réaliste :

FONCTION DE COÛT TOTAL

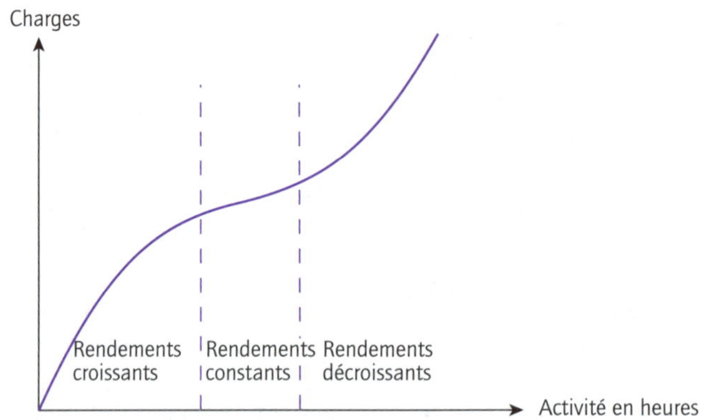

Il est possible de distinguer trois zones :
- celle des **rendements croissants** où des phénomènes d'apprentissage et d'économies d'échelle permettent une amélioration plus que proportionnelle de la productivité ;
- celle des **rendements constants** qui est la référence implicite du modèle précédent ;
- celle des **rendements décroissants** où l'intensification des conditions d'exploitation (heures supplémentaires, pannes plus fréquentes) entraîne une dégradation de la productivité.

Traduit unitairement, les variations de coûts par rapport à l'activité sont représentées dans le graphique suivant :

FONCTION DU COÛT MOYEN, VARIABLE, FIXE (UNITAIREMENT)

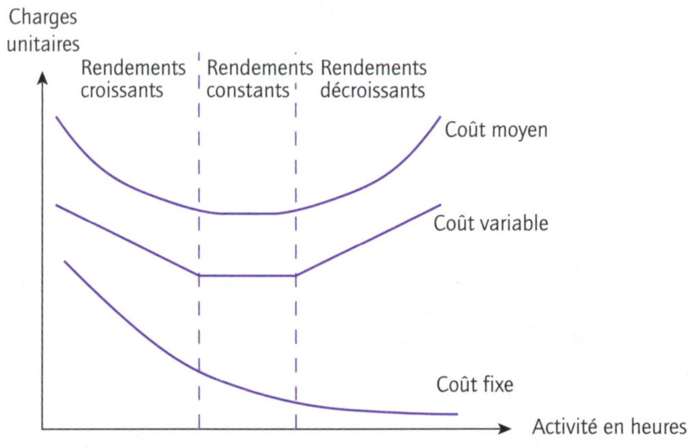

Toutes les analyses précédentes se sont situées dans le cadre d'une structure identique. Pourtant de nombreux problèmes de prévision font référence à des changements de structure ou même à des choix de structure. Le comportement des charges peut être facilement généralisé.

4. Comportement des charges et structures multiples

Chaque changement de structure entraîne une cassure dans la représentation du coût total qui peut provenir d'une modification :

– soit des charges fixes totales,

– soit des deux types de charges.

EXEMPLE

Soit une structure donnée, une première rupture apparaît avec une augmentation des charges fixes sans modification des charges variables unitaires : par exemple, il y a ajout d'un poste de travail (charges d'amortissement fixes en plus) sans modification de la technologie (charges variables inchangées) (structure 2).

Un deuxième changement de structure s'accompagne d'une modification des conditions d'exploitation représentée par une diminution des charges variables unitaires : la capacité de production est augmentée mais avec du matériel plus performant donc plus économe en charges variables (structure 3).

ÉVOLUTION DES COÛTS EN CAS DE CHANGEMENTS DE STRUCTURE

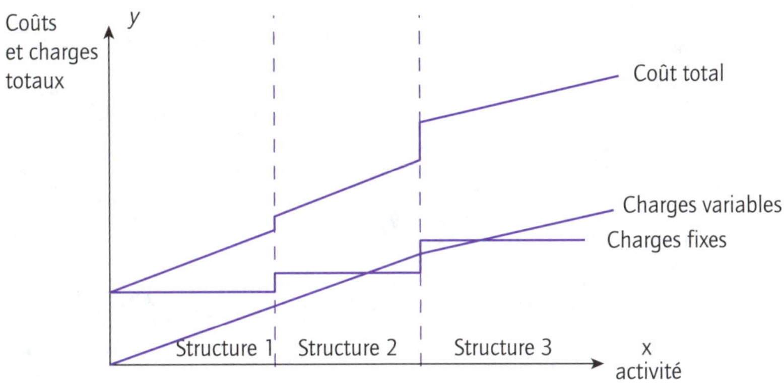

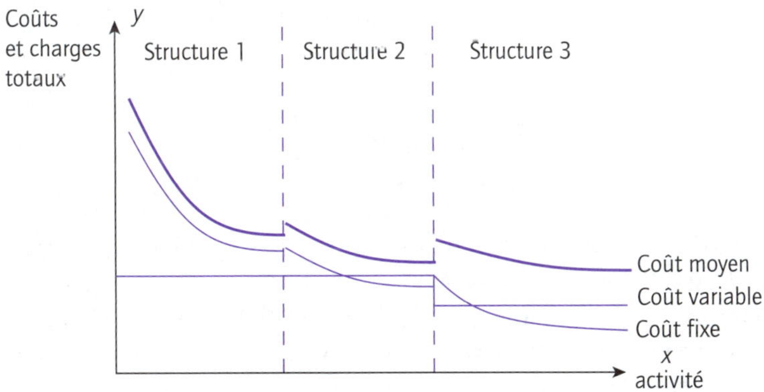

Une fois l'étude de l'ensemble des charges effectuée selon le critère variable/fixe, le compte de résultat peut être présenté en utilisant cette distinction.

SECTION 2

LE COMPTE DE RÉSULTAT DIFFÉRENTIEL

L'utilisation des charges variables permet la mise en évidence de résultats intermédiaires par le calcul de coûts partiels et de marges, termes qu'il faut préalablement définir.

1. Terminologie

Le plan comptable définit les termes suivants :

- **résultat** : différence entre prix de vente et coût de revient (donc complet) ;
- **marge** : différence entre un prix de vente et un coût partiel ; on obtient de multiples marges qui se définissent par référence au coût partiel qui a permis leur calcul (ex. : par rapport à un coût d'achat, un coût variable et un coût direct, nous aurons respectivement une marge sur coût d'achat, marge sur coût variable, marge sur coût direct).

La marge sur coût variable (M/CV) se définit donc comme la différence entre le chiffre d'affaires et l'ensemble des charges variables nécessaires à l'obtention du produit.

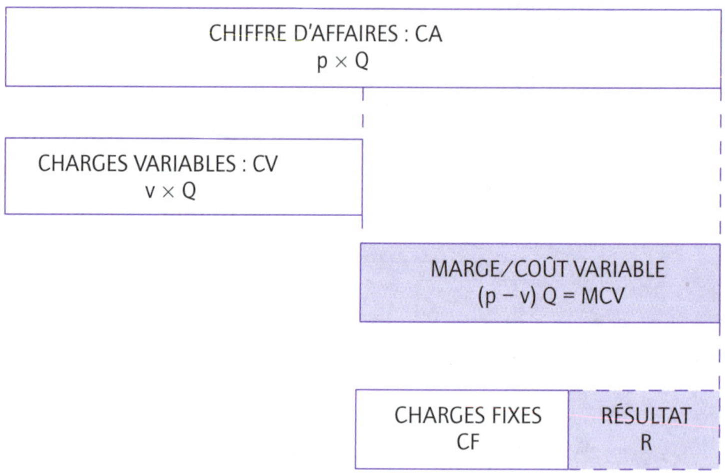

avec p : prix de vente
v : charges variables par produit
Q : quantités produites et vendues

Les trois notions, chiffre d'affaires, charges variables et marge sur coût variable, **sont proportionnelles aux quantités.**

Si le prix de vente est le même sur toute la période de référence des calculs, il est possible d'écrire que les charges variables et la marge sur coût variable sont proportionnelles au chiffre d'affaires.

Ainsi sont définis :

- le **taux de charges variables** comme le rapport des charges variables totales sur le chiffre d'affaires :

$$t' = \frac{CV}{CA} \times 100$$

– le **taux de marge sur coût variable**, souvent appelé taux de marge, comme le rapport entre la marge sur coût variable et le chiffre d'affaires :

$$t = \frac{MCV}{CA} \times 100$$

Compte tenu de leur définition, l'égalité suivante doit être respectée :

$$t = 1 - t' \quad \text{ou encore} \quad t + t' = 1$$

Il peut être utile d'analyser le compte de résultat en distinguant charges variables et charges fixes. C'est l'objet du compte de résultat différentiel.

2. Le compte de résultat différentiel

Il s'agit d'un tableau de détermination du résultat qui fait apparaître les marges sur coûts variables pour chaque étape de la fabrication.

EXEMPLE

Le chef d'entreprise des établissements De Lamotte vous communique les renseignements suivants extraits de sa comptabilité (en euros) :

Stock initial de matières premières :	12 500
Stock initial de produits finis :	15 000
Stock final de matières premières :	13 500
Stock final de produits finis :	14 142
Achats de matières premières :	43 000
Chiffre d'affaires :	121 700
Charges variables d'approvisionnement :	11 830
Charges variables de production :	27 550
Charges variables de distribution :	7 820
Charges fixes :	26 000

Le compte de résultat différentiel se présente ainsi :

COMPTE DE RÉSULTAT DIFFÉRENTIEL					
Chiffres d'affaires				121 700	100 %
Coût variable d'achat			53 830	– 53 830	
• Consommations de matières premières		42 000			
– Achat	43 000				
– Stock initial	+ 12 500				
– Stock final	– 13 500				
• Charges variables d'approvisionnement		11 830			
MARGE/COÛT VARIABLE D'ACHAT				67 870	55,76 %

☞

☞

Coût variable de production			28 408	– 28 408	
• Variation de stock de produits finis		858			
– Stock initial	15 000				
– Stock final	– 14 142				
• Charges variables de production		27 550			
MARGE/COÛT VARIABLE DE PRODUCTION				39 462	32,43 %
Coût variable de distribution			7 820	– 7 820	
• Charges variables de distribution		7 820			
Charges variables totales			90 058		74 %
Marge sur coût variable				31 642	26 %
Charges fixes				– 26 000	
Résultat différentiel				5 642	4, 63 %

Dans cet exemple, le taux de marge apparaît comme égal à 26 %.

Cette présentation du résultat met l'accent essentiellement sur l'analyse des charges variables et impute globalement, et donc sans arbitraire, les charges fixes sur la marge sur coût variable. Le gestionnaire ressent alors son objectif de rentabilité comme l'obligation de maximiser la marge sur coût variable sur laquelle viendront s'imputer des frais fixes sur lesquels il n'a pas prise.

Dans cette optique, il est intéressant de savoir à partir de quand la marge sur coût variable couvrira les frais fixes.

SECTION 3

LE SEUIL DE RENTABILITÉ

1. Notion de seuil de rentabilité

Le **seuil de rentabilité** d'une entreprise est le chiffre d'affaires pour lequel l'entreprise couvre la totalité de ses charges (CV + CF) et donc dégage un résultat nul.

Il est aussi appelé **chiffre d'affaires critique** (CAC) ou **point mort.**

Cette définition entraîne trois relations qui permettent de connaître le **seuil de rentabilité** (noté S*) :

Relation 1 :	S* (=) CAC = Charges variables + Charges fixes
Relation 2 :	S* (=) Résultat = 0
Relation 3 :	S* (=) Marge/Coût variable = Charges fixes

Si les trois relations permettent de déterminer le seuil de rentabilité (nous le verrons graphiquement), la dernière reste la plus utilisée car la plus propice à des travaux de prévision.

EXEMPLE

L'exploitation de l'entreprise De Lamotte peut être schématisée de la façon suivante :

Chiffre d'affaires	121 700	100 %
Charges variables	– 90 058	74 %
Marge sur coût variable	31 642	26 %
Charges fixes	– 26 000	
Résultat	5 642	4,6 %

Le seuil de rentabilité peut être calculé de façon arithmétique ou de façon algébrique.

1.1 Calcul arithmétique

On utilise les **règles de proportionnalité** dégagées entre la marge sur coût variable et le chiffre d'affaires.

EXEMPLE

Pour un chiffre d'affaires de 121 700 €, on dégage une marge sur coût variable de 31 642 €. Quel chiffre d'affaires permet de dégager une marge de 26 000 € (montant des frais fixes) ?

Pour MCV = 31 642 → CA = 121 700

Pour MCV = 26 000 → CA = $\frac{121\,700 \times 26\,000}{31\,642}$

d'où l'égalité :

$$S^* = \frac{CF \times CA}{MCV} = \frac{26\,000 \times 121\,700}{31\,642}$$

S* = 100 000 €

On a défini précédemment le taux de marge sur coût variable (t) comme le rapport entre la MCV/CA. Il vient donc que :

$$S^* = CF \times \frac{1}{t}$$

ou encore plus simplement que :

$$S^* = \frac{CF}{t}$$

1.2 Calcul algébrique

Ce mode de calcul est préférable dès qu'une représentation graphique est demandée puisqu'il oblige à définir les équations des différentes droites concernées.

La relation est toujours S* (=) MCV = CF

EXEMPLE

Équations des droites :

Charges fixes $\rightarrow y_1 = 26\,000$

Marge/CV $\rightarrow y_2 = 0{,}26\,x$

avec x représentant le chiffre d'affaires en euros.

Au seuil de rentabilité, on a $y_1 = y_2$

et donc : $26\,000 = 0{,}26\,x$ et $S^* = 100\,000$

POINT MÉTHODE

- La ventilation des charges en charges fixes et charges variables est souvent demandée en début d'exercice : contrôler vos calculs pour ne pas travailler sur des chiffres erronés.
- Ne pas confondre taux de charges variables et taux de marge.
- Les liens entre les différentes données du tableau différentiel doivent être connus et doivent permettre de retrouver un élément connaissant les autres.
- Attention, la proportionnalité des données avec le chiffre d'affaires est rompue dès l'introduction des charges fixes : **le résultat n'est jamais proportionnel au chiffre d'affaires.**

De nombreux problèmes relatifs au seuil de rentabilité vont simuler l'évolution des grandeurs : chiffres d'affaires, marge sur coût variable ou résultat, dans des hypothèses d'exploitation prévisionnelles.

Il peut être intéressant de vouloir en donner une illustration et, très souvent, la détermination algébrique du seuil est complétée par des représentations graphiques.

2. Représentation graphique

Trois représentations illustrent les trois relations mises en évidence plus haut.

2.1 Relation 1 : S* ⇒ CA = CV + CF

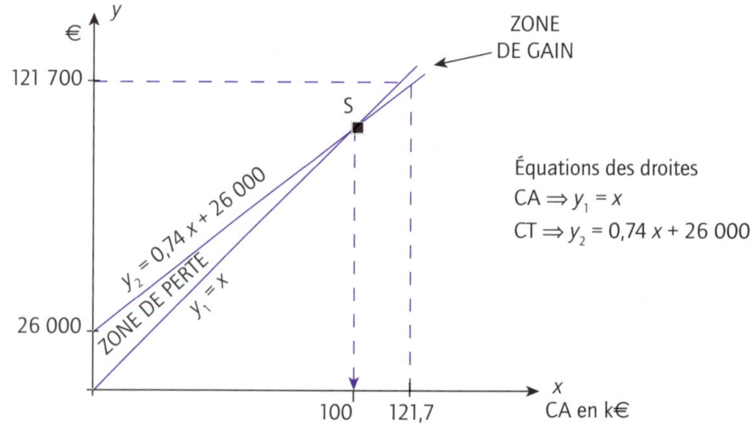

2.2 Relation 2 : S* ⇒ R = 0

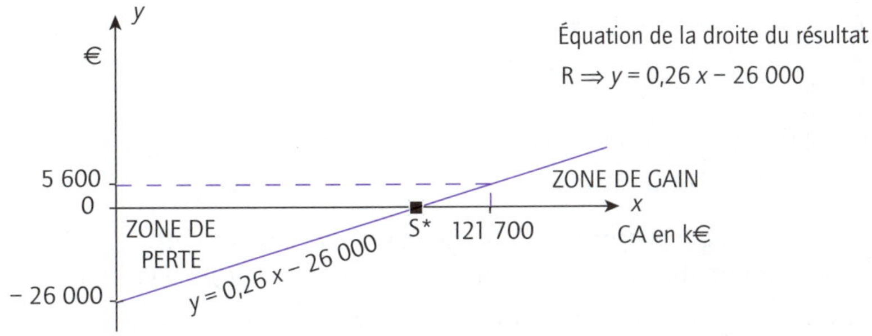

2.3 Relation 3 : S* ⇒ MCV = CF

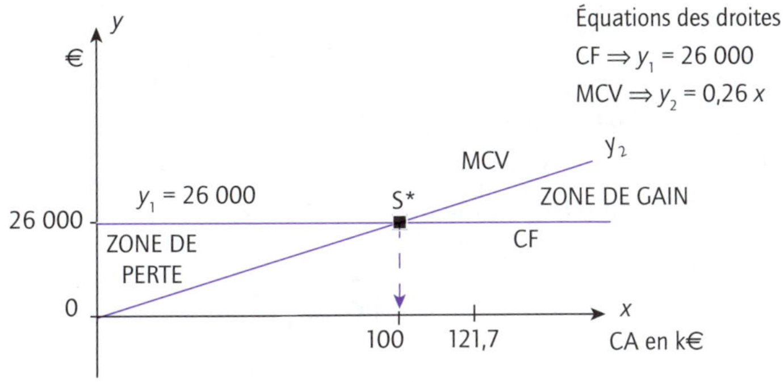

Toutes les représentations graphiques proposées l'ont été en fonction du chiffre d'affaires. Mais il peut être nécessaire d'illustrer les problèmes en fonction d'autres éléments comme les **quantités de produits** ou le **temps**. Cela conduit à étudier le déroulement de l'exploitation à la fois en termes de **rentabilité** mais aussi de **sécurité**.

3. Rentabilité, sécurité et seuil de rentabilité

Soit : **CA** le chiffre d'affaires,

S* le seuil de rentabilité,

CF les charges fixes,

MCV la marge sur coût variable,

R le résultat.

Il est possible de définir plusieurs indicateurs de rentabilité et de sécurité.

3.1 La date du seuil

Sous l'hypothèse d'une réalisation régulière du chiffre d'affaires, il est possible d'utiliser les règles de proportionnalité pour déterminer la date à laquelle le seuil a été, ou sera atteint.

EXEMPLE

Pour un CA de 121 700 €, il s'est déroulé 12 mois.

Pour un S* de 100 000 €, il s'est déroulé *x* mois.

Date : $\frac{100\,000 \times 12}{121\,700} = 9{,}86$

soit 9 mois + 0,86 mois et sur la base d'un mois de 30 jours : 0,86 × 30 = 25,8 jours.

S* est atteint le 26 octobre.

Plus un seuil de rentabilité est atteint tôt dans l'année civile, plus l'entreprise est à l'abri d'un retournement de tendance qui ferait chuter ses ventes. Elle est donc plus tôt en sécurité.

La date du point mort est donc un premier indice de sécurité.

3.2 La marge de sécurité (MS)

Elle se définit comme la différence entre le chiffre d'affaires annuel et le chiffre d'affaires critique.

$$MS = CA - S^*$$

La **marge de sécurité** représente le montant de chiffre d'affaires qui peut être supprimé par une conjoncture défavorable sans entraîner de perte pour l'entreprise.

Cette marge est souvent rapportée au chiffre d'affaires annuel. On parle, alors d'**indice de sécurité (IS)**.

$$IS = \frac{CA - S^*}{CA}$$

3.3 L'indice de prélèvement (IP)

Il se définit comme le pourcentage du chiffre d'affaires qui sert à couvrir les charges fixes.

$$IP = \frac{CF}{CA} \times 100$$

Plus la valeur de cet indice est faible, plus l'entreprise peut facilement atteindre son seuil de rentabilité.

3.4 Le coefficient de volatilité ou levier opérationnel (LO)

Il exprime le pourcentage de variation du résultat obtenu pour une variation en pourcentage du chiffre d'affaires.

Ainsi un LO de +2 signifie que pour une variation positive de 10 % du chiffre d'affaires, le résultat augmenterait de :

$$\Delta R = LO \times 10\ \% = 20\ \%$$

Il représente aussi **l'élasticité du résultat par rapport au chiffre d'affaires** d'où son nom de **coefficient de volatilité**.

Il s'écrit :

$$e\ R/CA = \frac{\frac{\Delta R}{R}}{\frac{\Delta CA}{CA}}$$

Pour le calculer une autre forme plus opérationnelle est possible :

$$e\ R/CA = \frac{\frac{\Delta R}{R}}{\frac{\Delta CA}{CA}} = \frac{\Delta R}{R} \times \frac{CA}{\Delta CA} = \frac{\Delta R}{\Delta CA} \times \frac{CA}{R}$$

Or, il vient :

$\Delta CA = CA' - CA$

$\Delta R = R' - R = [(CA'.t) - CF] - [(CA.t) - CF]$

$= t\,(CA' - CA)$

dont le rapport $\dfrac{\Delta R}{\Delta CA} = \dfrac{t\,(CA' - CA)}{CA' - CA} = t.$

Reporter dans l'expression de l'élasticité, on obtient : $e\ R/CA = \dfrac{CA.t}{R} = \dfrac{MCV}{R}$

D'où la définition du levier opérationnel :

$$LO = \frac{MCV}{R}$$

Mais toutes ces transformations n'ont été possibles que sous réserve d'hypothèses implicites relatives aux calculs, à savoir :

– le prix de vente est constant ;
– les conditions d'exploitation sont identiques tant pour les charges variables unitaires que pour les charges fixes globales.

Donc la variation du chiffre d'affaires envisagée ne peut provenir que d'**une variation des quantités**.

Remarque

Le levier opérationnel est aussi égal à l'inverse de l'indice de sécurité calculé précédemment.

$$LO = \frac{MCV}{R} = \frac{t.CA}{t.CA - CF}$$

et, en simplifiant par t, on obtient : $\dfrac{CA}{CA - \frac{CF}{t}}$

L'expression de $\dfrac{CF}{t}$ est égale au seuil de rentabilité noté S*.

Donc : $LO = \dfrac{CA}{CA - S^*} = \dfrac{1}{IS}$

La notion de seuil de rentabilité ainsi que le modèle de comportement des charges qui la sous-tend permettent des projections dans l'avenir qui en font des outils de gestion précieux.

SECTION 4

SEUIL DE RENTABILITÉ ET GESTION

De nombreux cas de gestion sont appréhendés par l'outil que représente le seuil de rentabilité. Nous n'en présenterons ici que certains aspects : le problème des entreprises à production irrégulière, l'aide apportée dans le choix de nouvelles structures, l'impact de l'élasticité dans les prévisions et l'utilisation de l'outil dans le cadre d'un avenir incertain.

1. Seuil de rentabilité dans les entreprises saisonnières

Les entreprises saisonnières réalisent leur chiffre d'affaires de façon irrégulière au cours de l'année. Il n'est pas possible de considérer chaque mois comme identique.

Ces variations saisonnières en cours d'exercice n'ont pas d'incidence sur les conditions d'exploitation de l'entreprise et n'**influencent donc pas la valeur du chiffre d'affaires critique** mais, par contre, elles **modifient la date** à laquelle le seuil de rentabilité sera atteint.

EXEMPLE

Supposons que l'entreprise De Lamotte ait une activité saisonnière répartie de la façon suivante (en % du CA annuel) :

janvier	5 %	février	5 %	mars	10 %
avril	10 %	mai	16 %	juin	16 %
juillet	16 %	août	–	septembre	10 %
octobre	4 %	novembre	4 %	décembre	4 %

Compte tenu des conditions d'exploitation inchangées, le seuil de rentabilité est toujours de 100 000 €. Mais il est impossible d'utiliser la proportionnalité entre le temps et le chiffre d'affaires pour déterminer la date à laquelle il est atteint. Il faut donc décomposer période par période la constitution du chiffre d'affaires.

Mois CA	En %	CA mensuel	CA en cumul
J	5	6 085	6 085
F	5	6 085	12 170
M	10	12 170	23 340
A	10	12 170	36 510
M	16	19 472	55 982
J	16	19 472	75 454
J	16	19 472	94 926
A	–	–	94 926
S	10	12 170	107 096
O	4	4 868	111 964
N	4	4 868	116 832
D	4	4 868	121 700

Le seuil de rentabilité est atteint dans le courant du mois de septembre :
CA de début de mois : 94 926 ;
CA de fin de mois : 107 096.

En septembre, il a donc fallu 30 jours pour réaliser un chiffre d'affaires de 12 170 €. Pour atteindre le seuil de rentabilité, il fallait réaliser un chiffre d'affaires de :

100 000 – 94 926, soit 5 074 €

Il vient : $\frac{5\,074 \times 30}{12\,170}$ = 13 jours.

Le seuil sera atteint le 13 septembre soit un mois plus tôt environ que dans le cas d'une production régulière.

Le calcul a été effectué par rapport au chiffre d'affaires mais il aurait pu être fait par rapport à la marge sur coût variable.

Graphiquement, et en fonction du temps, la recherche de la date du seuil de rentabilité se présente ainsi :

ÉVOLUTION DE LA MARGE SUR COÛT VARIABLE (PRODUCTION IRRÉGULIÈRE)

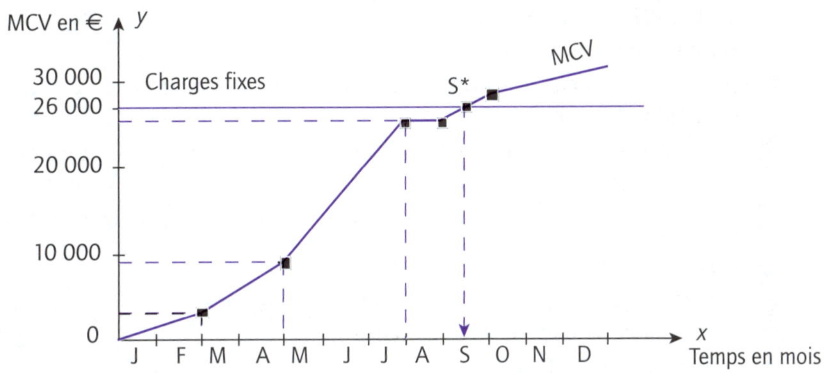

Cet exercice a été présenté dans le cadre d'une entreprise à ventes saisonnières mono-productrice. Nous verrons, dans le chapitre suivant, que la même problématique peut être utilisée dans le cas d'entreprises à plusieurs produits dès lors qu'on ne les écoule pas sur le marché de façon simultanée.

Très souvent la recherche de la date du seuil de rentabilité est liée à des changements de structure.

2. Seuil de rentabilité et modifications des conditions d'exploitation

Nous traiterons ce point par un exemple.

EXEMPLE

Soit l'entreprise De Lamotte.

Pour l'exercice N+1, on retient les conditions suivantes :

Chiffre d'affaires mensuel : 10 100 (sur 12 mois)

Taux de marge sur coût variable : 0,26

Charges fixes : 26 000 €

Devant la faiblesse du résultat de l'exercice N, l'entreprise envisage d'améliorer son outil productif et par la suite sa capacité de production.

La mise en place de l'investissement se déroulera suivant le calendrier ci-après :

- Le 1er mai N+1 : mise en place des nouveaux matériels
  Valeur d'acquisition : 60 000 €

Durée d'amortissement : 10 ans

Compte tenu des temps d'essai et mise en route, le nouveau matériel ne serait pas opérationnel avant deux mois.

- Le 1er juillet N+1 : mise en production des nouveaux matériels qui permettent une économie de charges variables et portent le taux de charges variables à 65 %, et lancement d'une action de promotion des ventes qui aurait pour effet immédiat de permettre une augmentation en quantités des ventes de 10 % sans diminution de prix. Coût de l'opération : 5 000 €.

Nous avons un cas d'implantation de matériel en deux temps qui a pour conséquence :

– une augmentation des charges fixes,

– une augmentation des charges fixes et du taux de marge.

RÉSOLUTION DE L'EXEMPLE

De janvier à fin avril

Les charges fixes annuelles s'élèvent à 26 000 € et la marge sur coût variable mensuelle est de : 10 100 € × 0,26 soit 2 626 €.

À fin avril, l'exploitation a généré 2 626 € × 4 mois soit 10 504 € de marge sur coût variable qui ont servi de couverture pour les charges fixes.

Il reste donc un montant de : 26 000 – 10 504 soit 15 496 € de charges fixes à couvrir.

De mai à fin juin

La mise en place du nouveau matériel entraîne une augmentation des charges fixes due aux amortissements (prorata temporis) qui s'élèvent à :

60 000 × 0,10 × 8/12 soit 4 000 €.

La marge générée est de 2 626 F × 2 mois soit 5 252 €.

Les charges fixes annuelles non couvertes à la fin de la période s'élèvent à :

15 496 € + 4 000 € – 5 252 € soit 14 244 €.

De juillet à fin décembre

À partir de cette date, la marge sur coût variable est modifiée sous les influences conjuguées d'une augmentation des quantités de 10 % et des améliorations des conditions d'exploitation qui permettent une augmentation de taux de marge de 9 points (taux de charges variables passant de 74 % à 65 %).

(Ancien taux 26 %, nouveau taux 26 % + 9 % = 35%.)

La marge générée sur la période est donc de :
(10 100 × 1,10 × 0,35) sur 6 mois, soit 3 888,5 × 6 = 23 331 €.

Les charges fixes non encore couvertes par la marge sont d'un montant de :

14 244 € + 5 000 € = 19 244 €.

Le résultat prévisionnel de l'exercice N+1 s'élève à :

23 331 – 19 244 = 4 087 €.

Le seuil de rentabilité est atteint quand la totalité des charges fixes (26 000 + 4 000 + 5 000), soit 35 000 €, est couverte par la marge sur coût variable. Cela se passe durant le second semestre de l'exercice.

La date peut être déterminée comme suit :

19 244/3 888,5 = 4 mois et 29 jours, soit environ fin novembre.

La représentation graphique (en fonction du temps) de ce cas est figurée ci-dessous :

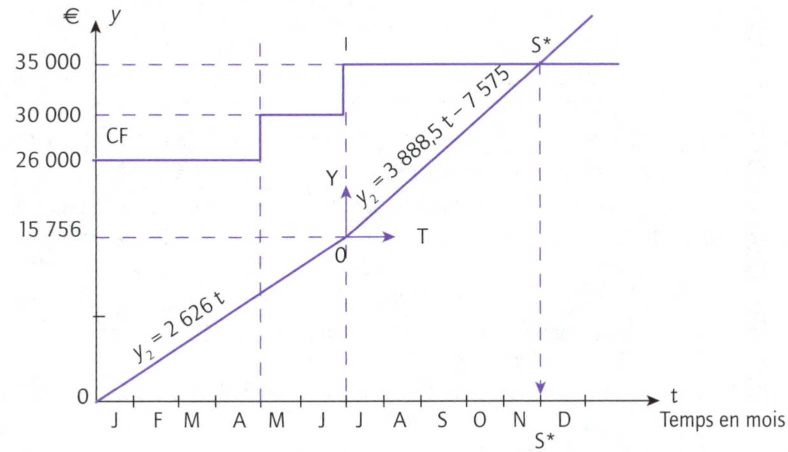

On constate deux changements de charges fixes : une fin avril (nouveau matériel) et l'autre début juillet (campagne de promotion).

Un changement de taux de marge au début juillet. Cette modification nous oblige, pour connaître l'équation de la marge sur coût variable à un changement de repère.

Équation des droites

1. Charges fixes :

- de janvier à fin avril : $y_1 = 26\,000$
- de mai à fin juin : $y_1 = 30\,000$
- de juillet à fin décembre : $y_1 = 35\,000$

2. Marge sur coût variable :

- de janvier à fin juin : $y_2 = 2\,626\,t$ (temps en mois)
- de juillet à fin décembre :

Dans le nouveau repère *TOY* avec 0 (6 , 15 756)[1]

$$Y_2 = 3\,888{,}5\,T$$

Dans l'ancien repère tOy, l'équation devient :

$$(y_2 - 15\,756) = 3\,888{,}5\,(t - 6)$$

soit $y_2 = 3\,888{,}5\,t - 7\,575$

La détermination algébrique de la date du seuil de rentabilité s'effectue, alors, sans difficulté.

S* (=) MCV = CF, soit $y_1 = y_2$

et donc $35\,000 = 3\,888{,}5\,t - 7\,575$

t = 10 mois et 29 jours, soit fin novembre.

Le chiffre d'affaires critique s'établit à :

$$(10\,100\,€ \times 6 \text{ mois}) + (10\,100\,€ \times 1{,}10 \times 4{,}95 \text{ mois}) = 115\,594{,}5\,€$$

(1) *Marge cumulée (15 756) au 30 juin N (mois 6).*

Si l'on compare les exploitations des exercices N et N+1 :

	Exercice N	Exercice N+1
Résultat Date du seuil	5 642 fin octobre	4 087 fin novembre

Il est possible de croire que tant au niveau de la rentabilité (résultat) que de celui de la sécurité (date), la situation N+1 est plus mauvaise que celle de l'exercice précédent.

Il s'agit, cependant, d'une période de transition (mise en place de nouvelles installations). En supposant que les prévisions d'augmentations des ventes peuvent se maintenir dans l'avenir, il faut considérer l'exploitation sur un exercice complet. Dans ce cas, le résultat serait de :

$(3\ 888{,}5 \times 12 \text{ mois}) - 35\ 000 = 11\ 662$ €

et le seuil de rentabilité serait atteint au bout de 9 mois soit fin septembre :

$(35\ 000 / 3\ 888{,}5 = 9)$.

La modification des conditions d'exploitation paraît, dans ce contexte, parfaitement souhaitable.

POINT MÉTHODE

- Dans la détermination de la date du seuil de rentabilité, ne pas oublier le mois éventuel de congés.
- Ne pas confondre le taux de marge (expression de la MCV en fonction du chiffre d'affaires) et la MCV en fonction du temps qui définit le rythme d'accroissement de celle-ci. Dès que ce rythme n'est pas constant, un raisonnement cumulatif est nécessaire : ce cas peut se présenter alors même que le taux de marge reste le même.
- Attention, les représentations graphiques d'un même exercice sont différentes selon que l'on représente la MCV en fonction du chiffre d'affaires ou en fonction du temps : lire attentivement l'énoncé pour repérer ce qui est demandé.

3. Seuil de rentabilité et élasticité

Dans le cadre du modèle « coût-volume-profit », le décideur peut vouloir intégrer à ses choix de gestion des contraintes externes comme la réaction du marché en termes de quantités à une modification du niveau des prix décidée par l'entreprise. La notion d'élasticité répond à ces préoccupations.

3.1 Élasticité simple

L'**élasticité** se définit comme le rapport des variations relatives de deux variables économiques. Elle traduit l'impact de la variation de la variable du dénominateur sur la variation du numérateur.

EXEMPLE

Élasticité de la demande/prix : $e\,D/P = \dfrac{\frac{\Delta D}{D}}{\frac{\Delta P}{P}}$ exprime l'impact d'une variation des prix sur la variation de la demande.

Élasticité de la demande/publicité : $e\,D/pub = ED/pub = \dfrac{\frac{\Delta D}{D}}{\frac{\Delta pub}{pub}}$ exprime l'impact d'une variation d'un budget de publicité sur la variation de la demande.

L'élasticité exprime la **sensibilité** ou la **volatilité** d'une variable par rapport à l'autre. Plus l'élasticité est importante plus sa valeur absolue est importante et plus la variable exprimée au numérateur est sensible à une variation de la variable du dénominateur.

La valeur de l'élasticité peut être positive ou négative selon les sens relatifs de variation des deux variables ; elle s'exprime par un nombre et un signe.

EXEMPLE

Une élasticité e D/P de + 0,5, signifie que si les prix augmentent de 10 %, la demande augmentera (élasticité positive donc variation dans le même sens) de :

(10 %) × (+ 0,5) = + 5 %.

Cette situation est le fait de produit de luxe où un prix élevé est synonyme de qualité (effet de snobisme).

Par contre, une élasticité de même nature de – 1,2, signifie qu'une augmentation des prix de 10 % provoquera une baisse de (+ 10 %) × (– 1,2) = – 12 % de la demande. C'est le cas de la majorité des produits de grande consommation où, pour une entreprise de taille moyenne, augmenter ses prix signifie diminuer ses ventes. À l'inverse, une baisse des prix permet un accroissement des quantités vendues.

3.2 Élasticité croisée

Une élasticité est croisée quand la modification des prix d'une catégorie de produits entraîne une influence **à la fois** sur la demande de la catégorie concernée et sur une demande d'une autre catégorie de produit. Il est donc nécessaire d'étudier l'impact des changements de prix sur l'ensemble de l'offre de produits de l'entreprise.

EXEMPLE

Soit une structure qui propose sur le marché deux produits proches A et B.

En cas d'une hausse de prix, l'élasticité de la demande du produit B par rapport au prix de B est égale à – 0,2 et l'élasticité de la demande du produit A par rapport au prix de B est de + 0,4.

Ainsi pour une augmentation des prix de B de 10 % :

– la demande de produit B diminue de : (10 %) × (– 0.2) = – 2 % ;

– et celle du produit A augmente de : (10 %) × (+ 0,4) = + 4 %.

La hausse des prix du produit B décourage des clients d'acheter ce produit et transfère sur les produits A une partie de la demande : les produits sont substituables.

3.3 Recherche de l'optimum économique

Lorsqu'une entreprise connaît son marché, elle peut vouloir se servir de l'élasticité pour déterminer le couple « demande-prix » qui assure le profit maximum. Il s'agit dans ce cas de rechercher l'optimum de profit.

Il s'agit donc de définir mathématiquement la fonction de profit qui dépend tout à la fois du niveau des prix et de celui de la demande soit deux inconnues pour une équation. Dans ce cas, il faut pour pouvoir trouver l'optimum de la fonction éliminer une des inconnues en se servant de la relation existant entre elles deux et définie par la notion d'élasticité.

Dans ce type de problème, on connaît généralement une situation de base caractérisée par :

– un prix de vente : P ;

– des quantités vendues : D ;

– des informations permettant de calculer la marge sur coût variable ;
– le montant des charges fixes : F ;
– l'élasticité de la demande par rapport au prix e D/P.

L'élasticité de la demande par rapport au prix peut s'écrire :

$$eD/P = \frac{\frac{\Delta D}{D}}{\frac{\Delta P}{P}} = \frac{\Delta D}{D} \times \frac{P}{\Delta P} = \frac{\Delta D}{\Delta P} \times \frac{P}{D}$$

Dans un exercice, les valeurs de e D/P, P et D sont connues, il est alors possible d'exprimer la variation de la demande en fonction de la variation des prix comme suit :

$$\Delta D = \left(eD/P \times \frac{D}{P}\right) \Delta P$$

Il est alors possible d'exprimer la fonction de profit en fonction de ΔP et de maximiser cette fonction.

EXEMPLE

Soit une entreprise dont les caractéristiques d'exploitation, pour l'année N, sont les suivantes : quantités vendues : 5 000 unités ; prix de vente unitaire : 50 € ; charges variables : 30 € par unité ; charges fixes globales : 80 000 € ; élasticité de la demande par rapport au prix : – 1,5.

Le résultat actuel de l'entreprise est de :

5 000 produits (50 € – 30 €) – 80 000 = 20 000 €,

et le taux de marge est de 20/50, soit 40 %.

Recherche de la relation entre ΔD et ΔP

$$e\,D/P = \frac{\frac{\Delta D}{D}}{\frac{\Delta P}{P}} = \frac{\Delta D}{D} \times \frac{P}{\Delta P} = \frac{\Delta D}{\Delta P} \times \frac{P}{D}$$

Dans cette relation : e D/P = – 1,5 ; P = 50 € ; D = 5 000 produits,
d'où il vient :

$$\Delta D = \left(e\frac{D}{P} \times \frac{D}{P}\right) \Delta P = \left(-1{,}5 \times \frac{5\,000}{50}\right) \Delta P \quad \text{et donc } \Delta D = -\,150\,\Delta P.$$

Il s'agit de rechercher les valeurs de D et de P qui maximiseront le résultat attendu de l'entreprise.

Équation de la fonction « Résultat »

Il est, ici, équivalent de chercher à maximiser la fonction « Marge sur coût variable » ou la fonction « Résultat » car elles ne diffèrent que d'un facteur constant (les charges fixes) qui est éliminé au moment de la dérivation puisque la dérivée d'une constante est nulle.

Marge sur coût variable = Chiffre d'affaires – Charges variables

- Expression du chiffre d'affaires attendu :

$$\begin{aligned}(D + \Delta D)\,(P + \Delta P) &= \{5\,000 + (-\,150\,\Delta P)\}\,\{50 + \Delta P\}\\ &= 250\,000 - 7\,500\,\Delta P + 5\,000\,\Delta P - 150\,\Delta P^2\\ &= -\,150\,\Delta P^2 - 2\,500\,\Delta P + 250\,000\end{aligned}$$

- Expression des coûts variables attendus :

$$\begin{aligned}30\text{ €}\,(D + \Delta D) &= 30\,\{5\,000 + (-\,150\,\Delta P)\}\\ &= -\,4\,500\,\Delta P + 150\,000\end{aligned}$$

• Expression de la marge sur coût variable

Chiffre d'affaires =	$-150\ \Delta P^2 - 2\ 500\ \Delta P + 250\ 000$
– Charges variables =	$-(-4\ 500\ \Delta P + 150\ 000)$

Marge sur coûts variables = $-150\ \Delta P^2 + 2\ 000\ \Delta P + 100\ 000$

C'est cette fonction dont il faut rechercher le maximum.

Maximum de la fonction « Marge sur coût variable »

Dérivée première = $-300\ \Delta P + 2\ 000$.

Cette dérivée s'annule pour $\Delta P = +6{,}67$; pour cette valeur, la fonction présente un extremum.

Dérivée seconde = – 300 ; pour cette valeur, l'extremum est un maximum.

Pour un prix majoré de 6,67 €, soit 56,67 €, le résultat sera maximum. En conséquence, la demande s'établira à 5 000 + (– 150 × 6,67) = 4 000. Le tableau différentiel se présente ainsi :

Chiffre d'affaires :	4 000 × 56,67 =	226 680	100 %
CV de production :	4 000 × 30 =	– 120 000	52,94 %
Marge/coûts variables :	4 000 × 26,67 =	106 680	47,06 %
Charges fixes :		– 80 000	
Résultat d'exploitation :		26 680	11,77 %

Le résultat augmente de 33,40 % (26 680 € contre 20 000 € précédemment).

Rechercher le profit maximum peut conduire l'entreprise à une stratégie totalement différente de celle choisie. C'est le cas lorsque la décision oblige à modifier profondément le rapport quantités, prix et en conséquence le positionnement commercial de l'entreprise.

Ces calculs ne doivent pas inciter à penser que le lien mécanique entre quantités et prix peut être facilement mis en œuvre par l'entreprise : l'élasticité des quantités par rapport aux prix est rarement un levier d'action pour l'entreprise, elle ne se décrète pas, elle s'impose à l'entreprise. Elle est, d'autre part, assez difficile à connaître et ou à modifier.

Tous ces raisonnements ont été effectués dans la cadre implicite d'un avenir certain : le décideur avait une connaissance absolue de l'état de la nature dans lequel se déroulerait sa décision. Or, le niveau des ventes ne dépend pas de la volonté du décideur mais lui est imposé par le marché. C'est pourquoi la recherche d'un seuil de rentabilité s'effectue le plus souvent dans le cadre d'un avenir incertain.

4. Seuil de rentabilité et avenir incertain

L'**avenir incertain** se caractérise par un environnement dont il est possible de lister de façon exhaustive les différents états possibles et de leur affecter une probabilité d'apparition.

Cette situation théorique traduit l'incertitude du décideur quant au niveau auquel se situera la demande à l'entreprise. Dans cette perspective, il ne faut plus déterminer le montant exact du chiffre d'affaires critique mais la probabilité que ce seuil soit atteint ou dépassé.

Nous nous contenterons ici d'envisager la cas d'une demande suivant une loi de probabilité de Laplace-Gauss dite Loi normale.

EXEMPLE

Supposons que la demande, exprimée en quantités, de l'entreprise Delamotte suive une loi normale de moyenne 6 000 et d'écart type 1 000.

Les conditions d'exploitations sont les suivantes :

- prix de vente : 20 €,
- charges variables unitaires : 15 €
- charges fixes : 26 000 €

Pour résoudre ce problème, nous avons deux possibilités :

– déterminer les quantités vendues au seuil de rentabilité et utiliser la loi de probabilité des quantités ;

– ou chercher la probabilité que le résultat soit strictement positif, mais dans ce cas il faut reconstituer la loi de probabilité suivie par le résultat.

4.1 Résolution par les quantités

EXEMPLE

La marge sur coût variable unitaire est de 5 €, donc le seuil, exprimé en quantités, est de : 26 000/5 = 5 200 unités.

On cherche donc la probabilité que les quantités vendues soient supérieures à 5 200.

$$Q \rightarrow \mathcal{N}\,(6\,000\,;\,1\,000)$$

$$\text{Prob}\,[Q > 5\,200] = \text{Prob}\left[T > \frac{5\,200 - 6\,000}{1\,000}\right] = \text{Prob}\,[T > -0{,}8]$$

$$\text{Prob}\,[T > -0{,}80] = 1 - \text{Prob}\,[T < -0{,}80] = 1 - (1 - \mu(0{,}80))$$

La lecture dans la table de la variable centrée réduite donne une probabilité de : 78,81 %.

Il y a donc 78,81 % de chance pour que le seuil de rentabilité soit atteint, c'est-à-dire que 5 200 unités soient vendues.

4.2 Résolution par le résultat

Le résultat est lié aux quantités par la relation suivante :

$$(p - v)\,Q - CF$$

où p, v et CF sont des constantes données.

Cette relation est de type linéaire, et compte tenu des propriétés des variables aléatoires indépendantes, il est possible d'écrire que :

$$E(R) = (p - v)\,E(Q) - CF$$
et
$$\sigma(R) = (p - v)\,\sigma(Q)$$

EXEMPLE

$E(R) = 5 \times E(Q) - 26\,000 = 5 \times 6\,000 - 26\,000 = 4\,000$

$\sigma(R) = 5\,\sigma(Q) = 5 \times 1\,000 = 5\,000$

Le résultat suit donc une loi normale de caractéristiques :

$$R \rightarrow \mathcal{N}\,(4\,000\,;\,5\,000)$$

On cherche la probabilité que le résultat soit strictement positif.

$$\text{Prob}\,[R > 0] = \text{Prob}\left[T > \frac{0 - 4\,000}{5\,000}\right] = \text{Prob}\,[T > -0{,}80] = 78{,}81\ \%$$

Il y a donc 79 % de chance que le résultat soit positif.

Cette démarche conduit à mettre en œuvre la notion de **probabilité de ruine**.

La **probabilité de ruine** est la probabilité qu'un seuil fixé arbitrairement ne soit pas atteint.

Ce seuil appelé « **situation de ruine** » est soit fixé *a priori* par le décideur, soit considéré comme égal au chiffre d'affaires critique.

Le niveau de ce seuil dépendra de l'aversion du décideur face au risque.

Dans notre exemple, la probabilité de ruine représente la probabilité inverse de celle calculée, soit 100 – 78,81 = 21,19 %.

CONCLUSION

De nombreux problèmes de gestion, même quotidiens, peuvent s'analyser en termes de seuil de rentabilité.

Dans le cadre d'un voyage, à partir de combien de personnes vaut-il mieux choisir un véhicule personnel plutôt qu'un transport collectif ? Pour rentabiliser l'organisation d'une soirée, quel est le nombre minimum de billets qu'il faut vendre ? À partir de combien de participants vaut-il mieux organiser une formation interne au lieu d'une formation externe ?

La facilité du modèle et des procédures de traitement des informations est due, en grande partie, aux simplifications qui sont faites par rapport à la réalité. La question de la fiabilité de ces mesures se pose alors : est-il utile d'avoir une indication même approximative sur le niveau d'activité minimum rentable ?

Cela peut être une **réponse pertinente** dans le cadre d'un **pilotage d'activité ponctuelle**, tout en reconnaissant le caractère biaisé, imparfait et temporaire d'une telle information, de plus la simplicité des notions utilisées permet d'en faire un critère de choix accessible et acceptable par des non-spécialistes.

Encore une fois, il ressort qu'un coût est un compromis à un moment donné et dans un contexte spécifique. C'est une représentation des idées et des comportements des gestionnaires et non pas un fait certain.

Ainsi, dans une perspective d'analyse du comportement des charges, **le moment du calcul n'est pas neutre sur leur nature.**

À court terme, il semble naturel de considérer des frais de campagne de publicité ou les budgets de recherche et développement comme des charges de structure donc fixes. Cette vision est vraie qu'il s'agisse d'évaluer *a priori* la viabilité d'une exploitation ou *a posteriori* pour calculer un seuil de rentabilité une fois les capacités engagées.

Mais, très en amont, il est cependant possible pour en obtenir une estimation plus proactive d'envisager ces charges comme des charges variables ramenées à un montant unitaire par unité de produit. Vouloir faire mieux que le concurrent en matière de publicité peut conduire à regarder l'effort publicitaire réalisé par ce dernier par unité de produit, à majorer ce chiffre puis à le pondérer par nos prévisions de ventes. Ce travail prévisionnel conduit à définir une enveloppe possible pour les actions publicitaires dans leur ensemble. L'enveloppe ainsi dégagée sera ensuite distribuée sur différents médias et moyens marketing.

Dans ce cas, une fois ce niveau de dépenses défini, ces charges seront qualifiées de fixes et évolueront par paliers en cas de désengagements de moyens.

La démarche peut être similaire avec les frais de recherche qui seront envisagés en pourcentage du chiffre d'affaires mais déployés ensuite par projets et équipes de recherche.

Ce changement de perspective dans la nature des charges doit conduire à toujours s'interroger sur **le moment du calcul des coûts demandés** et **aux finalités de ce calcul**.

APPLICATIONS

APPLICATION 1

Entreprise Sureau

La société Sureau assure la commercialisation de produits agricoles. En tant que contrôleur de gestion, on vous sollicite pour tester plusieurs hypothèses de ventes et les bénéfices potentiels correspondants.

I. Vous relevez dans des livres comptables de la société les informations de base suivantes :

– charges fixes : 192 000 €,

– marge sur coûts variables d'achat : 40 %,

– charges variables de distribution : 20 %

QUESTIONS

1. **Déterminer le seuil de rentabilité en présentant une solution graphique et une solution comptable.**

2. **Une meilleure utilisation des machines de conditionnement pourrait entraîner une diminution des charges fixes de 28 800 €. Déterminer le nouveau seuil de rentabilité en précisant son pourcentage de diminution par rapport au précédent.**

3. **Les informations de base restant inchangées, vous constatez qu'en majorant le montant des charges variables de distribution de 10 %, il serait possible de réaliser un bénéfice de 139 200 €. Déterminer le chiffre d'affaires qui correspond à ce bénéfice.**

II. En examinant la structure de la société, vous constatez qu'une augmentation massive des ventes est possible. Cependant, elle entraînerait une augmentation des charges fixes, à savoir :

Chiffre d'affaires (en milliers d'euros)	Inférieur à 1 200 M€	Compris entre 1 200 et 1 600 M€	Supérieur ou égal à 1 600 M€
Charges fixes	192 000	264 000	400 000

QUESTIONS

1. **Déterminer les résultats obtenus pour les chiffres d'affaires de 1 200 et 1 600 milliers d'€.**
2. **Déterminer les points morts correspondants.**
3. **Rechercher les nouvelles valeurs de la marge sur coûts variables d'achat qui permettraient d'obtenir un résultat nul lorsque les ventes atteignent 1 200 et 1 600 milliers d'euros.**
4. **Quelle est la valeur de la marge sur coûts variables d'achat qui permettrait de dégager un résultat positif, quel que soit le palier de frais fixes envisagé ?**

III. Vous retenez l'hypothèse d'une marge sur coûts variables d'achat de 42 % en considérant que les charges variables de distribution restent inchangées.

QUESTION

1. **Rechercher graphiquement les montants des ventes pour lesquels la société Sureau ne réaliserait pas de bénéfices.**

APPLICATION 2

Société Agro

La société Agro envisage d'acquérir, d'ici quelques mois, une nouvelle trémie qui modifierait les conditions d'exploitation d'un atelier. Elle hésite entre trois modèles T1, T2 et T3. Chacun de ces modèles permettrait de faire face à la demande du marché estimée à 2 500 000 sachets pour une saison.

Pour chaque modèle, les données suivantes d'exploitation pour une saison ont été collectées (sur la base d'une production prévisionnelle de 2 500 000 sachets que le centre de distribution s'engage à acheter dès leur production).

	T1	T2	T3
Charges de structure imputables	812 000 €	2 000 000 €	3 960 000 €
Bénéfice prévu	638 000 €	1 125 000 €	1 540 000 €

Quel que soit le modèle choisi, les coûts opérationnels sont considérés comme proportionnels au nombre de sachets vendus.

QUESTIONS

1. **Calculer le résultat dégagé par chaque modèle pour une production de 1 980 000 sachets. Calculer le seuil de rentabilité en volume (à 10 000 unités près) de chaque modèle. Calculer pour chaque modèle le taux de marge de sécurité dans l'hypothèse d'une production de 2 500 000 sachets.**
2. **En utilisant l'expression du résultat en fonction du nombre de sachets, déterminer à partir de quel volume de production (calculé à 10 000 unités près) un modèle doit être préféré à un autre.**
3. **Retrouver graphiquement les conclusions de la question précédente.**

(d'après DECF)

APPLICATION 3

Entreprise Gamma

L'entreprise Gamma fabrique des articles de série. Mme Guillaume, dirigeante de la société, prévoit une augmentation importante de la concurrence sur ce segment de marché dès le début de l'année N.

En tant que contrôleur de gestion, vous êtes donc chargé en janvier N d'intervenir sur une étude prévisionnelle de l'année N et de l'année N+1 afin de conseiller Mme Guillaume sur les orientations de gestion à prendre.

Il est convenu qu'un certain nombre d'hypothèses doivent être testées tout en retenant les principes suivants :

– maintien des conditions d'exploitation de l'année N–1 ;

– volonté de développer le chiffre d'affaires après absorption des charges fixes.

I. Étude de l'exploitation de l'année N–1

Vous sélectionnez dans les livres comptables N–1, les renseignements chiffrés hors taxes suivants :

– Chiffre d'affaires 625 400 €

– Charges totales de la période : 560 900 € dont 110 612 € de charges fixes.

QUESTIONS

1. **Présenter le tableau d'exploitation prévisionnel de l'année N–1.**
2. **En déduire la date à laquelle le seuil de rentabilité a été atteint. Calculer le coefficient de volatilité. Faire les commentaires et donner la signification des résultats obtenus.**
3. **À partir de cette date, de quel pourcentage maximum aurait pu être diminué le prix de vente unitaire ?**
4. **Quelle diminution annuelle aurait pu supporter les ventes (en quantités) sans pour autant entraîner un résultat déficitaire ?**

II. Prévisions des résultats de l'année N

Une étude de marché estime l'elasticité des ventes en volume par rapport au prix de – 3 sur ce segment. En conservant les conditions d'exploitation de l'année N–1, vous devez étudier les conséquences d'une réduction annuelle de 10 % du prix de vente.

QUESTIONS

1. **Estimer le résultat attendu en N. Comparer avec le résultat de N–1. Faire les commentaires nécessaires. En quoi l'utilisation du coefficient de volatilité pour déterminer la variation du résultat est impropre dans ce cas ?**
2. **Quel niveau d'élasticité permettrait en N de maintenir le résultat de N–1 ?**
3. **Dans le cas où l'élasticité reste de – 3, quel devrait être le taux de marge minimum pour obtenir un résultat au moins égal au résultat de l'année N–1.**

III. Prévisions des résultats de l'année N + 1

Toutes choses égales par ailleurs, en partant du principe que les conditions de production restent inchangées, le budget N+1 peut se résumer ainsi :

- chiffre d'affaires : 649 440 €
- charges variables : 487 080 €
- charges fixes : 110 400 €

En revanche, la mise en place de nouveaux moyens de production en N+1 entraînerait durant l'année :

- au 1er mars N+1, une augmentation des parts de marché à l'étranger avec pour conséquence un accroissement de la production de 25 % en quantités. Ce surplus peut être vendu à cette même date sans autre coût supplémentaire que 3 000 € par mois de charges variables correspondant à la main-d'œuvre à l'étranger et 6 000 € de coûts fixes pour l'année restante ;
- au 1er octobre N+1, mise en place d'un procédé de fabrication informatisé pouvant fonctionner immédiatement. Ceci entraîne une augmentation des coûts variables de 500 € et des coûts fixes de 2 000 € par mois. Par ailleurs, on constate une réduction de la main-d'œuvre de 3 800 € par mois et de 900 € par mois en ce qui concerne les achats de matières.

QUESTIONS

1. **Présenter un tableau indiquant mensuellement l'évolution du chiffre d'affaires, des charges variables, de la marge sur coûts variables, des charges fixes abonnées et du résultat.**
2. **Représenter graphiquement le seuil de rentabilité (évolution de la marge sur coûts variables en fonction du temps).**
3. **Analyser l'augmentation du bénéfice mensuel entre les mois de janvier et septembre.**

APPLICATION 4

Entreprise Surene

Partie 1

Soit une entreprise Surene dont les caractéristiques d'exploitation, pour l'année N, sont les suivantes :

- Quantités vendues : 42 000 unités • Prix de vente unitaire : 70 € • Charges variables de production et de distribution : 55 € par unité • Charges fixes globales : 480 000 €.

L'élasticité de la demande par rapport au prix s'établit à – 1,5.

QUESTIONS

1. **Calculer, pour l'entreprise Surene, les indicateurs suivants : le seuil de rentabilité, la marge de sécurité, l'indice de sécurité, l'indice de prélèvement et le coefficient de volatilité. En donner la signification.**
2. **Quelle est la baisse des ventes (en quantités) que peut supporter l'entreprise Surene sans être en perte ?**
3. **Déterminer les couples (quantités, prix) qui déterminent une zone de profitabilité. En déduire le couple (quantité, prix) pour lequel le profit est maximum.**

Partie 2

En année N, une étude de marché estime la demande moyenne à 42 000 produits avec une fluctuation de plus ou moins 4 200 autour de cette moyenne dans 95 % des cas pour l'année N.

En N+1, les ventes augmenteraient de 10 % avec une fluctuation réduite à plus ou moins 2 295 autour de la moyenne dans 60 % des cas. Un phénomène d'apprentissage organisationnel permettrait de réduire les charges variables unitaires à 52 €. Les charges fixes augmenteront de 120 000 € sur cet exercice pour pouvoir satisfaire la hausse de la demande.

En N comme en N+1, on supposera une distribution normale de la demande.

QUESTIONS

1. **Déterminer les paramètres de la loi de la demande et des résultats espérés en N et N+1.**
2. **Analyser le risque dans chacune des situations. Commenter les résultats.**

APPLICATION 5

Société X

Une société X vend et fabrique des produits de grande consommation.

Dans le cadre de la préparation du budget de l'année prochaine, la direction générale étudie, **dans un premier temps**, une série d'hypothèses de travail **exclusives** les unes des autres. Il s'agit des propositions faites par les différents responsables de la société.

Dans un deuxième temps, la direction générale retiendra une **combinaison** des hypothèses jugées les plus réalistes.

Le contrôleur de gestion prépare le programme annuel de gestion budgétaire et ventile les dépenses en coûts fixes (F) et coûts proportionnels (P). Il a obtenu la structure des coûts et des recettes suivantes pour l'exercice prochain.

• Recettes (240 000 unités) :	4 800 000
• Coûts variables	3 600 000
• Coûts fixes	1 000 000
Résultat :	200 000

La direction générale considère comme *rentable toute proposition qui permet de dégager un résultat supérieur à celui prévu*. Elle recherche donc, dans chaque cas, les quantités minimales à produire et vendre pour rentabiliser les **propositions alternatives** des différents responsables.

QUESTIONS

1. **Déterminer le seuil de rentabilité (en milliers d'euros). Déduire les quantités au point mort et l'époque de l'année où il est atteint. Les ventes se répartissent ainsi sur l'année civile (en % du CA annuel).**
   - **janvier-février : 25**
   - **mars-avril-mai : 15**
   - **juin-juillet : 10**
   - **septembre-octobre : 20**
   - **novembre-décembre : 30**

2. De combien varierait le résultat si les ventes (en quantités) dépassaient de 10 % le niveau qui a été prévu ? Rappeler les conditions de validité du coefficient de volatilité.

3. Le directeur du marketing propose de lancer une campagne publicitaire qui nécessite un budget de 44 660 euros. Quelle incidence doit avoir cet effort commercial pour qu'il soit rentable d'engager cette dépense ?

4. Le directeur technique demande que l'on mécanise un ensemble d'opérations. L'investisse-ment correspondant aurait pour effet d'augmenter les frais de structure de 120 000 € et de réduire en revanche les coûts variables de 1 € par unité. À quelles conditions cette décision serait-elle favorable à l'entreprise ?

5. Un représentant déclare que « si l'entreprise baissait de 10 % son prix de vente, elle augmenterait ses ventes d'une façon telle que le bénéfice augmenterait forcément ». À quel niveau devrait se situer l'élasticité des quantités par rapport aux prix pour que cette affirmation soit vérifiée ?

6. Sous quelles conditions peut-on combiner la mécanisation proposée par le directeur technique avec une baisse de prix de vente de 5 % tout en maintenant le niveau de résultat de N ?

7. En supposant que la campagne publicitaire soit engagée le 1er avril, que la mécanisation débute le 1er juin et qu'une baisse des prix de 5 % soit décidée le 1er septembre, déterminer les quantités annuelles à vendre si l'on suppose que l'on veut atteindre le seuil de rentabilité le 30 septembre.

   Proposer une solution graphique dans une hypothèse de vente régulière tout au long de l'année (l'entreprise est fermée en août).

8. En reprenant les hypothèses initiales (question 1), mais en supposant que les ventes puissent varier de façon aléatoire, calculer la probabilité d'atteindre ou de dépasser le seuil de rentabilité dans les deux cas suivants :

   1er cas : on suppose que les ventes peuvent prendre les trois valeurs suivantes :

• ventes (milliers d'€) :	4 000	4 800	5 500
• probabilité :	0,2	0,6	0,2

   2e cas : on suppose que les ventes suivent une loi normale de moyenne 4 800 milliers et d'écart type 1 500 milliers d'euros.

APPLICATION 6

Hôtel-association

Vous êtes nommé gérant d'un hôtel d'association : il s'agit de structure de vacances appartenant à une association (loi 1901) et proposant aux membres de l'association des séjours à tarifs préférentiels. Votre structure est située en bord de mer ; elle est composée d'un restaurant type brasserie, d'un hôtel qui propose des chambres avec salle de bain (chambre-bain) et d'autres avec salle d'eau (chambre-douche) et d'un terrain de camping où les adhérents peuvent soit louer des bungalows sur place ou réserver des espaces pour tentes ou caravanes.

Ces installations viennent d'être rénovées et il s'agit pour vous d'optimiser les offres tarifaires afin d'améliorer la marge globale de cette structure.

A) Le restaurant-brasserie bénéficie d'une terrasse avec vue sur mer. Il offre des repas simples de cuisine du terroir au prix moyen de 18 €. Sa capacité est de 145 repas par jour. Une étude commerciale indique qu'une publicité bien réalisée à destination des adhérents peut permettre d'augmenter significativement le nombre de repas servis. Vous prévoyez à partir de l'an prochain d'augmenter votre budget publicitaire de 50 % qui atteindrait alors 120 000 €.

Informations complémentaires :

– coût variable d'un repas : 6,6 € ;

– l'élasticité de la demande par rapport à la variation des charges publicitaires peut être évaluée à + 0,3 ;

– charges fixes prévues hors publicité de l'exercice : 250 000 € ;

– le restaurant sert actuellement environ 120 repas par jour ;

– le restaurant est ouvert 270 jours par an.

QUESTIONS

1. **Quel résultat d'exploitation annuel pouvez-vous attendre d'une telle décision ? Portez un jugement sur l'opportunité de l'opération.**

2. **Pouvait-on prévoir le résultat attendu de l'augmentation de la publicité en utilisant le levier opérationnel ? Argumentez votre réponse.**

B) Vous êtes également responsable de la gestion de l'hôtel qui dispose de 80 chambres réparties en deux catégories :

– 30 chambres doubles, catégorie « chambre-bain » à 60 € la nuit, notées CB ;

– 50 chambres doubles, catégorie « chambre-douche » à 35 € la nuitée, notées CD.

Afin d'optimiser la politique de prix et le résultat d'exploitation, vous envisagez plusieurs stratégies alternatives :

– augmentation du prix du produit « chambre-bain » de 10 % ;

– baisse du prix de la nuitée « chambre-bain » de 7,2 € ;

– augmentation du prix du produit « chambre-douche » de 3.5 €.

Les tableaux d'élasticité croisée en annexe devraient vous permettre de prendre une décision rationnelle.

QUESTIONS

1. **Sachant que le coût variable d'une nuitée « chambre-bain » est de 35 € et de 20 € pour la catégorie « chambre-douche », quelle est la stratégie qui optimise la marge sur coût variable prévisionnelle ? Quel sera le montant de la marge sur coût variable prévisionnelle annuelle ?**

2. **Les charges fixes prévisionnelles ayant été estimées à 310 000 €, à quelle date le seuil de rentabilité sera-t-il atteint en admettant que l'activité soit régulière tout au long de la saison (la saison s'étend de mars à novembre inclus) ?**

ANNEXE

L'hôtel est ouvert 270 jours par an. Le coefficient d'occupation est de 80 % pour les chambres catégorie « douche » et de 90 % pour les chambres « bain ».

Tableau des coefficients d'élasticité-prix :

	Élasticité-prix par rapport à une hausse des prix		**Élasticité-prix par rapport à une baisse des prix**	
	Demande CB	Demande CD	Demande CB	Demande CD
Prix CB	– 0,3	0,5	– 1,1	0,4
Prix CD	0,6	– 0,4	– 0,1	– 0,4

APPLICATION 7

Cas Pizza

Cinq jeunes étudiants dynamiques, Sabrina, Angélique, Louis, Philippe et Sophia, après lecture d'un dépliant publicitaire fourni en annexe commentent ce prospectus.

Sabrina :

Déjà, j'aimerais bien connaître, compte tenu des prévisions de ventes annoncées, du prix de vente indicatif, combien de pizzas je dois vendre pour ne pas perdre de l'argent et à partir de quand je commencerai à faire du bénéfice...

Angélique :

C'est peut-être intéressant mais je ne vois pas l'utilité de commencer dès le 1er juin et de finir le 30 septembre... Un fonctionnement du 16 juin au 15 septembre me semble plus pertinent : on doit gagner autant et c'est moins risqué !

Louis :

Je suis plus malin que vous, je pense que cette offre est intéressante sur les quatre mois mais il faut être un peu plus combatif sur les prix ; je baisse les prix de 10 % et à moi les bénéfices...

Sophia :

Je veux bien travailler quatre mois sans un seul jour de congé, mais il faut que la probabilité que cela me rapporte 10 000 € soit convaincante !

QUESTION

En reprenant les propos de chaque étudiant, apporter des réponses précises et complètes aux différentes questions ou affirmations. (Considérer des mois de 30 jours).

ANNEXE

Que faites-vous durant l'été du 1er juin au 30 septembre ?
Venez aux Sables-d'Olonne travailler avec nous !
Nous vous offrons de cuisiner et de vendre vos pizzas sur un emplacement agréé par la municipalité, à quelques mètres de la grande plage.

Nous vous prêtons un véhicule, agréé par les services sanitaires et sociaux, pour un prix de 10 000 € (prix forfaitaire sur la période de fonctionnement).

Nous vous assurons contre le risque d'incendie, vol, responsabilité civile..., pour un coût journalier de 20 €.

Nous vous formons entre le 15 mai et le 31 mai pour un coût de 4 000 €.

Nous vous louons un emplacement 600 € par mois en juin et septembre et 1 000 € par mois en juilllet et août. Ce prix est divisé par deux pour une location de 15 jours.

À vous de faire le reste !

L'expérience montre que vos dépenses prévisionnelles peuvent être évaluées à :

- Coût des denrées par pizza : 3,20 € jusqu'à 50 pizzas par jour, 3 € au-delà de 50 pizzas par jour.
- Coût de livraison forfaitaire des pizzas : 2 € par livraison.
- Coût d'un salarié « extra » sur les périodes de juillet et août : 3 000 € par mois charges sociales incluses.
- Consommables à prévoir (eau, gaz, électricité) : 0,60 € par pizza.
- Assistance en gestion et divers : 200 € par quinzaine.
- Environ 40 % des pizzas sont livrées : la livraison n'est pas facturée ; elle concerne en moyenne 2,5 pizzas.

Si vos pizzas sont bonnes,
si vous ne faites pas trop attendre trop longtemps vos clients,
si votre prix de vente est raisonnable (9,80 € par pizza),
si vous avez le sens de la communication,
si vous n'êtes pas avare de vos heures,
alors vous pouvez raisonnablement gagner votre vie !

Afin d'étayer vos prévisions, nous vous communiquons quelques chiffres prévisionnels de vente pour la période à cet emplacement, dans des conditions normales d'exploitation :

- 1re quinzaine de juin et 2e quinzaine de septembre : 35 pizzas par jour.
- 2e quinzaine de juin et 1re quinzaine de septembre : 50 pizzas par jour.
- Juillet et août : 75 pizzas par jour.
- Élasticité des quantités par rapport au prix de vente égale à – 1,8.
- Les quantités globales sur la période du 1er juin au 30 septembre suivent une loi normale : la probabilité que les quantités vendues soient inférieures de 20 % aux prévisions est égale à 0,15.

Ce projet vous intéresse,
alors signez votre contrat.

5 CHAPITRE

Les coûts partiels : variables ou directs

La notion de seuil de rentabilité repose sur la distinction entre charges variables et charges fixes. Alors que les premières dépendent des quantités vendues, les secondes sont fonction du temps et non des quantités. Pour une période donnée, **la répartition des charges fixes ou de structure dans le coût d'un produit** met en jeu **nécessairement une hypothèse** de quantités.

Par ailleurs, la mise en œuvre des coûts de revient s'appuie sur la séparation entre charges directes et charges indirectes. Dans cette méthode, la répartition des charges indirectes n'est pas exempte de critiques et **oblige à des choix** forcément contestables.

C'est pourquoi certains gestionnaires renoncent à pratiquer toute répartition et privilégient une approche de **coûts partiels** : la performance de chaque produit est analysée par la marge qu'il dégage et qui contribue à la couverture des charges non réparties.

Il existe plusieurs systèmes de coûts partiels qui reposent tous, sur une même volonté, celle de n'**intégrer aux coûts que la partie jugée pertinente des charges de l'entreprise**. C'est pourquoi, après avoir défini ces méthodes de coûts partiels, il sera nécessaire de réfléchir à leur mise en œuvre.

SECTION 1
LES MÉTHODES DE COÛTS PARTIELS

En reprenant les deux classifications ci-dessus, l'ensemble des charges incorporables peut être représenté par le schéma suivant :

	Charges variables	Charges fixes
Charges directes	1	3
Charges indirectes	2	4

Les différentes méthodes de coûts partiels vont privilégier l'une ou l'autre des deux classifications.

1. La méthode des coûts variables

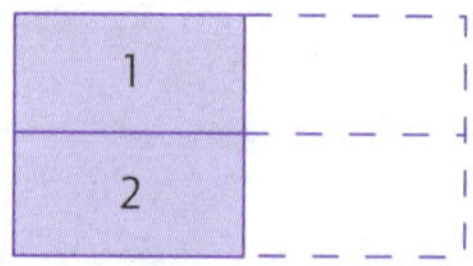

La **méthode des coûts variables** ne retient que les **charges variables, qu'elles soient directes ou indirectes**, dans le coût des produits (zones 1 et 2).

Pour ce calcul, il est donc indispensable d'**identifier les charges variables** des centres d'analyse. Cette démarche concerne essentiellement les centres opérationnels principaux et certains centres opérationnels auxiliaires. L'imputation des charges indirectes variables s'effectue, en général, sans difficulté puisque les charges variables sont, par définition même, normalement liées aux opérations de production et de vente.

Les coûts variables obtenus permettent le calcul d'une marge sur coût variable par produit. Chaque produit est jugé sur sa contribution à la couverture des charges non réparties à savoir ici les **charges de structure**.

Ce mode de traitement permet un jugement sur l'**opportunité de supprimer ou de développer** les ventes d'un ou des produits.

EXEMPLE

Une société est spécialisée dans la fabrication et la vente de trois articles A, B et C.

Une étude des coûts de revient, pour la période de référence, donne les résultats suivants :

Produits	Total	A	B	C
Quantités vendues	NS	400	200	600
Chiffre d'affaires	2 000 000	800 000	360 000	840 000
Coût de revient des produits vendus	1 970 000	802 000	484 400	683 600
Résultat analytique	30 000	– 2 000	– 124 400	156 400

Les dirigeants s'interrogent sur la rentabilité de leurs produits et sur la suppression éventuelle des produits déficitaires.

L'étude plus précise des conditions d'exploitation met en évidence que certaines charges sont proportionnelles aux quantités.

Produits	Total	A	B	C
Charges variables unitaires	–	1 250	1 200	400

Les dirigeants décident de calculer la marge sur coûts variables de leurs produits afin de vérifier les résultats précédemment retenus.

Produits	Total	A	B	C
Quantités vendues Chiffre d'affaires Coûts variables des produits vendus	 2 000 000 – 980 000	(400) 800 000 500 000	(200) 360 000 240 000	(600) 840 000 240 000
Marge sur coûts variables Charges fixes	1 020 000 – 990 000	300 000	120 000	600 000
Résultat	+ 30 000			

Toutes les marges sur coûts variables sont positives et donc tous les produits concourent à la couverture des charges fixes. La suppression éventuelle des produits déficitaires A et B aurait conduit à imputer les charges fixes de 990 000 € sur la marge du produit C et à provoquer une perte de 390 000 €.

Par rapport à l'hypothèse initiale, ce résultat présente une détérioration de 420 000 €, équivalente à la somme des marges sur coûts variables générées par les produits A et B.

L'utilisation de la méthode des coûts variables permet de déterminer les produits à supprimer. Ce sont uniquement ceux dont la marge sur coûts variables est négative.

REMARQUE

La méthode des coûts variables est définie par le Plan comptable. Elle est aussi connue sous d'autres appellations :

- **méthode des coûts proportionnels**,
- ***direct costing***, terme originaire des États-Unis (il faut alors traduire «direct» par opérationnel).

Ce dernier nom est source de confusion entre charges variables et charges directes.

2. La méthode des coûts directs

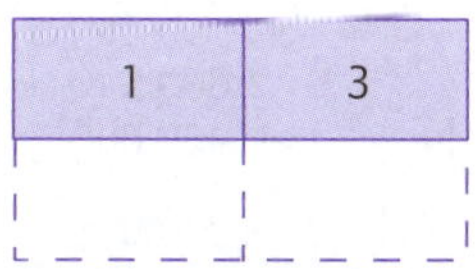

La **méthode des coûts directs** intègre dans les coûts uniquement les **charges affectables sans ambiguïté** aux produits qu'il s'agisse de charges variables ou de charges fixes (zones 1 et 3).

Comme ce coût ne comprend que des charges directes, c'est donc un regroupement aisé à réaliser et dont le **calcul ne souffre aucune ambiguïté**. Il n'analyse pas les charges indirectes qui sont imputées globalement sur la somme des marges sur coûts directs générées par chaque produit.

Cette méthode est définie par le Plan comptable. Sous cette forme, elle reste peu utilisée, les entreprises préférant une approche mixte de l'analyse des coûts combinant les deux classifications.

3. La méthode des coûts spécifiques

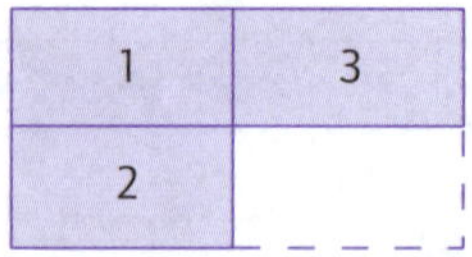

La **méthode des coûts spécifiques** prolonge la démarche de celle des coûts variables. Elle impute, à chaque produit, les charges directes fixes qui lui sont propres. Elle permet ainsi de dégager une **marge sur coûts spécifiques** (du produit) qui doit permettre la couverture des charges fixes indirectes réputées charges communes à l'entreprise.

Ce coût partiel intègre donc les zones 1, 2 et 3 du schéma initial.

Cette démarche considère que la méthode des coûts variables est insuffisante pour comparer le coût des produits : c'est souvent le cas dans des entreprises de production où une part importante des charges fixes est liée à la production des produits.

Le principe retenu est le suivant :

– incorporation dans le coût des produits des charges de structure directes ;

– rejet des charges de structure communes.

EXEMPLE

Reprenons l'exemple précédent : les dirigeants décident de poursuivre l'analyse des charges fixes. Une étude leur permet de connaître le montant des charges fixes propres à chaque produit.

Produits	Total	A	B	C
Charges de structure spécifiques	410 000	70 000	140 000	200 000

Les résultats par produits deviennent donc :

Produits	Total	A	B	C
Quantités vendues		(400)	(200)	(600)
Chiffre d'affaires	2 000 000	800 000	360 000	840 000
Coût variables des produits vendus	– 980 000	500 000	240 000	240 000
Marge sur coûts variables	1 020 000	300 000	120 000	600 000
Charges fixes directes	– 410 000	70 000	140 000	200 000
Marge sur coûts spécifiques	+ 610 000	230 000	– 20 000	400 000
Charges fixes communes	– 580 000			
Résultat	+ 30 000			

Cette méthode permet de faire apparaître la «réelle» mauvaise performance du produit B dont la marge sur coûts variables ne permet pas de couvrir ses propres charges fixes. En conséquence, sa suppression entraîne :

– la disparition de la marge sur coûts variables qu'il génère soit 120 000 €,

– l'économie de charges fixes qui lui sont spécifiques soit un montant de 140 000 €,

ainsi le résultat total augmenterait de 20 000 € (la différence entre 140 000 et 120 000).

Cette démarche permet d'analyser de façon pertinente la rentabilité des différents produits et d'éviter les décisions erronées qui auraient été prises sur la base des coûts de revient obtenus par la méthode des coûts complets (ici, les charges indirectes avaient été réparties proportionnellement aux chiffres d'affaires des différents produits).

REMARQUE

Cette méthode est aussi appelée :

- **méthode du coût variable évolué** ;
- **direct costing évolué** (ce dernier terme appelle la même remarque terminologique que plus haut : le mot « direct » doit être traduit par « opérationnel ») ;
- **méthode des contributions ou des apports** (en référence à la contribution de chaque produit à la couverture des charges fixes communes).

L'**Ordre des experts-comptables** a défini le **coût spécifique** de façon sensiblement différente. Il retient comme charges spécifiques :

- les charges **directement affectées**, ce sont principalement des charges opérationnelles mais certaines peuvent être de structure ;
- les charges qui peuvent être **rattachées à ce coût sans ambiguïté** même si elles **transitent par des centres d'analyse** dès lors qu'elles sont liées au cycle de production ou de vente.

Cette définition correspond aux zones 1, 2 , 3 et à une partie de la zone 4.

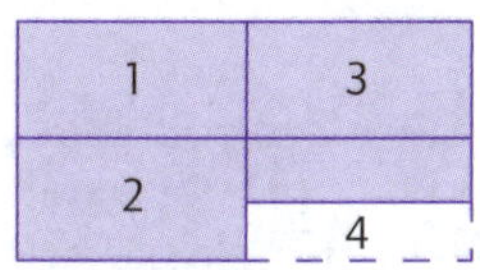

Toutes ces méthodes reposent sur le même principe : n'analyser que les charges jugées pertinentes et regarder la contribution de chaque produit à la couverture des charges non réparties. Elles évitent ainsi une partie des travaux analytiques lourds et coûteux que nécessite l'imputation de toutes les charges incorporables aux coûts. Cependant, leur mise en œuvre soulèvent quelques problèmes.

SECTION 2
LA MISE EN ŒUVRE DES COÛTS PARTIELS

La question principale reste le choix de la méthode et du niveau désiré d'analyse des charges. Pour autant, l'utilisation des méthodes de coûts partiels permet des approches fructueuses de choix de produits dans le cadre du seuil de rentabilité. Toutefois, la valorisation des stocks par ces méthodes impose des ajustements avec le résultat de la comptabilité financière.

1. Quelle méthode choisir ?

La finalité des calculs de coûts partiels est, entre autres, de **prendre des décisions sur la suppression ou le développement des produits**. Il convient de déterminer quelles sont les charges qui apparaissent ou disparaissent en fonction de ces décisions.

Par ailleurs, il est préférable d'obtenir un ordre de grandeur juste, plutôt qu'une répartition contestable de toutes les charges. C'est donc la structure des charges de l'entreprise et la capacité de cette dernière à les analyser qui détermineront la méthode utilisée.

Ainsi, en reprenant la représentation des charges, il est possible de schématiser le choix de la façon suivante :

Les charges sont **majoritairement variables**, le choix de l'entreprise se portera sur la **méthode des coûts variables**.

	Variables	Fixes
Directes	1	3
Indirectes	2	4

Les charges sont **majoritairement directes**, le choix de l'entreprise se portera sur la **méthode des coûts directs** (entreprise commerciale par exemple).

	Variables	Fixes
Directes	1	3
Indirectes	2	4

En tout état de cause, c'est au responsable analytique de l'entreprise de juger quel degré d'analyse il doit atteindre pour que son travail soit significatif. Ce choix résulte toujours d'un arbitrage entre le gain apporté par plus de précisions dans les calculs et le coût d'obtention de cette même précision.

2. Les coûts partiels et le seuil de rentabilité

Le seuil de rentabilité se calcule sur la marge totale sur coûts variables. Il représente le chiffre d'affaires obtenu par une combinaison des différents produits dans une hypothèse de production simultanée.

EXEMPLE

Reprenons l'exemple précédent dans l'hypothèse de la suppression du produit B.

Le compte de résultat différentiel se présente ainsi :

Produits	Total	A	C
Quantités vendues		400	600
Chiffre d'affaires	1 640 000	800 000	840 000
Coût variable des produits vendus	– 740 000	– 500 000	– 240 000
Marge sur coûts variables	+ 900 000	300 000	600 000
Charges fixes directes	– 270 000	– 70 000	– 200 000
Marge sur coûts spécifiques	+ 630 000	230 000	400 000
Charges fixes communes	– 580 000		
Résultat	+ 50 000		

Le seuil de rentabilité est égal à :

$$S^* = \frac{\text{Charges fixes totales} \times \text{Chiffre d'affaires}}{\text{Marge sur coûts variables totale}}$$

$$= \frac{850\ 000 \times 1\ 640\ 000}{900\ 000} = 1\ 548\ 800\ € \text{ arrondi à la centaine inférieure}$$

• **Dans l'hypothèse d'une production simultanée des produits A et C**, la combinaison productive de base est constituée de 2A et 3C et représente un chiffre d'affaires de :
(2 × 2 000 €) + (3 × 1 400 €) = 8 200 €

Le point mort en quantités est donc de : 1 548 800 / 8 200 soit 189 combinaisons productives de base équivalentes à :
189 × 2 A = 378 A
189 × 3 C = 567 C

Cette combinaison de A et C est une solution pour obtenir le seuil de rentabilité.

• **Abandon de l'hypothèse de production simultanée.** L'entreprise peut désirer tester d'autres proportions entre les produits A et C qui permettent le même résultat.

Cela conduit à une représentation graphique particulière :

– équation du chiffre d'affaires critique ⇒ $MCV_A \times A + MCV_C \times C = CF$
⇒ 750 A + 1 000 C = 850 000

– équation du résultat ⇒ 750 A + 1 000 C – 850 000 = 50 000

avec 750 et 1 000 les marges sur coûts variables unitaires de A et de C.

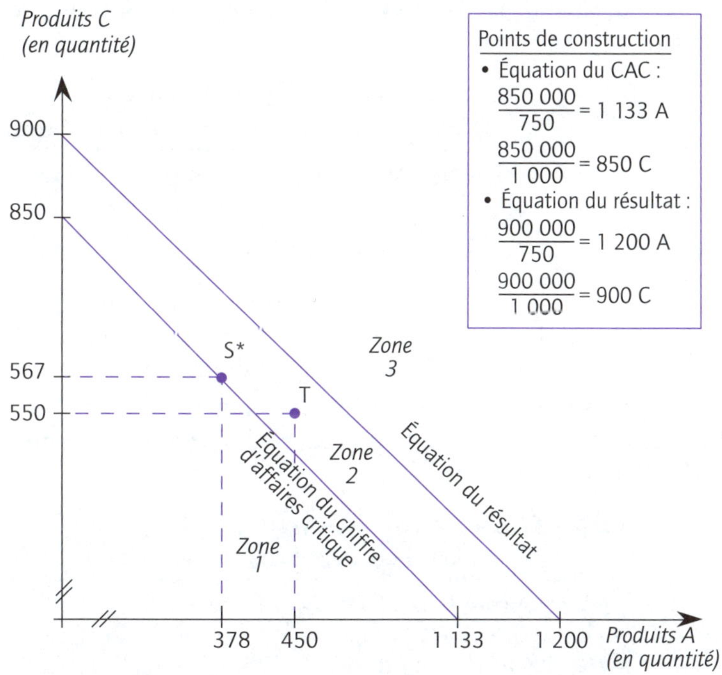

Points de construction

• Équation du CAC :

$\frac{850\ 000}{750} = 1\ 133$ A

$\frac{850\ 000}{1\ 000} = 850$ C

• Équation du résultat :

$\frac{900\ 000}{750} = 1\ 200$ A

$\frac{900\ 000}{1\ 000} = 900$ C

Le tracé des droites délimite trois zones dans le plan :
– **zone 1** : chiffre d'affaires critique non atteint et résultat inférieur à 50 000 € ;
– **zone 2** : chiffre d'affaires critique dépassé mais résultat inférieur à 50 000 € ;
– **zone 3** : résultat supérieur à 50 000 € et chiffre d'affaires supérieur au chiffre d'affaires critique.

Il est envisageable, alors, de tester des hypothèses de combinaisons de A et C différentes de celles prévues et d'analyser leurs conséquences.

Supposons que les ventes réelles s'établissent à 450 A et 550 C (point T du graphique), on voit que le chiffre d'affaires critique est atteint mais que le résultat obtenu est inférieur à celui prévu.

3. La méthode des coûts variables et la valorisation des stocks

Dans les exemples précédents, ont été volontairement négligés les problèmes de variation de stocks entre produits vendus et produits fabriqués.

Soit une entreprise en situation de stockage sur une période donnée. Par simplification, on supposera qu'il n'y a pas de stock initial de produits.

Le compte de résultat de la comptabilité financière peut être représenté ainsi :

• Coût de production complet des produits fabriqués : – produits vendus – produits stockés • Résultat de la comptabilité financière	• Chiffres d'affaires des produits vendus • Production stockée évaluée au coût de production complet des produits stockés

La production stockée (au crédit) annule en fait le coût de production des produits stockés (au débit) qui ne généreront des résultats qu'au moment de leur commercialisation.

Le résultat obtenu par la méthode des coûts variables ou « **résultat de contribution** » s'obtient de la façon suivante :

Chiffre d'affaires des produits vendus
– Coût de production variable des produits vendus

= **Marge sur coûts variables des produits vendus**
– Charges fixes de la période

= **Résultat de contribution**

Les charges fixes de la période sont, en comptabilité financière, réparties entre les produits vendus et les produits stockés ; or, en « comptabilité de contribution », elles sont supportées en totalité par les produits vendus. La part des charges fixes relatives aux produits stockés crée donc une différence de traitement comptable entre les deux comptabilités.

Il est facile de généraliser cette procédure de concordance à une situation de variation de stocks. Dans ce cas il vient :

Chiffre d'affaires des produits vendus
– Coût de production variable des produits vendus

= **Marge sur coûts variables des produits vendus**
– Charges fixes de la période
= **Résultat de contribution**

– Charges fixes incluses dans la variation de stocks (stock initial - stock final)

= **Résultat de la comptabilité financière**

EXEMPLE

Soit la production de 600 produits dans les conditions d'exploitation suivantes :

Charges variables unitaires : 400 € par produit.

Charges fixes de la période : 480 000 €.

Stock initial : 100 produits à 106 000 € dont 70 000 € de charges fixes.

Il a été vendu 580 produits à 1 400 € l'un.

Le CUMP de la période apparaît à :

$$\frac{106\ 000\ € + [(600 \text{ pdts} \times 400\ €) + 480\ 000\ €]}{100 + 600} = 1\ 180\ €.$$

et le stock final = 120 pdts × 1 180 = 141 600 €.

Calcul du résultat de la comptabilité financière

Charges variables 600 produits × 400 Charges fixes Résultat général	240 000 480 000 127 600	Chiffre d'affaires (580 produits × 1 400) Production stockée (141 600 – 106 000)	812 000 + 35 600
Total	847 600	Total	847 600

Le compte de résultat différentiel s'établit comme suit :

Chiffres d'affaires :	812 000
Charges variables des produits vendus :	
$\frac{36\ 000\ € + 240\ 000\ €}{700} \times 580$ pdts =	– 228 686
Marge sur coût variable :	583 314
Charges fixes de la période :	– 480 000
Résultat de contribution :	103 314

L'écart entre les deux résultats (127 600 – 103 314) est de 24 286 € et correspond aux charges fixes incluses dans la variation de stocks :

Variation de stock en coût complet : (SI : 106 000 – SF : 141 600)	(– 35 600)
Variation de stock en coût variable : (SI : 36 000 – SF : 47 314)(1)	– (– 11 314)
	= (– 24 286)

La concordance s'établit ainsi :

Résultat de contribution :	103 314
– Charges fixes incluses dans la variation de stocks :	– (– 24 286)
= Résultat de la comptabilité financière :	127 600

(1) *SF = SI + E – S = 36 000 + 240 000 – 228 686 = 47 314.*

CONCLUSION

Les méthodes de coûts partiels refusent les répartitions des charges indirectes et fixes, mais pour autant elles ne s'opposent pas aux méthodes de coûts complets. Elles répondent à d'autres préoccupations et doivent être envisagées comme un outil complémentaire d'analyse.

Ainsi, l'étude de l'exploitation future d'une liaison aérienne s'appuiera sur le coût de revient du passager transporté en fonction des types d'avions envisagés (gros ou moyen porteur) afin de déterminer la rentabilité éventuelle du projet. Par contre, une fois le choix effectué et les frais fixes engagés, une connaissance du coût variable du passager transporté est suffisante pour définir des politiques de tarifications préférentielles qui doivent permettre un meilleur taux de remplissage.

Il est aisé de voir que les deux types de méthodes répondent à des préoccupations différentes mais non contradictoires. C'est au contrôleur de gestion de connaître, en fonction des besoins, quelle méthode est la plus pertinente

APPLICATIONS

APPLICATION 1

Produits joints ou liés

Un atelier traite des matières premières animales (achetées auprès des abattoirs) et végétales (achetées auprès des maraîchers). Dès leur arrivée dans l'atelier, ces matières, additionnées de composés nutritifs spécifiques, sont malaxées et cuites dans une batterie d'autoclaves-extracteurs.

Il n'y a pas de stockage, les produits, obtenus en continu, étant aussitôt «vendus» au centre de distribution avec application d'un prix de cession interne. Le centre de distribution s'engage à acheter toute la production de l'atelier.

À l'issue de cette première phase, trois produits sont nécessairement obtenus ***conjointement*** à la sortie des autoclaves-extracteurs :

– un **compost** organique, que la texture rend impropre à la consommation animale, mais qui peut être utilisé par l'agriculture maraîchère ;

– un composé complexe de **graisses** légères ;

– une **base** qui constitue l'élément essentiel de produits destinés à l'alimentation animale.

• Le *compost* peut être vendu en l'état, sans frais complémentaires, au prix de 400 € la tonne. Il peut être aussi compacté sous forme de galettes de 5 kilogrammes vendues 2,5 € l'une.

• Les *graisses* subissent systématiquement un *premier affinage* à l'issue duquel elles sont conditionnées en fûts plastifiés de 50 litres et vendues 120 € le fût. Il est possible aussi, après le premier affinage et avant tout conditionnement, de faire subir à ces graisses affinées un *second affinage*, suivi d'un conditionnement en bidons plastifiés de 10 litres. Chaque bidon peut être vendu 38 €.

• La *base* peut être vendue, après ensachage en *sacs* de 100 kilogrammes, au prix de 64 € le sac. Elle peut aussi faire l'objet d'un traitement complémentaire sans ensachage (adjonction d'additifs vitaminés et de colorants), conditionnement sous *paquets* de 1 kilogramme, vendue 0,50 € le paquet.

Pour le trimestre à venir, les informations prévisionnelles suivantes ont été collectées (il est considéré que les coûts fixes éventuellement imputés sont tous spécifiques et disparaissent si l'action qui les génère cesse complètement).

Première phase (mélange et traitement en autoclaves-extracteurs)

Matières végétales et animales achetées pour un coût total de 700 000 €.

Additifs spécifiques consommés pour un coût total de 40 000 €.

Charges opérationnelles : 120 000 €.

Charges de structure imputables : 68 200 €.

Production prévue : seront conjointement obtenus :

1 400 tonnes de compost brut, 100 000 litres de graisses brutes et 1 200 tonnes de « base » brute.

Traitement éventuel du compost brut

Charges spécifiques imputables de compactage, conditionnement et manutention : 190 000 €.

Perte de poids au compactage : 5 % du compost brut.

Traitement des graisses

Premier affinage (pas de perte de matière pendant cette phase) : il est prévu l'obtention de 2 000 fûts. Coûts complémentaire de premier affinage : 0,70 € par litre de graisse brute. Coût du conditionnement éventuel : 6 € par fût.

Second affinage éventuel : en tenant compte des pertes de substances inévitables à ce stade, il serait possible d'obtenir 9 000 bidons.

Coût complémentaire d'affinage et de conditionnement : 8,80 € par bidon.

Traitement de la « base »

Coût de l'ensachage (qui n'entraîne aucune perte de poids) : 14 € par sac.

Le traitement complémentaire éventuel entraînerait une perte de poids de 10 % des quantités de base brute, et un coût complémentaire de fabrication (13 € par tonne obtenue) et de conditionnement (2,4 € par tonne obtenue).

QUESTIONS

1. **Calculer les divers résultats analytiques en supposant que tout le compost est vendu en galettes, que toutes les graisses sont vendues en bidons et que toute la « base » est vendue en paquets (il est précisé que les coûts indivis sont répartis au prorata des chiffres d'affaires). Commenter le choix de cette clé de répartition.**
2. **L'atelier a la possibilité, pour chacun des produits obtenus à la fin de la première phase (compost, graisses, « base »), de se lancer dans des opérations de traitement complémentaire, ou, au contraire, de les vendre en l'état le moins élaboré. Déterminer le programme d'action qui optimiserait le résultat de l'atelier. Calculer le résultat optimal résultant de ce choix.**

(d'après DECF)

APPLICATION 2

Société industrielle de confection

Dans le cadre d'une politique de diversification concentrique de ses produits et de ses marchés, la Société industrielle de confection envisage de lancer un nouveau produit qui utiliserait les technologies traditionnelles de l'entreprise.

I. Le compte de résultat prévisionnel relatif à ce nouveau produit est établi sur la base des informations suivantes :

Production et vente de 10 000 unités à .... 600 €
Charges fixes spécifiques .... 880 000 €
Charges fixes non spécifiques.................................... néant
Charges variables :
– d'achat et de production : .... 400 € l'unité
– de distribution : .... 12 % du chiffre d'affaires

QUESTIONS

1. **Calculer le «résultat courant avant impôt» prévisionnel.**
2. **Quel est le levier opérationnel ou « coefficient de volatilité » au niveau prévu ? Que représente-t-il en termes d'élasticité ? Que signifie-t-il ?**

II. Une politique rationnelle de prix pourrait permettre de maximiser le profit de cette activité additionnelle ; il ressort d'une étude de marché que l'élasticité de la demande à l'entreprise est de – 20, au niveau considéré, pour une fourchette de variation du prix de vente unitaire compris entre + 4 % et – 12 %.

QUESTION

3. **Déterminer le montant optimal des ventes, en quantité et en valeur, qui permet de maximiser le bénéfice (arrondir le pourcentage de variation de prix à l'entier le plus proche).**

III. En fait, si l'entreprise veut produire plus de 15 000 produits, elle doit modifier sa structure, ce qui entraîne :

– une augmentation des charges fixes spécifiques de 300 000 € par tranche de 5 000 unités supplémentaires ;
– une augmentation des charges fixes non spécifiques de 100 000 € par tranche de 15 000 unités supplémentaires ;
– une réduction des coûts d'approvisionnement et de production de 10 % de leur montant prévu sur toute la production.

D'autre part, toute fraction de production supérieure à 10 000 unités ne peut être écoulée que sur un marché discriminant par le canal d'une grande surface qui propose d'acheter 20 000 unités mais au prix unitaire de 400 € ; pour ces 20 000 unités ainsi vendues, les frais variables de distribution seraient nuls.

QUESTION

(Pour cette question, retenir un prix de vente unitaire de 600 € pour les 10 000 premières unités.)

4. **En supposant le changement de structure réalisé de façon instantanée au début de l'exercice, calculer le résultat courant avant impôt pour une production finale de 30 000 unités.**

(d'après DECF)

APPLICATION 3

Société Oliveraie SA

L'huilerie L'Oliveraie SA, sise à Nyons, fabrique et commercialise localement de huile d'olive vierge de qualité supérieure. Depuis peu, elle s'est diversifiée vers les huiles de noix, plus chères mais appréciées par une clientèle à la recherche de saveurs particulières. La qualité de ses produits lui assure une part appréciable du marché des huiles artisanales.

Elle observe cependant deux phénomènes contradictoires :

– les consommateurs sont de plus en plus attentifs au prix des produits ce qui tend à réduire les marges de l'entreprise ;

– les consommateurs restent très demandeurs de produits d'origine naturelle, ce qui tend à orienter la demande vers des produits plus sophistiqués.

1re partie

En novembre N–1, cette société établit ses prévisions d'exploitation pour l'exercice N.

	Huile d'olive	Huile de noix
Prix de vente	14 € par litre	25 € par litre
Quantités prévisionnelles	7 000 litres	1 500 litres
Matières premières (pour un lot de 100 litres)	500 kg à 0,36 € le kg	600 kg à 0,60 € le kg
Main-d'œuvre directe de fabrication (pour un lot de 100 litres)	5 heures à 35 €	20 heures à 35 €
Charges indirectes proportionnelles de production	105 € par lot de 100 litres	840 € par lot de 100 litres
Charges de distribution proportionnelles aux quantités	100 € par lot de 100 litres	100 € par lot de 100 litres
Charges de structure	39 500 €	

QUESTIONS

1. **Calculer la marge sur coût variable et la taux de marge par lot de 100 litres de chaque qualité d'huile. En déduire le taux de marge par produit.**
2. **Calculer le chiffre d'affaires et le résultat global prévisionnel pour N.**
3. **Retrouver le taux de marge moyen total à partir des taux de marge de chaque produit**
4. **Déterminer le seuil de rentabilité et la combinaison productive simultanée auquel il correspond.**
5. **Commenter les résultats obtenus aux deux questions précédentes.**

2e partie

Compte tenu des changements d'habitudes de consommations de la clientèle, il est permis de supposer que la répartition entre les deux types d'huile ne sera pas exactement celle prévue.

En conséquence, une généralisation de l'étude précédente s'impose. Plusieurs hypothèses veulent être testées :

a) Réalisation du chiffre d'affaires prévu

b) Réalisation du chiffre d'affaires critique

c) Réalisation du résultat prévu

d) Dépassement du chiffre d'affaires prévu et du chiffre d'affaires critique

e) Dépassement du chiffre d'affaires prévu et d'un résultat au moins égal au résultat prévu

QUESTIONS

Dans chacune des hypothèses proposées et en reprenant les données monétaires obtenues en première partie :

1. **Trouver une relation entre les quantités à vendre de chaque catégorie d'huile.**
2. **Proposer, sur un même graphique, une représentation des résultats précédents.**

Finalement pour N, les prix de vente et les coûts de revient sont conformes aux prévisions mais il a été vendu :

- 5 000 de litres d'huile d'olive ;
- 3 000 de litres d'huile de noix.

QUESTIONS

1. **Comparer la solution réelle avec la solution prévue. Mener une analyse graphique et un commentaire rédigé sur la structure du résultat tant en termes de rentabilité que de sécurité.**
2. **Le calcul d'un coefficient de volatilité dès la connaissance du chiffre d'affaires réel aurait-il permis de connaître le résultat ? Justifier votre réponse.**

3e partie

En année N, une étude de marché estime que les ventes des deux produits sont indépendantes et suivent chacune une loi normale dont les paramètres sont les suivants :

– la demande moyenne d'huile d'olive à 7 000 litres avec une fluctuation de plus ou moins 300 autour de cette moyenne dans 95 % des cas ;

– la demande moyenne d'huile de noix à 1 500 litres avec une fluctuation de plus ou moins 700 autour de cette moyenne dans 60 % des cas.

En retenant les prix de vente prévisionnels de N, un taux de marge de 60 % sur les huiles d'olives et de 20 % sur les huiles de noix et des charges fixes globales pour 39 500 €, répondre aux questions suivantes.

QUESTIONS

1. **Déterminer les paramètres des lois de la demande pour chacun des produits.**
2. **En déduire les paramètres de la loi suivie par le chiffre d'affaires.**
3. **Quelle est la probabilité d'atteindre le chiffre d'affaires réel de l'année N ?**
4. **Retrouver les paramètres de la loi suivie par le résultat.**
5. **Quel est le niveau de résultat attendu dans 80 % des cas ?**

4e partie

De fait, l'hypothèse de ventes indépendantes ne semble pas réaliste à la direction de la SA Oliveraie. Toutes les expériences faites sur les lieux de ventes, boutiques, foires ou marchés montrent que les deux catégories d'huiles sont substituables. Cependant les contraintes productives sont telles qu'il n'est pas possible de traiter plus de 9 000 litres d'huile de toute nature. Les contrats passés auprès des fournisseurs limitent, à ce niveau de qualité les approvisionnements à court terme à 36 tonnes d'olives et 10 tonnes de noix.

Afin d'optimiser la politique de prix et le résultat d'exploitation, la direction envisage d'établir une autre prévision en tenant compte d'une augmentation du prix du litre d'huile de noix de 10 %.

Le tableau d'élasticité croisée devrait permettre de prendre une décision rationnelle.

Tableau des coefficients d'élasticité-prix :

ÉLASTICITÉ-PRIX PAR RAPPORT À UNE HAUSSE DES PRIX		
	Demande Huile noix	**Demande Huile olive**
Hausse prix huile noix	– 0,3	0,5
Hausse prix huile olive	0,5	– 0,3

QUESTIONS

1. **Expliquer l'expression « produits substituables ». Comment expliquer qu'une baisse de prix sur produit A induise une hausse du volume de ventes sur un produit B ?**
2. **Quel sera le montant de la marge sur coût variable prévisionnelle annuelle ? Cette solution est-elle profitable ? Est-elle possible ?**
3. **Proposer une solution acceptable.**

APPLICATION 4

Société Abysse

Depuis plus d'une dizaine d'années, la société Abysse exerce une activité non loin de Carcassonne. Spécialisée dans l'éclairage subaquatique, cette entreprise s'est créée une excellente réputation dans le milieu des plongeurs grâce à ses «torches sous-marines» d'une très haute qualité : lumière halogène alimentée par accumulateurs rechargeables, étanchéité en eau profonde, montage électronique novateur.

Le marché ciblé est celui de la plongée professionnelle, sportive ou de loisir. Son développement continuel dans la dernière période traduit le besoin de sport à risque et de sport nature du public.

Au cours des années, l'entreprise a cherché à étendre sa gamme de produits afin d'atténuer les effets des fluctuations saisonnières du marché. Elle propose ainsi en plus des torches :

- un modèle de « lampe de tête tous sports », puissant, rechargeable et étanche. Il répond aux besoins des professionnels de la protection civile et de la sécurité ainsi que des sportifs : VTT, planche à voile, spéléo ;
- et depuis quelques années, un « phare d'éclairage de surface » de grande qualité, utilisé sur les terrains sportifs et les chantiers.

Cette diversification n'a pas été sans conséquence sur l'organisation de l'entreprise. Sont ainsi distinguées deux activités au niveau des produits finals :

- l'**activité éclairage sous-marin**. Elle constitue le « noyau dur » de l'entreprise, son domaine de spécialité. Elle regroupe la fabrication et la vente des « torches sous-marine s» et des « lampes de tête tous sports » ;

– l'**activité éclairage de surface** qui n'est composée que de la fabrication et de la vente d'un seul produit : les « phares de surface ».

Cette distinction se retrouve au niveau géographique puisque ces deux activités sont réalisées sur le même site, mais dans des bâtiments différents : l'adjonction des « phares de surface » à la gamme des produits ne pouvait s'effectuer sans agrandir l'aire d'activité.

Chargé(e) des études auprès du dirigeant M. Vialet, celui-ci vous demande de constituer un dossier préparatoire à une réunion de direction qui aura pour objectifs :

– d'analyser la rentabilité présente ;

– de juger de la validité de certaines propositions concernant l'amélioration de cette rentabilité.

I. Étude de la rentabilité

QUESTIONS

1. **Calculer les résultats analytiques unitaires par produit et le résultat global généré par ces trois produits, au cours de l'exercice N.**
2. **Calculer la contribution de chaque produit à la couverture des charges fixes de la période (marge sur coûts variables) et le résultat global correspondant.**
3. **Apprécier la rentabilité de l'exploitation.**
4. **Identifier précisément l'origine de la différence entre les deux résultats globaux obtenus. Retrouver, par les calculs, cette différence.**
5. **Calculer les marges sur coûts spécifiques générées par chacune des deux activités et le résultat global attendu.**
6. **Définir la notion de coûts spécifiques et indiquer son intérêt pour la gestion.**

II. Proposition d'actions en vue d'améliorer la rentabilité

Remarque : Pour les questions suivantes, on supposera **négligeables les variations de stocks** ainsi que les variations du coût des facteurs.

A. Test du plan d'action n° 1 : Amélioration de la rentabilité de l'activité «Éclairage de surface»

QUESTIONS

1. **Calculer la marge sur coûts spécifiques obtenue après application de chaque décision. Quelle est la décision dont vous conseilleriez la mise en œuvre ?**
2. **Retrouver le montant des charges fixes communes à imputer à l'activité « éclairage de surface » dans une optique de coûts complets. Quel est alors le résultat analytique sur l'activité « Éclairage de surface » ? Que constatez-vous ? Expliquer ce paradoxe.**
3. **Apprécier, brièvement, le risque que cette opération ne soit pas rentable.**

B. Test du plan d'action n° 2 : Abandon de la fabrication des phares et développement de la production des éclairages sous-marins.

QUESTIONS

4. **Déterminer le résultat obtenu après application de ce plan.**
5. **Apprécier l'opportunité de cette décision.**

(d'après DECF 92)

ANNEXE 1

Situation de l'exploitation

TABLEAU DES COÛTS UNITAIRES, EXERCICE N			
	Éclairage sous-marin		Éclairage de surface
	Torches	Lampes de tête	Phares
Quantités produites	22 000	38 000	17 000
Quantités vendues	20 000	39 000	17 500
Prix de vente	480	378	524
Coût unitaire de fabrication	*444,2*	*349,2*	*508,2*
dont coût variable	296,2	230,8	389,8
Coût unitaire de distribution	*18*	*17*	*19,6*
dont coût variable	13	12	14,6

ÉTAT DES STOCKS AU 1ER JANVIER N			
	Quantités	Montant global	Dont coût variable global
Torches	1 000	421 200	291 600
Lampes de tête	4 000	1 380 000	906 400
Phares	2 000	1 012 600	775 800

CONDITIONS TECHNIQUES ET COMMERCIALES DE L'EXPLOITATION

1. Conditions techniques

La fabrication des éclairages sous-marins ou de surface requiert l'intervention de soudeurs hautement qualifiés. Ce niveau de spécialité étant très difficile à trouver sur le marché local de l'emploi, le nombre d'heures disponibles constitue une entrave au développement de la production de l'entreprise.

En N, ces heures de fabrication se sont réparties de la façon suivante :

Torches	Lampes	Phares	Total
44 000 h	57 000 h	34 000 h	135 000 h

2. Conditions commerciales

Des études de marché ont permis de chiffrer la capacité maximale d'absorption de nos produits, à :

Torches	Lampes	Phares
35 000	50 000	20 000

3. Composition des charges fixes

a. Les charges fixes de fabrication : Une étude plus approfondie de ces charges permet de distinguer :

– des charges spécifiques :
à l'activité « éclairage de surface » : 442 000 € et « éclairage sous-marin » : 1 703 000 €
Il s'agit de la location des bâtiments et des redevances de crédit-bail ;

– des charges communes aux deux activités. Il a été décidé de les répartir entre les trois produits au prorata des charges fixes spécifiques, lorsque c'est nécessaire.

b. Les charges fixes de distribution : elles sont réparties au prorata des quantités vendues.

ANNEXE 2

Plans d'amélioration de la rentabilité envisagés par M. Vialet

Plan d'action n° 1 – Amélioration de la rentabilité globale de l'activité « éclairage de surface »

M. Vialet estime nécessaire d'augmenter les quantités vendues et/ou de diminuer le coût unitaire variable de fabrication.

Trois décisions sont envisageables :

D1. Diminution du prix de vente de 2 %. L'élasticité des quantités par rapport aux prix est de – 5.

D2. Diminution du coût variable de fabrication réalisée grâce à un investissement de productivité financé par crédit-bail.

Dans ce cas : coût variable de fabrication .... 388,40 € l'unité
charges fixes supplémentaires .... 25 000 € par an

D3. Conjonction des deux décisions précédentes : D1 + D2.

Plan d'action n° 2 – Abandon de l'activité « éclairage de surface »

Les ressources en heures de soudage disponibles sont transférées à l'activité « éclairage sous-marin » qui pourra ainsi être développée. Le plan de production de cette activité serait alors de 50 000 lampes et 30 000 torches fabriquées et vendues par an. Il s'ensuivrait une augmentation de 500 000 € des charges fixes de l'activité.

APPLICATION 5

Les Éditions Paper

Les Éditions Paper, filiale d'un grand groupe d'édition, sont spécialisées dans l'édition scolaire. Chaque projet éditorial est mené sous la responsabilité d'un responsable éditorial. Celui-ci définit les caractéristiques de l'ouvrage en collaboration avec l'auteur (ou les auteurs), étudie la rentabilité du projet, puis assure le suivi de réalisation (conformité avec le cahier des charges, planning, etc.). Pour chaque ouvrage conçu, le responsable éditorial fait appel aux services d'un fabricant qui définit la maquette de l'ouvrage (mise en forme du texte, couleurs, symbolisme, etc.). Les opérations de saisie, de numérisation et d'impression sont traitées en externe.

Comme le coût de réalisation d'un ouvrage comporte une part importante de coûts fixes de fabrication : saisie des textes ou numérisation des schémas, élaboration des maquettes de couverture, etc., le taux de marge brute dégagé sur l'ouvrage s'accroît de manière notable avec l'augmentation des ventes annuelles en raison d'une meilleure absorption des coûts fixes.

Le responsable éditorial des ouvrages d'enseignement supérieur vous demande une étude prévisionnelle de coût et de rentabilité pour quatre projets d'ouvrages parascolaires du plan d'édition N (ouvrages disponibles à la rentrée de septembre N). Le parascolaire concerne tous les ouvrages de révision achetés par les élèves et étudiants ; ce marché est en fort développement.

Le mode de calcul des coûts des éditions Paper est donné en annexe 1. Ces projets sont décrits en annexe 2. Vous disposez, en annexe 3, d'une étude de coûts pour ce type d'ouvrage.

QUESTIONS

I. Étude du projet 1 :

1. **En partant du prix public HT, retrouver le coût maximum de fabrication et d'impression ou coût cible qui permette un taux de marge brute de 35 %.**
2. **Calculer le coût estimé de fabrication et d'impression dans l'hypothèse de 6 000 exemplaires imprimés et vendus.**
3. **Calculer le volume de ventes, en nombre d'exemplaires imprimés et vendus, nécessaire pour atteindre le taux de marge brute de contribution souhaité (35 %).**
4. **Proposer des moyens qui pourraient permettre d'ajuster le coût estimé de cet ouvrage au coût maximum obtenu en 1.1.**

II. Étude du projet 2 :

1. **Exprimer, en fonction du nombre d'exemplaires vendus (x), le résultat (après marge brute de contribution souhaitée) dégagé par cet ouvrage, si l'on procède à une seule édition de 10 000 exemplaires.**
2. **Exprimer, en fonction du nombre d'exemplaires vendus (x), le résultat dans le cas où l'on réalise deux éditions.**
3. **En déduire le volume de ventes au-delà duquel une seule édition de 10 000 exemplaires sera préférée à une première édition suivie d'une réédition ajustant le tirage à la demande.**

III. Étude du projet 3 :

1. **Exprimer, en fonction du prix de vente public hors taxes (P), le résultat (après marge brute de contribution souhaitée) dégagé par cet ouvrage.**
2. **Calculer le prix de vente minimum assurant la rentabilité de l'ouvrage.**

IV. Étude du projet 4 :

1. **Exprimer, en fonction du nombre d'exemplaires vendus (x), le résultat (après marge brute de contribution souhaitée) dégagé par cet ouvrage, si l'on opte pour 144 pages et en supposant que tous les exemplaires imprimés seront vendus.**
2. **En déduire les quantités minimales à vendre pour que l'ouvrage soit rentable.**

V. Évaluation du système de calcul des coûts :

1. **La prise en compte d'un objectif de marge brute de contribution, intégré dans les coûts pour le calcul du résultat prévisionnel de chaque projet vous paraît-elle pertinente ?**
2. **À quelles méthodes de coûts le système mis en place chez Paper emprunte-t-il ? Quelle appréciation portez-vous sur ce système ?**

ANNEXE 1

Structure des coûts aux Éditions Paper

Les Éditions Paper réalisent toutes leurs ventes par l'intermédiaire des libraires, les commandes des établissements scolaires étant elles-mêmes adressées à un libraire.

Les relevés de vente indiquent, d'une part, le prix de vente public (prix pratiqué par le libraire) et d'autre part, le prix de cession qui est le prix de vente des Éditions Paper aux libraires, autrement dit le prix de cession est le prix public diminué de la remise au libraire.

Le prix de cession diminué des droits d'auteurs donne une première marge appelée « marge nette ». De cette marge nette, sont soustraits les coûts directs de fabrication et d'impression pour obtenir une marge qualifiée de « marge brute sur coûts directs ».

Le taux de marge brute est égal au rapport :

$$\frac{\text{Marge brute sur coûts directs}}{\text{Prix de cession HT}}$$

La somme des marges brutes effectivement dégagées permet la couverture des frais de structure comme la rémunération des personnels, le coût des locaux et des équipements, les frais de représentation commerciale, etc.

Dans des calculs de profitabilité prévisionnelle de manuels à éditer, la marge brute sur coûts directs est fixée au taux cible de 35 %. Elle est dite alors « de contribution » car il s'agit d'une participation obligatoire de l'ouvrage à la couverture des charges de structure (rémunération des personnels, coûts des locaux et des équipements, frais de représentation commerciale, etc.).

Autrement dit, elle est assimilable à une part de charges communes imputée à l'ouvrage.

ANNEXE 2

Description de quatre projets d'ouvrages parascolaires

Projet 1 : « Informatique »

Ouvrage de 128 pages. Le prix de vente public hors taxes est de 7 €.

Projet 2 : « Révision – BTS commerciaux »

Ouvrage de 128 pages vendu au prix public HT de 7 €. L'étude de marché laisse espérer des ventes de 7 000 à 10 000 exemplaires. Le responsable hésite entre une édition de 10 000 exemplaires et une première édition de 5 000 exemplaires suivie d'une réédition dont le volume sera ajusté sur la demande réelle de l'ouvrage.

Projet 3 : « Données économiques N »

La durée de vie de cet ouvrage de 128 pages est d'un an. Une seule édition est prévue pour un volume de 8 000 exemplaires. Par prudence, les calculs de prix tiendront compte d'un taux d'invendu de 10 %.

Projet 4 : « Fiscalité ».

Une seule édition est prévue car de nombreuses réformes sont attendues lors de la prochaine loi de finances. L'auteur plaide pour un ouvrage de 144 pages alors que les Éditions Paper souhaiteraient qu'on se limite à 128 pages. Dans les deux cas, le prix de vente public hors taxes retenu est de 7,50 €.

ANNEXE 3

Coûts de réalisation d'un ouvrage parascolaire

Nombre de pages : Les ouvrages contiennent tous un nombre de pages multiple de 16 (contrainte d'impression). Les ouvrages parascolaires ont généralement un volume de 128 ou 144 pages.

Volume d'édition : Pour un ouvrage, le volume minimum imprimé est de 5 000 ouvrages pour une édition. On peut procéder à des rééditions d'un volume minimum de 3 000 exemplaires.

Remise accordée aux libraires : 30 % du prix public hors taxes.

Droits d'auteur : 8 % du prix public hors taxes des exemplaires vendus.

Coûts estimés de fabrication et d'impression d'un ouvrage de 128 pages :

	Coûts fixes		Coûts variables par exemplaire
	1re édition	Réédition (1)	
Composition et numérisation	5 800 €	500 €	
Maquette et montage	3 700 €		
Correction des épreuves	500 €	300 €	
Impression	800 €	800 €	0,96 €

(1) Les auteurs profitent souvent d'une réédition pour corriger et apporter des modifications mineures à l'ouvrage.

Coûts estimés de fabrication et d'impression d'un ouvrage de 144 pages :

Coûts fixes : ils sont supérieurs de 5 % à ceux d'un ouvrage de 128 pages.

Coûts variables par exemplaire : ils sont proportionnels au nombre de pages de l'ouvrage.

Marge brute souhaitée

Tous les projets retenus doivent dégager un taux de marge brute au moins égal à 35 %.

6

CHAPITRE

Le coût marginal

L'utilisation du coût marginal permet d'étudier les variations des charges de toute nature en fonction des fluctuations d'activité afin d'en apprécier l'incidence sur le profit global.

Sans être une méthode à proprement parler, l'utilisation ponctuelle de cet outil permet des réponses à certains problèmes de gestion :

– à quel prix accepter une commande supplémentaire ?

– comment, dans ce cas, maximiser le résultat ?

La notion de coût marginal a été initialement définie dans le cadre de la théorie micro-économique classique. C'est plus tard que les gestionnaires se sont aperçus de l'intérêt d'un tel concept. Ils ont alors adapté les résultats mathématiques à la réalité de l'entreprise.

C'est pourquoi après avoir défini les caractéristiques du coût marginal, nous étudierons son aspect mathématique.

SECTION 1

LES CARACTÉRISTIQUES DU COÛT MARGINAL

1. Définitions

Selon le **Plan comptable**, le coût marginal est «la différence entre l'ensemble des charges d'exploitation nécessaires à une production donnée et l'ensemble de celles qui sont nécessaires à cette même production majorée ou minorée d'une unité».

Soit deux niveaux d'activités An et An+1 auxquels correspondent deux coûts Cn et Cn+1 ; on a :

$$\text{Coût marginal (Cma)} = Cn+1 - Cn$$

EXEMPLE

Soit une entreprise fabriquant et commercialisant 10 lots de produits pour un coût de revient de 56 000 €. Une étude montre que la fabrication de 11 lots entraînerait des coûts totaux d'un montant de 61 000 €.

Le coût marginal du lot est égal à :

Cma = 61 000 € – 56 000 € = 5 000 €

De l'exemple précédent, découle une autre définition du coût marginal.

Le coût marginal est égal au **coût de la dernière unité fabriquée** pour atteindre un niveau de production donnée.

Ces définitions soulèvent deux remarques :
- **l'unité** dans le monde de la production peut être un lot, une série ou un article ;
- la définition s'applique non seulement à une **augmentation** mais aussi à une **diminution** de la production.

Dans la pratique, la deuxième définition est plus utilisée dès lors que sont connues les charges composant le coût de la dernière unité produite.

2. Composantes du coût marginal

Le coût de la dernière unité produite se compose, comme tous les coûts, de charges de nature différente :
- les charges variables qu'entraîne sa réalisation ;
- les charges fixes éventuellement nécessaires à sa production si un changement de structure se révèle indispensable.

Il ressort que :

Le coût marginal est **égal aux charges variables unitaires** sous deux conditions :
- **structure inchangée** donc pas de modifications des coûts fixes,
- charges **variables strictement proportionnelles** aux quantités.

Dans le cas où pour une structure donnée, la fonction de coût total est représentée par le modèle de la courbe en S, le coût marginal est alors une courbe en U.

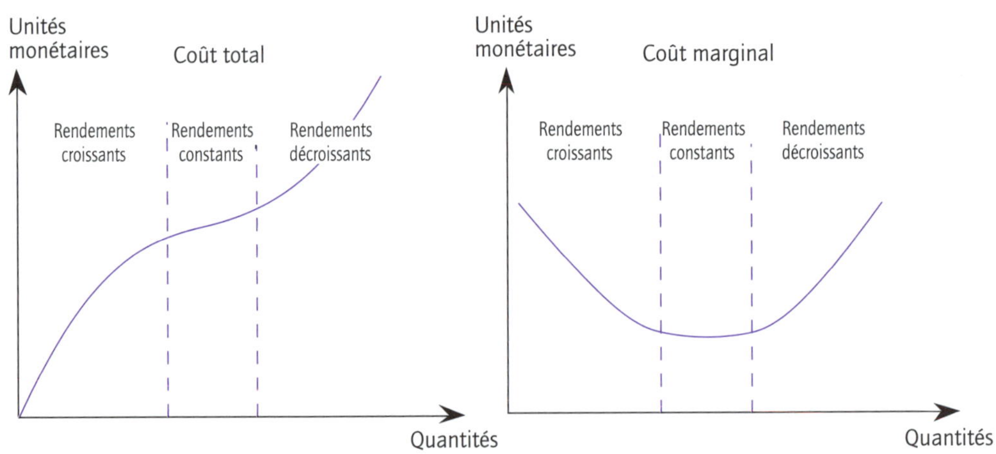

On constate que :
- dans la **zone des rendements croissants**, il faut moins de facteurs de production pour produire un produit, le **coût marginal est décroissant** ;
- dans la **zone de rendements constants**, le coût marginal est constant puisque chaque unité produite consomme la même quantité de facteurs ;

– dans la **zone des rendements décroissants**, il faut plus de facteurs de production pour un produit, le **coût marginal est croissant**.

Les composantes du coût marginal recensées, il est utile d'étudier les aspects mathématiques de cet outil.

SECTION 2

LES ASPECTS MATHÉMATIQUES DU COÛT MARGINAL

Il nous faut envisager les relations du coût marginal avec le coût total, le coût moyen et le profit.

1. Coût marginal et coût total

Quelle que soit la relation mathématique qui lie le coût total aux quantités, le coût total (Cto) est fonction des quantités et on peut écrire :

$$\text{Cto} = f(Q) \quad \text{avec} \quad Q \text{ exprimant les quantités}$$

Compte tenu de la définition du coût marginal (Cma), on obtient :

$$\text{Cma} = \frac{f(Q + \Delta Q) - f(Q)}{\Delta Q}$$

Si ΔQ est infiniment petit et que f (Q) est dérivable, la valeur de Cma quand $\Delta Q \to 0$ est égal à la dérivée du coût total :

$$\text{Cma} = \text{Cto}' = f'(Q)$$

et donc : **Coût marginal = Dérivée du coût total**

2. Coût marginal et coût moyen

Pour une structure donnée, il est important de connaître la quantité de produits pour laquelle le coût moyen est minimum, puisque cette quantité permet une production au moindre coût.

Le coût moyen (Cmo) est égal au coût total divisé par les quantités :

$$\text{Cmo} = \text{Cto} / Q \quad \text{ou encore} \quad \text{Cmo} = f(Q) / Q$$

Une fonction est minimum lorsque sa dérivée première est nulle et que sa dérivée seconde est positive. En admettant les conditions de second ordre, la dérivée du coût moyen s'écrit :

$$\text{Cmo}' = \frac{f'(Q) \times Q - f(Q)}{Q^2} = 0$$

Il vient que : $f'(Q) = f(Q) / Q$

$$\text{Cma} = \text{Cmo}$$

Le **coût marginal est égal au minimum du coût moyen.**

Ce point caractéristique s'appelle l'**optimum technique** (point A du graphique). Il représente la quantité de produit pour laquelle la combinaison productive est la plus économique.

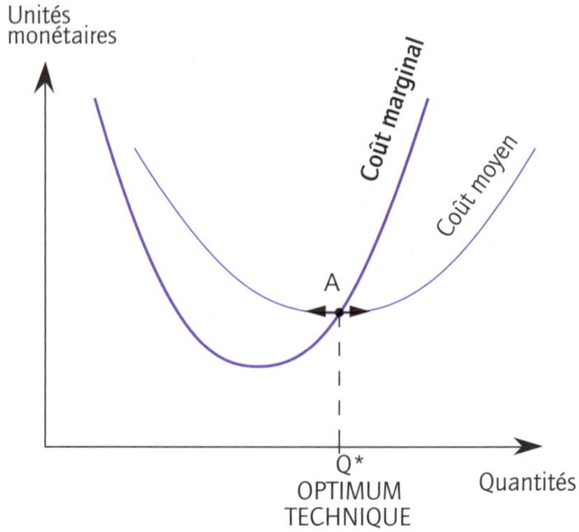

3. Coût marginal et profit

Selon un raisonnement similaire à celui du coût total (titre 1), la recette totale (Rto), la recette marginale (Rma) et la recette moyenne (Rmo) peuvent être définies. Comme la recette totale est fonction des quantités, on peut écrire :

$$\text{Rto} = g(Q)$$
$$\text{Rma} = \text{Rto}' = g'(Q)$$
$$\text{Rmo} = \text{Rto} / Q = g(Q) / Q$$

Le profit se définit comme la différence entre la recette totale et le coût total. Il est maximum quand sa dérivée première est nulle et sa dérivée seconde négative.

En admettant les conditions de second ordre respectées sur les dérivées, on peut écrire que le profit total (Pto) est égal à :

$$\text{Pto} = \text{Rto} - \text{Cto} \text{ et donc } \text{Pto}' = \text{Rto}' - \text{Cto}' = 0$$

⇒ Profit est maximum quand Rma = Cma

Le profit est maximum quand la recette marginale est égale au coût marginal.

Ce point s'appelle l'**optimum économique**. Il représente la quantité pour laquelle l'efficience économique est optimale. Cette quantité, liée à la notion de profit diffère de celle obtenue à l'optimum technique qui ne considère que des éléments monétaires de coût.

Dans le cas fréquent où le prix de vente décroît en fonction des quantités vendues, l'optimum économique (point B du graphique) est déterminé par le graphique ci-après.

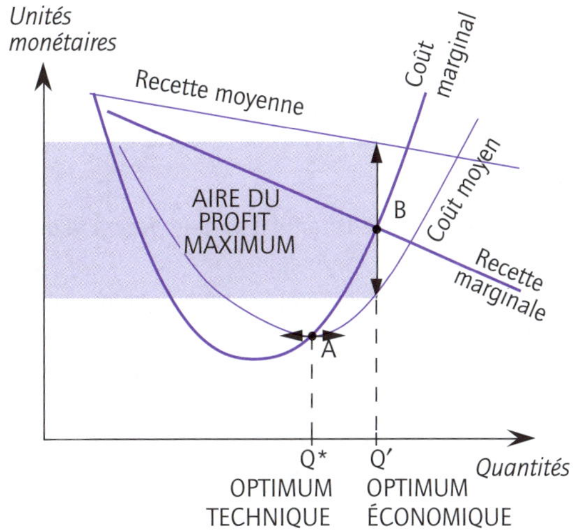

L'étude précédente cherchait à déterminer le prix optimum pour l'entreprise dans l'hypothèse où toute la production est écoulée au prix défini.

Mais la notion de coût marginal peut être également utilisée pour juger de l'opportunité d'accepter des commandes supplémentaires.

4. Politique de prix différentiels

L'application du coût marginal à la gestion est assez fréquente en cas de commande ou d'investissement supplémentaire.

Toute commande supplémentaire sera acceptée tant que le coût marginal est inférieur à la recette marginale attendue de cette commande.

EXEMPLE

Une entreprise travaille à 80 % de sa capacité. La structure des coûts est la suivante pour la production de 8 000 produits :

- coûts variables unitaires : 100 €,
- coûts de structure : 80 000 €.

Un nouveau client se présente pour une commande de 1000 produits réalisés dans des conditions normales. Il accepte de payer chaque produit au tarif de 125 €.

Un tel prix est-il acceptable ?

Première commande

Les 1000 produits supplémentaires ne saturent pas la capacité de production de 10 000. Le coût marginal est, dans ce cas, égal aux charges variables unitaires.

Cma = 100 €, Rma = 125 € ⇒ le profit par unité est de 25 € et le résultat de l'entreprise augmentera donc de 25 000 €.

L'entreprise accepte cette première commande.

Remarque : Le coût moyen après la commande est de 108,88 € alors qu'il était de 110 € avant l'acceptation de cette proposition. Il s'agit en fait d'économies d'échelle, les charges fixes sont réparties sur de plus grandes quantités (9 000 au lieu de 8 000).

Un nouveau marché apparaît d'une capacité de 5 000 produits. Pour répondre à cette demande, il faudrait faire subir à chacun des produits de cette commande un traitement spécifique qui ferait croître les coûts variables unitaires de 10 %. Par ailleurs, la direction chiffre à 12 000 € les charges fixes supplémentaires.

À quel prix la direction doit-elle écouler ce produit ?

Nouveau marché

La capacité de 10 000 est insuffisante pour faire face à la demande :
8 000 + 1 000 + 5 000 = 14 000.

Il faut changer de structure, soit un coût marginal composé de charges variables unitaires et de charges fixes supplémentaires.

- Charges variables unitaires : 100 + (100 × 10 %) = 110 €
- Charges fixes supplémentaires : 12 000 €

soit un coût marginal pour les 5 000 unités de (110 × 5 000) + 12 000 = 562 000 € et pour un produit : 562 000 / 5 000 = 112,4 €

Tout prix de vente supérieur au coût marginal de 112,4 € est acceptable.

Remarque : Le coût moyen s'établit alors à 110,44 € :
(charges variables : 9 000 × 100 € + 5 000 × 110 € + charges fixes : 80 000 + 12 000) à répartir sur 14 000 produits.

CONCLUSION

Le coût marginal est peu utilisé de façon systématique par les entreprises sauf par EDF et la SNCF qui utilisent le concept pour établir certains tarifs, en particulier pour les gros consommateurs.

Pour autant, elles ne peuvent utiliser le coût marginal pur mais doivent tenir compte de l'indivisibilité des charges. Worms l'illustre ainsi dans son ouvrage, *Méthodes modernes de l'économie appliquée* :

«… Un voyageur se présentant à la gare du Nord à l'heure de départ du train pour Calais peut, s'il est fortement imprégné de raisonnement marginaliste, demander à ne payer que quelques centimes pour être autorisé à monter dans le train : il expliquera en effet que la seule dépense supplémentaire susceptible de lui être imputée correspond à l'usure de la moleskine sur laquelle il va s'asseoir, toutes les autres charges de la SNCF restant inchangées qu'il monte ou non dans le train… En réalité, la SNCF ajoute un wagon pour 100 voyageurs supplémentaires, un train pour 3 000 par exemple, une voie ferrée pour un million : elle peut donc légitimement imputer au « voyageur de Calais » le centième du prix d'un wagon, le trois millième du prix d'un train, le millionième du prix d'une voie ferrée. Ce faisant, elle choisira simplement comme prix du billet, le coût marginal moyen de développement, ce qui, sur une ligne en expansion, est parfaitement justifié.»

En théorie, c'est le premier voyageur qui, par sa présence justifiant le wagon supplémentaire, devrait supporter en totalité le coût d'immobilisation de ce dernier ; le second ne payerait alors que le prix de l'usure de la moleskine…

Par ailleurs, si à court terme alors que les capacités existent, le coût marginal est assimilable à un coût variable, en revanche dans une perspective à long terme, il intègre une part des charges de structure. En toute logique, le coût marginal pertinent est celui qui prend en compte les ressources consommées pour assurer la prestation : ne tenir compte comme prix de cession que du coût variable additionnel revient à considérer que seules les prestations externes couvrent les charges fixes et à ne pas remettre en cause la réalité de la structure.

Le coût pertinent dépend donc de la situation contingente de chaque entité. H. Bouquin[1] propose une classification des besoins répérés de l'entreprise qui doivent être clarifiés par la direction générale :

Amener A (l'acheteur) à utiliser les services de B (le vendeur), le désinvestissement n'étant pas envisagé.	Coût marginal de court terme
Évaluer l'avantage qu'il y a à « faire soi-même » plutôt qu'à sous-traiter.	Coût marginal à long terme, type imputation rationnelle.
Continuer à « faire soi-même » si l'économie réalisée rentabilise l'investissement nécessaire.	Coût variable + allocation de coûts fixes + marge en % des capitaux investis.
Inciter à aligner les coûts sur les meilleurs.	Coût mondial le plus bas.

Considérer que le coût pertinent est celui qui prend en compte les ressources consommées est une vision essentiellement comptable mais, pour réaliser la prestation, il faut sans doute aussi renoncer à d'autres possibilités : dans ce contexte seule la notion de **coût d'opportunité** est à prendre en compte.

(1) H. Bouquin, Le contrôle de gestion, *PUF, coll. Gestion, 1997.*

APPLICATIONS

APPLICATION 1

Entreprise Marin

Dans l'entreprise Marin, la structure des coûts est la suivante, pour une production réelle de 5 000 articles :

– coûts proportionnels aux quantités : 500 000 €

– coûts fixes : 250 000 €

Cette production correspond, en fait, à un emploi de 75 % de la capacité totale de production.

I. Un client supplémentaire se présente pour une commande de 500 articles réalisée dans des conditions normales. Le client propose un prix de vente de 90 ou 120 ou 150 € par article.

QUESTION

1. **Quel prix est acceptable ? Justifier impérativement la réponse.**

Finalement le prix retenu est de 120 €.

QUESTION

2. **Indiquer l'incidence de cette opération sur le résultat de l'entreprise ?**

II. Après avoir accepté ce nouveau client, une entreprise leader sur le marché propose à la direction de l'entreprise Marin un contrat de sous-traitance portant sur 3 000 articles supplémentaires.

Après étude, le projet est chiffré par la direction. Il en ressort :

– une augmentation des frais fixes globaux de 93 873 € ;

– les charges variables unitaires sur ce produit augmenteront de 10 % du fait d'une amélioration de la qualité demandée par le donneur d'ordre.

QUESTION

3. À quel prix de vente minimum la direction doit-elle accepter cette proposition ?

En fait, elle choisit de dégager sur ce contrat, un résultat égal à 10 % du prix du contrat.

QUESTION

4. À quel prix ce contrat sera-t-il conclu ?

APPLICATION 2

Entreprise Duflan

La fonction de coût total de l'entreprise Duflan est la suivante (Q = quantités) :

$$C_{TO} = 20\,000 + 60\,Q + 15\,Q^2$$

L'entreprise étant sur un marché à forte concurrence, le prix de vente varie en fonction des quantités offertes d'après la relation suivante : prix de vente unitaire (P) = 1 500 – 3 Q

QUESTIONS

1. Déterminer la quantité à vendre pour optimiser le profit.
2. Sur un graphique, déterminer l'aire représentant le profit maximum en fonction des quantités. Donner clairement l'équation de chacune des droites figurant sur votre graphique.
3. Déterminer graphiquement la quantité maximale pouvant être vendue sans entraîner de perte pour l'entreprise.

APPLICATION 3

Société Microvol

Vous êtes comptable à la société Microvol, spécialisée dans les moteurs d'avion pour modèles réduits. On vous fournit le tableau suivant indiquant le coût de revient global de chaque type de moteur :

Types de moteurs	4,5 cm³	6 cm³
Éléments de coût :		
Matières premières	6 920	3 460
Matières consommables	240	55
Pièces détachées	3 900	2 145
MOD	24 740	11 952
Frais de production	3 830	3 050
Frais de distribution	400	780
	40 030	21 442
Quantités produites mensuelles	200	80
Prix de vente unitaire	210	260

I. Nous admettons que les frais de production peuvent être considérés comme variables à 60 % et ceux de distribution à 80 %.

QUESTION

1. **En considérant le résultat spécifique sur chaque type de moteur, calculer le nombre minimum de moteurs à vendre mensuellement.**

II. Une entreprise spécialisée dans la fabrication et la commercialisation de modèles réduits souhaite vendre des voitures équipées de moteurs 4,5 cm^3. Elle propose à la société Microvol de lui en confier la fabrication.

La production actuelle, 200 moteurs par mois, s'écoule facilement. Les charges fixes mensuelles peuvent être évaluées à 1 600 € et les charges variables unitaires à 192 €. Au-delà de cette production de 200 moteurs, les charges fixes devraient doubler en raison des nouveaux investissements.

QUESTIONS

Sachant que les séries de fabrication sont de 40 moteurs :

1. **Présenter dans un tableau pour des fabrications de 200, 240, 280 et 320 moteurs de 4,5 cm^3 :**
   - **le coût global de production,**
   - **le coût moyen,**
   - **le coût marginal de série,**
   - **le coût marginal par moteur.**
2. **Préciser en fournissant toutes justifications utiles si la société Microvol aurait intérêt à accepter la proposition qui lui est faite selon que le marché porterait sur la livraison de 40, 80 ou 120 moteurs par mois, vendus au prix de 210 €.**

(d'après DECF)

APPLICATION 4

Print Xpress

Le secteur de l'imprimerie est actuellement composé de 5 000 petites et moyennes entreprises, dans un marché mondial en progression. La concurrence des zones à bas coûts de production est devenue de plus en plus intense notamment celle venant de la zone asiatique.

Print Xpress est spécialisée dans l'impression dite « feuille à feuille », principalement des brochures publicitaires, des livrets ou des revues. Sa clientèle est composée presque essentiellement d'entreprises (grande distribution, agences publicitaires, entreprises de cosmétiques).

A. Réalisation d'un devis

À l'instar de ses principaux concurrents, Print Xpress ne dispose pas d'avantage technologique, ou de capacité de différenciation par l'innovation concernant les produits.

Pour survivre, la société doit parvenir à rentabiliser les machines, tout en proposant au client le prix le plus bas. Actuellement, le client adresse sa commande par voie informatique, sous forme de maquette au format pdf. Les technico-commerciaux, en collaboration avec la direction financière, ont en charge l'élaboration du devis, qui permettra de déterminer la proposition de prix faite au client.

À partir de la commande du client, le technico-commercial élabore le dossier technique et recense les principales caractéristiques techniques (type et format du papier, nombre de plaques...).

À l'aide d'informations financières fournies par la directrice financière, les technico-commerciaux chiffrent le dossier technique afin d'obtenir le devis qui sera transmis au client ; offre qui sera acceptée, ou simplement ignorée.

Le chiffrage d'un devis fait intervenir le coût des consommations directes (papier, encre, fournitures diverses) et le coût horaire des différentes machines nécessaires à la réalisation des travaux.

Le prix proposé pour les devis est alors obtenu comme suit :

1) Calcul du coût de production.

2) Estimation des frais de distribution (conditionnement et livraisons). Le taux retenu est de 3% du coût de production.

3) Détermination du prix en utilisant un taux de profitabilité propre à chaque devis. *(Pour le présent devis, la direction a fixé pour objectif un taux de 6 %.)*

$$\text{Taux de profitabilité} = \left(\frac{\text{Prix de vente - coût de revient}}{\text{Prix de vente}}\right) = 6\ \%.$$

Les données prévisionnelles pour un semestre sont établies sur la base des données réelles du semestre précédent. Elles sont exportées depuis le logiciel de comptabilité financière vers un tableur. À partir de ces informations les charges et les autres données budgétées sont déterminées.

Le coût prévisionnel de l'heure d'impression **pour une machine** (presse, conditionneuse...) est la somme :

– de charges directes (matières hors papier, main-d'œuvre directe, amortissement) ;

– de charges indirectes.

Les charges indirectes, nommées frais généraux, font l'objet d'une imputation proportionnelle à la valeur d'acquisition des machines. Une part importante de ces frais généraux est liée aux contrats d'assurance souscrits sur le parc d'immobilisations détenues par l'entreprise. Chaque type de charge est en outre analysé en termes de variabilité. Les frais généraux sont, en particulier, considérés comme fixes à hauteur de 90 % de leur montant.

Pour le second semestre N, les données extraites de la comptabilité financière sont les suivantes. Ce sont ces données qui serviront de prévisions pour le premier semestre N+1 :

- Frais généraux : 902 000 €
- Coût d'acquisition des machines (total) : 10 685 000 €

(dont coût d'acquisition de la presse Matshushita XDL-54 : 850 000 €

Le devis D024511 porte sur une commande de la société Optimal Création. Elle sera réalisée sur la presse Matshushita XDL-54.

<table>
<tr><td rowspan="4">Client : Optimal Création
8, boulevard de Belgique
53000 Mayenne
Tél. 02 99 87 43 21
Interlocuteur : P. Lucas</td><td>Représentant</td><td>C. Lambron</td></tr>
<tr><td>Ouvert le</td><td>4/03/N+1</td></tr>
<tr><td>Par</td><td>J.R. Depierre</td></tr>
<tr><td colspan="2">Réf. Devis D024511</td></tr>
</table>

Produit	Brochure simple, encart Pub. TV 8 pages 30 x 40
Quantités	50 000 ex. recto verso
Reliure	2 piqûres à cheval
Plaques aluminium	9 plaques
Papier	51 ramettes de 1 000 feuilles demi mat 70 g/m^2 en 63 x 88
Machine	XDL – 54 (12 500 feuilles/heure – Recto verso 4 couleurs)
Éléments fournis	2 fichiers PDF – 3 photos 600 ppp.

Pour la commande d'Optimal Création, une feuille suffit pour l'impression d'une brochure complète.

La « gâche impression » lors de la phase de calage est évaluée à 1 000 feuilles et est indépendante du nombre de brochures imprimées.

QUESTIONS

1. **Finaliser la fiche de coût horaire préétabli de la presse Matshushita (annexe 1).**
2. **À partir des informations fournies, justifier le choix des modalités d'imputation des frais généraux retenues.**
3. **Finaliser la fiche de coût de production du devis (annexe 2). En déduire le prix qui figurera dans le devis D024511 proposé à la société Optimal Création.**

B. Tarification préférentielle

Soucieuse d'améliorer son offre tarifaire par rapport à celle de ses concurrents directs, Print Xpress envisage de proposer des tirages supplémentaires (par lots de 1 000 tirages) à un tarif préférentiel, aux clients qui ont commandé des travaux d'impression.

Le prix minimal proposé est égal à la variation du coût de production entraînée par la mise en fabrication d'un tirage de 1 000 exemplaires supplémentaires. Cette variation concerne exclusivement les postes suivants :

– papier (brochures) ;

– impression (brochures) ;

– conditionnement (pour un montant de 2,36 € par tranche de 1 000 exemplaires).

QUESTIONS

1. **Calculer le prix minimal que Print Xpress peut proposer à Optimal Création pour 1 000 tirages supplémentaires.**
2. **Expliquer ce qui peut justifier concrètement ce type de tarification pour l'entreprise Print Xpress.**

ANNEXE 1

Fiche de coût horaire préétabli de la presse Matsushita XDL-54

Matsushita XDL-54

Temps de fonctionnement de la presse par semestre	1 260 heures
Coût d'acquisition	850 000 €

Fiche de coût horaire préétabli (Matsushita XDL-54)

Éléments	Montant	Fixe	Variable
Main d'œuvre	39,12		39,12
Matières consommables	5,30		5,30
Amortissement	37,00	37,00	
Frais généraux	....	......	......
Coût heure impression	....	......	......

Remarque : Le temps de fonctionnement correspond à l'activité semestrielle normale de la presse.

ANNEXE 2

Coût de production préétabli du devis n° D024511

	Unité	Quantité	C. unit.	Total HT
Matières :				
Papier (brochures)	Ramette	....	48,75	....
Papier (calage)	Ramette	....	48,75	....
Plaques	Plaque	....	12,50	....
Divers				125,00
Photocomposition	Heure	0,75	125,00	93,75
Impression (brochures)	Heure	4	....	....
Impression (calage)	Heure	0,08	....	....
Conditionnement	Heure	1,5	78,50	117,75
Coût de production	Exemplaire	....	....	....

APPLICATION 5

Monsieur Honoré

Monsieur Honoré a créé une petite menuiserie industrielle, et, après contacts avec les coopératives de ventes et divers groupements d'achats, il a centré sa production haut de gamme sur deux meubles de belle qualité, fabriqués en bois massif selon les techniques traditionnelles :

– une bibliothèque de style Louis XIII à 8 portes,

– un buffet d'enfilade de style Louis XIV à 4 portes et 2 tiroirs.

Bien que ces deux produits disposent d'un marché assuré, la situation financière de l'entreprise pose quelques problèmes car les prix de vente, faute de bases comptables sérieuses, ont été fixés à un niveau sans doute trop faible.

L'expérience des mois passés a montré que la production mensuelle pouvait être :

– soit de 12 bibliothèques et 0 buffet,

– soit de 36 buffets et 0 bibliothèque.

Ces deux produits utilisent les mêmes matières et sont fabriqués selon les mêmes techniques, mais les bibliothèques sont beaucoup plus importantes que les buffets bas.

Les 10 salariés de l'entreprise travaillent 35 heures par semaine et sont mensualisés.

La production est réalisée sur 11 mois. Il n'y a actuellement pas d'heures supplémentaires.

Le taux des charges sociales pour l'entreprise est de 46 %.

Une étude récente des coûts complets des deux produits a donné les résultats suivants :

	Bibliothèque	Buffet
Matières	3 272,56	1 057,56
Main-d'œuvre directe	6 052,98	2 017,66
Frais généraux	2 843,45	947,82
Charges supplétives	409,09	136,36
Total	12 578,08	4 159,40
arrondi à	12 600,00	4 200,00

Par ailleurs, on vous fournit les informations suivantes.

FRAIS GÉNÉRAUX : RELEVÉ ANNUEL DES DIFFÉRENTS POSTES		
Charges		**Montants**
Achats non stockés :	électricité	41 127
	carburant	10 810
	petit outillage	16 273
	fournitures administratives	5 600
Autres charges externes :	loyer	38 000
	entretien	16 000
	assurances	22 000
	honoraires	24 000
	déplacements	3 000
	frais postaux	6 715
Impôts, taxes et versements assimilés		11 810
Charges de personnel :	charges sociales de l'exploitant (1)	26 000
	Charges financières	30 000
	Dotation aux amortissements	124 000
	Total	375 335

(1) Admises en charges dans les entreprises individuelles à l'inverse de la rémunération de l'exploitant.

Il faut en outre comprendre, en éléments supplétifs, pour le calcul des coûts, une rémunération fictive de l'exploitant de 3 000 € par mois et de son épouse de 1 500 € par mois, pendant 12 mois.

Dans les frais généraux, les seuls frais variables sont : l'électricité pour 50 % de son montant, le carburant pour 30 % et le petit outillage pour 80 %.

La main-d'œuvre directe ne comporte que des charges variables.

Les prix de vente ont été fixés à 12 000 € HT pour une bibliothèque et 4 600 € HT pour un buffet.

Il n'y a pas de frais de distribution, les acquéreurs venant prendre livraison des meubles à l'atelier.

QUESTIONS

1. **Calculer le coût variable de production d'une bibliothèque et d'un buffet (résultats arrondis à la centaine d'euros le plus proche).**
2. **Après avoir calculé le montant des charges fixes (arrondi aux cent euros les plus proches), déterminer le nombre minimum de meubles à produire et à vendre pour atteindre le seuil de rentabilité :**
   a) dans l'hypothèse où toute la production porterait sur des bibliothèques ;
   b) dans l'hypothèse où elle ne concernerait que des buffets ;
   c) commenter ces résultats.
3. **À quel montant minimum (chiffre arrondi à la centaine d'euros la plus proche) faudrait-il fixer le prix de vente des bibliothèques pour réaliser un résultat forcément positif, dans l'hypothèse où on ne fabrique que des bibliothèques ?**

Pour l'exercice à venir, les commandes portent sur 324 buffets et 15 bibliothèques aux prix précédents majorés de 10 %. On prévoit par précaution une hausse des coûts (fixes et variables) équivalente.

Un exportateur contacte alors Monsieur Honoré et lui propose l'achat de 20 bibliothèques à 12 800 € HT pièce. L'acceptation de cette commande impliquerait qu'un certain nombre de ces bibliothèques soient faites en heures supplémentaires par le personnel. Pour celles-là seulement les charges de main-d'œuvre directe seraient supérieures de 25 % aux charges normales.

QUESTIONS

4. **Pensez-vous que Monsieur Honoré doive accepter cette offre ? Justifier votre réponse par un raisonnement et des calculs appropriés (sans traiter le 5.).**
5. **Pour convaincre Monsieur Honoré, vous déterminerez ensuite le résultat dans les deux hypothèses (acceptation ou refus de la proposition).**

(d'après examen)

7

CHAPITRE

L'imputation rationnelle des charges fixes

Dans un horizon à court terme (de un à trois ans), les produits existent, les moyens en capacité résultent de choix d'investissements antérieurs, les seuls coûts sur lesquels le gestionnaire peut agir sont des coûts dits variables. Il peut être intéressant de vouloir mettre en évidence dans la constitution du résultat de la période ce qui revient à une mauvaise anticipation des capacités nécessaires à l'activité actuelle. En effet, à court terme, les coûts dus à une capacité de production excédentaire apparaissent comme fatals et doivent être couverts systématiquement grâce aux ventes de la période.

La distinction dans le résultat de la période entre ce qui relève de la confrontation avec le marché (les ventes) et de ce qui relève d'excès de capacité (coût des capacités inemployées) est un moyen de réintroduire un lien de causalité dans la formation du résultat.

L'étude du comportement des charges nous a appris que les charges fixes unitaires sont **décroissantes** en fonction de l'activité.

Les coûts de revient, bien qu'ils intègrent les charges en privilégiant l'aspect direct/indirect, n'échappent pas aux conséquences du comportement des charges fixes.

C'est ainsi, qu'en fonction de l'activité, les coûts de revient calculés mensuellement par la comptabilité analytique vont être différents sans qu'il soit possible de nommer la cause des variations : s'agit-il d'une simple conséquence mathématique du comportement des charges fixes, ou y a-t-il d'autres causes qui doivent attirer l'attention des gestionnaires et qui nécessitent peut-être des actes de gestion ?

C'est pourquoi il a été élaboré une **technique qui permet d'éliminer l'influence de l'absorption des charges fixes sur les coûts de revient** : c'est la **méthode de l'imputation rationnelle**.

Après avoir étudié les fondements de l'imputation rationnelle, nous envisagerons la mise en œuvre d'un calcul de coût rationnel et enfin le champ d'application de la méthode.

SECTION 1

LES FONDEMENTS DE LA MÉTHODE

À l'aide d'un exemple simplifié, nous mettons en perspective l'intérêt de la méthode.

1. Évolution des coûts de revient et variation d'activité

EXEMPLE

Soit un atelier dont on a relevé le niveau des charges en fonction de l'activité exprimée en heures machine.

Activité (en heures machine)	800	920	720
Charges variables	16 000	18 400	14 400
Charges fixes	16 000	16 000	16 000
Coût de l'unité d'œuvre	40	37,39	42,22
dont :			
• coût variable	20	20	20
• coût fixe	20	17,39	22,22

Nous constatons que les coûts de revient unitaires décroissent avec l'activité alors même que nous nous situons sur un même palier de frais fixes, donc dans une structure donnée.

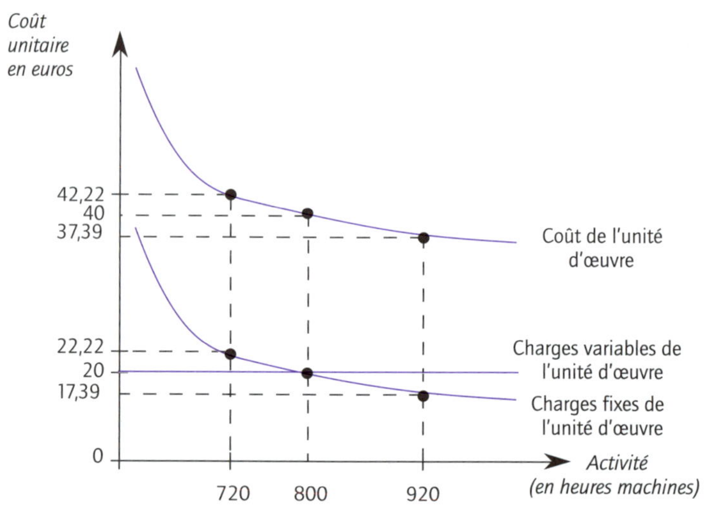

Volontairement, dans notre exemple, les conditions de productivité restent identiques (charges variables unitaires constantes) ; donc les variations constatées proviennent **essentiellement** d'une répartition des charges fixes sur des quantités plus élevées.

La technique de l'imputation rationnelle va éliminer l'influence de la répartition des charges fixes sur les quantités.

2. Élimination de l'influence de l'activité sur les coûts

Deux notions sont à définir.

• **L'activité dite normale** : pour chaque centre d'analyse et dans le cadre d'une structure donnée, les gestionnaires définissent un niveau d'activité considéré comme représentant les conditions les plus fréquentes d'activité. Ce niveau est appelé **activité normale** et sert ensuite de référence.

Cette notion d'activité normale est la clé de voûte de toute la méthode.

• Le **coefficient d'imputation rationnelle** (C_{IR}) est égal au rapport entre l' activité réelle et l'activité normale précédemment définie.

$$C_{IR} = \frac{\text{Activité réelle}}{\text{Activité normale}} = \frac{A_r}{A_n}$$

Les charges fixes seront imputées dans les coûts en fonction du coefficient d'imputation rationnelle.

Cette pratique revient à **assimiler le comportement des charges fixes à celui des charges variables.**

EXEMPLE

En pratiquant l'imputation rationnelle, le calcul des coûts d'unité d'œuvre devient pour une activité normale de 800 heures :

Activité réelle	800		920		720	
C_{IR} : Ar/An	1		1,15		0,90	
Charges variables	16 000		18 400		14 400	
Charges fixes réelles ①		16 000		16 000		16 000
C_{IR} ②		× 1		× 1,15		× 0,90
Charges fixes imputées ① × ②	+ 16 000	– 16 000	+ 18 400	– 18 400	+ 14 400	– 14 400
Différence imputation rationnelle		0		– 2 400		1 600
Charges totales imputées	32 000		36 800		28 800	
Coût de l'UO	40		40		40	

La pratique de l'imputation rationnelle a permis d'éliminer de façon satisfaisante les variations constatées dans le montant des coûts de revient. L'influence du niveau d'activité a bien été neutralisée.

Cependant des différences d'imputation rationnelle ont été calculées. Elles représentent la **part des charges fixes sous ou surimputées** dans les coûts par rapport au montant réel de ces dernières.

Il est, en effet, important de bien comprendre que cette pratique **ne modifie pas le montant réel des charges fixes mais uniquement le montant imputé dans les coûts.** Ces différences expriment :

– un **coût de chômage** dans les cas où l'activité réelle est inférieure à l'activité normale ;
– un **boni de suractivité** dans le cas contraire.

Ces éléments sont facilement illustrables par un graphique.

Soit : **Ar** l'activité réelle, **v** les charges variables unitaires,

CF les charges fixes, **f** les charges fixes unitaires pour l'activité normale.

Nous savons que le coût de revient global s'exprime par l'équation :

$$y = v \times Ar + CF$$

alors que l'équation du coût rationnel s'écrit :

$$y = (v + f) \times Ar,$$

puisque nous venons de dire que pratiquer l'imputation rationnelle revient à **assimiler** les charges fixes à des charges variables.

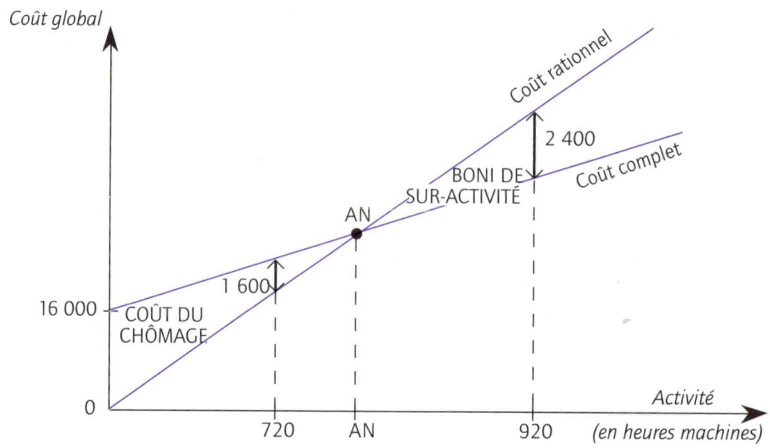

Il est aisé de voir que la mise en œuvre de l'imputation rationnelle permet de retenir l'attention des décideurs sur des modifications de la structure des coûts.

3. Intérêt de l'imputation rationnelle

Reprenons notre exemple :

EXEMPLE

Sur deux périodes, on a relevé les informations suivantes :

Activité réelle (en heures)	780	840
Charges variables Charges fixes	15 600 16 000	17 730 16 000
Coût total	31 600	33 730

Le calcul du coût d'unité d'œuvre donne respectivement les valeurs de 40,51 et 40,15.

Ces variations paraissant faibles, il est tentant de les négliger. L'utilisation de la méthode de l'imputation rationnelle fait apparaître le contraire.

Activité réelle (en heures)	780		840	
Charges variables	15 600		17 730	
Charges fixes		16 000		16 000
Coefficient d'imputation rationnelle		× 0,975		× 1,05
Charges fixes imputées	+ 15 600	– 15 600	+ 16 800	– 16 800
Différence d'imputation rationnelle		400		– 800
Charges totales	31 200		34 530	
Coût unitaire de l'unité d'œuvre	40		41,10	

Si, malgré l'utilisation de l'imputation rationnelle des charges fixes, les coûts unitaires varient, il faut en rechercher les causes dans une modification des conditions d'exploitation (charges variables unitaires) et donc dans un dérapage des consommations. C'est le cas ici pour le niveau d'activité de 840 h.

SECTION 2
LE CALCUL DE COÛTS RATIONNELS

La mise en œuvre d'une démarche de coûts rationnels s'appuie sur l'organisation des coûts élaborée par la comptabilité analytique.

Elle ne demande que quelques travaux supplémentaires :

– repérer l'activité normale de chaque centre principal ;
– en déduire les coefficients d'imputation rationnelle de ces centres ;
– calculer les coefficients d'imputation rationnelle des centres auxiliaires dont on ne peut mesurer l'activité ;
– présenter le tableau de répartition des charges indirectes en distinguant pour chaque centre les charges variables des charges fixes.

THÈME D'APPLICATION : SOCIÉTÉ DES PRODUITS P1 ET P2

Une société fabrique et vend des articles P1 et P2 sur commande.

Pour un mois donné, la comptabilité financière vous fournit les renseignements suivants :

Stocks au début de mois :
– matières premières : 5 000 kg à 15 €
– matières consommables : 3 000 kg à 10 €

Achats :
– matières premières : 15 000 kg à 16 €
– matières consommables : 4 800 kg à 10 €

Consommations :
– matières premières : 10 000 kg pour P1 et 5 000 kg pour P2
– matières consommables : 2 000 kg pour P1 et 3 000 kg pour P2

Production :
– 41 750 P1 et 10 000 P2

Charges directes :
Elles sont essentiellement variables et se répartissent en 236 000 € pour P1 et en 54 000 € pour P2.

Charges indirectes :

Elles s'élèvent à un montant global de 442 000 € et se répartissent de la façon suivante :

Centres auxiliaires	Variables	Fixes	Nombre UO
– Assistance – Entretien	5 000 15 000	25 000 30 000	– 525 H
Centres principaux – Approvisionnement – Production – Distribution – Administration	 58 200 83 500 32 500	 24 600 67 800 25 400 75 000	 19 800 kg 51 750 pds 33 600 pds –
		194 200	247 800

Activité normale des centres :

- entretien : 500 h
- approvisionnement : 18 000 kg
- production : 45 000 produits fabriqués
- distribution : 42 000 produits vendus

Les centres Assistance et Administration n'ont pas de mesure propre de leur activité. Après analyse, on a retenu les principes suivants :

- *centre Assistance* : son activité dépend des centres récepteurs de ses services et c'est donc l'activité de ces centres qui déterminera son coefficient d'imputation rationnelle ;
- *centre Administration* : son activité est totalement indépendante des autres centres. On lui assigne toujours un coefficient d'imputation rationnelle égal à 1. Les charges de ce centre sont réparties proportionnellement au coût de production des produits vendus.

Sous-répartition des centres auxiliaires :

	Assistance	Entretien	Approvisionnement	Production	Distribution	Administration
Assistance		20 %	10 %	40 %	20 %	10 %
Entretien	20 %		20 %	20 %	20 %	20 %

Ventes :

28 600 P1 à 24 euros l'un et 5 000 P2 à 35 euros l'unité.

Mise en œuvre du thème

1) Calcul des coefficients d'imputation rationnelle

- ***Coefficient d'imputation rationnelle des centres dont on peut mesurer l'activité***

Centres	Activité normale	Activité réelle	Coefficient IR
Entretien	500	525	1,05
Approvisionnement	18 000	19 800	1,10
Production	45 000	51 750	1,15
Distribution	42 000	33 600	0,80

• ***Coefficient d'imputation rationnelle des centres auxiliaires sans mesure d'activité propre***

Il s'agit du centre Assistance. Son coefficient sera calculé en fonction des centres qui utilisent ses services.

Centres utilisateurs	Clé de répartition secondaire ①	Coefficient IR ②	① × ②
Entretien	20 %	1,05	0,210
Approvisionnement	10 %	1,10	0,110
Production	40 %	1,15	0,460
Distribution	20 %	0,80	0,160
Administration	10 %	1	0,100
Coefficient d'imputation rationnelle du centre Assistance			1,040

Le coefficient d'imputation rationnelle de ce type de centre est égal à la moyenne des coefficients d'imputation rationnelle des centres récepteurs, pondérée par la part des charges qu'ils reçoivent du centre émetteur.

2) Tableau de répartition des charges indirectes

	Centres auxiliaires				Centres principaux								Différence imputation rationnelle
	Assistance		Entretien		Approvision-nement		Production		Distribution		Administration		
	Charges variables	Charges fixes	Charges variables	Charges fixes	Charges variables	Charges fixes	Charges variables	Charges fixes	Charges variables	Charges fixes	Charges variables	Charges fixes	
Total RP	5 000	25 000	15 000	30 000	58 200	24 600	83 500	67 800	32 500	25 400	-	75 000	
Coefficient IR		**1,04**		**1,05**		**1,10**		**1,15**		**0,80**		**1**	
Charges fixes imputées	26 000	(26 000)	31 500	(31 500)	27 060	(27 060)	77 970	(77 970)	20 320	(20 320)	75 000	(75 000)	
Différence IR		**- 1 000**		**- 1 500**		**- 2 460**		**- 10 170**		**5 080**		**0**	**- 10 050**
Total	31 000		46 500		85 260		161 470		52 820		75 000		
Assistance	- 41 980		8 396		4 198		16 792		8 396		4 198		
Entretien	10 980		- 54 900		10 980		10 980		10 980		10 980		
Total RS	0		0		100 438		189 242		72 196		90 178		
Nature UO					kg		pds		pds				
Nombre UO					19 800		51 750		33 600				
Coût UO					5,07		3,66		2,15				

Soit A, le total du centre Assistance et E, le total du centre Entretien

$$\begin{cases} A = 31\,000 + 0{,}20\,E \\ E = 46\,500 + 0{,}20\,A \end{cases} \quad \text{On obtient} \quad \begin{cases} E \approx 54\,900 \\ A \approx 41\,980 \end{cases}$$

• Chaque colonne représentative d'un centre d'analyse est dédoublée pour permettre une distinction des charges variables et des charges fixes.

- Dans la mesure où les coefficients d'imputation rationnelle ne sont pas les mêmes pour tous les centres, l'**ordre dans lequel se font la répartition secondaire et l'imputation rationnelle des charges fixes a une influence sur le calcul des coûts**. On démontre facilement que, pour une réelle prise en charge des frais fixes proportionnellement à l'activité, l'ordre suivant doit être respecté :

  1. imputation rationnelle des frais fixes,
  2. répartition secondaire des charges indirectes imputées.

- L'ensemble des différences d'imputation rationnelle est regroupé dans une colonne spécifique pour un montant égal à la somme algébrique de ces dernières. Ce montant représente la partie des frais fixes réels sous ou sur-imputée dans le calcul des coûts.

3) Calcul des coûts rationnels

- ***Coût d'achat des matières***

	Matières premières (MP)			Matières consommables (MC)		
	Quantité	Coût unitaire	Montant total	Quantité	Coût unitaire	Montant total
Achats	15 000	16	240 000	4 800	10	48 000
Approvisionnement	15 000	5,07	76 050	4 800	5,07	24 336
Coût d'achat	15 000		316 050	4 800		72 336

CUMP des matières consommées :

$$\text{MP} : \frac{(5\,000 \times 15) + 316\,050}{20\,000} = 19{,}55$$

$$\text{MC} : \frac{(3\,000 \times 10) + 72\,336}{7\,800} = 13{,}12$$

- ***Coût de production des produits P1 et P2***

	P1			P2		
	Quantité	Coût unitaire	Montant total	Quantité	Coût unitaire	Montant total
Matières premières	10 000	19,55	195 500	5 000	19,55	97 750
Mat. consommables	2 000	13,12	26 240	3 000	13,12	39 360
MOD			236 000			54 000
Centre « production »	41 750	3,66	152 805	10 000	3,66	36 600
	41 750	14,624	610 545	10 000	22,771	227 710

• ***Coût de revient des produits P1 et P2***

	P1			P2		
	Quantité	**Coût unitaire**	**Montant total**	**Quantité**	**Coût unitaire**	**Montant total**
Coût de production des produits vendus	28 600	14,624	418 246	5 000	22,771	113 855
Distribution	28 600	2,15	61 490	5 000	2,15	10 750
Administration			71 078			19 100
Coût de revient rationnel	28 600	19,26	550 814	5 000	28,74	143 705

• ***Résultat analytique des produits P1 et P2***

	P1			P2			Total
	Quantité	**Coût unitaire**	**Montant total**	**Quantité**	**Coût unitaire**	**Montant total**	
Chiffre d'affaires	28 600	24	686 400	5 000	35	175 000	
Coût de revient	28 600	19,26	550 814	5 000	28,74	143 705	
Résultat rationnel			135 586			31 295	166 881
Différence d'imputation rationnelle							+ 10 050
Résultat							176 931

Ces tableaux n'appellent pas de commentaires particuliers.

SECTION 3
LE CHAMP D'APPLICATION DE LA MÉTHODE

Peu d'entreprises pratiquent l'imputation rationnelle de façon systématique. Pourtant cette technique peut éviter les variations des coûts de revient particulièrement sensibles dans les entreprises soumises à des activités saisonnières.

Elle permet, en outre, d'appréhender la notion de vente plancher et même de valoriser les stocks. Enfin, les différences d'imputation rationnelle que la méthode dégage peuvent être des indicateurs d'efficacité de la gestion de certains centres de responsabilité.

1. Imputation rationnelle et entreprises à activité saisonnière

Cette méthode semble particulièrement adaptée à des entreprises dont l'activité subit des fluctuations saisonnières.

Elle permet en effet d'éviter les variations importantes des coûts de période en période dues à la plus ou moins bonne absorption des charges fixes.

Les coûts d'imputation rationnelle permettent alors de mesurer de façon efficace les conséquences :

– des variations des prix des facteurs,

– des variations de consommation de ces facteurs,

– de l'efficacité de l'organisation.

Pour les entreprises saisonnières, l'activité normale peut se définir comme l'activité mensuelle médiane qui permet en fin d'exercice des compensations équilibrées entre boni de suractivité et coût de chômage, de telle sorte que l'ensemble des charges fixes réelles de la période ait été pris en compte dans les coûts.

Il est, en effet, impossible que sur le long terme tous les coûts ne soient pas couverts par des recettes appropriées.

2. Imputation rationnelle et fixation des prix de vente

L'imputation rationnelle, en éliminant les incidences des variations d'activité sur les coûts, peut sembler une méthode plus pertinente que celle des coûts complets. En effet, elle peut déterminer des coûts de référence pour fixer un prix de vente sans les aléas des variations d'activité qui biaisent les coûts complets.

De même, la valorisation de devis à l'aide de coûts rationnels, particulièrement en période de suractivité, peut éviter des sous-évaluations préjudiciables à l'entreprise ce que la méthode des coûts complets ne pourrait empêcher.

C'est d'ailleurs, pour des raisons similaires, que le PCG recommande l'utilisation des coûts rationnels dans l'évaluation des stocks de produits.

3. Imputation rationnelle et évaluation des stocks

Les stocks de produits de fin d'exercice doivent être évalués à leur coût de production.

En période de sous-activité, une valorisation sur la base des coûts complets implique qu'une partie du coût de chômage soit prise en compte dans la valeur des produits stockés. Le PCG s'oppose à cette conception au nom du principe de prudence et préconise la valorisation des produits stockés sur la base d'un coût rationnel estimant que le coût de chômage doit être absorbé par les recettes de la période.

En revanche, en période de suractivité, l'utilisation d'un coût rationnel contreviendrait au principe de prudence puisqu'il aurait pour conséquence de valoriser les stocks à un coût supérieur au coût réel.

Reconnue pour valoriser les stocks, cette méthode peut également permettre un jugement sur l'efficacité de la gestion des centres de responsabilité.

4. Imputation rationnelle et centre de responsabilité

Cette technique oblige, pour chaque centre d'analyse érigé en centre de frais, à décomposer les éléments du budget en charges opérationnelles et charges fixes. Cependant, l'analyse des différences d'imputation rationnelle est délicate et ne peut se faire sans référence au mode d'élaboration du niveau de l'activité normale.

Souvent, pour une structure donnée, les coûts de capacité ou coûts fixes s'imposent au gestionnaire et sont le résultat d'anticipation sur des niveaux d'activités prévus par des choix stratégiques antérieurs ; le niveau de l'activité normale est alors fixé par la direction de l'entreprise.

Cependant, il se peut que le niveau d'activité budgétée soit structurellement inférieur au niveau de l'activité normale. Calculer des coûts rationnels permet d'évaluer la réelle efficacité de la gestion de ces centres de frais. Les différences d'imputation rationnelle expriment, dans ce cas, **des écarts dus aux erreurs d'anticipation** dont la responsabilité n'incombe pas au gestionnaire du centre de frais. La comparaison des coûts rationnels aux coûts budgétés permet un suivi de l'efficience du centre.

Dans d'autres contextes, le niveau de l'activité normale peut être défini par le responsable du centre de coût. Les différences d'imputation rationnelle expriment alors **la capacité du responsable à gérer son centre de responsabilité en autonomie** et à neutraliser à court terme les coûts de chômage et ceux de sous-activité.

CONCLUSION

Les coûts d'imputation rationnelle n'échappent pas aux critiques adressées aux coûts complets. En effet, le problème de l'imputation aux coûts, forcément contestable, des charges fixes indirectes n'est pas réglé. La méthode garde donc la dimension arbitraire reprochée à la méthode des coûts de revient.

Cette fiabilité peut être également altérée par la difficulté réelle de définir l'activité normale.

En effet, toute la méthode repose sur la notion d'activité normale mais comment la définir ?

A partir de la capacité potentielle de l'entreprise, il est possible de déterminer le potentiel spécifique pour chaque atelier ou service, ce qui conduit obligatoirement à mettre en évidence des goulots d'étranglement. De ces capacités maximales, il faut déduire une marge de manœuvre pour les aléas (pannes, réparations, grèves, défaut d'approvisionnement, etc.). Pour autant, l'activité trouvée n'est pas encore celle qualifiée de normale.

L'activité normale est définie comme une activité fréquemment observée lorsque les conditions d'exploitation sont habituelles. Cela signifie que l'activité réelle peut de façon inhabituelle être supérieure ou inférieure à la normale : il faut donc en définissant l'activité normale laisser des capacités inemployées pour permettre la suractivité. Mais combien ?

Par ailleurs, en période de sous-activité structurelle où se situe l'activité normale ?

Ainsi définir l'activité normale de l'entreprise n'est pas chose facile et les promoteurs de la méthode se sont bien gardés de la définir de façon objective.

C'est pourquoi, l'imputation rationnelle des charges fixes est difficile et lourde à mettre en œuvre et peu d'entreprises l'utilisent dans la pratique.

Celles qui acceptent d'investir dans la détermination du niveau d'activité normale s'aperçoivent vite qu'elles ont en fait résolu les difficultés principales d'une gestion prévisionnelle et préfèrent, alors, mettre en place un pilotage par les budgets aussi complexe mais plus complet.

APPLICATIONS

APPLICATION 1

Société Lusin

La société Lusin est une PME située dans le Poitou. Elle est spécialisée dans le montage de compresseurs. Un compresseur est un appareil qui fournit de l'air comprimé utilisé comme force motrice par des outils. Ces outils commercialisés sont les pistolets à peinture, perceuses, ponceuses.

Un compresseur se compose de trois pièces principales : une cuve, un moteur et une pompe. Les pièces, importées pour la plupart, sont assemblées par l'entreprise.

L'analyse des charges de juin N relatives au compresseur 125 fait apparaître :

– les charges de production : variables unitaires : 144 € ; fixes mensuelles : 1 200 € ;

– les autres charges (hors production) du mois : 1 800 € dont 600 € de charges fixes.

L'activité normale et programmée correspond à une fabrication et à une vente de 60 compresseurs 125 par mois. En juin, la production a été de 40 compresseurs ; 35 d'entre eux ont été vendus au prix unitaire (HT) de 240 € et le stock au 30 juin est de 5 compresseurs.

QUESTIONS

1. **Calculer le coût de production d'un compresseur référence 125 fabriqué en juin N :**
   - **sans imputation rationnelle ;**
   - **avec imputation rationnelle.**
2. **Présenter, pour juin N, les deux comptes de résultat de comptabilité financière, réduits aux compresseurs 125, correspondant à ces deux valorisations possibles de la production (sans et avec imputation rationnelle).**
3. **En vous limitant aux seules charges de production (et au compresseur 125), calculer le coût de sous-activité du mois et le répartir entre la production vendue et la production stockée.**

4. **De manière générale, laquelle des deux présentations du compte de résultat proposées en 2 devrait être adoptée en comptabilité financière et pourquoi ?**

5. **Calculer, relativement aux compresseurs 125, le coût global de sous-activité du mois de juin en considérant que les « autres charges » sont essentiellement des charges de distribution.**

APPLICATION 2

Société Métallurgique de T.

La SMT (Société Métallurgique de T.) est une société anonyme implantée dans l'Est de la France. Son originalité réside dans le fait que les deux actionnaires détenant plus de 90 % du capital sont ses deux principaux fournisseurs et ses deux seuls clients.

Elle emploie 592 personnes dont 495 dans deux ateliers :

– l'atelier de calibrage qui effectue des opérations de calibrage de barres et de couronnes d'acier brut ;

– l'atelier de barres de torsion où sont réalisés des produits finis pour l'automobile à partir des barres **précédemment calibrées**.

La SMT n'achète pas ses matières premières, elle n'a pas de service commercial et facture seulement la valeur qu'elle a ajoutée à la matière première fournie par ses deux actionnaires.

Jusqu'en N, cette société utilisait pour sa comptabilité analytique, la méthode des coûts réels. Pour l'année N, il a été décidé de pratiquer la méthode d'imputation rationnelle qui, compte tenu de l'importance des charges fixes dans l'entreprise, devait permettre une meilleure approche des coûts. Il ne s'agissait, en fait, que d'une transition avant la mise en place d'une gestion budgétaire dont étaient déjà dotées les deux sociétés actionnaires.

Pour la répartition de ses charges indirectes, la société a créé, depuis plusieurs années, cinq centres d'analyse (CA) correspondant à un regroupement de ses services :

– le CA administration qui comprend les services : direction, personnel, comptabilité, informatique et travaux neufs ;

– le CA entretien ;

– le CA méthodes et approvisionnements qui comporte les bureaux : méthodes, fabrication et contrôle auxquels a été joint le service d'approvisionnement dont la faible activité ne justifiait pas la création d'un centre autonome ;

– les CA « atelier de calibrage » et « atelier de barres de torsion » ; les deux ateliers correspondent chacun à une entité dans l'entreprise.

Pour le mois de janvier N, il a été décidé d'utiliser la méthode d'imputation rationnelle des charges fixes.

Il a été relevé au cours du mois de janvier N, les informations suivantes :

charges directes (il s'agit de la main d'œuvre rémunérée) :

– atelier de calibrage :	55 100 heures pour	1 150 661 € ;
– atelier des barres de torsion :	23 200 heures pour	470 496 €.

NB : Compte tenu des temps d'entretien, de mise en route et de réglage, on considère que le **temps de marche** représente :

– 0,7 du temps de main d'œuvre directe rémunérée dans l'atelier de calibrage ;

– 0,65 du temps de main d'œuvre directe rémunérée dans l'atelier de barres de torsion.

L'unité d'œuvre utilisée pour chaque atelier est l'heure de marche.

Répartition primaire des charges indirectes										
Centre de structure		Centres auxiliaires				Centres principaux				TOTAL
Administration		Méthodes		Entretien		Calibrage		Barres de torsion		
Fixes	Variables	Fixes	Variables	Fixes	Variables	Fixes	Variables	Fixes	Variables	
532 430	86 050	484 700	165 900	243 200	397 050	932 560	72 100	329 900	44 350	3 288 240

RÉPARTITION SECONDAIRE DES CENTRES AUXILIAIRES				
	Centres auxiliaires		Centres principaux	
	Méthodes	Entretien	Calibrage	Barres de torsion
Méthodes	– 100 %	10 %	75 %	15 %
Entretien		– 100 %	65 %	35 %

L'atelier de calibrage a produit, au cours de ce mois de janvier N, 306 254 barres et 246 564 couronnes. L'évaluation des coûts des barres et des couronnes s'appuie sur la notion de produits équivalents : il est admis que le calibrage d'une couronne est égal à une fois et demie le calibrage d'une barre.

Enfin, l'atelier de barres de torsion a consommé 175 624 barres dont 1 366 ont été mises au rebut ; elles seront reprises par les deux fournisseurs sans contrepartie.

L'analyse de l'activité de la société a permis de déterminer les coefficients d'imputation rationnelle pour le mois de janvier N suivants :

– centre administration : 1

– centre entretien : 1

– centre méthodes et approvisionnement : 0,9

En ce qui concerne les centres d'analyse principaux, l'activité considérée comme normale est de :

– atelier de calibrage : 36 400 heures de marche

– atelier des barres de torsion : 16 250 heures de marche

QUESTIONS

1. **Calculer les coefficients d'imputation rationnelle des centres principaux pour le mois de janvier N.**
2. **Calculer, par la méthode d'imputation rationnelle, le coût de l'unité d'œuvre des centres d'analyse de calibrage et de barres de torsion, ainsi que l'écart global d'imputation rationnelle.**
3. **Calculer le coût du calibrage d'une barre et d'une couronne, ainsi que le coût de la fabrication d'une barre de torsion utile.**

NB :

- **les sommes imputées dans les centres d'analyse des divers tableaux de répartition seront arrondies à l'euro le plus proche ;**
- **les coefficients d'imputation rationnelle et les coûts d'unité d'œuvre seront arrondis au centième le plus proche.**

(d'après DECF)

APPLICATION 3

Fuchs SA

L'entreprise industrielle Fuchs SA, créée le 1er janvier sans stocks initiaux, travaille sur commandes, en transformant une matière première unique : 100 tonnes de matière première ont été achetées au prix d'achat unitaire de 2 000 €.

Les seuls frais directs du mois de janvier sont constitués par :

– la force motrice des ateliers, soit 20 000 € ;

– la main-d'œuvre directe de production soit 40 000 € pour 2 000 heures.

La répartition primaire des charges indirectes est donnée dans le tableau suivant :

	Centre Entretien	Centre Approvi-sionnement	Centre Ateliers	Centre Distribution
Totaux	40 000	20 000	200 000	80 000
Charges fixes	40 000	8 000	160 000	40 000
Charges variables	0	12 000	40 000	40 000
Unités d'œuvre	Néant	1 tonne achetée	1 heure MOD	100 € de vente HT
Coefficients d'activité	1	1	0,9	1,2
Clés de sous-répartition	– 100 %	10 %	60 %	30 %

Légende : MOD = main d'œuvre directe, HT = hors TVA.

Les charges indirectes ne comprennent que des frais et dotations, à l'exclusion de tout élément supplétif.

En janvier, les ateliers ont travaillé sur les commandes suivantes :

	Commande n° 1	Commande n° 2
Matières premières utilisées	70 tonnes	20 tonnes
Main-d'œuvre directe	1 500 heures	500 heures
Force motrice utilisée	12 000 €	8 000 €
Avancement des commandes	Terminée et livrée	En cours
Facturation (prix de vente hors taxe)	600 000 €	Non facturée

QUESTIONS

1. **Déterminer les coûts des commandes 1 et 2 et le résultat sur commande n° 1 par la méthode des coûts réels et par celle de l'imputation rationnelle des charges fixes.**
2. **Établir le compte de résultat de la période, optique comptabilité financière, sachant qu'il n'y a pas de différences de traitement comptable en dehors de celles qui pourraient éventuellement résulter de l'arrondissement des calculs.**
3. **Rapprocher et commenter brièvement les résultats obtenus en 1. et 2. suivant les méthodes utilisées.**
4. **Le coefficient d'imputation rationnelle du centre « Entretien » a été obtenu en fonction de ceux des centres principaux et des clés de sous-répartition. Le vérifier.**

(d'après DECF)

APPLICATION 4

Société Embal : cas de synthèse sur les méthodes de calcul de coûts

(À partir du sujet 2003, épreuve DESCF 2.)

La société Embal produit des machines d'impression et de façonnage en ligne d'emballages et étiquettes : de bouteilles, de produits alimentaires, de paquets de cigarettes, de produits liquides et surgelés.

L'impression et le façonnage en ligne signifient que les machines fonctionnent en continu avec une alimentation de papier ou de carton en rouleaux. Ce système est destiné à une production de masse : il implique nécessairement pour Embal d'avoir à traiter avec des clients de taille importante (grandes entreprises de l'agroalimentaire, de l'industrie du tabac...).

Embal réalise trois sortes d'activités :

– la fabrication de machines sur commande (Machines) : l'ensemble des opérations liées à chaque contrat (conception, fabrication, installation) dure plus d'un an ; la facturation se fait à l'achèvement, ce qui explique l'existence de machines en cours de production à l'arrêté des comptes ; cette activité représente la majeure partie du chiffre d'affaires (à peu près 70 %) ;

– les modifications de machines déjà installées (Modif.), qui représentent environ 20 % du chiffre d'affaires ;

– le service après-vente (SAV), environ 10 % du chiffre d'affaires : il s'agit essentiellement de remplacer les pièces de machines installées, par exemple les cylindres d'impression usés.

L'activité d'Embal portant sur des biens d'équipement, présente un caractère cyclique marqué, puisqu'elle suit les phases de croissance ou de réduction des investissements des grandes firmes industrielles.

Au début de l'année N, la direction d'Embal se pose des questions concernant l'évolution du système de calcul des marges et de suivi des coûts ;

Dans le système actuel, il est élaboré un coût de revient presque complet (coût des machines, des modifications de machines et du service après-vente). Ce coût de revient inclut les charges suivantes :

– la totalité des charges directes (équipements, fournitures, main d'œuvre directe) ;

– la majeure partie des charges indirectes sauf les charges indirectes non-imputables :

- les charges d'administration générale ;
- les charges des services fonctionnels (Personnel et Comptabilité-Finance) ;
- les charges d'études et développement non imputables à un contrat.

Par simplification, les charges indirectes non imputables au coût de revient des produits seront désignées comme les **charges de structure**. Les coûts de revient ainsi calculés servent :

– d'une part, à valoriser les en-cours en fin d'exercice (par exemple machines en cours de fabrication) ;

– d'autre part, après achèvement, à calculer une **marge sur coût de revient** (chiffre d'affaires net de commission – coût de revient).

Il est à noter que le suivi des marges et des coûts de revient se limite au niveau **des charges et des produits d'exploitation de la comptabilité financière**. Le résultat financier et le résultat exceptionnel font l'objet d'un suivi à part. L'optique retenue est en effet d'évaluer au travers des marges uniquement l'efficacité des opérationnels. Les marges dégagées et les charges de structure permettent de retrouver le résultat d'exploitation (il n'y a pas de différence de traitement comptable dans le calcul des coûts).

Première partie : système de calcul des coûts et de suivi des résultats en coûts complets

À partir des réalisations de N (*annexe 2*) :

1. En distinguant charges directes et charges indirectes imputées aux activités, calculer la marge sur coût de revient des trois activités. Retrouver le résultat d'exploitation.
2. Justifiez le raisonnement sous-jacent à ce type de calcul.
3. En supposant que les marges sur coût de revient dégagées par les modifications de machines et le service après-vente soient stables, quelle est la baisse de prix maximale des machines fabriquées que pourrait supporter la société sans subir de perte d'exploitation ? Vous raisonnerez sur le volume actuel de fabrication de machines, en conservant le même coût de revient.

   Concluez sur la marge de sécurité de l'exploitation actuelle en matière de prix.
4. En dehors de l'évolution des prix de vente, quels autres facteurs peuvent expliquer la variation dans le temps du taux de marge moyen des fabrications de machines ?

Deuxième partie : système de calcul des coûts et de suivi des résultats en coûts variables

La direction souhaiterait tester une autre analyse du résultat d'exploitation : marge sur coût variable de revient – charges fixes de la période.

QUESTIONS

À partir des réalisations de N (*annexe 2*) :

1. Quel est le bien fondé de cet autre système ? Précisez-en la logique.
2. Calculer les marges sur coût variable dégagées par les trois activités. En déduire un résultat de contribution. Retrouvez le résultat d'exploitation.
3. Calculez le seuil de rentabilité d'exploitation de l'entreprise en supposant que les marges sur coût variable des activités modifications de machines et service après-vente sont stables ainsi que le taux de marge moyen sur coût variable des fabrications de machines. Concluez sur la marge de sécurité de l'exploitation actuelle.
4. Compléter le travail précédent en calculant les marges sur coûts spécifiques dégagées par les trois activités. Retrouver le résultat d'exploitation.
5. Concluez sur les résultats obtenus et les méthodes utilisées.

Troisième partie : système de calcul des coûts et de suivi des résultats en imputation rationnelle

Finalement, la direction souhaite conserver le système en place de calcul des coûts et des marges, en le complétant par un système d'imputation rationnelle des charges fixes (IRCF) (*annexe 3*). Ce système d'Imputation rationnelle ne concernerait donc pas les charges générales dites de structure.

QUESTIONS

1. **Vous justifierez l'intérêt que peut présenter ce système d'IR pour la société Embal en envisageant différents horizons temporels.**
2. **Calculer le coût rationnel de chacune des trois activités.**
3. **En déduire les marges sur coûts de revient rationnels. Retrouvez le résultat d'exploitation de la comptabilité financière à partir de ces marges.**
4. **Commentez les résultats de ce nouveau type de calcul pour l'année écoulée.**
5. **À quoi pourrait servir le suivi pluriannuel des différences d'imputation rationnelle ?**

ANNEXE 1

A) Réalisation d'un contrat portant sur une machine : elle s'étale sur une durée plus ou moins longue suivant l'importance du contrat (généralement sur au moins deux exercices).

1. La négociation commerciale (**Vente et Marketing**) passe par des agents commerciaux indépendants.

La fixation du prix de vente s'appuie d'une part sur une première prévision du coût du contrat, en se fondant sur des machines déjà réalisées et d'autre part sur un objectif de marge sur coût de (15 à 35 % suivant les circonstances).

2. À partir de la signature, le service **Études et Développement** précise le plan de la machine et les étapes de la fabrication et du montage.

3. Le service **Achats et Planification** établit alors un calendrier prévisionnel des achats d'équipements et fournitures ainsi que des étapes de fabrication.

4. La **Fabrication** proprement dite des machines se déroule sur deux sites :

– le site de **Tournon** assure l'usinage des cylindres d'impression ;

– le site de **Limoges** assure la fabrication de la partie de la machine assurant la découpe des emballages fabriqués et celle du système de commande (pupitres, câblage, capteurs, cartes électroniques).

5. Le service **Groupage-Mise en Route** assure l'assemblage final de tous les sous-ensembles fabriqués ; commence alors, à Limoges, la phase de mise en route et d'essai des machines, afin de tester leur bon fonctionnement.

Les salariés du client sont formés à ces matériels par le service groupage – Mise en route.

La machine est alors démontée et emballée afin d'être expédiée chez le client.

B) Les modifications de machines suivent à peu près les mêmes étapes que les fabrications de machines, mais de manière allégée.

C) Quant au **service après-vente**, il s'agit de fournir des cylindres d'impression remplaçant les cylindres usés. Le chiffre d'affaires « modifications de machines » et « service après-vente » voit sa part dans le chiffre d'affaires progresser très lentement, ce qui est normal car le parc installé de machines de l'entreprise croît régulièrement d'année en année.

ANNEXE 2

Informations relatives aux coûts

1. Compte de résultat en liste

Chiffres d'affaires		40 000
Machines	28 500	
Modification	7 500	
SAV	4 000	
Production stockée		1 500
(Encours de machines)	1 500	
	Total produits	41 500
Achats		17 500
Machines	13 580	
Modification	2 970	
SAV	950	
Salaires et charges sociales		11 200
de production directes	5 300	
de production indirectes	3 100	
de structure	2 800	
Autres charges directes		5 800
Autres charges indirectes		3 700
de production	2 800	
de structure	900	
	Total charges	38 200
Résultat de l'exercice		3 300

2. État des encours de fabrication de machines

	Encours initial	Encours final
Valorisation en coûts complets	2 200	3 700
Valorisation en coûts variables	1 450	2 035
Valorisation en coûts rationnels	2 250	3 640

3. Analyse des charges imputables aux activités

	Charges directes		Charges indirectes de production		Total
	Variable	Fixes	Variables	Fixes	
Machines	14 781	6 427	1 519	2 973	25 700
Modification	2 707	1 700	343	636	5 386
SAV	1 612	1 373	138	291	3 414
Total	19 100	9 500	2 000	3 900	34 500

ANNEXE 3

Analyse des charges

1. Détail des charges indirectes imputables par centre d'analyse

Centres d'analyse	Charges fixes	Charges variables	Total	Nature UO	Activité réelle	Activité normale
Études et développement	1 025	855	1 880	HMOD	41 000	45 000
Achats et planification	365	105	470	HMOD	24 600	25 000
Fabrication Limoges	535	325	860	HMOD	39 500	40 000
Fabrication Tournon	1 400	400	1 800	HMOD	82 000	87 000
Groupage/mise en route	305	135	440	HMOD	39 200	42 000
Ventes et marketing	270	180	450	€ de CA	40 000	non significatif
Total	3 900	2 000	5 900			

2. Consommations réelles des unités d'œuvre des différentes activités

Centres d'analyse	Machines	Modification	SAV	Total
Études et développement	32 000	7 000	2 000	41 000
Achats et planification	18 000	4 900	1 700	24 600
Fabrication Limoges	28 000	8 300	3 200	39 500
Fabrication Tournon	65 000	9 700	7 300	82 000
Groupage/Mise en route	28 900	7 700	2 600	39 200
Ventes et marketing	28 500	7 500	4 000	40 000

3. Charges fixes directes

Un coefficient d'imputation rationnelle de 95 % a été retenu.

2
PARTIE

LE CONTRÔLE DE GESTION ET L'ANALYSE BUDGÉTAIRE

Le contrôle de gestion, outre le calcul des coûts dans une perspective à long ou court terme, a pour rôle de décliner les choix stratégiques définis en amont sous forme de plans à court terme.

La **gestion budgétaire** conduit à la mise en place d'un réseau de budgets couvrant toutes les activités de l'entreprise. Ces programmes d'actions chiffrées sont appelés à servir d'outils de pilotage s'il leur est adjoint un système de contrôle budgétaire cohérent et régulier dont le cœur est constitué par la mise en évidence d'écarts qui doivent permettre la réflexion sur les causes de ces divergences et initier des actions correctrices.

Cette architecture de suivi des dépenses des différentes entités constitutives de l'entreprise est également un cadre possible pour dynamiser l'ensemble de la structure par la définition de centres de responsabilité. Compte tenu des ressources allouées, les responsables de ces centres sont libres du choix des moyens à mettre en œuvre pour atteindre les objectifs qui leur ont été assignés. Cette volonté de responsabiliser les acteurs opérationnels oblige le contrôle de gestion à définir des unités de responsabilités et les liens de **cessions internes** qui les relient. Ces aspects sont étudiés au chapitre 8.

Dans le cadre de la mise en place des budgets, le contrôle de gestion doit être une aide à la décision dans chaque domaine de la gestion en proposant des **outils adaptés** aux préoccupations de chacune des fonctions : nous envisagerons les domaines suivants : la gestion commerciale, la gestion de la production, la gestion des approvisionnements (chapitre 9).

L'ensemble des travaux préparatoires réalisés par rapport aux prévisions de ventes, de production et d'achat vont être formalisées dans des **budgets opérationnels**. Nous y avons inclus la **prévision des moyens humains** qui concernent tous les budgets (chapitre 10).

La **mise sous tension de l'ensemble** des activités de l'entreprise pourra alors être traduite en termes financiers afin de s'assurer que les décisions de gestion conduisent à des résultats satisfaisants en termes de rentabilité et de structure financière (chapitre 11).

Le cadre budgétaire sert souvent de référence pour la partie de ces objectifs qui doivent se traduire en termes monétaires. Confronter régulièrement les réalisations des centres de responsabilité aux budgets de ces mêmes entités donne à celles-ci un outil de pilotage dont les écarts calculés sont les indicateurs.

Nous chercherons à montrer comment, par la **mise en évidence d'écarts et de sous-écarts** entre un résultat réel et un résultat budgété, nous pouvons aider au pilotage d'une entité donnée. L'analyse sera présentée pour un centre de profit mais elle peut se généraliser à toute l'entreprise (chapitre 12).

8
CHAPITRE

L'organisation et les budgets

À partir des années 1960, l'environnement économique des pays occidentaux se modifie :

– la concurrence devient européenne (Marché commun) ou internationale alors qu'elle était principalement nationale ou locale ;
– la reconstruction des pays européens est achevée ;
– les consommateurs deviennent de plus en plus exigeants et demandent des produits différenciés.

Ces contraintes obligent les entreprises à passer d'une démarche principalement productive à une démarche orientée vers les besoins du marché. On assiste alors à une forte concentration des firmes qui conduit à un accroissement important de leur taille et à la dispersion de leur implantation géographique.

Les directions générales sont donc obligées de repenser leur structure en organisant des délégations de responsabilités (1) . Cette décentralisation de l'autorité et des responsabilités a nécessité à la construction d'un nouveau mode de pilotage fondé sur la gestion budgétaire (2), mode de gestion qui s'insère dans un ensemble des données prévisionnelles de court, moyen et long terme.

Dans le même temps, les dirigeants ont cherché à impliquer et à responsabiliser les décideurs des différents niveaux hiérarchiques. Ces préoccupations ont développé un nouveau champ pour le contrôle de gestion, en interface avec les choix organisationnels des directions générales, celui de la mise en place de prix de cession interne (3).

SECTION 1
STRUCTURE DES ORGANISATIONS ET CENTRES DE RESPONSABILITÉS

1. La décentralisation

Les directions générales sont confrontées à des objectifs antagonistes : piloter des organisations de plus en plus grandes dans le respect des choix stratégiques adoptés mais sans nuire à la réactivité des différentes entités qui les constituent. Il s'agit donc de trouver un compromis entre :

– la centralisation qui permet une cohérence stratégique ;
– la décentralisation qui peut être le garant de la réactivité.

Pour organiser une décentralisation c'est-à-dire une division de n'importe quelle partie de l'organisation, la direction s'attend à en obtenir des retours positifs :

– une meilleure proximité des besoins locaux : les responsables des divisions ou des entités ont normalement une meilleure connaissance de leurs clients ou de leurs fournisseurs et des réactions de leur marché que les directions générales ;
– une accélération de la prise de décision pour peu que les responsabilités soient correctement définies ;
– une amélioration de la motivation puisque les responsables peuvent prendre davantage d'initiatives ; à terme, ce mode de gestion doit améliorer les capacités managériales des responsables ;
– un recentrage des directions sur les choix stratégiques puisqu'elles sont libérées des tâches de routine.

Ce mode organisationnel présente cependant des limites qu'il convient de prendre en compte :

– des décisions opérationnelles en contradiction avec les objectifs généraux de l'organisation par une focalisation excessive sur des enjeux locaux qui peuvent aller jusqu'à la rétention d'information vis-à-vis du siège ;
– une division peu claire des responsabilités qui conduit à des activités faites en doublon et donc à des coûts de fonctionnement excessifs.

Le degré de décentralisation retenu sera donc un compromis entre la stratégie, la structure, la culture de l'organisation et la motivation des personnes. La décentralisation permet de scinder l'entreprise en sous-ensembles qui reçoivent une autorité déléguée pour engager des moyens humains, matériels et financiers dans la limite d'objectifs négociés (plus ou moins) avec la hiérarchie que l'on nomme « Centres de responsabilité ».

Dans ce type de structure, les responsables opérationnels sont évalués sur leur capacité à respecter les objectifs fixés et sont autonomes pour juger des moyens à mettre en œuvre pour les atteindre dans le cadre d'une enveloppe financière définie.

Pour appréhender cette organisation, il convient d'envisager les différents types de centres de responsabilité qui peuvent être élaborés.

2. Les centres de responsabilité

Le découpage de l'entreprise en centres de responsabilité, qui doit nécessairement correspondre à l'organigramme de structure, est un élément du contrôle de gestion pour suivre l'activité d'un responsable.

2.1 Définitions

Un CENTRE DE RESPONSABILITÉ est un groupe d'acteurs de l'organisation regroupés autour d'un responsable, auquel des moyens sont octroyés pour réaliser l'objectif qui lui a été assigné.

Un centre de responsabilité est donc une partie de l'entreprise, base de calcul pour les performances du gestionnaire responsable.

EXEMPLE

- Les différents rayons au sein d'une grande surface de distribution peuvent être organisés en centres de responsabilité.
- Les centres de production d'une entreprise peuvent aussi constituer des centres de responsabilité.

Il est habituel de distinguer cinq types de centres de responsabilité, en fonction des missions qui sont assignées.

a) Centre de coûts

L'unité concernée doit réaliser le produit qu'elle fabrique au moindre coût, avec la meilleure qualité possible.

Plusieurs indicateurs peuvent être élaborés par le contrôle de gestion pour mesurer les performances de ces centres :
- **coût** : coût de production, taille du lot économique, niveau des stocks ;
- **qualité** : taux de rebut, taux de panne, critère de qualité ;
- **délai** : délai de réponse à la demande.

b) Centre de dépenses discrétionnaires

Pour les services fonctionnels dont la mission est d'aider une activité opérationnelle, un centre de coûts discrétionnaire est créé avec un budget fixé pour gérer au mieux l'opération.

À la différence des centres de coûts, cette solution est utilisée quand il n'est pas possible de rattacher le service directement à un output identifiable.

Le contrôle du centre se fait alors sur la **capacité à respecter une dotation budgétaire**.

c) Centre de recettes

L'unité doit maximiser le chiffre d'affaires du produit ou de l'activisé visée.

Les performances des responsables peuvent être évaluées avec deux optiques différentes :
- dans une vision de contrôle-sanction : l'indicateur de gestion sera le volume de ventes réalisées ;
- avec une dimension supplémentaire de conseil et d'expérience : des indicateurs sur les variables influençant les ventes sont possibles tels que le taux de remise consenti au client, le délai de paiement accordé, le nombre de visites effectuées aux clients, etc.

Il est préférable de mettre en place des critères de gestion par rapport aux moyens mis en place plutôt que par rapport aux résultats pour apprécier la performance des responsables.

d) Centre de profit

Le service doit dégager la **marge maximale** en améliorant les recettes des produits vendus et en minimisant les coûts de ces produits.

Les centres de profit d'une entreprise devraient correspondre aux segments stratégiques définis par l'analyse stratégique, produit-marché, métier, niches, etc.

Les vrais centres de profit sont peu nombreux car la marge d'autonomie des responsables couvre rarement la gestion des ressources (coûts, investissements) et la gestion des recettes (ventes, prix, gammes...).

Les critères de performance et de gestion sont nombreux puisque tous les domaines influencent plus ou moins directement le profit :

– résultat net, soldes intermédiaires,
– taux de marge, profit/chiffre d'affaires,
– ratio de rentabilité du capital investi, au sens d'actifs confiés à l'entité mais pas en termes de capitaux propres dont le montant échappe aux unités opérationnelles.

e) Centre d'investissement

Le service concerné doit dégager la **meilleure rentabilité possible des capitaux investis** tout en réalisant un profit.

Les moyens d'action portent sur le capital et les investissements choisis mais aussi sur tous les coûts contribuant à obérer le cash flow. Correspondant à des décisions stratégiques, les centres d'investissement se situent généralement au plus haut niveau hiérarchique.

Les indicateurs de gestion sont les critères de rentabilité classiques des capitaux investis : ratio de rendement des actifs : bénéfice/actif ; taux interne de rentabilité ; valeur actuelle nette ; niveau de cash flow ; ratio d'endettement ; etc.

Les centres d'investissement, à l'inverse des centres de profit qui ne recherchent trop souvent que des bénéfices à court terme, ont une vision à long terme.

L'ensemble de ces définitions est repris dans le tableau synthétique suivant. Il est à noter que les indicateurs de performance synthétique sont abandonnés au profit d'indicateurs plus spécifiques tendant à distinguer :

– les résultats de la gestion courante et celles des investissements,
– les critères de gestion et ceux de performance.

Nature du centre de responsabilité	Caractéristiques et éléments de responsabilité	Critères et indicateurs utilisés
Centre de coûts	• Objectifs d'activité prévisionnelle (outputs) au moindre coût tout en respectant des objectifs de qualité et de délais. • Le centre n'est pas responsable de son niveau d'activité.	• Quantité produite • Coût unitaire de l'UO • Coût unitaire des produits (coût rationnel) • Qualité • Délais
Centre de dépenses discrétionnaires	• Pas de définition d'outputs mesurables. • Objectif de respect de l'enveloppe budgétaire prévu. • Qualité du service rendu.	• Coût total du centre • Qualité du service en termes de taux de réclamations, temps moyen de traitement d'un dossier, etc.

Nature du centre de responsabilité	Caractéristiques et éléments de responsabilité	Critères et indicateurs utilisés
Centre de recettes	• Maximiser un chiffre d'affaires en termes de niveau et de composition des ventes. • Quelquefois, minimiser des frais de commercialisation.	• Montant de chiffre d'affaires • Structure de ce chiffre (s'apparente à la notion de qualité du chiffre d'affaires) • Coûts propres au centre
Centre de profit	• Responsabilité globale en termes de chiffre d'affaires et de consommations compte tenu de moyens (humains et capitaux) alloués et de spécificités concernant les outputs. • Peu ou pas de responsabilité sur l'adéquation capacité utilisée/ capacité disponible.	• Marge générée avant financement des moyens alloués : EBE • Efficience du centre : Production/Moyens utilisés • Rendement des moyens alloués = Marge/Capitaux • Qualité des produits • Respect des délais
Centre d'investissement ou de rentabilité	• Responsabilité globale en termes de chiffre d'affaires, de consommations et d'un certain niveau de rentabilité des actifs. • Responsabilité des coûts de capacité.	• Vision globale de l'efficience • Coût du gaspillage = Production/Moyens utilisés • Coût de l'oisiveté = Moyens utilisés/moyens disponibles

Le découpage en centres de responsabilité relève de la direction générale. La mise en œuvre du découpage, les périmètres des centres et le suivi des performances de ces derniers sont du ressort du contrôle de gestion.

2.2 Comment choisir la nature d'un centre de responsabilité ?

Il faut d'abord remarquer que les choix du type de centres et des critères de gestion sont délicats et subjectifs.

Le découpage en centres de responsabilité dépend de plusieurs facteurs de contingence, en particulier :
– la **nature** de l'activité, le type de produit,
– la **stratégie** de l'entreprise,
– le **type de pouvoir** et le **degré de délégation d'autorité** et de responsabilité accordé : plus le pouvoir sera décentralisé et délégué, plus le nombre de centres sera important.

a) Le type de centre dépend de sa mission

Nature de la mission	Type de centre	Niveau de la structure
Production	Centre de coûts	Usines, ateliers ou magasin de stockage
Service rendu	Centre de dépenses discrétionnaires	Services administratifs
Vente	Centre de recettes	Services commerciaux, billetteries
Résultat	Centre de profit	Usines, établissements
Rentabilité des capitaux investis	Centre d'investissement	Filiales

Tous les centres ne sont pas au même niveau hiéarchique.

b) Hiérarchie entre les centres

Il semble logique de considérer que la définition des centres crée entre eux des rapports de pouvoir : il serait étonnant qu'un centre de rentabilité soit hiérarchiquement dépendant d'un centre de coûts…

Ces liens peuvent être représentés par le graphe suivant :

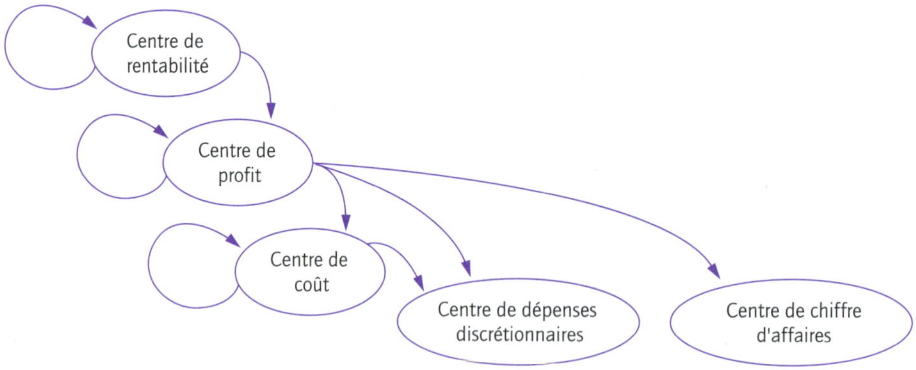

Il faut garder à l'esprit que la définition d'un centre de responsabilité ne renvoie qu'à sa mission principale ou dominante, et que selon l'horizon temporel, cette vision peut évoluer.

EXEMPLE

Un centre de recettes peut être aussi centre de coût s'il est responsable d'un budget regroupant ses propres moyens.

De même, un centre d'entretien de locaux est à court terme un centre de coût mais dans un horizon plus lointain, il peut être considéré comme un centre de profit s'il doit obtenir le renouvellement de contrats qui lui assure son chiffre d'affaires.

Une fois le choix fait, le découpage de l'entreprise en centres de responsabilité doit couvrir l'ensemble de l'activité en leur affectant tous les éléments de coûts et de recettes sans en oublier aucun.

Cette exigence de chiffrer les enjeux financiers du découpage de l'organisation a contraint les entreprises à retenir un mode de pilotage spécifique qui permet un contrôle financier de toute l'organisation. C'est ainsi que s'est développée et diffusée la gestion budgétaire.

SECTION 2

LE PILOTAGE PAR LA GESTION BUDGÉTAIRE

La gestion budgétaire est un mode de pilotage à court terme qui englobe tous les aspects de l'activité de l'organisation dans un ensemble cohérent de prévisions chiffrées majoritairement financières : les budgets.

Périodiquement, les réalisations sont confrontées aux prévisions et permettent la mise en évidence d'écarts qui conduisent à des actions correctives qui doivent permettent de modifier le réel pour qu'il soit conforme aux prévisions.

1. La gestion budgétaire

Le plan comptable présente la gestion budgétaire comme « un **mode de gestion consistant à traduire en programmes d'action chiffrés appelés « budgets » les décisions prises par la direction avec la participation des responsables** ».

Il nous semble nécessaire d'y ajouter un aspect supplémentaire : celui du **contrôle *a posteriori* des réalisations** avec ces mêmes prévisions, par la mise en évidence d'écarts significatifs qui doivent **entraîner des actions correctives**.

En effet, cette gestion s'appuie sur un mode de pilotage de type boucle fermée avec rétroaction, à savoir :

GESTION BUDGÉTAIRE

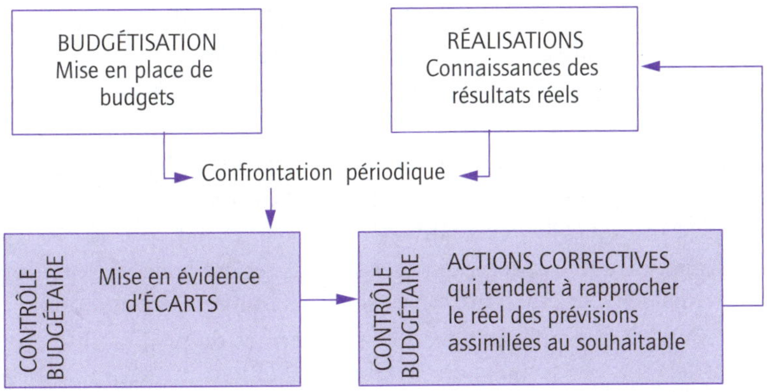

Sous cette forme, la gestion budgétaire doit être envisagée comme un système d'aide à la décision et au contrôle de la gestion composé de deux phases distinctes :

– la **budgétisation** c'est-à-dire l'élaboration des budgets (documents),

– le **contrôle budgétaire** constitué par le calcul des écarts et les actions correctives qu'il initie.

1.1 L'élaboration des budgets

Les pratiques de constitution des budgets diffèrent, selon les modes de gestion des entreprises. Sont distingués :

– les **budgets imposés** : la hiérarchie assigne à chaque responsable ses objectifs et lui affecte des moyens ;

– les **budgets négociés** : une procédure de navette est instituée entre les responsables opérationnels et leur hiérarchie sur des propositions d'objectifs. Les décisions sont prises sur des bases de consensus, la hiérarchie s'assurant seulement de leur cohérence avec la politique générale de l'entreprise.

La procédure budgétaire est longue, principalement dans le cas de budgets négociés. En effet :

– les premières directives relatives à l'exercice N sont formulées par la direction générale dès le début du second semestre N–1 et communiquées aux responsables budgétaires ;
– une proposition de budget est élaborée par chaque responsable courant septembre-octobre N–1 et remonte au contrôle de gestion ;
– la consolidation des différents budgets et leur nécessaire cohérence obligent à des navettes avant d'en arrêter la version définitive.

Certaines règles sont, en général, à respecter quelles que soient les pratiques d'élaboration :

– les budgets de l'année N doivent être établis en N–1 et impérativement approuvés avant le début de l'année N ;
– un réajustement des budgets est souhaitable dès février de l'année N.

Pour un exercice donné, les budgets doivent envisager :

– les activités d'exploitation de l'entreprise c'est-à-dire les niveaux des ventes et de la production, ainsi que les moyens humains à mettre en œuvre ;
– les conséquences monétaires de ces choix ;
– les incidences de décisions de moyen terme comme les opérations de financement ou d'investissement décidées en comité de direction.

Les budgets sont élaborés par fonction en respectant un déploiement particulier présenté en page 227 :

– le niveau des ventes souhaitables et prévues au budget doit être ajusté à la capacité réelle installée de production : cet ajustement définit les budgets de vente et de production aussi appelés **Budgets déterminants** ;
– ces plans d'actions acceptés, tous les autres budgets de fonctionnement des différents services peuvent être chiffrés : ce sont des **budgets dépendants** ;
– les impacts de toutes ces décisions en termes de profitabilité (compte de résultat prévisionnel) et en termes de patrimoine (Bilan prévisionnel) se retrouvent dans les **documents de synthèse prévisionnels**.

Pour être un mode de pilotage pertinent, la gestion budgétaire ne doit pas se contenter d'élaborer des prévisions chiffrées. Il faut transformer ces prévisions en « normes de fonctionnement souhaité » et faire en sorte que le réel soit le plus conforme possible aux prévisions. C'est pourquoi il faut lui adjoindre un contrôle budgétaire.

1.2 Le contrôle budgétaire

M. Gervais(1) définit le contrôle budgétaire comme « la **comparaison permanente des résultats réels et des prévisions** chiffrées figurant aux budgets afin :
– **de rechercher** la (ou les) cause(s) d'écarts,
– **d'informer** les différents niveaux hiérarchiques,
– **de prendre les mesures correctives** éventuellement nécessaires,
– **d'apprécier** l'activité des responsables budgétaires. »

L'ARTICULATION DES DIFFÉRENTS BUDGETS

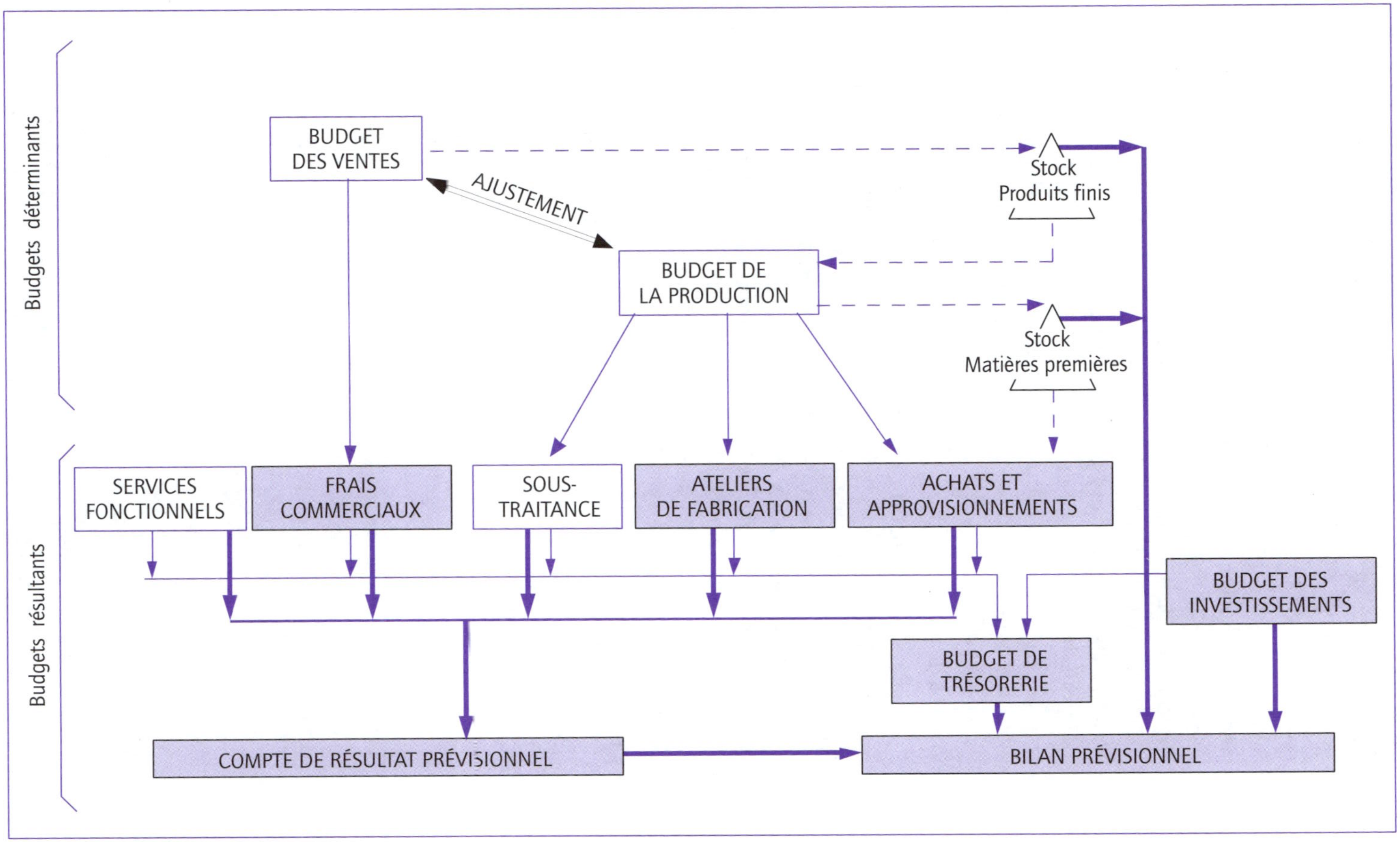

NB : Les zones en couleur représentent des budgets qui feront l'objet d'une étude spécifique dans la suite de cet ouvrage.

En ce sens, le contrôle budgétaire est une fonction partielle du contrôle de gestion dont dépend la qualité de ses interventions.

Pour un contrôle budgétaire efficace, le contrôle de gestion se doit de :

– **définir les centres de responsabilités** en évitant les chevauchements d'autorité ou les incohérences de rattachement hiérarchique ;
– **servir de liaison et d'arbitrage** entre les centres de responsabilité, en particulier en définissant clairement les modalités de cessions entres les centres ;
– **décider du degré d'autonomie délégué** aux centres et de faire respecter les orientations de politique générale de la firme ;
– **mettre en place des unités de mesure** des performances connues et acceptées par les responsables.

Sous ces conditions, le contrôle budgétaire pourra pleinement être perçu par les responsables opérationnels comme un service **qui les aide à maîtriser et à améliorer leur gestion**. Il incitera au dialogue et à la communication.

Système de pilotage à court terme, la gestion budgétaire joue :

– **un rôle de coordination des différents sous-systèmes** puisque le réseau des budgets s'étend à tous les aspects de l'entreprise, tant commercial, productif, que financier. Il permet une consolidation des actions chiffrées dans le budget général et la présentation de documents de synthèse prévisionnels cohérents avec le plan opérationnel défini plus haut ;
– **un rôle de simulation** rendu possible par l'informatisation des procédures d'élaboration des budgets, qui permet de tester plusieurs hypothèses de budgétisation. Cet aspect revêt de plus en plus d'importance face à l'incertitude et à la complexité des marchés actuels. L'informatique permet une gestion prévisionnelle en temps réel et un réajustement possible des budgets en cas de besoin.

La gestion budgétaire ne remplira ces rôles que dans la mesure où le réseau des budgets couvre toute l'activité de l'entreprise et respecte l'interaction existante entre les sous-ensembles qui la constituent.

1.3 Articulation entre budgétisation et analyse des écarts

Il faut bien comprendre les deux logiques qui cohabitent en gestion budgétaire.

La première étape de la gestion budgétaire, la budgétisation, consiste à élaborer tous les budgets, en partant des deux budgets déterminants, ventes et production, pour aboutir à l'articulation complète dans le budget général.

La seconde étape, le contrôle budgétaire, calcule les écarts entre prévisions et réalisations en partant du budget général pour remonter aux différentes composantes.

(1) *Gervais M.,* Contrôle de gestion et planification de l'entreprise, *Économica, 1990.*

Ceci peut être visualisé par le schéma suivant :

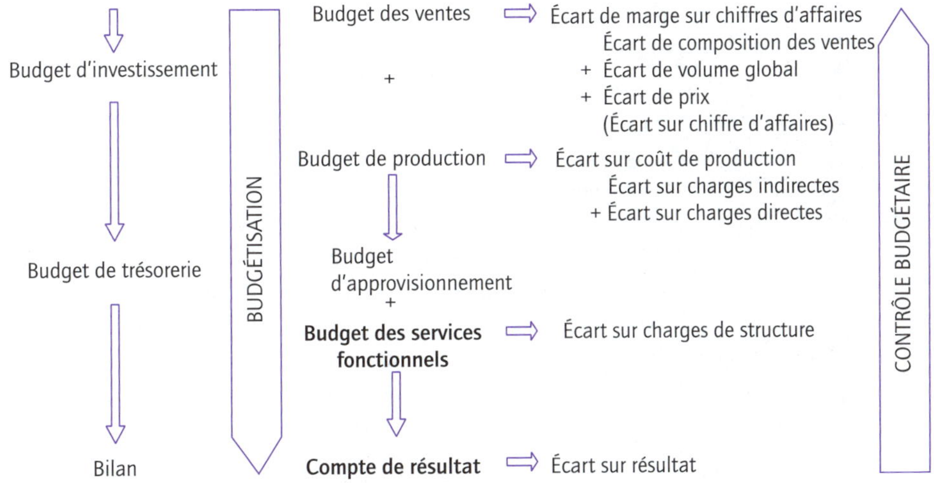

Il faut donc bien comprendre que l'analyse part d'un écart global sur résultat avant d'être décomposé selon les différents domaines, production, commercial et de services fonctionnels. C'est pourquoi le chapitre 12 doit être appréhendé comme un tout, en commençant par le contrôle budgétaire du résultat, puis de l'activité commerciale, puis de l'activité productive.

Toutefois, la gestion budgétaire dépasse largement le cadre des budgets et du contrôle budgétaire, elle constitue un mode de pilotage qui implique les responsables et qui prend en compte la dimension humaine du management qu'implique tout mode de pilotage.

1.4 Les acteurs et la gestion budgétaire

La mise en place de budgets s'accompagne très souvent d'une décentralisation des responsabilités par la création de centres de responsabilité de nature différente.

Chaque responsable est alors jugé sur sa capacité à, par exemple :

- respecter des consommations de ressources pour les responsables de centres de coûts,
- dégager des surplus financiers pour les responsables de centres de profit, tout en respectant des objectifs de volume.

a) La localisation des performances

Cette organisation suppose que le responsable **maîtrise** les éléments du budget (charges et/ou produits) affectés à son centre.

Dans cette optique, il est primordial que le calcul et la mise en évidence d'écarts respectent de façon stricte la localisation des responsabilités si l'on souhaite éviter des conflits sur la réalité de la performance mesurée.

EXEMPLE

Soit les liens suivants entre les ateliers A, B, C :

L'atelier C reçoit :

– les charges réelles générées par son activité propre ;

– le coût des prestations de l'atelier A selon le calcul suivant :

Nombre d'U.O. réellement consommées × Coût standard de l'U.O.

– le coût des prestations de B selon le même principe.

Ainsi, le chef d'atelier C est responsable :

– des charges engagées dans son propre centre ;

– de la consommation en volume des prestations des centres A et B mais pas du coût de cession de ces prestations qui dépendent des responsables des ateliers A et B.

Ce mode de calcul évite de transférer en cascade les dépassements de budgets de l'amont vers l'aval et de créer dans les centres de responsabilité des charges discrétionnaires, source de démotivation du personnel.

Ce strict respect de la localisation des performances permet également au contrôle budgétaire de remplir à plein son rôle de pilotage et, en autorisant une gestion par exception, de respecter l'autonomie déléguée aux responsables.

b) La gestion par exception

La gestion par exception ajoute au principe de pilotage défini ci-dessus des seuils ou des valeurs d'écarts en deçà desquels aucune action n'est entreprise.

Cette non-intervention peut s'entendre à **deux niveaux** :

– au **sein du centre**, dans ce cas, la valeur de l'écart étudié n'est pas jugée significative pour entreprendre une action corrective ;

– dans les rapports du centre avec le **niveau hiérarchique supérieur** : en deçà de limites fixées et acceptées, les actions d'amélioration à entreprendre sont de la responsabilité du responsable du centre, le niveau hiérarchique n'intervient plus que pour des écarts exceptionnels.

Ce mode de gestion peut être illustré par le schéma suivant :

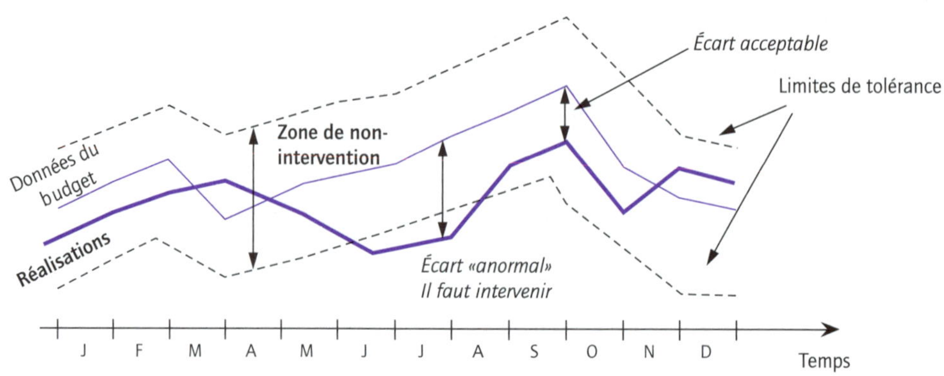

Libéré du suivi et des contrôles opérationnels du niveau N–1, chaque responsable peut se consacrer à une réflexion à moyen ou long terme sur le déploiement de la stratégie au niveau de ses responsabilités, voire à la réactualisation de cette dernière. Dans ce contexte, la gestion budgétaire s'insère dans un réseau de prévisions dont l'horizon est plus lointain.

2. La place de la gestion budgétaire dans la planification d'entreprise

Le mode de pilotage court terme autorisé par les budgets s'est avéré incapable d'anticiper les modifications de l'environnement de l'entreprise : il manquait à ces prévisions un cadre plus global qui indiquerait la direction à suivre et les moyens d'y parvenir : c'est l'objet des plans stratégique et opérationnel. C'est ce réseau de prévisions du long terme au court terme qui est appelé « planification » d'entreprise.

2.1 Stratégie et planification d'entreprise

La stratégie d'une entreprise peut se définir comme **un ensemble d'actions organisées en vue d'atteindre des objectifs par rapport à l'environnement**. Elle se doit d'assurer la pérennité de l'organisation tout en respectant un niveau de performance satisfaisant pour ses différents partenaires (dirigeants, actionnaires, personnel...).

Sa définition s'appuie sur une étude des forces et des faiblesses de l'entreprise qui doit déboucher sur un diagnostic tant externe qu'interne :

– **diagnostic externe** : il évalue **les opportunités et les menaces que représente l'environnement** pour l'avenir de l'entreprise ;

– **diagnostic interne** : il répertorie les **atouts et les points faibles de l'organisation**.

Ces évaluations ont pour objet la sélection des facteurs clés de succès comme :

– le positionnement en termes de prix,

– le savoir-faire technologique,

– la qualité des produits,

– le respect des délais...

qui dépendent, à la fois de l'entreprise, mais aussi de son secteur d'activité, ou encore, des lieux géographiques où elle exerce.

Les facteurs ainsi retenus vont permettre d'asseoir la stratégie de l'entreprise en définissant les ensembles marchés/produits/technologies sur lesquels elle entend assurer son développement futur.

En fonction des objectifs fixés, de l'analyse des forces et des faiblesses, la direction doit prévoir et organiser les actions et les ressources allouées pour diriger les activités : c'est la planification d'entreprise qui peut porter sur une période plus ou moins longue (trois à cinq ans).

Bien sûr les orientations prises à un moment peuvent être modifiées au fur et à mesure du déroulement de l'activité sur la période et des évolutions non prévues : c'est tout le rôle de la gestion qui est de **prévoir** (planification à moyen et long terme) mais aussi de **s'adapter** (aux changements à court terme).

Dans une entreprise, la planification peut être considérée comme **un système de données sur son futur**, tel qu'il est « désiré » par les responsables de la direction générale. Elle s'organise comme un ensemble d'informations prévisionnelles regroupées dans des plans à horizon de plus en plus restreint. Dans un processus de planification complet, on dénombre trois niveaux :

– un plan stratégique,

– un plan opérationnel,

– un ensemble de budgets qui constitue le cœur de la gestion budgétaire.

2.2 Les outils de la planification

La généralisation des procédures de planification s'est effectuée dans un environnement stable, en croissance régulière dans lequel anticiper pouvait être assimilé à prendre le passé et lui affecter un coefficient de croissance. Dans ce contexte, il n'était pas rare de voir des systèmes de planification établis sur une dizaine d'années.

a) Le plan stratégique

Le plan stratégique reprend les **points clés de la stratégie**, à savoir :

– les **marchés/produits/technologies** de l'entreprise ;

– les **objectifs** de cette dernière : buts quantifiés, par exemple un pourcentage de part de marché... ;

– les **moyens pour les atteindre** : croissance interne, externe, zones géographiques à privilégier...

Il retrace les différentes étapes souhaitées du devenir de l'entreprise. Son horizon se réduit considérablement avec l'impact de la mondialisation : de 5 à 10 ans dans les années 1980, il est, aujourd'hui, très souvent ramené à un horizon de 3-5 ans.

Ayant été élaboré à la suite d'une étude précise des forces et des faiblesses actuelles de l'entreprise et de son environnement, le **plan stratégique intègre les notions de « souhaitable » et de « possible » dans un ensemble cohérent et réaliste**. Sous cet aspect, il se **différencie complètement de la prospective**, qui imagine le futur, et dont l'horizon est beaucoup plus lointain.

Exprimant les grandes lignes d'un plan d'actions qui s'étend sur plusieurs années, sa forme est variée et les objectifs peu détaillés.

Ce plan est élaboré par la direction générale avec confrontation des responsables de chaque grande fonction de l'entreprise. Comme tout programme d'action, il doit être porté à la connaissance des responsables des unités décentralisées puisqu'il doit servir de cadre à leur action et leur permettre des propositions de mise en œuvre qui seront intégrées dans le plan opérationnel.

b) Le plan opérationnel

Le plan opérationnel est élaboré en accord ou sur proposition des centres de responsabilités. Il représente sur un horizon de deux à trois ans les **modalités pratiques de mise en œuvre de la stratégie**.

Cette programmation s'articule, pour chaque fonction, en :

– une planification des actions,

– une définition des responsabilités,
– une allocation de moyens financiers, humains et/ou techniques.

Il conduit à envisager le **futur proche de l'entreprise sous les aspects conjugués de sa viabilité, de sa rentabilité et de son financement**. C'est pourquoi il se subdivise, parfois, en plusieurs plans partiels :

– plan d'investissement,
– plan de financement,
– « documents de synthèse » prévisionnels,
– plan de ressources humaines.

Il constitue un passage obligé entre le plan stratégique et les budgets qui organisent l'activité au présent. Les liens entre ces différents documents sont variables selon la nature de la planification de l'entreprise ; celle-ci peut être :

– **intégrée**, et dans ce cas l'élaboration des plans est conjointe ainsi que leur mise à jour,
– **non liée**, et ce peut être le cas de PME qui déterminent certains axes de stratégie et utilisent les budgets comme seul élément de programmation de l'avenir.

Le plan opérationnel, quand il existe, demande de fréquents réajustements par rapport aux prévisions budgétaires et aux réalisations des exercices. C'est pourquoi certaines entreprises intègrent les budgets et le plan opérationnel dans un plan « glissant » où les données prévisionnelles sont de plus en plus précises et détaillées au fur et à mesure que l'on se rapproche de l'exercice en cours.

Au-delà de l'articulation des prévisions sur les différents horizons temporels, il est nécessaire d'organiser au quotidien l'autonomie de gestion des unités décentralisées de sorte qu'elles ne cherchent pas à privilégier leur intérêt au détriment de celui de l'entreprise et qu'elles connaissent les modalités d'arbitrage en cas de conflit inter-centres. Il s'agit aussi de motiver et de contrôler les actions des responsables des centres.

SECTION 3
ANIMATION DE LA STRUCTURE ET PRIX DE CESSION INTERNE

L'organisation en centres de responsabilité tente de généraliser, à l'intérieur de l'entreprise, des relations clients/fournisseurs où chacun cherche à réaliser au mieux les objectifs qui lui ont été fixés.

Les directions générales se sont alors servies de cette configuration pour motiver les responsables des centres en leur délégant du pouvoir (1).

Dans ce contexte, le contrôle de gestion doit essayer d'organiser les échanges internes entre centres en définissant des prix de cession entre entités ou prix de cession interne (2). Par ailleurs, il doit aussi organiser le suivi et la mesure de la performance des centres. En effet, très souvent, une partie de la rémunération des responsables est assise sur la performance calculée de ces centres.

1. Implication des acteurs

La prise de conscience du rôle important des acteurs, tant dans l'élaboration que dans l'utilisation des outils de gestion, a conduit les organisations à intégrer une gestion de l'implication et de la motivation de ces derniers.

Ainsi, les responsables de centres de responsabilité, par leurs actes ou leurs comportements, peuvent être des agents facilitateurs ou bloquants de l'efficacité du système.

Pour qu'une configuration décentralisée soit un instrument d'amélioration des performances, il est nécessaire que les responsables des unités décentralisées aient une bonne connaissance des enjeux stratégiques de l'organisation, qu'ils comprennent les objectifs qui leurs ont été assignés, qu'ils connaissent les critères sur lesquels seront évaluées leurs actions. Ces éléments ont conduit à deux modes d'animation des hommes, fortement imprégnés par la culture anglo-saxonne du contrat.

1.1 La direction par objectifs

A partir du système d'objectifs définis par la direction générale et sous contrainte budgétaire, les responsables des centres déterminent librement la mise en œuvre des moyens financiers, humains, techniques, les délais, et les critères de mesure pour les atteindre.

La direction par objectifs (DPO) cherche à gérer l'organisation avec ses objectifs tout en permettant la réalisation des besoins d'estime et d'épanouissement des individus et à contrôler l'activité **avec** les hommes, non contre eux.

P. Bouloc en donne la définition suivante : « La DPO est une technique de direction de l'entreprise qui vise à atteindre une plus grande efficacité par une meilleure utilisation des ressources humaines et matérielles. »

Mise en place aux États-Unis dans les années 70-80, la DPO se fonde sur deux idées-force et nécessite des conditions préalables pour que sa mise en place réussisse :

- L'organisation doit tenir compte de ses spécificités et de ses contingences.
- La satisfaction et l'accomplissement des motivations des participants permettent d'améliorer les résultats de l'organisation. (C'est la théorie Y de McGregor.)

Ces deux idées-force conditionnent un mode de gestion qui doit permettre à l'organisation de mieux atteindre ses objectifs et à l'individu de se sentir plus libre et plus responsable donc plus performant.

À partir du système d'objectifs définis par la direction générale, les responsables par fonction ou par produit déterminent librement les moyens financiers, humains, techniques, les délais, les critères de mesure pour les atteindre, sous une contrainte budgétaire.

Le fonctionnement d'un système de DPO comporte six phases :

- la fixation des objectifs généraux,
- la fixation des objectifs individuels,
- l'action individuelle en vue d'atteindre les objectifs,
- le contrôle des résultats,
- le lancement des actions correctives,
- l'évaluation des résultats des responsables.

Quelquefois, la participation des responsables est sollicitée dès la définition des objectifs de sorte que la direction soit plus collégiale dès le début du processus. Dans ce cas, on parle de « **direction participative par objectifs (DPPO)** ».

1.2 Le système des sanctions récompenses

Les mécanismes de contrôle mis en place doivent être compris de tous, jugés adaptés aux objectifs et aux moyens alloués. Dans ce cas, ils deviennent des outils de gestion et de conseil. Ils autorisent une plus grande responsabilisation des hommes. Les résultats mesurés deviennent légitimes pour asseoir une partie de la rémunération des responsables.

Les résultats de leurs actions s'inscrivent dans un système de sanctions récompenses.

a) Les sanctions

Même avec l'évolution de la conception du contrôle, une connotation péjorative reste attachée à la notion de sanction. Deux types de sanction coexistent :

- la sanction la plus « classique » vient du supérieur hiérarchique qui demande des explications et des justifications sur les mauvais résultats obtenus. Le responsable ressent l'évaluation autant pour lui-même que pour les actions menées ;
- la sanction plus « récente » consiste en une auto-critique du responsable. Il mesure l'écart entre les prévisions et les réalisations et met en place les procédures correctives pour améliorer la gestion future. La marge de manœuvre laissée au responsable varie selon les entreprises et les processus d'auto-contrôle peuvent être supervisés par la hiérarchie pour ne pas trop laisser dériver le système.

b) Les récompenses

Elles peuvent prendre de nombreuses formes. Les premières sont souvent d'ordre pécuniaire mais, si l'on tient compte des analyses d'Herzberg, il faut aussi mettre en place des systèmes de récompense fondés sur d'autres motivations :

- une responsabilité plus large,
- une possibilité de promotion,
- des moyens de travail plus importants,
- une considération et une participation plus grandes, etc.

c) Le contrôle de gestion et les systèmes de sanction et de récompense

Au-delà de sa dimension technique et comptable pour gérer l'activité, le contrôle de gestion est aussi un système d'animation qui influence le comportement, la motivation et la participation des individus. La direction et le contrôleur de gestion doivent donc être vigilants lors de la mise en place des objectifs, des procédures et des critères pour que les individus participent le plus efficacement possible à l'organisation.

Support de rémunération des acteurs, les performances des centres doivent être correctement évaluées. Ces dernières dépendent fortement de la définition des prix de cession interne qui organisent les cessions inter-centres.

Ces prix, qui organisent les relations entre division acheteuse et division vendeuse, doivent être construits en respectant trois objectifs difficilement conciliables :

- le maintien de l'efficacité de l'organisation, c'est-à-dire engager localement des actions qui restent en cohérence avec la stratégie du groupe ;

– une juste mesure de l'efficience de chaque centre ;
– le respect de l'autonomie déléguée au responsable, garant de sa motivation.

2. La détermination des prix de cession internes

Les échanges entre centres de profit ou d'investissement d'une même entité doivent, dans la logique de cette organisation, être réglés par l'intermédiaire d'un prix. Plusieurs méthodes existent pour fixer ces prix dits prix de cession internes.

2.1 Notion de prix de cession interne

a) Définition

Le prix de cession interne permet la valorisation des transferts entre unités productives. Il est alors possible d'établir un compte de résultat où les produits sont constitués par le chiffre d'affaires extérieur (avec les clients finals) et le chiffre d'affaires interne (avec les centres acheteurs de l'entreprise).

Ce compte de résultat peut être établi dans le cas où le centre «vendeur» n'a pas accès au marché final : la définition du prix reconstruit à l'intérieur de l'entreprise des « micro-entités » dont la direction souhaite qu'elles soient gérées comme des entités autonomes.

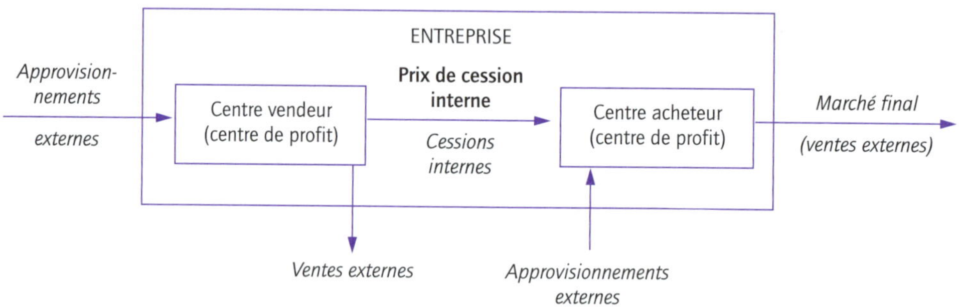

Or, la performance d'un centre est influencée par l'existence des cessions internes puisque ce qui est un coût pour le centre acheteur est une recette pour le centre vendeur.

La fixation des prix de cession interne doit donc permettre :
– une **juste mesure des performances** des centres concernés,
– une **convergence des intérêts** entre la division et l'entreprise,
– un **respect de l'autonomie déléguée** aux centres de responsabilité.

b) Prix de cession interne et résultat global

Un prix de cession interne est défini soit par rapport au coût, soit par rapport au marché mais, quel que soit son niveau, il est **neutre sur le résultat global** de l'entreprise. Sa définition n'influence que le niveau des résultats partiels de chaque centre.

THÈME D'APPLICATION

Soient les liens suivants entre centres de responsabilité (par simplification, le centre vendeur n'a pas d'accès possible à un marché final) : cession de la totalité de la production du centre A au centre B, soit 1 000 unités.

Premier cas : Prix de cession égal à 40 €

ENTREPRISE			
Centre A (vendeur)		*Centre B (acheteur)*	
Cessions internes : 40 € × 1 000 =	*40 000*	Chiffre d'affaires : 70 € × 1 000 =	*70 000*
Achats externes variables :	20 000	*Achats internes :* 40 € × 1 000 =	*40 000*
Autres charges fixes :	15 000	Autres charges fixes	12 000
Résultat :	**5 000**	Résultat :	**18 000**
Résultat global de l'entreprise : 23 000 €			

Deuxième cas : Prix de cession égal à 50 €

ENTREPRISE			
Centre A (vendeur)		*Centre B (acheteur)*	
Cessions internes : 50 € × 1 000 =	*50 000*	Chiffre d'affaires : 70 € × 1 000 =	*70 000*
Achats externes variables :	20 000	*Achats internes :* 50 € × 1 000 =	*50 000*
Autres charges fixes :	15 000	Autres charges fixes	12 000
Résultat :	**15 000**	Résultat :	**8 000**
Résultat global de l'entreprise : 23 000 €			

Il est possible de constater que, dans les deux cas, le résultat de l'entreprise est identique, seule la localisation partielle des performances des centres est déplacée.

c) Prix de cession et valorisation des stocks

Dans le cas de cessions internes valorisées à un coût conventionnel, une distorsion est introduite dans la valeur des stocks de fin de période.

Très souvent, le coût conventionnel est constitué par le coût de revient du produit auquel est ajoutée une marge qui doit permettre de rémunérer le service offert par le centre vendeur.

Son utilisation introduit, dans le coût des produits cédés, une part de résultat. **Ce résultat est fictif puisqu'il ne peut y avoir de résultats réels au sein d'une entreprise que lorsque la vente se dénoue par une confrontation avec le marché.**

Lorsque les biens cédés sont intégrés en totalité dans les fabrications de la division acheteuse et vendus, l'apparition de bénéfices fictifs n'entraîne pas de conséquence sur le résultat de l'entreprise.

EXEMPLE

L'établissement A cède 1 000 produits au prix conventionnel de 120 € l'un à l'établissement B. Le coût de revient d'un produit est de 110 €. Ces produits ont été inclus dans les fabrications de la division B.

Hypothèse 1 : Toutes les fabrications de B ont été vendues.

Division A : elle dégage un bénéfice fictif sur la cession qui s'élève à :
1000 produits (120 € – 110 €) = 10 000 €
Division B : le coût de revient des produits finis de B est majoré de 10 000 €, et pour un prix de vente inchangé, le bénéfice de la division B est diminué de la même somme.
Pour l'entreprise : l'opération est neutre, ce qui est gagné par un établissement est perdu par l'autre.

La difficulté survient lorsque toutes les fabrications de la division acheteuse et incluant des cessions internes ne sont pas vendues. Il subsiste dans les stocks de fin de période une partie du bénéfice fictif qu'il faut régulariser en fin d'exercice, de telle sorte que les stocks présentent une évaluation en coûts réels.

EXEMPLE (SUITE)

Hypothèse 2 : les 1 000 produits reçus de la division A ont été partagés en deux lots :
– 200 sont encore en stock de matières premières, 800 ont été intégrés aux fabrications de la division B ;
– parmi les 800 produits finis, 700 ont été vendus en dégageant un bénéfice de 20 € par produit.
Le bénéfice fictif de 10 000 € dégagé par la division A se retrouve au sein de la division B par :
– une minoration du résultat sur les 700 produits vendus égale à : 10 € × 700, soit 7 000 € ;
– une surévaluation des stocks :
  • de produits finis : 100 produits × 10 € = 1 000 €
  • de matières premières : 200 produits × 10 € = 2 000 €

Il faut donc dans le cas de cessions internes valorisées à un coût conventionnel retraiter les stocks lors de la consolidation des résultats.

L'impact comptable des prix de cession ayant été analysé, il faut maintenant nous interroger sur leur mode de fixation. Il existe deux grandes familles de méthodes de fixation des prix : une fondée sur les coûts, l'autre sur les prix. Après leur étude, nous envisagerons les conditions théoriques de leur utilisation.

2.2 Les méthodes fondées sur les coûts

Nous examinerons successivement :
– le coût réel,
– le coût standard complet,
– le coût d'opportunité.

a) Le coût réel

L'utilisation de coûts réels pour valoriser les prestations entre centres, bien qu'il puisse apparaître simple et « naturel », n'est pas à retenir car il ne permet pas la localisation des responsabilités.

En effet, **le coût réel transfère l'efficience ou l'inefficience du centre vendeur vers celui qui reçoit la prestation.**

THÈME D'APPLICATION

Soit un centre A qui produit un composant dont le coût standard est le suivant : 30 € de charges variables unitaires et 20 € de charges fixes pour une production prévue de 1 000 unités. Toute sa production est cédée au centre B au coût réel majoré d'une marge de 5 %. Le centre acheteur B adjoint à ce produit un autre composant acheté à l'extérieur dont le coût d'achat unitaire est de

10 €. Le montage du produit final coûte 2 € par unité montée. Le produit est vendu sur un marché final au prix de 80 €.

Compte tenu des données fournies, le contrôle de gestion s'attend :

– *pour le centre vendeur A* :

- à une production à un coût réel égal au coût standard, soit 50 € ;
- à un prix de cession qui est égal à 50 € × 1,05 = 52,50 € ;
- à un résultat du centre égal à : 50 € × 5 % × 1 000 unités = 2 500 € ;

– *pour le centre acheteur B* :

- à un coût de revient réel du produit monté égal à : 52,50 € + 10 € + 2 € = 64,50 € ;
- à un résultat du centre égal à : (80 – 64,5) × 1 000 unités = 15 500 € ;

le résultat de l'entreprise devant être égal à : 2 500 + 15 500 = 18 000 €, soit : (80 – (50 + 10 + 2)) × 1 000 unités.

Supposons que dans la réalité le centre A n'ait pu respecter ses contraintes de production : son coût de revient unitaire s'élève à 56 €. Par contre, le centre B a pleinement satisfait à ses engagements.

Il apparaît que :

– le résultat du centre A est de 56 × 5 % × 1 000 unités = 2,8 € × 1 000 = 2 800 € ;
– le prix de cession devient : 56 × 1,05 = 58,8 € ;
– le coût de revient du centre B est égal à : 58,80 + 10 + 2 = 70,80 € ;
– et son résultat est de : (80 – 70,80) × 1 000 unités = 9 200 €.

En conséquence : le résultat global réel est de : (80 – (56 + 10 + 2)) × 1 000 = 12 000, qui se répartissent en : 2 800 + 9 200, soit une diminution de 6 000 € par rapport au résultat attendu.

Le centre A est inefficient de 6 € par produit, ce qui implique une perte de 6 000 €, soit la perte du résultat réel. Pourtant le résultat du centre est supérieur au résultat attendu de 300 € (2 800 € au lieu de 2 500 €). Ce phénomène s'explique par la définition du prix de cession et plus particulièrement du mode de fixation de la marge : comme la marge s'exprime en pourcentage du coût réel, plus ce dernier est élevé, plus la marge est importante (6 € × 5 % × 1 000 unités = 300 €).

Ici la définition de l'indicateur conduit à des comportements contradictoires avec l'objectif fixé à l'organisation en centres de responsabilité : normalement plus le centre est efficient, plus son résultat doit s'accroître et le jugement porté sur sa performance être favorable ; compte tenu du mode de fixation du prix de cession, c'est l'inverse qui se passe.

Le centre B qui a pleinement satisfait à ses obligations voit son résultat se détériorer de 6 300 € (9 200 € au lieu de 15 500 € attendus), ce qui correspond au transfert :

– de l'inefficience du centre A pour 6 000 €,
– de l'accroissement de marge du centre A répercutée dans le coût d'achat pour 300 €.

Le choix d'un prix de cession égal à un coût réel ne conduit pas les **centres amont** à l'efficience puisqu'ils peuvent ainsi répercuter leur non-productivité vers les **centres aval** : il n'y a pas de localisation des performances.

C'est pourquoi le coût réel est rarement retenu comme prix de cession interne pour juger de la performance des centres de responsabilité et bien qu'il paraisse « évident » dans les transferts entre centres productifs, compte tenu de ses liens avec la comptabilité de gestion.

b) Le coût standard complet

Il permet **une localisation des performances** ; en effet :

– la division vendeuse sera contrôlée par la mise en évidence d'écarts entre des données réelles et des données standards en quantité et valeur ;

– la division acheteuse ne sera responsable que de la consommation (quantités) des sous-ensembles achetés.

Cette méthode présente des inconvénients dès lors que la division acheteuse a la possibilité (et la liberté) de s'approvisionner ailleurs.

■ *Pour le centre « fournisseur »*

La performance de ce dernier dépend des quantités achetées par le centre « client » : une sous-consommation par rapport au budget ne permet pas l'absorption complète des charges fixes, alors qu'une sur-consommation présente l'effet inverse. Dans les deux cas, **il y une influence sur le résultat du centre « fournisseur » sans que celui-ci n'en soit responsable.**

THÈME D'APPLICATION (SUITE)

Soit le centre A dont les charges prévues sont de :

- 30 € de charges variables unitaires et
- 20 000 € de charges fixes pour une production normale de 1 000 unités.

Le prix de cession est fixé au coût standard unitaire plus 3 € de marge soit 53 €.

Le résultat budgété du centre est de 3 000 €.

La capacité maximale du centre est de 1 100 unités. Compte tenu de la nature de la production du centre A, celle-ci ne peut être écoulée qu'auprès du centre B.

Premier cas : Le centre B limite ses achats à 800 produits

ENTREPRISE			
Centre A (vendeur)		*Centre B (acheteur)*	
Cessions internes : 53 × 800 =	*42 400*	Chiffre d'affaires : 75 × 800 =	*60 000*
Achats externes : 30 × 800 =	24 000	*Achats internes : 53 × 800 =*	*42 400*
Autres charges fixes :	20 000	Autres charges fixes	12 000
Résultat :	**– 1 600**	Résultat :	**5 600**
Coût de revient réel : **55 €**			
Résultat global de l'entreprise : 4 000			

Deuxième cas : Le centre B porte ses achats à 1 100 produits

ENTREPRISE			
Centre A (vendeur)		*Centre B (acheteur)*	
Cessions internes : 53 × 1 100 =	*58 300*	Chiffre d'affaires : 75 × 1 100 =	*82 500*
Achats externes : 35 × 1 100 =	33 000	*Achats internes : 53 × 1 100 =*	*58 300*
Autres charges fixes :	20 000	Autres charges fixes	12 000
Résultat :	**5 300**	Résultat :	**12 200**
Coût de revient réel : **48,18 €**			
Résultat global de l'entreprise : 17 500			

En global, le résultat de l'entreprise change, ce qui est normal puisque la configuration avec le marché ne porte pas sur les mêmes quantités : l'écart de résultat peut s'analyser comme la marge générée par la différence des quantités vendues : (75 – 30) × 300 produits = 13 500.

Mais, dans le même temps, le centre A, qui a rempli ses obligations en termes de maîtrise de coûts, voit son résultat et donc sa performance apparente se dégrader ou s'améliorer sans pouvoir y faire quelque chose puisque ce sont les achats du centre B qui entraînent une plus ou moins bonne absorption des charges fixes.

■ *Pour le centre « client »*

Ce centre considère ce prix de cession comme un coût variable alors qu'il comprend des charges fixes. **La recherche de l'optimisation** du résultat de l'entreprise risque alors de **porter sur des choix économiques mal fondés.**

THÈME D'APPLICATION (SUITE)

Retrouvons le centre A.
Compte tenu d'une forte concurrence sur le marché final de B, celui-ci fixe ses achats à 800 unités.
Le centre A propose alors à un centre C appartenant à la même entreprise ses 200 composants au coût standard de 50 €. Ce dernier peut les intégrer dans un produit vendu 80 € mais qui demande 15 € de charges variables unitaires et 5 000 € de charges fixes.

ENTREPRISE					
Centre A (vendeur)		*Centre B (acheteur)*		*Centre C (acheteur)*	
Cessions internes vers B :		Chiffre d'affaires :		Chiffre d'affaires :	
53 € × 800 =	*42 400*	75 € × 800 =	*60 000*	80 € × 200 =	16 000
Cessions internes vers C :					
50 € × 200 =	*10 000*				
Charges variables :		*Achats internes :*		*Achats internes :*	
30 € × 1 000 =	30 000	*53 € × 600 =*	*42 400*	*50 € × 200 =*	*10 000*
Charges fixes :	20 000	Autres charges :	12 000	Autres charges :	
				15 € × 200 + 5 000=	8 000
Résultat :	**2 400**	Résultat :	**5 600**	Résultat :	**– 2 000**
Coût de revient réel : **50 €**					
Résultat global de l'entreprise : 6 000					

Le centre C perçoit le prix d'achat du composant comme un coût variable alors qu'il est constitué d'une partie de charges fixes. Cette illusion conduit le centre C à refuser cette proposition puisqu'elle génère, dans la vision de C, un résultat déficitaire. Pourtant au niveau global, l'entreprise a intérêt à ce que cette solution soit retenue : nous sommes en présence de l'application du principe voulant que les optimums locaux ne soient pas synonymes d'optimum global.

Résultat de l'entreprise si les cessions à C ne se font pas :

- Chiffre d'affaires B : 60 000
- Charges variables A : 24 000 (800 × 30 €)
- Charges fixes A : 20 000
- Autres charges B : 12 000
- Résultat : + 4 000

C'est pourquoi, cette technique de coût standard complet n'est retenue que sous certaines conditions :
– la cession interne a lieu entre **deux centres de coûts** ;
– les centres sont **obligés de travailler ensemble** parce que le centre «client» n'a pas de liberté en matière d'approvisionnement (pas de partenaires de rechange possibles tant à l'intérieur qu'à l'extérieur de l'entreprise).

Pour éviter les inconvénients évoqués, il est possible de mettre en œuvre une solution peu pratique mais plus juste : le prix de cession est égal au **coût variable standard plus un forfait.**

Le plus souvent, ce **forfait représente un abonnement à la couverture des charges fixes budgétées.** Les cessions (en quantité) supérieures à celles budgétées sont alors valorisées uniquement au coût variable.

Cette pratique conduit le centre « acheteur » à acquérir au moins les quantités budgétées, tout en maintenant la justesse de la classification des charges au sein de l'entreprise.

Quelquefois, ce forfait peut, outre l'abonnement des charges de structure, comprendre une marge quand le centre acheteur est un centre de profit et qu'il ne possède pas d'autres sources d'approvisionnement.

Dans ce cas, les services centraux définissent les modalités de fonctionnement des transferts entre les centres ; mais alors la règle de l'autonomie de gestion des centres concernés n'est plus respectée.

c) Le coût d'opportunité

Ne prendre en compte que les coûts « positifs » revient à considérer que l'entité dispose de capacités non utilisées, qu'elles ne pouvaient être affectées à aucune autre activité, et qu'il serait possible de s'en séparer si la prestation interne n'a pas lieu et qu'aucun autre client profitable n'est envisageable.

Dans les faits, très souvent, la prestation interne oblige à renoncer à une recette : dans cette perspective, **le vrai coût est la perte de recette, c'est-à-dire le manque à gagner, donc le coût d'opportunité**.

EXEMPLE

Soit une relation entre deux entités appartenant à la même entreprise. Leurs relations sont synthétisées dans la figure suivante :

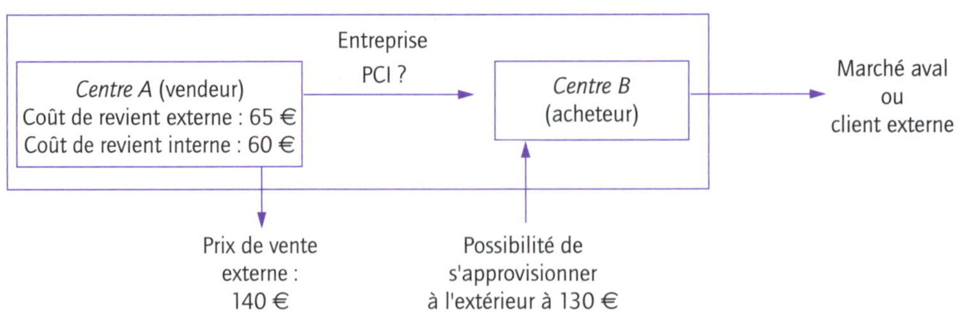

La livraison en interne fait économiser au centre A des frais de commercialisation, ce qui explique la différence de coût de revient.

Quel doit être le prix de cession interne ?

Dans ce contexte, la pièce est produite et peut manifestement être écoulée sur le marché extérieur, à 140 €. La livrer en interne conduit à renoncer à cette recette supplémentaire. Dans le même temps, elle permet une économie de 5 € sur les coûts de commercialisation. Le prix de cession doit alors être fixé à 140 – 5 = 135 €.

À ce prix, le centre acheteur pourra préférer s'approvisionner en externe à 130 €.

En règle générale, les méthodes fondées sur les coûts sont préconisées pour **les transferts entre centres productifs principalement quand il n'existe pas d'autres sources possibles d'approvisionnement** ou quand la direction générale décide, pour des raisons stratégiques, de privilégier un approvisionnement interne.

2.3 Les méthodes fondées sur le prix du marché

La référence au marché semble « logique » dans le cas de transferts entre divisions, érigées en centres de profit ou de rentabilité.

Nous envisagerons les pratiques suivantes :

– le prix du marché,

– le prix du marché à moyen terme,

– le prix du marché moins une commission.

a) Le prix du marché

Cette pratique permet d'**inciter les centres de profit concernés à une attitude d'entrepreneur** en permettant des choix économiques réalistes.

Cela suppose **des produits banalisés dont les approvisionnements sont aisés et le prix de référence connu.** Dans ce cas, l'utilisation du prix du marché comme prix de transfert pousse le centre « vendeur » à une efficience identique à celle du marché puisque le centre « client » peut s'approvisionner librement et à un coût connu à l'extérieur.

b) Le prix du marché à moyen terme

Le prix du marché peut être considéré comme une référence en cas de fonctionnement normal du marché, mais il peut arriver que le marché soit en période de surcapacité. Dans ce contexte, les entreprises extérieures, dans un souci de rentabilisation de leurs propres installations, proposent leurs produits à un prix proche de leur coût marginal.

Le moyen d'assurer à la division vendeuse une certaine pérennité est **de lier les deux divisions**, l'acheteuse et la vendeuse, **par des engagements pluriannuels de livraisons/achats sur la base d'un prix du marché à moyen terme**, contrats qui doivent prévoir les modalités d'indexation de ce prix.

Cette solution semble également nécessaire quand le centre vendeur doit investir pour satisfaire les besoins du centre acheteur.

Dans ce cas, c'est à la direction générale de définir les modalités de cession (prix et conditions de révision de ce dernier) et d'arbitrer des conflits éventuels.

c) Le prix du marché moins une commission

Cette technique est préconisée lorsque les transferts ont lieu entre une division de fabrication et une division commerciale.

La cession est alors **valorisée au prix du marché final (celui des consommateurs) moins une commission qui doit servir à couvrir les coûts de distribution des produits concernés engagés par la division commerciale**.

Les méthodes fondées sur le prix du marché sont plutôt utilisées dans des entreprises où les entités responsables ont peu de complémentarité et où les directions générales laissent aux unités décentralisées une large autonomie de gestion.

Ainsi, le choix d'un prix de cession est dépendant du type de produit, des possibilités d'approvisionnement et du mode de gestion des entreprises.

2.4 Critères de choix pour fixer un prix de cession

La fixation des prix de cession soulève donc un certain nombre d'interrogations sur le rôle assigné à ces prix de transfert par la direction générale. S'agit-il :

- d'évaluer la contribution de chaque centre à la chaîne de valeur, pour choisir entre « faire » ou « faire faire » ?
- de réguler le pilotage de l'entreprise mise sous contrainte, une fois les choix stratégiques d'externalisation décidés ?

Il semble que les choix soient contingents mais que deux critères puissent être mis en avant : la nature des sources d'approvisionnement et la nature de la stratégie.

a) La nature des sources d'approvisionnement

J. Dearden[(1)] distingue quatre cas.

• Des produits pour lesquels il n'existe pas de marché intermédiaire ou que l'entreprise ne veut pas externaliser pour des raisons de confidentialité technique : pour ces produits, il propose un prix de cession égal à un coût plus une marge.

• Des produits qui peuvent à terme être sous-traités : il faut auparavant rentabiliser les investissements effectués ; dans ce cas, le prix du marché à long terme doit être retenu car il incite le centre de profit à se mesurer à l'extérieur.

• Des produits qui peuvent être immédiatement sous traités sans mise au rebut des installations car elles sont peu spécialisées. Le prix de cession doit être le fruit d'une négociation entre les centres autour d'un prix égal soit à :

– un coût majoré d'une marge,

– un prix de marché moins une décote.

• Des produits interchangeables dont la source d'approvisionnement peut être facilement modifiée : le prix du marché s'impose, il est logique car il recrée en interne les conditions du marché.

---

(1) J. Dearden, Cours de contrôle de gestion, *Harvard Business School.*

b) La nature de la stratégie

Sur la base d'une étude empirique, R. Eccles[1] définit un lien entre types de stratégie et politique de prix de cession internes :

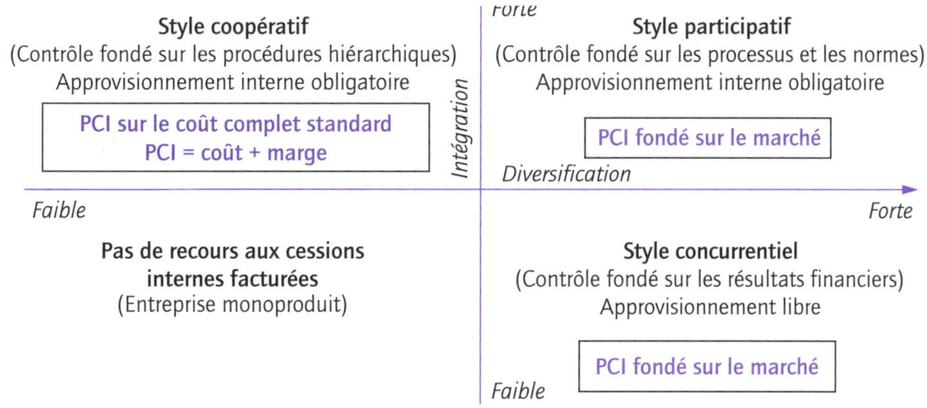

• **Le type concurrentiel** correspond à des organisations très diversifiées et peu intégrées, comme des conglomérats, et fait reposer le contrôle sur la rentabilité de chaque centre. Le marché est souverain et les prix du marché restent la référence en matière de prix de cession.

• **Le type coopératif** correspond à des entreprises fortement intégrées et peu diversifiées : il s'agit de rentabiliser des investissements lourds ; aussi la stratégie de l'entreprise est définie pour tout le groupe, elle privilégie l'approvisionnement interne et la coopération entre les différentes unités : le prix de cession doit permettre d'optimiser les ressources. Les choix stratégiques sont effectués, il s'agit pour les entités de les appliquer. La mesure de la performance est établie par comparaison des résultats aux budgets. Le mode de fixation des prix de cession interne est fondé sur les coûts plus une marge avec une préférence pour le coût complet standard.

• **Le type participatif** correspond à des organisations fortement intégrées et diversifiées. L'approvisionnement interne reste privilégié mais la diversification pousse au choix de prix de cession fondés sur le marché.

CONCLUSION

La définition des centres de responsabilité se situe au carrefour de plusieurs préoccupations :

– **définir un jugement sur l'efficacité de l'entreprise** et de sa mise en œuvre de stratégie ;

– **mesurer l'efficience des centres** et leur participation à la chaîne de valeur ;

– **dynamiser la structure** en déléguant un certain nombre de responsabilités.

La définition du prix de cession interne est le moyen de mettre en œuvre les préoccupations précédentes : les choix retenus sont forcément contingents puisque les finalités des directions générales sont différentes.

(1) R. Eccles, « Prix de cession interne », *Harvar L'Expansion, hiver 1984-1985.*

Mais, quel que soit le mode de fixation des prix de cession retenu, certaines questions doivent être clarifiées :

– par rapport aux prix :
  - qui les fixe ?
  - selon quelles modalités ?
  - en montant absolu ou par rapport à une formule ?
– par rapport aux approvisionnements :
  - quelle liberté subsiste en matière d'approvisionnement ?
  - qui choisit : le fournisseur ou le client ?
– par rapport aux conflits :
  - qui arbitre les conflits ?
  - quand le système est-il remis à plat ?

APPLICATIONS

APPLICATION 1

Sociétés Plastym et Agro

La société Plastym et la société Agro sont des filiales d'une même *société mère.*

Dans le cadre de la politique du groupe, la société Plastym doit, en particulier, réserver annuellement 300 tonnes de sa production de films plastiques de type Q pour la société Agro. Le prix de transfert est défini comme étant le *coût de revient complet standard* supporté par la société Plastym.

La société Agro, à partir des films plastiques Q qui lui sont livrés en rouleaux, obtient des liasses de sacs de congélation. Avec 300 tonnes de films Q, elle obtient 300 tonnes de liasses. La société Agro ne vend des liasses qu'à l'extérieur du groupe.

Pour l'année à venir, les informations prévisionnelles suivantes ont été collectées :

• ***Chez la société Plastym :***

Prix de vente du film Q sur le marché externe au groupe	4 780 € la tonne
Coût standard de production (*sur la base d'une production normale de 2 300 tonnes de films Q*) :	
– variable	1 000 € par tonne
– fixe	3 000 € par tonne
Volume prévu des ventes de films Q (y compris partie réservée)	2 300 tonnes
Capacité de production encore disponible de films Q	3 tonnes

• ***Chez la société Agro :***

Prix de vente des liasses sur le marché européen	5 100 € la tonne
Frais de transformation des films en liasses :	
– variable	100 € par tonne
– fixe pour une production normale de 300 t	300 € par tonne
Capacité de production totale de liasses	350 tonnes

QUESTIONS

1. **Calculer le résultat dégagé par la société Plastym sur les ventes de films Q et le résultat dégagé par la société Agro sur les ventes de liasses.**

2. **L'addition de ces deux résultats (prévisionnels ou historiques) donne le résultat «apparent» du groupe pour ces deux entités. Ce résultat «apparent» reflète-t-il toujours la performance réelle d'Agro et de Plastym ? Illustrer vos propos en envisageant successivement :**
   - **cas 1 : une activité de Plastym réduite à 2000 t suite à des difficultés techniques sur ses installations ;**
   - **cas 2 : une réduction des achats d'Agro à 200 t, sans que Plastym puisse compenser ses ventes en externe.**

Une opportunité commerciale, non prévue lors des programmes prévisionnels, s'offre aux responsables de la société Agro, sous la forme d'une vente globale possible (vers un pays d'Asie du Sud-Est) de 40 tonnes de liasses de sacs de congélation, au prix de 4 500 € la tonne.

Le lancement éventuel de cette commande ne nécessiterait pas un accroissement des charges de structure, et n'entraînerait pas de phénomène d'économie (ou de déséconomie) d'échelle.

QUESTIONS

3. **Les responsables de la société Agro accepteront-ils cette commande marginale (justifier la réponse) ?**
4. **Les responsables de la société mère ont été informés de cette opportunité. Appuieront-ils la décision des responsables de la société Agro (justifier la réponse) ?**

(d'après DECF)

APPLICATION 2

Société Abis

La société Abis est spécialisée dans l'éclairage sub-aquatique. Elle s'est créée une excellente réputation dans le milieu des plongueurs grâce à ses « torches sous-marines » d'une très haute qualité et d'une grande fiabilité : lumière halogène alimentée par accumulateurs rechargeables, étanchéité en eau profonde, montage électronique novateur.

Au cours des années, l'entreprise a cherché à étendre sa gamme de produits. Elle propose ainsi, en plus des torches, un modèle « lampe de tête tous sports », puissant, rechargeable et étanche, très apprécié par les spéléologues et les spécialistes de la protection civile.

M. Vialet, fondateur et président de cette société, a pris un soin tout particulier à la conception de la structure des responsabilités. Soucieux de préserver la qualité des produits à l'origine de la renommée de la société, il a constamment veillé à assurer la dynamisation de l'organisation et des individus qui la font vivre. Forte délégation de pouvoirs et des responsabilités, esprit d'initiative et d'équipe sont les caractères majeurs de cette société sur le plan organisationnel.

Tout récemment, ont été créées des « divisions autonomes », chacune constituant un centre de profit :

- la division « Éclairage sous-marin », directeur M. Babe : elle regroupe la fabrication et la vente de torches sous-marines » et des « lampes de tête tous sports » et constitue le noyau dur de l'entreprise son domaine de spécialité ;
- la division « Chargeurs », directeur M. Tomasi : elle produit les chargeurs destinés aux accumulateurs des éclairages rechargeables ; ces chargeurs, parfaitement adaptés aux éclairages sous-marins, sont un élément fondamental de la parfaite qualité des produits vendus par la société.

La division « chargeurs » livre la plus grande part de sa fabrication à la division « Éclairage sous-marin ». Il a été défini un prix de transfert de 36 € l'unité (120 % du coût standard de fabrication). Par ailleurs, cette division « Chargeurs » est autorisée à vendre directement sur le marché ; elle trouve ainsi des débouchés pour sa production excédentaire.

Actuellement, la division « Chargeurs » écoule principalement sa production auprès de la division « Éclairage sous-marin » pour 60 000 unités et auprès d'une entreprise locale qui assure un débouché annuel de 20 000 produits pour un prix de 42 € pièce. Disposant d'une capacité de 100 000 produits, la division « Chargeurs » a cherché de nouveaux clients. Une offre d'achat *non fractionnable* de 25 000 unités par an lui est parvenue au prix de 38 € l'unité. Dans le même temps, la division « Éclairage sous-marin » a fait savoir qu'elle portait sa demande à 80 000 unités.

QUESTIONS

1. **Sachant qu'il ne peut augmenter sa capacité de production, et soucieux d'améliorer la performance de sa division, quelle sera la décision de M. Tomasi ? Justifiez votre réponse par des éléments chiffrés.**
2. **Quelle serait, par rapport à la situation actuelle, les conséquences sur les résultats de l'entreprise de l'acceptation de l'offre de 25 000 chargeurs par M. Tomasi ?**

L'acceptation de l'offre de 25 000 produits par M. Tomasi mécontente fortement M. Babe qui voit ainsi sa capacité à fournir des produits de qualité fortement compromise puisque son approvisionnement de chargeurs n'est plus complètement assuré. Il s'adresse à M. Vialet pour l'informer de la gravité de la situation.

3. **Le président de la société, M. Vialet doit-il intervenir dans le conflit ? Argumentez.**
4. **Proposez de nouvelles modalités de mise en œuvre du prix de cessions internes qui autoriseraient l'autonomie de gestion de chaque division sans nuire aux intérêts de l'entreprise.**

(DECF 1992 adapté)

ANNEXE 1

Données relatives à l'exploitation de la division « Chargeurs »

Capacité maximale de production (activité normale) :	100 000 unités
Coût variable unitaire :	13 €
Charges fixes globales :	1 720 000 €

ANNEXE 2

Données relatives à l'exploitation de la division « Éclairage sous-marin »

	Torches	Lampes de tête	
Prix de vente :	480	376	
Coût variable de fabrication :	296	230	
Coût variable de distribution :	14	12	
Charges fixes globales de la division :			7 755 200 €

APPLICATION 3

Agriva-international : fixation de PCI et conflits d'intérêts

Le groupe Agriva-International produit et commercialise des semences agricoles de grande qualité. Ses efforts importants et permanents consentis pour la recherche et sa stratégie d'internationalisation ambitieuse en ont fait un leader mondial du secteur.

Dans le cadre d'une restructuration interne, les dirigeants du groupe Agriva-International ont décidé de généraliser à toutes les filiales du groupe, une organisation en centres de profit. L'objectif assigné aux différentes filiales est d'assurer un certain niveau de rentabilité d'exploitation. En effet, Le directeur financier du Groupe Agriva vous a souligné que les actionnaires du groupe souhaitent obtenir une rémunération d'exploitation avant impôt de 5 % minimum des capitaux investis.

Cette démarche a permis d'instaurer un système de performance sur lequel a été développé un nouveau mode de rémunération des cadres dirigeants.

Les prix de cession mis en œuvre sont basés sur les données standard de comptabilité de gestion de chaque filiale plus une marge. En fin d'exercice, les filiales doivent renégocier, auprès d'un comité d'arbitrage, les prix de cession qui seront pratiqués au cours de l'exercice suivant.

La société Planton-Prima filiale française, fabrique deux types de produits, des semences potagères (SP) et des semences florales (SF) qu'elle commercialise en vrac. La plus grosse partie de sa production est écoulée sur le marché français ou à l'exportation par l'intermédiaire d'agences commerciales. Elle cède, par ailleurs, l'autre partie de sa production à la filiale espagnole du groupe : la société Spanica qui, après mise en sachets, commercialise alors les semences florales et potagères sur le marché espagnol.

À la fin de N, les prix de cession internes sont l'objet de nombreuses critiques :

- les responsables de Planton-Prima estiment que la faiblesse de leurs résultats est due aux prix retenus pour les ventes internes au groupe qui sont pénalisants en les obligeant à vendre à perte par rapport aux clients traditionnels et les empêchent d'atteindre leur objectif de résultat ;
- les responsables de Spanica contestent le mode de fixation des prix de cession car ils estiment que l'on ne devrait pas leur facturer de charges de distribution et souhaitent vivement une modification de ces prix de cession pour l'année N+1 car ils les jugent trop élevés pour faire face à la concurrence espagnole.

En tant que consultant, vous êtes chargé(e) de proposer, au comité d'arbitrage, un niveau de prix de cession des semences pour l'année N+1.

Pour réaliser votre mission, vous obtenez les informations suivantes auprès des services de gestion de Planton-Prima et de Spanica.

Planton-Prima

- Capitaux investis : 15 millions €
- Ventes N :

	Semences florales		Semences potagères	
	Cessions internes	Ventes	Cessions internes	Ventes
Quantités en quintal	39	280	77	500
Prix de vente ou de cession	45 240	47 240	31 720	33 280

- Taux de l'impôt des sociétés : 33,1/3 % sans contributions additionnelles
- Capacité normale totale de production : 1 200 quintaux de semences, dont 1/3 de semences florales et 2/3 de semences potagères.
- Coût variable unitaire par quintal de semences :
  Semences florales 43 000 € – Semences potagères 30 000 €
  (dont 1 500 € de coût variable de distribution quel que soit le produit).
- Coûts fixes : 2 400 000 € par an.

Spanica

- Capitaux investis : 9 500 000 €.
- Ventes N : la totalité des semences achetées est vendue sous forme de sachets de 10 g.

En N, les prix de vente des sachets de semence sont de :

Les sachets de 10 grammes	Semences florales	Semences potagères
Prix de vente	6,40 €	4,25 €

- Taux de l'impôt des sociétés : 26 %.
- Coût de transformation en sachet de la semence :

Coût variable unitaire du sachet de 10 grammes :

– semences florales : 0,80 €

– semences potagères : 0,40 €

Coût fixe : 346 500 € par an (à répartir en fonction du nombre de sachets).

QUESTIONS

1. **Étudier la position de la filiale Planton-Prima :**
   a) calculer le résultat réel après impôt de la filiale,
   b) mettre en évidence le coût de sous-activité de cette entreprise,
   c) en déduire les résultats unitaires par produits
   d) porter un jugement sur les arguments présentés par la filiale.
2. **Calculer le résultat après impôt de la filiale Spanica.**
3. **Déterminer une fourchette de prix de cession maxima acceptable par les deux entités.**
4. **Préciser, sous quelles conditions, un système de prix de cession interne, permet de mesurer la performance des centres.**
5. **Expliquer en quoi il est nécessaire de mettre en place des modalités d'arbitrage.**

APPLICATION 4

Société IICI

IICI est un important importateur de composants informatiques. Cette société s'est spécialisée dans le montage et la vente de micro-ordinateurs via deux établissements :

– un, à vocation industrielle, situé dans la région parisienne, à Bécon-les-Bruyères et dirigé par M. Julliard ;

– un autre, à vocation commerciale, sis à Lyon et dirigé par M. Moreau.

L'établissement parisien réceptionne absolument tous les composants. Il procède aussi au montage de quatre configurations standard : 586 SX.25, 586 DX.33, 586 DX2.50, 586 DX2.66. Toute cette production est ensuite acheminée vers l'établissement lyonnais.

Par ailleurs, l'établissement peut prélever sur cette production certaines configurations standards pour les configurer (Dos et Windows) sur commandes et les vendre à des clients externes.

L'établissement lyonnais, quant à lui, a une activité essentiellement commerciale. D'une part il vend des ordinateurs sur commande après les avoir testés et configurés (chargement de Dos et de Windows). D'autre part, il dispose d'un service après-vente qui doit :

– assurer la garantie d'un an (pièces et main-d'œuvre) de tous les micro-ordinateurs vendus par la société (Bécon et Lyon) ;
– assurer des prestations d'entretien et de maintenance hors garantie ;
– offrir des prestations diverses (conception et ventes de configurations spécifiques, aide à l'utilisation, etc.).

L'organisation comptable d'IICI est la suivante : la comptabilité générale est centralisée au siège mais chaque établissement dispose d'une comptabilité analytique autonome, les produits cédés à Lyon sont valorisés au coût de revient complet réel majoré d'une marge de 3 ou 5 % selon les configurations.

Pressentant une forte dégradation des résultats du groupe et conscient de conflits d'intérêt entre les établissements, le directeur général souhaite obtenir un certain nombre d'informations complémentaires élaborées par vos soins.

I. Diagnostic de la gestion de Bécon-les-Bruyères

La source principale de conflit apparaît être le mode de fixation du prix de cession interne entre les deux établissements. La comptabilité analytique fournit plutôt des informations globales sur les coûts complets de fin de période. Considérant que le mois de décembre est significatif quant à la structure des coûts des produits, le directeur souhaiterait connaître pour chaque configuration et quelle que soit sa destination (cession à Lyon ou ventes externes) les éléments de coût unitaire constitutifs du coût de revient des produits. Les informations relatives à la gestion de Bécon-les-Bruyères sont fournies en annexe 1.

QUESTIONS

1. **Pour les seules configurations SX.25 et DX2.50, reconstituer le coût de revient d'une unité selon sa destination (arrondir à l'euro le plus proche). En déduire les prix de cessions internes (même règle d'arrondi).**
2. **Calculer le résultat global de l'établissement en s'appuyant sur les informations du tableau d) de l'annexe 1.**
3. **Commenter ce résultat. Traduit-il la performance économique de l'établissement ? Quel est son poids dans le résultat de l'entreprise ?**

II. Diagnostic de l'établissement de Lyon

Les éléments budgétaires de l'établissement de Lyon sont fournis en annexe 2. Les prix de transfert en décembre sont les mêmes que ceux de novembre. M. Moreau calcule un coût de revient par micro-ordinateurs de la manière suivante :

– coût de transfert d'un ordinateur non configuré ;
– coût des logiciels (DOS et Windows) ;
– main-d'œuvre directe nécessaire à la configuration et au contrôle.

L'activité et les charges réelles du mois de décembre relatives à l'établissement de Lyon sont données en annexe 3.

QUESTIONS

1. **Calculer le résultat réel de l'établissement de Lyon en distinguant clairement les quatre rubriques telles qu'elles existent dans les comptes prévisionnels.**
2. **Une configuration SX.25 vendue directement par l'usine de Bécon-les-Bruyères a un coût de revient de 1 015,90 €. Le même produit vendu par le centre de Lyon a un coût de revient de 1 052,25 €. Retrouver les causes de l'écart. Chiffrer leurs influences.**
3. **Mettre en évidence les écarts entre le résultat réel et le résultat prévisionnel du mois de décembre en respectant la décomposition des rubriques fournies dans les éléments budgétés (quatre sous-écarts). Quels commentaires vous inspirent les montants obtenus ?**

III. Gestion des conflits entre les établissements

Les prix de transfert sont responsables des tensions entre les établissements d'IICI. Actuellement le prix de transfert est égal au coût de revient complet réel des micro-ordinateurs non configurés tel qu'il ressort des comptes de la comptabilité analytique de Bécon auquel on applique un taux de marge de 3 ou 5 % selon les configurations. Ce taux est révisé annuellement.

M. Moreau, responsable de Lyon, considère le prix de transfert comme **trop élevé, non pertinent et instable**. Selon lui, l'usine de Bécon-les-Bruyères devrait être uniquement un centre de coût et dans ce contexte, il serait plus judicieux d'utiliser un prix de transfert égal au coût complet standard. Par ailleurs, il considère que les coûts imposés par Bécon agissent défavorablement sur la rentabilité de son établissement alors même que la vente de micro-ordinateurs représentante une part prépondérante dans le chiffre d'affaires d'IICI.

M. Julliard répond que le mode de fixation du prix de transfert lui permet de réaliser une marge spécifique à l'usine de Bécon ce qui motive le personnel et l'incite à maîtriser au mieux les coûts. De plus, ce responsable estime qu'une grande partie de la richesse créée par l'entreprise provient de son établissement et donc qu'il n'est pas illogique qu'une partie du résultat lui soit affectée.

QUESTIONS

1. **Reprendre toutes les critiques formulées par M. Moreau à l'encontre du mode de fixation du prix de transfert et les expliciter.**
2. **Ce dernier évoque la possibilité de constituer l'établissement de Bécon en centre de coût. En quoi cette disposition si elle est acceptée serait-elle différente du découpage en place actuellement ?**
3. **Dans l'hypothèse où Bécon devient centre de coût, que pensez-vous d'un prix de transfert égal au coût de revient complet standard. Quelles sont les conditions d'une mise en œuvre harmonieuse d'un tel mode de fixation des prix de transfert ?**
4. **Tout en acceptant les critiques émises par M. Moreau, le directeur général est sensible aux arguments de M. Julliard et souhaiterait trouver moyen d'en tenir compte. Que proposez-vous ?**

(DECF 1993 adapté)

ANNEXE 1

Activité et charges de l'établissement de Bécon-les-Bruyères (décembre N)

a) Production et vente de la période (configurations standard)

	SX25	DX33	DX2.50	DX2.66
Production	26 400	28 500	7 700	3 500
Cessions à Lyon	15 470	21 250	4 845	2 550
Ventes externes	8 200	3 500	2 000	500
Prix de vente	1 026 €	1 304 €	2 009 €	2 500 €

Compte tenu d'une sérieuse baisse des ventes dès le début de décembre, l'usine de Lyon a refusé 15 % de la production qui lui était destinée. Par conséquent, Bécon stocke exceptionnellement des micro-ordinateurs en décembre.

b) Fabrication des micro-ordinateurs

La fabrication d'un micro-ordinateur nécessite une carte mère, un disque dur, un lecteur 3 1/2, un écran, un clavier, une souris et des composants divers. La commercialisation implique le chargement des logiciels (DOS et Windows pour un coût global de 140 €). L'étude de la nomenclature des produits permet de chiffrer le coût global des composants importés par type de micro-ordinateurs :

	SX25	DX33	DX2.50	DX2.66
Coût global des composants par unité	718	917	1 286	1 857

c) Élaboration du coût complet

• Les frais de main-d'œuvre directe (MOD) c'est-à-dire les charges de personnel des techniciens et des cadres, charges sociales incluses sont répartis au prorata du temps de montage et de configuration.

	SX25	DX33	DX2.50	DX2.66
Temps de montage d'un micro (en min)	50	50	70	70

Pour le montage et la configuration des micros destinés aux ventes externes, les temps sont respectivement majorés de 5 minutes.

• Toutes les autres charges (y compris les autres charges de personnel) sont réparties au prorata du nombre de micro-ordinateurs fabriqués, en appliquant des coefficients d'équivalence suivants :

	SX25	DX33	DX2.50	DX2.66
Coefficient d'équivalence	1,8	2,4	3,9	5

• Le responsable de Bécon impose un taux de marge égal à 3 % du coût de revient pour les SX.25, et 5 % pour les autres. Le prix de transfert est arrondi à l'euro le plus proche.

• Extrait des charges de la période

	Quantité	Coût unitaire	Montant		Montant
Charges de personnel				**Autres charges**	
– Techniciens	1 850	1 250	2 312 500	– Amortissement	250 000
– Cadres	25	1 550	38 750	– Chauffage	5 800
– Secrétaires	2	800	1 600	– Assurance	30 000
– Magasiniers	2	750	1 500	– Taxe professionnelle	7 000
– Ingénieurs	20	2 000	40 000	– Formation personnel	331 250
– Gestionnaires	15	1 500	22 500	– Études et recherche	8 556 570
– Charges sociales		0,55	1 329 267,5		
TOTAL			3 746 117,5	TOTAL	9 180 620

d) Extrait de la comptabilité analytique du mois de décembre

Des résultats obtenus, on vous fournit les résultats unitaires de chaque produit arrondis à l'euro le plus proche :

	SX25	DX33	DX2.50	DX2.66
Résultat unitaire				
– sur cessions à Lyon	26	55	79	110
– sur ventes externes	10	55	286	143

ANNEXE 2

Budget de l'établissement de Lyon

a) Activité : ventes d'ordinateurs

	SX25	DX33	DX2.50	DX2.60
Quantités à vendre	25 000	18 000	5 700	3 000
Prix de vente prévu	1 250	1 400	2 059	2 800
Prix de transfert prévu	897	1 159	1 657	2 322

Les charges de personnel prévisionnelles (645 187 €) sont réparties au prorata des heures nécessaires à la configuration et au contrôle des produits vendus. Chaque appareil nécessite quinze minutes de main-d'œuvre directe.

Le coût des logiciels Dos et Windows est estimé globalement à 140 €.

b) Coût prévisionnel du SAV pour assurer la garantie d'un an

Les charges prévues pour cette activité comprennent :
- des charges de personnel,
- le coût des pièces détachées défectueuses,
- le coût de transport des matériels.

Le montant global de ces charges a été estimé à 2 121 000 €.

c) Prestations facturées par le SAV

Le service après-vente vend des produits informatiques (imprimante, carte d'extension 4 Mo, overdrive, disque dur) avec ou sans prestation de service. Il réalise un taux de marge équivalent à 30 % du coût d'acquisition sur les ventes de produits informatiques.

La marge prévisionnelle de ce type de prestations est estimée à 2 517 200 €.

d) Frais généraux : 935 000 €

Le résultat prévisionnel, toutes activités confondues, pour décembre N est de 8 461 726 €.

ANNEXE 3

Activité et charges réelles de l'établissement de Lyon (décembre N)

a) Activité : ventes d'ordinateurs

	SX25	DX33	DX2.50	DX2.66
Quantités vendues	15 000	22 000	3 500	1 800
Prix de vente moyen	1 026	1 304	2 009	2 500

- Le prix de transfert, le coût des logiciels, le montant des charges de personnel, et le temps de configuration et de contrôle ont été, en décembre, conformes aux prévisions.
- Les prix de transfert de décembre et de novembre étant identiques, on négligera l'influence des produits en stock en début de période.

b) Coût du SAV pour assurer la garantie d'un an

Charges de personnel	319 680
Coût des pièces détachées	661 000
Frais de transport	1 200 000
Total	2 180 680

c) Prestations facturées par le SAV

Chiffres d'affaires des heures facturées(1)	30 000
Chiffres d'affaires des produits informatiques	11 000 000

(1) Lyon a facturé 500 heures à 60 € de l'heure. Les charges de personnel, pour ces prestations, ont été de 25 190 €.

d) Frais généraux comptabilisés

Ils s'élèvent à : 990 000 €

9 Les outils pour préparer les budgets

Pour élaborer tous les budgets et leur articulation, il est nécessaire, en amont, d'établir des prévisions d'activité, de vente, de production et de synthétiser tous les éléments de coûts grâce à des techniques et des modèles qui représentent les choix de gestion de l'entreprise. Ce chapitre présente les techniques utilisables pour préparer la budgétisation des ventes, de la production et des approvisionnements avant d'exposer les budgets dans le chapitre suivant.

Pour les ventes, il s'agit d'utiliser des outils pour prévoir les quantités vendues de l'année.

Pour la fabrication des produits, il est nécessaire de tenir compte des modes de gestion et d'optimisation pour organiser le travail et la production avant de valoriser les impacts de ces choix dans le budget (trois techniques simples sont présentées ici).

Pour les matières et produits stockés, il faut prévoir les approvisionnements nécessaires en fonction des modes de gestion des stocks retenus par l'entreprise ainsi que des hypothèses quant au niveau des consommations.

SECTION 1
LES TECHNIQUES DE PRÉVISION DES VENTES

De nombreuses techniques de prévision des ventes existent qui n'ont pas toutes les mêmes objectifs :

- les études de marché, les abonnements à des panels, les marchés tests sont des méthodes qui permettent de connaître au mieux la demande du produit et le marché potentiel de l'entreprise ;
- les **méthodes d'extrapolation**, des **coefficients saisonniers**, les **interrogations de la force de vente** de l'entreprise permettent, elles, de déterminer l'évolution des ventes du produit dans le futur.

Dans le cadre d'une procédure budgétaire instituée, et d'un produit en maturité, seule l'évolution des ventes dans le futur fera l'objet d'une étude. C'est pourquoi nous nous contenterons de présenter rapidement les différentes méthodes quantitatives de prévisions des ventes.

1. Les ajustements

Ces techniques s'appuient sur l'étude chiffrée des données caractérisant une variable économique (ici, les ventes passées du produit). La prévision sur l'état futur de la variable est obtenu par extrapolation des tendances passées mises en évidence et dont on suppose la régularité.

L'ajustement consiste à substituer aux valeurs observées de la variable (y_i) une valeur calculée (y_i') à l'aide de différents procédés qui font l'objet de ce paragraphe.

Ces procédés d'ajustement peuvent être graphiques, mécaniques ou analytiques. Seuls les deux derniers procédés sont présentés ici.

1.1 Ajustement mécanique : la méthode des moyennes mobiles

Il s'agit de représenter la série statistique en substituant à la valeur observée y_i, une valeur ajustée y_i' calculée de la manière suivante :

$$y_i' = \frac{a \cdot y_{i-1} + b \cdot y_i + c \cdot y_{i+1}}{a + b + c}$$

a, *b* et *c* représentent des coefficients de pondération dont la valeur est laissée aux choix des statisticiens.

Le nombre des observations (ici 3) nécessaires pour le calcul de la valeur ajustée y_i' dépend de la périodicité du phénomène étudié.

Dans le cas d'historiques de ventes, il est fréquent de trouver des périodicités annuelles (ventes saisonnières) et donc les moyennes mobiles se calculent comme suit :

– historique des ventes donné en trimestre (périodicité de 4)

$$y_i' = \frac{1}{4}\left[\left(\left(\frac{1}{2}\right) \cdot y_{i-2}\right) + y_{i-1} + y_i + y_{i+1} + \left(\left(\frac{1}{2}\right) \cdot y_{i+2}\right)\right]$$

– historique des ventes donné en mois (périodicité de 12)

$$y_i' = \frac{1}{12}\left[\left(\left(\frac{1}{2}\right) \cdot y_{i-6}\right) + y_{i-5} + \ldots + y_{i-1} + y_i + y_{i+1} + \ldots + y_{i+5} + \left(\left(\frac{1}{2}\right) \cdot y_{i+6}\right)\right]$$

Les coefficients ainsi déterminés permettent de respecter le principe suivant :

Somme des coefficients = Périodicité de la série statistique

EXEMPLE

Soit le chiffre d'affaires d'une entreprise :

Années \ Trimestres	1	2	3	4
1	1 000	1 200	1 400	1 150
2	1 050	1 350	1 500	1 300
3	1 100	1 450	1 700	1 400
4	1 250	1 650	1 850	1 550

La périodicité est de 4, donc chaque valeur y_i est remplacée par sa valeur ajustée, ainsi :

$$y_3' = \frac{1}{4}\left[\frac{1}{2}(1\,000) + 1\,200 + \mathbf{1\,400} + 1\,150 + \frac{1}{2}(1\,050)\right] = 1\,194$$

$$y_4' = \frac{1}{4}\left[\frac{1}{2}(1\,200) + 1\,400 + \mathbf{1\,150} + 1\,050 + \frac{1}{2}(1\,350)\right] = 1\,219$$

et ainsi de suite... On obtient le tableau suivant des valeurs ajustées.

Années \ Trimestres	1	2	3	4
1	–	–	1 194	1 219
2	1 250	1 281,25	1 306,25	1 325
3	1 362,5	1 400	1 431,25	1 475
4	1 518,75	1 556,25	–	–

La représentation graphique illustre le mécanisme d'ajustement :

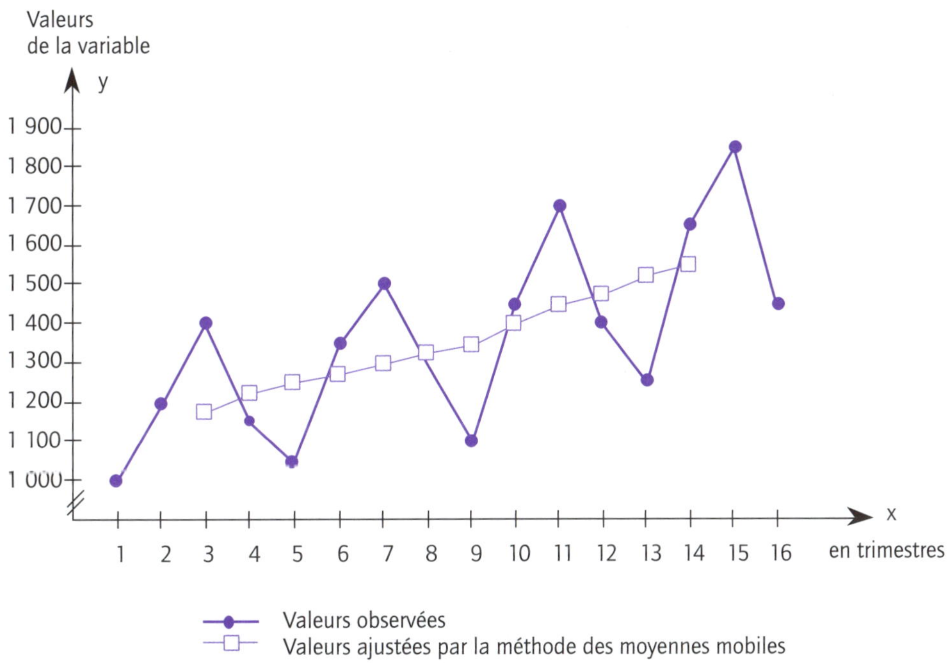

Cette méthode **écrête les phénomènes accidentels** en permettant un lissage des informations observées, mais elle **élimine des informations en début et en fin de série.** Par ailleurs, elle ne donne pas une droite d'équation connue qui peut facilement se prêter à des prévisions. C'est pourquoi l'ajustement par la méthode des moindres carrés est préféré.

1.2 Ajustement analytique : la méthode des moindres carrés

Il s'agit de rechercher les paramètres de la fonction $y_i' = f(x)$ qui rendent **la plus faible possible la somme des carrés des distances entre la valeur observée y_i de la variable et sa valeur ajustée y_i'.**

Les fonctions d'ajustement peuvent être extrêmement variées. Dans notre cas, nous présenterons les fonctions les plus habituelles au cycle de vie d'un produit :

CYCLE DE VIE ET FONCTION D'AJUSTEMENT

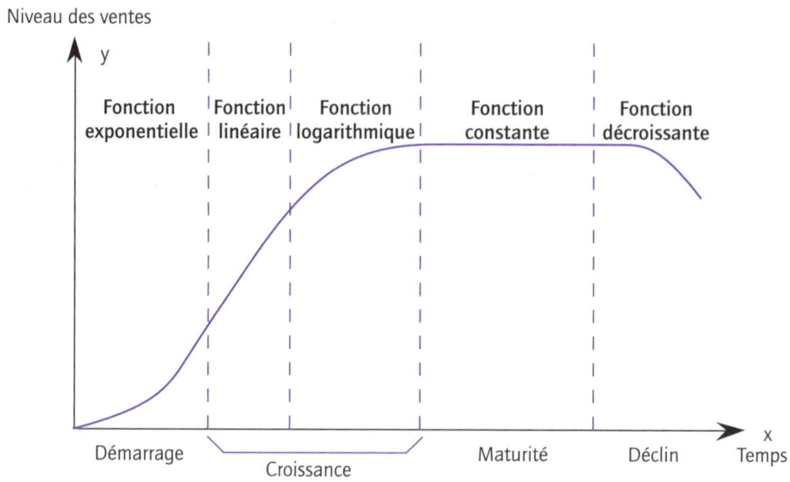

Nous nous contenterons de rappeler ici les principaux résultats :

a) Ajustement par une droite affine $y = ax + b$

L'objectif est d'obtenir une droite $y = ax + b$ telle que la somme des carrés des écarts entre la droite et les différents points représentatifs de la série statistique soit minimale.

On démontre que :

$$a = \frac{\text{cov}(x, y))}{\sigma(x^2)} \text{ et } b = \bar{y} - a\bar{x}$$

avec cov(x, y) est la covariance de x et y et x^2 la variance de x.

Ces données sont maintenant obtenues sans difficultés par de nombreuses calculettes à fonctions statistiques.

EXEMPLE

Soit les ventes d'une entreprise en fonction du temps :

Temps (x)	2	3	4	5	6
Ventes (y)(en milliers d'euros)	7	10	15	18	23

On obtient facilement, à l'aide d'une calculette :

a = 3,4 et b = 0,4

$$\text{Cov}(x, y) = \sum_{i-1}^{n} x_i \cdot y_i - n\,\bar{x}\,\bar{y} = 314 - (5 \times 4 \times 14) = 34$$

$$v(x) = \sum_{i-1}^{n} x_i^2 - n\,\bar{x}^2 = 90 - (5,4)^2 = 10, \text{ on en déduit que } a = \frac{34}{10} = 3,4$$

comme $\overline{x} = 4$ et $\overline{y} = 14$, alors $b = \overline{y} - a\,\overline{x} = 14 - (3{,}4 \times 4) = 0{,}4$

La droite obtenue a pour équation $y' = 3{,}4\,x + 0{,}4$

Les prévisions de ventes se présentent comme suit :

$x = 7 \Rightarrow y_7' = 3{,}4 \times 7 + 0{,}4 = 24{,}2$

$x = 8 \Rightarrow y_8' = 3{,}4 \times 8 + 0{,}4 = 27{,}6$

b) Ajustement par une fonction exponentielle

La forme de la fonction est la suivante : $y' = B \times A^x$

On revient facilement au problème précédent. En effet, il est possible d'écrire :

$$\log y' = \log B + x \,.\, \log A$$

Posons : $Y' = \log y'$

$b = \log B$

$a = \log A$

Nous pouvons écrire : $Y' = ax + b$

Ainsi les abscisses x et les ordonnées Y_i' = logarithme de y_i peuvent être ajustées par une droite de paramètres a et b. Nous sommes ramenés à un ajustement de type affine. Il s'agit de trouver a et b dont nous déduirons les valeurs A et B.

c) Ajustement par une fonction puissance

La fonction est de la forme $y' = B \,.\, x^a$. Elle peut être transformée de la manière suivante :

$$\text{Log}\, y' = \text{Log}\, B + a \,.\, \text{Log}\, x$$

$$Y = b + a \,.\, X$$

On calcule a et b à l'aide des formules précédentes en travaillant sur les logarithmes de x_i et de y_i.

Ainsi, la méthode des moindres carrés pour une fonction déterminée assure **l'ajustement le meilleur**, dans le sens où elle minimise le carré des distances entre les valeurs observées et celles ajustées.

Mais, comment connaître la fonction qui assure le meilleur ajustement pour une série statistique ?

– la **forme du nuage de points doit guider le choix** d'une fonction définie ;
– si le doute persiste, il faut, pour chaque fonction d'ajustement retenue, **calculer le carré des résidus qui se définit comme** :

$$\sum_{i=1}^{n} (y_i - y_i')^2$$

et choisir la fonction pour laquelle cette expression est minimum.

2. Les séries chronologiques

Une série chronologique est une série statistique représentant **l'évolution d'une variable économique en fonction du temps.**

Ce type de série est donc utilisé fréquemment dans les prévisions des ventes car ce sont des données statistiques faciles à obtenir.

2.1 Composantes d'une série chronologique

Elles sont au nombre de quatre.

• La **tendance à long terme** ou **trend** notée T ; il exprime la tendance du phénomène sur le long terme.

• Le ***mouvement cyclique*** noté C ; il exprime les fluctuations liées à la succession des phases des cycles économiques ou conjoncture. Il est fréquemment regroupé avec le trend dans un mouvement global qualifié d'**extra-saisonnier et noté C.**

• Les **variations saisonnières** notées **S.** Ce sont des fluctuations périodiques qui se superposent au mouvement cyclique et dont les causes sont multiples : congés annuels, phénomènes de mode de vie, facteurs climatiques, etc. Elles obligent au calcul de coefficients saisonniers.

• Les variations **résiduelles ou accidentelles** notées **E.** Ce sont des variations de faible amplitude imprévisibles telles que des grèves, des accidents...

2.2 Méthodes de calcul des coefficients saisonniers

Il existe deux méthodes de calcul des coefficients saisonniers, mais nous ne présenterons que celle qui est la plus utilisée : la méthode des rapports au trend.

■ *Méthodologie*

• Déterminer la droite des moindres carrés qui ajuste la série chronologique.

• Calculer les valeurs ajustées y_i' grâce à l'équation précédente.

• Faire le rapport entre la valeur y_i réellement observée et la valeur y_i' ajustée et ce, pour chaque observation.

• Prendre, pour chaque période (mois ou trimestre), le rapport moyen qui sera considéré comme le coefficient saisonnier de la période.

EXEMPLE

Reprenons la série suivante :

Trimestres / Années	1	2	3	4
1	1 000	1 200	1 400	1 150
2	1 050	1 350	1 500	1 300
3	1 100	1 450	1 700	1 400
4	1 250	1 650	1 850	1 550

Le calcul des paramètres de la droite donne :

$a = 35{,}5882$

$b = 1\ 066{,}25$

Les valeurs ajustées par cette équation sont données dans le tableau suivant (arrondies au centième le plus proche) :

Trimestres / Années	1	2	3	4
1	1 101,84	1 173,43	1 173,01	1 208,60
2	1 244,19	1 279,78	1 315,37	1 350,96
3	1 386,54	1 422,13	1 457,72	1 493,31
4	1 528,90	1 564,49	1 600,07	1 635,66

Les rapports entre valeur réelle et valeur ajustée sont donnés dans le tableau suivant (arrondis à quatre chiffres) :

Trimestres / Années	1	2	3	4
1 2 3 4	0,9076 0,8439 0,7933 0,8176	1,0550 1,0549 1,0196 1,0547	1,1935 1,1404 1,1662 1,1562	0,9515 0,9623 0,9375 0,9476
Coefficients saisonniers bruts	0,8406	1,0461	1,1641	0,9497
Coefficients saisonniers arrondis	0,84	1,05	1,16	0,95

2.3 Prévisions des ventes

La prévision qui peut être faite est fondée :

– d'une part sur l'hypothèse que les années à venir connaîtront la **même tendance générale** que les années passées ;

– d'autre part, sur un **calcul correct des coefficients** saisonniers périodiques.

■ *Méthodologie*

• L'équation générale du mouvement extra-saisonnier est utilisée pour prévoir la tendance à long terme des quatre prochains trimestres.

Pour rappel, l'équation est la suivante : $y' = 35{,}5882x + 1066{,}25$

Dans notre exemple, les valeurs de y' seront calculées pour x égal à 17, 18, 19 et 20.

• Des coefficients saisonniers sont appliqués aux valeurs trouvées pour tenir compte des fluctuations saisonnières.

EXEMPLE

Établissons les prévisions de ventes de l'année 5 :

Trimestres / Années	1	2	3	4
Mouvement extra-saisonnier Coefficients saisonniers Prévisions de ventes	1 671,25 × 0,84 1 403,85	1 706,84 × 1,05 1 792,18	1 742,43 × 1,16 2 021,22	1 778,01 × 0,95 1 689,11

L'étude des séries chronologiques donne **la même importance aux observations quelle que soit leur ancienneté.** Dans un environnement incertain et changeant, cela revient à donner un poids considérable au passé. Pour s'opposer à cette tendance, certains gestionnaires préfèrent utiliser une autre méthode : le lissage exponentiel.

3. Le lissage exponentiel

Cette méthode de prévision calcule, de fait, une moyenne des observations passées mais en les pondérant. Les observations ont **un poids décroissant en fonction de leur ancienneté.**

Pour une période donnée t, la prévision des ventes est calculée selon la formule suivante :

$$Y_t = \alpha\, y_{t-1} + (1-\alpha)\, Y_{t-1}$$

avec : $\mathbf{Y_t}$: prévision de la période t ;
y_{t-1} : observation de la période précédente ;
$\mathbf{Y_{t-1}}$: prévision de la période précédente ;
α : coefficient de pondération compris entre 0 et 1.

Avec un raisonnement par récurrence, on démontre facilement que Yt est une moyenne de toutes les observations passées, pondérée par des coefficients décroissants avec le temps.

$$Y_t = \alpha y_{t-1} + \alpha(1-\alpha)\, y_{t-2} + \alpha(1-\alpha)^2\, y_{t-3} + \ldots + \alpha(1-\alpha)^{n-1}\, y_{t-n+1} + \alpha(1-\alpha)^n\, Y_{t-n}$$

À la vue de cette formule, deux réserves sont à formuler :

■ *Sur la valeur du coefficient* α

Plus celui-ci est élevé, plus vite les informations passées perdent de leur importance ainsi :
– pour $\alpha = 0{,}4$ on a $(1-\alpha)^4 = 0{,}1296$;
– pour $\alpha = 0{,}8$ on a $(1-\alpha)^4 = 0{,}0016$.

La valeur du coefficient est donc primordiale pour la validité de la prévision. Seuls des essais sur α permettent de déterminer par la méthode des résidus la valeur qui « colle » le mieux à la série envisagée.

■ *Sur la prévision initiale*

En pratique, elle est négligée car son poids devient vite faible dans le lissage.

Exemple : avec un coefficient de 0,6, au bout de quatre périodes, la prévision initiale pèse moins de 3% dans la prévision $[(1-\alpha)^4 = 0{,}0256)]$.

EXEMPLE

Soit la série suivante :

1	2	3	4	5	6
570	550	560	570	560	565

En retenant un coefficient de 0,8, on obtient :

$Y_2 = 0{,}8\,(570) + (1 - 0{,}8)\, 570 = 570$

$Y_3 = 0{,}8\,(550) + 0{,}2\,(570) = 554$

$Y_4 = 0{,}8\,(560) + 0{,}2\,(554) = 558{,}8$

$Y_5 = 0{,}8\,(570) + 0{,}2\,(558{,}8) = 567{,}76$

$Y_6 = 0{,}8\,(560) + 0{,}2\,(567{,}76) = 561{,}55$

et donc en prévision pour la période 7 :

$Y_7 = 0{,}8\,(565) + 0{,}2\,(561{,}55) = 564{,}31$

Dans la logique de la gestion budgétaire, la phase de prévision des ventes terminée et validée, l'étape suivante peut être commencée :

– vérifier la cohérence des prévisions de ventes avec les possibilités de production ;
– déployer, en termes de gestion de production et jusqu'au niveau des ateliers, les choix quantitatifs prévisionnels.

SECTION 2
LES TECHNIQUES DE GESTION DE PRODUCTION

Dans le cadre d'une organisation taylorienne de la production, trois questions se posent en permanence.

• Combien faut-il produire pour répondre à la demande en tenant compte des contraintes techniques de fabrication ? Les méthodes de **programmation linéaire** permettent d'y répondre.

• Combien faut-il commander et stocker de matières premières pour satisfaire la demande prévue ? Le **calcul des besoins en composants** donne la réponse.

• Comment et combien faut-il charger les ateliers, les machines, les capacités humaines pour que la production corresponde aux besoins ? Les **méthodes de chargement** gèrent les goulots d'étranglement.

1. La programmation linéaire

La programmation linéaire est une technique qui permet de répondre à l'interrogation suivante : le programme des ventes déterminé en amont par les services commerciaux permet-il de saturer les contraintes productives et cela de façon optimale en termes de résultat attendu ?

Sous cette forme, le problème a **deux aspects** qui seront envisagés successivement :
– assurer, si possible, le plein emploi des capacités productives (c'est-à-dire les équipements et la majeure partie de la main-d'œuvre) ;
– choisir une combinaison productive de produits qui maximise la rentabilité.

1.1 Élaboration d'un programme de production pour assurer le plein emploi des ateliers

L'illustration de cet outil sera envisagée dans le cadre d'un exemple d'entreprise de l'industrie mécanique.

EXEMPLE

Soit une entreprise de construction mécanique qui produit trois types de roulement : R1, R2 et R3. Les trois types de roulement passent successivement dans trois ateliers. Leurs temps de passage en heures et par atelier sont donnés dans le tableau ci-après :

Atelier \ Produits	R1	R2	R3	Capacité des ateliers
A1	4	2	1	2 600 heures
A2	3	3	2	2 500 heures
A3	2	5	3	3 000 heures

Pour des impératifs commerciaux, la production des roulements R3 est fixée à 200 unités.

Existe-t-il un programme de production qui assure le plein emploi des capacités ? En cas de réponse négative, quel programme choisir ?

Les contraintes peuvent être mises en équation, en prenant pour acquis la vente et la production de 200 R3. Le choix se situe donc entre les produits R1 et R2.

Ces différentes contraintes peuvent être rapportées sur un graphique.

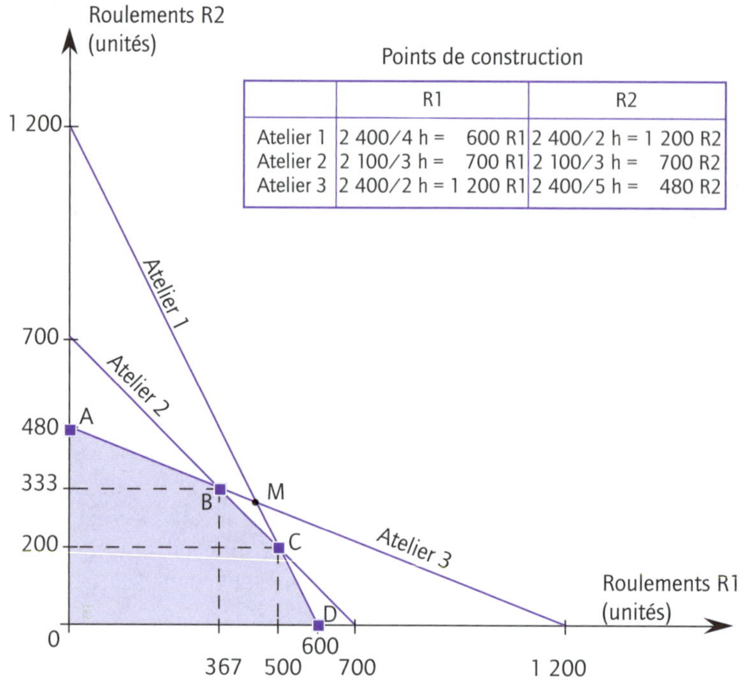

Points de construction

	R1	R2
Atelier 1	2 400/4 h = 600 R1	2 400/2 h = 1 200 R2
Atelier 2	2 100/3 h = 700 R1	2 100/3 h = 700 R2
Atelier 3	2 400/2 h = 1 200 R1	2 400/5 h = 480 R2

Équations des contraintes :

atelier A1 $\rightarrow$ $4R1 + 2R2 + R3 \leqslant 2600$ d'où

$4R1 + 2R2 \leqslant 2\,600 - (200\ R3 \times 1)$ soit 2 400

atelier A2 $\rightarrow$ $3R1 + 3R2 \leqslant 2\,500 - (200\ R3 \times 2)$ soit 2 100

atelier A3 $\rightarrow$ $2R1 + 5R2 \leqslant 3\,000 - (200\ R3 \times 3)$ soit 2 400

Démarche générale

Chaque contrainte partage le plan en trois zones :

- **la droite elle-même** qui représente toutes les combinaisons de produits qui saturent la contrainte ;
- **une zone en dessous de la contrainte** : les combinaisons de cette partie du plan respectent la contrainte mais n'assurent pas le plein emploi de ses capacités ;
- **la partie supérieure du plan** : les combinaisons de produits sont inacceptables puisqu'elles nécessitent plus de facteurs de production que l'on en dispose.

Pour assurer **le plein emploi simultané** des contraintes productives, il faut rechercher la ou les combinaison(s) productive(s) qui **saturent toutes les contraintes** concernées.

EXEMPLE (SUITE)

L'ensemble des contraintes définit un polygone de combinaisons acceptables ABCDO. **Aucun point de ce domaine ne permet de saturer toutes les contraintes de production.**

Seuls les points B et C assurent le plein emploi de deux des trois contraintes de production.

Solution B : intersection de l'atelier **A2** et de l'atelier **A3**, sous-activité de l'atelier **A**.

Il suffit de résoudre le système d'équation suivant pour obtenir la combinaison de produits :

$$\begin{cases} 3R1 + 3R2 = 2\ 100 \\ 2R1 + 5R2 = 2\ 400 \end{cases}$$

et on obtient 367 R1 et 333 R2.

L'atelier A1 est en sous-emploi de :

2400 – (367 R1 × 4) – (333 R2 × 2) = 266 heures

Solution C : intersection de l'atelier **A1** et **A2, l'atelier 3 est en sous-activité**.

Sur le graphique, on lit la combinaison de produits soit 500 R1 et 200 R2.

L'atelier A3 est en chômage pour :

2400 – (500 R1 × 2) – (200 R2 × 5) = 400 heures

Démarche générale

À cette étape du raisonnement, le choix doit se faire entre le coût relatif du chômage de chaque atelier.

Il intégrera le montant des charges fixes spécifiques mais également les possibilités d'obtenir des travaux de sous-traitance sur les ateliers en sous-activité afin de réduire cette dernière.

Compte tenu des résultats précédents, l'entreprise peut également chercher des solutions qui permettent d'augmenter les capacités des ateliers :

– recours aux heures supplémentaires ;
– organisation différente du travail : travail sur trois équipes au lieu de deux ;
– réallocation des matériels (lorsque c'est possible) entre ateliers en sous-activité et ceux à qui ils manquent des capacités.

Dans les cas envisagés précédemment, c'est l'atelier A2 **qui limitait la production et obligeait au sous-emploi des autres ateliers : on qualifie cette situation de goulot d'étranglement.**

EXEMPLE (SUITE)

L'entreprise décide d'affecter des capacités supplémentaires pour obtenir le plein emploi de ces trois ateliers.

Dans cette perspective, elle choisit la combinaison productive représentée par le point M du graphique qui correspond à 450 R1 et 300 R2 (chiffres lus sur le graphique).

L'atelier A2 devrait disposer d'une capacité de : (450 R1 × 3) + (300 R2 × 3) = 2 250 heures

Si l'entreprise veut choisir cette solution, elle doit affecter une capacité supplémentaire de 150 heures (2 250 – 2 100) à l'atelier A2.

1.2 Recherche de la solution optimale en termes de rentabilité

Toutes ces possibilités ont été envisagées sans l'aspect pécuniaire. Mais les choix de l'entreprise ne peuvent s'effectuer sans référence aux coûts des ateliers ni à la rentabilité des différents produits.

Reprenons le cas de l'entreprise de construction mécanique.

EXEMPLE

Supposons que les produits R1,R2 et R3 dégagent respectivement une marge sur coûts variables de 160, 140 et 50 euros.

La solution optimale est celle qui maximise la marge sur coût variable globale.

C'est-à-dire : MAX F = 160 R1 + 140 R2

La fonction ainsi définie est appelée **Fonction économique du programme**. Elle peut s'écrire aussi : R2 = – 1,15 R1 + MAX F

Sous cette forme, la fonction économique est une fonction de la forme $ax + b$ et MAX F est une constante qu'il faut maximiser tout en respectant les contraintes de l'entreprise. Cela revient à **chercher la droite de pente égale à – 1,15 et dont l'ordonnée à l'origine est maximum**. Il existe une méthode graphique pour choisir la solution optimale.

Reprenons le graphique précédent.

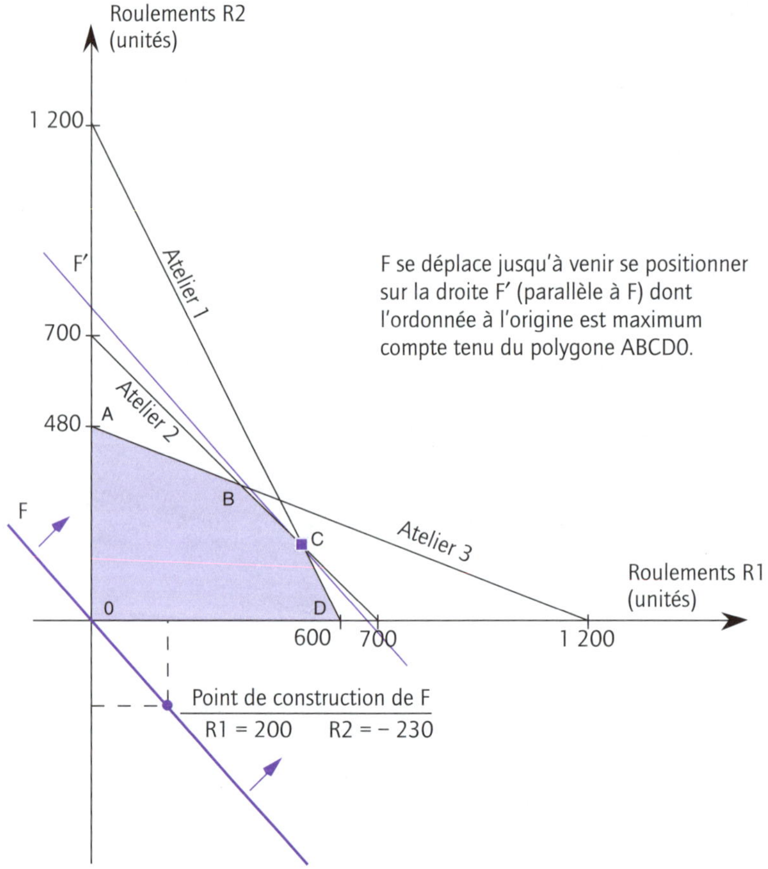

La marge sur coût variable globale dégagée est de :

(160 € × 500 R1) + (140 € × 200 R2) = 108 000 €.

Démarche générale

La fonction économique (F) doit être représentée au point 0. Il existe toute une famille de droites parallèles à la droite F et qui possèdent des ordonnées à l'origine de plus en plus élevées dès que l'on se déplace vers le haut du graphique.

Le déplacement sur le graphique d'une droite parallèle à la droite tracée permet de déterminer directement le point d'intersection entre le polygone des solutions acceptables et la fonction économique : ce point est celui de la solution optimale. Ici, il s'agit du point C représentant une combinaison de 500 R1 et de 200 R2.

Cette solution reste **valable** tant que les **capacités de production et les marges générées par les produits restent inchangées.**

Remarque : La solution graphique est praticable dans le cas de deux produits car elle conduit à des représentations géométriques simples. Dès que le **nombre de produits s'accroît, il faut avoir recours aux techniques du simplexe** pour résoudre ce type de problème.

1.3 La méthode du simplexe

Voir annexes mathématiques en fin d'ouvrage.

L'emploi de ces méthodes permet, à court terme, d'ajuster les prévisions des ventes et les capacités de production de l'entreprise. Ces choix définis, il est nécessaire de répartir les charges de travail dans le temps et l'espace mais auparavant il faut calculer les besoins en composants.

2. Calcul des besoins en composants

Le calcul des besoins en composants ou PBC (planification des besoins en composants) correspond à la gestion des stocks de matières premières nécessaires à la production. Ce calcul s'insère dans un système plus large de gestion de la production : le MRP (*Management Resources Planning*).

Le **MRP** est un système de pilotage par l'amont du processus de production.

Il s'organise selon le schéma suivant :

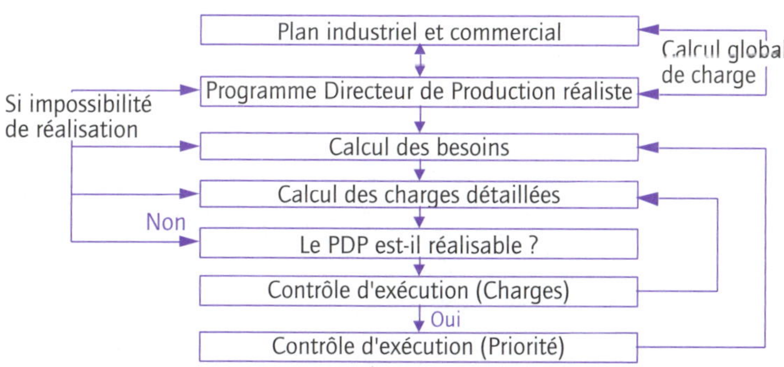

Architecture de M.R.P. - 2

Source : Courtois A., Martin C., Pillet M., *Gestion de production,* Éditions d'Organisation, 1989.

Le **plan industriel et commercial** est «élaboré par familles de produits». Il représente un calendrier des ventes et du niveau des stocks sur une période variable suivant la durée du cycle de fabrication mais qui dépasse souvent le cadre annuel de la gestion budgétaire.

Il s'appuie sur la relation suivante :

Production prévisionnelle	=	Vente prévisionnelles	+	Vente prévisionnelles	×	Niveau de stock actuel

Le **programme directeur de production** est la traduction en termes de produits ou de sous-ensembles du plan précédent. Il rassemble l'ensemble des demandes sur la production (un même sous-ensemble peut servir à plusieurs produits) et établit un échéancier des productions à effectuer. Son horizon est la semaine, voire le jour. Il doit être compatible avec les capacités usines et répondre aux prévisions commerciales.

Le **calcul des besoins** précise pour chaque élément les besoins en quantités de tous les articles achetés ou réalisés par l'entreprise ainsi que les dates de fabrication ou d'approvisionnement.

Le **calcul des charges** analyse les postes de travail en capacité et gère les flux entrant et sortant dans chaque atelier. Il permet aux gestionnaires de repérer les goulots d'étranglement.

Les **contrôles d'exécution** ordonnancent la charge de travail entre les postes une fois les problèmes de sous ou sur capacité réglés. Il planifie les priorités en termes d'ordres de fabrication.

2.1 Le principe du calcul des besoins en composants

Chaque produit est composé d'ensembles, de sous-ensembles et de pièces. Ce sont ces composants de base que les services de production doivent usiner. Le programme prévisionnel des ventes exprimées en nombre de produits doit être transcrit en éléments de base dont la charge de travail est à répartir dans le temps et l'espace.

L'ensemble des éléments constitutifs du produit ainsi que la nature et la durée de l'opération qu'ils supportent forme une **nomenclature**. Courtois[1] illustre cette décomposition dans le cas simplifié d'une valise.

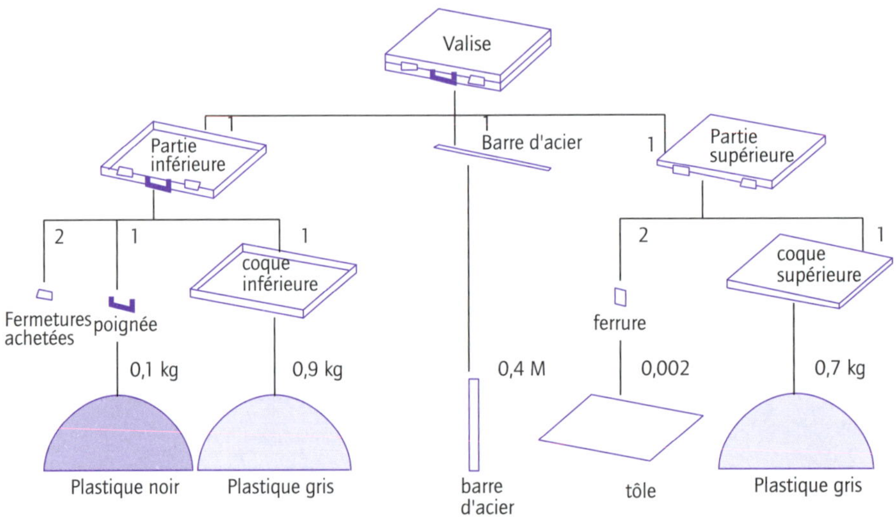

De façon générale, la fabrication d'un produit est composée de phases d'usinage et d'assemblage. Chaque étape de fabrication est caractérisée par :

(1) *Courtois A., Martin C., Pillet M.,* Gestion de la production, *Éditions d'Organisation, 1989.*

– un **élément** (ensemble, sous-ensemble ou pièce),
– une **opération** qui s'effectue sur l'élément,
– une **durée** pour réaliser cette opération.

Ces éléments, caractéristiques d'une nomenclature, permettent de définir des **besoins dépendants et des besoins indépendants**.

• Les **besoins indépendants** sont constitués de pièces ou produits achetés en l'état à l'extérieur. La prévision de consommation de tels besoins repose uniquement sur une bonne prévision des ventes (exemple : dans le cas de la valise, les fermetures représentent un besoin indépendant).

• Les **besoins dépendants** sont constitués des sous-ensembles pièces et matières nécessaires aux produits finis. Pour de tels besoins, la prévision de consommation ne peut être obtenue que par calcul.

2.2 Un cas simplifié de calcul des besoins en composants

EXEMPLE

Soit, pour un processus de fabrication par lots, les nomenclatures suivantes, pour 3 produits A, B et C.

Niveau de nomenclature	Matrice de nomenclature				Délai d'assemblage ou d'usinage
1er niveau de nomenclature (Ensemble par produit)	Produit / Ensemble	A	B	C	M = matrice
	E_1 E_2 E_3	1 2 1	1 0 1	2 1 2	$= M_E^P$ 3 mois
2e niveau de nomenclature (Sous-ensemble par ensemble)	Ensemble / Sous-ensemble	E1	E2	E3	$= M_{SE}^E$ 2 mois
	SE_1 SE_2 SE_3	1 1 0	2 1 1	1 1 2	
3e niveau de nomenclature (Pièce par sous-ensemble)	Sous-ensemble / Pièces	SE_1	SE_2	SE_3	$= M_{PI}^{SE}$ 1 mois
	PI_1 PI_2 PI_3	1 1 0	1 1 1	1 2 1	
4e niveau de nomenclature (Matières premières par pièce)	Pièce / Matières premières	PI_1	PI_2	PI_3	$= M_{MP}^{PI}$ 3 mois (de délai d'approvisionnement)
	M_1 M_2 M_3	2kg 1 1	0 1 1	2 1 0	

Le carnet de commandes prévisionnelles pour les trois produits est le suivant :

Produits \ Mois	Janvier N	Février N	Mars N
A	1	2	1
B	2	1	1
C	0	1	2

Établir le modèle de calcul des besoins en composants correspondant à ces nomenclatures et calculer, pour le carnet de commandes donné, le nombre et la date de disponibilité des ensembles, des sous-ensembles, des pièces et des matières premières.

Le modèle de PBC consiste en une suite de multiplications de matrices qui indiqueront les quantités nécessaires et les dates (en mois) auxquelles ces quantités doivent être disponibles.

Soit M_P^N la matrice représentant le carnet de commandes.

- *Calcul des besoins en ensembles (niveau 1 de nomenclature)*

$$M_E^P \times M_P^N = M_E^N$$

$$\begin{array}{c} \\ E_1 \\ E_2 \\ E_3 \end{array} \begin{array}{ccc} A & B & C \\ \hline \end{array}\! \begin{bmatrix} 1 & 1 & 2 \\ 2 & 0 & 1 \\ 1 & 1 & 2 \end{bmatrix} \times \begin{array}{c} A \\ B \\ C \end{array} \begin{bmatrix} 1 & 2 & 1 \\ 2 & 1 & 1 \\ 0 & 1 & 2 \end{bmatrix} = \begin{array}{c} E_1 \\ E_2 \\ E_3 \end{array} \begin{bmatrix} 3 & 5 & 6 \\ 2 & 5 & 4 \\ 3 & 5 & 6 \end{bmatrix}$$

(Colonnes de M_E^P : A, B, C ; colonnes de M_P^N : Janv., Fév., Mars ; colonnes de M_E^N : Oct., Nov., Déc.)

Compte tenu des commandes de janvier N, il faut : $(1E_1 \times 1A) + (1E_1 \times 2B) + (2E_1 \times 0C) = 3E_1$

Le raisonnement est identique pour E_2 et E_3.

Le mois de disponibilité tient compte du délai d'assemblage des ensembles E1 soit 3 mois.

Si la livraison doit être faite en janvier N, les ensembles E_1, E_2, E_3 doivent être disponibles 3 mois plus tôt soit en octobre N–1.

- *Calcul des besoins en sous-ensembles (niveau 2 de nomenclature)*

$$M_{SE}^E \times M_E^N = M_{SE}^N$$

$$\begin{array}{c} SE_1 \\ SE_2 \\ SE_3 \end{array} \begin{bmatrix} 1 & 2 & 1 \\ 1 & 1 & 1 \\ 0 & 1 & 2 \end{bmatrix} \times \begin{array}{c} E_1 \\ E_2 \\ E_3 \end{array} \begin{bmatrix} 3 & 5 & 6 \\ 2 & 5 & 4 \\ 3 & 5 & 6 \end{bmatrix} = \begin{array}{c} SE_1 \\ SE_2 \\ SE_3 \end{array} \begin{bmatrix} 10 & 20 & 20 \\ 8 & 15 & 16 \\ 8 & 15 & 16 \end{bmatrix}$$

(Colonnes de M_{SE}^E : E_1, E_2, E_3 ; colonnes de M_E^N : Oct., Nov., Déc. ; colonnes de M_{SE}^N : Août, Sept., Oct.)

Le raisonnement est identique au précédent compte tenu d'un délai de 2 mois.

- *Calcul des besoins en pièces (niveau 3 de nomenclature)*

$$M_{PI}^{SE} \times M_{SE}^N = M_{PI}^N$$

$$\begin{array}{c} PI_1 \\ PI_2 \\ PI_3 \end{array} \begin{bmatrix} 1 & 1 & 1 \\ 1 & 1 & 2 \\ 0 & 1 & 1 \end{bmatrix} \times \begin{array}{c} SE_1 \\ SE_2 \\ SE_3 \end{array} \begin{bmatrix} 10 & 20 & 20 \\ 8 & 15 & 16 \\ 8 & 15 & 16 \end{bmatrix} = \begin{array}{c} PI_1 \\ PI_2 \\ PI_3 \end{array} \begin{bmatrix} 26 & 50 & 52 \\ 34 & 65 & 68 \\ 16 & 30 & 32 \end{bmatrix}$$

(Colonnes de M_{PI}^{SE} : SE_1, SE_2, SE_3 ; colonnes de M_{SE}^N : Août, Sept., Oct. ; colonnes de M_{PI}^N : Juil., Août, Sept.)

• *Calcul des besoins en matières premières (niveau 4 de nomenclature)*

$$M_{MP}^{PI} \times M_{PI}^{N} = M_{PM}^{N}$$

$$\begin{array}{c} \\ MP1 \\ MP2 \\ MP3 \end{array} \begin{array}{c} \begin{array}{ccc} PI1 & PI2 & PI3 \end{array} \\ \begin{bmatrix} 2 & 0 & 2 \\ 1 & 1 & 1 \\ 1 & 1 & 0 \end{bmatrix} \end{array} \times \begin{array}{c} \\ PI1 \\ PI2 \\ PI3 \end{array} \begin{array}{c} \begin{array}{ccc} Juil. & Août & Sept. \end{array} \\ \begin{bmatrix} 26 & 50 & 52 \\ 34 & 65 & 68 \\ 16 & 30 & 32 \end{bmatrix} \end{array} = \begin{array}{c} \\ MP1 \\ MP2 \\ MP3 \end{array} \begin{array}{c} \begin{array}{ccc} Avril & Mai & Juin \end{array} \\ \begin{bmatrix} 84 & 160 & 168 \\ 76 & 145 & 152 \\ 60 & 115 & 120 \end{bmatrix} \end{array}$$

Ainsi sont planifiés la production et les approvisionnements sur toute la durée du processus de fabrication soit 9 mois.

La validité des prévisions obtenues dépend de la connaissance des ventes futures et de la qualité des informations contenues dans la nomenclature.

Cette démarche est un **modèle d'entreprise complet** : il permet, en fait, à partir des prévisions des ventes ou du carnet de commandes de planifier l'ensemble de l'activité, de réserver des capacités, de gérer les stocks de composants et d'assurer leurs disponibilités aux dates nécessaires.

Sous réserve de données de coûts, il permet également de **calculer les charges de trésorerie** et les **coûts complets standards par produit** dès les prévisions de ventes.

Les besoins en composants calculés, il reste à envisager la gestion des goulots d'étranglement et d'équilibrage des charges, le point clé de la gestion de la production.

3. Les méthodes de chargement et les goulots d'étranglement

La notion de goulot d'étranglement est liée au concept de chargement des ateliers et à un manque de capacité pour satisfaire les besoins de fabrication répertoriés. Intéressons-nous d'abord aux problèmes de chargement des ateliers avant d'envisager l'allocation entre les différents produits en cas de sous-capacité.

3.1 Tableau de chargement des ateliers

Les points seront développés dans le cadre d'une application.

EXEMPLE

Dans deux ateliers A1 et A2, trois produits X, Y et Z doivent être usinés.

Le temps (exprimé en heures) nécessaire à l'usinage de chacun des produits dans les ateliers est résumé dans le tableau suivant :

Pour / Dans l'atelier	X	Y	Z
atelier A1	1	3	2
atelier A2	1	2	5

Les temps de chargement des différents postes de travail sont de 2 000 heures par an dans l'atelier A1 et de 2 100 heures par an dans l'atelier A2. Il faut compter 10 % pour les temps de réglage et de changement d'outil pendant lesquels les machines ne sont pas en état de marche.

Le nombre maximum de postes utilisables est de 20 pour l'atelier A1 et de 18 pour l'atelier A2.

Le budget des ventes prévoit 7 000 X, 6 000 Y et 4 000 Z.

Les lots de fabrication doivent respecter la proportion des ventes (hypothèse de production simultanée).

Établir un programme de chargement qui permet les ventes en quantités maximales.

Démarche générale

- Calcul des capacités nécessaires à la production maximale.
- Calcul des capacités disponibles.
- Ajustement entre le désirable et le possible.

EXEMPLE (SUITE)

Tableau provisoire des temps de chargement :

Intitulé	Atelier 1	Atelier 2
Calcul des capacités nécessaires		
Pour le produit X (7 000 × temps de fabrication)	7 000 (7 000 × 1)	7 000 (7 000 × 1)
Pour le produit Y (6 000 × temps de fabrication)	18 000 (6 000 × 3)	12 000 (6 000 × 2)
Pour le produit Z (4 000 × temps de fabrication)	8 000 (4 000 × 2)	20 000 (4 000 × 5)
Capacités nécessaires (A)	33 000	39 000
Calcul des capacités disponibles		
Temps de marche par poste de travail (temps de chargement × 0,90)	1 800	1 890
Nombre de postes par atelier	× 20	× 18
Capacités disponibles (B)	36 000	34 020
Solde		
Excédent de capacités (B) – (A)	3 000	
Manque de capacités (A) – (B)		4 980
Taux de chargement (A)/(B)	0,916	1,146

L'atelier A2 a un taux de chargement supérieur à 1, ce qui n'est pas réaliste. Cet atelier présente un manque de capacité de 4 980 heures : il constitue un goulot d'étranglement. C'est lui qui limite la production possible.

Ajustement :

La contrainte de fabrication simultanée et dans la proportion donnée (7 X, pour 6 Y et 4 Z) définit une combinaison productive qui consomme, lors de son passage dans l'atelier A2 : (7 X × 1) + (6 Y × 2) + (4 Z × 5) = 39 heures

Dans les capacités disponibles de l'atelier A2, on peut avoir :

34 020 h/39 = 872 combinaisons de base et donc une fabrication de :

- 872 combin. × 7 X = 6 104 X arrondie à 6 100 unités,
- 872 combin. × 6 Y = 5 232 Y arrondie à 5 230 unités,
- 872 combin. × 4 Z = 3 488 Z arrondie à 3 480 unités.

Il est alors possible de présenter le **tableau de chargement définitif** :

Intitulé	Atelier 1	Atelier 2
Calcul des capacités nécessaires		
Pour le produit X (6 100 × tps de fabrication)	6 100	6 100
Pour le produit Y (5 230 × tps de fabrication)	15 690	10 460
Pour le produit Z (3 480 × tps de fabrication)	6 960	17 400
Capacités nécessaires (A)	28 750	33 960
Calcul des capacités disponibles	36 000	34 020
Solde excédent de capacité	7 250 heures	60 heures
Taux de chargement	0,80	≈ 1

Avec ce programme, les taux de chargement sont tous inférieurs ou égaux à 1 mais l'atelier A1 est en chômage pour 7 250 heures.

3.2 Goulot d'étranglement et choix des produits

Les programmes précédents ont été obtenus sans référence aux coûts et aux marges générés par les produits. La gestion optimale d'un goulot d'étranglement ne peut s'effectuer hors des éléments de prix.

Reprenons notre exemple en le complétant.

EXEMPLE (SUITE)

Le contrôleur de gestion vous fournit les renseignements complémentaires suivants :

	X	Y	Z
Marge sur coût variable par produit	150 €	320 €	400 €

Il vous demande d'établir le programme de production qui génère la plus grande marge globale.

Démarche générale

Il s'agit de saturer les capacités de l'atelier qui constitue le goulot d'étranglement en produisant des quantités différentes de X, Y et Z. ***Il n'y a donc plus l'hypothèse de production simultanée.***

L'élément « rare » n'est pas un des produits mais **l'unité de facteur du goulot d'étranglement** (ici, l'heure de marche des machines de l'atelier). Il faut donc utiliser ces heures à produire ce qui rapporte le plus, non pas en termes de produits mais en termes de **marge par unité de facteur du goulot d'étranglement.**

EXEMPLE (SUITE)

Calcul de marge par heures de passage et par produit dans l'atelier A2.

	X	Y	Z
Marge sur coût variable par produit	150 €	320 €	400 €
Temps de passage par produit (en heures)	1	2	5
Marge sur coût variable horaire	150	160	80
Ordre de production	2	1	3

Le programme de production s'établit à :

Quantités de produits	Temps nécessaire	Temps disponible	Marge sur coût variable
		34 020 (1)	
6 000 Y	12 000 h	22 020	1 920 000
7 000 X	7 000 h	15 020	1 050 000
3 004 Z	15 020 h	0	1 201 600
Marge sur coût variable globale			4 171 600

(1) Il s'agit de la capacité disponible calculée dans le tableau de chargement provisoire.

Ce programme assure une utilisation optimale des heures de l'atelier A2 et est compatible avec les capacités de l'atelier A1. Il est facile de vérifier que le nombre d'heures de fonctionnement dans cette hypothèse s'élève à 31 008 heures pour A1 et donne un taux de chargement inférieur (0,86 au lieu de 0,92 précédemment).

Les techniques présentées ici l'ont été dans le cadre d'une organisation de production taylorienne.

Les enjeux et les outils utilisés par une organisation productive en JAT seront décrits dans le chapitre 18 de cet ouvrage. Il s'agit donc d'avoir une compréhension globale de ces dispositifs car, aujourd'hui, coexistent dans les entreprises des ateliers gérés en flux poussés (avec MRP par exemple) et des ateliers en flux tirés (avec kanbans et approvisionnement synchrone).

4. L'ordonnancement

Voir annexes mathématiques en fin d'ouvrage.

Tous ces calculs doivent permettre d'harmoniser les prévisions des ventes et le programme de production afin de pouvoir envisager les conséquences budgétaires des choix précédents, et, en particulier, la gestion des approvisionnements indispensables au lancement de la production.

SECTION 3
LES TECHNIQUES DE GESTION DES STOCKS

L'existence de stock est un **moyen de concilier des objectifs contradictoires** entre :
– la fabrication et la vente dans le cas des produits finis ;
– les impératifs des fournisseurs et ceux de la production pour les matières premières et les composants.

La gestion des matières premières et des composants relève de la compétence des services d'approvisionnements et nécessite un ou des budget(s) spécifique(s).

Cette gestion budgétaire, comme dans le cas des ventes et de la production, s'organise en deux étapes liées :

– une **phase de prévision des approvisionnements nécessaires** compte tenu des modes de gestion des stocks retenus par l'entreprise ainsi que des hypothèses quant au niveau des consommations ;
– une **phase de valorisation** qui conduit à l'élaboration des budgets proprement dits (*cf.* chapitre 10).

C'est pourquoi après avoir analysé les fondements économiques de la gestion des stocks, nous envisagerons succinctement les modèles de gestion des stocks les plus courants et les budgets qu'ils permettent d'élaborer.

1. Les fondements économiques de la gestion des stocks

Le rôle de la fonction d'approvisionnement peut être défini comme l'obligation de fournir les matières premières et composants en qualité et quantité suffisantes, au moment voulu et au coût le plus bas possible.

Pour autant, constituer et conserver un stock entraîne des coûts «techniques» dont la minimisation doit être un objectif important de cette fonction.

1.1 Catégories de coûts engendrés par les stocks

Ils sont nombreux mais nous les regrouperons en trois grands types.

a) Les coûts liés à la commande

Passer une commande crée des charges : certaines sont directes et assez faciles à évaluer comme les frais de courrier ou de télex, d'autres plus indirectes et difficiles à cerner comme le suivi de commandes aux spécifications particulières que les services techniques doivent contrôler chez le fournisseur.

Il faut également réceptionner ces commandes, c'est-à-dire recevoir, vérifier les quantités et contrôler la qualité. Ces tâches présentent des aspects techniques mais aussi administratifs : création et circulation de documents internes comme les bons de réception et de qualité, mise à jour des fiches de stocks…

L'ensemble de ces charges forment le **coût d'obtention des commandes** et ce coût est **fonction du nombre de commandes.**

b) Les coûts liés à la possession du stock

Posséder un stock entraîne deux conséquences : il faut le «loger» et il faut le financer. Ces deux obligations génèrent des charges.

• Le loyer des entrepôts, les assurances, le gardiennage et les suivis administratifs qui en découlent sont constitutifs des coûts du «logement».

• Le coût financier s'analyse comme le coût des ressources nécessaires au financement des besoins en fonds de roulement générés par l'existence du stock. Un financement à court terme comme les crédits de campagne est un coût assez facile à cerner. Si l'entreprise ne met pas en place de financement spécifique, ce coût s'apparente à un coût d'opportunité constitué par les gains dont l'entreprise se prive en affectant des ressources au financement du stock au lieu de les placer sur le marché financier.

L'ensemble de ces coûts forme le coût de possession du stock qui s'exprime comme un taux annuel de possession appliqué sur la valeur du stock moyen.

c) Les coûts liés à l'insuffisance des stocks

Il s'agit de l'ensemble des frais résultant pour l'entreprise, du manque de disponibilité d'un article. En dehors des coûts administratifs pour informer de cette indisponibilité, ces coût peuvent, parfois, être calculés comme des pénalités prévues dans les contrats d'approvisionnement.

Mais la majeure partie de ces coûts correspond à un coût d'opportunité dont l'évaluation dépend, en partie, des conséquences de cette pénurie : ventes différées, ventes perdues sans perte de clientèle, ventes perdues avec perte de la clientèle pour les produits finis, arrêt de la production avec ou sans possibilité de dépannage en urgence pour les matières premières et les composants.

L'ensemble de ces éléments forment le **coût de pénurie ou de rupture** qui est ***fonction du* nombre de ruptures** et le plus souvent, **du temps**.

L'ensemble de ces trois coûts : le coût d'obtention des commandes, le coût de possession du stock et le coût de pénurie constitue un coût que nous appelerons le **coût de gestion du stock**. Il faut y adjoindre le coût d'achat des matières en stock pour obtenir le **coût du stock**.

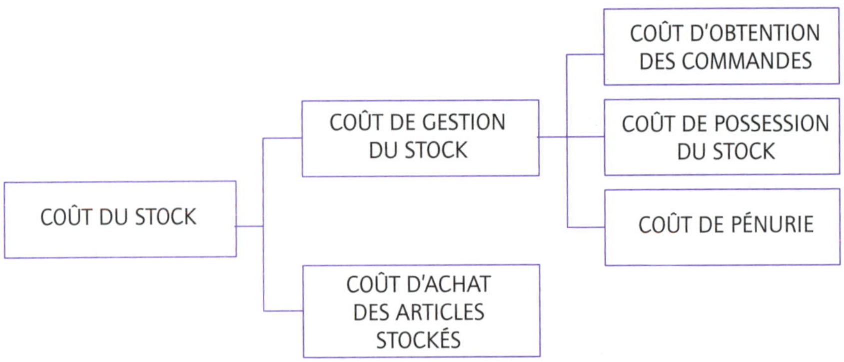

L'objectif des services d'approvisionnement est donc de minimiser le coût de gestion du stock en tenant compte des comportements contradictoires des coûts élémentaires qui le composent. Ce calcul d'optimisation ayant lui-même un coût, il ne sera pratiqué que sur certains stocks.

1.2 Méthodes de suivi administratif des stocks

Le but de ces méthodes est de **déterminer les stocks** qui feront **l'objet d'un suivi précis de la part des services d'approvisionnement**. Il s'agit de classer les articles stockés par valeur décroissante exprimée en pourcentage.

Soit un repère d'axes orthonormés, l'**axe des X représente le pourcentage cumulé du total des articles et l'axe des Y, le pourcentage cumulé de la consommation totale en valeur** (voir courbe page suivante).

Un petit nombre d'articles représente une part très importante en valeur alors que le reste des articles représente une valeur faible. Ce type de représentation s'appelle un **graphique de pareto**, du nom du mathématicien qui théorisa ce type de distribution statistique (*voir chapitre 14 sur la qualité*).

Cela conduit à classer les articles en groupes qui feront l'objet d'un suivi identique des stocks. En général, deux ou trois groupes sont retenus.

a) Méthode des 20/80

Vingt pour cent des articles en nombre représentent 80 % des articles en valeur : ces références seront suivies de façon approfondie afin de limiter le coût de gestion de ces stocks. Les autres subiront une gestion plus souple.

b) Méthode ABC

La classification s'établit comme suit :

	% cumulé du total des articles	% cumulé de la consommation en valeur
Groupe A	10 %	65 %
Groupe B	25 %	25 %
Groupe C	65 %	10 %

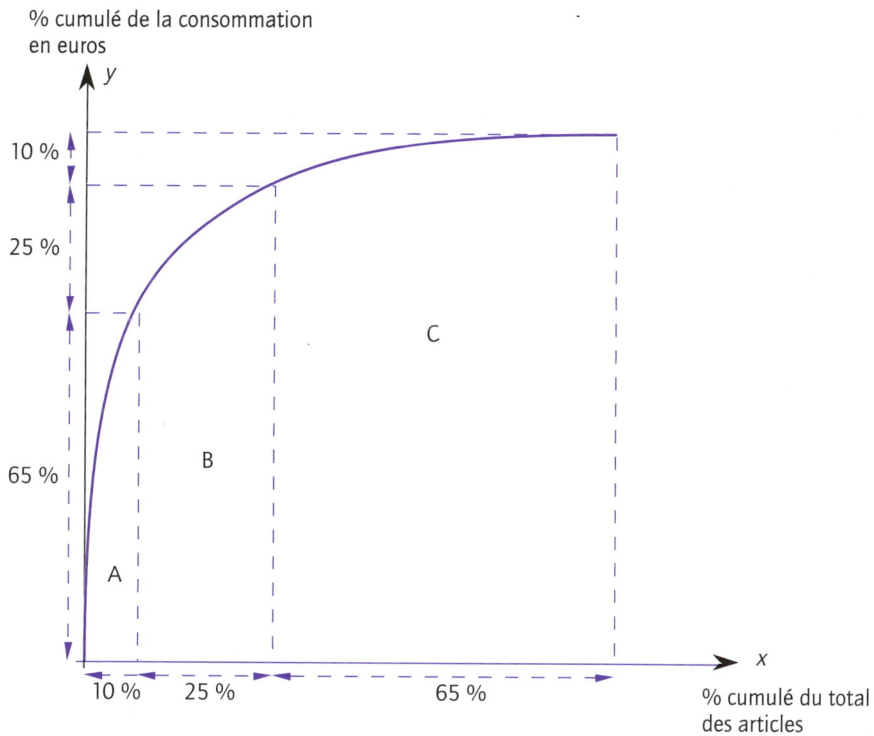

Le groupe A va subir un contrôle très précis, alors que le groupe B sera géré de façon plus souple, et qu'il suffira d'éviter la rupture de stocks pour les articles du groupe C.

Une fois repérés les articles qui doivent faire l'objet d'un suivi rigoureux, il faut déterminer le volume optimal de leurs stocks : c'est le but des modèles de gestion des stocks.

2. Les modèles de gestion de stocks

Pour assurer une gestion optimale des stocks, il faut connaître la cadence d'approvisionnement, les délais de livraison et les niveaux de sécurité pour limiter les risques de rupture de stocks. Ces éléments sont à la base des modèles de gestion et devront être préalablement définis.

Il existe de nombreux modèles de gestion des stocks qui répondent à la multiplicité des situations rencontrées en entreprise : les traiter tous obligerait à la rédaction d'un ouvrage particulier.

Pour autant, ils s'appuient tous sur un raisonnement connu sous le nom de modèle de Wilson.

Dans cette section, nous nous contenterons de rappeler les principaux résultats et la logique de leur utilisation en distinguant deux types d'environnement : l'avenir certain et l'avenir incertain.

2.1 Terminologie

Nous définirons le stock actif, le stock de réapprovisionnement, le stock de sécurité.

a) Le stock actif (SA)

C'est la **quantité de produits qui entre en stock à chaque livraison et qui est consommée.** Elle est aussi appelée « quantité économique ».

Soit C la consommation annuelle d'une matière, le stock actif dépend de la cadence d'approvisionnement et est égal à :

Nombre d'approvisionnement (N)	1	2	3
Niveau du stock actif (SA)	C	C/2	C/3
Niveau du stock moyen (SM)	C/2	C/4	C/6

Le niveau du stock actif décroît en fonction du nombre de commandes. En conséquence, plus un stock actif est faible et plus le coût de possession du stock est peu important alors que le coût d'obtention des commandes est majoré.

La représentation du stock actif fait apparaître des graphiques en « toits d'usine » ou en « dents de scie ».

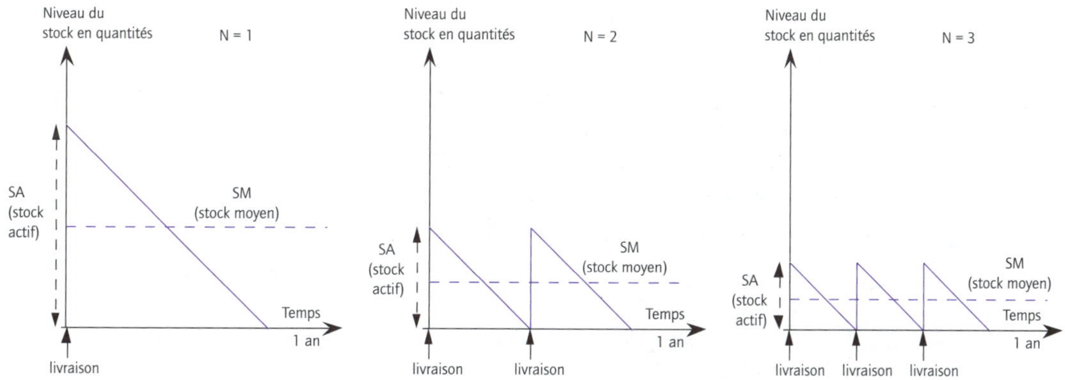

b) Le stock de sécurité (SS)

Le **stock de sécurité** est un volant de stock qui a deux buts :
– faire face à une **accélération de la consommation** pendant le délai de réapprovisionnement ① ;
– faire face à un **allongement du délai de livraison,** c'est-à-dire un retard de livraison ②.

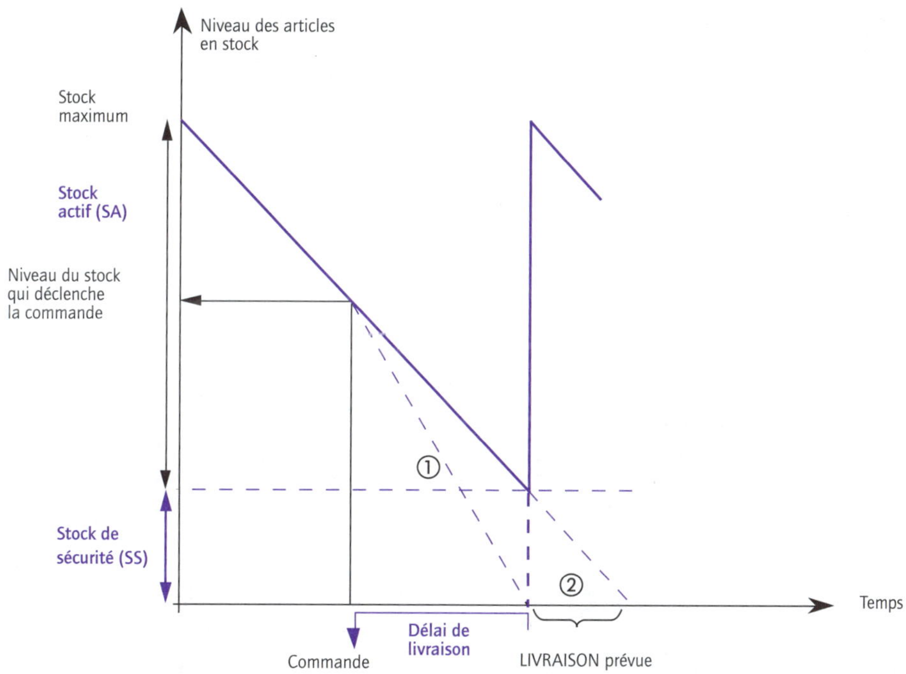

① Accélération de la demande pendant le délai de livraison

② Retard de livraison acceptable.

EXEMPLE

Soit un stock actif mensuel de 300 produits, un délai de livraison de 10 jours et un stock de sécurité de 150 produits.

Accélération possible de la consommation : en 10 jours, il est possible de consommer 150 produits additionnels, donc la consommation peut être de 25 produits/jour contre 10 produits/jours en cas normal (300 produits pour 30 jours), **soit une accélération de 150 %.**

Retard possible de livraison : en supposant la consommation normale (10 produits/jour), le stock de sécurité peut **permettre de « tenir » 15 jours supplémentaires.**

c) Le stock de réapprovisionnement (SR)

Le stock de réapprovisionnement est le **niveau du stock qui entraîne le déclenchement de la commande.** Il inclut le stock de sécurité s'il existe.

Il est égal à la consommation pendant le délai de livraison plus le stock de sécurité et noté :

$$SR = \left(\text{Vitesse de consommation} \times \text{Délai de livraison}\right) + SS$$

Selon les ouvrages, il s'appelle aussi : **stock d'alerte, stock critique** ou **point de commande.** Il se calcule différemment selon la durée du délai de livraison.

Cas 1 : Délai de livraison < Délai de consommation

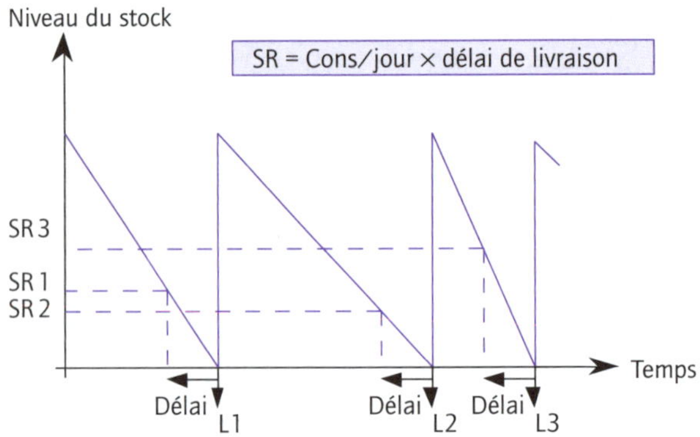

Cas 2 : Délai de livraison > Délai de consommation

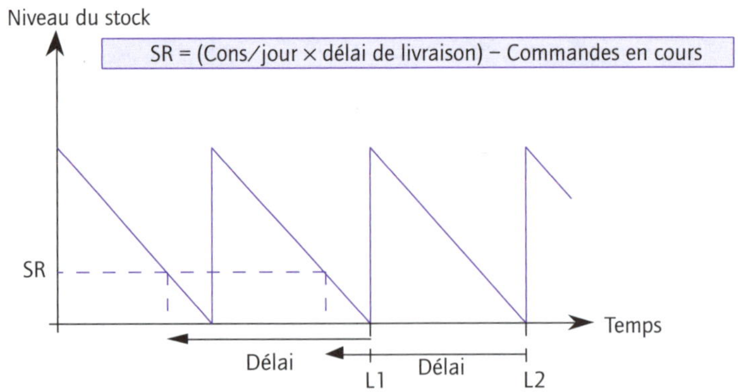

EXEMPLE

Soit un stock actif mensuel de 300 produits, un stock de sécurité de 50 produits, **quel est le stock de réapprovisionnement selon que le délai de livraison est de 10 jours ou de 35 jours ?**

- **Délai de 10 jours**

  → le délai de livraison (10 jours) est inférieur au délai de consommation (1 mois) :

  SR = (10 produits/jour × 10 jours) + 50 = 150 produits.

- **Délai de 35 jours**

  → le délai de livraison (35 jours) est supérieur au délai de consommation (30 jours) :

  SR = (10 produits/jour × 35) + 50 – 300 = 100 produits.

Chaque fois que le stock atteindra le niveau du stock de réapprovisionnement, l'entreprise déclenchera une commande.

2.2 Modèles de gestion des stocks en avenir certain

Nous exposerons brièvement le modèle de Wilson pur, puis les améliorations qui y ont été apportées.

a) Modèle de Wilson « pur »

Il s'agit de déterminer la quantité économique qui minimise le coût de gestion du stock afin de permettre l'automatisation des procédures de réapprovisionnement.

Le modèle peut être schématisé comme suit :

Objectifs	Hypothèses
Minimiser le COÛT DE GESTION DU STOCK qui comprend : – coût d'obtention des commandes – coût de possession du stock	Ventes ou consommations régulières Docilité du fournisseur Unicité du tarif du fournisseur
Paramètres	**Inconnues**
C : consommation annuelle en quantité **f** : coût d'obtention d'une commande **t** : taux de possession du stock/an **p** : coût d'un article stocké	**Q** : quantité économique **ou** **N** : nombre de commandes avec N = *C*/Q

■ *Formalisation du modèle*

Compte tenu des coûts définis au paragraphe 1.1, nous obtenons par rapport à l'inconnue Q :

- **le coût d'obtention des commandes**, noté K_1

$K_1 = f \times N$ et comme $N = C/Q$, $K_1 = f \times C/Q$.

- **le coût de possession du stock**, noté K_2.

Si l'approvisionnement est égal à Q en début de période, le stock initial (SI) sera égal à Q et le stock final (SF) à 0 et compte tenu que :

$$\text{Stock moyen} = \frac{SI + SF}{2} = \frac{Q}{2},$$

on peut écrire que : $K_2 = Q/2 \times p \times t$

Le coût de gestion du stock s'écrit : $K_1 + K_2 = K = \left(f \times \frac{C}{Q}\right) + \left(\frac{Q}{2} \times p \times t\right)$

Représentation du modèle

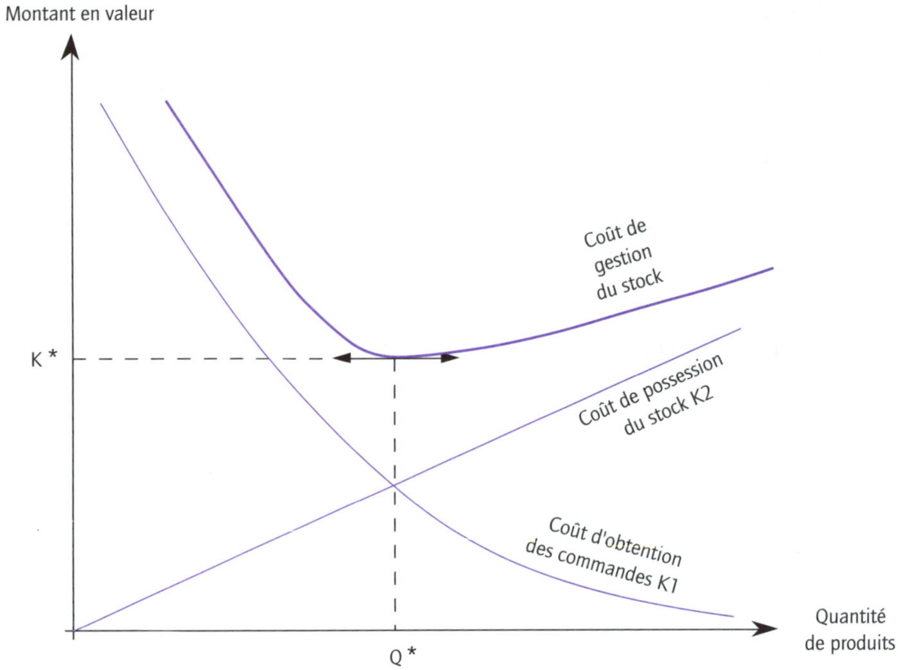

Solution du modèle

Le coût de gestion K est minimum pour la valeur de Q notée Q*, qui annule la dérivée de K par rapport à Q :

$$Q^* = \sqrt{\frac{2 \times C \times f}{p \times t}}$$

Connaissant la consommation annuelle, la cadence d'approvisionnement optimale N* est égale à :

$$N^* = \frac{C}{Q^*}$$

et pour cette valeur Q*, le coût de gestion du stock est minimum et égal à :

$$K^* = \sqrt{2 \times C \times t \times p \times f}$$

Sous cette forme, les hypothèses restrictives du modèle limitent sa portée pratique. Pourtant, de nombreuses tentatives existent pour le rendre applicable à la réalité.

EXEMPLE

Une entreprise prévoit une consommation annuelle de 10 800 unités d'un produit. Le coût de possession du stock est évalué à 8 %. Passer une commande coûte 20 € et le prix unitaire d'achat du produit est de 10 €.

Déterminer les différents paramètres de gestion de ce stock.

Par application de la formule de Wilson, on retient :
$C = 10\,800$ • $p = 10$ € • $f = 20$ € • $t = 8\ \%$

$$Q^* = \sqrt{\frac{2 \times 10\ 800 \times 20}{10 \quad \times 8\ \%}} \approx 735 \text{ produits}$$

On en déduit :

N* = Nombre de commandes = 10 800 / 735 ≈ 14,70 cdes

T* = Temps séparant 2 commandes = 360 jours / 14,70 cdes ≈ 24 jours 1/2

$$K^* = \text{Coût de gestion du stock} = \sqrt{2 \times 10\ 800 \times 10 \times 20 \times 8\ \%} = \sqrt{345\ 600} = 588$$

b) Modèle de Wilson et pénurie

Nous n'envisagerons que le cas d'une pénurie dépendant du nombre d'articles manquant pendant une unité de temps.

Objectifs	Hypothèses
Minimiser le COÛT DE GESTION du stock qui comprend : – coût d'obtention – coût de possession – coût de pénurie	• Ventes ou consommations régulières • Docilité du fournisseur • Unicité du tarif du fournisseur
Paramètres	**Inconnues**
• Les mêmes que précédemment • **c_r** : coût de pénurie par article manquant et par an	• **Q** : quantité économique et • **S** : niveau du stock en début de période

■ *Représentation graphique*

PÉNURIE DÉPENDANTE DU TEMPS ET DU NOMBRE DE RUPTURE

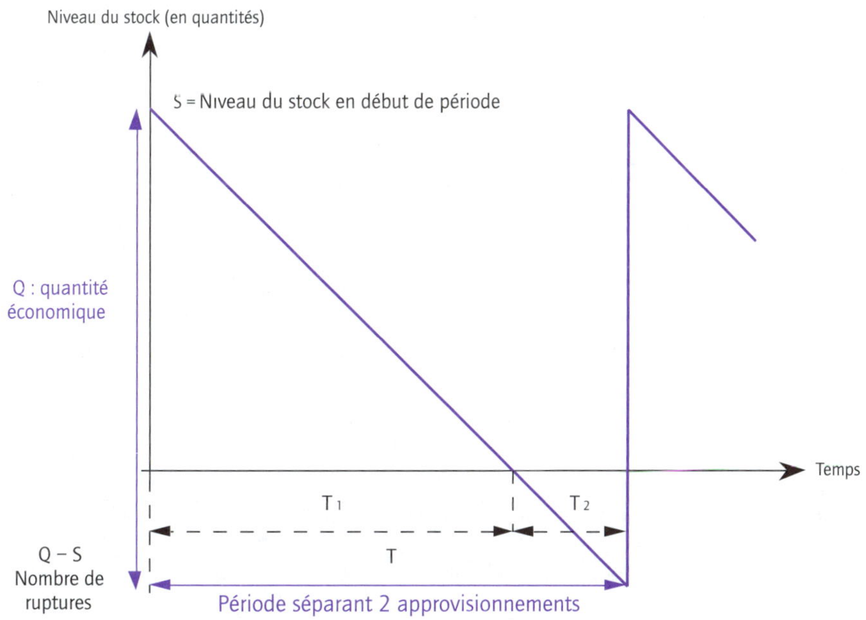

Le temps T séparant deux approvisionnements se partage entre :

– une durée T_1 où le stock permet de satisfaire la demande,

– une durée T_2 où il y a rupture de stock et où les demandes de consommations sont différées.

On peut écrire, en s'appuyant sur les propriétés des triangles semblables, que :

$$\frac{T_1}{T} = \frac{S}{Q} \quad \text{et} \quad \frac{T_2}{T} = \frac{Q-S}{Q}$$

Ces relations nous permettent de calculer la valeur des stocks moyens :

– stock moyen des produits stockés (pendant le temps T_1) :

$$SM = \frac{S}{2} \times \frac{T_1}{T} = \frac{1}{2} \times \frac{S^2}{Q}$$

– stock moyen des ruptures de stock (pendant le temps T_2) :

$$SM = \frac{Q-S}{2} \times \frac{T_2}{T} = \frac{1}{2} \times \frac{(Q-S)^2}{Q}$$

Formalisation du problème

• Le **coût d'obtention des commandes** est inchangé et se note :

$$K_1 = f \times C/Q$$

• Le **coût de possession** du stock est égal à :

$$K_2 = \frac{1}{2} \times \frac{S^2}{Q} \times p \times t$$

• Le **coût de pénurie** est égal à :

$$K_3 = \frac{1}{2} \times \frac{(Q-S)^2}{Q} \times c_r$$

Solution du problème

• Le stock en début de période S est lié à la quantité économique Q par la relation :

$$\boxed{S = \alpha Q}$$

où α représente un taux de service, c'est-à-dire la période relative pendant laquelle le stock n'est pas vide. Ce coefficient dépend des valeurs du coût de possession et du coût de pénurie par article. Il est égal à :

$$\alpha = \frac{c_r}{c_r + c_s} \text{ avec } c_s = p \times t$$

• Par ailleurs, la quantité économique Q^* qui minimise le coût de gestion du stock est égale à :

$$Q^* = \sqrt{\frac{2 \cdot C \cdot f}{p \cdot t}} \times \sqrt{\frac{1}{\alpha}}$$

Il vient :

$$Q^* \text{ avec pénurie} = Q^* \text{ sans pénurie} \times \frac{1}{\sqrt{\alpha}}$$

• Pour cette valeur Q*, le coût de gestion du stock est égal à :

$$K^* = \sqrt{2 \cdot C \cdot f \cdot p \cdot t} \times \sqrt{\alpha}$$

Comme le coefficient α est toujours inférieur à 1, la valeur $\sqrt{\alpha}$ est elle aussi inférieure à 1. Le coût de gestion du stock avec pénurie est donc plus faible que celui obtenu sans pénurie. Ainsi et cela paraît logique, vouloir satisfaire la clientèle à 100 % est plus coûteux que de se satisfaire d'un taux de service plus faible.

EXEMPLE

Reprendre l'exemple précédent.

Le coût de possession du stock par produit et par an est égal à $p \times t = 10 \times 0{,}08 = 8$ €.

En considérant un coût de pénurie par produit et par an respectivement égal à 12 € et 500 €, en déduire les paramètres de gestion du stock.

Cas n° 1 : Coût de pénurie = 12 € par produit et par an

$$\alpha = \frac{c_r}{cr + c_s} = \frac{12}{12+8} = 0{,}60$$

$$Q^* = \sqrt{\frac{2 \times C \times f}{c_s}} \times \sqrt{\frac{1}{\alpha}} = 735 \times \sqrt{\frac{1}{0{,}6}} = 735 \times 1{,}29 \approx 949 \text{ pdts}$$

$$K^* = \sqrt{2 \times C \times f \times p \times t} \times \sqrt{\alpha} = 588 \times 0{,}775 \approx 455$$

Accepter la pénurie permet de diminuer le coût de gestion du stock de 133 €, soit environ 23 %. En revanche, le taux de service s'établit à 60 %, ce qui est relativement bas et difficilement opposable à des clients.

Cas n° 2 : Coût de pénurie = 500 € par produit et par an

$$\alpha = \frac{c_r}{c_r + c_s} = \frac{500}{500+8} = 0{,}984$$

$$Q^* = 735 \times \sqrt{\frac{1}{\alpha}} = 735 \times 1{,}0079 \approx 740 \text{ pdts}$$

$$K^* = 588 \times \sqrt{\alpha} = 588 \times 0{,}992 \approx 583$$

Dans ce cas, la pénurie est excessivement coûteuse (500 €) par rapport au stockage (8 €) ; les données avec pénurie sont très proches de celles sans pénurie.

Tous les raisonnements précédents s'appuient sur une demande régulière et certaine mais de nombreux aléas peuvent apparaître et dans ce cas, il est préférable de se situer en avenir incertain.

2.3 Modèles de gestion des stocks en avenir incertain

Ces modèles s'utilisent dans des situations probabilisables pouvant provenir :

– d'aléas concernant la demande par unité de temps ;

– d'approvisionnements dont les délais ne peuvent être assurés ;

– où de la conjonction des deux phénomènes : demande et délai incertains.

Quelle que soit l'origine de l'incertitude, elle se traduit finalement par une **demande aléatoire** pendant le délai de réapprovisionnement et des risques de rupture de stock.

Pour se protéger contre les variations aléatoires de la demande, l'entreprise doit se constituer un stock de sécurité (SS) au-delà du stock actif. Cela conduit à déterminer deux catégories de stock :

– le STOCK ACTIF, calculé sur la base d'une **demande moyenne** considérée comme sûre dans les modèles déterministes, c'est-à-dire la quantité économique ;
– le STOCK DE SÉCURITÉ qui dépend de la **loi de probabilité suivie par la demande pendant le délai de réapprovisionnement** et du **taux de service désiré**.

Mais constituer un stock de sécurité entraîne des coûts de stockage additionnels qui doivent se justifier par une réduction corrélative des coûts de rupture.

Pour gérer ses stocks, l'entreprise a le choix entre deux modes de gestion :

– la **gestion calendaire** qui consiste à lancer des ordres d'approvisionnement à intervalles réguliers T ;
– la **gestion à point de commande** qui consiste à passer une commande pour reconstituer le stock actif (quantité économique) dès que le niveau du stock atteint le point de commande (SR).

a) La gestion calendaire

Il faut déterminer à quel niveau S* doit se situer le stock en début de période de réapprovisionnement T.

Objectifs	Hypothèses
Minimiser le COÛT DE GESTION du stock qui comprend : – coût de possession – coût de pénurie	• Demande aléatoire pendant le délai de livraison
Paramètres	**Inconnues**
• **C_s** : coût de possession par article et par an • **C_r** : coût de pénurie par article manquant et par an • **D** : demande ou consommation du produit stocké	• **S** niveau du stock en début de période

■ *Représentation graphique*

Soit un niveau S donné, les deux cas suivants apparaissent :

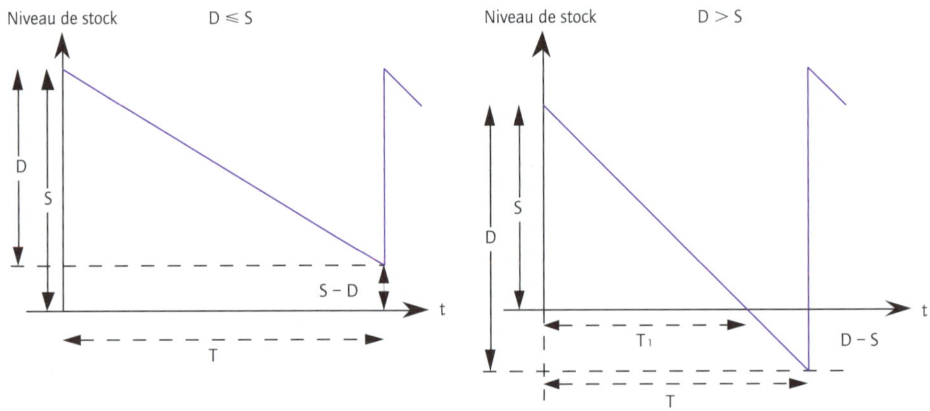

Le stock moyen s'écrit :

$$\frac{S + (S - D)}{2} = S - \frac{D}{2}$$

Le stock moyen s'écrit :

$$\frac{S}{2} \times \frac{T_1}{T} = \frac{S}{2} \times \frac{S}{D} = \frac{S^2}{2D}$$

■ *Formulation du modèle*

Pour minimiser le coût aléatoire de gestion, il faut calculer son espérance mathématique à partir de la loi de probabilité attribuée à la demande. Le coût d'obtention des commandes est indépendant de la demande aléatoire et peut être neutralisé. Les résultats sont donc donnés à une constante près.

	Demande D < Niveau du stock S	Demande D > Niveau du stock S	
la demande est une variable aléatoire discrète	$K = F(D, S) = C_S \sum_{D=0}^{S} \left(S - \frac{D}{2}\right) \text{prob}(D)$ + **coût de stockage si D < S** +	$C_S \sum_{D=S+1}^{\infty} \frac{S^2}{2D} \text{prob}(D)$ + **coût de stockage si D > S** +	$C_r \sum_{D=S+1}^{\infty} (D - S) \text{ prob}(D)$ **coût de rupture si D > S**
la demande est une variable aléatoire discrète	$K = F(D, S) = \int_{-\infty}^{S} C_S \left(S - \frac{D}{2}\right) f(D)\, dD$ + **coût de stockage si D < S** +	$\int_{S}^{+\infty} C_S \frac{S^2}{2D} f(D)\, dD$ + **coût de stockage si D > S** +	$\int_{S}^{+\infty} (D - S) f(D)\, dD$ **coût de rupture si D > S**

■ *Solution du modèle*

La fonction économique est une combinaison de la fonction de répartition de la demande (D) ainsi que de l'espérance mathématique de cette demande E(D).

Le niveau optimal du stock de début de période, noté S* qui minimise la fonction du coût de gestion est donné dans le tableau suivant :

La demande est une variable aléatoire discrète	La demande est une variable aléatoire continue
S* doit vérifier la relation : $\text{Prob}(D \leqslant S^*) = F(S^*) > \frac{c_r}{c_r + c_s}$ avec $\frac{c_r}{c_r + c_s} = \alpha$, taux de service déjà défini	S* doit vérifier la relation : $\text{Prob}(D \leqslant S^*) = F(S^*) = \frac{c_r}{c_r + c_s}$ $\frac{c_r}{c_r + c_s} = \alpha$, taux de service déjà défini

L'utilisation de ce type de modèle doit distinguer le cas des variables continues où une simple lecture dans la table de la loi de probabilité permet de résoudre la majorité des problèmes, de celui des variables discrètes où l'on est obligé de reconstituer la fonction économique.

■ *Utilisation des résultats dans le cas de variables discrètes*

EXEMPLE

Une entreprise s'approvisionne tous les mois en machine à laver de luxe.

La demande de ce produit suit une loi discrète :

Demande	2	3	4	5
Probabilité	0,2	0,4	0,3	0,1

Le coût de stockage par article et par mois s'élève à 25 €.

Le manque à gagner est estimé à 50 € par produit non disponible.

Pour résoudre ce type de problème, il faut envisager pour tous les cas possibles le coût de gestion du stock constitué par :

– le coût de stockage K_2 qui dépend de la valeur de D :

si $D \leqslant S \quad K_2 = \left(S - \frac{D}{2}\right) \times 25$ € $\qquad$ si $D > S \quad K_2 = \frac{D^2}{2D} \times 25$ €

– le coût de pénurie K_3 égal à $(D - S) \times 50$ €.

Les résultats sont présentés dans le tableau ci-dessous :

Niveau de stock S \ Demande D (Prob)	2 (0,2)	3 (0,4)	4 (0,3)	5 (0,1)	Coût de gestion (1)
2	$K_2 = 25$	$K_2 = 16{,}7$ $K_3 = 50$	$K_2 = 12{,}5$ $K_3 = 100$	$K_2 = 10$ $K_3 = 150$	81,43
3	$K_2 = 50$	$K_2 = 37{,}5$	$K_2 = 28{,}12$ $K_3 = 50$	$K_2 = 22{,}5$ $K_3 = 100$	60,68
4	$K_2 = 75$	$K_2 = 62{,}5$	$K_2 = 50$	$K_2 = 40$ $K_3 = 50$	64
5	$K_2 = 100$	$K_2 = 87{,}5$	$K_2 = 75$	$K_2 = 62{,}5$	83,75

(1) le coût de gestion est obtenu en pondérant les differents coûts par leurs probabilité d'apparition.

$(25 \times 0{,}2) + (66{,}7 \times 0{,}4) + (112{,}5 \times 0{,}3) + (160 \times 0{,}1) = 81{,}43$ €

Le choix sera un niveau de stock en début de période de 3 car le coût de gestion moyen est minimum.

■ *Utilisation des résultats dans le cas de variables continues*

Très souvent, la valeur de α déterminée en fonction de c_r et c_s donne des taux de service incompatibles avec la réalité commerciale ou productive de l'entreprise. Dans ce cas, **celle-ci abandonne son objectif de minimisation du coût de gestion de stock** mais cherche, en fonction d'un taux de service qu'elle se fixe comme **commercialement acceptable**, le niveau de stock de début de période qui répond à cette contrainte.

Nous ne considérerons que le cas où la demande D suit une loi normale de moyenne m et d'écart type σ. L'entreprise ne cherche pas à minimiser le coût de gestion du stock mais à tester des hypothèses de taux de service. Deux recherches apparaissent donc :

• **Déterminer le stock de début de période S qui permet d'assurer un taux de service donné $\alpha°$:**

$$\text{Prob}\ (D < S) = \alpha° \text{ avec } D \rightsquigarrow \mathcal{N}\ (m, \sigma)$$

En réduisant et en centrant la loi normale, on obtient :

$$\text{Prob}\left\{D < \frac{S - m}{\sigma}\right\} = \alpha°, \text{ il vient alors que } t = \frac{S - m}{\sigma} \text{ et donc } S = \sigma t + m$$

Sachant que le stock de début de période S est égal à la demande moyenne m pendant la durée T plus la quantité du stock de sécurité SS, on peut écrire que : $SS = \sigma t$

EXEMPLE

Soit un taux de service fixé à 95 %, et une demande pendant le délai de livraison qui suit une loi normale de moyenne 1 000 et d'écart type 150.

À quel niveau doit se situer le stock de début de période pour respecter le taux de service fixé ?

On cherche Prob $(D \leqslant S) = 0{,}95 \Rightarrow t = 1{,}65$

$S = 1{,}65 \times 150 + 1\ 000 = 1\ 240$

$SS = 1\ 240 - 1\ 000 = 240$

À chaque période T, le stock sera complété pour qu'il soit égal à 1 240 produits.

• **Déterminer le taux de service qui autorise un niveau de stock de début de période fixé à une valeur donnée S° ?**

Donc quelle est la probabilité suivante : Prob $(D < S°) = ?$

Une simple lecture dans la table d'une variable centrée réduite permet de trouver la valeur de α.

Le taux de rupture s'écrira : $1 - \alpha$.

EXEMPLE

Soit une demande qui suit une loi normale de moyenne 200 et d'écart type 50, quel est le risque de rupture si le stock de début de période est égal à 260 ?

$$\text{Prob}\ (D > 260) = 1 - \text{Prob}\ (D \leqslant 260)$$

$$= 1 - \text{Prob}\left(D \leqslant \frac{260 - 200}{50}\right) = 1 - \text{Prob}\ \{D \leq 1{,}2\}$$

Pour $t = 1{,}2$ on lit probabilité = 0,8849

$\alpha = 88{,}50\ \% \Rightarrow$ **taux de rupture = 11,50 %**

La gestion calendaire lisse la charge de travail du service des achats mais elle oblige à des commandes de montants différents puisqu'il s'agit de reconstituer un niveau de stock de début de période. C'est pourquoi une gestion par commandes de quantité égale peut être préférée.

b) La gestion à point de commande

L'objectif est de déterminer le **niveau du stock qui doit déclencher la commande**, en sachant que ce niveau doit permettre de **faire face à la demande aléatoire pendant le délai de livraison notée Dl et de maintenir le stock de sécurité SS.**

Dans ce cadre, l'analyse porte sur le **coût de gestion du stock de sécurité**. En effet, un stock de sécurité important entraîne des coûts de stockage élevés alors qu'un niveau plus faible de ce stock génère des coûts de rupture. Il s'agit de déterminer le niveau du stock SS qui minimise les coûts de stockage et de rupture qui ont des évolutions antagonistes.

Dans ce type de modèle, il est possible de déterminer soit :

– le **stock de réapprovisionnement** ou point de commande pour un taux de service donné,

– le **taux de service** qu'autorise un point de commande donné.

Les démarches sont les mêmes que celles développées au point précédent.

CONCLUSION

Les situations d'approvisionnement sont multiples. Cette diversité s'appréhende par rapport à :

– la nature du produit : matières premières, produits finis, et à chaque stade d'élaboration du produit le caractère périssable ou non introduit une complexité supplémentaire ;

– les possibilités d'approvisionnement : articles banalisés par opposition au produit spécifique ou conçu pour une commande spécifique ;

– le mode de production de l'article : en séries ou par un processus continu ;

– les conséquences de la rupture de stock : ventes différées, ventes perdues sans perte de clientèle, ventes perdues et perte de clientèle pour les produits finis ou risque d'arrêt de production avec ou sans possibilité de dépannage en urgence.

La combinaison de tous ces paramètres crée des situations spécifiques à chaque entreprise. C'est pourquoi de nombreux modèles de gestion des stocks ont été élaborés pour intégrer les cas particuliers rencontrés : s'ils retiennent des hypothèses et des paramètres propres à chaque situation à résoudre, ils s'appuient tous sur un raisonnement de minimisation du coût de gestion du stock similaire à celui qui a été étudié.

Ils permettent, selon les cas, de déterminer les paramètres de la gestion des stocks : cadence d'approvisionnement, niveau de déclenchement de la commande, taux de service ou quantité à approvisionner.

Ces calculs ainsi que ceux relatifs aux ventes (section 1), ceux relatifs au déploiement des moyens productifs (section 2) permettent d'arrêter à tous les niveaux des éléments quantitatifs d'activité. Il faut maintenant valoriser les choix retenus et les moyens nécessaires pour les mettre en œuvre : c'est l'objet de la phase de budgétisation qui est proposée dans les deux prochains chapitres.

APPLICATIONS

APPLICATION 1

Société Tube SA

L'analyse des ventes trimestrielles de tubes Y au cours des quatre derniers exercices a permis de dresser le tableau ci-après :

Volume des ventes trimestrielles
(En milliers de tubes Y)

	N–3	N–2	N–1	N
1er trimestre	524	532	556	660
2e trimestre	378	418	426	482
3e trimestre	354	378	394	434
4e trimestre	636	692	716	724

La composante tendancielle des ventes en volume est représentée par la relation : $Y = 9t + 460$ (origine des temps : 1er janvier N–3).

I. Lissage par les moyennes mobiles

QUESTIONS

1. Déterminer, à cette fin, les moyennes mobiles centrées (de longueur 4).
2. Représenter graphiquement la suite des observations et celle des moyennes mobiles centrées. Que peut-on conclure ?
3. Calculer, pour chaque trimestre, l'indice saisonnier égal au rapport de l'observation sur la moyenne mobile centrée (prendre 4 décimales).
4. Calculer pour chaque trimestre le « coefficient saisonnier », moyenne pour chaque trimestre des rapports précédents.
5. Donner une estimation des ventes en volume pour les quatre trimestres de l'année N+1.

II. Lissage exponentiel

On se propose sur les deux derniers exercices (N–1 et N) de tester les valeurs de α. On hésite entre $\alpha = 0{,}4$ et $\alpha = 0{,}7$:

QUESTIONS

1. **Calculer, par la méthode des résidus, la valeur à retenir.**
2. **À l'aide de la valeur du coefficient retenu à la question précédente, donner une estimation des ventes en volume pour le premier trimestre de l'année N+1.**

(*D'après DECF*)

APPLICATION 2

Société Arcturus

La société anonyme Arcturus a pour activité exclusive la vente en gros d'articles de sport et de camping. Son exercice se termine le 30 septembre.

On vous fournit un relevé des chiffres d'affaires mensuels hors taxes des trois derniers exercices.

Chiffres d'affaires mensuels réalisés au cours des trois derniers exercices

	(N–3/N–2)	(N–2/N–1)	(N–1/N)
Octobre	795	1 010	1 130
Novembre	947	1 326	1 391
Décembre	1 339	1 441	1 579
Janvier	1 054	1 361	1 560
Février	585	505	417
Mars	724	775	826
Avril	858	913	1 122
Mai	1 482	1 355	1 428
Juin	1 685	1 770	1 750
Juillet	1 360	1 299	1 252
Août	826	777	649
Septembre	788	934	866
	12 443	13 469	13 978

QUESTIONS

1. **Calculer les coefficients saisonniers (prendre 3 chiffres significatifs après la virgule).**

Le service commercial prévoit un chiffre d'affaires hors taxes prévisionnel de 15 700 € pour l'exercice à venir.

2. **En utilisant les coefficients saisonniers, établir le budget mensuel des ventes de l'exercice clos le 30 septembre N+1. (Arrondir les résultats à l'euro le plus proche.)**

(*D'après DESCF*)

APPLICATION 3

Produits A et B

Soit deux produits A et B qui passent successivement dans trois ateliers.

La fiche de coût standard des deux produits est la suivante :

	Produit A	Produit B
Matières premières	2,75	5,20
Main d'œuvre directe	2,35	3,40
Frais variables :		
Atelier 1	1,65	3,30
Atelier 2	1,80	2,70
Atelier 3	1,65	1,65
Frais fixes :		
Atelier 1	0,60	1,20
Atelier 2	1,20	1,80
Atelier 3	1,40	1,40
Frais de distribution :		
8 % du coût variable de production	0,82	1,30
	14,22	21,95

Selon les services commerciaux, il serait possible d'écouler sur le marché, aux prix actuels, 9 000 A et 5 000 B, aux prix respectifs de 16,7 € et 26 € l'unité.

Les temps de passage sur les machines (en centièmes d'heures) sont les suivants :

	Atelier 1	Atelier 2	Atelier 3
Machine A	0,20 h	0,20 h	0,30 h
Machine B	0,40 h	0,30 h	0,30 h
Capacités maximales	2 400 h	2 400 h	3 000 h

QUESTIONS

1. **Calculer la marge sur coûts variables pour une unité de A et pour une unité de B. Évaluer cette marge par rapport au prix de vente unitaire (en pourcentage).**
2. **Déterminer le programme de production qui maximisera le résultat. Une solution graphique est souhaitée. Quel sera alors le résultat global ?**
3. **Pour réaliser le plein emploi des trois ateliers, dans l'hypothèse où les contraintes commerciales ne changent pas et où la capacité de l'atelier 2 ne peut être modifiée, de combien faut-il augmenter la capacité des ateliers 1 et 3 ? Quel sera le résultat global dans cette hypothèse ?**

Remarque : **Les prix de vente unitaires, les coûts variables unitaires seront supposés constants et on ne tiendra pas compte du coût des investissements nécessaires pour accroître la capacité des ateliers.**

(*D'après examen*)

APPLICATION 4

Société Granufilm

Une entreprise fabrique des films plastiques alimentaires de type different. Par la suite, ces produits seronts appelés M, N, P et Q.

Lors d'une première phase sont obtenus des granulés dans un atelier A.

Lors de la phase suivante, dans un atelier B, ces granulés subissent un traitement complémentaire par mise en œuvre de techniques dépendant de la nature du produit attendu.

Pour l'atelier B, les informations prévisionnelles suivantes pour l'année à venir ont été collectées :

Type de produits	M	N	P	Q
Volume maximal envisageable des ventes	3 000 tonnes	2 000 tonnes	2 000 tonnes	2 500 tonnes
Poids de granulés par tonne de produits	0,3 tonne	0,8 tonne	0,8 tonne	0,945 tonne
Coût de revient spécifique par tonne	2 380 €	2 040 €	3 740 €	3 400 €
dont charges :				
– fixes spécifiques de l'atelier	1 680 €	1 440 €	2 640 €	2 400 €
– variables	700 €	600 €	1 100 €	1 000 €
Prix de vente à la tonne	1 960 €	3 960 €	4 140 €	4 780 €

Les frais fixes sont spécifiques de l'atelier, mais il n'y a pas de frais fixes spécifiques pour un type de production donné.

Il est prévu que durant cette même période l'atelier A ne pourra livrer que 4 913,5 tonnes de granulés. Il n'est pas envisagé pour l'atelier B la possibilité de s'approvisionner ailleurs en granulés. Par contre, il n'y a aucun problème d'approvisionnement en matières complémentaires diverses, ni insuffisance envisageable des capacités de production.

Par ailleurs, sur la production de l'atelier B, il est prévu de réserver impérativement 300 tonnes de chaque type de film pour le client Agro.

QUESTIONS

1. **Calculer la marge sur coûts variables par tonne vendue de chaque type de produit.**
2. **Proposer un programme de production optimal.**
3. **Calculer le résultat optimal prévisionnel correspondant.**

(*d'après DECF*)

APPLICATION 5

Société Cementex

La société Cementex produit 4 variétés de ciment C1, C2, C3, C4. Les installations de production actuellement disponibles se composent essentiellement de 3 fours de grande taille A, B, C. Les 4 variétés de ciment doivent obligatoirement être traitées, en un premier temps, dans le four A, puis ensuite, indifféremment dans les fours B et C. Les durées de passage dans les fours et les coûts standards de fonctionnement de ceux-ci figurent à l'annexe.

À la suite des résultats médiocres de la période précédente et particulièrement ceux du premier trimestre N, la direction décide de procéder à une réorganisation de la production et d'opérer de nouveaux investissements.

QUESTIONS

1. En fonction des conditions de cession (annexe) et des coûts standards, déterminer le programme de production optimal et le résultat mensuel.
   La direction aimerait connaître le montant maximum des coûts fixes qui pourrait être supporté par le four C dans l'hypothèse du programme de production précédent. Si les coûts fixes excédaient ce montant, quel devrait être le programme de production à adopter ?
2. Pour des raisons techniques (réparations importantes à effectuer), il est probable qu'il faudra mettre le four B en chômage avant la fin de N. On parviendrait, dans cette hypothèse, à faire fonctionner le four C en 3 équipes, soit 600 heures par mois, ses coûts fixes restant inchangés. Quel serait alors le programme de production à adopter ?

ANNEXE

Conditions de fabrication et données commerciales

	Four A	Four B	Four C			
Montant prévisionnel des charges	Fixes 1 000	Variables 30 000	Fixes 800	Variables 24 000	Fixes 800	Variables 26 000
Activité standard	600 h en 3 équipes		400 h en 2 équipes		400 h en 2 équipes	

NB : Les coûts n'interviennent que lorsque les fours sont en fonctionnement.

Nombre d'heures de passage dans le four	Types de ciment			
	C1	C2	C3	C4
Four A Four B ou Four C	2 6	3 4	2 3	4 5
Ventes potentielles	50 t	40 t	30 t	20 t
Prix de vente/tonne	600 €	500 €	400 €	600 €

APPLICATION 6

Ceged

Première partie : Flux poussés

L'usine de Blois assemble, entre autre, les produits A, B et C. La nomenclature de ces produits est fournie en annexe 1. La production est organisée en flux poussés d'après des programmes hebdomadaires établis prévisionnellement ainsi chaque début de semaine, les ateliers « amont » livrent aux ateliers « aval » les quantités nécessaires à la production d'une semaine.

Les trois produits sont assemblés sur une même chaîne de montage par lot contenu dans un container. Compte tenu du volume de chaque produit, le lot d'assemblage est de taille différente selon le produit : 100 unités de A, 200 unités de B et 120 unités de C. La fabrication des produits entraîne un taux de rebut moyen de 2 % des produits lancés en montage. Le montage des lots de produits A, B et C se fait alternativement à partir des pièces P1, P2 et P3.

Les ventes prévues hebdomadaires des produits sont respectivement de 5 000 A, 10 000 B et 4 800 C.

- La pièce P1 est obtenue par un procédé automatisé de fabrication et livrée à l'atelier d'assemblage par lot de 400 unités. Ce procédé fiabilisé par une démarche de qualité totale permet zéro défaut.
- La pièce P2 fait l'objet d'un montage manuel : elle est livrée par lot de 300 unités au poste d'assemblage. Toutefois, le manque de stabilité de la main-d'œuvre dans cet atelier oblige à tenir compte d'un taux de rebut de 1 % des pièces montées : un contrôle en bout de ligne élimine ces produits défectueux. En conséquence, l'atelier d'assemblage ne reçoit donc que des pièces sans défauts.
- La pièce P3 est achetée à l'extérieur : informé par liaison informatique la veille au soir des besoins d'assemblage, le fournisseur livre tous les jours à l'usine de Blois la quantité souhaitée par lots de 400 unités. La qualité de cette pièce est excellente.
- Le composant C1 est un dispositif basique utilisé dans de nombreuses productions de l'entreprise. Il est fabriqué en interne, est produit en rafale de 10 000 unités et est stocké. Les ateliers qui en ont besoin, viennent prélever sur le stock. Afin de programmer la production de C1, les ateliers utilisateurs doivent s'engager sur des prévisions de consommations mensuelles.
- Le composant C2 est fabriqué par l'usine de Romorantin distante d'une quarantaine de kilomètres. Ce composant est livré en lots de 1 000 unités. Le stock de sécurité de ce composant dans l'usine de Blois est de 2 lots.
- La matière première MP, nécessaire à la fabrication de P1, est livrée par un fournisseur extérieur qui nous impose deux semaines de délai de livraison.

QUESTIONS

1. **Présenter, sous forme d'arborescence, la nomenclature du produit A.**
2. **Compte tenu des ventes prévisionnelles de la semaine, calculer, sur cette période, le nombre d'ordres de fabrication à prévoir dans l'atelier d'assemblage.**
3. **En déduire le nombre d'ordres de fabrication des pièces P1, P2 et P3.**
4. **Compte tenu des délais de fabrication, préciser à quelle date (en nombre de semaines) il nous faut commander la matière première MP.**

Deuxième partie : Goulot d'étranglement

Les moyens installés dans l'atelier d'assemblage sont constitués de 10 postes de montage gérés en deux équipes (2 fois × 7 heures), 6 jours par semaine. Le taux de marche est de 90 %.

Un incident technique (court-circuit) a endommagé deux postes de montage dans l'atelier d'assemblage. À court terme, il n'est pas possible de pallier ce manque de capacité de production. La direction cherche alors à optimiser les moyens à sa disposition (huit postes en deux équipes).

Les demandes hebdomadaires actuelles des produits A, B et C sont celles formulées en partie 1 du sujet et les marges unitaires sur coût variable générées par chaque produit sont respectivement de 42, 30 et 55 €.

QUESTIONS

1. **Proposer un programme de fabrication optimal compte tenu du fonctionnement dégradé de l'atelier d'assemblage.**
2. **Chiffrer la perte engendrée par ce nouveau programme.**

NB : L'analyse en flux tendus de cette organisation sera présentée dans le chapitre 13, « L'organisation et la performance ».

ANNEXE

Données de production

Niveau 1 de la nomenclature

	Produit A	Produit B	Produit C
Pièce 1 (unité)	1	2	1
Pièce 2 (unité)	1	1	2
Pièce 3 (unité)	1	0	2
Temps de gamme en heure	0,03	0,03	0,05
Taille d'un lot	100	200	120
Stock initial (unités)	1 450	2 840	1 670
Stock de sécurité (lots)		2	

Niveau 2 de la nomenclature

	Pièce 1	Pièce 2	Pièce 3	Stock initial
Composant 1 (unité)	2	1	achetée à l'extérieur	NS
Composant 2 (unité)		2		1 790
Matière première (kg)	1			5 290
Temps de gamme	0,01	0,05		
Taille d'un container	400	300	400	
Stock initial (unités)	3 850	5 660	1 670	

APPLICATION 7

Fromagerie du Berry

La société des Fromageries du Berry propose sur le marché trois produits par tomme de 5 kg :

un fromage pur lait de brebis (B),

– un fromage pur lait de vache (V),

– et un fromage mixte de lait de vache et de brebis (M).

Elle vous sollicite pour améliorer la rentabilité de sa fabrication. Tous les fromages sont fabriqués à partir de lait cru non pasteurisé. Le lait est emprésuré en cuve de 1 000 litres c'est-à-dire que, chauffé à 32°, il lui est ajouté de la présure naturelle afin d'obtenir le caillé (matières séches) qui, mis dans des moules perforés, devra être égoutté puis affiné dans une cave. La durée d'affinage dépend de la nature du fromage.

Les données de fabrication sont les suivantes :

Fromage	Production	Prix de vente (euro)	Coût variable unitaire	Consommation laitière pour une unité de fromage de 5 kg
B	5 800 tommes	54,20	37,8	27,5 litres de lait de brebis
V	4 000 tommes	30	22,4	45 litres de lait de vache
M	1 800 tommes	40	27,8	10 l de lait de brebis et 28 l de lait de vache

Les charges fixes sont égales à 150 000 euros.

En raison d'un partenariat avec un distributeur local, la production de fromage mixte est fixée à 3 000 unités. Compte tenu de la concurrence locale sur le marché du fromage, il n'est pas envisageable de pouvoir écouler plus de 10 000 unités de fromage de brebis et 5 000 unités de fromage de vache.

Il est possible de collecter au maximum 261 250 litres de lait de brebis, compte tenu de la qualité désirée pour ce dernier ; par contre, il n'y a pas de contraintes sur le lait de vache.

L'entreprise peut transformer, au maximum, trois cuves de 1 000 litres de lait par jour, sur 5 jours par semaine durant 47 semaines. Le nombre de fromages par cuve de 1 000 litres est de 36 fromages de brebis, 22 fromages de vache ou 26 fromages mixtes.

La cave a une capacité de stockage de 3 000 fromages. La durée d'affinage est de 120 jours pour le fromage de brebis, 45 jours pour le fromage de vache et 75 jours pour le mixte. (Tenir compte d'une année uniforme de 360 jours d'affinage.)

QUESTIONS

1. **Déterminer le programme de production qui conduise au résultat optimum. Proposer une résolution graphique. En déduire le résultat optimal.**
2. **Il serait possible d'augmenter la capacité d'affinage de fromage de brebis en sollicitant un sous-traitant (coût : 1 euro par kilo de fromage). Quel serait alors le programme de production optimal ? En déduire la marge sur coûts variables et le résultat attendu.**
3. **À quelles autres contraintes faudrait-il se plier en priorité pour accroître encore la production ?**

(*D'après DECF 1997*)

APPLICATION 8

Entreprise Truc

L'entreprise Truc a prévu une vente annuelle de 20 500 unités d'un produit A au prix de 120 € l'unité.

Le coût de possession du stock est évalué à 6 % l'an et le coût de passation d'une commande est de 34 €.

QUESTIONS

1. **Déterminer la quantité économique à commander.**
2. **En déduire le coût total minimum et le rythme optimum de passation des commandes.**

APPLICATION 9

Entreprise Mathoux

L'entreprise Mathoux fabrique un aliment pour chats dans la composition duquel entre du potassium.

La consommation annuelle de cette matière première est de 6 tonnes.

- Prix d'achat : 4 € le kg.
- Coût de passation d'une commande : 20 €.
- Le coût de possession du stock peut être évalué à 2 € par mois pour 100 kg.
- Le stock de sécurité est fixé à 400 kg.

QUESTIONS

1. **Déterminer la quantité économique à commander.**
2. **Déterminer le niveau du stock après la commande.**

APPLICATION 10

Entreprise de voitures miniatures

Une entreprise fabrique des voitures miniatures par lots, du fait d'une production irrégulière.

- Les frais de lancement d'un lot sont évalués à 300 €.
- Le coût de possession du stock des produits fabriqués est égal à 15 % de la valeur moyenne du stock.
- La production totale de l'année N est prévue pour 200 000 produits.
- Le coût de production d'un lot est donné par la relation : C = 300 000 + 6Q, avec Q = quantité produite.

QUESTION

Déterminer le nombre de lots à lancer pour optimiser le coût de gestion du stock.

NB **: Chaque lot est livré globalement au moment où le stock est nul.**

APPLICATION 11

Entreprise d'électro-ménager

Une entreprise d'électro-ménager utilise diverses pièces détachées. Les quantités de pièces A consommées sont commandées de manière régulière et en quantité constante, auprès du même fournisseur tout au long de l'année.

- Consommation mensuelle : 60 000 pièces A,
- Coût du stockage = 0,12 € par jour par pièce stockée,
- Coût de lancement d'une commande = 250 € indépendamment de son volume.

QUESTIONS

1. **Déterminer les quantités optimales d'une commande de réapprovisionnement.**

2. **Déterminer la durée optimale séparant deux approvisionnements.**
3. **Déterminer le coût mensuel de la gestion optimale de ce stock.**
4. **Délai de réapprovisionnement : 2 jours. Déterminer le niveau du stock devant provoquer la commande (1 mois = 30 jours).**

L'entreprise envisage de gérer son stock en acceptant le risque de pénurie. Dans ces conditions, elle est obligée de stocker ses matériels inachevés en attendant les prochaines livraisons de pièces A. Les frais de stockage s'en trouvent donc augmentés. Cette augmentation est égale à 25/11 du coût de stockage des pièces A par unité manquante et par jour.

QUESTIONS

1. **Déterminer les quantités optimales d'une commande de réapprovisionnement.**
2. **Déterminer le niveau optimal du stock en début de période de gestion.**
3. **Déterminer la durée optimale séparant deux approvisionnements.**
4. **Déterminer le coût mensuel de la gestion optimale du stock.**
5. **Déterminer la durée de pénurie pendant un mois de gestion.**
   Si le délai de réapprovisionnement est de 3 jours, à quel niveau du stock doit-on déclencher une nouvelle commande ?

APPLICATION 12

M'Clart

Partie 1

La société M'Clart est un distributeur local de produits de grande consommation. Dans un de ces rayons, elle écoule 1 600 produits par mois au prix unitaire de 45 € HT. Ses conditions actuelles d'approvisionnement auprès d'un fournisseur de taille nationale conduisent à retenir un taux de stockage de 6 % l'an et un coût de passation de commande de 20 €.

QUESTIONS

1. **Exprimer les équations du coût de stockage et du coût de passation des commandes en fonction du nombre de commandes N.**
2. **Quel est le nombre optimum de commandes mensuelles pour ce produit ?**
3. **En déduire le rythme de commande, la quantité économique à approvisionner et le coût de gestion du stock.**

Partie 2

Une recherche empirique a permis d'établir que la distribution de la demande de l'article pendant la période économique retenue suit une loi normale de moyenne 530 et d'écart type de 70 unités.

Le magasin choisit comme stock de sécurité un stock correspondant à un taux de service de 87 %. Le délai moyen de livraison est de 6 jours.

QUESTIONS

4. **Quel est le niveau du stock de sécurité ? Que représente-t-il en termes de délai de consommation ?**
5. **Le dirigeant retient un stock de sécurité égal à la consommation pendant la moitié du délai de livraison. Quel sera le niveau de stock de sécurité ? Quel taux de service autorisera-t-il ?**

Partie 3

Le fournisseur national contacte l'entreprise et propose une réduction sur les prix d'achat des produits si l'entreprise M'CLART accepte d'être livrée tous les quinze jours d'une quantité de 800 produits. Ces conditions obligeraient l'entreprise à réorganiser ses modalités de stockage ce qui porterait le coût de stockage d'un produit par mois à 0,45 €.

QUESTIONS

6. **Quel serait le coût de gestion de stock dans ces conditions ?**
7. **À quel niveau doit se situer la réduction des prix proposée par le fournisseur pour que la situation ne soit pas préjudiciable à l'entreprise M'Clart ?**

Partie 4

Dans le même temps, l'entreprise est contactée par un fabricant local qui lui propose de la livrer tous les deux jours (retenir un mois de 30 jours) d'un produit similaire au prix unitaire de 45,15 €.

Cette solution permettrait une empreinte écologique plus faible, élément porteur de différentiation auprès des consommateurs. Dans ces conditions, le taux de stockage est réduit à 3 % l'an et la livraison prise en charge par le fournisseur mais refacturée à l'entreprise est de 10 € par rotation.

QUESTIONS

8. **Calculer le coût de stockage dans ces conditions. En déduire le coût du stock.**
9. **Cette proposition se révèle plus coûteuse que la situation initiale optimale. Dans une démarche gagnant-gagnant, l'entreprise demande au fournisseur local de réduire ses coûts de livraison. Chiffrer la réduction demandée en montant absolu et en montant relatif.**

APPLICATION 13

Entreprise Sitradep

La Sitradep doit améliorer sa politique de gestion des stocks. Elle s'approvisionne en quantités très importantes en une matière première, l'éthylène, qui entre dans la composition de nombreux produits dérivés. Le stockage est dangereux. Mais, si une rupture de stock se produit, elle entraîne un coût de défaillance pour l'entreprise en raison de l'utilisation massive de l'éthylène dans des fabrications diverses. La demande en produits dérivés de l'éthylène qui s'adresse à l'entreprise est aléatoire et les prévisions de production rendues difficiles.

La Sitradep aimerait connaître quelle politique optimale d'approvisionnement elle doit adopter pour faire face à la production donc à la demande (en millions de tonnes).

• Le service des achats a déterminé qu'une livraison d'éthylène aurait lieu systématiquement chaque début de semaine.

Prévisions de demande	0	1	2	3	4	5
Probabilités	0,1	0,1	0,2	0,3	0,2	0,1

• Le coût de défaillance (ou de pénurie) est estimé à 100 € la tonne.

• Le coût de stockage d'une tonne d'éthylène est évalué à 25 € par semaine.

QUESTIONS

1. **En appelant *Si* (i = 0, 1, 2, 3, 4, 5) le stock initial en début de semaine, c'est-à-dire la quantité livrée à ce moment, et *Dj* (j = 0, 1, 2, 3, 4, 5) la demande au cours de la semaine, exprimer le stock moyen en fonction de *Si* et *Dj*.**
   Puis présenter, sous forme matricielle de préférence, les valeurs du stock moyen en fonction de *Si* et *Dj* (en colonne *Dj* et en ligne *Si*).
2. **En utilisant toujours la présentation matricielle, déterminer la matrice des coûts de stockage et de défaillance en fonction de *Dj* et *Si*.**
3. **Compte tenu des probabilités de réalisation de la demande, déterminer le niveau optimal de stock à approvisionner au début de chaque semaine.**

(*d'après examen*)

APPLICATION 14

Société Agde-Marine

La société Agde-Marine a centré sa production sur trois types de planches à voile (PAV).

Quel que soit le type de PAV, celle-ci se compose de deux éléments :
– le flotteur fabriqué entièrement par la société Agde-Marine ;
– l'ensemble gréement et voile dont la fabrication est sous-traitée.

La fabrication du flotteur s'effectue à partir d'une matière première, le polyéthylène, dans un atelier « extrusion-soufflage » et donne naissance à un monobloc, qui est alors immédiatement rempli de mousse de polyuréthane, destinée à lui assurer l'insubmersibilité, dans un atelier « moussage ».

I. La société Agde-Marine désirerait s'approvisionner régulièrement en mousse de polyuréthane pour éviter toute rupture de stock et de trop amples variations de prix. Pour N, la production prévisionnelle annuelle de PAV serait de :
– Junior : 2 800 ;
– Slalom : 9 000 ;
– Ultra-Speed : 2 150.

Le coût de lancement a été évalué à 450 € par commande et le taux de possession du stock à 10 %.

– Consommation de charges directes par PAV

Éléments	Junior 420		Slalom 560		Ultra-speed 700	
	Quantité	Coût unitaire	Quantité	Coût unitaire	Quantité	Coût unitaire
Matières Premières :						
Polyéthylène	10 kg	12 €	15 kg	12 €	15 kg	12 €
Mousse de polyuréthane	10 kg	15 €	15 kg	15 €	15 kg	15 €
Revêtement Epoxy fibre de verre					10 kg	25 €

QUESTIONS

1. **Quelle serait la cadence optimale d'approvisionnement ? À justifier.**
   En déduire :
   – la quantité de mousse à commander ;
   – la période de réapprovisionnement ;
   – le coût total annuel du stock.
2. **La société Agde-Marine souhaiterait, par ailleurs, connaître l'incidence de la fixation d'un stock de sécurité de 3 000 kg sur l'ensemble des paramètres précédents.**
3. **Si le délai d'approvisionnement était fixé à 30 jours, quel serait le stock d'alerte ?**

II. On peut admettre que les ventes annuelles des PAV sont des variables aléatoires indépendantes qui suivent une loi normale dont les paramètres sont :

– Junior ($m = 3\,000$; $\sigma = 200$) ;
– Slalom ($m = 9\,000$; $\sigma = 100$) ;
– Ultra-Speed ($m = 2\,000$; $\sigma = 50$).

QUESTIONS

1. **À quel taux de service correspondrait le stock de sécurité de 3 000 kg ?**
2. **À quel niveau fixer le stock de sécurité si la société Agde-Marine souhaite limiter son taux de rupture de stock à 5 % ?**

(d'après examen)

10

CHAPITRE

Les budgets opérationnels

Dans le cadre d'une gestion budgétaire, le contrôle de gestion représente une aide à la décision qui permet, pour chaque fonction opérationnelle ou de soutien, de construire des prévisions cohérentes pour l'entité concernée. Les outils nécessaires à cette construction ont été étudiés au chapitre précédent.

La mise sous tension de l'ensemble des activités de l'entreprise doit être traduite en termes financiers afin de s'assurer de leur cohérence d'ensemble.

Ces prévisions regroupent :

- des données quantitatives sous forme d'objectifs de vente ou de production ;
- des plans d'action c'est-à-dire les actions à mettre en œuvre pour atteindre ces objectifs de court terme ;
- des chiffrages des moyens nécessaires pour la réussite des plans d'action.

Dans ces éléments chiffrés, la prévision des moyens humains demande des travaux particuliers qui sont souvent externalisés à un service de soutien spécifique : les ressources humaines.

Une fois ces différentes prévisions validées par la ligne hiérarchique, chaque fonction opérationnelle de l'entreprise produit un chiffrage de ses engagements pour l'année à venir : les budgets opérationnels.

Dans ce chapitre, nous nous focaliserons sur les principales fonctions opérationnelles : la vente, la production et les approvisionnements. Enfin, compte tenu de leurs spécificités, les prévisions des moyens humains seront étudiées dans une section indépendante.

La logique d'élaboration oblige à arrêter le budget des ventes en premier : en effet et compte tenu du niveau des stocks de produits finis souhaités, ces prévisions déterminent le volume de production.

SECTION 1
LE BUDGET DES VENTES

Le budget des ventes est la première construction du réseau des budgets de l'entreprise. Il est défini comme un chiffrage en volume et en valeur dont le but premier est de déterminer les ressources de l'entreprise et dans un deuxième temps d'en déduire les moyens nécessaires aux services commerciaux.

Ce programme d'action influe évidemment sur les frais commerciaux et de distribution : ces données sont regroupées dans un budget appelé « budget des services commerciaux ».

1. Procédures d'élaboration des budgets commerciaux

Le travail de prévision des ventes est souvent effectué par un service des études commerciales en collaboration avec le contrôle de gestion.

Ce travail permet la connaissance des **possibilités commerciales** de l'entreprise et doit permettre à la direction générale de fixer aux services commerciaux les **objectifs** de l'année à venir.

Dans le cadre d'une gestion budgétaire négociée, cette phase doit être réalisée en collaboration avec les opérationnels de la vente. Le degré de participation des services concernés dépend de la nature de la délégation d'autorité et de la culture de l'entreprise.

La prévision retenue, souvent sous deux hypothèses, une haute et une basse, la direction commerciale définira les **moyens à mettre en œuvre** pour réaliser ces objectifs. Elle définit ainsi les **variables d'action** sur lesquelles elle compte asseoir son **plan d'action**.

Les principales variables d'action à ce niveau sont les différentes composantes du plan de marchéage des produits :

– les tarifs pratiqués,

– les ristournes à consentir,

– les actions de promotion,

– les choix de distribution,

– les effectifs de la force de vente.

Ce plan d'action fait l'objet d'un **préchiffrage** qui doit recevoir l'aval de la hiérarchie dans la mesure où il engendre des consommations de facteurs qui doivent rester **compatibles avec les possibilités globales de l'entreprise**.

Cet accord obtenu, le plan est traduit en **budgets**. Il doit y avoir autant de budgets que de responsables. Selon le niveau de responsabilité déléguée, les informations calculées changent : il est possible de trouver des budgets de dépenses, des budgets de recettes ou des budgets combinant recettes et dépenses.

Il faut généralement distinguer le budget des ventes à proprement parler et celui des frais commerciaux.

2. Le budget principal des ventes

Le budget principal des ventes est l'expression chiffrée des ventes de l'entreprise par type de produits, en quantité et prix.

Selon le niveau hiérarchique concerné, il sera plus ou moins décomposé. En général, il est bon d'obtenir des prévisions par rapport à plusieurs critères :

– **analyse chronologique**, c'est-à-dire la répartition dans le temps des ventes (souvent le mois). Ce type de décomposition est nécessaire pour un suivi efficace des réalisations ;

– **analyse géographique**, c'est-à-dire par zone ou circonscription. Ce découpage respecte l'organisation existante de la force de vente ;

– **analyse par clientèle**, c'est-à-dire par segments de marché qui présentent un comportement similaire et sur lesquels l'entreprise a défini une action spécifique ;
– **analyse des canaux de distribution** : sont distingués, par exemple, les grossistes des détaillants, les ventes directes des ventes par correspondance.

Toutes ces décompositions ne sont pas systématiquement fournies aux responsables commerciaux. En effet, le budget ne doit comporter que les **éléments strictement nécessaires à l'action et au contrôle du responsable concerné**.

3. Le budget des frais commerciaux

Ce budget va regrouper l'ensemble des coûts générés par l'action commerciale tels que définis dans le plan d'action retenu pour atteindre les objectifs de ventes.

Il est possible de les regrouper en trois catégories :

– le coût des moyens de distribution et de logistique ;
– le coût de la publicité et de la promotion des marques ;
– le coût des moyens humains engagés.

3.1 Le coût des moyens de distribution et de logistique

Ces frais concernent directement les produits : conditionnement, transport, stockage, présentation sur les lieux de vente. Ces frais ont des liens avec les volumes vendus et seront simulés en distinguant charges variables et charges fixes.

3.2 Le coût de la publicité et de la promotion des marques

Ces frais de publicité peuvent représenter des montants importants et concernent les **publicités dites d'entretien** qui vise à maintenir le « capital publicitaire » du produit et les **publicités de lancement** dont l'objectif est de faire connaître le produit et dont l'impact doit s'étaler sur plusieurs années. Il s'agit pour ce dernier type de publicité de ne retenir que ce qui impacte l'exercice en cours.

De part leur nature, le niveau de ces frais est un choix de nature politique quant au positionnement des produits. L'efficacité « moyens/résultats » est difficile à évaluer et très souvent ces frais principalement fixes échappent à une procédure de prévision rationnelle.

En revanche, les frais engendrés par les actions de promotion ou d'animation sur les lieux de ventes ont des liens étroits avec l'activité des opérationnels et le niveau des ventes.

3.3 Le coût des moyens humains engagés

Le personnel engagé dans cette fonction représente un coût important qu'il convient de chiffrer pour l'intégrer au budget. La diversité des modes de rémunération (à la commission, fixe plus partie variable, fixe pour l'intégralité de la rémunération), l'impact des réglementations sociales en évolution continue obligent souvent les services opérationnels à reprendre dans leur budget des prévisions de coût des moyens humains élaborés par un service de gestion des ressources humaines dont une des fonctions essentielles est de prévoir la masse salariale. Cette prévision sera envisagée dans la section 5 du présent chapitre.

Pour illustrer la mise en œuvre d'un plan d'action commercial et du budget des ventes, nous emprunterons à Ardoin[1] son exemple (voir page suivante).

(1) J.-L. Ardoin, *Contrôle de gestion*, Publi-Union, 1986.

EXEMPLE
Élaboration du budget des ventes

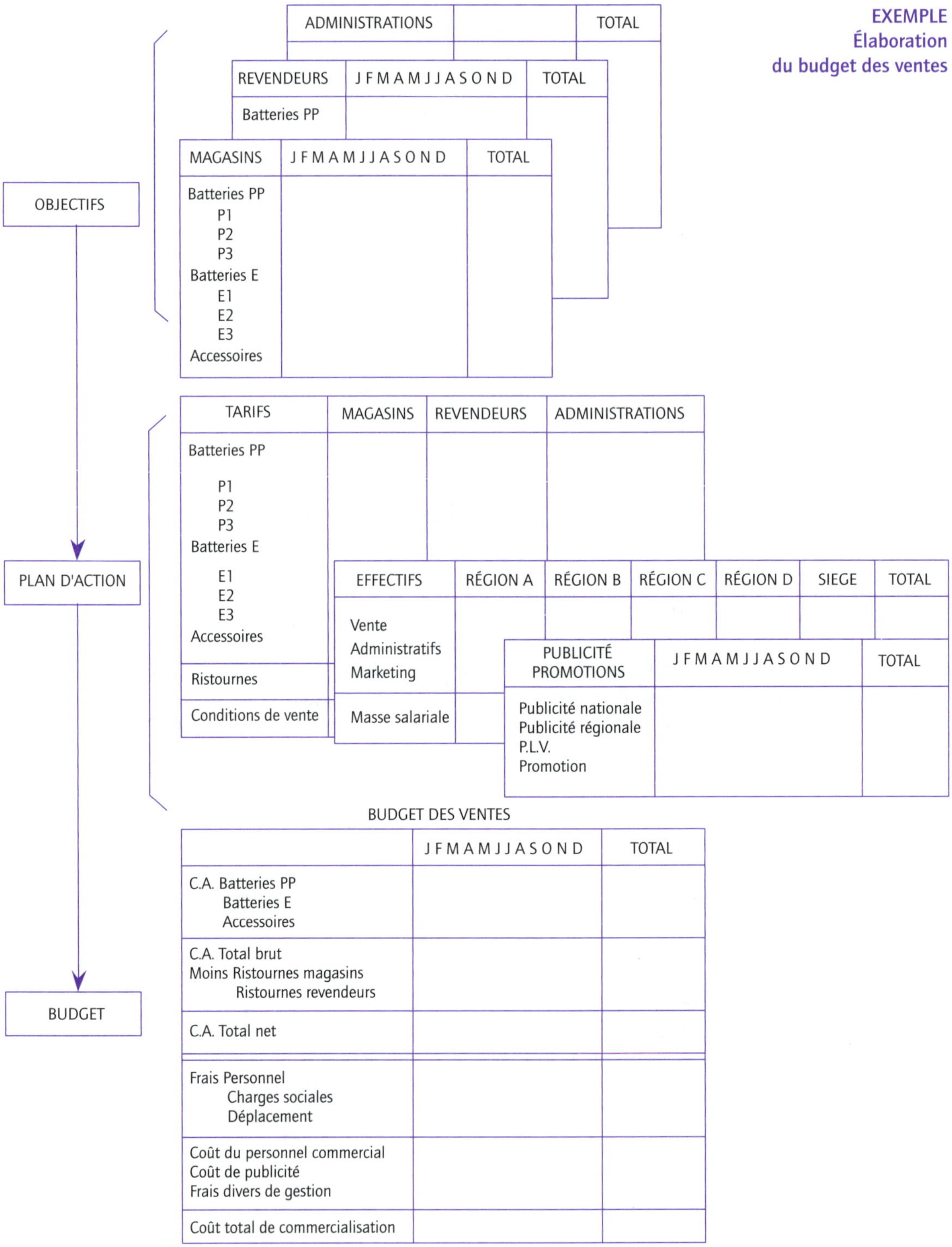

Ces budgets établis en fin d'année N serviront de référence tout au long de l'année N + 1. Les réalisations de l'entreprise y seront régulièrement confrontées : calcul d'écarts, analyse de ces écarts, mise en œuvre d'actions correctives qui permettent de piloter le système entreprise dans les limites définies par les budgets. Au-delà du calcul des écarts, la gestion budgétaire assure une fonction essentielle de pilotage.

Les calculs et les analyses d'écarts relèvent du contrôle budgétaire. Dans le cadre de la gestion budgétaire des ventes, celui-ci doit suivre tout à la fois des budgets de fonctionnement et le budget principal des ventes.

Le calcul d'écarts relatif aux budgets de fonctionnement fait appel à des décompositions similaires à celles étudiées pour les charges indirectes de production ; en revanche l'analyse du budget principal des ventes renvoie à une démarche spécifique. Ces différentes analyses seront étudiées au chapitre 12.

SECTION 2

LE BUDGET DE PRODUCTION

Nous avons étudié au chapitre précédent tous les outils de gestion de la production. Ces outils permettent une gestion et une optimisation de l'organisation du travail et de la production. L'aboutissement de cette mise en œuvre doit conduire à l'élaboration du budget de production, programme chiffré de l'activité productive annuelle.

Ce travail de budgétisation est réalisé en collaboration entre les services techniques productifs et le contrôle de gestion.

1. Partage des tâches entre les services de production et le contrôle de gestion

Ce partage est proposé dans le schéma page 312.

2. Valorisation du programme de production

Pour présenter un plan de production valorisé, l'entreprise utilise les coûts standards des produits. **Ce chiffrage représente l'objectif des services productifs**.

Dans ce chiffrage les charges directes et indirectes de production sont éclatées dans le temps (le mois très souvent) et dans l'espace en fonction de la répartition géographique de la production et des responsabilités.

Ces services doivent proposer un **plan d'action** permettant de respecter, dans les conditions du budget, leurs obligations en matière de production.

Ce plan envisage les variables suivantes :

- le taux de perte de matières premières ;
- le taux de productivité de la main-d'œuvre ;
- les effectifs ;
- la sous-traitance en volume (éventuellement) ;
- l'entretien préventif en taux d'heures perdues, etc.

Partage des tâches entre services de production et contrôle de gestion

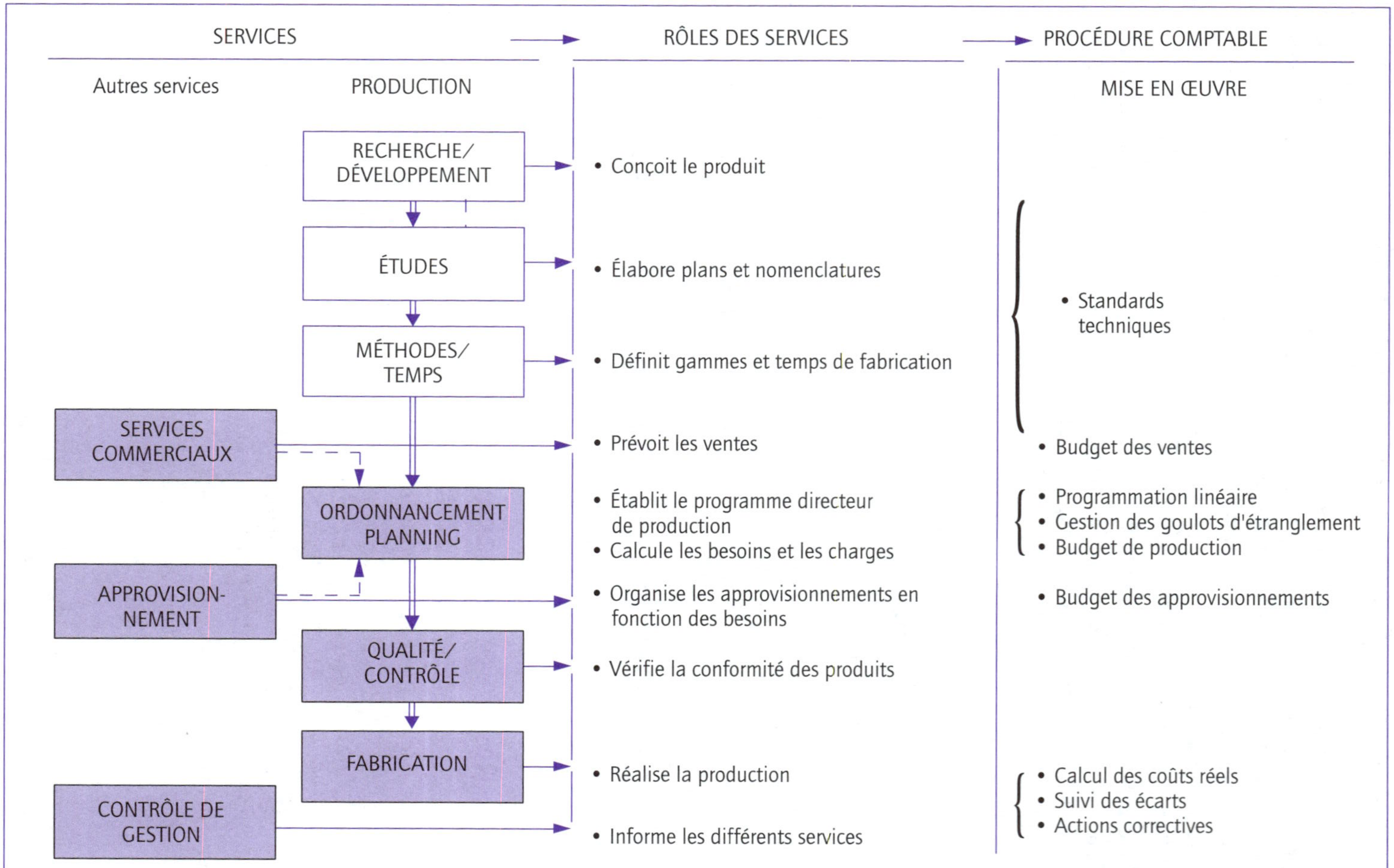

Le contrôle de gestion intervient en collaboration et en conseil pour l'élaboration des budgets dans toutes les zones de couleur.

L'évaluation du coût des moyens humains engagés pour la production appelle la même remarque que celle qui a été faite pour le personnel de la fonction commerciale. Une fois définis l'organisation du travail, la rotation éventuelle des équipes, le travail de fin de semaine et le nombre des heures supplémentaires, les conséquences financières de ces décisions sont valorisées au service de gestion des ressources humaines, puis reprises pour être intégrées dans le budget de production.

Ainsi, en reprenant l'exemple de l'entreprise de batteries proposé par Ardoin, la budgétisation de la production s'organise comme sur la figure page 314.

SECTION 3
LE BUDGET DES APPROVISIONNEMENTS

Tout budget d'approvisionnement est complètement dépendant des techniques de gestion des stocks étudiés au chapitre précédent. Il nécessite que l'entreprise est déterminée quelles références étaient précisément suivies, quelle en serait la consommation attendue sur l'année et quel type de gestion des stocks serait pratiqué : gestion calendaire ou gestion à point de commande.

Ces éléments arrêtés, un chiffrage des achats est possible qui est toujours complété par des prévisions en date de commande, de livraison, et de consommation.

En effet, cette budgétisation doit faire apparaître, dans le temps, c'est-à-dire chaque mois, l'échelonnement des prévisions en termes de commande, de livraison, de consommation et de niveau de stock.

Ce travail doit être effectué sous deux formes :

– en quantité : sous cette forme, le budget offre plus d'intérêt pour les services d'approvisionnement qui devront contrôler son suivi ;
– en valeur : les quantités précédentes sont valorisées par un coût unitaire standard. Cette présentation est indispensable pour l'établissement du budget global et du budget de trésorerie ainsi que pour les « documents de synthèse » prévisionnels.

Les budgets précédents ont fourni aux services des approvisionnements les éléments qui leur permettent de déterminer la consommation mensuelle des articles stockés. Les modèles de gestion leur ont apporté la valeur des paramètres optimaux. Il s'agit d'harmoniser ces différentes informations pour obtenir une prévision pragmatique des stocks.

L'entreprise doit choisir entre une gestion calendaire ou une gestion à point de commande : ce choix peut être différent selon les articles. Il entraîne deux modes de budgétisation :

– une **budgétisation par périodes constantes** ;
– une **budgétisation par quantités constantes**.

1. La budgétisation par périodes constantes

Cette prévision peut être obtenue par une méthode graphique et par une méthode comptable.

EXEMPLE
Élaboration du budget de production

OBJECTIFS

PROGRAMME DE PRODUCTION	J F M A M J J A S O N D	TOTAL
Batteries PP P1 P2 P3 Batteries E E1 E2 E3 Accessoires		

	P1	P2	P3	P4	P5	P6	ACCESSOIRES
Coût standard de production							

PLAN D'ACTION

	Atelier PP	Atelier plomb	Assemblage	Stock et charge
Taux de pertes matières premières				
Productivité main-d'œuvre directe				
Effectifs				
Sous-traitance (en volume)				
Gros entretien et entretien préventif (en heures machines perdues)				

Coûts indirects de fabrication	Méthode	Contrôle qualité	Entretien	Direction et Administration
Effectifs				
Enveloppe de frais de structure				

Matières premières	Plastiques	Plomb	Acide	Accessoires
Stock final de consommations				
Évolution des prix				

BUDGET

BUDGET DE PRODUCTION

	J F M A M J J A S O N D	TOTAL
Volume fabriqué en équivalent batteries		
Coût des matières premières Coût du personnel de fabrication Autres frais directs d'atelier Entretien		
Sous-total atelier		
Coût du personnel de structure Frais de structure production		
Coût total de production		

Source : Ardoin J.-L., Michel D., Schmidt J., *Le contrôle de gestion*, Publi-Union, 1986.

EXEMPLE

Soit un produit dont les prévisions de consommation pour les 6 mois à venir sont les suivantes :

Mois	Janvier	Février	Mars	Avril	Mai	Juin
Quantités	800	1 200	1 800	2 400	1 000	800
Quantités cumulées	800	2 000	3 800	6 200	7 200	8 000

Par ailleurs, le stock initial au 1er janvier est de 800 produits, le coût d'obtention d'une commande est de 100 €, le prix de l'unité est de 4 € et le taux de possession du stock sur la période est de 10 %. Le délai de livraison est de 15 jours et l'on souhaite un stock de sécurité égal à 15 jours de consommation à venir.

Calcul des éléments optimaux :

L'utilisation du modèle de Wilson donne une quantité économique égale à :

$$Q^* = \sqrt{\frac{2 \times 8\,000 \times 100}{4 \times 10\,\%}} = 2\,000$$

$$N^* = 8\,000/2\,000 = 4 \text{ commandes}$$

$$T^* = 6 \text{ mois}/4 = 1 \text{ mois et demi}$$

Dans le cadre d'une budgétisation par périodes constantes, il y aura donc quatre livraisons-commandes espacées d'un mois et demi.

a) La méthode graphique

Dans un repère où l'axe des x représente le temps exprimé en mois et l'axe des y les quantités cumulées, traçons les consommations cumulées.

L'objectif est de représenter les entrées cumulées (voir graphe ci-dessous).

Le stock initial étant de 800 produits, et compte tenu des consommations cumulées, il y a risque de rupture à fin janvier. Il est donc nécessaire de **prévoir une livraison au 15 janvier pour respecter la valeur du stock de sécurité** (15 jours de consommation). Cette date détermine les autres livraisons compte tenu de la cadence fixée : 1 mois et demi ; donc 1er mars, 15 avril et 1er juin.

Il reste à **déterminer les quantités à commander : elles doivent couvrir la consommation du mois et demi qui suit la date où il y a risque de rupture de stock** c'est-à-dire le 15 mars, le 1er mai et le 15 juin.

EXEMPLE

Livraison de mi-janvier : risque de rupture de fin janvier

1 mois et demi de consommation = consommation de février + la moitié de la consommation de mars
= 1 200 + 900 = 2 100.

Les entrées cumulées au moment de la livraison de mi-janvier seront donc de 800 (Stock initial) + 2 100 (livraison de mi-janvier) soit 2 900 produits : trait vertical sur le graphique entre le niveau 800 et le niveau 2 900.

Ce niveau reste constant jusqu'à la prochaine livraison : trait horizontal jusqu'à fin février.

Livraison fin février : Risque de rupture de mi-mars

Consommation entre la livraison de fin février et celle de mi-avril = consommation de la moitié de mars(1) + consommation d'avril = 900 + 2 400 = 3 300

(1) Les produits consommés sur la première quinzaine de mars sont déjà en stock car ils représentaient le stock de sécurité lors de la livraison précédente.

Les entrées cumulées au moment de la livraison de mi-avril seront donc de 2 900 (Stock) + 3 300 (livraison de fin février), soit 6 200 produits : trait vertical sur le graphique entre le niveau 2 900 et le niveau 6 200.

Ce niveau reste constant jusqu'à la prochaine livraison : trait horizontal jusqu'à mi-avril.

- **Le même raisonnement est mis en œuvre pour les livraisons de mi-avril et de fin mai.**

Les dates de commandes sont déduites des dates de livraison en tenant compte du délai de livraison.

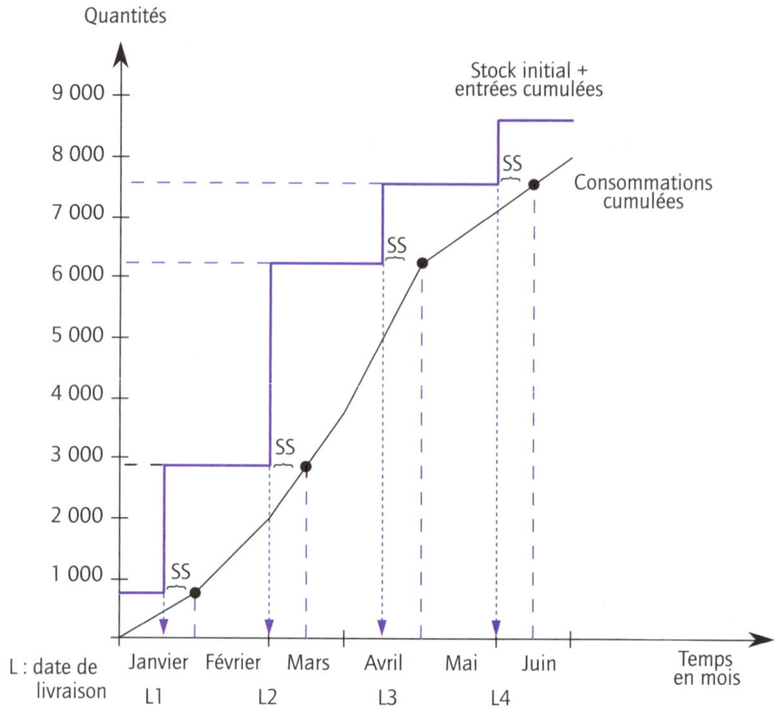

b) La méthode comptable

La recherche des éléments s'effectue à l'aide d'un tableau dont les principales informations sont :

MÉTHODE COMPTABLE							
Mois	**Consommations**	**Stock avec ruptures**	**Entrées**	**Stock rectifié**	**Date de livraison**	**Date de commande**	**Quantités**
Décembre		800					
Janvier	800	0	2 100	2 100	15 Janv.	1er Janv.	2 100
Février	1 200	900					
Mars	1 800	– 900	3 300	2 400	1er Mars	15 Fév.	3 300
Avril	2 400	0	1 400	1 400	15 Avril	1er Avril	1 400
Mai	1 000	400					
Juin	800	– 400	400 + x	x	1er Juin	15 Mai	400 + x
Juillet	x						

Les éléments connus sont les consommations qui sortent tout au long du mois, les entrées apparaissent en début de période (mois, semaine ou décade), et les stocks sont exprimés en fin de mois. Compte tenu de ces approximations, les dates obtenues peuvent être moins précises que celles de la méthode graphique.

La construction du tableau suit l'ordre de la flèche.

EXEMPLE (SUITE)

Nous démarrons avec un stock de 800 produits au 1er janvier.

- Compte tenu de la consommation de janvier (800 pds), le stock est nul en fin de mois. Il faut donc prévoir une livraison quinze jours plus tôt (stock de sécurité égal à un demi-mois de consommation) qui permette de « tenir » jusqu'à la prochaine livraison. Celle-ci est prévue dans un mois et demi puisque le choix est fait d'une budgétisation à périodes constantes. Elle doit être de :

cons. de février (1 200) + 1/2 cons. de mars (900) = 2 100 ;

Le tableau est complété : la livraison est inscrite dans la colonne « entrées » et en conséquence la colonne « stock rectifié » présente en fin de mois un total de **2 100**.

- Courant février, il est consommé 1 200 pds ; le stock de fin de période est de 2 100 – 1 200 = 900.

Courant mars, il est consommé 1 800 pds, le stock de fin période est de – 900, ce qui est non acceptable. Il s'agit alors de reprendre le raisonnement précédent.

La rupture est prévue à la mi-mars ; comme le stock de sécurité doit représenter un demi-mois de consommation, il faut être livré début du mois de mars d'une quantité qui permette la consommation de la deuxième quinzaine de mars (1/2 de 1 800) et celle du mois d'avril (2 400). Le volume de la livraison est inscrit en colonne « entrées » pour 3 300, le « stock rectifié » de fin de mois indique **2 400**, soit 900 (SI de mars) – 1 800 (Conso de mars) + 3 300 (livraison de mars).

- Le raisonnement se poursuit jusqu'à la fin de la période de budgétisation.

c) Le budget des approvisionnements

Le budget en quantité peut alors être établi ; il reprend les données élaborées par l'une des méthodes précédentes.

Mois	Janvier	Février	Mars	Avril	Mai	Juin
Date de commandes	1er	15		1er	15	
Stock initial	800	2 100	900	2 400	1 400	400
Livraisons	2 100		3 300	1 400		400 + x
Consommation	800	1 200	1 800	2 400	1 000	800
Stock final	2 100	900	2 400	1 400	400	x

L'entreprise a choisi une budgétisation par périodes constantes mais elle aurait pu décider de retenir quatre commandes de quantités égales.

2. La budgétisation par quantités constantes

Dans ce cas, et en reprenant l'exemple précédent, il y aurait quatre commandes de 2 000 produits à des intervalles irréguliers. Il s'agit de déterminer à quelle date.

a) La méthode graphique

Pour simplifier la recherche des dates, les mois sont de quatre semaines.

La démarche est la suivante.

Le stock initial est de 800. Il y a risque de rupture à fin janvier, il faut donc une livraison de 2 000 au 15 janvier.

Cette entrée permet de « tenir » jusqu'à mi-mars : compte tenu du délai de sécurité, il faut une livraison de 2 000 au début de mars.

Et ainsi de suite...

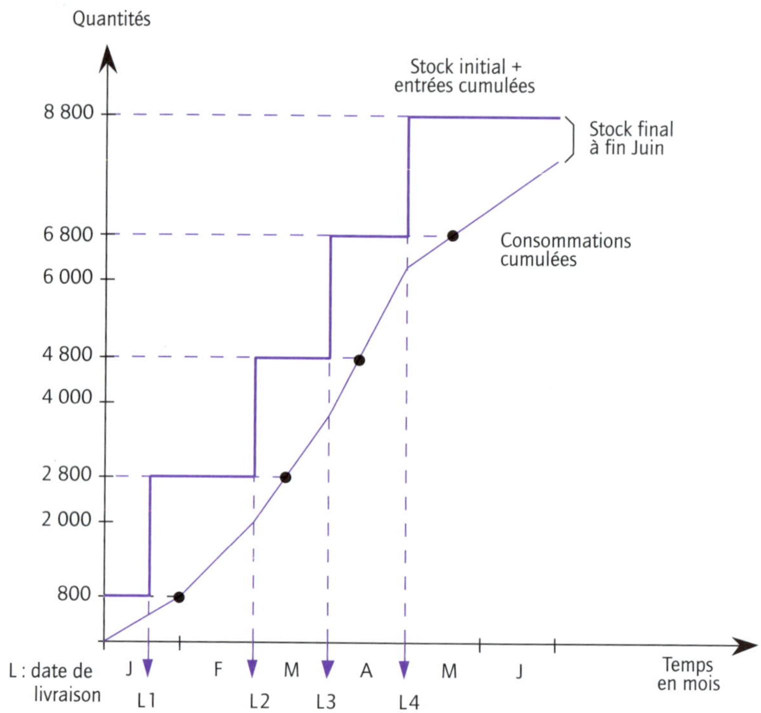

b) La méthode comptable

MÉTHODE COMPTABLE							
Mois	Consommations (sorties)	Stock avec ruptures	Livraisons (entrées)	Stock final définitif	Dates livraison	Date de commandes	Quantités
Décembre		800					
Janvier	800	0	2 000	2 000	15 Janv.	1er Janv.	2 000
Février	1 200	800					
Mars	1 800	– 1 000	2 000	1 000	1er Mars	15 Fév.	2 000
Avril	2 400	– 1 400	2 000	600	1er Avril	15 Mars	2 000
Mai	1 000	– 400	2 000	1 600	1er Mai	15 Avril	2 000
Juin	800	800					

Le cheminement est indiqué par la flèche et s'apparente à celui de la budgétisation à périodes constantes.

Les dates obtenues sont moins précises que celles de la méthode graphique du fait de l'approximation sur les dates d'entrée ramenées en début de période.

EXEMPLE

À fin avril, le stock final est de 600 produits et représente 18 jours de consommation du mois de mai (consommation journalière de mai = 1 000/30), pourtant la date de livraison est indiquée en début de mois et non pas le 3 comme prévu (18 jours – 15 jours de stock de sécurité).

c) Le budget des approvisionnements

En reprenant les résultats de la méthode comptable, il se présente comme suit :

Mois	Janvier	Février	Mars	Avril	Mai	Juin
Date de commandes	1er	15	15	15		
Stock initial	800	2 000	800	1 000	600	1 600
Livraisons	2 000		2 000	2 000	2 000	
Consommation	800	1 200	1 800	2 400	1 000	800
Stock final	2 000	800	1 000	600	1 600	800

L'état des stocks obtenu dans ces budgets, ainsi que les dates de commandes et de livraisons, sont de la responsabilité des services des approvisionnements. Pour respecter ces contraintes, ils doivent mettre en œuvre des moyens (effectifs, locaux et frais divers) qui sont regroupés dans un budget de fonctionnement.

3. Le budget des services des approvisionnements

Ce budget recense tous les moyens nécessaires pour permettre l'activité du service :
– effectifs,
– services extérieurs (assurance, électricité, fournitures de bureau, frais postaux...),

– transports,
– amortissements des locaux.

Ces éléments représentent des frais indirects et sont souvent regroupés en **deux fonctions principales** :

– les **achats,** dont le rôle est la recherche des fournisseurs, la passation et le suivi des commandes et, de façon plus générale, les tâches administratives de la gestion des stocks ;
– le **magasinage**, qui assure le contrôle et le gardiennage des articles stockés.

Pour ce budget opérationnel aussi, le calcul du coût des moyens humains engagés peut être sous-traité au service des ressources humaines.

En effet, dans un contexte de forte concurrence, maîtriser la masse salariale reste un enjeu fondamental pour la pérennité de l'entreprise. La complexité des réglementations sociales, la variété des modes de rémunérations, l'existence de progiciels dédiés ont conduit les directions générales à centraliser les activités relatives au personnel dans une fonction de support spécifique « les ressources humaines ». Il s'agit alors au quotidien d'établir les paies, à court terme de prévoir le coût de la masse salariale pour les budgets et à moyen terme de piloter l'employabilité et les compétences des acteurs.

Dans ce chapitre, nous nous focaliserons sur les prévisions budgétaires de la masse salariale. Le pilotage des acteurs à moyen terme sera envisagé dans le chapitre 15.

SECTION 4

LE COÛT DES MOYENS HUMAINS : LA MASSE SALARIALE

Ces travaux de prévision sont indispensables pour la finalisation de la budgétisation des différents services de l'entreprise puisque très souvent, le poste « personnel » reste la ligne la plus importante du compte de résultat de l'organisation.

Par ailleurs, des impératifs de négociation salariale au sein de l'entité peuvent conduire à des impacts financiers qui s'imposent aux services opérationnels. Dans ces contextes, ces derniers, tout en étant demandeurs du coût des moyens humains engagés souhaitent obtenir aussi des indicateurs qui leur permettent de gérer « au plus près du terrain » les hommes.

1. Calcul de la masse salariale

La prévision d'une masse salariale d'une année par rapport à l'autre doit tenir compte de différents phénomènes :

– les augmentations de salaires dites générales, c'est-à-dire s'appliquant à tous les salariés ;
– les augmentations de salaires dites individuelles (mérite ou promotion) ;
– les mouvements de personnel en entrées (embauche) ou en sorties (départs en retraite, démission ou licenciement).

1.1 Principe de calcul

La base de calcul d'une masse salariale s'appuie sur un recensement exhaustif des éléments de salaire stables de décembre de l'année qui précède la projection : il s'agit de l'ensemble des éléments fixes de la remunération comme les appointements ou les salaires de base mais aussi certaines primes dès lors qu'elles évoluent comme ce salaire (prime d'ancienneté, assiduité ou autre...).

Cette masse salariale dite « de base » évolue en fonction de plusieurs paramètres : des paramètre liés à la politique sociale comme les augmentations générales de salaires ou individuelles, des paramètres liés à l'évolution de l'emploi comme les variations d'effectifs.

Ces mouvements de personnel peuvent être représentés par le schéma suivant :

MASSE SALARIALE ET MOUVEMENT DE PERSONNEL

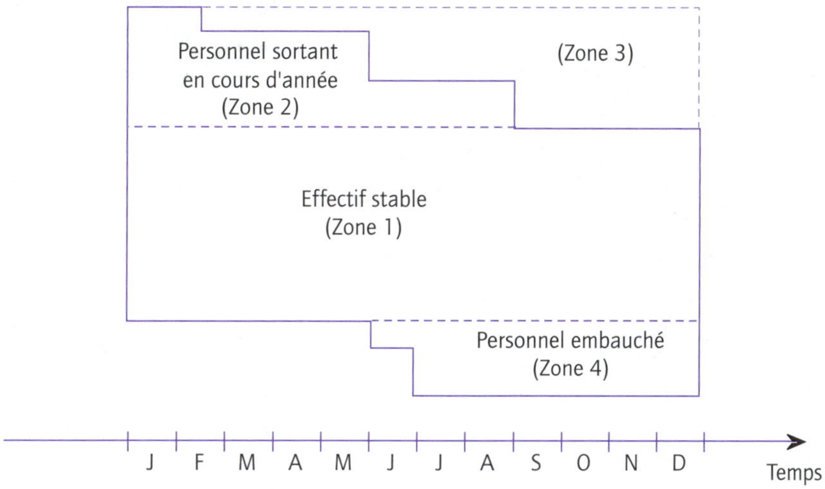

Deux modes de calculs sont alors possibles :

Masse salariale de l'année N	=	Masse salariale de l'effectif stable *(zone 1)*	+	Masse salariale du personnel sortant *(zone 2)*	+	Masse salariale du personnel embauché *(zone 4)*

ou

Masse salariale de l'année N	=	Masse salariale de l'effectif présent au 1er janvier *(zones 1, 2 et 3)*	–	**Salaires non versés** au personnel sortant *(zone 3)*	+	Masse salariale du personnel embauché *(zone 4)*

Dans ce chapitre, nous utiliserons la première méthode. Les travaux de prévisions de la masse salariale seront effectués sur le thème d'application suivant.

THÈME D'APPLICATION

Effectifs de l'année N

	Effectifs	Salaires bruts annuels	Salaires bruts décembre
Direction	5	357 000	6 025
Techniciens	220	10 337 250	3 975
Ouvriers	90	1 916 000	1 800
Employés	45	820 000	1 650

Accord salarial (pour l'année à venir, c'est-à-dire année N+1)

- Augmentation uniforme des salaires sans distinction de catégories socio-professionnelles :
  - 1 % au 1er mars ;
  - 1,50 % au 1er septembre.
- Augmentations individuelles : elles représentent 0,97 % de la masse salariale de décembre de l'année N et seront accordées au 1er juin de l'année N+1. Elles représentent des augmentations au mérite accordées par la hiérarchie dans le cadre d'une enveloppe globale. Ces augmentations ne sont accordées ni au personnel devant partir, ni à celui embauché en cours d'année.

Prévisions des mouvements de personnel

- Deux ouvriers (salaires bruts de décembre N = 2 300 €) seront promus techniciens le 1er mars (salaires prévus = 2 625 €) ; ils ne participeront pas à l'augmentation générale des salaires du mois de mars.

Tableau des départs et embauches prévus

Catégories	Mois de départ (fin de mois)	Salaire brut décembre N	Mois d'arrivée (début de mois)	Salaire brut prévu
Ouvrier	Juillet	2 675	Avril	1 600
Ouvrier	Novembre	2 825	–	
Employé	Juillet	1 950	–	
Employé	Novembre	1 925	–	
Technicien	Août	4 500	Juillet	3 025
Technicien			Décembre	3 250

Les départs prévus sont des départs à la retraite.

Pour obtenir la masse salariale de l'année N+1, nous respecterons le premier principe de calcul présenté en tête de chapitre. C'est pourquoi nous calculerons successivement :

– la masse salariale de l'effectif stable en définissant :
  - l'effectif stable par catégories ;
  - l'indice multiplicateur des salaires ;

– l'influence des mouvements de personnel en distinguant :
  - l'influence des départs ;
  - l'influence des arrivées.

1.2 Masse salariale de l'effectif stable

Il s'agit dans un premier temps de déterminer l'effectif attendu de l'année N+1 compte tenu de tous les mouvements de personnel en mettant en évidence l'effectif dit stable.

Cette prévision de la masse salariale tient compte de l'ensemble des augmentations envisagées au cours de l'année prochaine. Cependant, d'autres aspects intéressent le gestionnaire. Quelles sont les conséquences d'une décision en matière de politique salariale ?

THÈME D'APPLICATION (SUITE)

L'impact des mouvements de personnel au cours de l'année N+1 peut être recapitulé dans un document synthétique.

Effectifs par catégorie en fin d'année N+1

Catégories	Effectif année N	Départs année N+1	Effectif stable N+1	Entrées année N+1	Effectifs année N+1
Direction	5		5		5
Techniciens	220	1	219	4	223
Ouvriers	90	4	86	1	87
Employés	45	2	43		43
Total	360	7	353	5	358

Afin de garder de la souplesse dans les calculs et de gagner du temps, il est préférable de travailler en indice (base 100 pour décembre N), plutôt que sur l'évolution de la masse exprimée en euros.

Comme les augmentations sont successives, il est nécessaire d'étudier leur influence dans le temps d'autant qu'elles sont de nature différente :

- les augmentations générales sont ici de nature multiplicative c'est-à-dire qu'elles s'appliquent de façon cumulative et les unes sur les autres ;
- les augmentations individuelles sont qualifiées d'additives c'est-à-dire qu'il suffit de les ajouter globalement à la masse salariale.

Calcul de l'indice multiplicateur pour l'effectif stable

Période	Nombre de mois	Détail des calculs	Indice	Total
Janvier à février	2		100	200
Mars à juin	4	100 × 1,01 = 101	101	404
Juillet à août	2	101 + (100 × 0,97) = 101,97	101,97	203,94
Septembre à décembre	4	101,97 × 1,015 = 103,5	103,5	414
Valeur de l'indice multiplicateur				1 221,94
soit un coefficient multiplicateur de :				*12,2194*

Il est alors possible de calculer la masse salariale pour l'effectif stable.

Masse salariale de l'effectif stable

Masse salariale = Effectif × Salaire décembre × Coef. multiplicateur

Catégories	Effectif stable	Salaire décembre N	Coefficient multiplicateur	Masse salariale (en €)
Direction	5	6 025	12,2194	368 109
Techniciens	219	3 975	12,2194	10 637 293
Ouvriers	86	1 800	12,2194	1 891 563
Employés	43	1 650	12,2194	866 966
Total	353			13 763 931

Ce travail de prévision de la masse salariale doit maintenant intégrer l'influence des variations de personnel.

1.3 Influence des mouvements de personnel

Nous envisagerons successivement les mouvements de sorties puis les mouvements d'entrées.

THÈME D'APPLICATION (SUITE)

Influence des départs : masse salariale versée au personnel sortant

Catégories	Mois de départ (fin de mois)	Durée de rémunération (en mois)	Nombre de mois payés à l'indice[1]			Salaire décembre N	Coefficient [3]	Total
			100	101	102,515			
Ouvriers	Juillet	7	2	5		2 675	7,05	18 859
Ouvriers	Novembre	11	2	6	3	2 825	11,13545	31 458
Ouvriers promus	Février	4[2]	4			2 300	4	9 200
		22	Sous-total ouvriers					59 517
Employés	Juillet	7	2	5		1 950	7,05	13 748
Employés	Novembre	11	2	6	3	1 925	11,13545	21 436
		18	Sous-total employés					35 184
Techniciens	Août	8	2	6		4 500	8,06	36 270
		8	Sous-total techniciens					36 270
Durée de rémunérations		48	Total général					130 971

Remarque sur ce tableau :

(1) L'indice 100 concerne les mois de janvier et de février, celui de 101 est applicable du 1er mars au 31 août, l'indice 102,515 exprime la valeur des salaires à compter du 1er septembre compte tenu de taux multiplicatifs (1,015 × 101 = 102,515).

(2) Les ouvriers promus sont au nombre de 2 : cette information est prise en compte par l'intermédiaire du nombre de mois (2 ouvriers × 2 mois = 4).

(3) Le coefficient de 11,13545 est obtenu par : [(2 × 100) + (6 × 101) + (3 × 102,515)]/100. Les autres coefficients sont obtenus par le même principe.

Influence des entrées : Masse salariale versée au personnel embauché

Catégories	Mois d'arrivée (début de mois)	Durée de rémunération (en mois)	Nombre de mois payés à l'indice(1)			Salaire d'embauche	Coefficient (3)	Total
			100	101	101,5			
Ouvriers	Avril	9	5		4	1 600	9,06	14 496
		9	Sous-total ouvriers					14 496
Techniciens promus	Mars	20(2)	12		8	2 625	20,12	52 815
Techniciens	Juillet	6	2		4	3 025	6,06	18 332
Techniciens	Décembre	1	1		0	3 250	1	3 250
		27	Sous-total techniciens					74 397
Durée de rémunérations		36	Total général					88 893

Remarque sur ce tableau :

(1) L'indice 100 concerne pour chaque salarié les premiers mois d'embauche avant qu'il ne bénéficie d'une augmentation générale des salaires : seuls les salariés embauchés avant le 1er mars peuvent bénéficier de la totalité des augmentations générales prévues.

(2) Les personnes promues sont au nombre de 2 : cette information est prise en compte par l'intermédiaire du nombre de mois (chaque ouvrier est présent 10 mois).

(3) Les coefficients sont obtenus par le même principe que dans le tableau précédent.

Il ne reste plus qu'à regrouper dans un tableau synthétique l'ensemble des données.

Masse salariale de l'année N+1

Catégories	Effectif stable		Départs		Arrivée		Masse salariale N+1	
	Effectif Personnes /an	Montant	Effectif Personnes /mois	Montant	Effectif Personnes /mois	Montant	Effectif Personnes /an	Montant
Direction	5	368 109					5,00	368 109
Techniciens	219	10 637 293	8	36 270	27	74 397	221,92	10 747 960
Ouvriers	86	1 891 563	22	59 517	9	14 496	88,58	1 965 576
Employés	43	866 966	18	35 184	0		44,50	902 150
	353	13 763 931	48	130 971	36	88 893	360	13 983 795

Cette prévision de la masse salariale tient compte de l'ensemble des augmentations envisagées au cours de l'année prochaine. Cependant, d'autres aspects intéressent le gestionnaire. Quelles sont les conséquences d'une décision en matière de politique salariale ?

2. Notion d'effet report

L'intérêt d'une démarche de prévision est d'anticiper des évolutions ; cet aspect est fondamental dans la maîtrise de la masse salariale. Il est important que les décideurs puissent appréhender les conséquences de leur choix en matière d'augmentations salariales, d'autant que les décisions d'augmentations prises sur une année ont des effets sur les années suivantes. Ces effets peuvent être calculés en masse ou en indice.

2.1 Évolution en niveau

L'évolution dite « en niveau » ou **effet niveau** est le rapport du salaire mensuel d'un salarié ou d'une catégorie de salarié entre deux dates données, pour un même niveau de qualification.

Il se calcule très souvent en référence au mois de décembre. Il est alors égal à :

Effet niveau en en référence au salaire	Effet niveau en indice
$\frac{\text{Salaire décembre N + 1}}{\text{Salaire décembre N}}$	$\frac{\text{Indice 31/12/N + 1}}{\text{Indice 1/01/N + 1}}$

THÈME D'APPLICATION (SUITE)

Reprenons le thème d'application précédent.

Par facilité, nous considérons le personnel de direction dont l'effectif est stable sur les deux années.

- salaire moyen de décembre N : 6 025 € ;
- salaire moyen de décembre N+1 : il faut le reconstituer compte tenu des augmentations prévues sur N+1.

Il est égal à [(6 025 € × 1,01) + (6 025 × 0,0097)] × 1,015 = 6 236

$$\text{Évolution en niveau} = \frac{\text{Salaire décembre N + 1}}{\text{Salaire décembre N}} = \frac{6\ 236}{6\ 025} = 1{,}035$$

Cette évolution en niveau avait déjà été calculée dans le tableau de l'indice multiplicateur de l'effectif stable (voir paragraphe 1.2 page 323)

Il représente le coefficient multiplicateur à appliquer au salaire du mois de décembre N (base 100) pour obtenir une prévision du salaire de décembre N+1.

L'effet niveau peut s'exprimer en indice, soit 103,5 ou en pourcentage 3,5 %.

L'effet niveau exprime, ici, **la variation à la hausse du salaire telle qu'elle peut être perçue par le salarié**. C'est l'indicateur utilisé dans le cadre de négociations salariales, mais il ne correspond pas à la vision de l'entreprise car un employeur raisonne en global et sur l'année en terme de coût réel des dépenses engagées.

2.2 Évolution en masse

L'évolution dite « en masse » ou **effet masse** est la variation de la masse des salaires annuels pour une année de simulation par rapport à une masse salariale sans augmentation.

Il se calcule :

$\frac{\text{Salaires annuels (année N+1)}}{\text{Salaires annuels de référence}}$	$\frac{\text{Indice moyen 31/12/N+1}}{\text{Indice 100}}$

THÈME D'APPLICATION (SUITE)

Considérons toujours le personnel de direction.

Le *salaire moyen annuel* de cette catégorie est de : – année N : 6 025 € × 12 = 72 300 (reconstitué) – année N+1 : 368 109/5 = 73 622 €	L'indice de cette catégorie est : – l'indice moyen N+1 = 1 221,94/12 = 101,828 – l'indice de référence en N = 100

L'évolution en masse est alors égale à : $\frac{73\ 622}{72\ 300} = 1{,}01828$

ou encore par lecture directe à 101,828/100.

L'effet masse peut s'exprimer en indice, soit 101,828 ou en pourcentage : 1,83 %.

L'effet masse, quand il est comparé à l'effet niveau, représente l'impact du temps puisqu'il intègre dans son mode de calcul le calendrier d'apparition des augmentations.

Dans notre exemple, les augmentations ont été successives et réparties dans le temps :
– 1 % en mars et 1,5 % en septembre pour les augmentations générales ;
– 0,97 % en juin pour les augmentations individuelles.

Leur impact ne concerne que certains mois de l'année N+1.

En conséquence, pour une même augmentation en niveau, l'effet masse dépend de la date où l'augmentation aura été accordée. **Pour une même augmentation en niveau, plus l'augmentation est tardive et plus l'effet masse est faible.** Si les deux effets sont égaux, c'est que l'augmentation a été accordée au 1er janvier de l'année.

En conséquence, **cet indicateur est perçu par l'employeur comme stratégique** et rarement communiqué parce qu'il mesure le **coût réel à supporter par l'entreprise** et lui permet de construire sa politique salariale.

Quel que soit le choix retenu par l'entreprise dans les négociations salariales, les décisions de l'année engagent les dépenses de l'année suivante puisqu'il est très difficile de revenir sur une hausse des salaires. Cet aspect est mesuré par l'effet report.

2.3 L'effet report

L'**effet report** représente l'évolution de la masse salariale de l'année simulée, compte tenu des augmentations attribuées dans le courant de l'année précédente.

Il se définit :

$\frac{\text{Salaire mensuel décembre N+1} \times 12}{\text{Salaire annuel N+1}}$	$\frac{\text{Indice de décembre N+1}}{\text{Indice moyen N + 1}}$

Cet effet met en évidence que la masse salariale de l'année N+2 augmentera, quelles que soient les mesures salariales de l'année N+2, uniquement à cause des mesures de hausse de salaires prises en année N+1. Dans cette optique, l'expression du numérateur (salaire mensuel de décembre × 12 mois) représente une **masse salariale « plancher »**, c'est-à-dire la masse minimale de l'année N+2.

THÈME D'APPLICATION (SUITE)

$$\text{Effet report} = \frac{\text{Salaire décembre N + 1} \times 12 \text{ mois}}{\text{Salaire annuel N+1}} = \frac{6\,236 \times 12}{73\,622} = \frac{74\,832}{73\,622} = 1{,}0164$$

ou Indice de décembre N+1 = 103,50
Indice moyen N+ 1 = 101,828

$$\Rightarrow \text{Effet report} = \frac{103{,}50}{101{,}828} = 101{,}64$$

L'effet report peut s'exprimer en indice, soit 101,64 ou en pourcentage 1,64 %.

Compte tenu des liens existant entre effets, il y a pour un même effet masse sur une année donnée, un effet report plus important quand l'augmentation en niveau est obtenue de façon plus tardive dans l'année.

Les liens entre les trois effets sont exprimés par le schéma suivant :

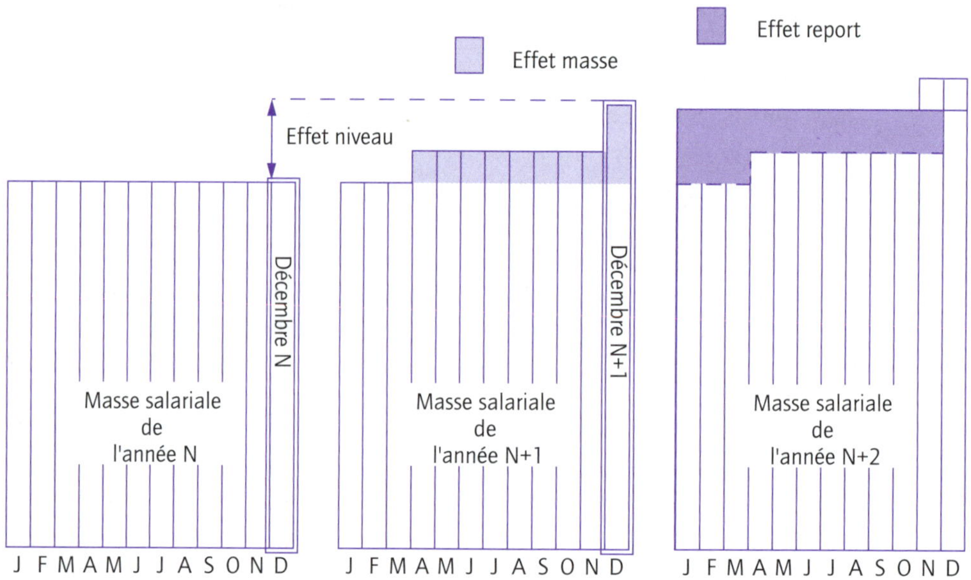

Nous le voyons, ces différentes notions sont importantes en matière de politique salariale. En effet, une politique de contrôle des coûts conduit souvent à vouloir maîtriser l'évolution de la masse salariale en masse.

De par leur définitions respectives, il est possible d'écrire :

$$\text{Effet niveau} = \text{Effet report} \times \text{Effet masse}$$

$$\frac{\text{Indice 31/12/N+1}}{\text{Indice 01/01/N}} = \frac{\text{Indice 31/12/N+1}}{\text{Indice moyen N+1}} \times \frac{\text{Indice moyen N+1}}{\text{Indice 01/01/N}}$$

Le décideur, **pour une même augmentation en masse,** a le choix entre plusieurs possibilités d'augmentation en niveau en fonction du calendrier des hausses retenu : plus **le calendrier est tardif, plus l'augmentation en niveau peut être élevée.** Mais dans ces choix, il lui faut intégrer la notion d'effet report qui traduit les conséquences sur le futur de décisions d'aujourd'hui (coûts irréversibles) : **plus l'augmentation en niveau est tardive plus l'effet report sera important.**

CONCLUSION

Ces données intégrées dans les budgets des différents services doivent permettre de les finaliser et ainsi de pouvoir proposer aux directions générales un chiffrage complet et exhaustif du fonctionnement de l'organisation pour l'année à venir.

Dans le cours de ce chapitre, nous n'avons pas évoqué le budget des services fonctionnels car ceux-ci trop souvent sont des fonctions de support sans production évidente d'outputs évaluables. Leurs charges de fonctionnement sont des charges discrétionnaires fixes représentant souvent des coûts de capacité (coûts des moyens techniques et humains mis en œuvre). Établir leur budget revient à lister le coût des moyens et à valider l'enveloppe budgétaire ainsi obtenue.

Avant de valider définitivement ces différentes propositions d'actions, les services financiers vont, en s'appuyant sur les budgets opérationnels, élaborer des documents récapitulatifs qui mesurent les impacts financiers des décisions opérationnelles retenues : ce sont les budgets de nature financière étudiés au chapitre suivant.

APPLICATIONS

APPLICATION 1

Ateliers de Matériel modulaire

La société AMM (Ateliers de Matériel modulaire) est une petite entreprise industrielle qui fabrique des modules d'échafaudages vendus à une clientèle d'entreprises du bâtiment.

Elle envisage de diversifier ses ventes en proposant à ses clients, à côté des échafaudages classiques, un produit nouveau : l'échafaudage mobile. On vous fournit un descriptif des deux produits.

• *Échafaudage classique* : produit traditionnel où chaque échafaudage est constitué d'un nombre variable de modules identiques. Chaque module comprend :

– quatre tubes métalliques avec équerres ;

– une plate-forme en plastique ;

– une rambarde de protection en plastique.

• *Échafaudage mobile* : produit de conception nouvelle où chaque échafaudage comprend :

– une plate-forme de base munie de roues et motorisée que la société achète finie chez un sous-traitant ;

– un nombre variable de modules analogues aux modules classiques, mais utilisant des tubes moins œuvrés (en moyenne prévue : 8 modules mobiles pour une plate-forme).

Partie 1

Dans le cadre de la mise en place d'une gestion budgétaire, le contrôleur de gestion vous informe sur les données commerciales des deux produits :

Échafaudages classiques

Structure saisonnière des ventes N–1 et N

	1er trimestre	2e trimestre	3e trimestre	4e trimestre
N	7 074	14 140	12 120	7 070
N-1	6 860	13 720	11 760	6 860

Échafaudages mobiles

En l'absence de toute donnée historique, il a constitué un échantillon de clients de la AMM au sujet de leurs intentions d'achat d'échafaudages mobiles et classiques.

Les résultats en sont qu'ils envisagent de substituer à 20 % de leurs achats de modules classiques, des achats en même quantité de modules mobiles.

De plus, il est vraisemblable qu'une clientèle nouvelle se porterait sur ces échafaudages mobiles et cette clientèle pourrait être égale à celle évoquée ci-dessus.

Par ailleurs, il n'y a aucune raison pour que la saisonnalité des ventes soit différente d'un produit à l'autre.

Prix de vente prévus en N+1

- Module d'échafaudage classique : 500 €
- Module d'échafaudage mobile : 400 €
- Plate-forme mobile : 2 000 €

QUESTIONS

1. **Sachant que les prévisions de ventes d'échafaudages classiques, faites sur la base de l'évolution du marché et avant mise au point des échafaudages mobiles, étaient pour N+1 de 40 000 modules, en déduire les prévisions de vente compte tenu de l'introduction des échafaudages mobiles sur le marché dès le 1er janvier N+1.**
2. **Établir le budget des ventes en quantité et en valeur, par trimestre, pour l'année N+1.**

Partie 2

Le contrôleur de gestion valide vos résultats en terme de prévisions des ventes. Il vous confie la prévision du plan de production pour le centre « **usinage des tubes** ».

1) Gamme et nomenclature : standard de production

	Unité de référence	Volume pour MEC	Volume pour MEM
Tube diamètre 25	mètre	2 mètres 50	2 mètres 20
Main-d'œuvre directe	heure	0,25 heure	0, 20 heure
Centre Usinage	U.O. = HMOD	0,25 heure	0, 20 heure

Le service des achats retient un coût d'achat budgété pour l'exercice de 4 € le mètre. Le service des ressources humaines a évalué le coût chargé d'une heure de main-d'œuvre directe à 25 €.

2) Informations sur le centre de production

Centre : usinage des tubes.

Unité d'œuvre : heure de main-d'œuvre directe.

Capacité maximale mensuelle : 3 600 heures productives.

Coût variable unitaire standard : 50 €.

Coût fixe mensuel standard : 144 000 € (calculé sur 12 mois).

3) Indications sur le plan de production

	Stock au 31 décembre N	Stock au 31 décembre N+1
Tubes pour échafaudages classiques	6 000 unités	10 000 unités
Tubes pour échafaudages mobiles	1 000 unités	5 000 unités

Problèmes de capacité

Les capacités disponibles mensuelles hors heures supplémentaires sont constantes et représentent 3 600 heures par mois sur 12 mois.

Cependant :

1) Pour des raisons de sécurité, les stocks minima de fin de trimestre doivent être de 2 000 tubes pour les échafaudages classiques et de 1 000 tubes pour les échafaudages mobiles.

2) Compte tenu de la saisonnalité des ventes et des capacités disponibles par trimestre, le directeur technique est contraint d'accepter (si nécessaire) le contingent maximum d'heures supplémentaires à 25 % de majoration sur les trois premiers trimestres et d'ajuster sa charge de travail. Dans ce cas, il cherche à réduire au maximum la durée de stockage des encours de production.

3) Compte tenu d'un accord d'entreprise, les heures supplémentaires peuvent représenter un volume additionnel de 20 % au-dessus de l'horaire légal et sont payées à 125 % du coût horaire des heures normales. Leur décompte par exercice est annualisé c'est-à-dire que les heures supplémentaires d'un trimestre ne sont rémunérées au taux majoré qu'au-delà du contingent des heures normales du trimestre précédent non utilisées.

QUESTIONS

1. **Établir le plan de production des tubes nécessaires aux deux catégories d'échafaudages en respectant la logique suivante par trimestre (arrondir vos résultats à la centaine d'unités la plus proche) :**
   a) déterminer le volume de tubes à produire compte tenu du volume des ventes prévues et des niveaux de stock désiré ;
   b) en déduire l'activité trimestrielle nécessaire en heures ;
   c) mettre en évidence les capacités de production disponibles en heures
   d) allouer en fonction des besoins les heures supplémentaires sur les trois premiers trimestres.
2. **Présenter le budget de production, document récapitulatif des heures d'activités, des volumes de tubes par catégories de produits et des stocks sur les quatre trimestres.**
3. **Sur le deuxième trimestre uniquement, chiffrer :**
   a) le budget des coûts salariaux directs
   b) le budget de centre d'analyse « usinage de tubes »
   c) le coût de production budgété des tubes nécessaires au module classique.

(d'après DECF)

APPLICATION 2

Entreprise Chavil

Partie 1

Le programme de production en volume, établi par le directeur de la production, fournit les renseignements ci-après pour le premier semestre N :

	Nombre de tubes X	Nombre de tubes Y
Janvier	18 000	240 000
Février	16 000	225 000
Mars	20 000	240 000
Avril	16 000	235 000
Mai	15 000	200 000
Juin	19 000	225 000

L'objectif est d'établir un plan d'approvisionnement en culots de tubes nécessaires pour satisfaire régulièrement les besoins de la fabrication. À cette fin, voici les éléments de la politique d'approvisionnement adoptée par l'entreprise.

1. Culots de tubes X

- Utilisation, pour un tube X, d'un jeu complet de culots présenté sous sachet.
- Acquisition par caisses contenant 1 000 sachets.
- Commandes par quantités constantes de 20 000 jeux de culots, soit 20 caisses, à des dates déterminées en fonction des besoins de la fabrication, la date de commande correspond au jour où le stock réel atteint le stock d'alerte.
- Le stock d'alerte est composé :
  - d'un stock minimum destiné à couvrir le délai de livraison des fournisseurs ;
  - d'un stock de sécurité fixé à 3 000 jeux de culots X.
- Le délai de livraison des fournisseurs est de 1 mois.
- Au 1er janvier N, le stock initial s'élève à 25 000 jeux.
- Le stock au 30 juin N doit être suffisant pour couvrir les consommations du mois de juillet que l'on peut estimer à 20 000 tubes X.

2. Culots de tubes Y

- Utilisation, d'un jeu de culots, par tube, présenté également sous sachet.
- Acquisition par caisses contenant 5 000 sachets.
- Commandes passées le premier jour de chaque mois, en quantités variables déterminées en fonction des besoins de la production.
- Le stock d'alerte est composé :
  - d'un stock minimum correspondant au délai de livraison des fournisseurs ;
  - d'un stock de sécurité fixé à 15 000 jeux de culots Y.

- Délai de livraison des fournisseurs : 15 jours.
- Stock au 1er janvier N : 140 000 sachets.
- Stock au 30 juin N : stock nécessaire pour couvrir les besoins de la fabrication du mois de juillet, que l'on peut estimer à 245 000 tubes Y.

QUESTIONS

1. **Présenter, sous forme de tableau, un programme d'approvisionnement relatif aux culots de tubes X, mettant en évidence, entre autres, les dates de commandes calculées au jour près.**
2. **Présenter, sous forme graphique, un programme d'approvisionnement relatif aux culots de tubes Y, mettant en évidence les quantités commandées.**
3. **Rédiger le budget des approvisionnements (en quantité) des deux types de tubes.**

(d'après DECF)

APPLICATION 3

Entreprise Liani

L'entreprise Liani est une entreprise de fabrication de prototypes pour l'industrie. Elle travaille sur cahier des charges. La qualité de ses prestations est reconnue dans le secteur industriel. Soucieuse de maintenir sa notoriété, la direction cherche à garder son personnel à haut potentiel par des augmentations régulières des rémunérations et par des promotions internes.

La direction vous communique les informations relatives à la masse salariale :

Il n'y a eu aucun mouvement externe du personnel en N, ni départ, ni embauche.

Catégories socioprofessionnelles	Décembre N−1		N−1	Décembre N		N
	Effectif	Coût brut mensuel moyen	Coût brut annuel (€)	Effectif	Coût brut mensuel moyen	Coût brut annuel (€)
Personnel de direction	5	6 030	357 000	5	6 150	365 520
Ingénieurs-stylistes	15	4 240	754 920	16	4 610	879 552
Techniciens	220	3 970	10 243 200	222	4 085	10 789 200
Ouvriers	53	3 210	2 031 384	50	3 132	1 869 000
Employés	45	3 420	1 819 800	45	3 450	1 839 240
Total	338		15 206 304	338		15 742 512

Prévisions des augmentations de salaire

L'accord salarial pour N+1 prévoit une augmentation uniforme des salaires, sans distinction par catégorie socioprofessionnelle comme cela avait été le cas en N.

– Augmentations générales : 1 % au 1er février ; 1,60 % au 1er septembre.

– Augmentations individuelles : elles représentent 0,95 % de la masse salariale de décembre N et seront accordées au 1er juillet N+1.

Prévisions des mouvements de personnel

Aucune promotion interne n'est prévue pour N + 1. Par contre, des mouvements externes doivent être envisagés. Des départs à la retraite libèreront des postes. Tous ne seront pas pourvus. Les postes d'employés seront supprimés en raison de la diminution de l'étendue des tâches à réaliser et des gains de productivité obtenus. Par contre, du personnel sera recruté pour faire face à l'accroissement de l'activité.

Catégorie	Mois de départ	Coût brut mensuel (€)	Mois d'arrivée	Coût brut mensuel (€)
Ouvrier	mars	3 695	avril	2 300
Ouvrier	novembre	3 812	–	–
Employé	juillet	3 950	–	–
Employé	novembre	3 750	–	–
Technicien	août	4 637	juin	3 112
Technicien	–	–	novembre	3 112
Technicien	–	–	novembre	3 112

Les départs prévus sont des départs à la retraite. Ils se font le dernier jour du mois de départ. Les coûts bruts mensuels sont donnés en valeur au 31/12/N.

Les arrivées sont effectives le premier jour du mois. Les coûts bruts mensuels sont ceux qui seront déduits du salaire proposé dans le contrat d'embauche.

Ni les salariés devant partir en cours d'année, ni ceux embauchés en cours d'année ne bénéficieront des augmentations individuelles.

QUESTIONS

1. **Sachant que les effectifs globaux sont inchangés, analyser l'évolution de la masse salariale (coûts bruts versés) en N en estimant l'effet des promotions internes d'une part, l'effet de la variation des taux de rémunération d'autre part. Commenter brièvement les résultats.**
2. **Calculer la masse salariale prévisionnelle de N+1 compte tenu de l'application de l'accord salarial et des mouvements d'effectifs (voir NB). Quelle signification donnez-vous à ces résultats, du point de vue de l'entreprise et du point de vue des salariés ?**
   (Vous présenterez toutes les valeurs globales en euros.)
   NB : Choisir un calcul qui mette en évidence : les économies dues aux départs ; le coût des arrivées.

APPLICATION 4

Entreprise Mesine

L'exercice comptable s'étend du 1er juillet au 30 juin.

Le calendrier des augmentations de salaires négociées au cours du premier semestre de N est le suivant :

- + 2 % au 1er septembre N ;
- + 3 % au 1er mars N+1 ;
- + 2 % au 1er décembre N+1 ;
- + 1 % au 1er juin N+2.

La somme des salaires bruts de juillet N s'est élevée à 46 800 € et aucune augmentation de salaires n'avait été accordée durant l'exercice N–1/N.

Il n'y a pas eu en N/N+1 d'augmentation des effectifs et des heures travaillées par rapport à l'exercice précédent.

Dans ce qui suit, l'exercice N/N+1 sera noté « exercice 1 » et l'exercice N+1/N+2 sera noté « exercice 2 ».

QUESTIONS

1. **Calculer le taux de variation globale de la masse des salaires de l'exercice 2 par rapport à celle de l'exercice 1. Ce taux sera noté VG.**
2. **Dans l'hypothèse où aucune augmentation ne serait consentie au cours de l'exercice 2 et où l'on maintiendrait les augmentations prévues pour l'exercice 1, calculer le taux de variation de la masse des salaires de l'exercice 2 par rapport à celle de l'exercice 1. Ce taux sera noté V1. Dans cette hypothèse, calculer la masse salariale de l'exercice N/N+1 et celle de l'exercice N+1/N+2. Commenter.**
3. **Dans l'hypothèse où aucune augmentation ne serait consentie au cours de l'exercice 1 et où l'on maintiendrait les augmentations prévues pour l'exercice 2, calculer le taux de variation de la masse des salaires de l'exercice 2 par rapport à celle de l'exercice 1. Ce taux sera noté V2.**
4. **Mettez en évidence, sans la démontrer, la relation qui lie VG, V1 et V2.**

NB : Pour calculer les divers taux de variation demandés, il pourra être commode de raisonner sur une masse salariale de 100 en juillet N.

APPLICATION 5

Société Duplot

La société Duplot rémunère ses salariés sur 13 mois (le 13e mois est payé en fin d'année) et négocie des augmentations générales de salaires qui s'appliquent à ces différents centres de responsabilité. Par ailleurs, elle alloue à chaque responsable une enveloppe financière dont l'attribution est laissée à la discrétion du responsable du centre en fonction de critères de mérite évalués localement.

Conformément à un accord salarial d'entreprise signé au premier semestre de l'exercice N et qui s'impose à l'établissement, des augmentations générales interviendront sur l'année N+1 et N+2 selon les modalités suivantes :

Janvier N+1 : 1 % • Mai N+1 : 1,5 % • Septembre N+1 : 0,2 % • Janvier N+2 : 1 %.

L'établissement de Chaumont comprend 30 personnes ; la masse salariale de décembre de l'exercice hors 13e mois s'est élevée à 81 150 €.

Il n'est pas prévu de mouvements de personnel au cours des années à venir.

QUESTIONS

1. **Calculer la masse salariale de l'établissement pour l'exercice N+1**
2. **Calculer pour l'année N+1, l'effet niveau et l'effet masse. En déduire l'effet report pour l'exercice N+2**

Le responsable de l'établissement, au cours l'exercice N+1 et dans le cadre de la procédure budgétaire de l'année à venir soit N+2, s'interroge sur le niveau des augmentations individuelles qu'il pourra accorder à son personnel compte tenu des directives de la direction générale qui a déjà annoncé que l'augmentation globale de la masse salariale (tous types d'augmentations confondus) de l'établissement pour N+2 ne devra pas dépasser 3 %.

3. **Quelle est l'enveloppe budgétaire dont dispose le responsable de l'établissement pour des augmentations de salaires spécifiques ?**

11
CHAPITRE

Les budgets financiers et les documents de synthèse prévisionnels

La mise sous tension du fonctionnement de l'entreprise, tel qu'il a été arrêté dans les budgets opérationnels doit être traduite en termes financiers afin de s'assurer de leur cohérence d'ensemble.

Cette procédure comprend deux phases distinctes :

- le chiffrage des choix retenus dans les différents budgets opérationnels en termes de trésorerie ;
- la cohérence d'ensemble des différents plans d'action retenus par un bouclage sur la comptabilité financière en construisant des documents de synthèse prévisionnels.

Le premier chiffrage complété des décisions des plans opérationnels qui impactent financièrement l'exercice permet d'établir les budgets de nature financière. Ces conséquences sont souvent établies sous la responsabilité des services financiers.

La construction des documents de synthèse fait intervenir tout à la fois les éléments opérationnels qui se retrouvent principalement dans le compte de résultat prévisionnel, et les éléments financiers qui sont consolidés dans le bilan prévisionnel.

Les états financiers prévisionnels sont indispensables pour structurer les données qui permettront au contrôle de gestion d'organiser un suivi des réalisations de l'entreprise, en généralisant le calcul d'écarts à la formation du résultat. Ce point sera l'objet du chapitre suivant.

SECTION 2
LES BUDGETS DE NATURE FINANCIÈRE

Ces budgets concernent essentiellement deux approches qui peuvent sembler opposées : l'investissement et la trésorerie.

En effet, l'investissement et ses retombées s'inscrivent dans une perspective à moyen ou long terme. La trésorerie traduit les conséquences à court terme en termes d'encaissements et de décaissements des décisions prises dans le cadre des budgets opérationnels.

Parler dans ce cas de « budget d'investissement » conduit à ne retenir que les conséquences financières de l'investissement pour l'année budgétée.

En final l'élaboration du budget de trésorerie est la résultante d'une démarche budgétaire complète.

1. Le budget des investissements

L'investissement se définit comme l'**affectation de ressources à un projet dans l'espoir d'en retirer des profits futurs**. C'est un détour de production.

Les choix d'investissements d'aujourd'hui seront donc ressentis dans le futur et conditionnent l'évolution à long terme de l'entreprise : ainsi l'investissement est un pari sur l'avenir.

Au sein du système de contrôle de gestion, des procédures existent qui permettent de sélectionner, d'autoriser et de contrôler ces investissements.

L'objectif de ces procédures peut être de :
- **choisir entre des projets alternatifs** dans un domaine où les décisions ne peuvent pas ou peu s'appuyer sur des phénomènes d'apprentissage (le développement d'un produit est différent du lancement du produit précédent) et où les univers dans lesquels se positionne la décision sont incertains : les **outils d'aide à la décision** peuvent aider le gestionnaire dans ses choix ;
- **s'assurer que les projets** d'investissements proposés par les responsables opérationnels **sont cohérents** avec le développement à long terme et **la stratégie de l'entreprise** : c'est l'objet du **plan de financement** ;
- **vérifier la validité des projets** sur les plans commerciaux, techniques, financiers et légaux pour en cerner les avantages et les risques et **en déterminer la rentabilité : c'est le but des méthodes d'évaluation des investissements** ;
- suivre la mise en œuvre des investissements pour faire respecter les prévisions de dépenses telles qu'elles sont budgétées dans le budget des investissements.

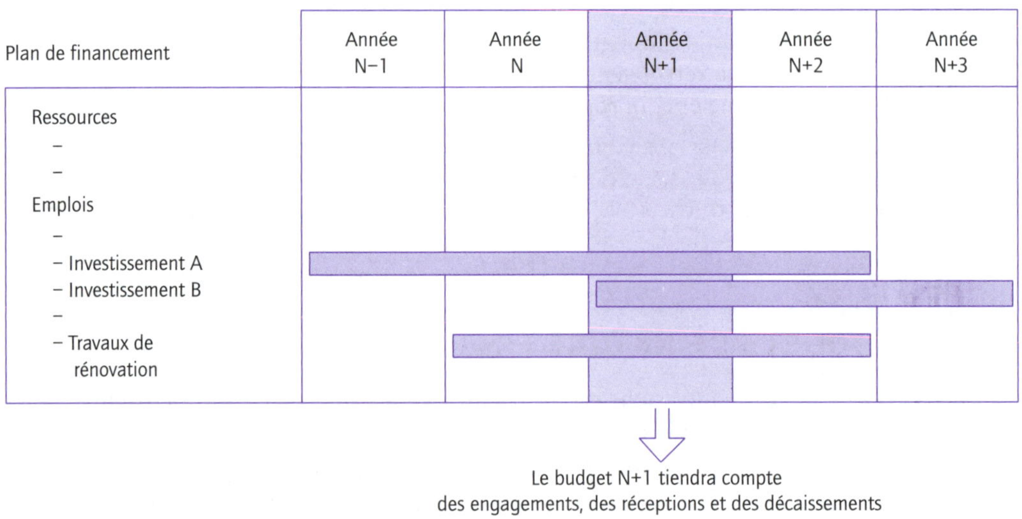

Le premier et le troisième points relèvent du choix des investissements alors que les deux autres constituent, à proprement parler, une prévision des investissements.

La prévision des investissements s'effectue dans un plan prévisionnel à cinq, sept ou dix ans selon les capacités de planification de l'entreprise. Elle s'inscrit dans la recherche d'équilibre financier à long terme exprimé par le **plan de financement**.

Le budget annuel des **investissements ne retient que les conséquences financières de ce plan pour l'année budgétée**.

1.1 Le plan de financement

Le plan de financement est un état financier prévisionnel des emplois et des ressources de l'entreprise à moyen terme ou à long terme.

C'est un **instrument de gestion** prévisionnelle qui traduit la stratégie de l'entreprise et qui quantifie ses projets de développement et leurs financements.

Aucun modèle n'est prescrit. En général, les rubriques sont les suivantes dans les **emplois** :

– dividendes à verser ;
– acquisitions d'immobilisations ;
– remboursements de dettes financières ;
– augmentation du besoin en fonds de roulement.

et dans les **ressources** :

– capacité d'autofinancement ;
– cessions d'immobilisations ;
– augmentations de capital,
– subventions d'investissement reçues ;
– augmentation des dettes financières ;
– diminution du besoin en fonds de roulement.

Ce plan, dont la période de base est l'année, se construit en deux étapes.

• **Plan provisoire** : en partant de la trésorerie initiale, une ébauche du plan est construite à partir des prévisions d'activité et des projets d'investissements envisagés. Les flux de trésorerie de fin d'année peuvent être, dans ce cas, déséquilibrés.

• **Plan définitif** : il s'agit de trouver les ressources supplémentaires nécessaires au financement des emplois. Mais ces ressources modifient les emplois des années suivantes et donc le plan ; de proche en proche, il s'agit d'ajuster les emplois et les ressources de chaque année afin d'assurer l'équilibre financier à long terme de l'entreprise.

À ce niveau, il n'est pas envisagé de projets d'investissements spécifiques, mais plutôt des **programmes d'investissements** qui regroupent un ensemble de projets plus ou moins complémentaires.

Seuls donc les projets essentiels et leurs enveloppes financières globales, cohérents avec les grandes options stratégiques de l'entreprise, sont retenus.

C'est à l'intérieur des enveloppes financières et des priorités définies au travers du plan que s'inscrit le budget qui, bien entendu, est détaillé.

1.2 Le budget des investissements

Le budget reprend les informations du plan d'investissement en les détaillant par responsable opérationnel afin de permettre un suivi administratif de l'engagement des dépenses.

Très souvent, l'enveloppe budgétaire autorisée ne représente qu'une partie des possibilités d'engagement de l'année. La direction générale préfère garder une partie de ces possibilités financières (10 à 20 %) pour faire face à d'éventuels projets en urgence ou à des dépassements imprévus sur des investissements acceptés.

Le suivi des investissements s'organise en trois temps.

• **Les dates d'engagement** : ce sont les dates à partir desquelles il n'est plus possible de revenir sur les décisions d'investissement sauf à payer un dédit. Elles peuvent donner lieu à versement d'acompte et tout retard dans l'exécution des tâches précédentes contrarie les engagements des tâches suivantes et l'organisation du projet.

• **Les dates de décaissements** : ce sont les différents moments où il faut régler les travaux engagés. Outre leurs conséquences en matière de trésorerie, il est important de vérifier la cohérence entre les montants facturés et ceux budgétés.

• **Les dates de réception** : elles conditionnement le démarrage des activités de fabrication et donc la rentabilité des projets envisagés.

Lorsque les projets sont nombreux, il faut regrouper ces différents éléments dans un budget du type de celui présenté ci-dessous :

Types de suivi	Engagement					Réception			Décaissements							
Année	N	N + 1 Année à budgéter				N + 1 A. à bud.		N + 2	N	N + 1 Année à budgéter						
Mois	Sept.	Fév	Avr	Juin	Nov	Juil	Sept	Mars	Sept	Fév	Avr	Juin	Juil	Sept	Nov	Solde
Projet 1	1 500						1 500		150	450				900		
Projet 2		1 000				1 000				100	300		600			
Projet 3			500		500	500		500			250		150	100	250	250
Projet 4				200		200						100	60	40		
Total mois	1 500	1 000	500	200	500	1 700	1 500	500	150	550	550	100	810	1 040	250	250
Total an	1 500	2 200				3 200		500	150	3 300						250

Projets 1 et 2 = Décaissements comme suit : 10 % à l'engagement, 30 % au début du projet, 60 % à réception des travaux.
Projets 3 et 4 : 50 % à l'engagement, 30 % à réception et le solde à deux mois.

Dans le cadre de la procédure budgétaire, seuls les décaissements de l'année étudiée seront intégrés au budget global de trésorerie.

2. Le budget de trésorerie

Le budget de trésorerie est la **transformation** des charges et des produits de tous les budgets précédents **en encaissements et en décaissements**, notions qui **privilégient l'échéance des flux monétaires**.

Il ne peut donc être établi qu'une fois l'ensemble de la démarche budgétaire d'un exercice élaboré et les différents budgets approuvés.

LE BUDGET DE TRÉSORERIE, SYNTHÈSE BUDGÉTAIRE

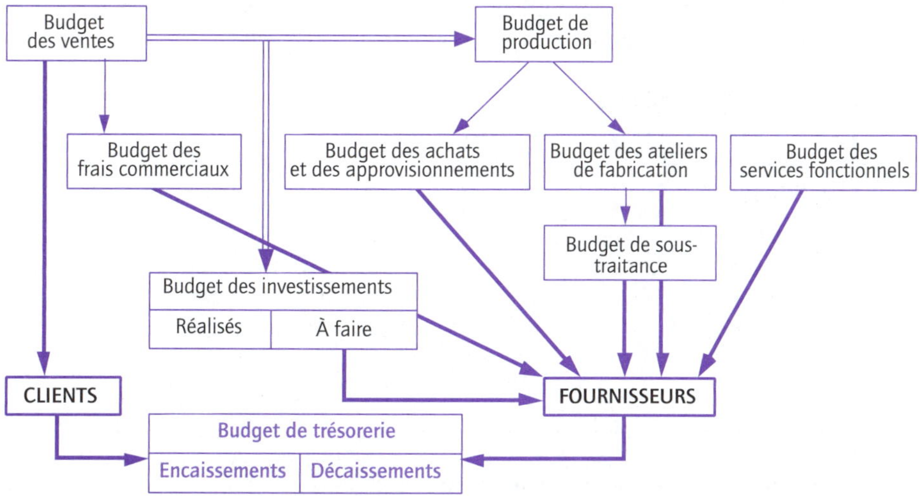

Dans une optique strictement budgétaire, le budget de trésorerie répond à deux impératifs :

- **s'assurer d'un équilibre mensuel** entre encaissements et décaissements en vue de mettre en place, **préventivement**, des moyens de financement nécessaires à court terme en cas de besoin de liquidités pour un ou des mois donnés ;
- **connaître le solde de fin de période budgétaire** des comptes de tiers et de disponible, tels qu'ils figureront dans le bilan prévisionnel.

L'établissement d'un budget de trésorerie nécessite plusieurs étapes indispensables qui permettent un bouclage de la démarche budgétaire finalisée par les «documents de synthèse» prévisionnels :

- la collecte des informations nécessaires ;
- la préparation des budgets partiels de trésorerie ;
- l'élaboration et l'ajustement du budget récapitulatif de trésorerie.

Nous envisagerons successivement ces différentes étapes.

2.1 La collecte des informations

Le budget de trésorerie relie des informations budgétaires d'exercices différents. C'est pourquoi la phase de collecte est obligatoire.

Les éléments nécessaires pour élaborer le budget de l'année en cours sont :

- le bilan de l'année précédente,
- tous les budgets approuvés de l'année en cours ;
- la connaissance des modes de règlement de l'entreprise ;
- les décaissements et encaissements exceptionnels qui n'entrent pas dans le cadre d'un budget précis.

THÈME D'APPLICATION

La société Z vous demande d'établir son budget de trésorerie relatif au premier semestre de l'année N. Vous disposez des documents et renseignements suivants.

Bilan au 31 décembre N–1

Immobilisations brutes	380 000	Capitaux propres	324 360
Amortissements	– 128 000		
Immobilisations nettes	252 000		
Stock de matières premières	22 380	Fournisseurs de matières premières	23 720
Stock de produits finis	33 200	Charges sociales	9 500
Clients (Effets)	46 000	TVA à décaisser	7 440
Disponibilités	11 440		
Total	365 020	Total	365 020

Budgets du premier semestre de l'année N

• ***Budget des ventes***

Mois	Janvier	Février	Mars	Avril	Mai	Juin	Total
Prix unitaire (€)	200	200	200	200	200	200	–
Quantités	200	500	250	750	250	350	2 300
Chiffres d'affaires (k€)	40	100	50	150	50	70	460

• ***Budget de la production***

Mois	Janvier	Février	Mars	Avril	Mai	Juin	Total du semestre
Charges directes							
– Consommations de matières	40 000	32 000	44 000	48 000	20 000	24 000	208 000
– Salaires de production	4 000	3 000	4 200	4 400	3 000	3 000	21 600
– Charges sociales	2 000	1 500	2 100	2 200	1 500	1 500	10 800
Charges indirectes							
– Entretien	1 000	500	1 000	2 000	500	200	5 200
– Assurances	3 000	3 000	3 000	3 000	3 000	3 000	18 000
– Taxe professionnelle	1 000	1 000	1 000	1 000	1 000	1 000	6 000
– Amortissements	3 000	3 000	3 000	3 000	3 000	3 000	18 000
Total mensuel	54 000	44 000	58 300	63 600	32 000	35 700	287 600

Les charges indirectes, hormis les charges d'entretien, sont des charges abonnées.

• ***Budget des achats (en valeur)***

MATIÈRES PREMIÈRES							
Mois	**Janvier**	**Février**	**Mars**	**Avril**	**Mai**	**Juin**	**Total du semestre**
Stock en début de mois	22 380	12 380	20 380	26 380	28 380	8 380	
Livraisons (début de mois) +	30 000	40 000	50 000	50 000	–	30 000	200 000
Consommations du mois –	40 000	32 000	44 000	48 000	20 000	24 000	208 000
Stock de fin de mois =	12 380	20 380	26 380	28 380	8 380	14 380	

• ***Budget des services fonctionnels***

Mois	Janvier	Février	Mars	Avril	Mai	Juin	Total du semestre
Salaires et appointements	15 000	15 000	15 000	15 000	15 000	15 000	90 000
Charges sociales	7 500	7 500	7 500	7 500	7 500	7 500	45 000
Charges de gestion	2 000	3 000	500	1 000	2 000	800	9 300
Total du mois	24 500	25 500	23 000	23 500	24 500	23 300	144 300

Renseignements divers

• ***Règlements clients***

Les ventes sont encaissées moitié comptant, moitié 30 jours-date de facturation, par le biais d'effets escomptables.

• ***Règlements fournisseurs***

Les fournisseurs de matières premières sont réglés à 30 jours fin de mois ; les autres fournisseurs sont réglés comptant.

• ***Taxe sur la valeur ajoutée***

Tous les produits et les charges passibles de TVA sont imposés au taux de 19,6 %. L'entreprise paye la TVA le 25 du mois suivant et relève du régime de droit commun. Le crédit de TVA éventuel s'impute sur la TVA à payer des mois suivants.

• ***Règlements divers***

– L'acompte de taxe professionnelle de 6 000 € est payé en juin.

– Les primes d'assurances annuelles s'élèvent à 36 000 € et sont réglées globalement en mars.

– Les salaires sont payés le dernier jour du mois échu.

– Les charges sociales relatives aux salaires sont payées le 15 du mois suivant.

Chacune des informations fournies a des implications sur les encaissements ou les décaissements quant à leur montant, ou leur échéance ; il est donc **impératif de s'assurer de l'exhaustivité** des informations collectées et **également de leur fiabilité** : version définitive des budgets, modes de règlement toujours en vigueur, etc.

Il est alors possible d'organiser la phase de préparation des budgets partiels.

2.2 Les budgets partiels de trésorerie

Les budgets sont établis généralement en montant **hors taxes**. Les encaissements et les décaissements doivent être exprimés **toutes taxes comprises**.

Par ailleurs, l'application des règles de droit commun en matière de TVA oblige à un calcul particulier pour déterminer le montant de la « TVA à décaisser » du mois qui sera payable le mois suivant.

C'est pourquoi, il est fréquent d'établir trois budgets partiels :

– un budget des encaissements ;

– un budget de TVA ;

– un budget des décaissements.

a) Le budget des encaissements

Le budget comprend deux zones :

– la **partie haute du tableau** permet le calcul du chiffre d'affaires TTC et du montant de la TVA collectée du mois (reprise dans le budget de TVA) ;

– la **partie basse du tableau** tient compte des décalages d'encaissements introduits par les modes de règlement, elle intègre les créances clients figurant au bilan de l'année précédente.

THÈME D'APPLICATION (SUITE)

Pour le premier semestre de l'année N, le budget des encaissements de l'entreprise Z se présente comme suit :

BUDGET DES ENCAISSEMENTS							
Mois	**Janvier**	**Février**	**Mars**	**Avril**	**Mai**	**Juin**	**Total du semestre**
Ventes hors taxes (voir budget des ventes)	40 000	100 000	50 000	150 000	50 000	70 000	460 000
TVA collectée (taux 19,6 %)	7 840	19 600	9 800	29 400	9 800	13 720	90 160
Chiffres d'affaires TTC	47 840	119 600	59 800	179 400	59 800	83 720	550 160
• Clients de l'année N – 1 (voir Bilan année précédente)	46 000						Bilan
• Encaissements comptant dans le mois (1/2 du CA TTC)	23 920	59 800	29 900	89 700	29 900	41 860	
• Encaissements par effets (à 30 jours date de facturation)	–	23 920	59 800	29 900	89 700	29 900	41 860
Encaissements du mois	69 920	83 720	89 700	119 600	119 600	71 760	

Il est utile de faire figurer dans une colonne spéciale le montant des encaissements attendus à fin juin de l'année N ; cette information facilite l'élaboration des «documents de synthèse» prévisionnels.

b) Le budget de TVA

Ce budget permet le calcul du décaissement de TVA selon les règles de droit commun, à savoir :

TVA à décaisser du mois M = TVA collectée du mois M – TVA déductible sur immobilisations du mois M – TVA déductible sur biens du mois M

La «TVA à décaisser » d'un mois donné est payable dans le courant du mois suivant.

La construction du budget de trésorerie oblige à déterminer le montant de « TVA déductible » du mois, et donc à reconstituer les achats de toute nature en valeur toutes taxes comprises (TTC).

La **partie haute du tableau** permet la reconstitution des achats TTC, ainsi que le calcul de la « TVA déductible » du mois reprise dans la partie basse du tableau.

La **partie basse du tableau** conduit à la détermination de la « TVA à décaisser » d'un mois en appliquant la règle ci-dessus énoncée : c'est cette zone qui constitue à proprement parler le budget de TVA.

THÈME D'APPLICATION (SUITE)

Le budget de TVA pour l'entreprise Z se présente comme suit :

BUDGET DE TVA							
	Janvier	Février	Mars	Avril	Mai	Juin	Total du semestre
Achats de matières premières (voir budget des achats)	30 000	40 000	50 000	50 000		30 000	200 000
TVA sur matières premières (A)	5 880	7 840	9 800	9 800	0	5 880	39 200
Achats de matières premières TTC	35 880	47 840	59 800	59 800	0	35 880	239 200
Charges diverses (entretien et charges de gestion)	3 000	3 500	1 500	3 000	2 500	1 000	14 500
TVA sur charges diverses (B)	588	686	294	588	490	196	2 842
Charges diverses TTC	3 588	4 186	1 794	3 588	2 990	1 196	17 342
TVA déductible du mois (A) + (B)	6 468	8 526	10 094	10 388	490	6 076	42 042
							Bilan
TVA collectée du mois (voir budget des encaissements)	7 840	19 600	9 800	29 400	9 800	13 720	
TVA déductible du mois	6 468	8 526	10 094	10 388	490	6 076	
TVA à décaisser du mois	1 372	11 074	– 294	19 012	9 310	7 644	
TVA payable dans le mois (TVA à décaisser du mois précédent)	7 440 (1)	1 372	11 074	–	18 718 (2)	9 310	7 644

(1) Données obtenues dans le bilan N – 1.
(2) 19 012 – 294.

c) Le budget des décaissements

Il regroupe les dépenses figurant dans les budgets de charges selon leur mode de règlement. Ces éléments sont repris pour leur montant TTC.

On y retrouve le montant de la « TVA payable dans le mois » obtenue dans le budget de TVA.

THÈME D'APPLICATION (SUITE)

Le budget des décaissements de l'entreprise Z regroupe les règlements par échéance :

– les règlements des fournisseurs de matières premières payables le mois suivant ;

– les règlements des « autres fournisseurs » sont payables comptant. Ils sont constitués par :

- les charges d'entretien relevées dans le budget de production,
- les charges de gestion prévues dans le budget des services fonctionnels.

Il se présente comme suit :

BUDGET DES DÉCAISSEMENTS

	Janvier	Février	Mars	Avril	Mai	Juin	Bilan
Achats de matières premières TTC	(1) 23 720	35 880	47 840	59 800	59 800	0	35 880
Charges diverses TTC	3 588	4 186	1 794	3 588	2 990	1 196	–
Assurances			36 000				(2) 18 000
Taxe professionnelle						6 000	
Salaires et appointements (cf. Budgets de production et des services fonctionnels)	19 000	18 000	19 200	19 400	18 000	18 000	
Charges sociales	(1) 9 500	9 500	9 000	9 600	9 700	9 000	9 000
TVA à décaisser	(1) 7 440	1 372	11 074	0	18 718	9 310	7 644
Total mensuel	63 248	68 938	124 908	92 388	109 208	43 506	

(1) Données obtenues du bilan de l'année N – 1.
(2) Charges constatées d'avance.

Il est utile de faire figurer dans une colonne spéciale le montant des décaissements attendus à fin juin de l'année N ; cette information facilite l'élaboration des documents de synthèse prévisionnels.

Ces budgets partiels établis, il est possible de présenter le budget de trésorerie proprement dit.

2.3 Le budget récapitulatif de trésorerie

Ce budget récapitulatif est généralement présenté sous **deux versions successives.** Dans ce cas, le travail budgétaire consiste en :

– l'établissement d'une **version initiale** du budget, faisant apparaître les **soldes bruts mensuels de trésorerie,**

– la **mise au point d'un budget de trésorerie ajusté**, compte tenu des desiderata financiers de l'entreprise.

a) La version initiale du budget

Dans cette optique, mois par mois, les encaissements sont comparés avec les décaissements, tels qu'ils sont apparus dans les budgets partiels précédents, et en tenant compte des disponibilités qui figurent au bilan de l'exercice antérieur.

Cette version s'établit **colonne par colonne** puisque le solde final de trésorerie d'un mois donné est la trésorerie initiale du mois suivant.

THÈME D'APPLICATION (SUITE)

Dans l'entreprise Z, la version initiale du budget est la suivante, et fait apparaître une trésorerie négative au cours du mois de mars.

BUDGET RÉCAPITULATIF DE TRÉSORERIE (VERSION INITIALE)

	Janvier	Février	Mars	Avril	Mai	Juin
• Solde de trésorerie en début de mois	(1)11 440	18 112	32 894	– 2 314	24 898	35 290
• Encaissements	69 620	83 720	89 700	119 600	119 600	71 760
• Décaissements	63 248	68 938	124 908	92 388	109 208	43 506
• Solde de trésorerie de fin de mois	18 112	32 984	– 2 314	24 898	35 290	63 544

(1) Informations du bilan N – 1.

La lecture de ce tableau doit être verticale : la trésorerie de fin de mois est reportée en trésorerie initiale du mois suivant.

b) Le budget de trésorerie ajusté

Il présente obligatoirement des **soldes de trésorerie nuls ou positifs puisqu'il tient compte des modes de financement retenus par l'entreprise pour équilibrer sa trésorerie.**

En effet, négocier préventivement des financements à court terme est généralement moins coûteux et plus sûr que le recours éventuel à des crédits à court terme en situation de trésorerie négative.

Cette mise en œuvre concrète est généralement effectuée au sein de la fonction Trésorerie chargée d'exécuter les décisions arrêtées, au vu des éléments budgétaires. La gestion de trésorerie n'apparaît pas dans notre démarche. Notons simplement qu'elle a pour vocation, entre autres, d'assurer quotidiennement la pérennité de l'entreprise en lui maintenant un niveau de liquidités suffisantes par une gestion en temps réel des comptes bancaires et des refinancements nécessaires.

À ce niveau d'élaboration, le budget de trésorerie a répondu à son premier objectif : équilibrer les encaissements et les décaissements dans le cadre de la démarche prévisionnelle qui caractérise les budgets. Il est possible alors d'établir les documents de synthèse prévisionnels.

THÈME D'APPLICATION (SUITE)

La direction financière de l'entreprise Z souhaite qu'il y ait toujours, par sécurité, une encaisse minimale de 9 000 €. Il est possible d'escompter les effets des clients moyennant un taux d'intérêt de 12 % l'an.

Compte tenu de cette exigence, le budget de trésorerie ajusté se présente comme suit :

BUDGET DE TRÉSORERIE AJUSTÉ

		Janvier	Février	Mars	Avril	Mai	Juin
Solde début de mois		11 440	18 112	32 894	9 002	24 784	35 176
Encaissements bruts	+	69 920	83 720	89 700	119 600	119 600	71 760
Effets escomptés dans le mois précédent	–	–	–	–	– 11 430	–	–
Encaissements nets	=	81 360	101 832	122 594	117 172	144 384	106 936
Décaissements	–	63 248	68 938	124 908	92 388	109 208	43 506
Solde de trésorerie brut	=	18 112	32 894	– 2 314	24 784	35 176	63 430
Effets escomptés dans le mois	+	–	–	(1) 11 430	–		
Intérêts à 12 % l'an sur les effets	–	–	–	(2) 114	–		
Solde de trésorerie net (fin de mois)	=	18 112	32 894	9 002	24 784	35 176	63 430

(1) Déficit + encaisse minimale = 99 % des effets escomptés bruts arrondis à la dizaine d'euros supérieurs.
(2) Coût moyen de l'escompte : 12 % l'an soit 1 % sur 1 mois.

Ce budget ajusté devrait, dans la pratique, être amélioré : il considère la notion d'encaisse minimale comme un montant en deçà duquel il ne faut pas descendre. En toute logique, un excès de trésorerie non placé est un signe de mauvaise gestion, au même titre que des déficits non souhaités. Il faudrait alors envisager des placements pour les mois à trésorerie excédentaire, et tendre à une encaisse de 9 000 € si l'on retient ce montant comme élément de sécurité.

POINT MÉTHODE

- Le bilan de l'exercice précédent doit être un **bilan après répartition** afin que la partie décaissée du résultat, c'est-à-dire les dividendes à payer, soit connue.
- Bien lire les informations relatives aux modes de règlement : ainsi les expressions « **paiement à 30 jours** » et « **paiement à 30 jours fin de mois** » ne sont pas synonymes. La première décompte la durée du crédit à partir de la date de facturation, et donc entraîne un encaissement dans le mois suivant celle-ci. La seconde entraîne une exigibilité à la fin du mois suivant celui de la facturation, et donc un encaissement sur les premiers jours du mois prochain, soit deux mois de décalage par rapport au mois de facturation.
- Attention aux informations des budgets qui sont fournies hors taxes, elles doivent toujours être reprises dans un budget de trésorerie **toutes taxes comprises.**
- Ne pas assimiler charges à décaissements et produits à encaissements. Il existe des charges non décaissées (toutes les dotations aux amortissements et aux provisions), et des décaissements qui ne sont pas des charges (les remboursements de capital financier, les acquisitions d'immobilisations).
- Le budget de TVA présenté respecte les règles de droit commun, mais il existe d'autres régimes d'assujettissement : la TVA sur les encaissements, celle sur les débits. Il s'agit toujours dans la conception de ce budget de **respecter les règles d'« exigibilité » et de « fait générateur »**, pour déterminer le montant de la « TVA à décaisser ».

SECTION 2

LES DOCUMENTS DE SYNTHÈSE PRÉVISIONNELS : COMPTE DE RÉSULTAT ET BILAN

L'établissement de documents de synthèse prévisionnels répond à deux exigences :

- **assurer l'équilibre comptable de l'année budgétée** entre les budgets des différents services et le budget de trésorerie, afin de **permettre un suivi en termes d'écarts de tout le système « Entreprise »**,
- **vérifier la cohérence de la démarche budgétaire** avec celle retenue dans le **plan à moyen terme** : il est impératif que les objectifs à moins d'un an des budgets soient compatibles avec ceux, à moyen terme, du plan opérationnel.

Il s'agit, en regroupant les informations des différents budgets de dresser :

- un compte de résultat prévisionnel faisant apparaître le résultat budgété de l'année ;
- le bilan prévisionnel à la fin de l'exercice budgétaire.

1. Le compte de résultat prévisionnel (ou budgété)

Il respecte les principes comptables et regroupe les charges et les produits par nature pour leur montant hors taxes.

THÈME D'APPLICATION (SUITE)

Compte tenu d'un stock final de produits finis de 40 000 €, le compte de résultat prévisionnel de l'entreprise Z pour le premier semestre de l'année N se présente comme suit :

COMPTE DE RÉSULTAT AU 30.06.N					
Charges			**Produits**		
Achats de matières premières		200 000	Ventes de produits finis		460 000
Variation de stocks		+ 8 000	Production stockée		+ 6 800
• Stock initial	22 380		• Stock final	40 000	
• Stock final	14 380		• Stock initial	33 200	
– Consommation de matières premières		208 000			
– Autres achats et charges externes		32 500			
• entretien	5 200				
• assurance	18 000				
• charges de gestion	9 300				
– Salaires et charges de personnel		167 400			
• salaires	111 600				
• charges sociales	55 800				
– Impôts et taxes		6 000			
– Amortissements		18 000			
– Charges financières		114			
Total des charges		432 011			
Résultat de l'exercice		**34 786**			
Total général		466 800	Total général		466 800

Le résultat budgété s'élève à 34 786 €.

Il permet également l'équilibre avec le bilan prévisionnel.

2. Le bilan prévisionnel (ou budgété)

Son élaboration s'effectue à l'aide :
- du bilan de l'exercice précédent ;
- des résultats des budgets de trésorerie en ce qui concerne les comptes de tiers ou de disponible ;
- des budgets de production et d'approvisionnement pour les éléments stockés ;
- du compte de résultat prévisionnel pour les amortissements et le résultat budgété.

THÈME D'APPLICATION (SUITE ET FIN)

Au 30 juin N, le bilan budgété de l'entreprise Z se présente ainsi :

BILAN BUDGÉTÉ AU 30.06.N			
Actif		**Passif**	
Immobilisations brutes	380 000	Capitaux au 1.1.N	324 360
Amortissements (128 000 + 18 000)	146 000	**Résultat de l'exercice**	**34 786**
Immobilisations nettes	234 000	Capitaux propres au 30.6.N	359 146
Stock de matières premières	14 380		
Stock de produits finis	40 000	• Fournisseurs de matières premières	35 880
Clients (Effets à recevoir)	41 860	• Charges sociales	9 000
Disponibilités	63 430	• TVA à décaisser	7 644
Charges constatées d'avance	18 000		
	411 670		411 670

POINT MÉTHODE

• La construction des « documents de synthèse » budgétés est **fortement facilitée** par l'existence dans tous les tableaux des budgets, soit d'une colonne « montant total de la période budgétée » pour ce qui concerne les éléments du compte de résultat, soit d'une colonne « montant figurant au bilan » pour les comptes de tiers et de disponible.

• Le compte de résultat prévisionnel ne retient que des **éléments hors taxes**, en application des règles du plan comptable, alors que les dettes et les créances figurent au bilan pour un montant toutes taxes comprises.

• La démarche budgétaire est correcte si elle **aboutit à l'équilibrage** de tous les budgets exprimés dans les « documents de synthèse » prévisionnels : les étudiants à qui l'on demande ce travail, doivent y voir une obligation de résultat et pas seulement de moyens.

Les documents de synthèse prévisionnels établis serviront de référence pour ajuster le pilotage du système « Entreprise ». Régulièrement (souvent sur une périodicité mensuelle), les réalisations seront confrontées aux chiffres budgétés.

CONCLUSION

La mise en œuvre des budgets conduit en final à l'élaboration de documents financiers prévisionnels comme le compte de résultat et le bilan. Pourquoi le contrôle de gestion éprouve-t-il le besoin de ce cadrage avec la comptabilité financière ?

Certes, les budgets sont la déclinaison à court terme de la stratégie et il peut sembler normal de vouloir établir des documents de synthèse prévisionnels pour s'assurer que les résultats à court terme s'insèrent de façon satisfaisante dans les plans opérationnels de moyen terme.

Mais, des questions subsistent : pourquoi l'horizon des budgets est-il l'année comme celui de la comptabilité financière ? Pourquoi les documents finals prennent-il la forme de documents financiers et non pas de documents spécifiques à la comptabilité de gestion ? Pourquoi faut-il réintroduire la vision patrimoniale dans une comptabilité de flux ?

Il faut y voir des indices de l'ambiguïté des rapports entre les deux "comptabilités" de l'entreprise : la vision patrimoniale est nécessaire à la comptabilité financière et la qualité des documents prévisionnels obtenus par la gestion budgétaire permet à celle-là de se servir pour ses propres objectifs des résultats de celle-ci, en particulier pour répondre à des obligations de comptes prévisionnels dans le cadre de cotation sur des bourses internationales.

L'influence de la comptabilité financière conduit encore à des contraintes qui ne s'imposent pas en tant que telles dans la logique de la gestion budgétaire :

- le découpage annuel n'est pas un découpage de gestion, de nombreuses actions ou objectifs demandent à être suivies sur d'autres horizons ;
- les ressources et les charges prises en compte en gestion budgétaire sont celles de la comptabilité financière et réduisent les possibilités d'analyse de gestion par, implicitement, le refus de charges ou de coûts qui ne sont pas du strict cadre financier.

APPLICATIONS

APPLICATION 1

Tubex

Le service commercial de l'entreprise Tubex a établi les prévisions mensuelles de ventes consignées dans le tableau ci-dessous :

Mois	Volume des ventes de tubes X	Volume des ventes de tubes Y
Janvier	18 000	235 000
Février	18 000	230 000
Mars	20 000	235 000
Avril	16 000	170 000
Mai	14 000	150 000
Juin	14 000	170 000

– prix de vente hors taxe d'un tube X : 25 € ;
– prix de vente hors taxe d'un tube Y : 12 € ;
– TVA au taux normal.

Conditions générales de règlement des clients

- *Clients de tubes X :*
  - 10 % du montant hors taxe à la commande qui a lieu, en moyenne, un mois avant la livraison ;
  - 50 % de la facture à la livraison ;
  - le solde à 30 jours.
- *Clients de tubes Y :*
  - 20 % à la livraison ;
  - 50 % à 30 jours ;
  - le solde à 60 jours.

- Au 31 décembre N, le compte 411 Clients est débiteur des sommes dues au titre :
  – des ventes de tubes Y du mois de novembre : 3 415 680 € ;
  – des ventes de tubes Y du mois de décembre : 3 486 840 €.

QUESTIONS

1. **Établir le budget des ventes de tubes X, ainsi que le budget des ventes de tubes Y pour le premier semestre N+1.**
2. **Établir le budget des encaissements de créances-clients de tubes X, ainsi que le budget des encaissements des créances-clients de tubes Y, pour le premier semestre N+1.**
3. **Préciser le solde du compte : 411 Clients à la date du 30 juin N+1.**

(d'après DECF)

APPLICATION 2

Solver

L'entreprise Solver fabrique, un article unique P au prix de 4 000 € HT l'unité. La distribution du produit est assurée par des VRP multi-cartes rémunérés par des commissions égales à 10 % du CAHT.

La fabrication d'un produit nécessite :

– 20 kg de matières premières à 30 € HT le kg ;

– 600 € de frais de fabrication variables.

Les frais fixes de fabrication comprennent des salaires et des amortissements. Ils s'élèvent à 1 200 000 €.

Les frais fixes d'administration sont constitués pour partie de services extérieurs soumis à TVA (montant : 780 000 € HT) et pour le reste d'amortissements.

L'inventaire physique au 31.12.N a dénombré : 2 000 kg de matières premières et 100 unités de produit finis.

Le bilan au 31 décembre N de la même entreprise se présente ainsi :

Bilan au 31 décembre N			
Actif		**Passif**	
Immobilisations	1 600 000	Capital (1)	2 140 000
Matière première	60 000	Emprunt	282 000
Produits finis	264 000	Fournisseurs	20 000
Clients	160 000	État, TVA à payer	38 000
Effets à recevoir	320 000	Personnel, charges à payer (2)	30 000
Trésorerie	106 000		
	2 510 000		2 510 000

(1) Après virement des comptes Résultats et Compte personnel de l'exploitant.
(2) Les charges à payer représentent le montant des commissions dues aux représentants.

Pour l'exercice N+1 les prévisions sont les suivantes :

- *Achats de matière première* : 6 000 kg tous les trois mois, le premier achat ayant lieu en janvier.
- *Production* : 100 articles par mois, sauf en août où l'atelier est fermé.

• *Ventes* : 960 articles ; coefficients saisonniers mensuels :

– de janvier à mars 0,6
– d'avril à juin 1
– de juillet à septembre 1,6
– d'octobre à décembre...........0,8

• *Règlements* : les clients règlent en moyenne 50 % de leurs achats par crédit à un mois et 50 % par effets à 2 mois négociables.

– Les fournisseurs sont payés en moyenne 50 % comptant et 50 % à un mois.

– Les frais de fabrication et administratifs sont réglés le mois même de leur apparition ; les décaissements concernant les frais fixes se répartissent à peu près uniformément sur les douze mois de l'année.

– Les commissions aux représentants sont réglées le mois suivant celui des ventes correspondantes.

• *Emprunt* : il doit être amorti de 72 000 € en mars. Les intérêts de cet emprunt sont compris dans les frais administratifs.

• *Frais fixes* : ceux de production comprennent 240 000 € d'amortissements, ceux d'administration en comportent 120 000 €.

• *Investissements* : un matériel de production doit être acheté en mars, sa valeur hors taxes est de 400 000 € (TVA : 19,6 %). Il est envisagé de le payer 50 % en juin et 50 % en janvier N+2. Les amortissements correspondants prévus pour N+1, qui se montent à 120 000 €, n'ont pas été compris dans l'estimation initiale des frais.

QUESTIONS

1. **Présenter :**

   a) le budget mensuel des recettes de N+1 ;

   b) le budget mensuel de la TVA payée en N+1 ;

   c) le budget mensuel des dépenses de N+1 ;

   d) la situation mensuelle de la trésorerie de N+1 (situation théorique).

2. **Prévoir, en se conformant aux directives données en annexe, les ajustements nécessaires pour maintenir en permanence la trésorerie à un niveau suffisant : limiter les calculs aux trois premiers mois de l'année N+1.**

3. **Établir le compte de résultat prévisionnel de l'exercice N+1, compte tenu des frais financiers résultant des ajustements des soldes mensuels de trésorerie, frais estimés à 35 000 € pour l'année complète.**

   (Cette question peut être traitée avant celles qui précèdent.)

ANNEXE 1

Il s'agit d'obtenir, à la fin de chaque mois, un solde de trésorerie positif en recourant :

– à la négociation des effets à recevoir en portefeuille, aux conditions suivantes :

  • remise mensuelle : par tranches de 10 000 €, les effets les plus anciens étant négociés les premiers,

  • coût mensuel : 1 % (compter les mois en nombres entiers) ;

– à l'avance bancaire si nécessaire :

  • par tranches mensuelles de 10 000 €,

  • frais : 2 % par mois immédiatement inscrits au débit du compte de l'entreprise ; % de la plus forte avance mensuelle imputés en fin d'année.

(d'après examen)

APPLICATION 3

Société Oce

Vous êtes chargé d'élaborer pour le chef d'entreprise de la société Oce des documents prévisionnels du prochain trimestre. Vous disposez des informations suivantes :

Bilan au 30.04.N					
Actif				**Passif**	
Fonds commercial	145 400	–	145 400	Capital	1 200 000
Terrains	153 300	–	153 300	Réserve légale	120 000
Constructions	930 000	440 000	490 000	Résultat de l'exercice	251 116
Installations techniques	448 000	213 500	234 500		
Autres immobilisations	64 200	18 900	45 300		
Stocks de marchandises	910 000	–	910 000	Emprunts auprès des établissements de crédit	440 434
Créances clients	455 000		455 000	Dettes fournisseurs	355 000
Autres créances	48 800		48 800	Dettes fiscales (État)	150 750
Disponibilités	103 050		103 050	Autres dettes	100 000
Charges constatées d'avance	31 950		31 950		
	3 289 700	672 400	2 617 300		2 617 300

1. Le poste « Autres créances » est encaissable en mai.
2. Le poste « Dettes fiscales (État) » représente :
   – la TVA due au titre d'avril, à décaisser en mai ;
   – le solde (acomptes provisionnels déduits) de l'impôt sur les sociétés de l'exercice clos le 30 avril N.

   Le résultat fiscal de l'exercice clos le 30 avril N–1 était de 126 000 €.

   L'impôt sur les sociétés dû au titre de l'exercice clos le 30 avril N s'élève à 98 700 € ; les acomptes provisionnels représentent 33 1/3 % du résultat fiscal de référence.

   L'impôt dû est payé le plus tard possible.
3. Le plan d'amortissement de l'emprunt figurant au passif du bilan est le suivant :

Échéance	Capital dû en début de période	Intérêt	Amortissement	Trimestrialité	Capital dû en fin de période
31.3.A....................................	455 550,00	19 247,00	21 233,00	40 480,00	434 317,00
30.6.A....................................	434 317,00	18 350,00	22 130,00	40 480,00	412 187,00
30.9.A....................................	412 186,89	17 415,00	23 065,00	40 480,00	389 122,00

(Il s'agit d'un emprunt remboursable par trimestrialités constantes, au taux annuel de 18 %.)

4. Les « Autres dettes » figurant au passif du bilan ne donneront lieu à aucun remboursement en mai, juin et juillet.
5. L'assurance responsabilité civile et l'assurance incendie, dont la prime annuelle s'élève à 42 600 €, a été réglée d'avance le 1.2.N.

6. Les immobilisations sont amortissables selon le mode linéaire. Aucune n'arrivera en fin d'amortissement au cours de la période. Aucune n'est totalement amortie. On n'envisage ni acquisition, ni cession.

   Les taux d'amortissement pratiqués sont les suivants :
   - constructions .... 5 % l'an
   - installations techniques, matériel et outillage industriel .... 10 % l'an
   - autres immobilisations corporelles .... 15 % l'an

Prévisions d'exploitation

1. Chiffre d'affaires prévisionnel :
   - Mai N .... 957 900 € HT
   - Juin N .... 806 600 € HT
   - Juillet N .... 1 109 400 € HT

   (toutes les ventes sont passibles de la TVA au taux normal).
2. Marge sur prix d'achat : en moyenne 30 % du prix de vente.
3. Habitudes de paiement de la clientèle : 50 % règlent au comptant ; 50 % règlent à 30 jours fin de mois.
4. Prévisions d'achats :
   - Mai N .... 763 400 € HT
   - Juin N .... 756 300 € HT
   - Juillet N .... 655 500 € HT

   (tous les achats sont passibles de la TVA au taux normal).
5. Prévisions de « charges diverses » (autres qu'intérêts d'emprunts, assurances et amortissements) : 80 000 € TTC (dont 5 000 € de TVA déductible) par mois.
6. Règlement des achats et des « charges diverses » :
   - achats : 40 % au comptant et 60 % à 30 jours fin de mois.
   - « charges diverses » : on les supposera toutes réglées au comptant.
7. La TVA est réglée à l'administration fiscale le 20 de chaque mois.

QUESTIONS

Présenter :

1. **Le budget de trésorerie (mois par mois) du prochain trimestre avec les étapes intermédiaires :**
   - **du budget des encaissements ;**
   - **du budget des décaissements (lui-même précédé du budget de TVA).**
2. **Le compte de résultat prévisionnel (schématique) du trimestre.**
3. **Le bilan prévisionnel en fin de trimestre.**
   Faire les calculs à l'euro près. ***(d'après examen)***

APPLICATION 4

Société Robinson

À partir de deux matières premières principales A et B, la société Robinson, filiale d'un groupe spécialisé dans la mécanique, fabrique 2 composants C1 et C2.

Dans le cadre de la démarche budgétaire du groupe, les dirigeants de la filiale doivent faire remonter au siège social leurs budgets.

Au 1er octobre N, M. Pinson, contrôleur de gestion de la structure, reçoit des services financiers centraux le bilan prévisionnel finalisé de N, et un plan de charge imposé par le siège des volumes de composants à livrer à la société Delta, autre filiale du groupe. Par ailleurs, il obtient les renseignements suivants des différents services.

1) Plan de livraison à la société Delta

La direction centrale impose des livraisons annuelles pour l'exercice N+1 de 119 200 composants C1 et de 113 900 composants C2.

Ces productions seront cédées dans le cadre d'un contrat pluriannuel déjà établi et repris dans les plans opérationnels à trois ans à 125 € HT l'unité de C1 et 180 € HT l'unité de C2.

Ces ventes devraient entraîner (charges annuelles) :

- 122 300 € HT de transports sur ventes,
- 320 400 € de salaire des magasiniers charges sociales comprises.

Par ailleurs, la société Robinson qui dispose de capacité de production inemployée souhaite démarcher de nouveaux clients. La campagne de prospection prévue devrait s'élever à 490 100 €.

2) Service des achats

Le service estime pouvoir se procurer les matières premières A et B aux coûts respectifs de 9,20 € et 12,30 € l'unité. Ce coût inclut les charges d'approvisionnement.

Au 31 décembre N, l'état des stocks est le suivant :

- Matière A : 11 200 unités à 9,15 € l'unité
- Matière B : 10 100 unités à 12,20 € l'unité
- Composant C1 : 8 900 unités à 102,50 € l'unité
- Composant C2 : 4 200 unités à 162,50 € l'unité

Au 31 décembre N+1, la constitution d'un stock de sécurité impose de posséder les quantités suivantes :

- Matière A : 12 000 unités
- Matière B : 9 800 unités
- Composant C1 : 7 000 unités
- Composant C2 : 5 000 unités

Par simplification et pour plus de rapidité dans l'élaboration du reporting au sein du groupe, les sorties de stocks de toute nature sont valorisées au coût budgété unitaire tel qu'il ressort des prévisions.

3) Direction de la production

Les normes de production concernant une unité de chacun des deux produits devraient rester en N+1 les mêmes qu'en N.

	Composant C1	Composant C2
Matière première A	2 unités	3 unités
Matière première B	2 unités	2,5 unités
Main-d'œuvre directe	0,80 heure	1,4 heure

L'heure de MOD, charges sociales comprises, est de 40 €.

4) Contrôleur de gestion

Pour le niveau d'activité envisagé, M. Pinson estime que les charges suivantes devront être engagées :

Charges indirectes de production (pour N+1)

- Fournitures : 450 000 €
- Main-d'œuvre indirecte : 1 308 000 €
- Qualité (Tests et études) : 463 500 €
- Primes diverses : 210 000 €
- Entretien :

– variable : 462 300 €

– fixe : 870 600 €

- Assurances : 572 300 €
- Impôts et taxes (payables par moitié les trimestres pairs) : 675 800 €
- Amortissement des équipements : 3 790 400 €

Ces charges indirectes de Production seront imputées entre les produits A et B au prorata des heures de main-d'œuvre directe consommées.

Frais généraux (N+1)

- Voyages et déplacements : 113 200 €
- Charges de gestion : 275 000 €
- Salaires des cadres et du directeur : 487 500 €

5) Directeur financier

Le service financier a collationné l'ensemble des informations comptables et financières nécessaires à l'établissement des budgets financiers.

Informations relatives aux investissements de l'exercice

L'entreprise a décidé en N–1 d'un plan d'investissement sur 4 ans. Les investissements facturés sur l'exercice s'élèvent à 6 000 000 €. Seul un montant de 5 807 000 € sera décaissé sur l'exercice N+1. Les échéances des règlements figurent dans les prévisions de décaissements. (Par simplification, ne pas tenir compte de la TVA.)

Informations comptables

	TRIM1	TRIM2	TRIM3	TRIM4
Ventes HT	9 760 200	9 760 200	6 450 100	9 431 500
TVA comptabilisée	1 912 999	1 912 999	1 264 220	1 848 574
Achats HT	3 200 500	3 100 900	2 159 800	3 288 115
TVA comptabilisée	627 298	607 776	421 557	644 471

Les règlements clients sont les suivants : 70 % dans le trimestre, 30 % dans le trimestre suivant.

Informations financières

Compte tenu des renseignements obtenus des autres services, les prévisions de décaissements suivants par trimestres ont pu être établies dans l'année N ; on considère que les dettes et créances figurant au bilan du 31 décembre N impactent le premier trimestre de l'année N+1 sauf informations spécifiques données dans le texte.

L'entreprise portera en réserves la totalité du résultat de l'exercice N.

Décaissements	TRIM 1	TRIM 2	TRIM 3	TRIM 4
Matières premières TTC	3 100 100	3 900 400	2 240 300	3 020 800
Salaires	2 900 400	3 000 100	1 930 500	3 450 600
Services extérieurs	1 960 500	650 200	460 100	470 200
Acomptes d'IS	150 000	220 000	190 000	190 000
Équipements	2 245 000		3 562 000	

La trésorerie de fin d'exercice supérieure à 500 000 € est placée en SICAV monétaire à intérêts capitalisables par tranches de 100 000 €.

Par mesure de simplicité, on admet que :

- seuls les ventes et les achats supportent une TVA à 19,6 %.
- toutes les autres dépenses sont hors TVA,
- le taux de l'impôt est de 30 %.

Le bilan au 31 décembre N se présentait ainsi :

Actif		Passif	
Immobilisations brutes	18 750 900	Capitaux propres :	
– Amortissements	– 10 120 300	Capital	4 500 000
Immobilisations nettes	8 630 600	Réserves	5 654 750
Stocks et encours		Résultat net	1 850 600
Matières premières	225 700		
Produits finis	1 594 750	Dettes fournisseurs	1 842 000
Créances clients	3 420 000	Dettes fiscales - TVA	980 000
Disponibilités	456 300	Dettes fiscales - IS	142 000
	14 327 350		14 327 350

QUESTIONS

1. Présenter les différents budgets opérationnels en suivant la démarche ci-après :
   a) le budget des ventes en quantités, HT et TTC et celui des frais commerciaux ;
   b) le programme de la production à lancer, le budget des charges indirectes de production et de la main-d'œuvre directe. En déduire les coûts de production unitaires budgétés de chaque produit ;
   c) le budget des approvisionnements : (achats à lancer et valorisation des achats HT et TTC) ;
   d) le budget des services généraux.
2.) Présenter le compte de résultat prévisionnel
   a) valoriser les stocks de produits finis ;
   b) valoriser les stocks de matières ;
   c) présenter le compte de résultat.
3.) Présenter les budgets de nature financière :
   a) le budget des encaissements ;
   b) le budget de TVA ;
   c) le budget des décaissements ;
   d) le budget de trésorerie.
4. Présenter le bilan prévisionnel au 31.12.N+1 tel qu'il ressort de la démarche budgétaire mise en œuvre.

12
CHAPITRE

Contrôle budgétaire du résultat

Le principe de fonctionnement du contrôle budgétaire est une confrontation périodique entre des données préétablies (ici les budgets) et les réalisations pour mettre en évidence des écarts qui doivent appeler des actions correctives.

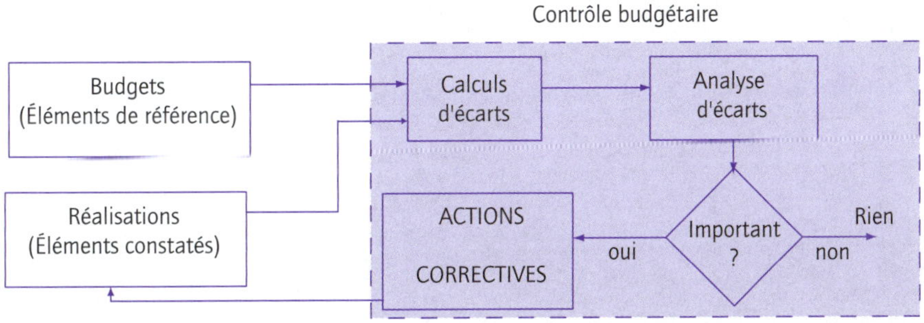

La pertinence de la méthode repose, de fait, sur la qualité des informations recensées dans les budgets et sur leur capacité à correctement anticiper le devenir de l'entreprise car dans cette approche, ce sont les éléments du budget qui servent de référence aux ajustements du pilotage.

Il s'agit, après avoir rappelé les principes du contrôle budgétaire et le cadre général d'analyse du calcul des écarts, de proposer une décomposition de l'écart de résultat d'un centre de profit qui permette de localiser les performances de chaque activité de cette entité.

Puis, compte tenu de la nature des objectifs assignés aux différents pôles de responsabilité, nous étudierons le suivi et les contrôles budgétaires possibles des différents centres de responsabilité.

SECTION 1

CADRE GÉNÉRAL D'ANALYSE

1. Principes du contrôle budgétaire

Un contrôle budgétaire pertinent s'appuie sur l'ensemble des budgets établis pour formaliser le fonctionnement à court terme de l'entité dont la gestion doit être mise sous tension. Les données nécessaires tant à l'établissement des budgets, qu'au calcul des réalisations mettent en jeu tous les systèmes d'informations comptables de l'entreprise.

La pertinence des écarts dépend de leur **définition**, mais aussi de la **qualité des éléments de référence** c'est-à-dire des budgets. Dans un environnement instable et peu prévisible, cet aspect du problème ne peut être négligé, c'est pourquoi les actions correctives peuvent agir sur les éléments prévisionnels et conduire à des re-prévisions. Le schéma suivant résume le principe de fonctionnement de l'ensemble de la gestion par les budgets dans laquelle s'insère le contrôle budgétaire :

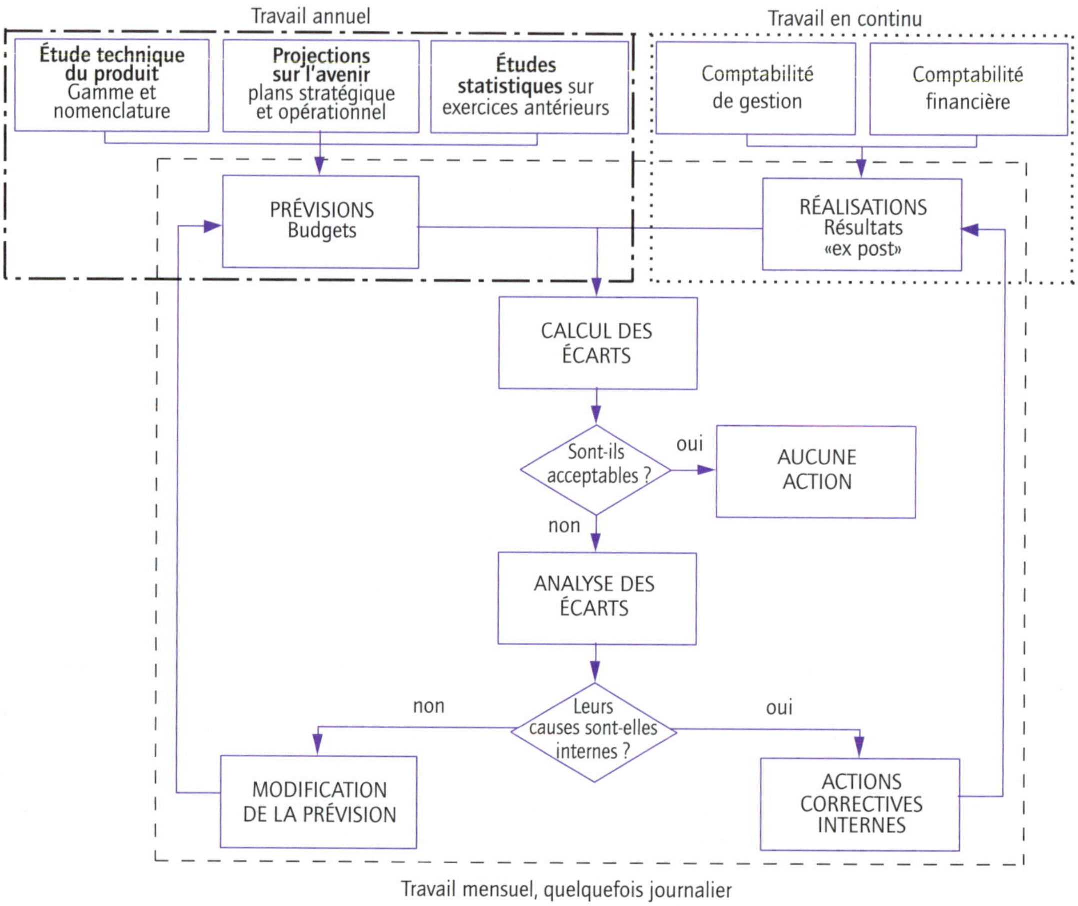

L'objectif de ces travaux est une mise sous tension de tous les pôles de l'organisation en confrontant les résultats des décisions des responsables avec le fonctionnement normatif que représente le budget. La décomposition en écarts va donc suivre au mieux la construction du résultat en suivant un cheminement spécifique : partant de l'écart de résultat, d'étapes en étapes, sera mis en évidence l'influence des facteurs explicatifs de l'écart précédent par le calcul de sous-écarts. Ce raisonnement sera répété jusqu'à un facteur explicatif d'origine.

Ce raisonnement conduit à la construction d'un « arbre des écarts » qui peut être dessiné comme suit :

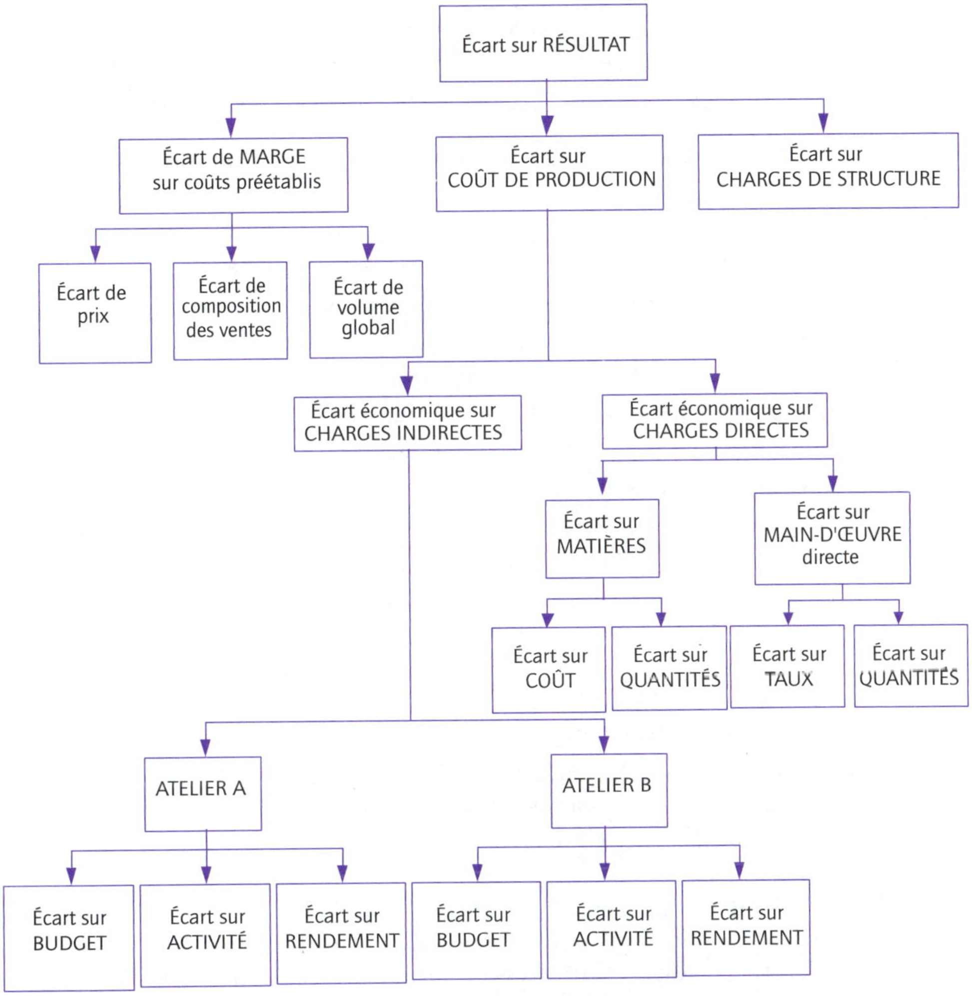

Les principes du contrôle budgétaire obligent à s'intéresser à deux aspects complémentaires de la gestion budgétaire :

– la notion de standards qui reste la clé de voûte des prévisions en matière productive ;
– les règles de décomposition des écarts que nous avons cherché à formaliser.

2. Notion de standards

Élaborée à l'origine pour contrôler la productivité de la main d'œuvre directe, la richesse de la base de données ainsi constituée en fait le socle du contrôle budgétaire de la fonction de production.

2.1 Objectifs initiaux

Le contrôle de la productivité de la main d'œuvre est une préoccupation constante dans toutes les entreprises qu'il s'agisse d'une multinationale ou d'un artisan mais elle se résout différemment suivant la **taille** de l'entreprise. Ce contrôle a donc évolué avec le temps.

Dans la production de bien simple assurée par un seul ouvrier l'existence de mode de rémunération à la pièce suffisait à contrôler le rendement de l'opérateur.

Le salaire à la pièce est remplacé par le salaire à prime dès lors que la complexité croissante des biens industriels demande la participation de plusieurs opérateurs, responsables chacun d'une phase du cycle de fabrication. Il incite à l'amélioration de la cadence puisque le montant de la prime dépend de cette dernière.

C'était déjà une ébauche de rendements standards puisqu'il fallait définir un rendement théorique de la main d'œuvre pour permettre le calcul de la prime.

Mais c'est le taylorisme qui a généralisé le phénomène puisqu'il s'appuie sur les principes suivants :

– distinction entre tâches intellectuelles et d'exécution ;

– amélioration des rendements par la parcellisation des tâches ;

– préparation des tâches par chronométrage ;

– **standardisation** des procédés.

Cette organisation laisse peu de place à l'initiative de l'ouvrier et le contraint à respecter des rendements prédéterminés.

Dans cette première approche, la méthode des coûts standards est un moyen contraignant de productivité de la main d'œuvre.

Cet aspect tend à disparaître, aujourd'hui, au profit d'une conception plus globale de la productivité. La méthode devient alors plus un moyen de contrôle des consommations des ressources ou « inputs » du système de production.

Ainsi, la base de tous les calculs de coûts préétablis est l'établissement de standards. Il faut donc bien délimiter et assimiler cette notion pour comprendre la démarche d'élaboration des coûts préétablis.

2.2 Terminologie

La méthode des coûts standards est apparue aux USA dans les années 20. Elle s'est rapidement étendue aux grandes entreprises américaines, puis après guerre, aux entreprises françaises.

Le Plan Comptable a reconnu la méthode en lui préférant le terme de « méthode des coûts préétablis ». Par ailleurs, il a défini les coûts préétablis dans une acception plus large : « C'est un coût évalué a priori, soit pour faciliter certains traitements analytiques, soit pour permettre le contrôle de gestion par l'analyse des écarts. »

Il a précisé également : « Un coût préétabli avec précision par une analyse à la fois technique et économique est dit **standard** ; il présente généralement le caractère de norme. »

Peuvent donc être appelés « coûts préétablis » :

– de simples **coûts prévisionnels** ;

– des coûts prévisionnels établis dans le cadre des budgets qui pourront servir de référence, on parle aussi de **coûts budgétés** ;

– des **coûts standards** obtenus après une étude technique.

Cette notion qui recouvre plusieurs types de coûts est source de confusion. Dans le cadre de l'étude du contrôle budgétaire, nous utiliserons les acceptions suivantes :

– seront appelés **standards** tous les coûts prévisionnels obtenus suite à l'**étude technique** du produit et qui servent à l'élaboration des prévisions ;

– seront appelés **préétablis** les coûts obtenus au moment du réajustement des prévisions sur la base de la **production réelle**.

2.3 Nature des standards

Deux conceptions s'opposent quant à la définition des normes que sont les standards :

– le standard parfait ;

– le standard accessible.

a) Le standard parfait

Dans la vision du standard parfait, les normes sont définies comme des **rendements idéaux**. Toutes les pertes de rendement comme les rebuts, les temps de pause, les temps de panne sont négligées dans l'établissement du standard.

Celui-ci est donc une référence jamais atteinte mais qui doit, dans cette conception, pousser les hommes à toujours mieux faire.

Cette approche s'est, en fait, révélée très démotivante lorsqu'elle a été mise en œuvre dans les entreprises dans une perspective de contrôle de la productivité de la main d'œuvre. C'est pourquoi on lui a préféré celle du standard accessible.

b) Le standard accessible

Le standard est conçu comme une **référence moyenne** incluant des temps normaux de pause ou de panne et tenant compte des possibilités réelles des opérateurs.

Dans ce cas, il joue pleinement son rôle de contrôle de consommations des inputs dans des conditions « normales » de fabrication.

L'expérience a montré que le standard est une norme sur laquelle la main d'œuvre a tendance à ajuster son rendement. Il ne faut donc pas qu'il soit trop facilement accessible car il va alors à l'encontre de son objectif premier : inciter à la productivité.

REMARQUE

Lorsque les entreprises se tournent vers des démarches de progrès continu et abandonnent une vision de la productivité s'appuyant sur les performances individuelles de rendement au profit d'une vision plus globale de la performance intégrant qualité, délai et performance collective, le recours à la notion de standard parfait se justifie comme un objectif vers lequel doit tendre toute l'organisation.

Mais comment détermine-t-on les standards ?

2.4 Détermination des standards

En comptabilité de gestion traditionnelle, le coût d'un produit est constitué de trois éléments de base : des matières, de la main d'œuvre directe et des frais indirects.

Pour déterminer les standards relatifs à la fabrication d'un produit, il faut pratiquer une analyse fine du produit afin de reconstituer des standards de charges directes et ceux de charges indirectes.

a) Une analyse du produit

Cette étude est plus le fait des services techniques de production que des services comptables.

EXEMPLE

Envisageons le cas d'un produit connu de tous, une chemise, qui nécessite :
- du tissu ;
- une bande de boutons-pression ;
- trois opérations : coupe, montage et finition.

L'analyse définira, pour chaque élément (matière ou opération) deux standards :
- un **standard** de quantité qui dépend de la taille du vêtement, du modèle envisagé ;
- un **standard** de coût qui varie avec la qualité du tissu, la qualification de la main d'œuvre.

Pour un modèle donné de chemise, sont définis 10 standards de charges directes mais chacun d'entre eux se redécompose en une nomenclature plus précise tenant compte :
- de déchets de coupe, de loupés, de composition de taille pour les standards de quantités ;
- de taux horaire, de temps improductifs pour les standards de coût.

Cette étude analytique du produit est effectuée principalement par les services de production comme le montre le tableau page suivante.

Cette étude réalisée, les standards élémentaires sont agrégés afin de reconstituer les éléments du coût de production en distinguant charges directes et charges indirectes.

b) Standards de charges directes

Qu'il s'agisse de la consommation matière ou de la main d'œuvre directe, leurs structures sont identiques :

Quantité standard × Coût unitaire standard par produit

Ces informations seront regroupées au sein d'un document récapitulatif : la fiche de coût standard étudiée plus loin.

c) Standards de charges indirectes

Il est défini un standard de charges indirectes pour chacun des centres d'analyse selon la structure suivante :

Activité standard × Coût d'U.O. standard

Le calcul des éléments ci-dessus n'est pas immédiat.

• L'**activité standard** d'un centre est définie par l'ensemble des ordres de fabrication qu'il peut effectuer dans le cadre d'une démarche prévisionnelle.

ÉLABORATION DES STANDARDS PAR LES SERVICES DE PRODUCTION

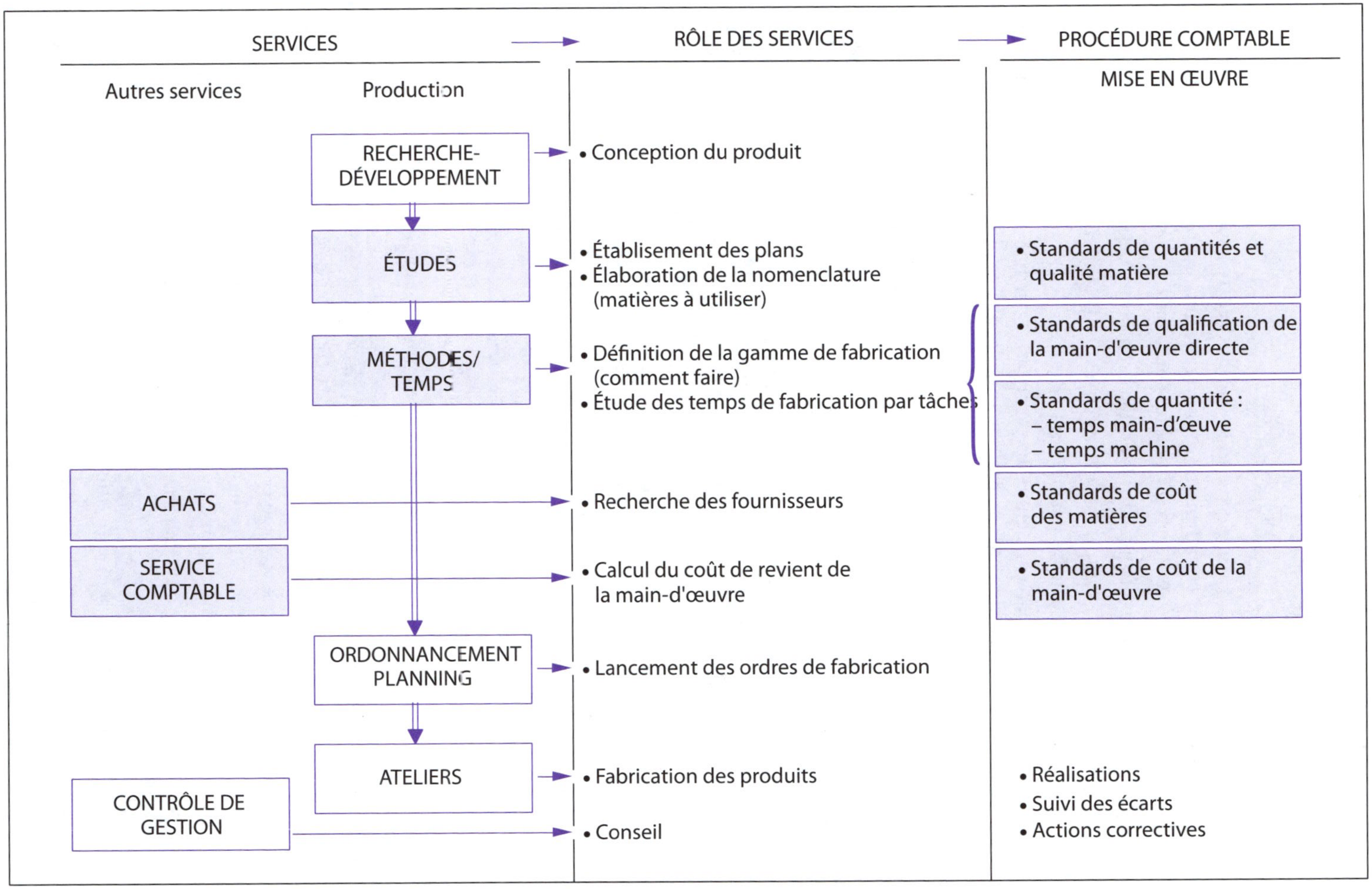

Les zones en couleur mettent en évidence les types de standards et les services qui les élaborent.

• Le **coût d'U.O. standard** est obtenu par une budgétisation des dépenses du centre. Il faut alors pouvoir estimer :

– toutes les charges du centre ;

– son activité, mesurée par une unité d'œuvre ;

– un rendement standard, c'est-à-dire un rapport entre production et activité.

Ces trois données sont constitutives du budget d'un centre d'analyse. Elles sont élaborées principalement par les services comptables sur la base :

– de facteurs objectifs fournis par les études techniques de la production ;

– de projections sur l'avenir dont les directives sont données par la direction générale ;

– d'études statistiques sur les périodes antérieures.

La définition de standard au sein d'une entreprise permet de nombreux chiffrages, sources d'économies globales dans des domaines annexes à la gestion budgétaire.

2.5 Les fonctions secondaires

Elles sont nombreuses mais nous pouvons en retenir trois :

– **la simplification du calcul des coûts** lors des répartitions secondaires avec prestations réciproques des charges indirectes ce qui évite la résolution de systèmes d'équations à plusieurs inconnues ;

– **la production d'états financiers intra-annuels** où l'utilisation des coûts standards dans l'ensemble du réseau des coûts peut permettre des évaluations très rapides des stocks et des productions d'immobilisations. Ces possibilités expliquent que les grandes firmes soient capables de fournir des états financiers peu de temps après la date d'arrêté des comptes ;

– **la prévision des coûts de projets spécifiques** dans le cadre de la fabrication de produits ou travaux à la commande en facilitant le chiffrage de devis ou de cahier des charges, ou lors du lancement d'un produit nouveau : la connaissance des différents composants de son coût de revient aidera à la détermination d'un état du « savoir-faire » de l'entreprise avant la mise en œuvre d'analyses de la valeur.

3. Principes d'élaboration des écarts

La mise en évidence d'écarts répond aux besoins de suivi des entités à piloter : elle est par nature contingente. Dans le cadre de cet ouvrage, il n'est pas envisageable de définir, de façon exhaustive, tous les écarts possibles. L'objet de ce paragraphe est de positionner quelques principes conventionnels de construction des écarts.

a) Principe 1

Un écart est la différence entre la **valeur constatée** de la donnée étudiée et la **valeur de référence** de cette même donnée.

La valeur constatée est en général la valeur réelle telle qu'elle apparaît dans la comptabilité de gestion.

La valeur de référence peut-être une valeur budgétée, standard ou prévisionnelle.

Dans le cas d'une comparaison de données entre deux exercices successifs, la valeur de référence est celle de l'exercice le plus ancien.

b) Principe 2

Un écart se définit par un **signe** (+ ou –), une **valeur** et un **sens** (favorable ou défavorable).

En effet, dans l'analyse des écarts, un écart de même valeur algébrique n'a pas le même sens selon qu'il s'agit d'une charge ou d'un produit.

EXEMPLE

Un écart sur consommation de matières égal à + 14 000 signifie que la consommation réelle a été supérieure à la consommation budgétée et donc que son influence sur le résultat est défavorable.

À l'inverse, un écart sur chiffre d'affaires de + 14 000 traduit un chiffre d'affaires réel supérieur au chiffre d'affaires prévu ; dans ce cas, son influence sur le résultat est favorable.

c) Principe 3

La décomposition d'un écart cherche toujours à isoler l'influence d'une et d'une seule composante par sous-écart calculé : une donnée constituée de ***n* composantes** oblige à la mise en évidence de ***n* sous-écarts.**

EXEMPLE

Soit une donnée *R* composée de quatre facteurs notés *a*, *b*, *c*, *d* qu'il faut décomposer en quatre sous-écarts chacun mesurant l'influence d'un des facteurs avec :

Valeur réelle : *R* réel $= a \times b \times c \times d$

et

Valeur prévue : *R* prévu $= a' \times b' \times c' \times d'$

Donnée	Calcul par différence	Calcul direct
R réel = $a \times b \times c \times d$	Écart/A = R réel – Borne 1	Écart/A = $(a - a') \times b \times c \times d$
Borne 1 = $a' \times b \times c \times d$	Écart/B = Borne 1 – Borne 2	Écart/B = $(b - b') \times a' \times c \times d$
Borne 2 = $a' \times b' \times c \times d$	Écart/C = Borne 2 – Borne 3	Écart/C = $(c - c') \times a' \times b' \times d$
Borne 3 = $a' \times b' \times c' \times d$	Écart/D = Borne 3 – R prévu	Écart/D = $(d - d') \times a' \times b' \times c'$
R prévu = $a' \times b' \times c' \times d'$	Écart total = R réel – R prévu	Écart total = somme des 4 écarts

d) Principe 4

En harmonisation avec la position du Plan comptable général dans la méthode des coûts préétablis, toute donnée constituée par le produit d'un élément monétaire par un élément qui exprime un volume doit se décomposer en deux écarts (application du principe 3) définis comme suit :

Écart/Éléments monétaires = (Élément monétaire réel – Élément monétaire prévu) × **Donnée volumique réelle**

Écart/Éléments volumiques = (Élément volumique réel – Élément volumique prévu) × **Élément monétaire prévu**

EXEMPLE

Pour une production donnée, la charge budgétée est de 2 000 unités à 4 € l'unité. La charge réelle correspondante s'élève à 8 075 € pour 1 900 unités consommées.

Écart/charges = Charge réelle – Charge budgétée
= 8 075 – 8 000 = + 75 Défavorable

La décomposition donne :

Écart/éléments monétaires = (Coût réel – coût budgété) Quantité réelle
= (4,25 – 4) 1 900 = + 475 Défavorable

Écart/éléments volumiques = (Quantité réelle – Quantité budgétée) Coût budgété
= (1 900 – 2 000) 4 = – 400 Favorable

Ces règles simples permettent ainsi le calcul et la décomposition de n'importe quelle présentation de budget. Elles seront suivies dans toutes les décompositions d'écarts proposés dans cet ouvrage.

SECTION 2
CONTRÔLE BUDGÉTAIRE DU RÉSULTAT : ÉCART SUR RÉSULTAT

L'intérêt d'une telle analyse ne réside pas dans le calcul à proprement parler de l'écart sur résultat mais dans la décomposition qui peut en être faite et qui doit permettre de piloter et de maîtriser le fonctionnement des trois grands pôles opérationnels d'un centre de profit.

1. Les données du contrôle budgétaire d'un centre de profit

Nous nous intéresserons successivement à la structure du budget puis à la nature des informations réelles nécessaires au contrôle budgétaire.

1.1 Structure du budget général d'un centre de profit

Un centre de profit est un centre de responsabilité dont la performance est mesurée par un résultat d'exploitation. Il s'agit très souvent d'établissements autonomes mais à qui il n'est pas imposé un objectif de rentabilité des capitaux investis. Pour respecter ses engagements, le centre de profit doit coordonner l'activité de **trois pôles principaux** à savoir des services **commerciaux**, des services **productifs** et des services **fonctionnels**.

La structure de son budget est donc celle d'un compte de résultat prévisionnel avec distinction fonctionnelle de la nature des charges.

THÈME D'APPLICATION

Soit un centre de profit dont les informations budgétées sont les suivantes :

Produit	Quantités vendues	Prix unitaire	Coût de production	Autres charges
A	1 000	15	10	0,8
B	1 400	20	16,7	1,0
C	1 200	29	24,8	1,2

Le compte de résultat budgété s'établit ainsi :

	Produit A	Produit B	Produit C	Global
Chiffre d'affaires	15 000	28 000	34 800	77 800
Coût de production	– 10 000	– 23 380	– 29 760	– 63 140
Autres charges	– 800	– 1 400	– 1 440	– 3 640
Résultat budgété	4 200	3 220	3 600	11 020

Ces données sont élaborées à partir des différents budgets à la suite de toute la phase prévisionnelle dont les grandes lignes sont discutées de mars à septembre environ et où les chiffrages définitifs sont établis dans le dernier trimestre *n*–1 pour un budget de l'année N.

1.2 Données réelles fournies par la comptabilité

Les écarts du contrôle budgétaire étant **essentiellement monétaires**, il faut que les comptabilités financière et analytique aient produit leurs données : en conséquence, le contrôle budgétaire d'un mois *m* ne peut être établi au plus tôt que dans le courant du mois *m*+1 et il dépend des délais de production des services comptables.

Or, la capacité à réagir et à initier des actions correctives est fortement liée à la **rapidité de la réaction**. La pertinence des actions engagées est, ici, contrainte par les délais de production des informations comptables.

Pour pouvoir obtenir une confrontation facile des réalisations avec les prévisions, il est nécessaire que les **informations réelles aient la même structure que celles du budget**.

THÈME D'APPLICATION (SUITE)

Soit un centre de profit dont les informations budgétées sont les suivantes :

Produit	Quantités vendues	Chiffre d'affaires	Coût de production	Autres charges
A	1 050	16 800	11 220	850
B	1 300	27 300	24 530	1 420
C	1 350	35 100	32 214	1 600

Le compte de résultat budgété s'établit ainsi :

	Produit A	Produit B	Produit C	Global
Chiffre d'affaires	16 800	27 300	35 100	79 200
Coût de production	– 11 220	– 24 530	– 32 214	– 67 964
Autres charges	– 850	– 1 420	– 1 600	– 3 870
Résultat réel	4 730	1 350	1 286	7 366

2. Analyse de l'écart de résultat

L'établissement du compte de résultat prévisionnel ou budgété a conduit à conduit à évaluer tous les postes de charges et de produits participant au « résultat budgété ».

Le résultat s'analyse comme la différence entre un chiffre d'affaires et des coûts de revient. Ces derniers peuvent être considérés comme des coûts de production et une quote-part de frais dits « généraux » en provenance des services fonctionnels et administratifs.

Dans ce contexte, l'**écart de résultat** s'écrit :

E/R = Résultat réel – Résultat budgété

THÈME D'APPLICATION (SUITE)

	Produit A	Produit B	Produit C	Global
Résultat réel	4 730	1 350	1 286	7 366
Résultat budgété	4 200	3 220	3 600	11 020
Écart sur résultat	– 530 Déf	– 1 870 Déf	– 2 314 Déf	– 3 654 Déf

L'**écart de résultat** est constitué de trois composantes associées chacune à une entité responsable :

– les ventes dont la responsabilité incombe aux responsables commerciaux ;
– les coûts de production dont la maîtrise est prise en charge par les responsables des centres de coûts ;
– les frais généraux dont le suivi est de la responsabilité des services fonctionnels et administratifs.

C'est pourquoi la décomposition de l'écart de résultat doit faire apparaître les responsabilités budgétaires de chaque entité.

2.1 Décomposition de l'écart de résultat

Il s'agit d'arriver à contrôler, par cette décomposition, **trois sous-systèmes.** Mais une difficulté existe quant à la mise en évidence des responsabilités des services commerciaux. En effet, une simple comparaison des chiffres d'affaires ne peut suffire à juger de la qualité des réalisations budgétaires de ces derniers.

Dans le cadre du budget, ceux-ci s'engagent sur trois objectifs : des **quantités** à vendre par produit, des **prix moyens** pour ces produits, une **proportion précise** entre les ventes des différents produits.

En effet, réaliser un chiffre d'affaires prévu en privilégiant le développement des ventes d'un produit à faible marge unitaire, entraîne un impact négatif sur le résultat, et ce, sans préjuger de la qualité de la maîtrise des coûts de production.

Il faut donc que la décomposition de l'écart sur résultat mette en évidence les responsabilités de chaque entité et, plus spécifiquement, qu'elle permette, pour les commerciaux, de juger du respect des trois objectifs précédemment définis.

C'est pour respecter cette contrainte que les calculs suivants sont mis en œuvre.

REMARQUE MÉTHODOLOGIQUE

Dans toute la suite des développements, le raisonnement s'appuie sur des **éléments globaux** (chiffre d'affaires total ou coût de production global) et non sur des informations spécifiques pour chaque produit. En effet, l'étendue des gammes de produits est généralement trop importante pour permettre une décomposition par produit.

Soit les abréviations suivantes :
CA : chiffres d'affaires, CP : coût de production global, AC : autres charges globales.
Les éléments réels sont indicés « r », les éléments budgétés sont indicés « b ».

L'écart sur résultat peut s'écrire :

$$E/R = \text{Résultat réel} - \text{Résultat budgété}$$
$$= (CA_r - CP_r - AC_r) - (CA_b - CP_b - AC_b)$$

Soit CP_p le **coût de production préétabli**, c'est-à-dire le **coût de production standard adapté à la production réelle.**

L'égalité précédente n'est pas remise en cause en ajoutant l'expression suivante $(CP_p - CP_p)$ de valeur nulle mais qui permet une meilleure décomposition de l'écart sur résultat.

Il vient : $E/R = (CA_r - CP_r - AC_r) - (CA_b - CP_b - AC_b) + (\mathbf{CP_p - CP_p})$

Et en regroupant les termes :

$$E/R = [(CA_r - \mathbf{CP_p}) - (CA_b - CP_b)] - (CP_r - \mathbf{CP_p}) - (AC_r - AC_b)$$

Marge dite « réelle » – Marge budgétée

E/R = Écart de marge/coûts préétablis (responsabilité des services commerciaux) – Écart sur coût de production (responsabilité des services productifs) – Écart sur charges de structure (responsabilité des services fonctionnels et administratifs)

THÈME D'APPLICATION (SUITE)

Il s'agit avant de proposer une décomposition de l'écart de résultat de calculer une donnée supplémentaire : le **coût de production** préétabli selon le mode de calcul proposé plus haut :

	Quantité réelle	Coût unitaire de production budgété	Coût global de production préétabli
Produit A	1 050	10	10 500
Produit B	1 300	16,7	21 710
Produit C	1 350	24,8	33 480
Total obtenu			65 690

Ce résultat nous permet de faire la décomposition proposée.

- **Écart de marge sur coûts préétablis** = Marge réelle – Marge budgétée

avec :

Marge réelle $= CA_{réel} - CP_{préétabli}$ = 79 200 – 65 690 = 13 510

Marge budgétée $= CA_{budgeté} - CP_{budgeté}$ = 77 800 – 63 140 = 14 660

et donc l'écart de marge sur coûts préétablis est égal à : E/M_{CP} = 13 510 – 14 660 = – 1 150 Déf

- **Écart sur coût de production** $= CP_{réel} - CP_{préétabli}$

Ces données ont déjà été calculées.

E/CP = 67 964 – 65 690 = + 2 274 Déf

• **Écart sur charges de structure** = $AC_{réelles} - AC_{budgétée}$

Il suffit de confronter les données déjà calculées.

E/AC = 3 870 – 3 640 = + 230 Déf

Il est nécessaire de vérifier notre décomposition :

$E/R = E/M_{CA} - E/CP - E/AC$

(– 3 654 Déf) = (– 1 150 Déf) – (+ 2 274 Déf) – (+ 230 Déf)

Dans cet exemple simplifié, il est possible de dire que la baisse du résultat (– 3 654 Déf) par rapport au budget est imputable à tous les pôles de responsabilité même si les impacts ne sont pas identiques : l'écart des services commerciaux (– 1 150 Déf) représente 7,5 % de la marge prévue alors que celui des services productifs (– 2 274 Déf) traduit des coûts de production en hausse de 3,46 % par rapport au coût préétabli. Dans le même temps, les coûts des services fonctionnels dérapent de 6,3 % par rapport aux charges prévues avec un écart défavorable de 230. L'ensemble de ce centre de profit présente donc des performances dégradées.

L'introduction du coût de production préétabli dans ce type de décomposition permet le respect du principe de localisation des performances. Les produits sont **transférés** aux services commerciaux, **valorisés au coût du budget**, la marge réelle est donc la différence entre les réalisations réelles de l'entité commerciale (prix, structure des ventes, quantités) et un coût prévu. Ce procédé évite de transférer aux services commerciaux l'efficience ou l'innefficience des services productifs, ce qui aurait été le cas si la marge réelle avait été calculée sur la base des coûts réels.

Ainsi, logiquement, les services commerciaux seront jugés sur leurs prestations réelles par rapport à des objectifs de ventes, mais il n'est pas satisfaisant d'évaluer les réalisations des services productifs sur la base de ces mêmes quantités : les objectifs de production sont formulés par rapport à des quantités produites. Cet élément nous oblige à étudier l'influence de la variation des stocks sur l'analyse présentée.

2.2 Influence des variations de stocks dans la décomposition de l'écart de résultat

La décomposition de l'écart de résultat a été définie comme :

$$E/R = [(CA_R - CP_P) - (CA_b - CP_b)] - (CP_r - CP_p) - (AC_R - AC_P)$$

Or dans tous ces calculs, les quantités de référence sont des **quantités vendues** ; cela est logique :

– pour l'écart de marge sur coûts préétablis car les quantités vendues sont un objectif reconnu des commerciaux ;

– pour l'écart sur charges de structure car il analyse des coûts hors production.

Mais cela ne correspond pas à la **nature des objectifs des services productifs** qui sont énoncés par rapport à des **quantités produites.** Il faut donc « retravailler » l'écart sur coût de production.

Il est possible de dire que :

Quantités vendues = Quantités produites + Quantités stockées

QV QP QS

Deux cas peuvent se présenter :

$QV > QP \Rightarrow SI > SF$

et l'expression QS est positive et exprime une situation de déstockage ;

$QV < QP \Rightarrow SI < SF$

et l'expression QS est négative et exprime une situation de stockage.

L'écart sur coût de production peut alors s'écrire :

$$E/CP = CP_{R\,(QV)} - CP_{P\,(QV)}$$
$$= [CP_{R\,(QP)} + CP_{R\,(QS)}] - [CP_{P\,(QP)} + CP_{P\,(QS)}]$$

ce qui, en regroupant les expressions dont les quantités sont de même nature, donne :

$$E/CP = [CP_{R\,(QP)} - CP_{P\,(QP)}] + [CP_{R\,(QS)} - CP_{P\,(QS)}]$$

= E/CP relatif aux quantités produites + E/CP relatif aux quantités stockées

Cette nouvelle analyse permet alors d'étudier l'écart sur coût de production en fonction des quantités produites, ce qui était recherché mais crée un nouvel écart peu facile à analyser et que l'on aimerait éliminer car il exprime seulement une différence de valorisation sur des quantités stockées identiques :

$$E/CP_{(QS)} = (CP_{R\,(QS)}) - (CP_{P\,(QS)})$$

= (Coût de production unitaire **réel** × QS réelles) – (Coût de production unitaire **budgété** × QS réelles)

Pour pouvoir éliminer cet écart, il suffit que la valorisation des quantités en stock soit toujours faite, dans le calcul du résultat réel, par rapport non pas au coût de production unitaire réel mais au coût de production unitaire budgété.

Ce positionnement permet :

– de **s'assurer** que l'écart sur QS est toujours nul ;

– de **calculer très rapidement** l'écart sur résultat sans attendre une valorisation, complexe et longue à obtenir, des stocks en coûts réels.

Cette convention conduit à définir le **résultat réel optique contrôle budgétaire** de façon différente de celle effectuée jusqu'à présent.

THÈME D'APPLICATION (SUITE)

Reprenons, pour les compléter, les données réelles du thème d'application :

	Produit A	Produit B	Produit C
Stock initial	400	100	100
Quantités produites	1 000	1 250	1 320

Il est possible de déduire, compte tenu des ventes, le stock final et les quantités stockées et la valeur de la production stockée :

Ventes (rappel)	1 050	1 300	1 350
Stock final	350	50	70
Quantités stockées (SI – SF)	– 50	– 50	– 30
Coût budgété de production	10	16,7	24,8
Production stockée	– 500 €	– 835 €	– 744 €

soit un global de – 2 079 € qui traduit une situation globale de déstockage.

Compte tenu de ces nouvelles données, le résultat réel est modifié et est égal à :

• Chiffre d'affaires :	79 200
• Production stockée :	– 2 079
Total produits :	**77 121**
• Coût de production :	67 964
• Autres charges :	3 870
Total charges :	**71 834**
Résultat réel :	5 287

L'écart sur résultat est alors égal à :

Résultat réel – Résultat budgété = 5 287 – 11 020 = – 5 733 Déf.

Les écarts de marge sur coûts préétablis et sur charges de structure sont identiques, seul l'écart sur coût de production est modifié ; il est égal à la différence entre le coût de production réel et le coût de production préétabli relativement aux quantités produites.

Le calcul du coût de production préétabli peut être obtenu de deux façons :

– en le reconstituant :

$CP\ préétabli_{(QP)} = (10 \times 1\ 000\ A) + (16,7 \times 1\ 250\ B) + (24,8 \times 1\ 320\ C) = 63\ 611$ € ;

– en le déduisant du coût de production préétabli relatif aux quantités vendues compte tenu des liens existant entre quantités produites et quantités vendues :

$CP\ préétabli_{(QP)} = CP\ préétabli_{(QV)} + CP\ préétabli_{(QS)} = 65\ 690 + (-\ 2\ 079) = 63\ 611$ €

L'écart sur coût de production est alors égal à :

$CP\ réel_{(QP)} - CP\ préétabli_{(QP)} = 67\ 964 - 63\ 611 = +\ 4\ 353$ Déf

Il est aisé de vérifier la décomposition de l'écart sur résultat :

$$E/R = E/M_{CP} - E/CP - E/AC$$

(– 5 733 Déf) = (– 1 150 Déf) – (+ 4 353 Déf) – (+ 230 Déf)

Cette distinction entre quantités vendues et quantités produites n'est pas toujours possible : certains exercices ne font pas de distinction entre les quantités vendues et les quantités produites.

Le principe de décomposition en sous-écarts doit maintenant se poursuivre à un niveau encore plus fin pour analyser l'influence du paramètre d'origine. Seule cette identification des causes d'écarts peut permettre une recherche d'actions correctives judicieuses et bien localisées.

Parmi les sous-écarts mis en évidence :

– **l'écart sur coût de production** s'intègre à la méthode des coûts préétablis normalisée par le Plan comptable et sera traité dans la section 5 : Contrôle budgétaire de l'activité productive ;

– **l'écart sur charges de structure** est la différence entre le montant réel et budgété des « autres charges ». Ces éléments représentent les frais de fonctionnement des services administratifs et fonctionnels, et sont globalement composés de frais fixes. Leur suivi budgétaire se contente de faire apparaître, par service, les dépassements de budgets ;

– **l'écart de marge sur coûts préétablis** apparaît comme une différence de marge, il tient compte dans sa version la plus élaborée, des trois facteurs budgétaires précédemment énoncés.

Il s'agit maintenant d'analyser ce dernier écart.

SECTION 3

CONTRÔLE BUDGÉTAIRE DE L'ACTIVITÉ COMMERCIALE : ÉCART DE MARGE SUR COÛTS PRÉÉTABLIS

Le contrôle budgétaire de l'activité commerciale doit faire apparaître le respect des objectifs assignés aux commerciaux à savoir :
– des objectifs de **quantités**,
– des objectifs de **prix**,
– et des objectifs de **structure** entre les différentes ventes.

Cependant, le nombre et la définition des écarts mis en évidence vont différer en fonction de l'étendue de la gamme.

L'écart de marge sur coûts préétablis a été calculé au paragraphe précédent. Il est égal à :

$$E/M_{CP} = \text{Marge dite réelle} - \text{Marge budgétée}$$
$$E/M_{CP} = (CA_r - CP_p) - (CA_b - CP_b)$$

Cet écart peut être exprimé en fonction de facteurs unitaires.

Soit les abréviations suivantes :
• p_r : prix de vente unitaire réél
• p_b : prix de vente unitaire budgété
• c_b : coût de production unitaire budgété
• Q_r et Q_b les quantités de produits respectivement réelles et budgétées.

$$E/M_{CP} = [(p_r - c_b)Q_r] - [(p_b - c_b)Q_b]$$

Sous cette forme, il apparaît que l'écart de marge sur coûts préétablis est la **différence entre une marge dite « réelle » et une marge budgétée. Les coûts de production pris en référence dans les deux membres de la différence sont des coûts unitaires budgétés** (ou standard). En effet, la maîtrise des coûts de production n'est pas du ressort des services commerciaux, et, dans un souci de localisation des responsabilités, il est important que le **transfert des produits de la production aux services commerciaux s'effectue sur la base des coûts inscrits au budget**.

La décomposition en sous-écarts peut nous conduire à « recalculer » **des données prévisionnelles adaptées aux quantités réelles.** Afin de clairement les distinguer, d'une part, des données réelles ou constatées a posteriori et, d'autre part, des données budgétées calculées a priori, nous les nommerons éléments « préétablis ».

1. Suivi de l'activité commerciale pour une entité à gamme réduite (décomposition en deux sous-écarts)

L'entité, dans ce cas, peut suivre chaque produit ou famille de produit. Elle se contentera d'une décomposition en deux sous-écarts : l'un monétaire ou écart sur prix, l'autre de volume ou écart sur quantité.

Conformément au principe énoncé par le plan comptable pour la décomposition d'une donnée composée d'un élément monétaire et d'un élément volumique, les écarts se définissent de la façon suivante :

- Écart sur prix = (Marge réelle unitaire – Marge budgétée unitaire) × Quantité réelle

$$= [(p_r - c_b)\,Q_r] - [(p_b - c_b)\,Q_r]$$

En simplifiant, on obtient une définition plus opératoire pour les calculs.

$$E/P = (p_r \times Q_r) - (p_b \times Q_r)$$

ou encore

E/P = CA réel – CA préétabli(1)

- Écart sur quantité = (Quantité réelle – Quantité budgétée) × **marge budgétée**

Thème d'application (suite)

Décomposons l'écart de marge sur coûts préétablis par produit. Le travail s'effectue par rapport aux quantités réelles et budgetées.

Produit	Marge dite « réelle »	Marge budgétée	Écart total
A B C	1 050 × (16 – 10) = 6 300 1 300 × (21 – 16,7) = 5 590 1 350 × (26 – 24,8) = 1 620	1 000 × (15 – 10) = 5 000 1 400 × (20 – 16.7) = 4 620 1 200 × (29 – 24,8) = 5 040	+ 1 300 Fav + 970 Fav – 3 420 Déf
Total	3 700 × (3,6514) = 13 510	3 600 × 4,0722 = 14 660	– 1 150 Déf

Les calculs seront présentés sous forme de tableaux en référence aux marges unitaires :

Écart sur prix

Produit	Marge réelle	Marge budgétée	Quantité réelle	Écart sur prix
A B C	16 – 10 = 6 21 – 16,7 = 4,3 26 – 24,8 = 1,2	15 – 10 = 5 20 – 16,7 = 3,3 29 – 24,8 = 4,2	1 050 1 300 1 350	(6,0 – 5,0) × 1 050 = 1 050 Fav (4,3 – 3,3) × 1 300 = 1 300 Fav (1,2 – 4,2) × 1 350 = – 4 050 Déf
				– 1 700 Déf

Écart sur quantité

Produit	Quantité réelle	Quantité budgétée	Marge budgétée	Écart sur quantité
A B C	1 050 1 300 1 350	1 000 1 400 1 200	5,0 3,3 4,2	(1 050 – 1 000) × 5 = + 250 Fav (1 300 – 1 400) × 3,3 = – 330 Déf (1 350 – 1 200) × 4,2 = + 630 Fav
				+ 550 Fav

(1) Cette donnée est calculée au moment de la décomposition des écarts et elle exprime le chiffre d'affaires attendu pour les quantités réelles mais valorisé aux prix du budget.

Il vient aisément que E/Prix (– 1 700) + E/Quantité (+ 550) = E/Marge (– 1 150)

De cette décomposition, il est possible de suivre les produits de manière individualisée :

– les prestations sur le produit A sont satisfaisantes : malgré une hausse des prix (écart favorable de 1 050) les ventes ont progressé en volume (écart favorable de 250) ;

– le produit B dégage un écart total positif mais des réalisations très contrastées : les prix n'ont pu être maintenus (écart favorable de 1 300) qu'en acceptant une baisse des quantités (écart défavorable de 330) ;

– pour le produit C, les services commerciaux n'ont pu réaliser les objectifs fixés (écart de marge défavorable de 3 420) et bien que les prix aient été fortement plus faibles que ceux prévus (écart défavorable de 4 050), cela n'a entraîné qu'un accroissement des quantités vendues faible (écart favorable de 630).

Si chaque famille de produit est suivie par un chef de produit, il est facile de voir que la qualité du pilotage des différents responsables n'est pas identique.

Ce type de décomposition en deux sous-écarts, analysé produit par produit, n'est possible que si la **gamme des produits** suivis par le centre de profit est **peu étendue**. Dans le cas contraire, il est préférable de faire une décomposition différente.

2. Suivi de l'activité commerciale pour une entité à gamme étendue (décomposition en trois sous-écarts)

Dans ce type de décomposition, les produits ne sont plus suivis un par un mais l'analyse porte sur les montants totaux obtenus dans le tableau précédent. Il s'agit de **subdiviser l'écart sur quantités** en mettant en évidence deux paramètres :

– le respect de la **composition des ventes** prévues ;

– l'accroissement du volume global des ventes.

Il est en effet important de suivre la qualité des ventes faites par les services concernés et de ne pas se contenter d'assimiler croissance en volume de chiffre d'affaires et influence favorable sur le résultat : développer les ventes de produits générant de faibles marges au détriment de produits à marges élevées peut entraîner une croissance des ventes en volume mais une dégradation du résultat attendu car la structure des ventes réelles sera beaucoup moins favorable que la structure prévue.

Dans ce contexte, le volume peut-être exprimé par des quantités totales. La structure des marges globales calculées (budgétée, préétablie et réelle) est alors constituée de :

Marge unitaire moyenne × Quantités totales

Le schéma ci-après résume la décomposition opérée, et les écarts se calculent selon les formules suivantes :

- Écart sur prix = Marge dite « réelle » – Marge préétablie
- Écart sur composition des ventes =
  (Marge moyenne préétablie – Marge moyenne budgétée) × Quantité totales réelles
- Écart de volume global =
  (Quantités totales réelles – Quantités totales budgétées) × Marge moyenne budgétée

DÉCOMPOSITION EN CAS DE GAMME ÉTENDUE (VOLUME = QUANTITÉS)

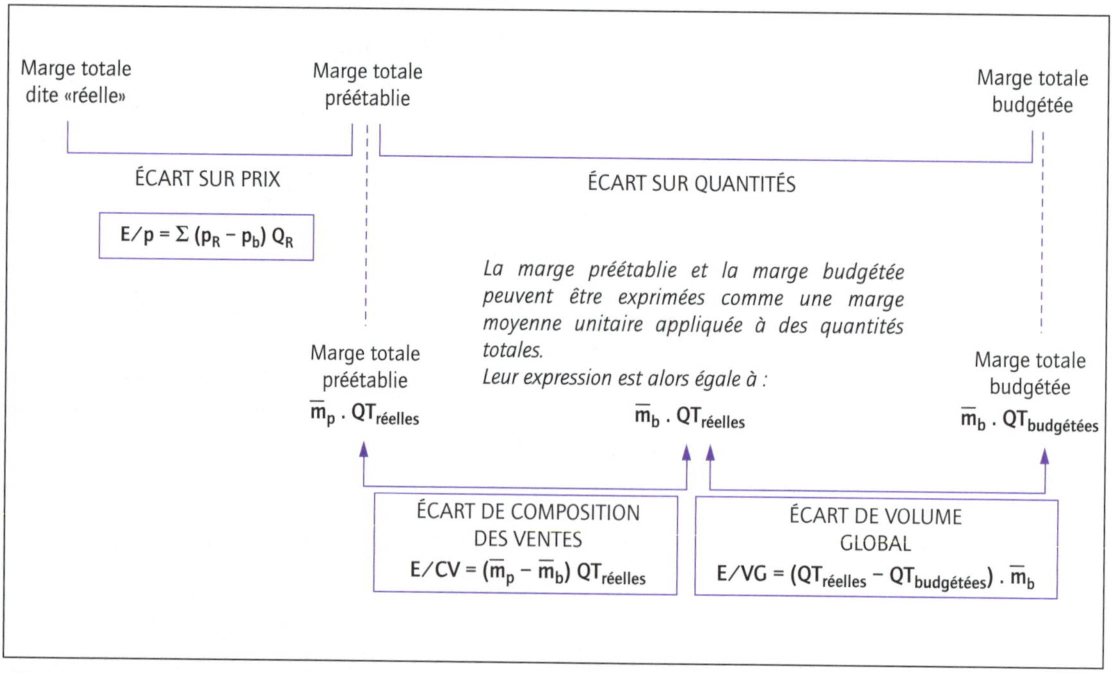

$\overline{m}$ = marge moyenne

THÈME D'APPLICATION (SUITE)

Il nous faut calculer une donnée intermédiaire : la marge totale attendue compte tenu des quantités réelles vendues que nous appellerons « marge préétablie »

	Quantité réelle	Marge unitaire budgétée	Marge totale préétablie
Produit A	1 050	(15 – 10)	5 250
Produit B	1 300	(20 – 16,7)	4 290
Produit C	1 350	(29 – 24,8)	5 670
Total obtenu			15 210

Regroupons les informations nécessaires aux calculs de décomposition des écarts :

	Marge globale	Quantités totales	Marge moyenne
dite «Réelle»	13 510	3 700	$\overline{M}_{réelle}$ = 13 510/3 700 = 3,6514
préétablie	15 210	3 700	$\overline{M}_{préétablie}$ = 15 210/3 700 = 4,1108
budgétée	14 660	3 600	$\overline{M}_{budgétée}$ = 14 660/3 600 = 4,0722

- Écart sur prix = marge réelle – marge préétablie
  = – 1 700 Déf (Idem écart sur prix précédent)

- Écart de composition des ventes $= (\overline{M}_{préétablie} - \overline{M}_{budgétée})$ Quantités totales réelles
$= (4{,}1108 - 4{,}0722) \times 3\,700$
$= + 143$ Fav
- Écart de volume global $= (QT_{réelle} - QT_{budgétée})\ \overline{M}_{budgétée}$
$= (3\,700 - 3\,600) \times 4{,}0722 = + 407$ Fav

On constate que : (– 1 700 Déf) + (+ 143 Fav) + (407 Fav) = (– 1 150 Déf)

Les calculs effectués ont tous eu pour cadre une entité commerciale dont la responsabilité était analysée en termes d'objectifs de marge. Il peut se faire que, dans le cadre d'une activité commerciale érigée en simple centre de recettes, les objectifs soient exprimés uniquement en termes de chiffre d'affaires.

SECTION 4
CONTRÔLE BUDGÉTAIRE D'UN CENTRE DE RECETTES : ÉCART SUR CHIFFRE D'AFFAIRES

Les écarts calculés sont obtenus selon le même principe que ceux mis en évidence pour la décomposition en trois sous-écarts de la marge sur chiffre d'affaires dans le cas où le volume est exprimé par des quantités.

1. Présentation globale

DÉCOMPOSITION DE L'ÉCART DE CHIFFRE D'AFFAIRES

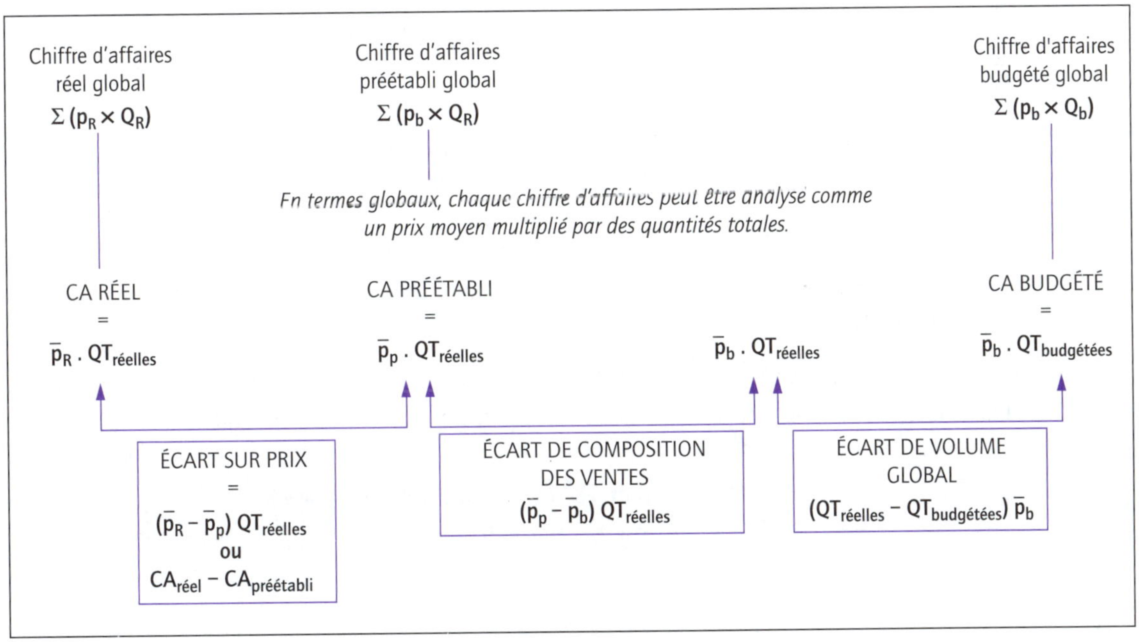

$\overline{p}$ = prix moyen

2. Analyse des écarts mis en évidence

L'écart total sur chiffre d'affaires se définit de la manière suivante :

E/CA = Chiffre d'affaires réel – Chiffre d'affaires budgété

Ce calcul n'est envisageable par produit que pour des entreprises dont les gammes de produits vendus sont très étroites ; le plus souvent ce calcul est fait pour l'ensemble des ventes comme dans l'exemple suivant :

EXEMPLE

Soit le budget des ventes d'une entreprise qui commercialise quatre familles de produits.

Budget des ventes pour le mois M :

Famille	Quantité	Prix moyen	Chiffre d'affaires
A	2 000	150	300 000
B	4 200	100	420 000
C	700	250	175 000
D	500	400	200 000
Total	7 400		1 095 000

Les données réelles pour la même période sont les suivantes :

Famille	Quantité	Chiffre d'affaires	Prix moyen pratiqué (1)
A	2 500	350 000	140
B	5 000	500 000	100
C	800	216 000	270
D	200	60 000	300
Total	8 500	1 126 000	

(1) $\frac{\text{Chiffre d'affaires}}{\text{Quantité}}$

L'écart total sur chiffre d'affaires apparaît comme égal à :
CA réel – CA budgété = 1 126 000 – 1 095 000 = 31 000 Favorable.

Un chiffre d'affaires est constitué de deux composantes : prix et quantité dont les influences doivent être analysées : c'est l'objet de la décomposition de premier niveau.

2.1 Décomposition en deux sous-écarts

Par analogie avec les décompositions proposées par le plan comptable, il est facile de déduire les définitions des écarts sur prix (E/Prix) et des écarts de volume (E/Vol). Il vient :

E/Prix = (Prix réel – Prix budgété) Quantité réelle
E/Vol = (Quantité réelle – Quantité budgétée) Prix budgété

Appliqué à notre exemple, le calcul donne les résultats suivants :

EXEMPLE

Tableau de calculs de l'écart sur prix :

Famille	Prix réel	Prix budgété	Quantité réelle	Écart/prix
A	140	150	2 500	– 25 000 Défavorable
B	100	100	5 000	–
C	270	250	800	+ 16 000 Favorable
D	300	400	200	– 20 000 Défavorable
Total				– 29 000 Défavorable

REMARQUE

Cet écart peut être calculé très rapidement, puisqu'il suffit de connaître le chiffre d'affaires réel et les quantités vendues. Ces informations sont disponibles bien avant que les systèmes comptables (comptabilité financière et comptabilité analytique) aient arrêté les comptes du mois concerné.

EXEMPLE

Tableau de calculs de l'écart sur volume :

Famille	Quantité réelle	Quantité budgétée	Prix budgété	Écart/volume
A	2 500	2 000	150	+ 75 000 Fav.
B	5 000	4 200	100	+ 80 000 Fav.
C	800	700	250	+ 25 000 Fav.
D	200	500	400	– 120 000 Déf.
Total				+ 60 000 Fav.

Il est aisé de vérifier que E/Prix + E/Vol = E/Chiffre d'affaires.

De fait, l'écart sur volume regroupe deux aspects dont l'évolution peut être antagoniste : l'augmentation des ventes peut provenir d'une meilleure implantation sur le marché mais celle-ci peut être réalisée sans respecter la composition des ventes prévues. C'est pourquoi l'écart sur volume peut être décomposé en deux sous-écarts.

2.2 Décomposition de l'écart sur volume

Il s'agit de juger du respect de la composition des ventes prévues par le calcul de l'écart sur composition des ventes et de mettre en évidence l'augmentation globale des quantités vendues par celui de l'écart de volume global. Ainsi les écarts se définissent de la façon suivante :

$$\text{E/Composition des ventes (ou écart de mix)} = \left(\text{Prix moyen préétabli (1)} - \text{Prix moyen budgété}\right) \times \text{Quantité totale}$$

EXEMPLE

- Calcul du chiffre d'affaires préétabli :
  (2 500 × 150 €) + (5 000 × 100 €) + (800 × 250 €) + (200 × 400 €) = 1 155 000 €
  pour 8 500 produits vendus, soit un prix moyen préétabli de 135,8823...

(1) Le prix moyen préétabli est déduit du chiffre d'affaires préétabli qui s'obtient en multipliant par famille de produits les quantités réelles vendues par le prix de vente prévu dans le cadre du budget.

- Le prix moyen budgété dans notre cas est égal à :
  Chiffre d'affaires budgété / Quantité totale budgétée, soit :
  1 095 000 / 7 400 = 147,9729...
- L'écart de composition des ventes est égal à :
  (135,88 – 147,97) 8 500 = – 102 765 Défavorable

$$\text{E/Volume global} = \left(\text{Quantité totale réelle} - \text{Quantité totale budgétée}\right) \times \text{Prix moyen budgété}$$

EXEMPLE

L'écart de volume global s'inscrit à :

(8 500 – 7 400) 147,97 = 162 767 Favorable

Il vient, aux arrondis près :

E/Vol = E/Volume global + E/Composition des ventes

60 000 ≈ (+ 162 767) + (– 102 765)

2.3 Intérêt de ces calculs

La possibilité d'un calcul précoce par rapport aux réalisations permet d'avoir une vision partielle de la qualité de gestion des services commerciaux et peut autoriser des actions correctives très rapides surtout en cas de dérapages sur les prix ou de non-respect des compositions des ventes prévues.

Toutefois, il faut se garder d'un optimisme facile dans le cas d'écarts favorables. En effet **accroître le chiffre d'affaires ne signifie nullement accroître le résultat** si parallèlement cette augmentation des ventes s'obtient en développant des produits à faible marge au détriment de produits plus rémunérateurs pour la firme. C'est pourquoi l'action des services commerciaux ne peut être jugée au vu du calcul de ces seuls écarts sur chiffre d'affaires mais doit intégrer des calculs d'écarts incorporant les notions de marges.

Dans le cadre d'un pilotage par les budgets, la décomposition par rapport aux marges nous semble plus pertinente pour évaluer valablement les prestations d'une entité à responsabilités de nature commerciale.

SECTION 5

CONTRÔLE BUDGÉTAIRE DE L'ACTIVITÉ PRODUCTIVE : ÉCART SUR COÛTS PRÉÉTABLIS

Il s'agit de comprendre la nature des travaux prévisionnels élaborés pour prévoir la production et en contrôler la réalisation. Les objectifs de mise en place des standards ayant été explicités dans la section 1, nous étudierons les données spécifiques à la fonction production, et la déclinaison de l'écart sur coût de production par éléments de coûts à savoir matières, main d'œuvre et charges indirectes.

1. Les données prévisionnelles spécifiques à la production

Cette partie doit positionner les travaux préalables prévisionnels indispensables au suivi de la fonction production : la notion de budget flexible, celle de fiche de coût standard et le tableau d'élaboration du coût préétabli.

La mise en œuvre des coûts préétablis ou standard s'organise en plusieurs séquences dont le but est de mettre en place les éléments budgétaires du système production notamment les budgets flexibles.

1.1 Notion de budget flexible

Dans le cadre de la prévision, il est défini une production dite « normale » ou standard qui, par application des rendements standard définis plus haut, permet de se fixer une activité standard.

Production normale ⇔ Rendement standard ⇔ **Activité normale**

Il est, ici, équivalent de parler d'activité normale ou d'activité standard.

Le budget flexible est défini comme une prévision du coût total d'un centre d'analyse qui distingue les charges prévisionnelles selon leur comportement à savoir :

– les frais variables proportionnels à l'activité du centre ;

– les frais fixes dont le montant est indépendant de l'activité.

Cette prévision est établie pour différentes hypothèses d'activité. Les niveaux d'activité choisis restent dans le cadre d'une structure donnée puisque ce travail est effectué dans une optique à court terme.

EXEMPLE

Soit un centre d'analyse pour lesquelles sont fournies les données budgétées suivantes :

• Activité normale ou standard :	2 500 HM
• Rendement standard :	0,5 h/produit ou 2 produits/h
• Production normale :	5 000 produits
• Frais fixes :	36 000 €
• Frais variables :	26 000 €

Dans le cadre de l'élaboration des budgets, ce centre présente :

– un niveau de dépenses standard de 62 000 €,

– un niveau d'activité standard de 2 500 HM,

et donc un coût d'unité d'œuvre standard de : 62 000 €/2 500 = 24,80 €, avec un coût standard variable de : 26 000/2 500 = 10,40 €.

Dans la réalité, les prévisions de 2 500 HM ont peu de chances d'être exactes. D'autres simulations seront calculées en fonction d'hypothèses d'activité autour de cette norme.

Retenons les niveaux d'activité suivants : 2 400 HM et 2 600 HM.

- Budget flexible (2 400 HM) = 10,40 € × 2 400 HM + 36 000 € = 60 960 €
- Budget flexible (2 600 HM) = 10,40 € × 2 600 HM + 36 000 € = 63 040 €

Si l'on définit les termes, il est possible de généraliser la formulation d'un budget flexible et d'un budget standard.

Soit :

- A_n l'activité normale ou standard,
- FF_s les frais fixes globaux,
- v_s les frais variables unitaires standard,
- f_s les frais fixes unitaires standard définis comme FF_s/A_n.

Le **budget standard** pour l'activité A_n s'écrit :

$$BS(A_n) = (v_s + f_s)\ A_n$$

et pour une activité donnée A* :

$$BS\ (A^*) = (v_s + f_s)\ A^*$$

Le **budget flexible** pour une activité A_n s'écrit :

$$BF\ (A_n) = (v_s \times A_n) + FF_s$$

et pour une activité donnée A* :

$$BF\ (A^*) = (v_s \times A^*) + FF_s$$

Et, comme $f_s = FF_s/A_n$, on peut écrire que :

pour un niveau d'activité normale notée A_n :
Budget standard (A_n) = Budget flexible (A_n)

L'écart entre budget flexible et budget standard pour une activité quelconque exprime, en fait, un écart d'imputation rationnelle que l'on retrouvera dans l'analyse des écarts.

Ce travail d'élaboration budgétaire permet de connaître le coût d'unité d'œuvre standard, dernier élément de valorisation de la fiche de coût standard.

1.2 La fiche de coût standard ou fiche de coût préétabli

C'est un tableau récapitulatif du coût de production unitaire standard d'un produit donné. Il utilise pour valoriser les éléments de coûts, les standards de quantités et de prix définis dans l'étude technique et dans les budgets des centres.

THÈME D'APPLICATION (SUITE)

Reprenons le cas de nos trois produits. Voici leurs fiches respectives de coût standard ou préétabli : elles reprennent, éléments de coût par élément de coût, la structure du coût de production des trois produits.

	Produit A			Produit B			Produit C		
	qté	c.u.	total	qté	c.u.	total	qté	c.u.	total
Matière première	1,2	3,0	3,6	1,3	3,0	3,9	1,2	3,0	3,6
Main d'œuvre	0,1	18	1,8	0,2	18	3,6	0,5	18	9,0
Centre A	0,1	10	1,0	0,2	10	2,0	0,5	10	5,0
Centre B	0,3	12	3,6	0,6	12	7,2	0,6	12	7,2
Coût standard			10,0			16,7			24,8

Le budget du centre A est de 9 800 € pour une activité normale de 980 U.O. dont 2 940 € de frais fixes et celui du centre de B de 22 320 € pour une activité normale de 1 860 U.O. dont 12 090 € de frais fixes.

POINT MÉTHODE

- Il est important de bien distinguer les notions de **budget standard** et de **budget flexible**. Ils sont à la base de la décomposition de l'écart sur charges indirectes étudiée plus loin.
- Bien repérer les éléments constitutifs de la fiche de coût standard car ils sont fondamentaux pour calculer les coûts préétablis adaptés à la production réelle.

À ce niveau d'analyse, nous nous sommes contentés de multiplier le coût de production unitaire (pour un produit) par des quantités de produit. Or, les contraintes des services productifs ne s'expriment pas de façon aussi globale : il leur est demandé de suivre les **consommations des différents éléments de coûts** et ils sont évalués sur leur capacité à respecter les **rendements standards** pour ces mêmes éléments de coûts.

1.3 Données préétablies et tableau comparatif

Le coût préétabli adapté à la production réelle calculé précédemment a été obtenu en faisant :

Coût de production unitaire budgété (identique à la notion de coût standard) × Quantité de produits

Ramené à un élément de coût (matières, main d'œuvre ou charges de centre), le coût unitaire standard est obtenu par :

Rendement standard × Coût standard du facteur

Cette démarche doit être mise en œuvre pour chaque élément de coût selon le principe suivant :

Quantité standard de facteurs par produit × Production réelle de la période × Coût unitaire standard du facteur

Coût préétabli adapté = Consommation préétablie du facteur × Valorisée au coût standard

Est définie ainsi, a posteriori, une « **dotation budgétaire correspondant à la production réelle et respectant les rendements standards de coût et de quantité de facteurs** ».

L'ensemble de ces calculs est généralement présenté dans un tableau reprenant tous les éléments de coût de la fiche de coût standard.

THÈME D'APPLICATION (SUITE)

Informations complémentaires

La comptabilité analytique fournit les informations réelles suivantes relatives au coût de production :

- Matières consommées : 4 600 kg au coût unitaire de 3,10 € le kg.
- Main d'œuvre : 1 060 heures à un coût horaire de 19,20 €.
- Centre A : 1 060 U.O ; pour un montant total de 11 660 €.
- Centre B : 1 870 U.O. pour un montant global de 21 692 €.

Calcul du coût de production préétabli par élément de coût

Éléments de coûts	Rendements standards [1]	Production de la période [2]	Consommation préétablie (en quantités) [1] × [2] = [3]	Coût standard unitaire du facteur [4]	Coût de production préétabli [3] × [4]
Matières					
Produit A	1,2	1 050	1 260		
Produit B	1,3	1 300	1 690		
Produit C	1,2	1 350	1 620		
Total matières			4 570	3	13 710
Main d'œuvre					
Produit A	0,1	1 050	105		
Produit B	0,2	1 300	260		
Produit C	0,5	1 350	675		
Total MOD			1 040	18	18 720
Centre A					
Produit A	0,1	1 050	105		
Produit B	0,2	1 300	260		
Produit C	0,5	1 350	675		
Total UO			1 040	10	10 400
Centre B					
Produit A	0,3	1 050	315		
Produit B	0,6	1 300	780		
Produit C	0,6	1 350	810		
Total UO			1 905	12	22 860
Coût de production préétabli total (déjà calculé à la section 2, point 2.1, p. 373)					65 690

Tableau comparatif de calcul de l'écart sur coût de production

	Données réelles			Données préétablies			Écart
	Quantité	Coût	Total	Quantité	Coût	Total	
Matières	4 600	3,10	14 260	4 570	3,00	13 710	+ 550 D
Main d'œuvre	1 060	19,20	20 352	1 040	18,00	18 720	+ 1 632 D
Centre	1 060	11,00	11 660	1 040	10,00	10 400	+ 1 260 D
Centre	1 870	12,00	21 692	1 905	12,00	22 860	− 1 168 F
			67 964			65 690	+ 2 274 D

L'écart de (+ 2 274 Déf) a déjà été calculé lors de la décomposition de l'écart de résultat. Il exprime la responsabilité globale des services productifs

2. Analyse de l'écart sur coût de production de charges directes

L'écart sur coût de production, pour ces éléments de coûts, est la différence entre :

– le coût réel ou constaté ;

– le coût préétabli adapté à la production réelle.

Comme les deux bornes de l'écart sont évaluées en référence à la production réelle, seules des variations de coûts ou de quantités peuvent expliquer cet écart.

L'écart économique est analysé en deux sous-écarts :

– un écart sur coût (noté E/C),

– un écart sur quantité (noté E/Q).

Soient les notations suivantes :

Q_r : quantité réelle consommée du facteur ;

Q_p : quantité préétablie (consommation standard adaptée à la production réelle) ;

c_r : coût unitaire réel du facteur ;

c_s : coût unitaire standard du facteur appelé aussi budgeté.

2.1 Écart sur coût

L'écart sur coût se définit de la manière suivante :

$$E/C = (c_r - c_s)\,Q_r$$

ou encore $$E/C = (\Delta c)\,Q_r$$

Il mesure les conditions dans lesquelles l'entreprise a rétribué ses facteurs de production. Un coût **réel supérieur** au coût standard indique une **détérioration** des coûts de l'entreprise et donc un écart défavorable.

Les causes de cet écart doivent être recherchées dans les conditions d'approvisionnement des matières ou de rémunération des ouvriers.

2.2 Écart sur quantité

L'écart sur quantité se définit comme :

$$E/Q = (Q_r - Q_p)c_s$$

ou encore $$E/Q = (\Delta Q)c_s$$

Dans la mesure où les consommations comparées sont adaptées à la production réelle, l'**écart sur quantité mesure la différence entre le rendement réel et le rendement standard**.

Les causes principales d'apparition de cet écart sont d'ordre technique. À titre d'illustration en cas d'écart défavorable :

– pour les matières : qualité défectueuse, taux de rebuts excessifs suite à un réglage défectueux des machines… ;

– pour la main-d'œuvre : qualification insuffisante, mauvaise organisation de la production…

REMARQUE

La formulation mathématique de l'écart sur quantité et de l'écart sur coût conduit à calculer une valeur intermédiaire : la **consommation réelle valorisée au coût standard**. En effet :

$$E/C = (c_r - c_s) \times Q_r = Q_r\, c_r - Q_r\, c_s$$
$$E/Q = (Q_r - Q_p) \times c_s = Q_r\, c_s - Q_p\, c_s$$

On a donc : $Q_r\, c_r$: le coût réel ;

$Q_r\, c_s$: la consommation réelle valorisée au coût standard ;

$Q_p\, c_s$: la consommation préétablie valorisée au coût standard.

THÈME D'APPLICATION (SUITE)

Nous trouvons les informations nécessaires à la décomposition des écarts sur charges directes dans le tableau récapitulatif.

Matière

On sait que : Q_r = 4 600 c_r = 3,10 Q_p = 4 570 c_s = 3,00

En appliquant les formules précédentes, on obtient :

Écart sur coût = (3,10 – 3,00) × 4 600 = + 460 Déf.

Les conditions réelles d'obtention de la matière sont plus défavorables que celles prévues.

Écart sur quantité = (4 600 – 4 570) × 3,00 = 90 Déf.

Pour la production réelle, les rendements standard autorisaient une consommation de 4 570 kg. L'entreprise en consommant plus (4 600 kg) a entraîné une sur-consommation de coût jugée défavorable.

Il est possible de vérifier que :

E / Matières = E / coût + E / quantités

(+ 550 D) = (+ 460 D) + (+ 90 D)

Main-d'œuvre directe du centre C1

Q_r = 1 060 c_r = 19,20 Q_p = 1 040 c_s = 18

Écart sur coût = (19,20 – 18) × 1 060 = + 1 272 Déf.

Écart sur quantité = (1 060 – 1 040) × 18 = + 360 Déf.

Vérification = (+ 1 632 D) = (+ 1 272 D) + (360 D)

REMARQUE

Dans le cas de la main-d'œuvre directe, on parle souvent d'**écart sur taux** pour désigner l'écart sur coût en référence au taux horaire de rémunération et d'**écart de rendement** pour évoquer l'écart de quantité.

2.3 Écarts sur charges directes

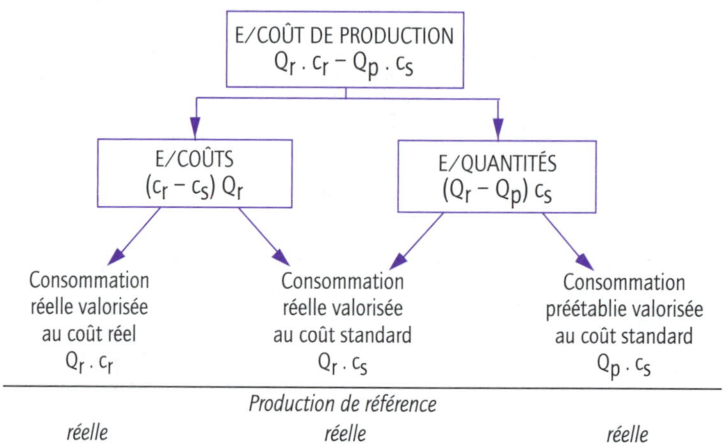

3. Analyse de l'écart sur coût de production de charges indirectes

Nous avons vu que le budget d'un centre d'analyse est constitué :

– de **prévisions** de charges variables et de charges fixes ;

– d'une **activité** mesurée par des unités d'œuvre ;

– d'un **rendement**, c'est-à-dire d'un rapport entre activité et production.

Chaque sous-écart doit donc mesurer l'influence de l'un de ces paramètres. C'est pourquoi une décomposition spécifique a été retenue pour l'écart économique sur charges indirectes.

3.1 Principes

Cette décomposition fait appel à deux notions définies au chapitre précédent :

– le budget flexible,

– le budget standard.

Soient : $\mathbf{FF_s}$: frais fixes pour l'activité normale (A_n) ;

$\mathbf{v_s}$: coût variable unitaire standard ;

$\mathbf{f_s}$: coût fixe unitaire standard défini par FF_s/A_n.

Le **budget flexible** pour une activité donnée A* s'écrit :

$$BF(A^*) = v_s \,.\, A^* + FF_s$$

et le **budget standard** pour une activité donnée A* est égal à :

$$BS\,(A^*) = (v_s + f_s)\,A^*$$

ou encore $$BS\,(A^*) = cs \,.\, A^*$$

Du fait même de leurs définitions, les deux budgets sont égaux pour une activité particulière : l'activité **normale**.

Il est calculé trois sous-écarts. Ils peuvent être obtenus de la façon suivante :

Frais du centre réels ou constatés (A_r)		
	–	Écart sur budget ou sur coût variable
Budget **flexible** pour l'activité réelle (A_r)		
	–	Écart sur activité ou sur imputation du coût fixe
Budget **standard** pour l'activité réelle (A_r)		
	–	Écart sur rendement travail
Budget **standard** pour l'activité préétablie (A_p)		

Sous cette forme, la signification des écarts n'est pas évidente. Nous allons essayer de comprendre en quoi ils expriment l'influence du paramètre dont ils portent le nom.

3.2 Interprétation des écarts

a) Écart sur budget (E/Budget)

Soit E/Budget = Frais réels – Budget flexible (A_r)

$$= [(v_r \times A_r) + FF_r] - [(v_s \times A_r) + FF_s]$$

Si l'on admet l'hypothèse simplificatrice suivante : les **frais fixes réels sont identiques aux frais fixes standards**, il vient :

$$\text{E/Budget} = (v_r - v_s)\, A_r$$

Sous cette forme, l'écart sur coûts variables exprime des différences entre les coûts variables unitaires d'unité d'œuvre pour une structure donnée, ce qui peut justifier l'hypothèse simplificatrice précédente.

b) Écart sur activité ou sur imputation du coût fixe (E/CF)

$$\begin{aligned} \text{E/CF} &= \text{Budget flexible } (A_r) - \text{Budget standard } (A_r) \\ &= [(v_s \times A_r) + FF_s] - [(v_s + f_s)\, A_r] \\ &= FF_s - (f_s \times A_r) \end{aligned}$$

Comme les frais fixes standards FF_s ont été déterminés pour une activité normale A_n, il vient :

$$\text{E/Activité} = (A_n - A_r)\, f_s$$

Il s'agit donc de la valorisation de la différence d'imputation des coûts fixes provenant d'un écart entre activité normale et activité réelle. C'est la définition même d'un écart d'imputation rationnelle qui exprime :

- un **coût de chômage** quand $A_r < A_n$;
- un **boni de suractivité** dans le cas où $A_r > A_n$.

c) Écart sur rendement (E/R)

$$\begin{aligned} \text{E/R} &= \text{Budget standard } (A_r) - \text{Budget standard } (A_p) \\ &= [(v_s + f_s)\, A_r] - [(v_s + f_s)\, A_p] \\ &= (A_r - A_p)\,(v_s + f_s) \end{aligned}$$

Il existe un lien mathématique entre activité et production : il s'agit du rendement.

L'activité réelle A_r est obtenue par :

$$A_r = \text{Production réelle} \times \text{Rendement réel}$$

L'activité préétablie a été obtenue plus haut par :

$$A_p = \text{Production réelle} \times \text{Rendement standard}$$

En utilisant ces relations, il apparaît que :

$$\text{E/R} = (\text{Rendement réel} - \text{Rendement standard}) \times \text{Prod. réelle} \times (v_s + f_s)$$

Ainsi apparaît la justification du nom de l'écart. Il peut exprimer :

- une amélioration de la productivité quand :

$$\text{Rendement réel} > \text{Rendement standard}$$

- une détérioration de celle-ci dans le cas contraire.

REMARQUE

L'hypothèse simplificatrice de l'invariance des frais fixes (FF) entre les réalisations et les prévisions n'est pas retenue par tous. Il existe une décomposition des écarts sur charges indirectes qui éclate l'écart sur coût variable en deux sous-écarts. Cette méthode dite « des contrôleurs de gestion » ne sera pas traitée dans cet ouvrage.

THÈME D'APPLICATION (SUITE)

Reprenons les données du centre CA.

Pour rappel, on a : $A_r = 1\ 060$ h, $A_p = 1\ 040$ h, $A_n = 980$ h et Budget standard = 9 800 €
dont $FF_s = 2\ 940$ et des coûts variables unitaires standard de :

$$v_s = \frac{9\ 800 - 2\ 940}{980} = 7{,}00\ €.$$

La décomposition de l'écart est la suivante :

• Frais réels	→	11 660	} E/Budget = + 1 300 Déf
• BF (A_r) $= (v_s \times A_r) + FF_s$ $= (7 \times 1\ 060) + 2\ 940$	→	10 360	} E/Activité = – 240 Fav
• BS (A_r) $= (v_s + f_s)\ A_r$ $= (10 \times 1\ 060)$	→	10 600	} E/Rendement = + 200 Déf
• BS (A_p) $= (v_s + f_s)\ A_p$ $= (10 \times 1\ 040)$	→	10 400	

L'écart total est obtenu en faisant : Frais réels – BS (A_p), soit un écart de + 1 260 Défavorable.

Vérification : (+ 1 260 D) = (+ 1 300 D) + (– 240 F) + (+ 200 D)

POINT MÉTHODE

- Pour calculer des écarts, il faut les informations suivantes :
  - la fiche de coût préétabli du produit,
  - la production normale et réelle,
  - l'activité normale et réelle des centres d'analyse.
- En cas d'encours, il faut les évaluer à l'aide de la **notion d'équivalents terminés**. Cela peut donner une production réelle différente par éléments de coûts.
- **Ne pas confondre activité et production** ; la production s'exprime en unités de produits, l'activité en nombres d'unités d'œuvre.

C'est le **rendement** qui relie les deux notions. Attention à la façon dont est exprimé le rendement ! Il faut être capable de passer d'une expression par rapport au produit à une expression par rapport à l'activité. (Ainsi fabriquer 4 produits à l'heure est équivalent à mettre 1/4 d'heure par produit.)

- Dans le cas où l'activité d'un centre est exprimée en nombre de produits, l'écart sur rendement travail est nul, car il manque la référence de rendement nécessaire à ce calcul.

3.3 Synthèse sur écarts sur charges indirectes

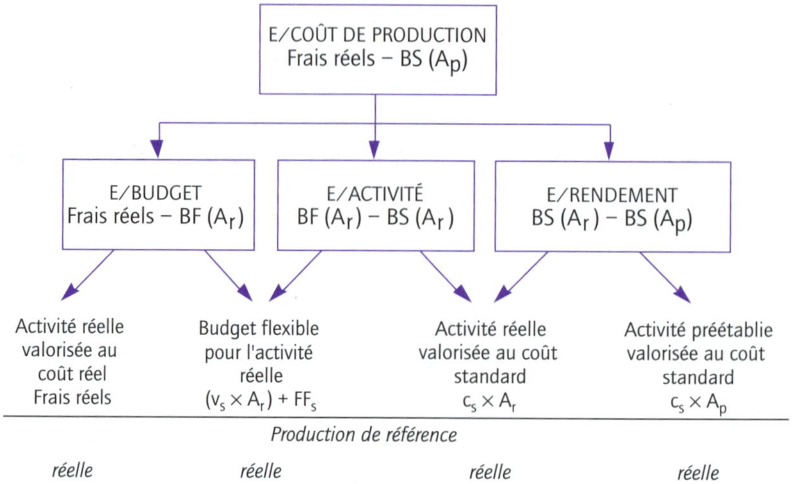

4. Récapitulatif de la décomposition

À ce niveau de l'exposé, il est important de mettre en évidence que nous avons, par l'ensemble des écarts, étudié la possibilité de contrôler le résultat du centre de profit en respectant les responsabilités de chacun des pôles participant à l'élaboration du résultat et d'analyser leurs fonctionnements par rapport aux objectifs spécifiques qui leur ont été assignés.

L'arborescence qui est proposé page suivante montre le maillage chiffré des écarts couvrant l'activité du centre.

CONCLUSION

Il serait erroné de réduire le contrôle budgétaire au calcul des écarts. Des procédures automatisées et informatisées permettent l'obtention de ces données très rapidement et sur une fréquence rapprochée. Les écarts devant être compris comme des clignotants ou des indicateurs de vigilance, le cœur du contrôle budgétaire reste à faire : il s'agit de retrouver les causes des écarts sur le terrain, d'envisager ou de soutenir les actions correctives entreprises par les responsables opérationnels et d'aider à la mise en œuvre des solutions compte tenu des moyens disponibles. Il est à noter que pendant cette phase, essentielle à la qualité et à la pertinence du pilotage par les budgets, le contrôleur de gestion n'est que soutien aux fonctions opérationnelles. Il doit faire preuve d'une grande qualité d'écoute et de persuasion pour pouvoir réellement jouer son rôle d'accompagnateur de la prise de décision.

Cet aspect est d'autant plus important que le processus budgétaire (budgétisation et contrôle budgétaire) n'induit que peu de partenariats entre les services puisque la construction des budgets et la décomposition des écarts tendent à mettre en œuvre les prestations de chaque département dans une vision fonctionnelle et hiérarchique de moins en moins adaptée aux besoins actuels de l'organisation.

Cette limite organisationnelle est, aussi, responsable d'un excès de rigidité lorsque, dans une optique bureaucratique, les entreprises entendent la budgétisation comme un ensemble de procédures contraignantes et les budgets comme des autorisations de dépenses avec impossibilité de transfert de dépenses d'un poste à l'autre. Les centres n'envisagent, alors, leur fonctionnement que

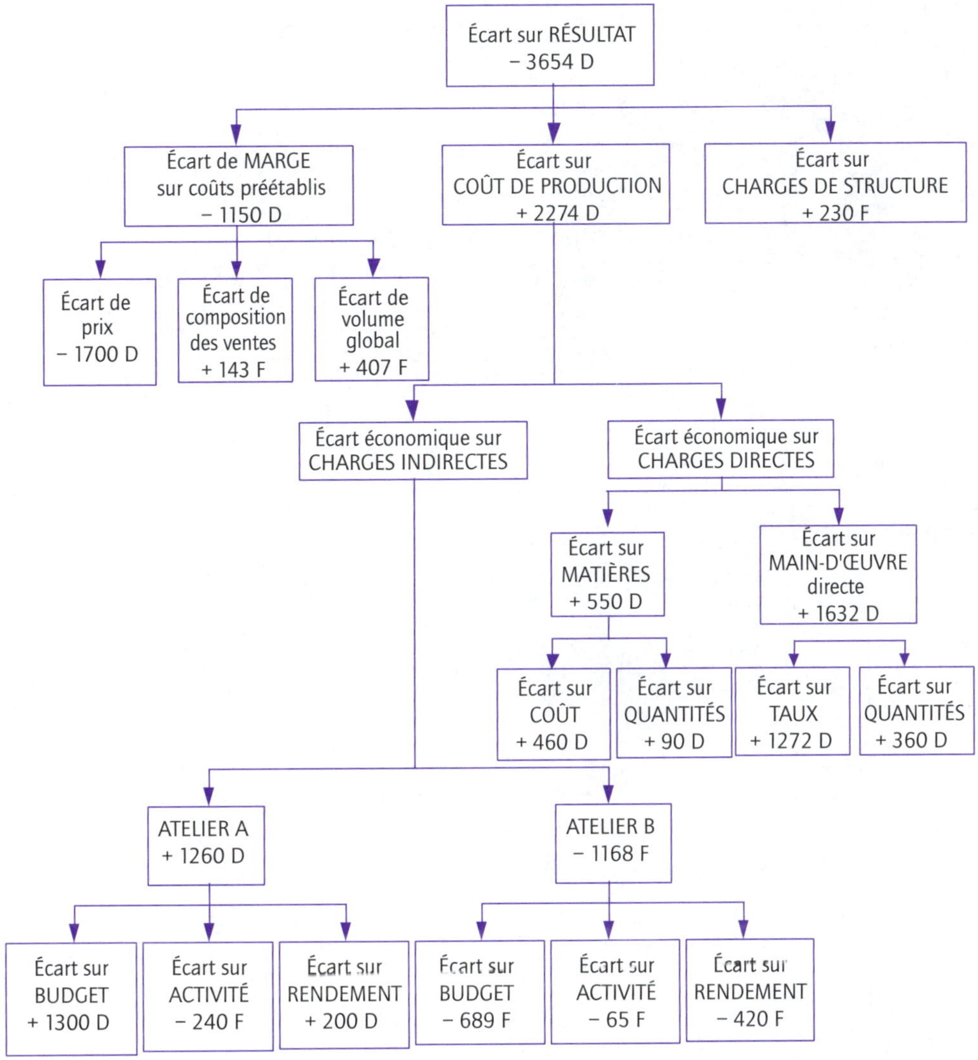

retranché dans une « chasse gardée » où le bon gestionnaire est celui qui n'a pas d'écarts quitte à reporter des dépenses sur l'exercice budgétaire suivant ou d'engager des achats anticipés pour maintenir le montant futur de l'enveloppe budgétaire.

Ces dérives sont apparues très tôt dans la mise en place du pilotage par les budgets car cette gestion n'a pas appréhendé le jeu des acteurs autour de l'outil « budget » alors même que très souvent la rémunération des responsables est accrochée à la réussite du contrat budgétaire. Les enjeux de pouvoirs conduisent alors certains d'entre eux à rechercher le maintien ou le développement de l'enveloppe budgétaire de leur centre sans lien direct avec des projets et/ou des besoins réels de l'entreprise.

Tous ces aspects seront repris et développés dans le chapitre 19, « Le pilotage avec ou sans budget ? ».

APPLICATIONS

APPLICATION 1

Entreprise Pilot

Dans l'entreprise Pilot, les principales informations du budget concernant les ventes de trois produits A, B et C sont regroupées ci-après :

	Prix de vente	Quantité	Coût de production	Autres charges
A	34	8 540	25	3
B	32	9 200	28	4
C	45	5 500	35	5

La comptabilité analytique fournit pour la même période les informations suivantes :

	Prix de vente	Quantité	Coût de production	Autres charges
A	35	8 600	215 300	25 000
B	30	9 300	265 200	35 200
C	47	5 600	193 700	27 200

QUESTIONS

1. **Présenter le budget de cette entité.**
2. **Sous une présentation similaire, mettre en évidence le résultat réel.**
3. **Calculer l'écart sur résultat et mettre en évidence les responsabilités de chaque pôle (services fonctionnels, commerciaux et productifs). Commenter.**
4. **Décomposer l'écart de marge sur coûts préétablis selon deux méthodes possibles.**
5. **Décomposer l'écart de chiffre d'affaires en trois sous-écarts.**

APPLICATION 2

Centre de profit A

Les données suivantes sont extraites du système d'information comptable d'un centre de profit A pour une période donnée. Ce centre commercialise 4 produits et a commencé son exploitation le 1er janvier de la période considérée.

Informations relatives aux quantités vendues

• Quantités vendues réelles :	8 525
• Quantités vendues budgétées :	8 750
• Chiffre d'affaires réel total :	175 700
• Chiffre d'affaires budgété total :	176 900
• Chiffre d'affaires préétabli total :	171 150
• Coût de production réel total :	138 700
• Coût de production budgété total :	134 800
• Coût de production préétabli total :	130 200
• Autres charges totales réelles :	16 800
• Autres charges totales budgétées :	17 500
• Autres charges totales préétablies :	17 050

Informations relatives aux quantités fabriquées

• Quantités produites réelles :	8 525
• Quantités produites budgétées :	8 750
• Coût de production réel total :	138 700
• Coût de production budgété total :	134 800
• Coût de production préétabli total :	130 200

QUESTIONS

1. **Mettre en évidence l'écart sur résultat en retrouvant le résultat budgété et le résultat réel.**
2. **Analyser l'écart de résultat en fonction des pôles de responsabilité – Commenter les éléments obtenus.**
3. **Décomposer l'écart représentatif des services commerciaux en trois sous-écarts. Porter un jugement sur les résultats obtenus.**

APPLICATION 3

Société Leod

La société Leod possède une force de vente importante et géographiquement éloignée. Tous les mois, elle reçoit de chaque représentant les résultats de son activité.

Ainsi Monsieur Raoul a réalisé au cours du mois un chiffre d'affaires de 20 416 € et effectué 153 visites débouchant sur 58 commandes. Il a dû arrêter de travailler 2 jours pour motifs personnels et a été immobilisé 3 jours de plus suite à une panne imprévue du camion de démonstration.

Dans les données budgétaires, il était prévu un chiffre d'affaires de 32 000 €, avec un montant moyen de 400 € par commande. Le taux de conclusion normal attendu des représentants est de 50 %. Un représentant doit effectuer en moyenne 8 visites par jour et il est admis un taux moyen d'absentéisme de 10 % du nombre de jours travaillés (le mois analysé comprend 22 jours ouvrables).

QUESTION

Proposer une décomposition de l'écart du chiffre d'affaires qui permette l'analyse des réalisations de M. Raoul en fonction des facteurs explicatifs de la structure du chiffre d'affaires.

APPLICATION 4

Éditeur

(À partir du sujet 2003, épreuve DECF 7.)

Un éditeur analyse son chiffre d'affaires global (toutes catégories confondues) comme le produit de trois composantes : nombre de titres × nombre moyen d'exemplaires vendus × prix moyen de cession (arrondir le prix moyen à la troisième décimale).

Trois ans plus tard, vous êtes chargé d'évaluer la réussite de la ligne éditoriale mise en place (voir *annexe*). Les relevés de ventes des diverses catégories d'ouvrages en N−3 et N vous sont fournis ci-après.

Ventes exercice N−3

	Nombre de titres dans la catégorie (a)	Ventes moyennes par titre (b)	Prix public moyen HT (€)	Prix éditeur moyen HT (c)	Chiffre d'affaires par catégorie de titres en k€ = (a) × (b) × (c)	Taux de marge brute
Manuels scolaires	140	8 130	20,70	13,41	15 263	35 %
Manuels universitaires	85	5 740	27,08	17,60	8 587	35 %
Parascolaire	60	7 090	7,80	5,44	2 314	35 %
Annales	64	4 980	10,50	7,35	2 343	18 %
Total	349	6 791		À déterminer	28 507	

Ventes exercice N

Manuels scolaires	142	10 120	21,35	13,87	19 932	41 %
Manuels universitaires	88	6 090	29,48	19,16	10 268	38 %
Parascolaire	82	8 310	7,00	4,90	3 339	34 %
Annales	32	7 530	11,75	8,22	1 981	34 %
Total	344	8 417		À déterminer	35 520	

QUESTIONS

1. Analyse de l'évolution du chiffre d'affaires total :

1.1 Décomposer l'écart sur chiffre d'affaires en un écart sur nombre de titres, un écart sur nombre moyen d'exemplaires par titre, un écart sur prix moyen de cession.

1.2 Faire un commentaire détaillé de l'ensemble des résultats précédents en vous référant, en particulier, aux choix stratégiques effectués.

2. Évolution du chiffre d'affaires et de la marge :

2.1 Calculer la variation de la marge brute totale entre N et N–3. En déduire le taux de marge brute moyen de chaque exercice.

2.2 Décomposer l'écart sur marge en un écart sur taux de marge moyen et un écart sur chiffre d'affaires.

ANNEXE
Stratégie commerciale

La stratégie éditoriale est définie par le directeur général qui affirme lors d'un entretien :

« Avant mon arrivée, la stratégie éditoriale cherchait à couvrir tous les créneaux du marché. Cette politique était conforme à la culture d'entreprise visant, au nom de la notoriété, une présence sur toutes les filières d'études tertiaires. Mais elle conduisait à maintenir des titres à faibles ventes annuelles.

Or, il faut savoir que le coût de réalisation d'un ouvrage comporte une part importante de coûts fixes de " fabrication ". L'augmentation des ventes annuelles accroît de manière notable le taux de marge brute dégagé sur l'ouvrage en raison d'une meilleure absorption des coûts fixes. Le problème des méventes est particulièrement vrai au niveau des annales ; ces ouvrages sont mis à jour chaque année afin de toujours proposer la dernière annale ; les frais de composition d'un ouvrage d'annales doivent être totalement couverts par les ventes de l'année. Inversement, un manuel peut être vendu sur plusieurs années scolaires.

Nous classons nos ouvrages en quatre catégories :

- ouvrages scolaires : j'ai éliminé certains titres à faible tirage (une quinzaine) et demandé au responsable de lancer une nouvelle collection d'étude à partir de cas pratiques. Le succès de cette collection a permis une augmentation du tirage moyen ;
- ouvrages d'enseignement supérieur (BTS et DCG) : nous avons bien suivi la progression de ce marché ;
- parascolaire : par parascolaire, nous désignons tous les ouvrages de revision achetés par les élèves et étudiants ; ce marché a connu un fort développement ;
- annales : j'ai imposé la suppression de tous les titres à faible tirage afin d'augmenter le taux de marge brute. »

APPLICATION 5

Contrôle de production du produit PF

Voici les éléments constitutifs du coût standard concernant la fabrication de 4 000 unités de produits finis PF dans l'atelier 2 :

- MP 2 (matière première) : 3 200 kg à 52,00 €/kg
- Main-d'œuvre directe : 1 600 h à 56,00 €/h
- Charges indirectes totales : 25 000 € (dont 8 000 € de charges de structure)

En fait, les informations réelles, concernant la fabrication de 3 400 unités de produits finis PF dans l'atelier 2, sont les suivantes :

- MP 2 : 3 000 kg à 53,00 €/kg
- Main-d'œuvre directe : 1 400 h à 57,00 €/h
- Charges indirectes totales : 22 500 €

L'unité d'œuvre de l'atelier 2 est l'heure de main-d'œuvre directe.

QUESTIONS

1. **Présenter la fiche du coût ou standard de la fabrication d'une unité de produit fini par l'atelier 2 (coût de la transformation de PI en PF).**
   Calculer, pour l'atelier 2, l'écart total sur les coûts de la période.
2. **Dresser un tableau permettant de dégager l'écart sur chaque élément de coût dans l'atelier 2.**
3. **Procéder à l'analyse de l'écart sur matière et de l'écart sur charges indirectes dans l'atelier 2.**

(*D'après examen*)

APPLICATION 6

Entreprise Samur

L'entreprise Samur est spécialisée dans la fabrication de papiers. Elle commercialise, entre autres produits, du papier de reprographie appelé « repro » sous forme de rames de format 45 × 64 et de ramettes de format 21 × 29,7.

Pour le mois de janvier N, elle établit des prévisions pour les centres de production et plus particulièrement au niveau de la «Découpeuse». Elle tire ainsi une analyse très fine du «repro» par type de produit (rame ou ramette).

Vous devez plus particulièrement porter votre attention sur la ramette au niveau de la découpeuse.

QUESTIONS

1. **À partir de l'annexe 1, établir le budget flexible des frais de découpeuse pour le mois de janvier N concernant les ramettes pour l'activité normale ainsi que pour deux autres niveaux d'activité de coefficients respectifs 0,95 et 1,05.**
2. **À fin janvier, les éléments constatés sont connus (annexe 2). Analyser et décomposer l'écart sur le centre découpeuse.**
3. **Que penser de la dénomination du PCG « écart sur coût variable » pour le premier sous-écart ? Appliquer le raisonnement à l'exemple proposé.**

ANNEXE 1
Coût de production unitaire d'une ramette basé sur une production mensuelle de 500 000 ramettes

	Quantité	Coût unitaire	Montant
Matières premières :			
Pâte à papier	3 kg	1	3
Adjuvant	0,1 kg	2	0,20
Main d'œuvre directe	5 minutes	60 €/l'heure	5
Centres de produit[1] :			
Machine à papier :			
– variable	0,5 U.O.	1	0,50
– fixe			2
Découpeuse :			
– variable	1 U.O.	2	2
– fixe			3
			15,70

(1) L'U.O. correspond à une mesure horaire.

ANNEXE 1
Mois de janvier N
Éléments constatés concernant la production mensuelle de 525 000 ramettes

	Quantité	Coût unitaire	Montant
Découpeuse :			
– variable	500 000 U.O.	2	1 000 000
– fixe			1 698 500
			2 698 500
Coût d'une unité d'œuvre			5,397
Coût de production unitaire			5,140

(Sujet DECF extrait)

APPLICATION 7
Société Techno : contrôle budgétaire sans variation de stock

Dans la société Techno dont les productions sont homogènes, le plan industriel et commercial fournit les informations suivantes pour le trimestre à venir.

Produits	A	B	C	D
Prix prévu	110	130	80	100
Ventes et production prévues	2 300	1 700	1 400	5 600
Coût standard	88,5	76,2	65,4	87,3

Les fiches de coût standard des différents produits sont données ci-après :

	Produit A			Produit B			Produit C			Produit D		
	qté	c.u.	total	qté	c.u.	total	qté	c.u.	total	qté	c.u.	total
Matière	2,3	12	27,6	1,3	12	15,6	1,2	12	14,4	1,5	12	18,0
M.O.D.	0,8	22	17,6	0,7	22	15,4	0,5	22	11,0	0,6	22	13,2
Centre A	0,8	26	20,8	0,7	26	18,2	0,5	26	13,0	0,6	26	15,6
Centre B	0,5	45	22,5	0,6	45	27,0	0,6	45	27,0	0,9	45	40,5
Coût standard			88,5			76,2			65,4			87,3

Le budget du centre A est de 184 340 € pour une activité normale de 7 090 U.O., dont 85 080 € de frais fixes, et celui du centre de B de 362 250 € pour une activité normale de 8 050 U.O., dont 144 900 € de frais fixes.

Les charges hors production prévisionnelles sont de :

- charges de distribution : 59 600
- charges d'administration : 37 200
- frais de siège : 23 130

Par ailleurs, les données de la comptabilité analytique pour la même période sont les suivantes :

Produits	A	B	C	D
Chiffre d'affaires	264 000	210 000	56 250	540 000
Quantités produites et vendues	2 400	1 500	750	6 000

- Consommation de 14 590 kg de matières premières : 189 670
- Main d'œuvre directe (7 200 h) : 159 840
- Charges indirectes :
  - centre A (pour une activité de 7 200 h) : 181 440
  - centre B (pour une activité de 7 450 h) : 331 525
- Charges de distribution : 54 700
- Charges d'administration : 35 800
- Frais de siège : 33 100

QUESTIONS

1. **Présenter le budget par produit et le résultat global budgété.**
2. **Présenter le compte de résultat réel établi dans le cadre du contrôle budgétaire.**
3. **Calculer et décomposer en fonction des responsabilités l'écart sur résultat pour la période de référence.**
4. **Présenter dans un tableau l'analyse de l'écart de marge sur coûts préétablis en mettant en évidence deux sous-écarts. Ce travail doit être fait par produit et en global.**
5. **Analyser l'écart de marge sur coûts préétablis en trois sous-écarts. Présenter les calculs sous forme de tableaux.**
6. **Analyser l'écart sur coût de production.**
7. **Commenter les résultats obtenus.**

APPLICATION 8

Contrôle budgétaire du résultat avec variation de stock

Pour le mois de mars de l'année N, vous disposez des informations suivantes :

Données extraites du budget

FICHE DE COÛT STANDARD									
	Produit A			Produit B			Produit C		
	Q	CU	Montant	Q	CU	Montant	Q	CU	Montant
Matière première M	2 kg	4 €	8	2,2	4 €	8,8	2,5	4 €	10
Main-d'œuvre directe	0,20 h	62 €	12,4	0,25 h	62 €	15,5	0,5	62 €	31
Centre C[1]	0,40 h	40 €	16	0,50 h	40 €	20	1	40 €	40
			36,4			44,3			81

(1) Dont 15 € de coût fixe unitaire.

	A	B	C
Production normale	1 000	750	300
Stock initial de produits finis	100	50	20
Ventes budgétées (en quantités)	1 000	720	310
Prix unitaire budgété	50 €	70 €	100 €

Compte de résultat réel

Charges de production [1]			
• Consommation de matières M : 4 500 kg à 4,20 €	18 900	• Chiffre d'affaires : Produit A : 900 × 50 € Produit B : 600 × 80 € Produit C : 400 × 120 €	141 000
• Main d'œuvre directe : 600 h à 65 €/h	39 000		
• Charges indirectes Centre C (activité réelle : 1 200 h)	49 800	• Production stockée (valorisée au coût standard) : Produit A : (150 – 100) 36,4 Produit B : (220 – 50) 44,3 Produit C : (10 – 20) 81	+ 8 541
Résultat avant charges commerciales	41 841		
Total général	149 541	Total général	149 541

(1) Pour une production réelle de 950 A, 770 B et 390 C.

QUESTIONS

1. Effectuer les calculs du contrôle budgétaire permettant d'analyser l'écart de résultat.
2. Mettre en évidence tous les écarts défavorables et proposer des actions correctives possibles.
3. Présenter sous forme d'arborescence la décomposition de l'écart de résultat.

APPLICATION 9

Société Études et Conseil

La société Études et Conseil est une entreprise d'ingénierie dans le secteur des travaux publics. Elle agit à la demande des directions départementales de l'équipement et en sous-traitance pour de grands groupes de travaux publics. Son activité se partage en trois pôles : des études préalables (Études), des opérations de conduite de travaux (Conduite) et des montages de dossiers financiers (Finance).

Le suivi des coûts est organisé sur la base de la marge dégagée par chaque type d'activité calculée de la façon suivante :

Chiffre d'affaires – Charges de personnel – Autres charges directes = Marge sur coût direct

Les charges indirectes sont ensuite imputées globalement sur la marge totale ainsi dégagée.

Pour l'année N, le budget prévoit :

	Études préalables	Conduite d'opérations	Dossiers financiers
Nombre de services vendus	80	300	160
Prix de vente moyen	7 250 €	14 400 €	13 700 €
Charges de personnel	340 200 €	1 220 200 €	974 160 €
Autres charges directes	26 750 €	361 280 €	35 570 €

Les charges indirectes prévues s'élèvent à 2 611 340 euros.

Pour la même période, les frais réels ont été de :

	Études préalables	Conduite d'opérations	Dossiers financiers
Nombre de services vendus	100	280	150
Chiffre d'affaires	716 510 €	4 055 140 €	2 069 500 €
Charges de personnel	384 160 €	1 152 510 €	938 320 €
Autres charges directes	30 490 €	258 070 €	40 290 €

Les charges indirectes réelles s'élèvent à 2 617 480 euros.

Une étude plus poussée des conditions d'exploitation fait apparaître, pour le centre « Conduite d'opérations », un nombre moyen de jours facturés par opération égal à 25 jours en réel contre 20 jours en prévisionnel.

QUESTIONS

1. **Présenter dans un tableau, le calcul de l'écart sur résultat de la société. Décomposer cet écart en écarts élémentaires. Commenter.**
2. **Analyser l'écart de chiffre d'affaires en écart de prix, de composition des ventes et de volume global.**
3. **Pourquoi, dans ce contexte, une analyse en marge sur coûts préétablis ne semble pas pertinente.**
4. **En considérant que l'activité est mesurée par le nombre total de jours facturés, la production par le nombre de services vendus, analyser l'écart sur coût direct (charges de personnel et autres charges directes) du pôle « Conduite d'opérations ».**

2 PARTIE

LE CONTRÔLE DE GESTION ET L'ANALYSE BUDGÉTAIRE

L'organisation, groupe d'acteurs, avec un système d'objectifs multiples et contradictoires, dans un environnement plus large, plus complexe et plus incertain, essaie d'atteindre une performance économique et sociale en construisant de nombreux outils pour piloter de multiples variables.

Dans ce cadre, le contrôle de gestion n'est plus seulement considéré aujourd'hui comme un ensemble de techniques pour mesurer, comparer des activités, mais comme un outil de pilotage permanent de variables de toute nature.

La troisième partie du manuel introduit le nouveau cadre d'analyse des organisations et du pilotage de la performance (chapitre 13) avant de présenter les démarches qui permettent d'aider les acteurs à décider, à manager, à améliorer les processus, à communiquer, à travailler ensemble, dans des contextes de changement permanent.

Depuis les années 80, la qualité, les ressources humaines et les coûts requièrent un pilotage spécifique car ces variables sont sources de différenciation et d'avantages concurrentiels (chapitre 14, chapitre 15, chapitre 16).

Puis une vision plus globale de l'organisation en interdépendance avec des partenaires extérieurs a conduit à piloter des processus internes et externes :

- des adaptations ont été proposées pour renouveler les indicateurs de tableaux de bord et budgets (chapitre 17, chapitre 18, chapitre 19) ;
- des outils pour piloter l'ensemble des processus sont apparus (chapitre 20, chapitre 21).

13
CHAPITRE

L'organisation et la performance

Pour comprendre les adaptations et les nouvelles pistes des outils de contrôle de gestion depuis les années 90, il est nécessaire de préciser les caractéristiques de l'organisation et les facteurs de l'environnement qui semblent influencer et orienter les choix de gestion. Le contrôle de gestion évolue alors pour intégrer de nouvelles variables essentielles comme le temps et la valeur, pour tenir des nouvelles structures et de l'entreprise étendue.

SECTION 1
LES REPRÉSENTATIONS ACTUELLES DES ORGANISATIONS ET DE L'ENVIRONNEMENT

Comme dans le chapitre 2, pour présenter le cadre classique, nous aborderons d'abord la vision actuelle de l'organisation puis les traits dominants de l'environnement.

1. L'organisation

Les écoles et courants plus récents de la théorie des organisations ont permis d'enrichir la représentation des organisations et la compréhension de leur fonctionnement de manière plus dynamique.

De même, des formes structurelles sont apparues pour mieux répondre aux exigences de flexibilité et de réactivité liées aux stratégies mises en œuvre dans un environnement plus instable, incertain et complexe.

Il faut donc spécifier les caractéristiques de ces organisations pour comprendre les demandes faites au contrôle de gestion pour de nouvelles informations et un nouveau pilotage.

1.1 Les apports des théories des organisations

a) L'organisation est un système social

Après l'école des relations humaines qui prend conscience des besoins et des motivations de l'homme au travail, l'étape suivante est la conception de l'organisation comme un système social.

En élargissant la perception et le rôle de l'entreprise, les auteurs tels que Herzberg, Crozier, recherchent la participation et l'intégration du personnel pour améliorer les performances de l'organisation. Cela conditionne de nouvelles formes d'autorité, de nouvelles pratiques du pouvoir, de responsabilisation et d'autonomie.

L'analyse socio-technique montre l'interdépendance du système technique avec ses critères quantitatifs et du système social avec ses implications psychologiques et ses contraintes sociales.

Avec le concept de rationalité limitée mis en évidence par H. Simon en 1955, les processus décisionnels mis en œuvre dans les organisations par les acteurs deviennent plus incertains et aléatoires car les individus ne peuvent appréhender l'ensemble d'un problème, ont des connaissances incomplètes pour en dresser une image fidèle et objective et sont influencés par leurs systèmes de valeur, leur culture.

La prise en compte de l'environnement turbulent et incertain, de la double dimension technique et humaine de toute entreprise bouleverse l'analyse de la stratégie et des décisions.

La gestion des structures, des procédures de travail, des contrôles et surtout de l'information, de sa circulation, de la communication s'en trouve également modifiée.

Ansoff et Drucker ont largement contribué à élargir l'approche de l'organisation pour aboutir à :

- un **système** dont les éléments en interdépendance doivent coopérer et communiquer,
- **ouvert** sur l'environnement incertain et perturbateur,
- **socio-technique**,
- et **finalisé**, avec des objectifs qui évoluent et des mécanismes régulateurs pour piloter l'ensemble.

Ainsi on passe du contrôle ***ex post*** pour vérifier un passé, a un **suivi permanent** pour aider avant, pendant et après l'action. Ce n'est plus un « bâton » mais un outil de communication et de « médiation » entre les partenaires de l'entreprise.

b) L'organisation est contingente

■ *L'approche de la contingence*

Les théories de l'organisation essaient de répondre à la question : existe-t-il une structure idéale pour l'entreprise et quelle est-elle ?

À la différence des théories classiques qui cherchent à établir LA norme, LE « bon » modèle quelles que soient les entreprises, les théoriciens de la contingence, une des écoles de la théorie des organisations (1980), recherchent **une solution satisfaisante pour une entreprise spécificique dans un contexte particulier**.

L'organisation est soumise à des **facteurs de contingence**, c'est-à-dire des éléments propres à une entreprise, qui évoluent avec elle et qui influencent ses choix et ses actions.

L'environnement et ses caractéristiques sont des facteurs discriminants pour structurer l'organisation.

Plusieurs facteurs de contingence sont repérables :

– **la technologie** : selon J. Woodward, le choix de la structure est déterminé, « contingent » à la technologie utilisée dans le système de production de l'entreprise (production en petite ou grande série, processus continu ou discontinu) ;
– **la taille, l'âge** et **le pouvoir** de l'entreprise : Lawrence & Lorsch, Mintzberg analysent ainsi les structures les plus adéquates en fonction de ces facteurs et de leur évolution ;
– **l'environnement** : l'activité, les offreurs et les demandeurs, toutes les dimensions de l'environnement influencent également les choix structurels.

■ *Influence de la contingence sur le contrôle de gestion*

Grâce à cette problématique, il n'est plus possible de considérer le contrôle de gestion comme un outil standard pour toutes les organisations.

Le contrôle de gestion doit être un système d'information pour la dimension technique (approche quantitative du coût) mais aussi pour la dimension sociale (approche qualitative de la performance de l'organisation).

Le contrôle de gestion doit aussi être un outil de communication entre les acteurs et les services de l'organisation. Il doit faciliter les procédures de travail.

Sa place, l'importance de son rôle, sa conception et son utilisation vont être très différents selon les spécificités des entreprises.

Le contrôle de gestion doit s'adapter aux besoins d'information de l'organisation et ne pas être « plaqué » de la même manière dans toutes les entreprises.

Le contrôle de gestion dans les approches récentes est un instrument d'analyse des performances, spécifique selon les objectifs de l'organisation et les comportements des participants.

c) L'organisation, lieu de contrats

Cette approche provient des formalisations de la théorie de la firme. Trois courants peuvent apporter un éclairage sur l'organisation et son contrôle.

■ *Théorie des coûts de transaction*

R. Coase (1937) a montré la nécessité des organisations à partir du concept de coût de transaction. Dans une économie de marché, il existe des coûts incontournables lorsque l'on s'adresse au marché : ce sont les coûts de fonctionnement du système d'échange pour procéder à l'allocation des ressources et transférer des droits de propriété (coût d'information, coût de transport, coût de négociation, coût de taille, etc.). Ces coûts de transaction sur le marché plus ou moins élevés conduisent à se détourner du marché et à mettre en place des organisations limitant ainsi les échanges. Donc les coûts de transaction expliquent l'existence des firmes mais, à l'inverse, les coûts organisationnels de fonctionnement de la structure de la firme limitent la substitution complète du marché par les organisations.

■ *Théorie des droits de propriété*

L'entreprise « managériale » qui apparaît dans les années 60 aux États-Unis fait apparaître une séparation entre le propriétaire de la firme (actionnaires) et le dirigeant manager gérant l'organisation. Le propriétaire délègue au gestionnaire un mandat de gestion de ses droits de propriété.

Théorie de l'agence

Une relation d'agence est un contrat par lequel une personne (le principal) engage une autre personne (l'agent) pour exécuter en son nom une tâche qui implique une délégation d'un certain pouvoir de décision à l'agent.

Cette réalité apparaît dans les organisations avec la diversification des activités et donc la nécessaire spécialisation des tâches ; un seul acteur ne peut maîtriser tous les domaines de la gestion.

Avec cette approche, synthèse des deux précédentes, l'entreprise devient un ensemble de contrats au sein de l'organisation, qu'il faut mettre en place puis contrôler.

Le contrôle de gestion, outil des relations contractuelles

- En fonction de la complexité de l'environnement, des variables qu'il faut prendre en considération, l'organisation sera plus ou moins externalisée en comparant les coûts de transaction et les coûts organisationnels. Ainsi, l'organisation n'est pas un état fini mais un processus de transformation permanente, ce qui oblige à modifier les procédures de travail, de contrôle en fonction de l'évolution de la structure. Il faut donc adapter les méthodes du contrôle de gestion pour mesurer, coordonner et faire communiquer les différentes unités internes ou extérieures à l'organisation. Le contrôle de gestion sera d'autant plus difficile et compliqué que l'entreprise sera éclatée ou en « réseau ».

- Avec l'entreprise managériale, le propriétaire actionnaire souhaite contrôler les résultats du gestionnaire et éventuellement orienter ses actions en fonction de ses propres objectifs qui ne sont pas nécessairement ceux du gestionnaire. Le contrôle de gestion peut alors être élaboré et utilisé comme un outil de mesure des performances, base de dialogue et de négociations entre ces deux acteurs.

- De même, dans les relations d'agence, donc de délégation de pouvoir et de responsabilité à l'intérieur de l'organisation, des outils du contrôle de gestion peuvent être des systèmes d'information assurant le suivi des actions mandatées et le contrôle de leurs résultats.

d) L'organisation, lieu d'apprentissage

L'approche évolutionniste (1980)

Se fondant sur des modèles biologiques et sur les principes de la sélection naturelle, des analyses montrent que les organisations évoluent et se transforment pour répondre aux sollicitations et modifications externes et internes.

L'organisation réagit à son environnement et s'adapte grâce à ses compétences d'« apprentissage ». L'**apprentissage** est défini comme un processus par lequel la répétition et l'expérience accumulées font que les activités sont effectuées de mieux en mieux, de manière de plus en plus efficace.

La valeur et la qualité d'une organisation dépendent ainsi de sa capacité à mettre en place des procédures organisationnelles, des « routines » pour maîtriser ses apprentissages.

Le contrôle de gestion comme moyen de routines ou d'apprentissage

En fixant des procédures de mesure et de contrôle, des démarches de résolution de problème et d'amélioration de processus, le contrôle de gestion peut être considéré comme un ensemble de routines garantissant la pérennité de l'organisation. Il peut également, par des remises en cause de ses objectifs, de ses rôles, de ses techniques, devenir un levier du changement et d'**apprentissage organisationnel**.

TABLEAU RÉSUMANT LA PROBLÉMATIQUE ACTUELLE DU CONTRÔLE DE GESTION

De l'étude de la théorie des organisations il en découle un nouveau cadre d'analyse pour le contrôle de gestion :

- le contrôle de gestion doit être appréhendé comme un SYSTÈME, système d'information pour le système Entreprise ;
- le contrôle de gestion s'insère dans une entreprise et un environnement COMPLEXE et INCERTAIN ;
- les objectifs et les paramètres du contrôle de gestion ÉVOLUENT dans le temps et l'espace, tant à l'intérieur qu'à l'extérieur de l'organisation ;
- le contrôle de gestion s'insère dans un système décisionnel à RATIONALITÉ LIMITÉE ;
- le contrôle de gestion doit intégrer une DIMENSION HUMAINE et sociale.

Ces caractéristiques ne réduisent pas la portée et l'intérêt du contrôle de gestion mais en modifient le champ d'analyse et obligent à faire évoluer les outils de gestion.

- approche système
- dimension humaine
- approche socio-technique
- rationalité limitée
- contingence
- coût de transaction
- incertitude complexité

⇒

CHAMP ÉLARGI DU CONTRÔLE DE GESTION :
- avec des variables quantitatives et qualitatives
- avec la dimension humaine
- pour un pilotage adaptatif
- à l'intérieur et à l'extérieur de l'organisation

⇓

Contrôle de gestion,
système d'information,
contingent et social,
outil d'aide à la décision,
dans un environnement
complexe et incertain

⇓

LES 4 MISSIONS DU CONTRÔLE DE GESTION
- planifier
- suivre
- motiver
- mesurer les performances

⇓

LE CONTRÔLE DE GESTION EST UN SYSTÈME { d'ANIMATION / d'INFORMATION / de CONTRÔLE

LES DOMAINES UTILISÉS PAR LE CONTRÔLE DE GESTION

Techniques comptables
Informatique de gestion
Analyse des organisations
Analyse socio-technique
Systémique

→ SYSTÈME CONTRÔLE DE GESTION

1.2 Nouvelles structures et périmètre des structures

Les dirigeants réfléchissent à de nouvelles structures organisationnelles pour améliorer la coordination du travail, la réactivité stratégique et la créativité des acteurs.

Les structures doivent être gérées pour dégager de la valeur et être source de performance.

a) La chaîne de valeur

L'approche système mettant en évidence l'interdépendance des entités a fait émerger la notion de « chaîne de valeur » délimitée par M. Porter qui montre les interactions des activités et des services pour créer une synergie créatrice ou destructrice de valeur :

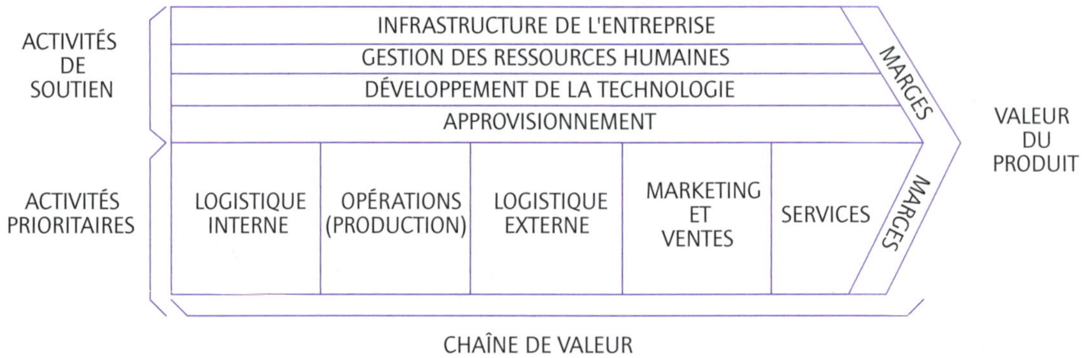

Il s'agit alors de déterminer les coûts et la valeur dégagée par chaque activité, prioritaires et de soutien, pour orienter les décisions et les actions. La méthode des coûts par activité (*cf.* chapitre 16) est fondée sur cette représentation.

Pour aller dans le sens de la flexibilité et de la réactivité imposées par le contexte actuel, les entreprises ont cherché des structures plus adéquates, ainsi par exemple :

b) La structure par processus et activité

Un processus est un enchaînement d'acteurs réalisant une suite d'activités afin d'obtenir un résultat (bien ou service, partiel ou complet).

La norme internationale ISO 9000 propose la définition suivante : ensemble d'activités corrélées ou interactives qui transforme des éléments d'entrée en éléments de sortie

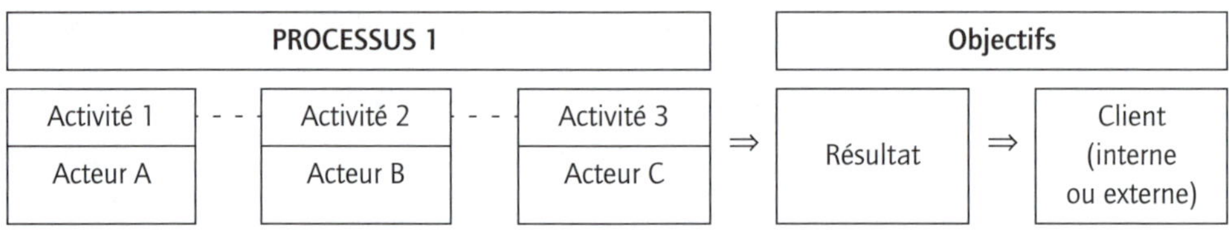

Les processus structurent toutes les activités qui composent la chaîne de valeur d'une entreprise. Le résultat est destiné à un client interne et il est consommé par un autre processus ou à un client externe et possède une valeur traduite par le prix de vente.

La valeur du résultat est appréciée par différents indicateurs comme le délai de livraison, la qualité du résultat, les services associés…

L'approche processus, en liaison avec la stratégie d'une entreprise, consiste à gérer 6 étapes, selon le schéma ci-après :

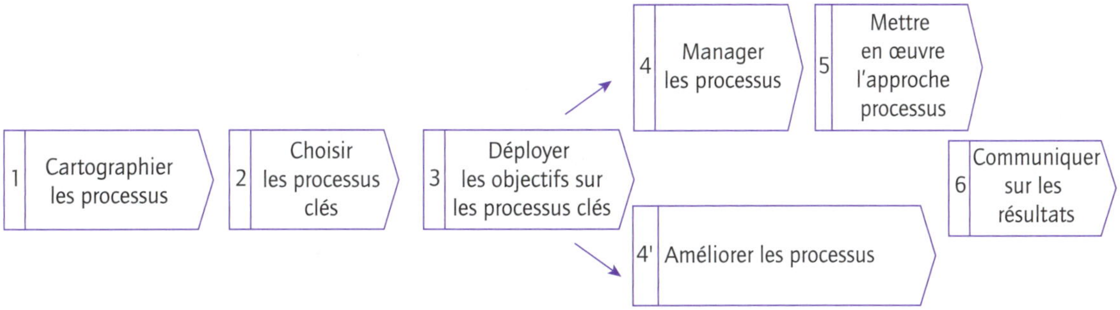

Cette structure, fondée sur la valeur obtenue en aval pour le client, décloisonne les fonctions traditionnelles verticales en découpant de manière horizontale les différentes étapes nécessaires à la réalisation de l'objectif.

c) Structure par projet

L'AFNOR définit dans ses normes un projet, comme démarche spécifique qui permet de structurer méthodiquement et progressivement une réalité à venir ; il est mis en œuvre pour répondre au besoin d'un utilisateur, d'un client et il implique un objectif et des actions à entreprendre avec des ressources données.

Il est possible de repérer des caractéristiques spécifiques au projet pour le différencier d'une opération classique.

Activité « projet »	Activité « opération »
• Non répétitive (*one shot*) • Irréversibles • Incertitude forte • Influence forte des variables exogènes • Processus historiques • Cash-flows négatifs	• Répétitive • Réversible • Incertitude faible • Influence forte des variables endogènes • Processus stabilisés, gérables en statistiques • Cash-flows positifs

La structure hiérarchique, fondée sur des tâches répétitives, une technologie connue est adaptée à un environnement stable ; si celui-ci connaît des turbulences de marchés, des instabilités de produit, des modifications technologiques fortes et rapides, une organisation par projet parait plus efficace.

Il est possible d'en repérer plusieurs formes :

– projet par fonction ou métier ;

– projet autonome ;

– organisation matricielle.

Toute organisation par projet doit être clairement définie par son fonctionnement, son système d'information et sa culture ; ainsi, le contrôle de gestion peut avoir un rôle important à jouer pour structurer le fonctionnement d'une organisation par projet à partir des informations élaborées et transmises.

d) Structure ou organisation en réseau

Les caractéristiques de l'environnement économique mondial actuel et les possibilités offertes par l'environnement technologique ont conduit les entreprises à constituer de nouvelles formes d'organisation, plus réactives et plus flexibles, à l'intérieur et à l'extérieur : les réseaux

• Mondialisation des marchés et globalisation de l'économie • Stratégies d'alliances et de partenariats • Architecture informatique interconnectée • Internet	⇒ Entreprise en réseau

Un **réseau** est constitué d'éléments qui sont reliés entre eux et qui doivent travailler ensemble. Ces éléments sont les nœuds, les arcs, les activités du réseau et la structure de contrôle du réseau :

– les nœuds ou éléments actifs du réseau correspondent aux entités économiques qui vont coopérer entre elles ;
– les arcs ou liaisons entre les nœuds sont les procédures, les règles, les circuits d'information et de décision communs formalisés entre les entités économiques ;
– les activités du réseau qui permettent son fonctionnement correspondent au système de gestion de l'organisation ;
– la structure de contrôle est l'agencement des nœuds et des connexions donc les structures organisationnelles, sociales, politiques choisies par les entités.

À partir de cette définition, plusieurs formes d'entreprise en réseau se déclinent comme l'entreprise éclatée, l'entreprise étendue, l'entreprise associée, l'entreprise dynamique, l'entreprise virtuelle.

Quelle que soit sa configuration et ses choix de fonctionnement, il apparaît que les systèmes d'information et en particulier le contrôle de gestion jouent un rôle essentiel dans le pilotage de l'ensemble. Si des besoins spécifiques de pilotage émergent le contrôle de gestion devra y répondre.

Il semble que les grandes entreprises, depuis une décennie, doivent appréhender leur structure comme une variable stratégique qu'il faut gérer en permanence et faire évoluer pour apporter toujours plus de flexibilité, de réactivité, de valeur et de performance ; émerge ainsi la gestion du changement qui implique des comportements nouveaux de la part des acteurs, ce qui n'est pas toujours facile à coordonner.

Toutes ces évolutions organisationnelles associées aux turbulences de l'environnement et à la nécessité de s'y adapter induisent des contextes non stabilisés ou changeant rapidement, nécessitant des modifications dans les systèmes d'information qui les pilotent et en particulier le contrôle de gestion.

e) Structure intégrée d'appovisionnement

L'éclatement des frontières entre les organisations, l'importance accordée à la réduction des délais et l'utilisation de l'informatique conduisent à rechercher une amélioration du pilotage de tout le processus d'approvisionnement.

Dans ce contexte, il est aujourd'hui reconnu que la **maîtrise de tous les flux** qui permettent de transférer des biens entre des entités constitue un atout stratégique et une source de valeur.

La **logistique** est la gestion des flux de matières et d'informations qui circulent entre tous les acteurs qui travaillent ensemble le long d'une chaîne d'activités. La logistique est le processus qui permet d'optimaliser les réseaux de distribution des biens et des services pour satisfaire complètement, rapidement et au coût le plus juste, une commande.

Depuis les années 80, la logistique externe (distribution des produits en aval sur les marchés) et la logistique interne (approvisionnement auprès des fournisseurs) sont intégrés dans un même système logistique ou ***total supply chain***, chaîne de valeur physique totale ou chaîne logistique totale.

La ***supply chain*** est définie comme un ensemble de trois entreprises ou plus, directement liées par un ou plusieurs flux amont et aval de produits, de services, d'informations, du point d'origine au point de consommation final.

Les coûts logistiques représentent en moyenne pour tous les secteurs de l'industrie française environ 10 à 12 % du chiffre d'affaires : les coûts de transports constituent la part la plus importante, environ 50 %, les coûts de stockage environ 20 %.

Ces coûts ont tendance à baisser car ils sont mieux pris en compte, contrôlés et mieux gérés que par le passé par la mise en place d'une fonction logistique dans de nombreuses organisations.

Quelle que soit la stratégie adoptée, le contrôle des coûts logistiques et l'amélioration de la performance des services fournis augmentent la valeur qu'offre une entreprise et conduit à une meilleure rentabilité.

La logistique peut ainsi devenir un avantage concurrentiel pour une entreprise, aussi bien pour une stratégie de domination par les coûts que pour une stratégie de différenciation par un meilleur service. Cette prise de conscience a induit des démarches de pilotage, la mise en place de calcul de coûts, de tableaux de bord.

Cette importance a été renforcée par la large diffusion de la production en juste-à-temps qui impose à tous les fournisseurs en amont de la production de se plier au rythme de l'aval et donc de gérer autant le temps de livraison et de stockage que le temps de production. Le juste-à-temps est efficace si les flux d'information et de matières sont optimisés donc la logistique devient la pierre angulaire de l'édifice et le pivot qui peut améliorer ou détériorer la performance de l'ensemble.

Dans ce contexte, il semble nécessaire de mettre en place un système d'information qui permette de mesurer et de suivre un certain nombre d'indicateurs physiques et financiers pour piloter en temps réel cette chaîne stratégique et source de valeur (cf. chapitre 21).

La gestion intégrée de la logistique doit arbitrer entre les différentes étapes de la chaîne en fonction de leurs coûts, délais, qualité.

1.3 Représentation contemporaine des organisations

L'interaction entre les formalisations des organisations et la structure organisationnelle conduit à une représentation plus réaliste et plus riche des organisations.

a) Perceptions d'un environnement turbulent

- L'environnement simple avec peu de variables prises en compte est devenu un environnement **complexe** dans lequel la multiplicité de variables diversifiées et leur interdépendance sont difficilement appréhendables.

• L'environnement certain, que l'on pense connaître et maîtriser, fait place à un environnement **incertain**, ce qui rend plus dubitatif les décideurs.

• L'**instable** a remplacé le stable, aussi bien pour l'environnement que pour les objectifs et les variables des entreprises.

b) Adaptations des structures

• L'évolution tendancielle des structures consiste à passer d'une entité homogène rigide lourde interne à un réseau d'**entités internes et externes souples**.

• Au-delà des processus opérationnels, les entreprises cherchent à faire évoluer l'ensemble de leur organisation pour réagir plus vite, pour mieux utiliser leurs capacités organisationnelles comme facteur clé de succès et avantage concurrentiel : ainsi la tendance vers la flexibilité et la réactivité conduit vers des choix de **structures plus aplaties**, plus éphémères, plus transversales et mobiles.

c) Prise en compte différente du temps

• Le temps n'est plus considéré aujourd'hui par les managers comme une variable discrète mais comme une **variable continue** : il s'agit en enfin de piloter en permanence et en **temps réel** l'organisation pour réagir plus rapidement aux différentes turbulences internes et externes.

• Il s'agit également de gérer en passant de l'immédiat au **futur** ; le temps ne doit plus seulement être appréhendé par le passé et le présent mais aussi en anticipant les différents cycles de vie qui se développent de manière hétérogène dans le futur.

d) Intégration de l'acteur dans les décisions et les actions de gestion

• La perception des membres d'une organisation passe d'un homme machine à un homme **acteur** qui a des intérêts propres, une idéologie et des valeurs, une rationalité limitée.

• Le manager n'est plus seulement considéré comme un décideur rationnel mais aussi comme un homme social ; la dimension **politique** va s'exprimer dans ses choix au sein de l'organisation, au travers des jeux de rôle, des jeux de pouvoir et d'influence.

Ces enrichissements dans la représentation du fonctionnement des organisations conduisent nécessairement à modifier les demandes qui sont faites aux outils du contrôle de gestion :

– il ne s'agit pas seulement de mesurer des coûts pour l'organisation mais de déterminer la **valeur** pour toutes les parties prenantes de l'entreprise ;

– il ne s'agit pas d'évaluer seulement des éléments quantitatifs mais d'intégrer des paramètres et des indicateurs **qualitatifs.** On quitte des techniques « dures » (comptabilité, budget) pour arriver à des méthodes de sciences humaines intégrant des dimensions humaines, **sociologiques**, **psychologiques**, importantes ;

– il ne s'agit plus de raisonner de manière analytique en isolant les variables, mais de manière **systémique** pour croiser les indicateurs de toutes les dimensions de la performance. Un outil doit pouvoir piloter plusieurs dimensions sans causalité univoque.

Toutes ces évolutions posent le problème du périmètre et des frontières des outils du contrôle de gestion : jusqu'où aller ? le coaching ? le management des équipes ? la gestion par projet ?

Quelle est alors la pertinence du contrôle de gestion ? à qui et comment peut-il servir ?

On peut essayer de synthétiser ces évolutions par une visualisation schématique de la place des outils :

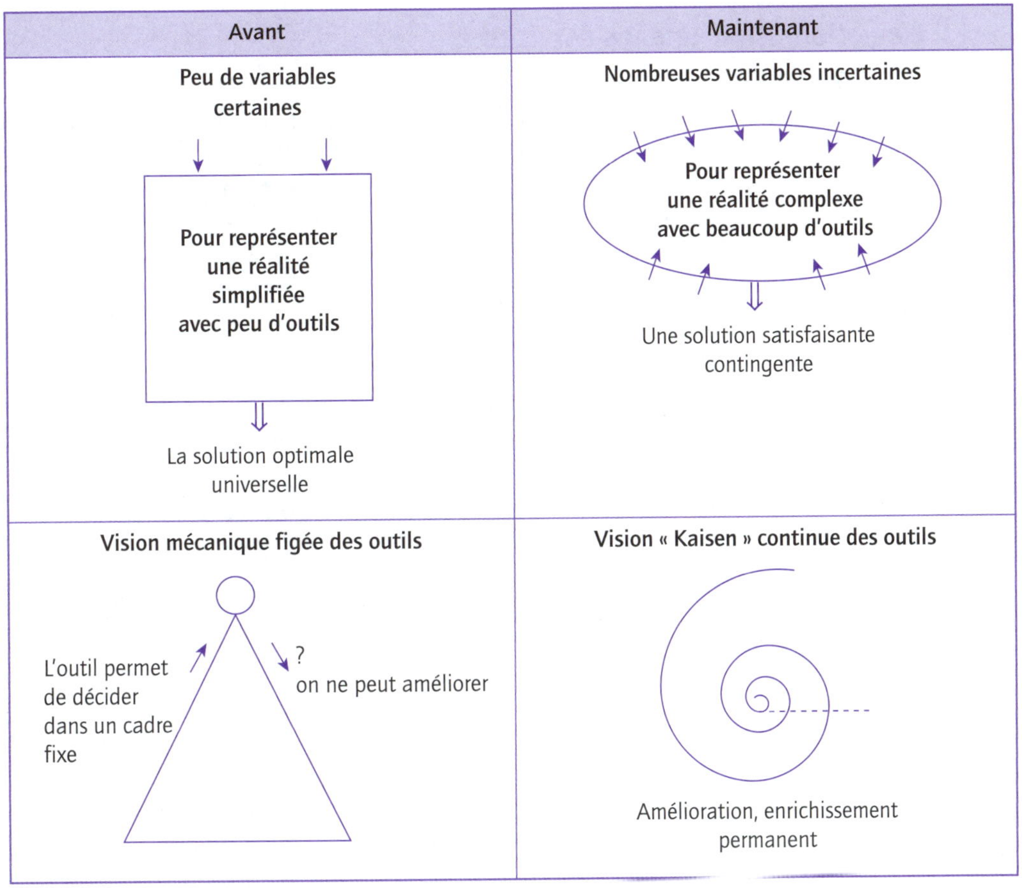

Cette représentation plus dynamique est en phase avec les modifications de l'environnement économique et technologique des trente dernières années.

2. L'environnement économique

Toutes les dimensions de l'environnement se sont profondément complexifiées avec un degré d'incertitude et de versatilité croissant.

2.1 Un contexte général plus instable

Il apparaît :

– une ouverture des marchés et une intensification de la concurrence à l'échelle mondiale ;

– une demande de biens et de services plus diversifiée et plus versatile ;

– une exigence de qualité, de délai et de services, attachée aux produits ;

– des potentialités apportées par l'électronique dans les machines et dans l'information et la communication.

Ce contexte plus aléatoire, plus rapide, plus instable rend encore plus nécessaire un pilotage permanent des variables d'action pour réagir aux turbulences.

2.2 Une orientation vers les services

L'importance des services s'accroît de manière intrinsèque et en lien avec l'industrie.

• *Industrie avec service* : ainsi, avec l'importance accrue des phases amont (conception) et aval (services) à la production, donc l'intégration stratégique d'activités non directement productives et l'externalisation de nombreuses activités supports ou services, de nouveaux coûts doivent être calculés et suivis. Une modélisation différente du système global de calcul doit, de ce fait, émerger :

– avec la prise en compte des alliances ;

– avec la prise en compte de la durée de vie totale du produit ;

– avec la prise en compte de la qualité.

• *Service* : l'économie contemporaine tend à proposer davantage de services pour satisfaire le client et accorde moins de poids à l'industrie proprement dite qui est externalisée, voire délocalisée à des prestataires mondiaux.

Dans ce contexte, le système d'information « contrôle de gestion » doit permettre de mesurer le coût de l'ensemble des services élaborés par les différents partenaires du processus de production, doit faire apparaître clairement les coûts associés à la gestion de la qualité, associés à la logistique puisque ces deux dimensions prennent aujourd'hui toujours plus d'importance, et doit informer sur les coûts de coordination d'une organisation « virtuelle » fonctionnant avec les technologies de transmission électronique de l'information.

La notion de variabilité est très importante pour les services, car on passe d'une variabilité de ressources consommées à une **variabilité d'occupation des installations** : en effet, la production de service implique des investissements et des coûts, majoritairement fixes, irréversibles quel que soit le taux d'occupation, fluctuant et difficilement prévisible.

La rentabilité des investissements s'inscrit dans un pilotage précis et en temps réel des recettes et donc des prix : c'est le « **yield management** » qui ne peut être maîtrisé et efficace sans un contrôle de gestion fiable sur ces informations.

3. L'environnement technologique

Les supports et les réseaux informatiques modifient fortement la relation au temps pour les organisations et les systèmes d'information.

Le fort développement et la large diffusion de l'informatique de gestion ont permis une offre considérable de produits qui bouleverse les calculs et les procédures du contrôle de gestion. Il est nécessaire de distinguer les logiciels qui permettent des traitements plus ou moins complexes d'information des canaux qui transmettent et font circuler les informations.

3.1 Les logiciels systèmes d'information

Tous les logiciels sont des systèmes d'information qui permettent une décision plus ou moins automatisée ; il est ainsi possible de les classer selon ce critère :

Système de prise de décision	Logiciel totalement programmé : prise de décision automatique
Système de reporting	Logiciel donnant des tableaux de données périodiques et l'utilisateur prend les décisions (cas classique du contrôle de gestion)
Système interactif d'aide à la décision SIAD, EIS par exemple	Logiciel donnant des modèles et des données élaborées, des simulations ; l'utilisateur maîtrise les décisions
Système reposant sur l'intelligence artificielle – SE, par exemple	Logiciel capable d'apprentissage et assistant la décision en proposant des solutions
Système d'aide à la décision de groupe ECR, DATA WHARE HOUSE, par exemple	Logiciels de calculs et de communication pour assister un processus collectif de prise de décision

(À partir de R. Reix, *Systèmes d'information*, Vuibert 1998)

Il semble nécessaire de préciser quelques caractéristiques de ces systèmes d'information :

• **SIAD**, *système interactif d'aide à la décision* : c'est un système d'information assisté par ordinateur fournissant une assistance aux décideurs pour des problèmes non structurés,

Structure type d'un SIAD

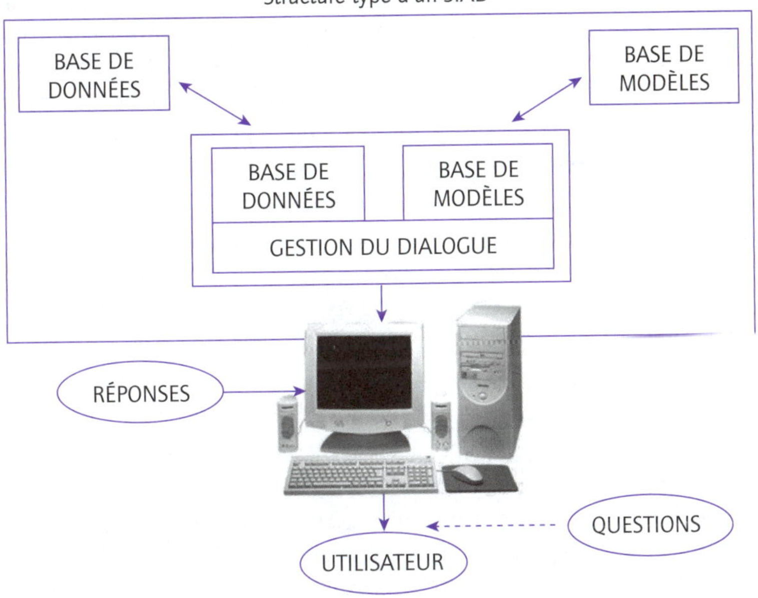

Source : R. Reix, *Systèmes d'information et management des organisations*, Vuibert, 1998.

combinant le jugement humain et le traitement automatisé de l'information ; un SIAD comprend trois éléments : une base de données, une base de modèles et une fonction de gestion du dialogue homme-machine.

Un SIAD efficace dans sa conception et son utilisation nécessite un apprentissage de la part du décideur et des allers-retours pour améliorer le système. Des SIAD permettent d'élaborer et de contrôler des budgets.

• **EIS**, *Executive Information System* ou *ESS Executive Support System* : c'est un SIAD spécifique pour les besoins des cadres supérieurs, c'est-à-dire pour des tâches de finalisation, formulation d'objectifs et de stratégie, des tâches d'animation contrôle pour le suivi des performances ; ces besoins sont diversifiés, hétérogènes, complexes et les solutions proposées par les logiciels ou EIS sont des tableaux de bord électroniques construits par les cadres et dirigeants.

• **DATA WAREHOUSE** ou *entrepôts de données* : plusieurs logiciels articulés permettent de collecter, de stocker et d'exploiter une énorme masse d'informations, de les interroger avec un langage de requête (SQL), de traiter des données multidimensionnelles (ROLAP), de faire des statistiques (*data mining*) pour mieux comprendre des situations et aider aux décisions.

• **SE**, *système expert* : logiciel informatique simulant le raisonnement d'un expert dans un domaine de connaissance spécifique. Un système expert comprend une base de faits, une base de règles et un moteur d'inférence avec une informatique heuristique (non algorithmique) qui exécute un raisonnement en interprétant les règles et en les appliquant aux faits pour résoudre un problème.

Un SE est élaboré à partir des raisonnements, des démarches intelligentes d'un expert traduits par un cogniticien. Un SE est un système ouvert qui évolue en fonction de nouveaux faits et des nouvelles règles qui apparaissent au cours des traitements. C'est le domaine de l'intelligence artificielle, qui essaie de reproduire les réseaux de neurones des hommes.

Ainsi, il est possible de faire des diagnostics (dans les domaines financiers, de production) des prévisions (évolution d'un marché, planification de la production, financement d'un investissement, planification stratégique), des conduites de processus.

• **ECR**, *Efficient Consummer Response* ou réponse efficace au consommateur : par la collecte d'informations sur les choix des consommateurs, à partir des tickets de caisse, il est possible d'avoir une meilleure connaissance des clients et d'améliorer l'efficacité de la promotion, de la logistique, des lancements de produits nouveaux et l'assortiment des points de vente.

C'est aussi une immense base de données que l'on interroge pour mieux cerner une situation, faire des comparaisons et aider aux décisions.

• **PGI**, progiciel de gestion intégré **(ERP**, *Enterprise Resource Planning*, issu de l'appellation *MRP material ou management requirement ou resources planning* dans le domaine de la production) : système d'information intégré visant à articuler plusieurs traitements qui s'enchaînent le long du processus de gestion, en particulier :
vente-production-approvisionnement-comptabilité-finance-ressources humaines.

De manière générale, ce sont tous les logiciels intégrés qui permettent d'associer plusieurs fonctions d'une organisation créant ainsi un réseau d'informations sur lequel travaillent tous les acteurs. Les technologies des réseaux ont permis d'intégrer plusieurs bases de données, de relier, l'amont, le centre et l'aval du processus, au sein et à l'extérieur d'une entreprise. Un ERP doit permettre plus de productivité, de flexibilité, et la réduction de tous les cycles. Il est possible de repérer plusieurs caractéristiques d'un ERP :
– les modules sont intégrés pour une utilisation plus facile ;

– le système est orienté vers l'utilisateur ;
– les données sont disponibles en temps réel, pour un pilotage plus performant des variables d'action. Le principe d'intégration qui structure les ERP a obligé les entreprises qui souhaitaient les mettre en place à décloisonner les fonctions, à rendre homogènes et cohérentes les procédures de fonctionnement des services. Ainsi, un ERP est un outil de normalisation et de standardisation des processus d'une entreprise.

Le logiciel intégré le plus répandu est SAP.

Une société allemande créée par cinq anciens cadres d'IBM a proposé en 1979 la première version du logiciel SAP (Systèmes, Applications et Produits pour le traitement des données).

Cette entreprise est devenue le leader mondial, avec 48 000 employés, un chiffre d'affaires de plus de 10 milliards d'euros en 2009 et un profit de plus de 2,5 milliards d'euros. 50 000 logiciels sont implantés chez 95 000 clients répartis dans 120 pays.

La structure et les modules du progiciel intégré SAP peuvent être visualisés de la manière suivante :

STRUCTURES ET MODULES D'UN PROGICIEL INTÉGRÉ (SAP, 1999)

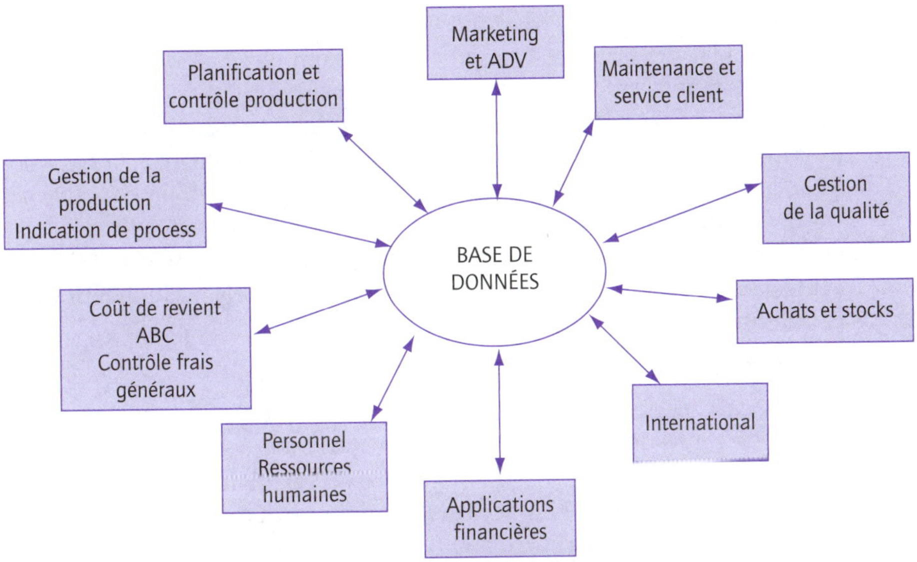

C'est une architecture intégrée, mise en place sur une organisation décrite de manière transversale, avec une saisie unique des données standards mises à jour en temps réel. Le principe est le suivant : une vente provoque tout un ensemble d'événements enchaînés ainsi à un résultat ; la commande client déclenche la suite des traitements en terme de trésorerie, de comptabilité, de logistique et de production, dans une optique quantitative et qualitative, en volume et en valeur dans chacun des modules concernés.

3.2 Les systèmes de communication

Ils constituent les « canaux » indispensables pour faire circuler les informations et relier les logiciels, les organisations, les acteurs, donc constituer des réseaux locaux ou plus larges, publics ou privés. Deux tendances semblent se développer dans les organisations, le travail en groupe et les systèmes inter-organisationnels qui modifient les procédures de fonctionnement des outils de gestion.

a) Aide au travail de groupe

Workflow ou outils de travail coopératif permettant de travailler ensemble, à des moments différents ou non, sur un même lieu ou sur des lieux différents. Ces systèmes de communication peuvent aider les acteurs dans leurs tâches sans les contraintes de temps et d'espace.

b) Systèmes inter-organisationnels

• **EDI**, échange de données informatisées : service qui assure le transfert par télécommunication des données normalisées entre partenaires en s'appuyant sur une messagerie.

L'EDI est donc un support pour des transactions courantes entre organisations.

Plusieurs systèmes de normalisation coexistent à différents niveaux :

- par exemple, au niveau national, Galia pour les constructeurs automobiles en France, GENCOD pour la distribution ;
- au niveau européen, Odette pour la construction automobile, EAN pour la distribution, par exemple ;
- au niveau international, IATA pour le transport aérien.

Sous la tutelle des Nations Unies une norme commune EDIFACT mondiale et multisectorielle doit remplacer les nombreuses normes existantes.

• **Internet** : ensemble de réseaux utilisant un même protocole TCP/IP (transmission control protocol/Internet protocol) pour connecter tous les ordinateurs par tout moyen de télécommunication, en particulier le réseau téléphonique mondial. Il permet de communiquer, de transférer des données, des fichiers, d'effectuer des traitements à distance, de faire du commerce électronique (*B to B, business to business*, ou *B to C, Business to Consummer*)

• **Intranet** : réseau privé construit à l'intérieur d'une organisation, pour relier ses membres et utilisant les technologies d'internet.

c) L'évolution du contrôle de gestion

Face à toutes ses possibilités informatiques, le choix du ou des systèmes d'information pour le contrôle de gestion dépend de nombreux facteurs :

- les objectifs de contrôle de gestion : est-ce un calcul de coût isolé ou un système complet de calcul et de pilotage ? est-ce la gestion d'un stock ou le pilotage de tout un processus de production ? un pilotage permanent en temps réel ou un contrôle à période fixe ? cherche-t-on un système plus ou moins automatisé, plus ou moins décentralisé et pour quels utilisateurs ?
- les moyens disponibles : les investissements immatériels portent-ils sur des logiciels standard ou sur mesure ? quelle est la formation nécessaire des utilisateurs ? quelle adaptation et quelle maintenance des systèmes ? Tous ces moyens constituent des coûts importants et récurrents, peu envisageables pour beaucoup d'entreprises.

Il est donc nécessaire de dimensionner les investissements en logiciels en fonction de la rentabilité de l'activité, des seuls besoins des utilisateurs, de la performance attendue.

Dans les entreprises qui ont choisi d'utiliser des logiciels, plusieurs tendances apparaissent :

- *un traitement des informations en temps réel* ou s'en rapprochant, modifiant ainsi les procédures de travail du contrôleur de gestion ;

– *une interconnexion de plusieurs sites, établissements ou organisations par des réseaux télématiques*, ce qui permet d'accélérer les échanges et d'améliorer la qualité du service mais qui oblige à des standardisations de procédures de travail donc à des changements et des adaptations des acteurs ;
– *une utilisation de logiciels intégrés* qui permettent d'optimiser l'ensemble des étapes du processus de gestion en associant des modules informatiques de traitement de comptabilité, d'investissement, de trésorerie, de ventes, de stocks…

Le contrôle de gestion est modifié avec la mise en place d'un ERP ; en effet, il se trouve inséré dans une chaîne de traitement d'informations depuis la commande client jusqu'au paiement. Toutes les étapes des processus de vente, production, approvisionnement peuvent être analysées, suivies, contrôlées. Il en découle ainsi des conséquences sur le contrôle de gestion d'une entreprise :
– les données sont cohérentes, disponibles, avec une bonne traçabilité
– les processus et les flux de données peuvent être modélisés.

Les domaines de la gestion intégrés dans les ERP sont classiquement les suivants :

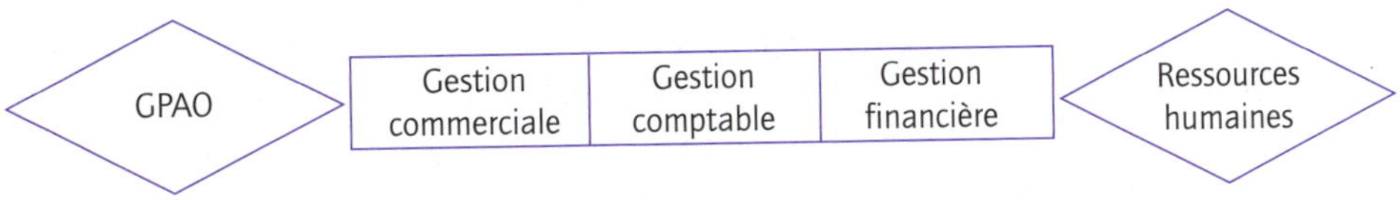

Déclinaisons
- par secteur
- par méthode
- par contexte local
- par spécificité clients
- par spécificité fournisseurs

Déclinaisons
- réglementation
- par version linguistique
- par méthode de gestion
- par spécificités de l'entreprise

Déclinaisons
- par corps de métier
- par législation
- par règles internes

Les systèmes d'information intégrée de type ERP permettent d'aider aussi bien au pilotage du *front office* (les relations avec les clients) que du *back office* (les informations pour suivre et contrôler les activités), donc tous les champs du contrôle de gestion :
– la gestion des commandes ;
– la gestion de la force de vente ;
– la gestion des budgets.

On y ajoute aujourd'hui des modules pour la gestion logistique, pour la gestion du marketing et de la clientèle, pour la gestion de la maintenance.

d) Contrôle de gestion, système d'information et apprentissage organisationnel

Les systèmes d'information et de communication peuvent permettre d'accélérer la transmission et l'acquisition de connaissances, d'expérience, développant ainsi un cercle vertueux de la qualité et de la performance.

Le contrôle de gestion, en tant que système d'information, peut avoir une influence sur la gestion de la qualité et sur l'amélioration permanente du pilotage grâce à l'expérience accumulée et le transfert des compétences entre les acteurs au sein d'une organisation, donc l'**apprentissage organisationnel**.

3.3 Quelques tendances

a) Une évolution vers des systèmes informatiques... décentralisés et communicants

Les technologies des systèmes informatiques ont proposé des systèmes centraux pyramidaux, puis des systèmes décentralisés avec des PC, des info-centres et des SIAD/EIS (systèmes interactifs aide à la décision/*executive information system*) puis maintenant, des systèmes autonomes nomades communicant entre eux avec des outils intelligents de requête de bases de données, de suivi de la relation client (CRM) et des progiciels de gestion intégrée (PGI ou ERP).

b) Des systèmes pas toujours efficaces

Les pratiques observées depuis une vingtaine d'années montrent que l'application de l'informatique dans les outils de gestion n'a pas toujours été pertinente pour les utilisateurs.

Les programmes informatiques standards ont été parfois « plaqués » sur des procédures sans tenir compte des spécificités des organisations. La diversité des produits et leur hétérogénéité ont créé des problèmes de cohérence et de compatibilité. De plus, il était difficile de choisir le produit le mieux adapté à l'entreprise.

Les informations obtenues par les systèmes informatiques et les logiciels n'étaient pas toujours celles souhaitées et conformes aux besoins des utilisateurs.

L'utilisation des systèmes nécessitait souvent de longues heures de formation et des temps de traitement au détriment de l'analyse et du diagnostic.

Cependant, si les potentialités des systèmes actuels sont bien utilisées, le contrôle de gestion peut produire des informations et assurer les fonctionnalités pour piloter en temps réel les activités d'une organisation en rassemblant les différents outils existants du système d'information.

SECTION 2

LE CONTRÔLE DE GESTION DANS CETTE REPRÉSENTATION

Les tendances de l'environnement général conditionnent les orientations des entreprises pour l'organisation de leur production et les choix de calculs de coûts.

1. Les nouvelles configurations de la production

1.1 Tendances générales

Plusieurs tendances sont repérables pour caractériser la nouvelle problématique de la production.

a) Vers une flexibilité des processus de production

Face aux turbulences externes diverses, les entreprises cherchent à survivre en adaptant, au fur et à mesure des tendances, leur structure aux besoins exprimés par les marchés.

Il ne s'agit donc plus de mettre en place une structure rigide et pérenne mais de permettre à l'organisation de se « déformer » pour répondre aux exigences versatiles, pour se plier aux démarches de qualité, d'innovation.

La **structure** devient une variable stratégique, un facteur clé de succès qu'il faut gérer en permanence ; les maîtres mots deviennent alors flexibilité et réactivité.

Les **processus de production** doivent donc aussi devenir **flexibles** et permettre non seulement des variations de volume mais aussi des variations de nature de produit (par des ateliers et des cellules flexibles).

b) Vers une différenciation des produits et des services

Depuis les années 70, les entreprises doivent répondre à des demandes diversifiées, intégrer des services et se positionner par rapport à une concurrence exacerbée ; il leur faut donc différencier leurs produits et services, passer du standard au **presque « sur-mesure »**, ce qui nécessite une conception modulaire des produits, la mise en place d'un système de production permettant une différenciation retardée, donc une nouvelle organisation des processus de production.

c) Le paradoxe de la productivité

Skinner montre qu'il ne faut pas focaliser toute son attention sur les investissements en équipement liés aux nouvelles technologies. **Il ne suffit pas de réduire la main-d'œuvre directe pour améliorer la productivité.** Il faut aussi améliorer la qualité, la gestion des stocks. La recherche de la productivité suppose l'augmentation du rendement de toutes les ressources techniques, humaines et organisationnelles, ce que le contrôle de gestion n'appréhende pas directement.

d) La comptabilité de gestion et l'entreprise sans frontière

Comme il a été souligné plus haut, les mutations technologiques et économiques de l'environnement ont conduit les entreprises à mettre en place des **stratégies d'impartition (faire-faire)** qui éclatent les unités de production au-delà de l'organisation et multiplient les relations de partenariat.

Cette tendance forte des décennies 1990-2000 constitue une innovation majeure pour le contrôle de gestion des prochaines années.

Le système d'information «contrôle de gestion» devra élaborer des indicateurs pour mesurer l'efficacité et l'efficience des alliances et des coopérations, tant avec des sous-traitants, des fournisseurs, des concurrents nationaux ou internationaux.

Dans cette démarche stratégique, trois besoins apparaissent qui ne sont pas satisfaits par le contrôle de gestion.

- Alors même que **le contrôle de gestion élabore des cloisonnements** pour mesurer l'activité des centres de responsabilité et assure une coordination interne, **il faudrait à l'inverse décloisonner l'entreprise** pour intégrer ses partenaires extérieurs dans une gestion transversale et contrôler les interfaces entre les différentes structures.
- Dans le contexte actuel, **le contrôle de gestion renseigne mal sur l'opportunité de préférer une intégration des activités ou une externalisation**, alors que l'analyse des coûts n'est plus reconnue comme la seule préoccupation stratégique.
- **Le contrôle de gestion intègre mal les dimensions et les critères des qualiticiens, des logisticiens.** Or la qualité et la logistique sont devenues des variables essentielles pour se différencier de la concurrence et donc déterminer le prix de vente possible.

1.2 La production en juste à temps

A partir de la décennie 80, la production en juste à temps adoptéé par des nombreuses entreprises a conduit à de nouveaux changements organisationnels et informationnels.

a) La production en juste-à-temps

■ *Les flux tirés*

La gestion de la production à flux tirés ou **juste-à-temps** peut être définie de la manière suivante :

La gestion de la production en flux tirés cherche à produire pour satisfaire :

– la demande juste au moment où la vente doit avoir lieu,

– de la juste quantité et qualité demandées.

Cette approche aboutit donc à l'opposé d'une production sur stock qu'elle cherche justement à réduire voire supprimer, d'où le nom de gestion de flux.

Cette démarche productive venue du Japon cherche donc à réduire les coûts et les délais en installant des procédures de production déclenchées par l'aval, par une demande effective, donc avec moins d'attente et de stock.

Le principe du juste-à-temps est davantage une modification organisationnelle qu'un changement technologique. L'aval (la demande) qui tire et initialise la production correspond à l'inverse de la méthode de prévision de la production où le déclenchement vient de l'amont.

■ *Les flux tendus*

L'étape suivante d'amélioration consiste à tendre les flux (d'où le terme « production à flux tendus »), c'est-à-dire à réduire progressivement les stocks pour que le processus soit de plus en plus fluide (encore moins de temps d'attente, de délais, de coûts).

L'aboutissement de cette nouvelle organisation est donc une gestion à flux tirés et tendus. Mais cela nécessite la mise en place de nouvelles procédures de travail, de contrôle et une nouvelle circulation des informations dans et à l'extérieur de l'organisation.

■ *La maintenance*

Il faut réduire les pannes des machines, donc leur temps d'inactivité, donc leur coût de fonctionnement en améliorant les systèmes de maintenance et de prévention sans attendre que la machine s'arrête. À l'image de la qualité totale, les entreprises mettent en place des procédures de maintenance totale. Béranger analyse ainsi la maintenance :

Les formes de maintenance

La maintenance accidentelle, curative

Les problèmes de pannes de machines ont longtemps été traités par la maintenance curative.

Hormis les graissages, elle consiste essentiellement à attendre la panne pour réparer.

Avec la maintenance curative, les pannes sont donc totalement subies, ce qui peut avoir, dans certains cas, des conséquences désastreuses. Souhaitant prévenir de plus en plus les pannes, de nombreuses entreprises ont mis en place une maintenance préventive.

La maintenance préventive

La maintenance préventive consiste à effectuer systématiquement des interventions, essentiellement pour changer des éléments et remettre à neuf les machines. Les interventions ont lieu après une période de fonctionnement déterminée, qui peut être, par exemple, de trois mois, six mois ou une année, selon le type d'équipement. La périodicité des interventions est généralement déterminée par une analyse statistique des pannes antérieures.

La maintenance préventive apporte indiscutablement des progrès importants dans la fiabilité des équipements.

La maintenance prédictive

Si la maintenance prédictive cherche également à prévenir les pannes, elle veut être plus économique et plus sûre que la préventive.

Son principe est de suivre régulièrement un équipement pendant son fonctionnement, afin d'identifier des dégradations et de prédire un besoin d'intervention. Le suivi s'effectue essentiellement par « osculation » de la machine : mesure des taux de vibration, des débits, des couples exercés par les moteurs ou outils, etc.

Elle se veut économique, en éliminant les remplacements superflus ou prématurés de la maintenance préventive, et plus sûre, en prédisant des cas de pannes anormaux que le préventif peut laisser passer.

b) La méthode kanban

La méthode kanban s'inscrit dans la démarche du juste-à-temps (JAT). Kanban n'est pas synonyme de JAT ; il y a d'autres techniques qui organisent la production à flux tendus.

Le terme kanban signifie étiquette ou ticket en japonais.

Organiser la gestion de la production avec Kanban consiste à mettre en place un système d'information dont le point de départ est l'aval du processus productif.

Les différentes étapes du processus productif sont pilotées par l'aval, c'est-à-dire que : le poste aval, juste quand il en a besoin, requiert du poste situé juste ce dont il a besoin.

L'ordre se propage ainsi jusq'au premier maillon de la chaîne de fabrication ou d'approvisionnement.

La caractéristique de la méthode réside dans le procédé pour transmettre l'information entre les deux postes aval-amont : ce sont des étiquettes qui circulent et qui donnent les ordres de fabrication ou d'approvisionnement.

Le flux physique de production est donc dans le sens inverse du flux d'information et de circulation des étiquettes

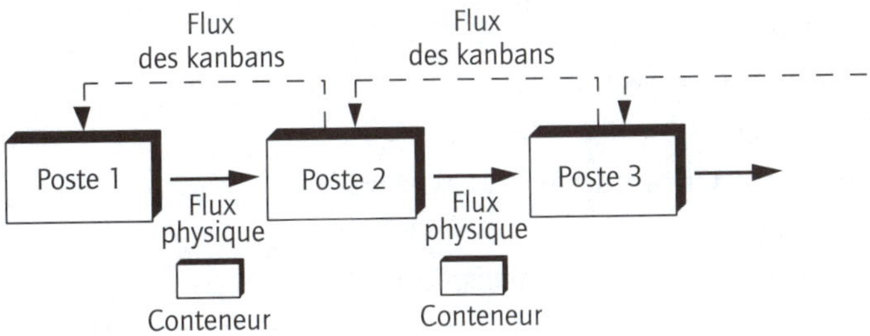

■ *Calcul du nombre de kanbans nécessaires entre deux postes de travail :*

Entre un poste ① amont et un poste ② aval, le nombre optimal N de kanbans qui doivent circuler, est donné par la formule suivante :

$$N = \frac{D \,.\, L(1 + s)}{C}$$

avec :

D : nombre de pièces demandées par le poste aval par unité de temps (heure).

L : délai (en heure) de mise à disposition par le poste amont d'un conteneur de pièces (usinage + attente + transport + récupération du kanban).

s : facteur de sécurité.

C : capacité d'un conteneur du poste amont.

Le raisonnement pour obtenir la formule est simple.

a) Il faut déterminer le **nombre de pièces rangées dans un conteneur**, (C) c'est-à-dire la caisse qui circule entre deux postes. Ce nombre est fonction de la taille des lots produits par le poste de travail amont, donc des contraintes techniques des machines de ce poste.

Ces conditions déterminent également le **temps nécessaire pour que le poste mette à disposition sa production au poste aval**. Le temps global englobe le temps de fabrication, le temps de transport et d'attente vers le poste aval.

b) Puis on évalue la **consommation moyenne du poste aval** (D). Cette demande est fonction des contraintes techniques du poste.

c) Le nombre de conteneurs nécessaires, donc d'étiquettes, vient alors simplement de la division de la demande du poste aval en quantité en tenant compte de son temps de mise à disposition par la capacité du conteneur.

EXEMPLE

Avec :

D : 1 000 pièces/heure

L : 30′ = 1/2 h

s : 2 % de la demande

C : 200 pièces.

Il vient $N = \frac{1\,000 \times 1/2(1{,}02)}{200}$ = 3 étiquettes (arrondi au nombre entier supérieur).

C) Les problèmes organisationnels de mise en place du JAT

Shingo(1) analyse bien les cinq handicaps essentiels de l'organisation de la production telle qu'elle est pratiquée dans les entreprises occidentales :

– pannes fréquentes des machines,

– longs changements d'outils,

– mauvaises implantations des postes de travail,

– qualité non maîtrisée,

– contraintes imposées par les fournisseurs.

(1) *Shingo,* Maîtrise de la production, *méthode Kanban, Ed. Organisation, 1988.*

Pour masquer ces faiblesses et ne pas trop arrêter le flux de production, les entreprises « gonflent » les stocks de matières, d'en-cours et de produits finis et « piochent » dans ces stocks en cas de blocage. D'où l'image d'un haut niveau d'eau dans la rivière pour cacher les cinq « rochers », et laisser s'écouler le flux de production.

FLUX DE PRODUCTION

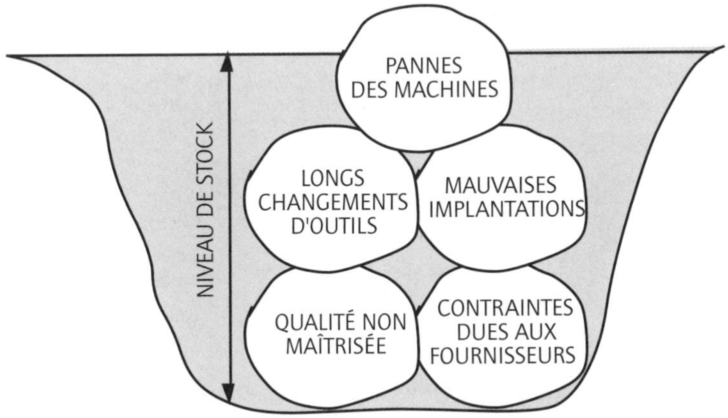

Le juste-à-temps ne peut être implanté sans simplifications et modifications organisationnelles préalables pour améliorer la productivité de toutes les ressources.

- **Les relations avec les fournisseurs** : les contraintes de temps, de transports de coûts doivent être allégées en réduisant et en simplifiant les trajets avec les fournisseurs.
- **Le changement d'outils** : actuellement les machines peuvent effectuer des fonctions différentes en y adaptant des outils différents. Mais ces manipulations sont longues, bloquent donc le processus de production et augmentent le coût de production.

Il faut mettre en place des procédures plus rapides.

Des méthodes existent comme par exemple la méthode SMED (*Single Minute Exchange of Dies*) : grâce à des techniques d'accrochages plus pratiques et plus rapides, à des outils rangés et présentés différemment, à des manipulations et des gestes moins nombreux, l'objectif est de changer un outil en moins de 10 minutes.

- **La qualité** : la mise en place de procédures de contrôle pour améliorer la qualité du produit et du processus de fabrication (son étude sera faite au chapitre 14).
- **Les implantations des machines et des cellules de travail. Les flux et les transports de pièces entre les postes de travail.**

Il faut organiser l'espace de l'atelier et de l'usine et positionner les postes de travail les uns par rapport aux autres de telle manière que les trajets soient les plus courts possible pour économiser le temps et les coûts. Toute la gestion des flux internes physiques et informationnels d'une entreprise s'appelle la logistique. Prenant conscience de son importance pour obtenir des avantages concurrentiels (coût, délai, services), les entreprises ont étendu le champ d'action de la logistique.

Ainsi se construit une autre problématique de la production, avec une nouvelle demande de coût au contrôle de gestion.

PROBLÉMATIQUE TRADITIONNELLE DE LA PRODUCTION

Environnement ⇒	Objectif ⇒	Choix stratégiques ⇒	Choix de gestion	⇒ Comptabilité
• Offre peu nombreuse peu concurrentielle inférieure à la demande • Demande homogène, stable, quantitative • Technologies rigides	PRODUCTIVITÉ QUANTITÉ	• Produits standards peu diversifiés • Production de masse, de grande série • Division du travail, spécialisation, centralisation	• Pilotage par l'amont • Régulation par les stocks • Opérateur exécutant contrôle a posteriori	→ Comparaison coût de production réel/standard → Modèles de gestion des stocks → Primauté à la main-d'œuvre directe → Contrôle quantitatif, écart → Vérification sanction

PROBLÉMATIQUE ACTUELLE DE LA PRODUCTION

Environnement ⇒	Objectif ⇒	Choix stratégiques ⇒	Choix de gestion	⇒ Comptabilité
• Offre diversifiée concurrentielle, supérieure à la demande • Demande hétérogène, instable, quantitative et qualitative • Technologies flexibles	PRODUCTIVITÉ FLEXIBILITÉ QUALITÉ DÉLAI	• Produits flexibles, diversifiés, durée de vie courte • Production de petites séries • Polyvalence, décentralisation, externalisation	• Pilotage par l'aval • Peu de stocks • Opérateur responsable, contrôle sur toute la ligne	→ Coût par activité → Coût de conception → Coût de la qualité → Coût de la logistique → Coût de sous-traitance → Coût de capacité

Organisation JAT ⇒ Flux tendus tirés ⇒

Besoins du contrôle de gestion
• coût global sur le cycle de vie
• suivi permanent requis
• coût de la qualité
• coût externalisé
• activité et fonction plus importants que produit.
• coût logistique important

2. Conséquences pour le contrôle de gestion

Le champ et les outils du contrôle de gestion doivent évoluer pour s'adapter aux nouvelles variables à calculer et à piloter, aux nouvelles contraintes à intégrer.

2.1 Les variables de gestion essentielles aujourd'hui

Dans cet environnement, face à ces contraintes économiques et technologiques, quels sont les leviers essentiels de l'action pour le gestionnaire ?

Il semble possible de présenter les dimensions essentielles de la gestion contemporaine. Pour être compétitive et performante, l'entreprise recherche la flexibilité sous de nombreuses formes, induisant ainsi une gestion de variables multiples :

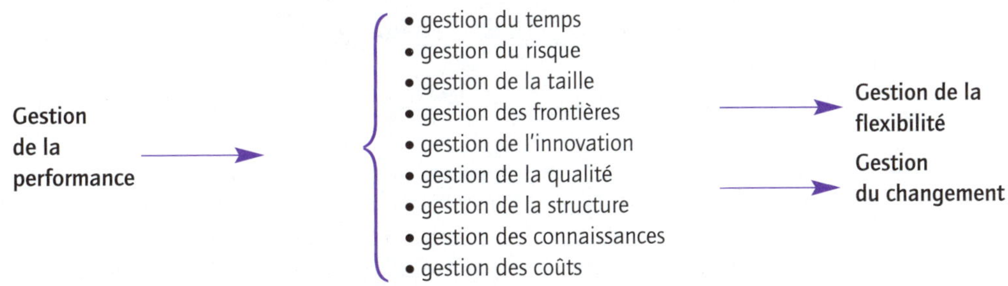

Tous ces problèmes actuels conduisent le gestionnaire à piloter un changement permanent tant dans les produits, les activités, que dans les structures, le management, les outils de gestion. (Pour un développement précis de ces dimensions, voir *Management* DCG 7, J.-L. Charron et S. Sépari, coll. « Expert sup. », Dunod, 2010).

Pour conclure, il est possible de présenter un synopsis résumant la problématique actuelle de la gestion des entreprises.

Pour synthétiser l'analyse du contrôle de gestion :

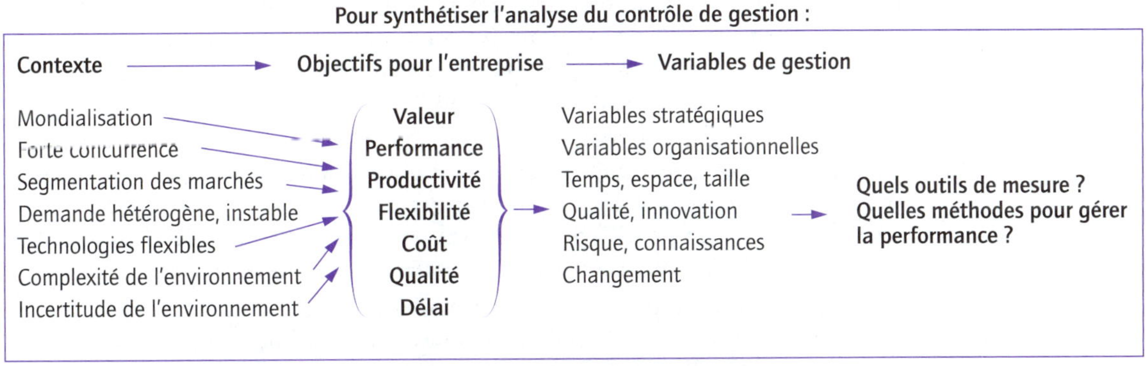

2.2 Deux facteurs importants pour le contrôle de gestion

Il est possible de repérer deux tendances importantes qui modifient la conception et l'utilisation du contrôle de gestion : **le temps et la valeur**.

a) Le temps

Plusieurs analyses sur la perception du temps en gestion peuvent être menées.

• Il semble nécessaire de **réduire les temps de réaction**, de décider dans l'urgence, pour être performant. Un besoin de connaissance des paramètres en temps réel et en permanence apparaît. Le rythme s'accélère, la durée se raccourcit, les cycles se réduisent, le temps est un facteur de différenciation pour les entreprises, quelles que soient leur activité, leur taille.

• Le **temps** en gestion peut être appréhendé sous plusieurs angles de manière complémentaire :

– c'est une dimension inhérente à toute organisation : la théorie des coûts de transaction explique l'existence de l'entreprise par l'économie de temps réalisée par rapport au marché ;

– il délimite les processus des décisions : quel est le temps, quelle est l'urgence pour prendre une décision ;

– il détermine le poids de l'expérience : la durée de vie de l'entreprise influence sa courbe d'apprentissage ;

– le temps passé constitue l'histoire de l'entreprise et le futur son horizon de prévision pour l'action ;

– le temps est découpé par l'entreprise et son environnement selon des rythmes et des périodes qui scandent la vie, l'organisation et le fonctionnement (périodes pour la comptabilité, cycles pour l'analyse financière, durée de vie pour le marketing, réduction des délais pour la production et espace temps pour le contrôle de gestion puisque le temps constitue l'espace même de la gestion budgétaire).

• Une rupture de plus en plus grande apparaît entre les temps « comptables », annuels, discontinus, et **les temps de la « gestion »**, continus sur un horizon de vie de produit et de vie d'investissement, ce qui conduit à devoir modifier les paramètres des périodes et des mesures.

• L'impact des outils informatiques n'est pas négligeable car, en réduisant les durées, les distances, en modifiant les perceptions des acteurs dans leurs procédures de travail, les technologies de l'information et de la communication ont imposé la force de l'« immédiateté ». Toute la gestion semble imprégnée naturellement d'immédiateté alors qu'historiquement, aucun processus n'a été conçu dans ce sens.

• L'évolution des contextes, présentée plus haut, en passant d'une relative stabilité à une instabilité partielle ou totale a aussi une incidence sur l'horizon temporel ; face à des turbulences fréquentes, face à des retournements de cycles rapides, les entreprises doivent nécessairement appréhender le temps différemment, rechercher des parades plus rapidement donc orienter les outils de gestion vers des méthodes tenant compte de périodes courtes.

Ainsi, plus le temps est considéré comme une variable stratégique et un avantage concurrentiel, plus les demandes d'information et de traitement d'information orientent le contrôle de gestion vers un **pilotage en temps réel**.

b) La valeur

La **valeur** : sa diffusion dans le domaine de la gestion veut mettre en évidence la nécessaire création de valeur par les activités de l'entreprise, au-delà du seul résultat. Il ne suffit pas de contrôler les coûts, il faut aussi mesurer ce que les efforts consentis ont consommé comme ressources ; de plus, la valeur est appréhendée par différents acteurs (client, salarié, actionnaire, entreprise) qui ne lui donnent pas la même définition et qu'il faut évaluer.

Conception classique de la valeur

Selon les classiques, la valeur est fondée sur le travail actionné au sein d'une entreprise.

La valeur est fonction du coût de production et la production est fonction de la main d'œuvre directe, seule source de valeur.

Il en ressort un système de coût complet construit sur la main d'œuvre directe, MOD, dont la traçabilité est totale et une consommation de ressources fonction du volume de la production, ce qui induit l'élaboration d'outils comme le seuil de rentabilité et les budgets flexibles. Le périmètre de la responsabilité de la consommation de ressources est le centre d'analyse.

Cette conception interne focalisée sur une seule variable conduit à un système de coût cohérent simple.

Extension de la notion de valeur

Aujourd'hui la notion de valeur s'est étendue et concerne non seulement la production de l'entreprise mais aussi la perception de cette production par des acteurs extérieurs. La valeur ne repose plus seulement sur le travail mais est **fondée sur l'échange**, résultant de l'appréciation par les clients des différents paramètres contenus dans le produit-service proposé. La valeur est aussi appréciée de manière différente par d'autres parties prenantes de l'entreprise comme les actionnaires, les banques, les fournisseurs mais aussi les salariés.

La demande unanime de **toutes les parties prenantes** aux entreprises est la création de valeur ; quelle que soit sa taille, quelle que soit son activité, une entreprise est qualifiée aujourd'hui de **performante** si elle est capable de créer de la valeur ; mais comment la définir et pour qui ?

L'entreprise doit créer de la valeur pour ses clients, c'est-à-dire leur offrir des biens et des services qui vont satisfaire pleinement leurs besoins. L'entreprise doit créer de la valeur pour ses collaborateurs, c'est-à-dire leur proposer, au-delà du salaire, des possibilités de participation et de promotion. L'entreprise doit créer de la valeur pour les actionnaires c'est-à-dire accroître la valeur de leurs actions par des résultats financiers élevés.

Enfin, l'entreprise doit aujourd'hui répondre aux demandes de la société civile qui lui enjoint de respecter l'environnement et de préserver le futur par un développement contrôlé et socialement responsable.

La valeur n'est pas seulement **associée au domaine financier**, même si elle l'inclut.

L'approche financière consiste à assimiler tout actif à un actif financier dont la mesure correcte est celle de la valeur actuelle des flux attendus de cet actif, compte tenu du risque qui lui est lié. Mais la valeur actionnariale n'est pas suffisante pour piloter toutes les dimensions de ce concept.

La valeur est également **associée à des domaines non financiers** ; c'est l'approche d'intégration : la logique d'intégration analyse la valeur comme une synthèse de différentes composantes, organisationnelles, concurrentielles, en tenant compte des compétences fondamentales, des savoir-faire, de la coopération et de la coordination de l'organisation ; elle suppose une vision élargie de la performance et nécessite donc l'élaboration d'indicateurs comprenant des aspects non financiers.

Toutes ces évolutions et tendances poussent le contrôle de gestion à prendre en compte la valeur pour toutes les parties prenantes et donc mobiliser des outils et des indicateurs propres à chaque acteur.

c) Conclusion sur les évolutions du contrôle de gestion

Il est possible de repérer plusieurs axes que l'on retrouvera dans les réponses proposées par le contrôle de gestion.

■ *Élargissement du champ du contrôle de gestion pour intégrer de nouvelles variables stratégiques : qualité, innovation...*

Le contrôle de gestion se doit de produire des signaux afin de promouvoir la stratégie (coût de la qualité, coût caché…)

■ *Intégration de la sociologie dans les outils du contrôle de gestion*

Le contrôle de gestion doit intégrer la dimension humaine subjective des acteurs : l'exercice de l'autorité avec le doute, l'incertitude, les comportements, les valeurs (par exemple avec la DPPO, direction participative par objectifs).

Les outils ne peuvent pas être neutres : les techniques ne sont pas invisibles et le contrôle de gestion devient un outil de motivation, une interface avec les ressources humaines.

■ *Pour améliorer l'articulation stratégie/structure, besoin d'outils pour piloter la structure*

• Il faut piloter l'apprentissage organisationnel : comment le contrôle de gestion peut-il prendre en compte la gestion des connaissances ? les retours d'expérience ?

• Il faut gérer le changement de structure : comment le contrôle de gestion peut-il évaluer une gestion par projet ? la gestion d'un réseau ? La méthode des coûts par activité, la méthode du kaisen costing essaient d'y répondre par exemple.

2.3 La délimitation actuelle du champ du pilotage

Le pilotage recherché par les entreprises dans leur volonté de créer de la valeur et d'accroître leurs performances économiques, financière et sociale, conduit à mettre en œuvre des indicateurs aussi bien pour des variables ponctuelles, considérées comme stratégiques (qualité, innovation, risque, ressources humaines…), que pour des processus, donc des ensembles d'activités et de variables liées nécessitant une approche globale interdépendante (chaîne intégrée de distribution…).

C'est pourquoi, au fur et à mesure des objectifs et des besoins des organisations, le contrôle de gestion a été amené à proposer des outils ponctuels, des démarches globales pour calculer, analyser, améliorer.

Il est difficile de séparer toutes ces pistes qui émergent depuis une vingtaine d'années, car les pratiques des entreprises les associent, mais leur présentation nécessite des chapitres différents (chapitre 14 : qualité ; chapitre 15 : ressources humaines ; chapitre 16 : ABC ; chapitre 17 : tableau de bord ; chapitre 18 : ABM ; chapitre 14 : budgets ; chapitre 20 : coût cible ; chapitre 20 : chaîne intégrée).

2.4 Les sources d'informations non comptables

Il s'agit d'enrichir les sources comptables par des informations d'autres origines pour élargir le champ d'action du contrôle de gestion et pour construire des indicateurs dans tous les domaines de la gestion.

a) Les sources internes physiques opérationnelles

Le contrôle de gestion a besoin d'informations sur les paramètres concrets de réalisation des activités, aussi bien pour le calcul des coûts, des budgets, que pour les indicateurs, par exemple :

– sur le processus de production ; les temps machines utilisés, les quantités fabriquées, les plannings de travail, etc. ;
– sur les autres processus de soutien, commercial, RH, investissement, administration : le nombre de commerciaux, d'opérateurs, le temps de traitement d'une commande, d'une facture, le nombre de brevets déposés, etc.

b) Les sources qualitatives

Le contrôle de gestion doit aussi suivre des variables non financières, ce qui suppose la collecte de nombreuses informations qualitatives de diverses natures, par exemple :

– pour une démarche qualité : taux de rebut, nombre d'incidents, nombre de cercles de qualité, d'idées… ;
– pour les ressources humaines : absences, turn over, grève…

c) Les sources externes

Le contrôle de gestion peut aussi capter des informations dans son environnement pour mener des comparaisons avec des entreprises concurrentes, avec d'autres branches. Pour effectuer ce « benchmark », il est possible de collecter des enquêtes statistiques nationales ou de branches, d'interroger les observatoires de branches, mais aussi de commander des études sur mesure.

Il est aussi nécessaire d'enregistrer les informations sur la conjoncture, comme les taux du crédit, le taux d'inflation, etc.

APPLICATIONS

APPLICATION 1

Le palmarès des outils de gestion 2009

Depuis 16 ans, un cabinet conseil interroge périodiquement les entreprises du monde entier sur l'utilisation des outils de gestion.

L'enquête présentée porte sur 1 430 cadres décideurs internationaux de tous les secteurs interrogés sur 25 outils de gestion.

« UNE BAISSE MARQUÉE DE L'UTILISATION DES OUTILS EN 2008 »

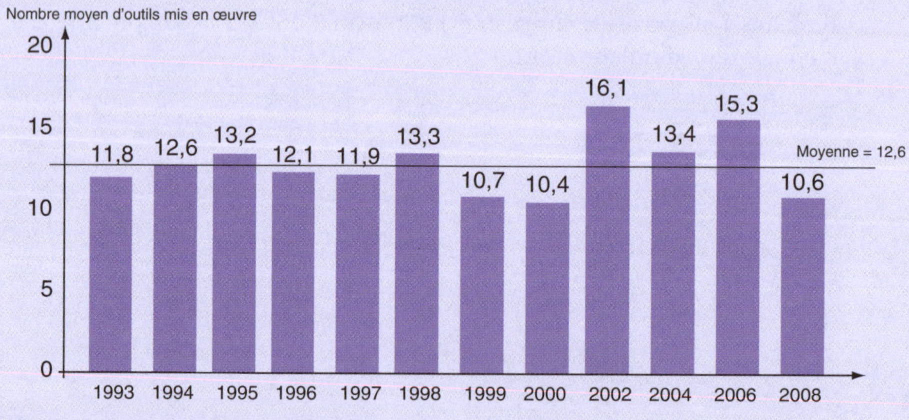

Thème 1 : priorité aux économies de coût

À mesure que le monde s'enfonce dans la récession, les décisions des dirigeants sont de plus en plus motivées par des impératifs court-termistes de réduction des coûts. Sept cadres sur dix se disent préoccupés par la réalisation de leurs objectifs de croissance pour 2009, et six sur dix se préparent à une crise qui se prolongera au moins jusqu'en début 2010. Cette préoccupation se manifeste notamment par la popularité croissante du *benchmarking*, vu comme un moyen de réaliser des objectifs d'économies de coût. Si les cadres – en particulier en Amérique du Nord – sont de grands pratiquants du *benchmarking*, tous n'expriment pas un degré égal de satisfaction : sur le plan des résultats, l'outil n'arrive en effet qu'en milieu de liste. Signe des temps, le *benchmarking* a battu la planification stratégique, désormais numéro deux alors qu'elle paradait en tête de notre palmarès depuis 1998. L'externalisation passe quant à elle de la septième à la quatrième place. Et la reconfiguration des processus, autre outil souvent associé aux réductions de coût, figure également parmi les dix instruments de tête. Dans les interviews de suivi, les cadres évoquent souvent leur bataille pour contenir les dépenses. Le vice-président d'une grande compagnie d'assurances explique : « Nous éliminons tout investissement qui ne serait pas indispensable, et nous externalisons tout ce que nous pouvons pour ramener les structures de coût à un niveau aussi bas que possible. Notre urgence est de maintenir le système à flot. »

Notre enquête fait apparaître que de nombreux plans de réduction de personnel sont dans les cartons, même si la moitié des cadres pensent que « nous devrions nous concentrer davantage sur la croissance du chiffre d'affaires et moins sur les économies de coût ». Globalement, près de 60 % envisagent de nouvelles vagues de licenciements en 2009, près du double de 2008 (34 %). L'Amérique du Nord vient en tête, avec 70 % de réponses prévoyant des suppressions de poste en 2009. Bien que le procédé soit dans l'air du temps, notre étude des crises précédentes montre que les réductions d'effectifs se payent parfois très cher. Outre la probabilité de perdre le soutien du personnel, le risque est grand que les investisseurs perçoivent des vagues successives de licenciements comme un symptôme de mauvaise gestion et boudent le titre en Bourse. Ils ne retrouvent confiance qu'avec la mise en oeuvre d'une stratégie propre à corriger les causes premières à l'origine des plans sociaux. La question des coûts n'est pas pareillement au centre des préoccupations dans toutes les régions. Les cadres d'Amérique du Nord et d'Amérique latine se disent plus concernés que leurs homologues européens et asiatiques par la réalisation d'objectifs de croissance.

LES DIX PRINCIPAUX OUTILS

1	*benchmarking*	6	Tableau de bord prospectif
2	Planification stratégique	7	Segmentation de la clientèle
3	Vision et mission	8	Reconfiguration des processus
4	Gestion de la relation client	9	Compétences clés
5	Externalisation	10	Fusions-acquisitions

DES PRÉOCCUPATIONS FORTES ET UN ÉTONNANT OPTIMISME SUR LE LONG TERME

	Sont d'accord
La culture est aussi importante que la stratégie pour la réussite de l'entreprise	80 %
L'innovation est plus importante que la réduction des coûts pour réussir à long terme	76 %
Nous comptons exploiter cette récession pour renforcer notre position concurrentielle	75 %
Les réglementations sur les affaires se renforceront dans les cinq prochaines années	71 %
La crise actuelle aura un impact sur les comportements des consommateurs pendant au moins trois ans	71 %
Je suis très préoccupé de la manière nous allons tenir nos objectifs de croissance en 2009	70 %
La croissance à l'international sera vitale pour notre performance ces cinq prochaines années	66 %

Nous nous préparons à une crise qui durera jusqu'en 2010	64 %
Nous pourrions donner un coup de fouet à l'innovation en collaborant avec d'autres entreprises	58 %
Nous devrions nous focaliser davantage sur la croissance du chiffre d'affaires que sur les diminutions de coût	53 %
Notre organisation tout entière est activement engagée dans l'amélioration de l'inovation	52 %
L e flou des pouvoirs de décision nuit à notre performance	50 %
La mauvaise connaissance du consommateur nuit à notre performance	46 %
Nos décisions répondent à des objectifs financiers immédiats et non à des stratégies à long terme	44 %
Nous poursuivons nos initiatives de développement durable même si elles nuisent à nos profits	44 %
Nos hauts dirigeants ne craignent pas de prendre des risques pour accroître les rendements	40 %
D'autres marchés émergents que la Chine et l'Inde nous offrent désormais de meilleures opportunités	38 %
Notre entreprise va largement licencier en 2009	36 %
Notre entreprise a attendu trop longtemps pour réagir à la crise économique	25 %
Presque tous les leaders actuels du marché le seront encore dans cinq ans	24 %

« Outils de gestion : les nouvelles priorités 2009 », *Expansion Management Review*, sept. 2009.

QUESTIONS

1. **Quelles sont les tendances observées ?**
2. **Quelles peuvent être les conséquences pour le contrôle de gestion ?**

APPLICATION 2

Entreprise OP

La société OP produit des machines d'impression et de façonnage en ligne (étiquette, emballages, tickets de jeu) et réalise trois sortes d'activités : fabrication de machines sur commande (70 % du CA), modification de machines (20 % du CA), SAV (10 % du CA) avec la possibilité de concevoir des lignes de production sur mesure et de réaliser intégralement en continu les lignes d'impression et de façonnage, ce que ne proposent pas ses concurrents.

OP conçoit pour des clients internationaux des produits adaptés à leurs besoins, dans une démarche qualité totale dont les compétences techniques, la fiabilité du suivi, l'assistance permanente sont reconnues.

La procédure pour réaliser un contrat portant sur un matériel nouveau est la suivante :

– négociation commerciale avec signature du contrat précisant le prix définitif et le risque de change si le prix est en devises ;
– le service « Études et développement » précise le plan de la machine et les étapes de fabrication ;

– le service « Achats-planification » établit le calendrier prévisionnel des achats d'équipement, de fournitures, et des étapes de fabrication ;
– la « fabrication » se déroule sur deux sites : Tournon et Limoges ;
– le service « groupage mise en route » assure l'assemblage final, les essais machine, la formation du client, le démontage et l'emballage du matériel.

La société OP, bénéficiaire depuis 1995, fonde sa stratégie sur :

• *Un réseau mondial*

L'équipe d'ingénieurs commerciaux, de qualification technique polyvalente, conçoit et étudie les conditions les mieux adaptées aux besoins de chaque client partout dans le monde. Le réseau des agents OP constitue une base logistique et commerciale, assurant la mise en œuvre et le suivi des projets individuels au plus près.

• *Une conception originale*

Aux demandes spécifiques, les ingénieurs OP répondent par des concepts originaux, mixant les procédés en ligne afin d'accroître la valeur ajoutée ou proposant des solutions innovantes qui se démarquent de la concurrence. La maîtrise de ces techniques, reconnue dans le monde de l'emballage, conforte les grands opérateurs internationaux qui affirment leur confiance dans le savoir-faire de OP en Europe comme aux États-Unis et en Asie.

• *Un partenariat créatif*

Le groupe OP, attaché au principe de partenariat actif, associe étroitement ses clients au développement de ses nouveaux concepts. Une importante banque de données techniques de suivi des machines permet d'améliorer en continu la durée de vie des outillages et d'orienter les développements pour mieux répondre aux demandes nouvelles des marchés.

• *Un support logistique*

Grâce à la formation dispensée par OP, la technicité de ses machines devient accessible. Les futurs techniciens utilisateurs sont formés à la conduite de leur machine à Limoges, puis sur le lieu d'exploitation.

Le suivi et l'assistance s'effectuent en direct par les techniciens du constructeur ou par télémaintenance via modem. Les visites régulières de nos ingénieurs assurent la bonne utilisation des machines sur site.

• *Un partenariat actif*

Associés à la démarche qualité du groupe OP, les fournisseurs et sous-traitants sont sélectionnés pour la qualité de leurs fabrications, leur fiabilité et leur capacité de service à l'export. Le partenariat s'exerce couramment dans la recherche de solutions performantes, évolutives et adaptables à chaque configuration.

OP s'interroge sur son système d'information, les améliorations possibles, sur les avantages et les inconvénients des nouveaux systèmes d'information : le système informatique est rattaché à la direction générale, tous les services sont situés à Limoges sauf un site d'usinage à Tournon. Une description du système existant est donnée en annexe.

(À partir du sujet 2003, épreuve DESCF 2)

QUESTIONS

1. **Quel diagnostic peut-on faire des systèmes d'information utilisés tout au long du processus et dans l'entreprise OP ? Quelles améliorations seraient souhaitables par rapport à leur stratégie ?**
2. **Que peuvent apporter les nouveaux systèmes d'information et de communication ? Quels en sont les enjeux humains, financiers, organisationnels ?**

ANNEXE

Système d'information : état des lieux

La comptabilité (générale, analytique, budgétaire) est informatisée sur un ordinateur IBM AS 400 équipé du logiciel Antarel loué à une SSII (GAC).

Sur ce même ordinateur sont implantés deux autres logiciels : un pour l'édition des liasses fiscales et un logiciel de facturation (Helis). Ces deux logiciels ont été achetés par l'intermédiaire de GAC qui les a adaptés pour une utilisation avec Antarel.

Le logiciel Antarel comporte également un module de gestion commerciale qui équipe l'agence commerciale de Paris.

Le logiciel d'édition des liasses fiscales reprend les données issues d'Antarel ; le logiciel Helis déverse dans Antarel les données relatives à la facturation.

Helis prend en charge la facturation en devises. Il a été adapté pour tenir compte des particularités de l'entreprise : facturation soit au taux mensuel à la date de facturation, soit au taux historique correspondant à la date de signature du contrat si celui-ci est d'une durée supérieure à 12 mois, ce qui est toujours le cas pour les livraisons de machines.

Le bureau d'études utilise un logiciel de CAO, Fantil, acheté il y a plus de dix ans et dont l'éditeur a fait faillite.

La gestion de production utilise Torux, logiciel de type MRP, pour gérer les achats, les commandes, les stocks, les plannings et le suivi des temps de main d'œuvre. Ce logiciel, ainsi que les deux machines sur lesquelles il fonctionne (serveur principal et serveur de secours) a été acquis en 1991 pour un prix global de 2 MF HT. Il existe deux «ponts» entre Helis et Torux (gestion commerciale/gestion de production) : un pour la récupération des commandes clients et un pour la récupération des commandes fournisseurs, dont la réception est validée dans Torux. De ce fait, deux journaux d'achat sont tenus : un journal achats Torux et un journal achats autres (essentiellement les frais généraux qui ne passent pas par Torux).

Les informations concernant Torux issues de l'unité de Tournon sont saisies sur place grâce à une connexion utilisant une ligne Transpac louée.

La maintenance du logiciel de gestion de production, Torux, est assurée par une SSII (HTJ).

La gestion des ressources humaines dispose du logiciel CPX (loué) pour la gestion de la paye et des déclarations sociales (par télétransmission). Les informations concernant l'unité de production de Tournon (heures effectuées, congés, absences...) sont transmises par fax et saisies à Limoges. Les informations concernant la paye (comptabilité générale et analytique) sont éditées et ressaisies dans Antarel.

Les échanges d'informations avec la société mère au Japon, les autres unités du groupe et les partenaires commerciaux de l'entreprise se font par fax.

La gestion de la trésorerie est suivie sur tableur.

Il existe dans l'entreprise un certain nombre de postes individuels principalement équipés de logiciels bureautiques et reliés, selon les cas au serveur de gestion de production ou au serveur de la comptabilité. Un seul poste, isolé du réseau interne, est connecté à Internet, par modem. Il est utilisé pour la télétransmission des déclarations fiscales et sociales. Pour des raisons de sécurité, aucun autre poste n'est relié à Internet.

Le service informatique de l'entreprise comprend, au 31.12.N, six personnes, dont un apprenti. Les coûts informatiques sont pris en compte dans les charges de production à hauteur de 70 %, 10 sont imputés au bureau d'études et les 20 % restant figurent dans les charges de structure. Le poste matériel de bureau et informatique figure au bilan pour 1 333 612 € dont 66 992 € d'acquisitions effectuées en N.

APPLICATION 3

CEGED 2 Flux tirés (suite)

La production de l'usine de Blois peut-être schématisée comme suit :

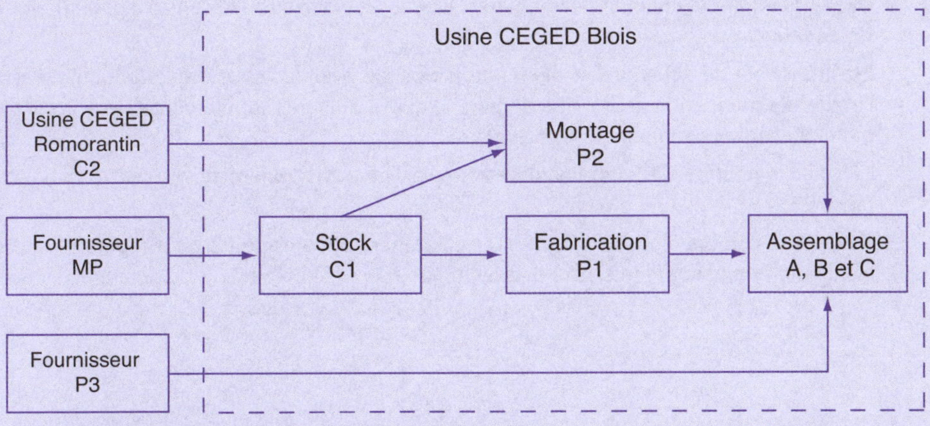

La nomenclature des produits est donnée ci-après :

Niveau 1	Produit A	Produit B	Produit C
Pièce 1 (unité)	1	2	1
Pièce 2 (unité)	1	1	2
Pièce 3 (unité)	1	0	2
Niveau 2	**Pièce 1**	**Pièce 2**	**Pièce 3**
Composant 1 (unité)	2	1	
Composant 2 (unité)		2	achetée
Matière première (kg)	1		à l'extérieur
Temps de gamme	0,01	0,05	

Suite à une réorganisation, l'atelier d'assemblage, les ateliers de fabrication de P1 et de P2 et l'approvisionnement du composant C2 sont gérés en juste à temps. Toutefois, dans un premier temps, les tailles des lots et les taux de rebut restent inchangés.

Compte tenu des prévisions de vente des produits A, B et C, l'atelier d'assemblage exprime des demandes maximales journalières de 4 200 P1 et de 3 920 P2. Cet atelier travaille 7 heures par jour sur 6 jours par semaine.

L'atelier de fabrication de P1 est composé de 5 machines fonctionnant en parallèle 7 heures par jour, 7 jours par semaine. Il faut compter 1,4 heure pour la mise à disposition (aller-retour) des containers de P1 (400 unités par container) à l'atelier aval hors temps de production.

L'atelier de montage de P2 est servi par 2 équipes d'ouvriers travaillant chacune 8 heures sur 5 jours. Leur taux d'emploi est de 85 %. La mise à disposition d'un lot de 300 unités à l'atelier aval (temps de montage exclu) est de 1 heure (aller-retour). En moyenne, il faut 3 minutes par ouvrier pour monter une pièce P2.

À l'usine de Romorantin, la fabrication du composant C2 prend une heure pour 500 unités. Le trajet entre les deux usines nécessite une heure aller (temps de chargement et de déchargement compris). Les livraisons se font par lot de 1 000 unités.

QUESTIONS

1. Combien de types de kanbans différents seront mis en œuvre dans l'organisation ? Préciser pour chacun d'entre eux : la nature de la pièce, l'expéditeur, le destinataire, la taille du container et le délai total nécessaire à un container pour effectuer un cycle complet.
2. Quel est le nombre minimal de kanbans à mettre en place entre le centre d'assembalge et le centre de fabrication des pièces P1 ?
3. Est-il possible de satisfaire la demande maximale avec les capacités productives actuelles de l'atelier de fabrication de P1 ? En déduire le quota d'heures supplémentaires à mettre en œuvre par poste et par semaine.
4. Calculer le nombre de kanbans nécessaires à l'approvisionnement du centre d'assemblage en pièce P2.
5. Calculer le nombre d'ouvriers à affecter à l'atelier de montage P2 pour répondre à la demande maximale formulée par le centre d'assemblage ?

14 CHAPITRE

Le pilotage de la qualité

Le contrôle technique mis en place dans le contexte taylorien s'intéresse à la production de manière quantitative. Avec l'évolution de l'environnement et de la problématique de la production (voir chapitre précédent), une approche globale de toutes les étapes dès la conception des produits, tant technique qu'organisationnelle et humaine, est nécessaire pour maîtriser les coûts, les délais, la satisfaction du client, la valeur du produit ou du service offert.

C'est pourquoi, après avoir traité des principes du contrôle technique, la qualité totale comme outil de différenciation stratégique sera présentée ainsi que l'analyse de la valeur. Enfin, nous étudierons la généralisation des démarches de qualité aux services.

SECTION 1
DU CONTRÔLE TECHNIQUE TRADITIONNEL À LA QUALITÉTOTALE

Compte tenu de l'organisation productive mise en place au XXe siècle, il apparaît « naturel » que les dysfonctionnements productifs (pannes machines, dérives de réglages ou défauts de fabrication) existent. **La qualité est, alors, perçue comme l'ensemble des caractéristiques techniques d'un produit qui se doit de respecter des normes de fabrication définies par le producteur**.

Il faut donc contrôler les produits. Ce contrôle est confié à un service dédié qui vérifie le travail des exécutants. Les fabrications non conformes aux normes sont repérées et rejetées. Différents moyens sont alors mobilisés pour détecter, mesurer et rejeter les produits défectueux. De plus en plus nombreux et intégrant de plus en plus l'ensemble du processus productif, ils vont permettre une approche globale de la qualité.

1. Les moyens du contrôle technique

1.1 Les normes et le contrôle statistique

En fonction de normes de qualité et de seuils d'acceptation fixés par les techniciens, des statistiques sont élaborées sur des échantillons de produits prélevés à la fin du processus de production.

Le contrôle repose alors sur l'utilisation de lois de probabilité.

EXEMPLE

Pour une fabrication donnée, le risque de défaut sur une pièce est, a priori, estimé à 1 %. On contrôle un lot de cette fabrication.

1) Quel est le nombre de pièces défectueuses acceptables sur un lot de 100 pièces si l'on souhaite un niveau de confiance de 95 % ?

2) Même question si le lot est de 300 pièces ?

3) Après un contrôle portant sur 300 pièces, 8 pièces défectueuses ont été découvertes dans le lot. Combien de pièces additionnelles doivent être contrôlées et déclarées sans défaut, pour que l'hypothèse du taux de défaut de 1 % soit considérée comme valide au niveau de confiance exigé ?

1) **Nombre de pièces défectueuses acceptables dans un lot de 100 unités**

Le nombre de défauts suit une loi Binomiale de paramètres (n = 100, p = 0,01). Cette loi peut-être approximée par une loi de Poisson car le taux de défaut est faible et la population testée de petite taille. Le paramètre de la loi de Poisson m sera donc égal à ($n \times p = 100 \times 0{,}01$) = 1.

Compte tenu du niveau de confiance exigé 95 %, il faut rechercher dans la loi de Poisson cumulée de la page 719, pour la valeur de m = 1, le nombre de pièces défectueuses $x > k$ dont la probabilité d'apparition cumulée est inférieure ou égale à 0,05 (1 – 0,95).

On lit :

$k \leq 2$, probabilité 0,080 soit un niveau de confiance de 92 % $\Rightarrow$ Inacceptable.

$k \leq 3$, probabilité 0,019 soit un niveau de confiance de 98,1 % supérieur au taux désiré.

Le nombre de pièces défectueuses de ce lot doit donc être au maximum de 3.

2) **Nombre de pièces défectueuses acceptables sur un lot de 300**

Paramètres de la loi de poisson = $m = 300 \times 0,\ 01 = 3$

Le même raisonnement que précédemment peut s'appliquer. Dans la table, on lit :

k ≤ 5, probabilité 0,084 soit un niveau de confiance de 91,6 % $\Rightarrow$ Inacceptable

k ≤ 6, probabilité 0,034 soit un niveau de confiance de 96,6 % supérieur au taux désiré.

Le nombre de pièces défectueuses de ce lot doit donc être au maximum de 6.

3) **Nombre de pièces additionnelles à contrôler**

On cherche la taille du lot (n) qui, pour 8 défauts constatés, présente un taux moyen de défaut de 1 % à un niveau de confiance de 95 %. Il faut donc trouver la valeur de m pour laquelle la probabilité d'apparition est inférieure ou égale à 0,05 pour une valeur de $k \leq 8$.

La probabilité la plus proche est (lecture en ligne) 0,021 pour une valeur de m = 4. Pour m = 5, la probabilité est de 0,068 et le taux de confiance à 95 % n'est pas respecté.

Comme $m = n \times p$, on en déduit la valeur de $n = m / p = 4 / 0{,}01 = 400$ pièces.

Comme 300 pièces ont déjà été contrôlées, il faut examiner 100 pièces additionnelles sans défauts.

Ce contrôle même avec un seuil de tolérance très faible comporte des limites. Avec une norme de 99,9 % pour accepter la qualité d'un service, voilà ce que cela signifierait dans la vie quotidienne des Français :

– au moins 4 000 mauvaises prescriptions médicales seraient faites chaque année ;
– plus de 3 000 nouveau-nés tomberaient accidentellement des mains des médecins chaque année ;
– de l'eau non potable vous serait fournie presque 1 heure chaque mois ;

– il n'y aurait pas d'électricité et d'eau pendant 8,6 heures chaque année ;
– plus de 10 minutes par semaine, le téléphone et la télévision seraient en panne ;
– près de 100 opérations chirurgicales par semaine seraient incorrectes ;
– 400 lettres par heure n'arriveraient jamais à destination.

Les entreprises cherchent donc à réduire au maximum le nombre de défauts et mettent en place des procédures pour diagnostiquer et mesurer les points sensibles qui doivent être traités en priorité.

1.2 Le graphique de Pareto

L'analyse statistique de Pareto consiste à comptabiliser et à classer les défauts ou les pannes dans un ordre décroissant de fréquence d'apparition. L'expérience montre que quelques défauts représentent un pourcentage important de non-qualité. Il est donc nécessaire de les recenser pour les traiter en priorité.

La démarche consiste donc :
– à **faire un relevé statistique** des types de pannes observées ;
– à **calculer la fréquence d'apparition** pour chaque type de pannes ;
– à **ordonner ces totaux par fréquence décroissante**. Trois classes sont constituées A, B, C (d'où le nom parfois utilisé de la méthode ABC[1]) ou davantage.

Le défaut de la « classe A » représente la panne ou le défaut qui apparaît le plus grand nombre de fois donc le problème qu'il faut régler en premier.

Pareto a démontré que, dans de très nombreux cas de gestion, 20 % des phénomènes observés en nombre représentent très souvent 80 % des effets observés. Il faut donc en priorité traiter ces 20 % de phénomènes.

EXEMPLE

Sur une semaine, les huit types d'anomalies de fonctionnement d'une machine ont été recensés. Le relevé de ces anomalies classées par importance décroissante est le suivant :

Anomalies	Total	%	% cumulés
D	31	38,27 %	38,27 %
À	17	20,99 %	59,26 %
C	14	17,28 %	76,54 %
E	8	9,88 %	86,42 %
B	5	6,17 %	92,59 %
G	3	3,70 %	96,30 %
F	2	2,47 %	98,77 %
H	1	1,23 %	100,00 %
	81	100,00 %	

(1) *Déjà traité au chapitre 9.*

Cette analyse permet de hiérarchiser les anomalies et donne un cadre aux actions à entreprendre.

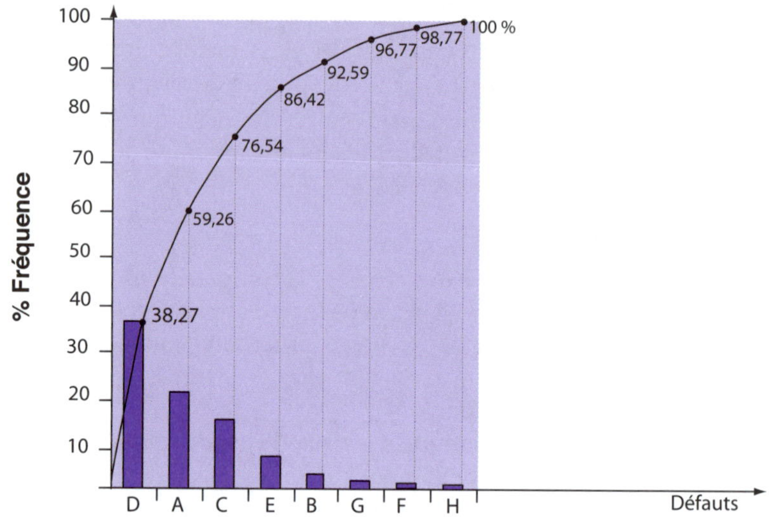

Dans ce contexte, utiliser le diagramme de Pareto permet de recenser et de hiérarchiser l'importance de certaines causes d'un dysfonctionnement constaté. En revanche, cet outil n'est pas un moyen d'explication ou de diagnostic du phénomène étudié.

Le défaut D apparaît le plus fréquemment (38,27 %) ; c'est donc celui qu'il faut traiter en premier. Il est moins nécessaire d'accorder du temps et des ressources pour pallier les défauts G, F et H qui sont les moins fréquents.

1.3 La courbe d'apprentissage

Au fur et à mesure que l'entreprise fabrique un produit, elle acquiert savoir-faire et expérience qui lui permettent de diminuer le temps et le coût par produit.

Il est possible de calculer et de représenter cette **acquisition d'expérience** avec le temps et de mesurer la baisse de coût correspondante. C'est la **courbe d'apprentissage**.

L'entreprise cherche alors à atteindre le plus rapidement possible la quantité qui lui permet de réduire le coût. La courbe détermine quel est le gain de coût obtenu avec un doublement de la production.

EXEMPLE

Quantité produites cumulées a	Heures productives cumulées b	Temps unitaire moyen cumulé b/a
10	1 000	100
20	1 600	80
40	2 560	64
80	4 096	51,2

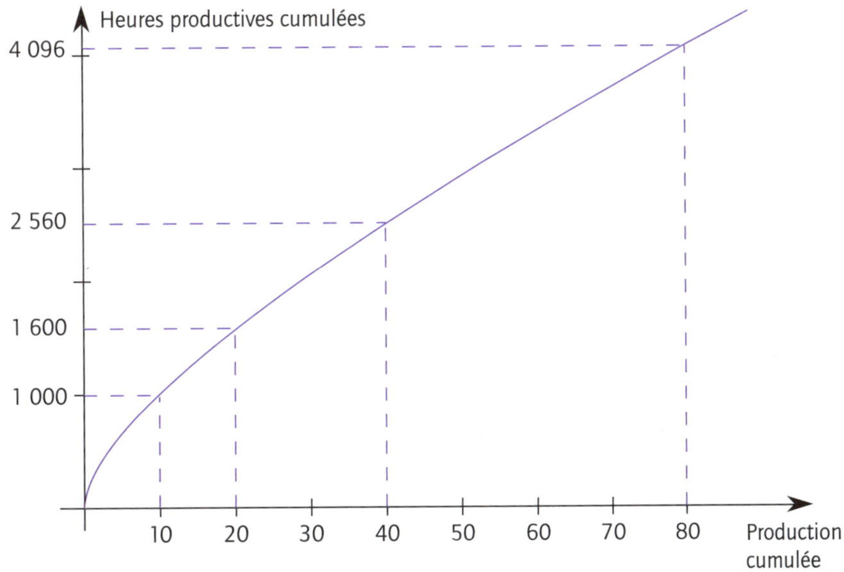

- Quand la production double de 10 à 20, le temps unitaire moyen cumulé passe de 100 à 80 donc diminue de 20 %.
- De même quand la quantité passe de 20 à 40, le temps unitaire moyen cumulé diminue aussi de 20 %, de 80 à 64.

Ainsi on dit que l'expérience est de 80 % : lorsque la production double, le temps moyen cumulé diminue de 20 %.

1.4 Le contrôle par sondage ou échantillonnage

Ce type de contrôle doit normalement suppléer à un contrôle exhaustif considéré comme trop coûteux. Le principe est le suivant : dans le cadre de livraisons régulières et fréquentes d'un grand nombre de pièces de même type appelé «lot», seul un échantillon des pièces est contrôlé et en fonction du résultat du contrôle (nombre de défauts présents dans l'échantillon), le lot est accepté ou refusé.

THÈME D'APPLICATION

Pour des livraisons régulières de 10 000 pièces, le contrôle portera sur un échantillon de 100 pièces extraites au hasard.

Pour instaurer un contrôle par échantillonnage, il est nécessaire de définir :
- la **taille de l'échantillon**, notée n ;
- une **règle de décision** : elle exprime le nombre maximum de pièces défectueuses dans l'échantillon pour pouvoir accepter le lot.

THÈME D'APPLICATION

Le lot sera accepté si le nombre de défauts présents dans l'échantillon est inférieur ou égal à 5, dans le cas contraire le lot en entier sera refusé.

Ce mode de contrôle présente des risques pour le fournisseur et pour le client, il faut donc définir les règles de fonctionnement de cet accord.

a) Le risque supporté par le fournisseur

Le résultat obtenu sur l'échantillon n'est peut-être pas généralisable à l'ensemble du lot et il est possible que le lot (10 000 pièces) soit refusé en application de la règle de décision alors même qu'un contrôle exhaustif montrerait que ce lot présente un niveau de qualité tout à fait acceptable (ce risque est aussi appelé risque de première espèce). Cela conduit le fournisseur à définir deux paramètres :

– un **niveau de qualité acceptable** ou NQA : ainsi un NQA de 0,96 traduit qu'un taux de 4 % de pièces défectueuses est acceptable sur l'ensemble du lot (avant l'instauration d'une démarche de qualité totale, il était considéré comme « normal » de ne pouvoir sur des livraisons répétées assurer un niveau de qualité de 100 %) ;
– le niveau du risque qu'il accepte, ou **risque du fournisseur,** noté α, c'est-à-dire le risque α qu'un lot lui soit retourné en application de la règle de décision alors que ce lot présente un niveau de qualité égal ou supérieur au niveau de qualité acceptable (NQA).

THÈME D'APPLICATION (SUITE)

Soit un niveau de qualité acceptable défini à 0,97, quel est le risque α supporté par le fournisseur ?

Compte tenu de la règle de décision retenue : le lot est accepté si l'échantillon présente un nombre de défauts (D) inférieur ou égal à 5, il s'agit de calculer la probabilité suivante :

$$\alpha = \text{Prob}\ \{D > 5\}$$

sachant que le niveau réel de qualité du lot (t) est inférieur ou égal à NQA.

La fréquence d'apparition du défaut dans le lot est de 3 % puisque NQA est égal à 0,97, donc dans l'échantillon cette fréquence suit une loi binominale (voir Annexe : outils mathématiques) de paramètres n = 100 (taille de l'échantillon) et $p = 0{,}03$ (taux de défaut).

Cette loi peut être approximée par une loi de Poisson de moyenne m = np, soit ici $m = 3$.

Il vient : $\alpha = \text{Prob}_{t=0{,}97}\ \{D > 5\} = 1 - \text{Prob}_{t=0{,}97}\ \{D \leqslant 5\}$.

Par lecture d'une table de la fonction de répartition de la loi de Poisson, il ressort que :

$$\alpha = 1 - 0{,}916 = 0{,}084 \text{ soit } 8{,}4\ \%.$$

Ainsi dans 8,4 % des cas, le fournisseur se fera refuser un lot alors même que ce lot présente un niveau de qualité réel supérieur ou égal au NQA.

b) Le risque supporté par le client

Ce risque est la contrepartie du risque du fournisseur : il consiste, au vu des résultats de l'échantillon, à accepter un lot qui présente un nombre trop important de défauts eu égard à un niveau de qualité toléré. Il conduit le client à définir deux paramètres :

– le **niveau de qualité tolérable** (NQT), c'est-à-dire le pourcentage maximum acceptable de défauts sur le lot : ainsi si l'on accepte un pourcentage de 6 %, cela revient à définir un NQT égal à 0,94 ;
– le niveau du risque qu'il accepte ou **risque du client** noté β (ce risque est aussi appelé risque de deuxième espèce).

THÈME D'APPLICATION

Soit un niveau de qualité tolérable défini à 0,90, quel est le risque β supporté par le client ?

Compte tenu de la règle de décision retenue plus haut, il s'agit de calculer la probabilité suivante :

$$\beta = \text{Prob}\ \{D < 5\}$$

sachant que le niveau réel de qualité du lot (t) est inférieur à NQT.

La fréquence d'apparition tolérée du défaut dans le lot est de 10 % puisque NQT est égal à 0,90 ; donc dans l'échantillon cette fréquence suit une loi binomiale de paramètres $n = 100$ (taille de l'échantillon) et $p = 0{,}10$. Cette loi peut être approximée par une loi de Poisson de moyenne $m = np$, soit ici $m = 10$.

Il vient : $\beta = \text{Prob}_{t\,=\,0,90}\ \{D \leqslant 5\}$

Par lecture d'une table de la fonction de répartition de la loi de Poisson, il ressort que :

$$\beta = 0{,}067 \text{ soit } 6{,}7\ \%.$$

Ainsi, dans 6,7 % des cas, le client devra accepter un lot qui présente un niveau de qualité réel inférieur au NQT.

Dans le cadre de relations fréquentes, il est donc important que le **client et le fournisseur trouvent un accord** sur la règle de décision, la taille de l'échantillon et les niveaux de qualité acceptable et tolérable car ces éléments déterminent les risques respectifs supportés par les partenaires.

2. Évolution du contrôle technique vers la qualité totale

2.1 De nouveaux objectifs

Le contrôle classique est effectué à la **fin du processus, en temps différé et par sondage**. Il ne permet donc pas de correction, seulement l'élimination des produits défectueux, ce qui augmente les délais et les coûts.

Pour améliorer la productivité, pour réduire les coûts, et grâce aux performances des nouvelles technologies, le contrôle **se déplace vers l'amont du processus et se fait à plusieurs stades de la fabrication.** Il permet donc de rectifier la production et de ne pas attendre la fin de la fabrication.

Dans le cadre d'une organisation taylorienne de la production, le contrôle exhaustif a eu tendance à être remplacé par des méthodes de contrôle par échantillonnage dans une optique de réduction des coûts. Une démarche de qualité totale ne conduit pas à **réintroduire un contrôle exhaustif** mais à le **déplacer dans le processus** de production : il apparaît dès le début du processus productif et tout au long de son déroulement, sur des composants élémentaires comme sur des ensembles de pièces et non plus en bout de chaîne sur des produits terminés.

ÉVOLUTION DES SYSTÈMES QUALITÉ

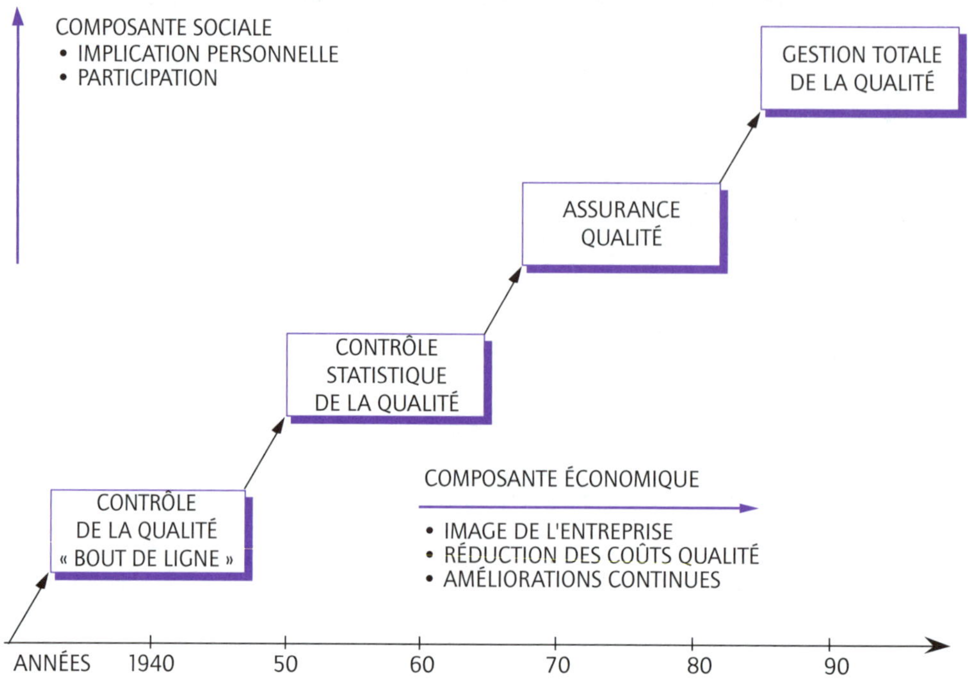

Source : Socotec.

2.2 De nouveaux moyens

Le concept de qualité évolue : de caractéristiques techniques respectant des normes de fabrication, la notion s'élargit sous l'influence d'organismes certificateurs comme l'International Standard Organisation (ISO). Ainsi, dès 1982, la Qualité devient l'aptitude d'un produit ou d'un service à satisfaire, au moindre coût et dans les moindres délais, les besoins des utilisateurs (ISO 9000 – 1982). Elle se caractérise par un ensemble des propriétés et caractéristiques d'un produit ou d'un service qui lui confèrent l'aptitude à satisfaire des besoins exprimés ou implicites.

Le rôle et la place des contrôles se modifient comme le montre le schéma suivant.

LE CONTRÔLE FINAL (INSPECTION)

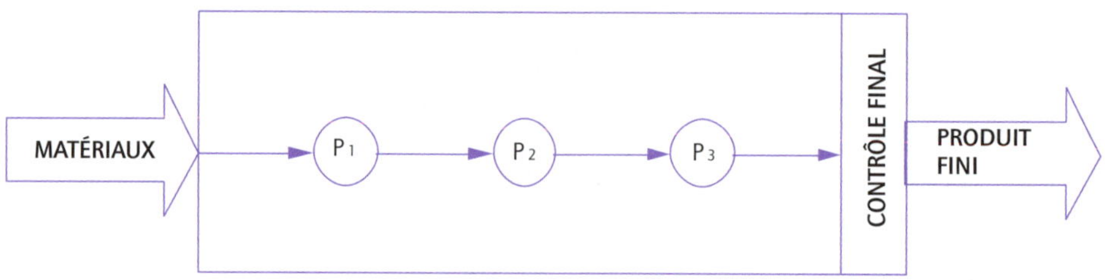

LE CONTRÔLE STATISTIQUE PAR CARTE DE CONTRÔLE ET PLAN D'ÉCHANTILLONNAGE

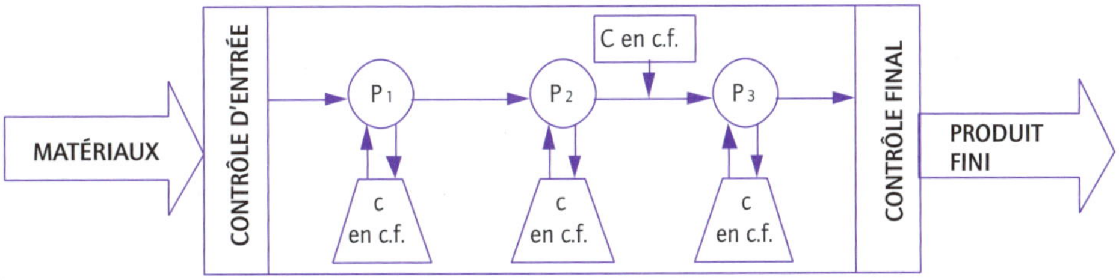

« c en c.f. » = contrôle en cours de fabrication par carte de contrôle.

LE CONTRÔLE INTÉGRÉ DE LA QUANTITÉ

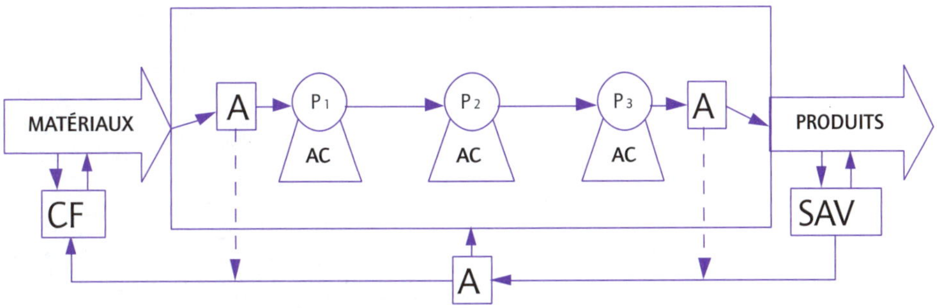

P = Procédé de fabrication – Étape 1, 2, ... N

AC = auto-contrôle CF = certification de fournisseurs A = audit qualité SAV = service après-vente

Pour répondre aux exigences de la qualité exigée, un ensemble de moyens est mis en œuvre pour encadrer le fonctionnement de l'organisation. Il s'agit de construire des règles et de prescriptions écrites et formelles qui garantissent un fonctionnement conforme de l'organisation. Les procédures s'intéressent au processus, aux moyens de contrôle et d'autocontrôle sur le poste de travail. Elles doivent permettre la délivrance d'un produit conforme et respectueux des exigences du client.

Enfin, pour confirmer le respect et la pertinence de ces procédures, elles font l'objet de vérification par des organismes certificateurs externes à l'entité. Ces certifications permettent un haut degré d'assurance dans l'obtention de la qualité.

Cette nouvelle perspective conduit très vite les entreprises, pour maintenir leur propre niveau de qualité, à vouloir obtenir des approvisionnements qui eux-aussi sont le résultat d'assurance qualité mise en place par les fournisseurs. Ces procédures se sont donc très rapidement diffusées à l'ensemble du tissu économique. Par ailleurs, la recherche d'un avantage concurrentiel a poussé les firmes vers une démarche de qualité totale.

SECTION 2

LA QUALITÉ TOTALE : DÉMARCHE STRATÉGIQUE

La qualité totale est une démarche de progrès continu dont l'objectif est la satisfaction des clients (en qualité, coût et délais) par la maîtrise des processus et l'implication des acteurs de l'organisation.

LES FONDEMENTS DE LA QUALITÉ TOTALE

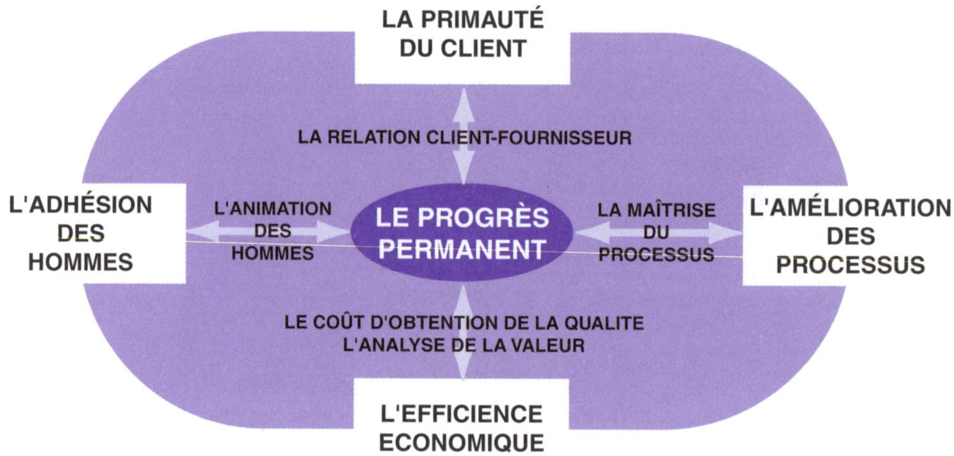

P. Jocou, F. Lucas, Institut Renault de la qualité, *Au cœur du changement,Une autre démarche de managementt : la qualité totale*, Dunod, 1993.

1. Instaurer des relations client-fournisseur

La primauté du client était déjà reconnue dans la notion de qualité des produits. Dans la démarche de qualité totale, elle est approfondie et généralisée à l'ensemble de l'organisation.

1.1 Le client final (externe)

Des études systématiques sont réalisées pour connaître les attentes du futur prospect : on cherche à apprécier les fonctionnalités qui sont demandées aux produits, les éléments de valeur et d'utilité qui sont attendus par le futur utilisateur. L'entreprise prend consciente qu'elle doit connaître l'équation de valeur du client pour y répondre au mieux.

De même, des bases de données sont constituées avec les avis des clients : elles servent à améliorer l'adéquation entre l'offre des produits et les attentes des clients.

1.2 Les clients internes

Au sein de l'organisation, chaque entité doit se rapprocher de son « client » interne au sein de l'organisation et définir les termes d'un contrat dans lesquelles les attentes du service aval et les spécifications attendues du produit ou du service délivré sont clairement énoncées.

Le service « fournisseur-amont » se doit alors de répondre au mieux aux prescriptions de son client.

Ces relations sont systématisées et régulièrement réévaluées.

Cette démarche pousse l'organisation (et les acteurs) à la transversalité et à la suppression d'activités ou de services qui n'ont pas de clients…

2. L'amélioration des processus

2.1 Les facteurs influençant la qualité

La qualité d'un produit, d'un processus, d'une entreprise n'est pas le fruit du hasard. Elle nécessite la participation de tout le personnel et la coordination de tous les moyens mis en œuvre.

Il est possible de recenser les principaux facteurs qui affectent la qualité, à partir de la représentation suivante du système de production en sept points :

1. **Le management** : définit, planifie et contrôle la gestion du système.
2. **Le matériel** : les machines outils et les équipements nécessaires pour réaliser le produit.
3. **Les matériaux** : les intrants du système qui font l'objet d'une valeur ajoutée après le processus de transformation.
4. **Les méthodes de production** : les spécifications, les instructions et les processus régissant la méthodologie pour les approvisionnements et la production du produit.
5. **La main-d'œuvre** : le personnel, spécialisé ou non, nécessaire pour l'exécution du travail.
6. **Le milieu de travail** : l'espace physique de l'entreprise et son climat social.
7. **La monnaie** : les investissements et les fonds requis pour le développement et le fonctionnement opérationnel de l'entreprise. Elle provient des ventes et doit gérer des profits.

Cette **approche systémique** de la production fait ressortir que la qualité du produit peut être affectée par **sept facteurs interdépendants**. Ces facteurs sont connus dans l'industrie sous la désignation des « **7 M** » :

- Management
- Matériel
- Matériaux
- Méthodes de production
- Main-d'œuvre
- Milieu de travail
- Monnaie

Il faut donc gérer la qualité.

2.2 De nouveaux outils de gestion de la qualité

Ces outils ou techniques ont tous en commun de demander une participation des acteurs et intègrent ainsi les opérateurs de base dans la démarche. Ils peuvent être outil de diagnostic, comme le **diagramme d'Ishikawa**, ou moyen de prévention, comme les **poka-yoke**.

a) Le diagramme d'Ishikawa

Kaoru Ishikawa a proposé une démarche de réflexion pour mener une analyse d'amélioration d'une situation ou de résolution de problème : c'est le *diagramme cause-effet* ou en arête de poisson.

C'est une structure en arborescence qui synthétise toutes les causes classées par domaine qui aboutissent à un problème ou une situation précise.

La structure générale du graphe est la suivante en regroupant les causes recensées en 5 M : Milieu, Main d'œuvre, Méthodes, Matériel, Matériaux.

EXEMPLE

Voici un diagramme finalisé relatif à un dysfonctionnement sur une chaîne de fabrication relatif à une fuite sur des bocaux.

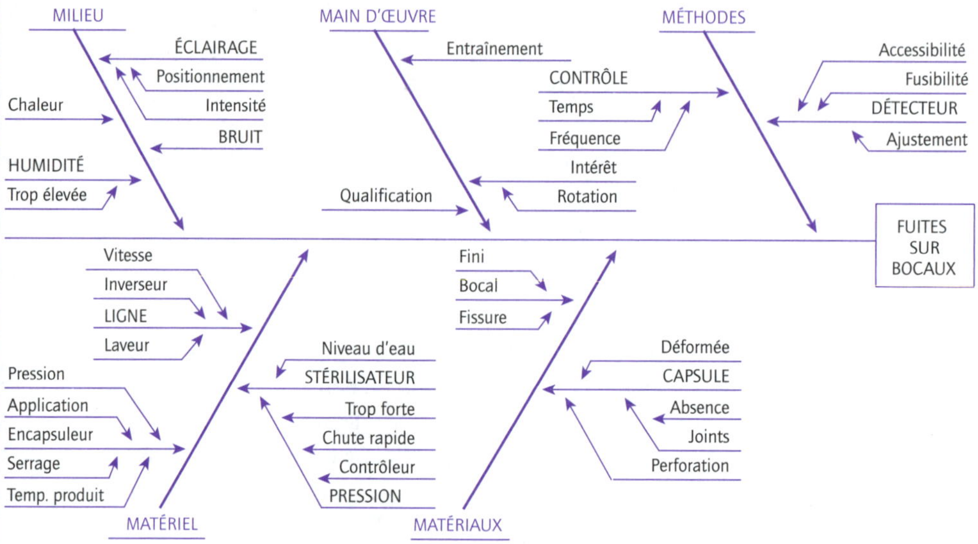

Principe de fonctionnement. L'arborescence vide est positionnée et proposée à la sagacité des acteurs d'un groupe de réflexion. Chacun vient inscrire les causes qui lui semblent responsables du défaut. La réflexion est collective et installée dans une durée. Au final, cet outil permet un recensement exhaustif des différentes causes sur lequel le groupe de réflexion pourra construire une solution qui évitera le défaut.

Cette démarche générale qui peut s'appliquer à de très nombreux problèmes est :

– un **outil de dialogue**, pour analyser systématiquement une situation ;
– un **instrument de collecte d'informations** sur un sujet ;
– un **outil de diagnostic** permettant une vision globale et interdépendante des éléments en cause ;
– un **outil pour convaincre et former** les participants ;
– une **méthode pour une recherche** rapide des solutions à un problème.

Les solutions proposées pouront être des systèmes simples de détrompeurs.

b) Le système poka-yoke ou les systèmes détrompeurs

Les défauts dans la production peuvent se situer à plusieurs niveaux : la machine, l'opérateur, le processus.

Pour améliorer la qualité et tendre vers la qualité totale, **il faut empêcher le processus de production de générer des défauts**.

Pour ce faire, il est nécessaire d'identifier les défauts, de trouver les causes, de supprimer les causes.

Après les phases d'étude pour identifier les défauts et analyser des causes, il faut mettre en place des systèmes manuels ou automatiques pour éviter ces causes tant sur les machines, les processus que pour les opérateurs.

Pour supprimer les causes de défauts dus aux opérateurs, des entreprises installent des systèmes « anti-erreurs » ou « détrompeurs » (du mot japonais *poka-yoke*).

Ces systèmes très **variés,** parfois très **simples**, sont là pour **informer** et **aider** les opérateurs. Voici quelques exemples de *poka-yoke* :

Vérification à effectuer	Dispositif	
Produits spécial non oublié (ici produit anti-desserrage sur un bouton)	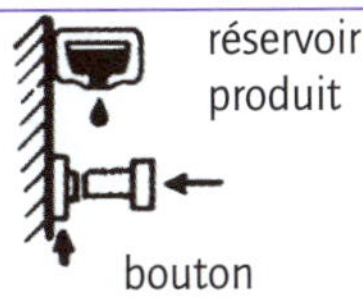	• Bouton interrupteur • Si l'opérateur n'appuie pas sur le bouton : – le liquide ne tombe pas – le produit ne peut avancer au poste de montage suivant
Choix correct de pièces à monter sur chaque produit		• Repérage lumineux des bacs de composants à utiliser (en fonction de la carte Kanban ou de tout autre système identifiant le produit à traiter)

Source : Béranger P., *Les nouvelles règles de la production : vers l'excellence industrielle*, Dunod, 1989.

Avant l'amélioration	Après l'amélioration
Il y avait risque de confusion entre les pièces de la boîte A et celles de la boîte B. 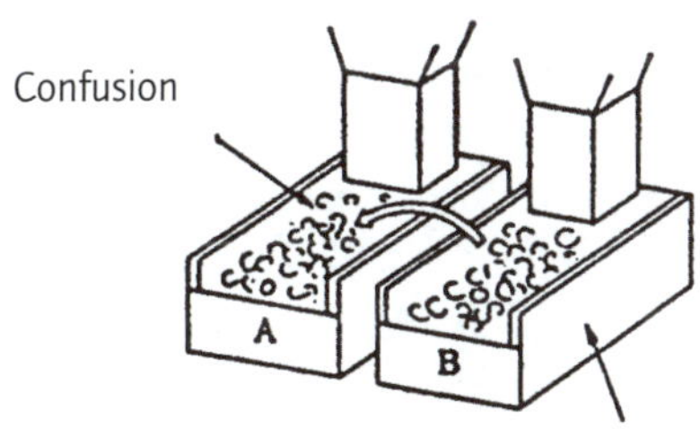	Les boîtes sont munies de couvercles. 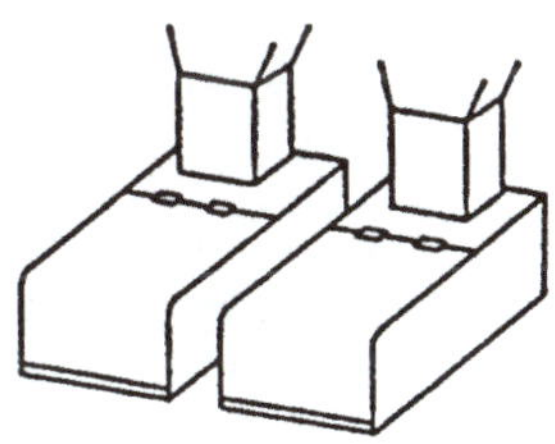

Extrait : Manuel pratique de gestion de la qualité, Collection Afnor Gestion.

La mise en place de ces dispositifs ne peut se faire sans une participation active des opérateurs.

3. L'adhésion des hommes

3.1 Une nouvelle culture de management

Dans une démarche de qualité totale, il s'agit de convaincre chacun, les responsables mais aussi les opérateurs de production de faire bien du premier coup. La recherche du Zéro défaut est l'affaire de tous et principalement des opérateurs de base qui, proches du terrain et des opérations, sont les plus à même de connaître les faiblesses du système et de proposer les moyens d'y remédier que le service des méthodes ou de la qualité.

Pour que ces propositions soient entendues, il faut donc abandonner la culture hiérarchique taylorienne où certains réfléchissent aux choix organisationnels concrets de production et d'autres exécutent les tâches définies. Il s'agit donc de raccourcir la ligne hiérarchique, de former chefs d'équipe et responsables d'atelier à l'écoute des propositions des opérateurs.

En outre, les fonctions demandées aux opérateurs vont évoluer : à côté de la fonction principale de production, il leur sera demandé d'intégrer des tâches d'autocontrôle de la production, de prendre en charge une partie de l'entretien des matériels dans une démarche d'entretien préventif des pannes, de proposer des améliorations des processus.

Ces demandes conduisent à un autre type de management. Dans les années 1980, certains moyens ont alors été mis en place pour mobiliser les hommes vers la qualité totale.

3.2 Les outils d'animation et de questionnement

Les outils mis en place au sein de groupes ou des cellules de réflexion ne peuvent être efficaces que dans la mesure où chacun s'abstient de porter un jugement sur la parole de l'autre et se positionne dans une attitude de collaboration indépendamment de sa place hiérarchique.

a) Le questionnement QQOQC et des 5 pourquoi

C'est un outil reposant sur une attitude interrogative permettant la collecte d'informations et la remise en cause de l'existant. Le questionnement d'une analyse descriptive s'appuie sur 5 questions de base :

– de **Q**uoi s'agit-il ? définir le processus, ses limites, ses buts…

– **Q**ui fait le travail ? effectif, descriptif des postes, niveau de qualification…

– **O**ù cela se passe-t-il ? implantation des locaux, place dans l'organigramme…

– **Q**uand se fait le travail ? taches continues ou non, délai total, contraintes extérieures…

– **C**omment se fait le travail ? modes opératoires, documents utilisés, moyens de contrôle…

L'attitude de doute ou de refus des évidences doit permettre de questionner l'existant et pousse à innover et à imaginer d'autres possibilités. Il s'agit alors de conduire une analyse critique d'où doit émerger une solution meilleure. Chacun des questionnements précédents est repris et interrogé sur son POURQUOI en termes d'utilité, de cohérence des choix, d'existence d'autres possibilités, etc.

b) Le brainstorming

C'est une méthode qui permet, dans un premier temps et au sein d'un groupe limité (maximum d'une dizaine de participants), de faire émerger le maximum d'idées dans un temps restreint. Toutes les idées doivent être acceptées, même les plus farfelues, sans aucun jugement de valeur de la part des participants.

Cet outil est censé développer la créativité des différents acteurs.

Dans un second temps, les idées proposées sont regroupées et combinées pour être exploitées. De ce travail doit émerger une solution nouvelle.

c) Les cercles de qualité

C'est un petit groupe (3 à 10) de collaborateurs volontaires appartenant à la même unité de travail (atelier, service) qui se réunissent régulièrement pour rechercher, identifier, analyser et résoudre des problèmes professionnels quotidiens sur le terrain.

Animé par un responsable hiérarchique direct, le cercle utilise des méthodes et des outils d'analyse précis, élabore des solutions et les met en application.

Les cercles de qualité existent depuis 1962 au Japon, 1974 aux États-Unis et 1979 en France. Après en avoir compté plus de 20 000 en France, cet outil a vu son influence fortement décroître.

Face à des pressions internes et externes, les cercles de qualité doivent permettre de faire évoluer les structures et les hommes vers un **management participatif** pour une meilleure qualité.

Le point de départ est la détection d'un problème. Si un cercle de qualité est mis en place, une méthodologie pour résoudre le problème est suivie.

Sont nécessaires pour la réussite du cercle :
- une volonté et un engagement clair des cadres dirigeants,
- un volontariat des membres participants,
- une formation,
- des problèmes à résoudre précisément délimités,
- une communication directe, persévérante et patiente entre les membres.

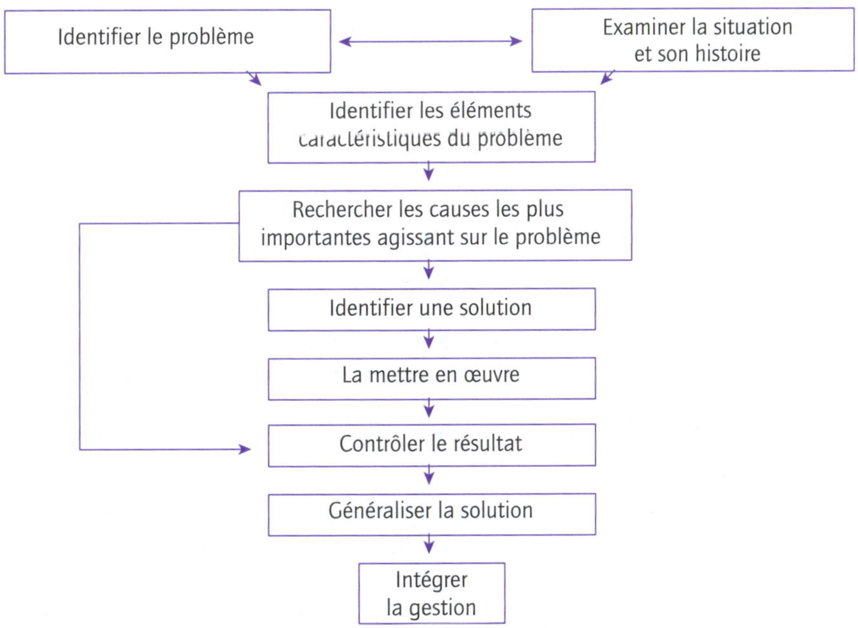

La réussite d'un cercle de qualité nécessite un engagement clair des cadres dirigeants, le volontariat des membres participants et la volonté d'instaurer une communication directe, persévérante et patiente entre les membres.

4. L'efficience économique

L'efficience correspond à l'utilisation des moyens adequats pour l'activité sans gaspillage des ressources.

Cette démarche doit à terme être moins coûteuse que la situation actuelle. Or, dans un premier temps, elle nécessite des investissements en termes d'analyse, de mobilisation des hommes et d'activités supplémentaires de détection, de contrôle. L'équation économique est positive car tous ces choix concourent à réduire le coût de non-qualité. En effet, l'ensemble de cette stratégie repose sur une idée simple mais qui, au moment où elle a été émise, a profondément modifié la conception de la qualité.

« La non-qualité coûte très chère à l'entreprise mais l'organisation n'évalue pas ce coût car c'est un coût caché. »

4.1 Les coûts cachés

Au sein d'une entreprise, les dysfonctionnements organisationnels nécessitent des actions correctrices ou des régulations qui engendrent des surcoûts ou de nouveaux coûts intégrés dans les coûts traditionnels. Ces surcoûts sont appelés des coûts cachés puisqu'ils ne sont pas isolés en tant que tels.

Savall[1] donne des exemples de dysfonctionnements et de coûts cachés apparaissant avec la régulation.

Dysfonctionnement	Régulations possibles ⇒ Coûts cachés
Absentéisme	• Arrêt de la machine • Recherche d'un remplaçant • Déplacement d'un ouvrier sur le poste de l'absent • Sous-productivité du remplaçant
Rotation du personnel	• Recrutement d'un remplaçant • Formation du nouveau recruté • Sous-apprentissage du nouveau recruté
Défauts de qualité	• Temps de retouche • Mise en rebut d'articles • Annulation de la commande par le client • Traitement des retours d'articles par le service après-vente...

Dans une démarche de qualité totale, les actions seront focalisées sur le coût de qualité.

4.2 Le coût de la qualité

L'activité de production, comme toute autre, génère des déperditions d'énergies, de ressources humaines et physiques qui n'apparaissent pas dans les systèmes classiques de

(1) *Savall M., Zardet V., Maîtriser les coûts et les performances cachés : le contrat d'activité périodiquement négociable, Économica, 1989.*

comptabilité où seuls les coûts de matière, de main-d'œuvre et d'atelier sont pris en compte. Ce sont des **coûts cachés** liés à des problèmes d'organisation. La recherche de la qualité totale doit permettre de réduire ces coûts cachés.

Mais l'amélioration de la qualité a aussi un coût. C'est pourquoi sont définis :
– le **coût de gestion de la qualité** = coût de prévention + coût de détection ;
– le **coût de non-qualité** = coût de la détection + coût de la malfaçon ;
– le **coût de la malfaçon** = coût de la défaillance interne et externe.

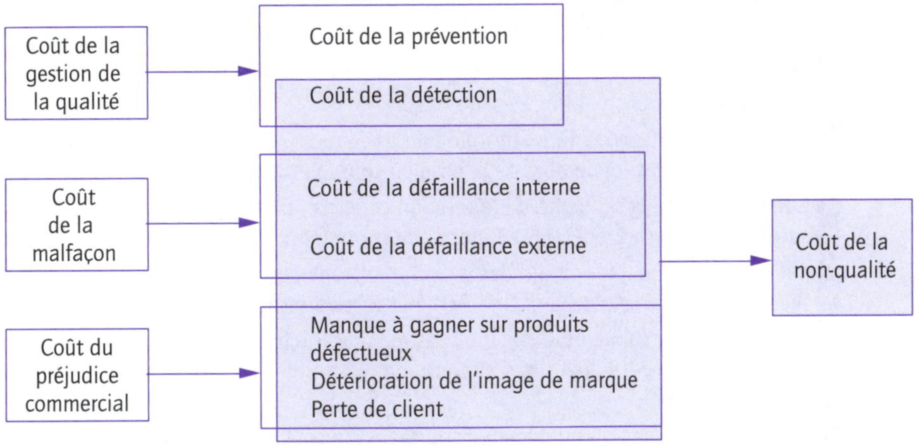

EXEMPLE

Coût de prévention :

– la personne du service entretien qui passe systématiquement une fois par semaine pour contrôler une machine ;
– la formation du personnel.

Coût de détection :

– un système mécanique ou électronique de contrôle, couplé sur une machine et qui l'arrête automatiquement dès qu'un défaut ou une panne survient ;
– une inspection chez le fournisseur.

Coût de la défaillance interne :

– le manque à gagner lorsque la production s'arrête à cause de la panne soudaine d'une machine ;
– vol, pertes de pièces.

Coût de la défaillance externe :

– l'arrêt de livraison d'un fournisseur provoque un surcoût car il faut faire appel rapidement à un autre fournisseur à d'autres conditions ;
– frais d'expertise lors d'un litige.

Le **coût de la non-qualité** peut être défini comme la différence entre le prix de revient actuel du produit et son coût réduit, s'il n'y avait aucune erreur et aucun défaut durant la conception, la réalisation, la commercialisation et l'utilisation.

Il est possible de calculer le coût de la non-qualité en pourcentage de données économiques : 10 % à 30 % du chiffre d'affaires des entreprises (20 % en France, 10 % aux USA et 5 % au Japon) ou 15 à 40 % de la valeur ajoutée, soit une perte annuelle pour la France de 40 milliards d'euros.

EXEMPLE DE CALCUL D'UN COÛT DE NON-QUALITÉ

Dans une entreprise agricole de production de conserves, les informations suivantes ont été extraites des données analytiques :

Ventes annuelles : 1 500 000 boîtes de conserves.

Prix de vente unitaire est de 12 € hors taxes.

Le coût de production unitaire est de 6 €.

Le taux de rebut est de 12 % des produits fabriqués (mis en fabrication en début de chaîne), du fait d'un mauvais fonctionnement de la mise en conserve.

Compte tenu de la difficulté de la mise en conserve, un contrôle exhaustif est réalisé en fin de fabrication : coût du contrôle : 0,60 € par boîte contrôlée.

Par ailleurs, la qualité initiale des matières n'étant pas stable, certains produits vendus sont défectueux. Le taux de retour clients est de 4 % des produits livrés.

Outre le coût de fabrication des produits remplacés, chaque retour entraîne des frais de réexpédition qui s'élèvent à 1,50 € par unité et contraint à accorder une remise au client pour malfaçon de 10 % du prix de vente.

Calculer le coût de non-qualité en distinguant : le coût de malfaçon, le coût de prévention, le coût du préjudice commercial et les pertes de recettes.

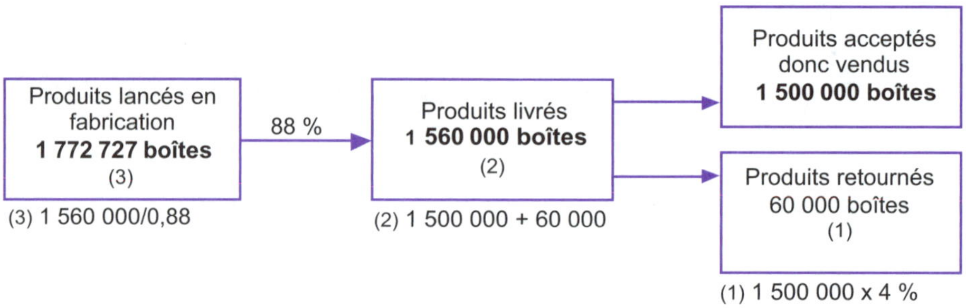

Pour connaître, le nombre de produits mis en fabrication, il faut partir du nombre de produits conformes acceptés par la clientèle.

Coût de malfaçon

(Produits fabriqués – Produits livrés) × Coût de production

(1 772 727 – 1 560 000) × 6 € = 212 727 × 6 € = 1 276 362 €

Coût de prévention

(Coût du contrôle sur l'ensemble des boîtes mises en fabrication)

1 772 727 produits fabriqués × 0,60 € = 1 063 636 €

Coût du préjudice commercial

- Coût de production des produits retournés = 60 000 × 6 € = 360 000 €

Remarque : le coût de production des produits retournés est intégré dans le coût du préjudice commercial car le produit défectueux est arrivé jusqu'au client. On aurait très bien pu intégrer le coût de ces produits au coût de malfaçon qui aurait été égal à : (1 772 727 – 1 500 000) × 6 €.

- Coût de réexpédition = 60 000 × 1,5 € = 90 000 €
- Perte de recettes : Remise accordée = 60 000 × (12 € × 0,1) = 72 000 €

Coût du préjudice commercial = 360 000 + 90 000 + 72 000 = 522 000 €

Soit un coût global de non-qualité de :

1 276 362 + 1 063 636 + 522 000 = 2 861 998 €

Ce qui représente la différence entre le coût réel de fabrication (10 636 362 + 1 063 636 + 90 000 + 72 000 = 11861 998) et le coût sans défaut (1500 000 × 6 € = 9 000 000 €).

La mise en évidence des coûts de non-qualité permet de détecter des gisements de valeur et de mobiliser sur les gains que l'organisation peut attendre d'une mise en place systématique d'une démarche de qualité totale. Ces approches transversales permettent un management de la mobilisation dans une perspective de progrès continu ou démarche Kaisen.

Toute l'analyse proposée a consisté à rechercher des améliorations sur les processus opérationnels en les rendant plus efficients et de meilleure qualité. Cependant, la meilleure organisation ne peut rien si la définition même du produit ou du service n'est pas porteuse de valeur pour le futur client. Cette préoccupation est à l'origine d'une démarche particulière, l'analyse de la valeur mise en œuvre principalement lors de la conception des produits.

SECTION 3
L'ANALYSE DE LA VALEUR

L'analyse de la valeur est un outil d'amélioration par une meilleure satisfaction du client, d'innovation, de rentabilité et de compétitivité. C'est une méthode d'optimisation lors de la conception des produits développée sous l'égide de l'Association française de la valeur AFAV.

1. Définition de l'analyse de la valeur

L'Afnor propose la définition suivante :

> L'**analyse de la valeur** est une méthode de compétitivité organisée et créative visant la satisfaction du besoin de l'utilisateur par une démarche spécifique de conception à la fois fonctionnelle, économique et pluridisciplinaire.

La « valeur » est une grandeur qui croît lorsque la satisfaction de la fonction pour laquelle le produit a été conçu augmente ou que le coût du produit diminue.

$$\text{Valeur} = \frac{\text{Satisfaction de la fonction}}{\text{Coût}}$$

L'analyse de la valeur a été élaborée en 1947 aux États-Unis par L.D. Miles, ingénieur à la General Electric et introduite en France dans les années 60.

C'est une méthode qui analyse un produit et cherche à l'améliorer en vue d'en augmenter son utilité et d'en diminuer son coût.

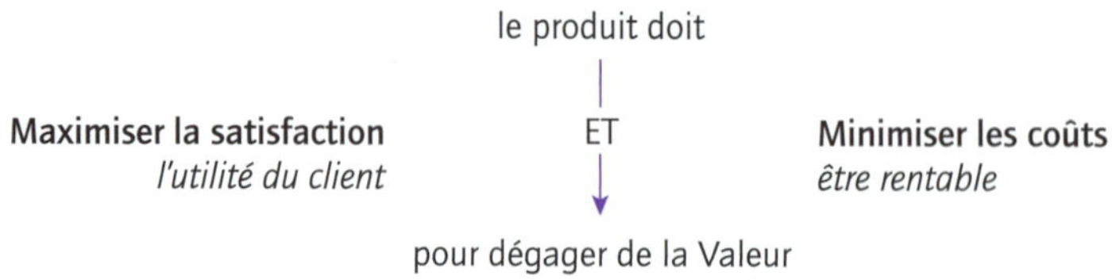

C'est le logo de l'AFAV : l'Association française d'analyse de la valeur.

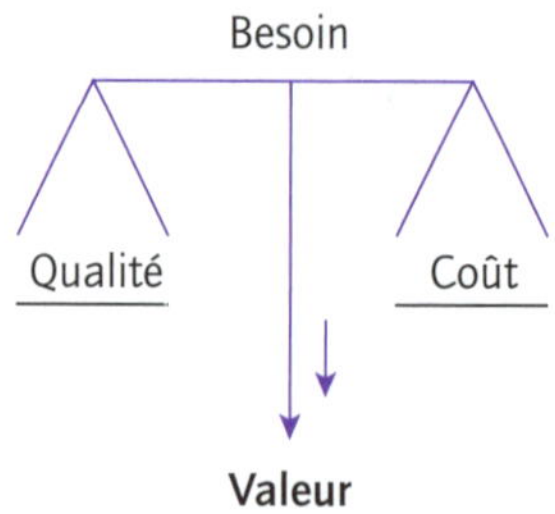

La valeur ou valeur d'usage d'un produit qui guide le jugement et le choix de l'utilisateur est un composé de : valeur d'utilité, de rareté, d'estime et d'échange.

L'amélioration recherchée se traduit par une fonction utilité précise ; par exemple, il faut déterminer un certain niveau de performances nécessaire et suffisant avec un coût minimal. Ainsi l'analyse de la valeur essaie de répondre à la question :

Quelles sont les fonctions du produit qui permettront l'adéquation des besoins des clients à l'optimisation du coût des moyens ?

L'analyse de la valeur cherche à obtenir au moindre coût les seules fonctions nécessaires et jugées utiles d'un produit, tout en améliorant la qualité, la sécurité, la durée du produit. L'analyse de la valeur peut être menée pour un produit existant ou pour un produit entièrement nouveau.

C'est un outil de décloisonnement interne de l'organisation. Les clivages hiérarchiques et professionnels sont gommés par la mise en œuvre de la méthode qui requiert une communication entre tous les niveaux verticaux et horizontaux de la structure.

EXEMPLE

Le schéma de la page 597 représente l'analyse de la valeur d'un produit de consommation courante du point de vue du consommateur (valeur attribuée aux fonctions attendues) et de celui de l'entreprise (coût mis en œuvre pour répondre aux différentes fonctions).

L'ordre de valeurs des fonctions pour les consommateurs : F4 – F1 – F3 – F2 – F5 – F6

L'ordre des coûts des fonctions pour l'entreprise : C2 – C4 – C1 – C6 – C3 – C5

ANALYSE DE LA VALEUR D'UN PRODUIT DE CONSOMMATION COURANTE P

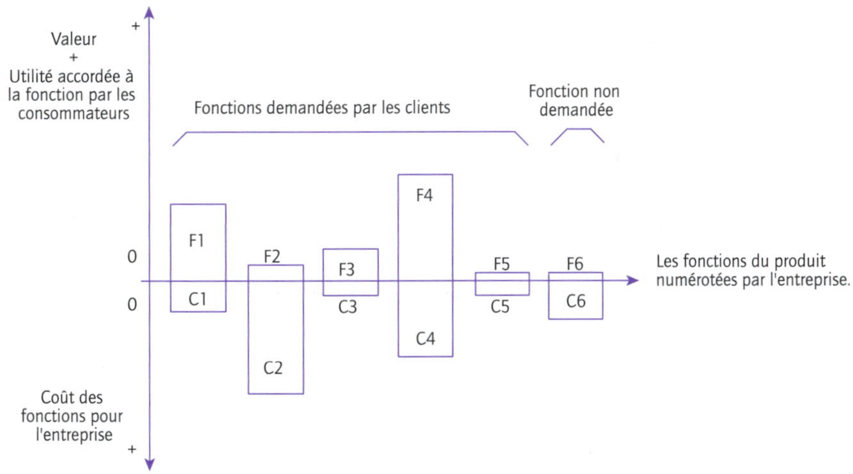

La comparaison des fonctions et des coûts permet d'identifier les premières pistes d'amélioration du rapport qualité-coût :

- suppression des fonctions non demandées, mais néanmoins satisfaites (F6). Cette fonction entraîne des surcoûts inutiles ;
- études approfondies des fonctions marginales qui sont aujourd'hui réalisées pour un haut niveau de coût (F2), ce qui suppose au départ un mauvais rapport qualité-coût ;
- amélioration de la qualité des fonctions demandées par le client, mais mal assurées (F3), dont le niveau de satisfaction est égal à zéro.

2. Mise en œuvre de la méthode

2.1 Notions de base

Il s'agit de concevoir le produit tel que le perçoit l'utilisateur et non pas l'entreprise : pour l'utilisateur le produit est un **moyen de satisfaire un besoin** alors que l'entreprise est le résultat d'un processus. Pour satisfaire le client, il faut se préoccuper principalement des besoins à satisfaire.

Connaître le besoin ou les besoins à satisfaire, c'est connaître la pulsion fondamentale de celui qui, en se servant du produit, satisfait son besoin fondamental : c'est **l'utilisateur du produit**.

Cette étude des besoins doit intégrer **l'interaction du produit sur la totalité de son cycle d'usage et d'utilisation** c'est-à-dire les relations du produit avec ceux qui le fabriquent, le vendent ou le distribuent et mais aussi avec ceux qui le préparent, le mettent en œuvre, l'utilisent, le nettoient, le stockent ou le détruisent.

Cette étude doit se faire en connaissant les éléments matériels et immatériels constituant l'environnement du produit pendant son utilisation et sa mise en œuvre voire son entretien. La prise en compte de ces conditions appelées **contraintes** dans les fonctionnalités du produit permettra de mieux satisfaire les besoins de l'utilisateur.

L'intégration de l'ensemble de ces données conduit à concevoir le produit comme **un ensemble de fonctions**. On distingue :

– la fonction principale : c'est celle qui répond au besoin de l'utilisateur qui se subdivise en :
  • fonction d'usage : réponse au besoin de base,
  • fonction d'estime : réponse au besoin de plaisir.

– la fonction secondaire : celles qui répondent à une exigence complémentaire comme la facilité de rangement ou de maniabilité ;

– la fonction contrainte : par exemple, une meilleure isolation d'un produit qui doit être utilisé dans un milieu humide ;

– la fonction technique : invisible à l'utilisateur elle est interne au produit et résulte de choix de conception.

L'analyse de ces données va permettre de proposer au prospect un produit en adéquation avec sa valeur d'usage en utilisant une démarche spécifique.

2.2 La démarche de l'analyse

Le principe est :

– de recenser de manière exhaustive **toutes les fonctions remplies par un produit** ;

– d'en mesurer le **coût** ;

– puis de déterminer quelles sont les **fonctions essentielles** à conserver et/ou à améliorer ;

– quelles sont celles **nouvelles à créer** pour mieux répondre aux besoins du client,

– et quelles sont celles qui peuvent être **supprimées** ;

– tout en identifiant le **coût minimum** auquel ces fonctions peuvent être assurées en éliminant le superflu ;

– tout en conservant la **qualité et la sécurité** du produit.

Le graphique permet de bien visualiser la démarche :

DÉMARCHE ANALYSE DE LA VALEUR

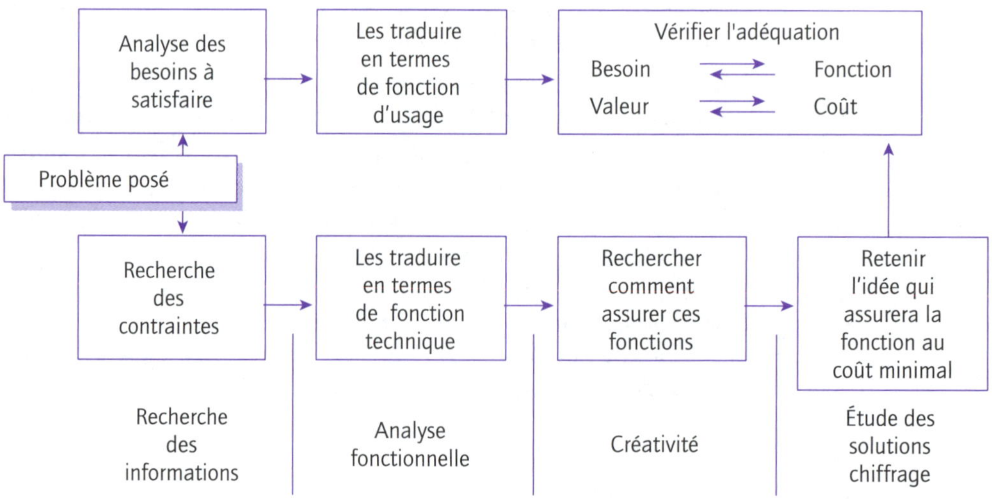

La décomposition n'est pas strictement délimitée et identique pour toutes les analyses mais il est possible de repérer les étapes principales et incontournables.

2.3 Les conditions de réussite d'une analyse de la valeur

Pour intégrer le futur produit dans son environnement, pour envisager les interactions du produit sur sa durée de vie, l'analyse de la valeur doit être une démarche transversale et pluridisciplinaire à l'organisation :

– le marketing et le design fournissent les aspirations des utilisateurs potentiels ;

– les études et la conception intègrent les contraintes techniques ;

– les services financiers, contrôle de gestion en tête, chiffrent les propositions alternatives ;

– les achats sélectionnent les composants et les fournisseurs…

Elle s'oppose à une logique métier et contraint au décloisonnement des services.

Une condition *sine qua non* de la réussite d'une analyse de la valeur est la bonne entente des participants, leur compréhension mutuelle malgré les distorsions d'approche et de vocabulaire propres à chaque spécialité et la transparence des informations qu'ils détiennent

Si le dialogue est réussi, ce peut être l'amorce de nouvelles communications entre les acteurs et avec les partenaires extérieurs de l'entreprise, source d'amélioration de l'efficacité de l'organisation.

3. Un exemple simplifié d'analyse de la valeur

Cet exemple, emprunté à Horvath, s'insère dans une démarche stratégique plus large qui sera étudiée au chapitre 20 : « La démarche des coûts cibles ».

3.1 Analyse de la demande du consommateur, de ses souhaits, ses besoins, de l'utilité accordée aux éléments du produit

Pour cela, une analyse conjointe est menée, c'est-à-dire une combinaison de plusieurs méthodes d'analyse des données multivariées. La vision globale du produit est « décortiquée » selon les différents composants de l'appareil. Un tableau classant les fonctions de l'appareil selon l'utilité et l'importance accordées par la demande est obtenu :

RÉSULTATS DE L'ÉTUDE DE MARCHÉ POUR UN RÉVEILLE-MATIN		
Fonction	**Degré d'importance**	**Pourcentage**
Facilité de lecture	9	16,98 (1)
Adaptabilité	7	13,21
Exactitude	6	11,32
Design	9	16,98
Silencieux	3	5,66
Facilité de lecture dans le noir	6	11,32
Sonnerie de réveil	2	3,77
Durée de vie	4	7,55
Solidité	7	13,21
Total	53	100,00

(1) → 9/53 = 16,98 %

3.2 Mise en relation des composants techniques du produit et des fonctions du produit retenues par la demande

Il faut valoriser l'apport de chaque composant (au plan technique) à une ou plusieurs fonctions :

– par exemple, dans le tableau suivant, la fonction « lecture facile » est apportée pour 40 % par l'électronique et le moteur, pour 55 % par les aiguilles et la transmission et pour 5 % par le boîtier extérieur ;

APPORTS DES COMPOSANTS AUX FONCTIONS (EN %)

Composants \ Fonctions	Facilité de lecture	Adaptabilité	Exactitude	Design	Silencieux	Facilité de lecture dans le noir	Sonnerie de réveil	Durée de vie	Solidité
Importance des fonctions (en %)	16,98	13,21	11,32	16,98	5,66	11,32	3,77	7,55	13,21
Piles						10		64	
Amortisseurs de vibration			78						
Électronique et moteur	40		1		60			21	2
Aiguilles et transmission	55	5	4	5	35			2	4
Contacts		95	17	3					12
Boîtier extérieur	5			82	5		2		82
Buzzer							98		
Éclairage				10		90		13	
Total	100	100	100	100	100	100	100	100	100

– ensuite il est possible de valoriser l'importance des composants dans la composition du réveille-matin : la fonction « facilité de lecture » a un poids de 16,98 % parmi les neuf fonctions citées ;

IMPORTANCE DES COMPOSANTS (EN %)

Composants \ Fonctions	Facilité de lecture	Adaptabilité	Exactitude	Design	Silencieux	Facilité de lecture dans le noir	Sonnerie de réveil	Durée de vie	Solidité	
Importance des fonctions (en %)	16,98	13,21	11,32	16,98	5,66	11,32	3,77	7,55	13,21	**100,00**
Piles						1,13		4,83		**5,96**
Amortisseurs de vibration			8,83							**8,83**
Électronique et moteur	6,79		0,11		3,40			1,59	0,26	**12,15**
Aiguilles et transmission	9,34	0,66	0,45	0,85	1,98			0,15	0,53	**13,96**
Contacts		12,55	1,92	0,51					1,59	**16,57**
Boîtier extérieur	0,85			13,93	0,28		0,08		10,83	**25,97**
Buzzer							3,69			**3,69**
Éclairage				1,70		10,19		0,98		**12,87**
Total	16,98	13,21	11,32	16,99	5,66	11,32	3,77	7,55	13,21	**100,00**

– on calcule donc l'importance de chaque composant du réveil en fonction des souhaits du consommateur : ici, l'électronique apporte 40 % × 16,98 % = 6,79 % de l'ensemble ; les aiguilles apportent 55 % × 16,98 % = 9,34 % de l'ensemble ; le boîtier apporte 5 % × 16,98 % = 0,85 % de l'ensemble.

3.3 Mise en parallèle du degré d'importance de chaque composant (calculé en fonction de son utilité reconnue et de ses caractéristiques techniques) et de son coût

Il convient alors de trouver des améliorations et des solutions quand il y a dépassement du coût par rapport à l'utilité apportée.

En découle ainsi le tableau suivant : par exemple, les piles qui représente 5,96 % de l'importance du produit (somme de leur participation à deux fonctions, facilité de lecture 1,13 % et durée de vie 4,83 %) aborbent 8,70 % du coût total.

Les calculs s'arrêtent là mais les recherches et analyses pour diminuer des coûts trop élevés (indice de valeur inférieur à 1) ou investir pour améliorer des composants jugés «utiles» (indice de valeur supérieur à 1) commencent.

Calcul de l'index de valeur pour le réveille-matin			
Fonction	Pourcentage de coût (2)	Degré (1) d'importance	Index de valeur
	Nouvelles informations	Tableau précédent	(1) / (2)
Piles	8,70	5,96	0,69
Amortisseur de vibration	11,20	8,83	0,79
Électronique et moteur	10,30	12,16	1,18
Aiguilles et transmission	20,10	13,96	0,69
Contacts	12,60	16,57	1,32
Boîtier extérieur	18,30	25,96	1,42
Buzzer	5,60	3,69	0,66
Éclairage	13,20	12,87	0,98
Total	**100,00**	**100,00**	

4. Les apports de l'analyse de la valeur

4.1 Un meilleur ciblage des calculs

L'essentiel des calculs et des efforts de réduction de coûts initiés par le contrôle de gestion porte sur les matières et la fabrication des produits lors de la production alors même que les choix de conception déterminent fortement ce coût.

Ainsi de tous les coûts engagés sur la durée de vie d'un produit, 75 % sont déterminés par des choix de conception et 10 % par des choix d'industrialisation. En conséquence, les moyens du contrôle de gestion sont focalisés uniquement sur 15% de l'ensemble des coûts engagés.

Le coût est un fleuve dont presque tout le débit est généré à la source.

PART DE RESPONSABILITÉ DANS LA FORMATION DES COÛTS (EN %) EN MOYENNE

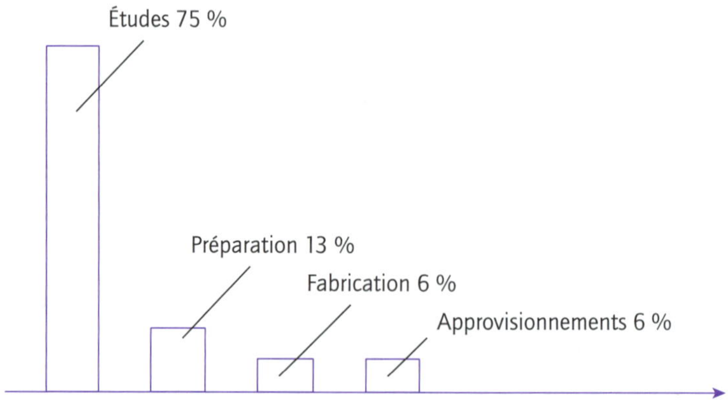

D'où l'intérêt de pratiquer l'analyse de la valeur qui part de la conception du produit.

Dans ce contexte, le contrôle de gestion améliore fortement la pertinence de sa démarche dès qu'il participe ou initie une analyse de la valeur.

4.2 Des analyses centrées sur le client

Le contrôle de gestion, centré sur la performance interne, intègre difficilement les exigences marketing. Il considère trop le produit comme un état de fait, les implantations industrielles comme des évidences. Dans ces contextes contraints, il met en œuvre des moyens de réduction des coûts sans remise en cause de l'existence de ces coûts.

L'analyse de la valeur propose une autre alternative en reliant coût et valeur. Cette nouvelle vision du produit et donc de la performance conduit le contrôle de gestion à s'interroger sur la pertinence de ces propres outils et en particulier de la démarche budgétaire pour engager des politiques de réduction de coût.

Objectif des méthodes traditionnelles de réduction des coûts : RÉDUIRE LE COÛT DE FABRICATION ⇓	Objectif de l'analyse de la valeur : RÉDUIRE LE COÛT DE LA (OU DES) FONCTIONS UTILES ⇓
Moyen : le contrôle de gestion donne une information sur le coût	*Moyen* : le contrôle de gestion est un système d'information insuffisant

4.3 Des domaines d'applications variés

L'analyse de la valeur peut aussi étudier des procédures de travail administratif ou des services pour en améliorer la qualité tout en essayant d'en réduire le coût.

Elle est également utilisée dans d'autres domaines que la production. Voici quelques exemples de résultats d'analyse de la valeur administrative :

– réduction des coûts administratifs des circuits et documents de vente et de distribution de 15 % tout en abaissant de moitié les délais de livraison et en assurant une sécurité accrue dans le contenu des expéditions ;
– diminution de 20 % dans une compagnie pétrolière du coût de la production et de la diffusion de « l'écrit » ;
– abaissement de 4 % de l'ensemble des coûts de fonctionnement d'une compagnie d'assurances en conservant, et en améliorant sur certains points, la qualité des services rendus ;
– sans toucher aux dépenses de personnel stable ou intérimaire, définition d'une nouvelle organisation dégageant une capacité potentielle de production suffisante pour absorber avec un coût moindre de 5 % l'accroissement de charge prévue pour les deux prochaines années ;
– dans des services après vente et entretien, comprenant plusieurs centaines d'inspecteurs et de réparateurs de machines de bureau, réduction de 3 % du temps d'intervention sur les machines et augmentation de 7 % du nombre de machines ;
– à coût constant, gain d'exactitude et de six semaines de délai dans la production des « résultats mensuels » d'une société à activités multiples.

On le voit, l'analyse de la valeur est une démarche d'optimisation de la valeur du produit pendant sa phase de conception. Elle peut être mise en œuvre dans d'autres domaines où elle conduit à de notables améliorations et principalement dans des activités de services.

Cependant la nature spécifique d'une prestation de service nous contraint à étudier les caractéristiques de la gestion de la qualité dans les processus de service.

SECTION 4

LA QUALITÉ TOTALE DANS LES PROCESSUS DE SERVICE

La spécificité des services qu'il convient de définir conduit à s'interroger sur la notion de qualité dans un processus de ce type et à réfléchir à la mesure de la qualité d'un service.

1. Qu'est-ce qu'un service ?

Un **service** est une offre immatérielle, intangible, fortement dépendante du client. Plusieurs caractéristiques permettent de délimiter un service :

– le service est **immatériel et intangible** : le client ne peut toucher que les biens matériels qui lui sont associés mais pas le service lui-même (exemple : les plats préparés dans un service de restauration) ;
– un service est **périssable et ne peut être stocké** : une place disponible sur un vol aérien est perdue et ne peut être proposée sur un autre vol. Cette caractéristique a un fort impact sur la gestion des capacités ;
– la **consommation d'un service est concomitante** à sa **production** : on ne peut donc « retoucher » un service dont la qualité est médiocre, il faut faire « bien » du premier coup en intégrant que cette prestation unique est réalisée en présence du client ou avec

sa participation (dans la restauration rapide, le client porte son plateau et cherche lui-même sa place). Ces aspects sont fondamentaux pour évaluer la qualité d'un service ;

– la réalisation d'un service demande une **interaction forte avec des supports matériels** (sièges dans un avion, comptoirs de réservation dans une agence de voyages...), avec le processus (attente, participation ou réclamation...), avec du personnel en contact (hôtesses, personnel d'accueil, vendeuses...) et éventuellement avec d'autres clients concernés.

Il est possible d'établir une typologie des services pour en donner des illustrations, en croissant le critère « Destinataire » et le critère « support du service » :

Destinataire / Support	Service pour une personne	Service pour un objet
Support matériel du service	Santé, transport, soins de beauté...	Réparation automobile, pressing
Support immatériel du service	Éducation	Assurance automobile

Dans ce domaine aussi, il est possible d'engager une démarche de calcul de coûts de non-qualité une fois recensé les dysfonctionnements du service concerné.

EXEMPLE DE DYSFONCTIONNEMENTS DANS LA BANQUE

Les sources de non-qualité : quelques exemples

Étapes de conception

Origine : Sous-dimensionnement des ressources

• Exemple : offres de prêts ne pouvant être envoyées dans les délais promis en raison du sous-dimensionnement de l'outil informatique

– Conséquences : demande client non satisfaite ; le client va ailleurs ou le client réclame

– Types de coûts induits : perte de chiffre d'affaires, temps passé à traiter un dossier qui n'aboutit pas, temps de traitement de la réclamation, dédommagement éventuel du client, reconfiguration de l'outil

Origine : Erreur de fond ou de forme dans la formulation de l'offre

• Exemple : délai de validité de taux ou de droits d'entrée préférentiels non indiqué

– Conséquences : application des conditions de l'offre pendant un délai plus long que prévu

– Types de coûts induits : perte de chiffre d'affaires

Étapes de vente et de SAV

Origine : Complétude, exactitude et validité des contrats, dossiers et pièces justificatives

• Exemple : avance sur un contrat d'assurance-vie sans en indiquer le coût

– Conséquences : l'agence ne peut percevoir les intérêts

– Types de coûts induits : perte de chiffre d'affaires

Origine : Disponibilité des outils

• Exemple : distributeur de billets en panne

– Conséquences : le client va retirer de l'argent au distributeur d'une autre banque

– Types de coûts induits : perte de chiffre d'affaires (commission interbancaire)

Étapes de production

Origine : Matières premières défectueuses

• Exemple : chéquiers mal encollés, cartes de paiement ne fonctionnant pas

– Conséquences : rebuts, produits à refaire, insatisfaction client

– Types de coûts induits : augmentation des charges (matières premières, temps passé à refaire), perte potentielle de chiffre d'affaires

Origine : Erreurs de traitement d'un fichier (chèques, virements, cartes...)

• Exemple : doublons, virements non effectués à la bonne date, virements sur les mauvais comptes, bandes non envoyées en temps et en heure

– Conséquences : pertes de trésorerie, corrections à faire

– Types de coûts induits : perte de chiffre d'affaires, charges liées au temps passé à corriger les erreurs

D'après S. Nicolas, « Qualité et coefficient d'exploitation. Réduire le coût de la non-qualité », Management & systèmes d'information, *Revue Banque*, n° 688, fév. 2007.

La démarche peut être poursuivie par un calcul de COQ (coût d'obtention de la qualité) en gardant à l'esprit que dans les services les coûts de non-qualité sont des coûts de personnel plus que des coûts de matières premières.

EXEMPLE

Exemple relatif au processus du traitement des retours de courrier portant l'indication « N'habite pas à l'adresse indiquée (NPAI) »

L'exemple porte sur le chiffrage de la non-qualité et de propositions de réduction sur la gestion des NPAI (n'habite pas à l'adresse indiquée). Le chiffrage est construit sur une base de 100 000 courriers NPAI et non sur le chiffrage réel réalisé.

La problématique : Les NPAI correspondent aux courriers clients retournés à la banque	**Traitement** **Origines**	• Arrivée au courrier central • Réorientation vers l'agence gestionnaire du compte (informations bancaires obligatoires) ou le service central émetteur (mailing commerciaux) • Oublis clients • Erreurs de saisie par l'exploitant
	⇒ Les impacts portent, selon la teneur du courrier, sur le devoir d'information de la banque ou sur l'efficacité commerciale	
Les actions envisageables	**Solution 1** **Solution 2** **Solution 3**	• Mise à jour automatique • Mise à jour manuelle et centralisée • Semi-automatisation du traitement au fil de l'eau par des systèmes de codes barres et d'alertes automatiques
	⇒ Choix de la solution 3	
Le coût de la qualité actuelle	**Le coût d'obtention de qualité (COQ)**	• Faire évoluer les procédures documentées, en incluant l'assistance téléphonique et les help desks. • Effort de formation et de communication
	Le coût de non-qualité (CNQ – estimation pour 100 000 NPAI)	• Le temps passé par le service courrier est évalué à 22 000 euros, celui de l'agence à 439 000 euros • Les surcoûts d'expédition atteignent 86 000 euros
	⇒ Coût total de non-qualité : 547 000 euros	

L'évaluation du futur coût de la qualité	Le coût d'obtention de la qualité se calcule sur la base du COQ actuel dont est déduit l'investissement informatique à amortir sur 5 ans, de 50 000 euros soit 10 000 euros/an, et le coût annuel de maintenance : 2 000 euros/an ⇒ Augmentation du COQ = 12 000 € / an. • Le coût de non-qualité (CNQ) se fonde sur une diminution des volumes de 60 % ; le temps passé au traitement des NPAI devient : • service courrier : 700 euros • agence : 175 400 euros Les surcoûts d'expédition passent à 34 400 euros ⇒ Soit un CNQ final d'environ 210 000 euros + quelques enjeux non quantifiables en coûts
Conclusion : Quel gain ?	• CNQ actuel : 547 000 € • CNQ futur : – 210 000 € • Augmentation du COQ : – 12 000 € ***Gain de CNQ :*** ***325 000 €*** ⇒ Gain de 59% sur le CNQ quantifiable

D'après S. Nicolas, « Qualité et coefficient d'exploitation. Réduire le coût de la non-qualité », Management & systèmes d'information, *Revue Banque*, n° 688, fév. 2007.

2. La gestion de la qualité des services

La gestion des activités de service doit intégrer plusieurs contraintes impératives : présence et participation des clients, contact avec le personnel, gestion en temps réel, partage avant-scène/arrière-scène, immatérialité ou faible matérialité de la production, flux sans stock.

La qualité du service va dépendre de plusieurs paramètres, comme la capacité et l'attente, qu'il est possible d'isoler pour mieux en comprendre la mesure et le suivi.

2.1 La capacité

a) Mesure

Il s'agit de connaître, pour chaque étape de la prestation du service, la capacité de charge possible pour en déterminer les éventuels goulots d'étranglement et ajuster le flux.

Des indicateurs doivent donc être élaborés et utilisés pour mesurer, si possible en temps réel, le taux d'occupation de chaque étape et donc connaître les goulots à gérer, les capacités à anticiper, les flux à orienter.

EXEMPLE

Dans un hôpital, l'admission, les examens, les tests et le dîner sont des activités relativement flexibles qui peuvent être ajustées assez facilement. Les deux goulots d'étranglement principaux sont le nombre de chambres disponibles et la capacité limitée du bloc opératoire, aussi bien en termes d'installations que de disponibilité des chirurgiens. Cette analyse interne du système de délivrance permet de déterminer les capacités nécessaires à mettre en œuvre aux points sensibles. La capacité du bloc opératoire est particulièrement critique dans les hôpitaux car la durée des interventions est très variable. L'un des moyens d'optimiser l'utilisation des capacités disponibles est de segmenter les salles d'opération en salles rapides, moyennement rapides, lentes et réservées aux urgences, en fonction de la durée prévisible et de la variabilité des interventions.

b) Actions

Il est alors possible de mettre en œuvre une ou plusieurs actions pour gérer la capacité totale et donc gérer la qualité de l'ensemble du service ; par exemple :

• **Limiter l'offre**. La capacité peut être accrue par la réduction du temps d'interaction :
– en **simplifiant la transaction** : aux heures de pointe, le menu est simplifié ou les transactions bancaires longues et complexes ne sont pas acceptées ;
– en **réduisant au maximum les temps morts** et le temps perdu ;
– en **transférant certaines activités** : les patients devant subir une intervention peuvent être anesthésiés dans une autre salle avant d'entrer dans la salle d'opération et se réveiller dans une salle de réveil.

• **Sous-traiter des activités**. Par exemple, en réduisant les activités de cuisine à un strict minimum, en centralisant et en sous-traitant la préparation des plats, Taco Bell a radicalement changé son métier. Il est passé « d'un métier de restauration à un métier de distribution » ; plus petites, les cuisines ont laissé plus de place à la salle, ce qui a accru la capacité disponible et le chiffre d'affaires.

• **Faire participer le client**. De même, la restauration rapide n'a pas besoin de serveurs pour porter les plats et débarrasser les tables. Le client est **coproducteur** ; on s'attend à ce qu'il porte son plateau, qu'il débarrasse sa table, et, qui plus est, qu'il mange vite aux heures de pointe.

• **Développer la flexibilité des installations**. La capacité de production du service est limitée, d'une part, par les installations et les équipements et, d'autre part, par la disponibilité de la main d'œuvre :
– **jouer sur le temps disponible** : le moyen le plus simple de modifier la capacité est de faire varier les horaires d'ouverture. Par exemple, en éclairant les courts de tennis, il est possible de jouer en nocturne. La capacité est ainsi accrue si les clients acceptent ce nouvel horaire ;
– **rendre la capacité flexible** : la capacité de certains services est élastique. En acceptant des passagers debout, les trains et les métros peuvent doubler ou tripler le nombre de personnes transportées. Les compagnies aériennes ne sont pas en mesure bien sûr d'en faire autant mais, en tirant un simple rideau, elles peuvent faire varier le nombre de sièges de la classe affaires ;
– **partager la capacité** : certains hôpitaux peuvent se partager un équipement de traitement cardiaque, des compagnies aériennes peuvent utiliser en commun les portes d'embarquement ;
– **louer le matériel** : en louant des salles de conférences à des hôtels internationaux, il est possible d'y organiser des séminaires sans avoir à investir.

• **Développer la flexibilité de la main d'œuvre**. Le manque de personnel peut réduire la capacité disponible tout autant que les installations :
– **organiser le temps de travail** : programmer les horaires de travail peut se révéler particulièrement complexe lorsque le service se fait sans interruption, 7 jours sur 7, et qu'il faut tenir compte des préférences du personnel ou des impératifs légaux, comme les jours de repos compensateurs ;
– **faire appel au personnel à temps partiel** ou en sous-traitance : il est possible de recourir à un personnel à temps partiel pour seconder le personnel permanent. La restauration rapide fait appel aux étudiants et les pompiers à des groupes de bénévoles qui sont d'astreinte moyennant une somme modique ;

– **partager le personnel** : les compagnies aériennes partagent parfois leur personnel de bord et leur personnel au sol pour certaines destinations secondaires ; le personnel revêt simplement un uniforme différent ;
– **avoir recours à un personnel polyvalent** : lorsque certaines activités sont surchargées alors que d'autres sont moins demandées, le personnel peut être transféré d'une activité à l'autre, à condition qu'il soit polyvalent ; il peut, de même, passer du back office au front office aux heures de pointe.

2.2 L'attente

a) Mesure

L'avantage d'une file d'attente pour le prestataire de service, c'est de maintenir le personnel constamment occupé et les installations pleinement utilisées. Mais de longues attentes signifient forcément que les clients ne reçoivent pas le service auquel ils ont droit et cette impression négative peut influencer leur jugement global sur la qualité de service.

La valeur d'un service perçue par le client dépend de l'attente tant objective que subjective. Si le contrôle de gestion peut difficilement modifier le « sentiment d'attente du client », il peut fournir des indicateurs pour évaluer l'importance de l'attente dans le service et proposer des actions concrètes pour réduire cette attente.

Il faut donc mesurer l'attente, élaborer des indicateurs qui déterminent les seuils acceptables pour chaque étape. À partir de ces informations, des actions sont possibles.

b) Actions

Pour réduire l'attente il faut améliorer les opérations et réduire la longueur des files :
– en **déplaçant la demande** sur des plages horaires plus larges ;
– en **regroupant la demande** et en faisant appel à des opérateurs polyvalents ;
– en **filtrant** et en segmentant la demande en fonction de différents critères, notamment l'urgence (par exemple le tri des patients qui ont besoin de soins urgents) ou le temps de traitement (file express pour transactions rapides) ;
– en **différenciant** le traitement par le prix : des comptoirs d'enregistrement différents pour différentes catégories de passagers (classe affaire ou économique) ;
– en **maîtrisant le temps de service** : soit en réduisant la gamme des services offerts aux heures de pointe (simplifier le menu...), soit en ayant recours à l'informatique et à l'automatisation pour faciliter le travail du personnel (exemple : caisses enregistreuses avec lecture laser) ;
– en faisant **participer le client** : pendant l'attente, les clients peuvent remplir les formulaires, préparer leur demande, aider d'autres clients, ce qui contribuera à diminuer le temps de traitement proprement dit ;
– en **maîtrisant la dispersion** des temps de service : en séparant les tâches longues des tâches courtes, en traitant séparément différentes catégories de clients, en demandant à un employé de parcourir la file d'attente pour traiter les demandes simples ;
– en **modifiant les horaires de l'équipe**, en réorganisant les horaires de déjeuner, en rentabilisant mieux les activités de support pour dégager plus de temps pour servir le client.

2.3 Le rôle du contrôle de gestion

Le contrôle de gestion doit, tout en ayant conscience des specificités de l'activité de service, apporter des réponses en matière de coûts, de maîtrise de la productivité et de définition des prix.

a) Pour les coûts

Cet ajustement de la charge de travail et de la capacité de production du service est primordial : si la capacité est supérieure à la charge, un coût de non-utilisation va être supporté et, si la charge est supérieure à la capacité, un coût de gestion des files d'attente apparaît. Le contrôle de gestion peut évaluer, présenter ces coûts, et proposer des actions *ad hoc*.

Coût de gestion des files d'attente : • coût des personnes supplémentaires • coût du matériel supplémentaire (fixe et variable) • coût d'opportunité des clients perdus	**⇒ Action sur la capacité :** • gestion des horaires du personnel et du personnel intérimaire • automatisation ou externalisation de certaines opérations • ...
Coût de non-utilisation : • coût fixe des installations et des personnes • ...	**⇒ Action sur la charge :** • offre de services supplémentaires pour attirer le client • tarif différencié, prix plus bas en période creuse (*yield management*)

b) Pour la productivité

Le rapport entre résultat-output/moyens-input est souvent difficile à calculer pour les services et insuffisant comme critère d'évaluation : il est nécessaire d'élargir la notion en tenant compte du **délai**, de la **qualité**, de l'**amplitude d'ouverture du service**, de la diversité dans la gamme du service. Les difficultés de définition et de mesure conduisent à constater une faible productivité dans les services, qu'il semble mal aisé de pallier. Les méthodes classiques d'évaluation, comme l'analyse de la valeur, les ratios, retracent mal les performances des services. Pour améliorer la productivité, il faut poser des questions transversales et remettre en cause toute l'organisation, les procédures, les processus, les acteurs, bien au-delà des seuls paramètres quantitatifs.

c) Pour les prix

La connaissance précise des coûts unitaires de biens offerts sur un marché est capitale pour une entreprise industrielle car c'est sur cette connaissance que s'appuient toutes les politiques d'économie d'échelle. Souvent, ce coût constitue une référence sur laquelle la marge va être calculée pour aboutir au prix de vente.

Dans l'offre de service, la proportion des coûts fixes est souvent très importante surtout dans les services de capacité : hôtellerie, transports, parc d'attractions, etc. Il n'est donc pas possible de s'appuyer sur des coûts unitaires pour la tarification, d'autant que l'on ne connaît pas *a priori* le volume d'unités de service qui va être produit.

Dans ce contexte, l'**outil le plus utile est celui du point mort** grâce auquel on simulera des politiques de prix en jouant sur les **élasticités** de la clientèle, du **taux de remplissage** espéré et des **possibilités du marché**. La mise en œuvre d'une optimisation des recettes par certaines activités de service (transports par exemple) trouve son aboutissement dans des démarches de yield management.

Le **yield management** est un ensemble de techniques au service d'un objectif, la gestion des capacités, en vue de maximiser le revenu global d'une entreprise de service. Il s'appuie sur une tarification différenciée par segment de clientèle, une allocation de capacité à chaque segment et un suivi en temps réel du remplissage de la capacité (exemple : le système informatisé de réservation du transport aérien Amadeus qui permet de remplir un avion jusqu'à la dernière heure en proposant des prix de plus en plus bas).

3. La mesure de la qualité d'un service

La qualité d'un service se mesure à la satisfaction du client pendant et après la réalisation du service, critère subjectif et peu itératif car les clients sont hétérogènes et les prestations de service également : il n'y a pas de standard et la dimension psychologique est importante.

L'ensemble des paramètres à prendre en compte peut être représenté dans le schéma suivant :

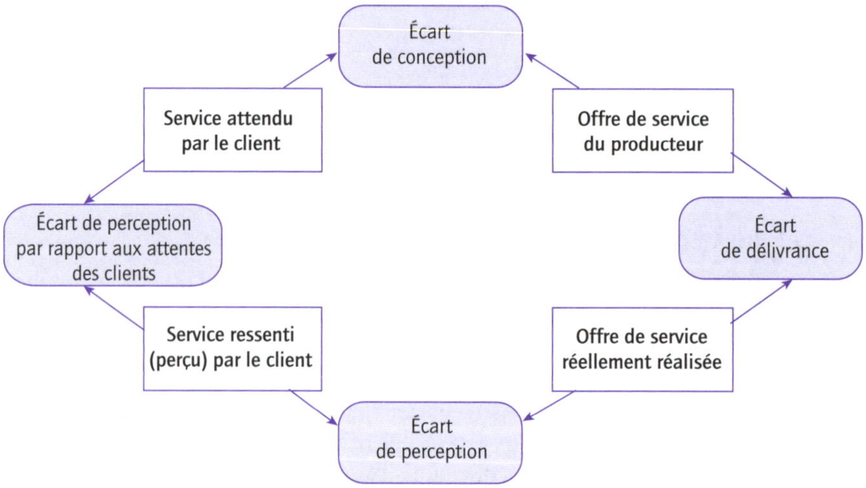

• **L'écart de conception** mesure la distorsion entre les besoins du consommateur et la conception du service (cahier des charges) élaboré par l'entreprise. Seule une bonne connaissance des besoins de la clientèle peut réduire cet écart.

• **L'écart de délivrance** est la différence entre le service réel fourni par l'entreprise et le service tel qu'il avait été spécifié par le cahier des charges.

Il s'agit alors pour le contrôle de gestion d'élaborer des critères mesurables, par exemple :

– présence d'éléments tangibles : apparence du personnel ;

– fiabilité du service : capacité à réaliser le service (quantité et temps) ;

– serviabilité : bonne volonté du personnel (taux de réactivité) ;

– assurance : confiance inspirée par le service (taux de satisfaction) ;

– empathie : prise en considération des clients, (temps d'attente).

• **L'écart de perception** évalue l'écart entre le service réellement délivré par l'entreprise et sa perception par le client. Cet écart dépend de la subjectivité du client et il est plus difficilement maîtrisable par l'entreprise. Il dépend beaucoup de la **capacité du personnel en contact** : ce dernier doit être attentif aux perceptions du client et mettre en œuvre des **solutions de remédiation immédiates** en cas de dysfonctionnement, comme des offres complémentaires ou des diminutions de prix.

• **L'écart de perception du client par rapport à ses propres attentes** : comme le service est immatériel, un consommateur peut ne pas être satisfait du service reçu par rapport à l'image qu'il s'en faisait. Difficilement réductible, seule une offre claire et précise du producteur peut limiter cet écart.

La qualité globale d'un service dépendra donc de la maîtrise de l'ensemble de ces écarts : si le contrôle de gestion peut intervenir sur les deux premiers, il est plus démuni pour agir sur les deux autres.

APPLICATIONS

APPLICATION 1

Alarm

(Une table de la fonction de répartition de la loi de Poisson est fournie en fin de l'annexe outils mathématiques.)

Une entreprise est spécialisée dans la fabrication d'alarmes. Le boîtier électronique qui contrôle le système se révèle être le cœur du dispositif mais les services productifs ont du mal à maîtriser la fiabilité de ce boîtier. Une étude exhaustive des types de défauts que présente ce matériel conduit la direction à s'intéresser au composant F22. Ce composant est fabriqué par une unité A et livré en totalité à l'unité de montage B. Les livraisons se font par lot de 3 000 pièces.

La direction décide d'instaurer un **contrôle par échantillonnage** : elle hésite entre deux plans de sondage.

Plan 1 : Taille de l'échantillon 120 pièces.

Règles de décision : le lot est refusé si le nombre de pièces défectueuses est supérieur à 7 unités.

Le niveau de qualité acceptable (NQA) est de 97 %.

Le niveau de qualité tolérable (NQT) est de 90 %.

Plan 2 : Taille de l'échantillon : 180 pièces.

Règle de décision : le lot est accepté si le nombre de pièces défectueuses est inférieur ou égal à 8 unités.

Le niveau de qualité acceptable (NQA) est de 95 %.

Le niveau de qualité tolérable (NQT) est de 93 %.

QUESTIONS

1. **Calculer, pour chaque plan, les risques du centre A et ceux du centre B. Rappeler leur signification. Analyser les résultats.**
2. **Quel plan sera retenu par le centre B si ce dernier envisage de minimiser son risque ? Quelle doit être la règle de décision à retenir dans le plan 2 si ce centre décide de fixer son risque à 3 % ?**
3. **Chacun des centres voudrait limiter son risque à 5 %. Pour des raisons techniques, le NQA est fixé à 97 % et le NQT à 92 %. Quelle devrait être la taille de l'échantillon si l'on retient la règle de décision du plan 1 ?**

APPLICATION 2

Société Alpha

La société Alpha fabrique un produit P en lot de 1 000 unités en 3 phases : 

L'entreprise dispose des données suivantes :

Phase	Coût de production ajouté à chaque phase	Taux de défaut à chaque phase
1	20	4 %
2	50	4 %
3	80	2 %

Le taux de défaut est exprimé en pourcentage des produits entrés en fabrication.

Le produit P est vendu 200 € l'unité. Le client s'aperçoit toujours du défaut et l'entreprise remplace gratuitement le produit défectueux.

À l'heure actuelle, aucun contrôle n'est effectué sur la production.

La direction, soucieuse d'améliorer la qualité, envisage d'instaurer un contrôle exhaustif après chaque étape.

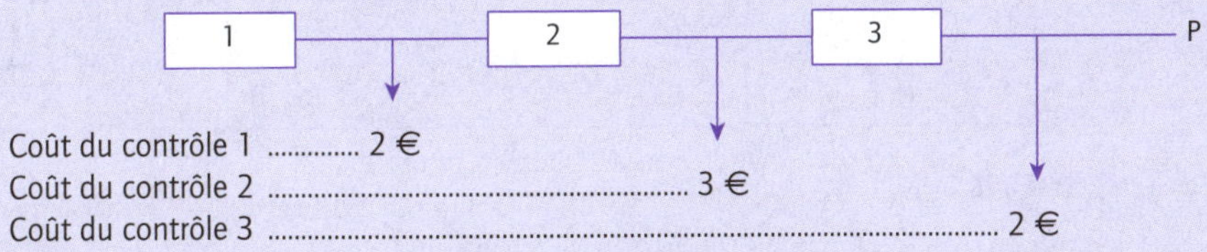

Ce contrôle permet de détecter les produits défectueux et de les éliminer pour la phase de fabrication suivante.

QUESTIONS

1. **Quel est le coût de non-qualité lorsqu'aucun contrôle n'est effectué ?**
2. **En cas de mise en place du contrôle, quel serait le coût d'obtention de la qualité ?**
3. **L'entreprise a-t-elle intérêt à instaurer la gestion de la qualité ? Chiffrez le gain attendu d'une telle stratégie ?**

APPLICATION 3

Liquidex et Max

1. Le fournisseur Liquidex livre des doses d'additifs à la société Max par lots de 2 000 doses.

On prélève un échantillon de $n = 80$ doses lors de chaque livraison et on choisit comme critère d'acceptation $c = 4$ doses, c'est-à-dire que le lot sera accepté si l'échantillon présente au plus 4 doses défectueuses.

Soit :

- p la proportion réelle (inconnue) de doses défectueuses dans le lot de 2 000 doses.
- X le nombre de doses défectueuses dans un échantillon.

QUESTIONS

1. **On suppose que $p = 0,05$. En admettant que le tirage s'effectue avec remise, déterminer la loi de probabilité de X.**
2. **À l'aide d'une approximation Y de X, calculer la probabilité *P* que le lot soit accepté.**

2. Le fournisseur Liquidex estime à 3 % le taux de doses défectueuses sur l'ensemble de sa production. Il considère donc qu'il peut garantir un taux de qualité NQA de 97 %. Par ailleurs, la société Max estime à 8 % le taux de défectueux maximal qu'elle peut tolérer occasionnellement dans un lot. Elle exige donc un taux de qualité NQT de 92 %.

Le tableau ci-dessous donne, en fonction du taux p de défectueux que le lot contient, la valeur du paramètre ($\lambda = np$) de la loi de Poisson Y qui approche X et la probabilité $p(Y \leq 4)$ que le lot de 2 000 doses soit accepté.

p	0	0,01	0,02	0,03	0,04	0,05	0,06	0,07
λ	0	0,8	1,6	2,4	3,2	4,0	4,8	5,6
$p(Y \leq 4)$	1	0,999	0,976	0,904	0,781	0,629	0,476	0,342

p	0,08	0,09	0,10	0,11	0,12	0,13	0,14	0,15
λ	6,4	7,2	8,0	8,8	9,6	10,4	11,2	12,0
$p(Y \leq 4)$	0,235	0,156	0,100	0,062	0,038	0,023	0,013	0,008

QUESTIONS

1. **Pour NQA = 0,97, calculer le risque du fournisseur (α).**
2. **Pour NQT = 0,92, calculer le risque de l'acheteur (β).**
3. **Le fournisseur LIQUIDEX veut limiter son risque à 5 %. L'acheteur MAX veut limiter son risque à 10 %. La proposition de plan de contrôle ($n = 80$ et $c = 4$) sera-t-elle acceptée par le fournisseur ? Par l'acheteur ?**

3. Liquidex, soucieux de conserver l'approvisionnement de l'entreprise Max est conscient qu'il faut proposer un nouveau plan de contrôle qui permette de satisfaire les niveaux de risque des deux partenaires. Cela nécessite de déterminer une nouvelle taille n de l'échantillon et le nouveau critère d'acceptation c. Conscient que la maîtrise du risque α dépend du niveau du critère d'acceptation, qu'à l'opposé, pour diminuer le risque β, il faut augmenter la taille de l'échantillon, le fournisseur a relevé dans le tableau ci-dessous les valeurs possibles du risque de deuxième espèce compte tenu des paramètres qu'il souhaite.

À l'aide du tableau ci dessous qui donne, pour NQA = 0,97, NQT = 0,92, $\alpha = 0,05$ et pour certaines valeurs de n, les valeurs de c et de β.

Liquidex				Max	
		n	c		β
		100	6		0,313
		120	7		0,258
NQA = 0,97	α = 0,05	140	8	NQT = 0,92	0,215
		160	9		0,179
		180	9		0,092
		200	10		0,077

QUESTIONS

1. **Donner la signification des valeurs de *c* et β dans le cas d'un échantillon de taille *n* = 140 ?**
2. **Déterminer la taille de l'échantillon *n* et le critère d'acceptation *c* qui satisfont les exigences du fournisseur Liquidex et de la société Max.**

APPLICATION 4

Société Vileo

Vileo est un équipementier de l'industrie mécanique de premier rang, sous-traitant de constructeurs.

Les termes d'un contrat signé entre Vilea et le donneur d'ordre, relatif au produit BC, sont les suivants :

A) Fabrication d'un jeu « BC »

Le jeu brut « BC » est obtenu par injection dans l'atelier Moulage à l'aide de moules spécifiques au contrat.

Le jeu brut est ensuite peint dans l'atelier Peinture. Trois types de matières premières sont nécessaires : la peinture primaire, la peinture métallique et le vernis.

Après contrôle de qualité, le jeu est fini puis emballé et transporté chez le client en respectant le cahier des charges.

L'offre constructeur prévoit une livraison de 120 000 jeux par an pendant trois ans. Le démarrage de la production s'effectuerait début janvier N+2.

B) Coûts prévisionnels d'une unité de BC par stade fabrication

Atelier Moulage

Matière plastique	4 kg × 1,5 €	6,19 €
Moulage	150 € × 0,01 h	1,55 €
Coût du moulage pour une unité de BC		7,74 €

Atelier peinture

Matière de peinture[1]	4,0857 € par pièce × 1,05	4,26 €
MOD Peinture	33,41 €/h × 0,09 h	3,13 €
Peinture	643,22 € × 0,01 h	6,71 €
Coût de l'atelier peinture pour une unité de BC		14,10 €

(1) Les surcommations sont dues à des pertes de matières

Atelier de finition

MOD de finition	46,00 €/h × 0,01 h	0,46 €
Finition	40 € × 0,01 h	0,40 €
Coût de la finition pour une unité de BC		0,86 €

Atelier de livraison

Emballages	0,66 €	0,66 €
Transport	2,14 €	2,14 €
Coût de distribution par unité		2,80 €

C) Conditions de fabrication

Conditions réelles de fabrication	Moulage	Peinture	Finition
Taux de rebut (produits entrant dans l'atelier)	3 %	4 %	1 %

Un contrôle à la sortie de chaque atelier permet de trier les produits valides. Le coût de ces contrôles est intégré dans les charges indirectes de chaque atelier.

QUESTIONS

1. **Calculer le coût prévisionnel ou standard d'un produit BC.**
2. **Compte tenu des conditions réelles de fabrication, calculer le coût prévisionnel de l'ensemble de la production du contrat sur les 3 ans.**
3. **Calculer le coût de non-qualité de cette production en distinguant les coûts par stade.**

APPLICATION 5

Qualité micro

Une entreprise est spécialisée dans le montage et la vente de micro-ordinateurs via deux établissements :
– l'un, à vocation industrielle, situé dans la région parisienne,
– un autre, à vocation commerciale, situé dans la région lyonnaise.

L'établissement parisien réceptionne tous les composants et procède au montage de quatre configurations standard. Toute la production est ensuite acheminée vers l'établissement lyonnais.

L'établissement lyonnais a, quant à lui, une activité essentiellement commerciale. D'une part, il vend des ordinateurs sur commande après avoir contrôle et configuré les micro-ordinateurs reçus de la région parisienne. D'autre part, il assure des prestations de service après-vente :

– mise en œuvre de la garantie d'un an pièces et main-d'œuvre sur les micro-ordinateurs vendus,
– opérations de maintenance sur des appareils hors garantie,
– ventes d'autres périphériques, définition de nouvelles configurations.

De nombreuses réclamations parviennent à la secrétaire commerciale de l'établissement lyonnais. La plupart des clients se plaignent de la durée d'intervention (entre quarante-huit et soixante-douze heures), de la faiblesse des prestations offertes par l'établissement en termes de diversité et de qualité.

Par ailleurs, la comptabilité analytique a mis en évidence une dégradation des résultats de l'établissement et tout particulièrement une croissance trop élevée du coût du SAV sur les interventions effectuées dans le cadre du contrat de garantie.

Le directeur général décide la mise en œuvre d'un plan organisé autour de trois axes : **maîtriser** les coûts du service, **augmenter** la diversité des prestations offertes, et **suivre la qualité** des interventions du service après-vente.

Première partie : maîtriser le coût du service

Un recensement des différentes pannes intervenues au cours de l'exercice montre que 60 % des incidents proviennent de petits composants (résistances, condensateurs) défectueux. Ces composants, à titre individuel, ont une valeur quasi négligeable. Toutefois, leur localisation reste longue et difficile. À eux seuls, ils absorbent 80 % des coûts de main-d'œuvre. Actuellement, tous les composants sont systématiquement testés lors du montage. Néanmoins les normes actuelles de tolérance doivent être considérées comme insuffisantes.

Dans le but d'améliorer la qualité de ces composants, l'entreprise souhaite développer un partenariat avec ses fournisseurs. Contre un planning prévisionnel de commandes, ces derniers s'engagent à fournir des lots de composants dans lesquels moins de 5 % des pièces seront jugés hors normes.

Ainsi, les résistances XM 2.58 sont considérées comme acceptables si elles présentent une mesure moyenne de 1 000 ohms avec un écart type de 75 ohms.

QUESTIONS

1. **Si la mesure des résistances suit une loi normale, quelles sont les mesures extrêmes ou tolérances que l'on peut accepter si l'on souhaite respecter les contraintes imposées aux fournisseurs (pas plus de 5 % de pièces hors normes) ?**
2. **Lors d'une livraison, on prélève au hasard 100 résistances. Les caractéristiques du lot sont les suivantes :**
   – moyenne observée : 981 ohms,
   – écart-type observé : 100 ohms.

   Estimez la proportion de résistances livrées non conformes c'est-à-dire ne respectant pas les tolérances précédentes. Commentez votre résultat.

Deuxième partie : augmenter la diversité des prestations offertes

Une étude de la concurrence locale indique que l'agence commerciale concurrente offre des mises à disposition de matériels en cas de pannes, un service «numéro d'urgence» 24 heures sur 24, 7 jours sur 7, un délai d'intervention moyen de douze heures.

L'entreprise décide donc, pour mieux satisfaire la clientèle de proposer :
- une assistance téléphonique,
- des actions de parrainage auprès des bureaux des élèves des grandes écoles lyonnaises,
- la vente de formations sur matériel ou sur logiciel.

Pour cette dernière proposition, l'entreprise envisage un programme de 40 journées de formation par an, avec en moyenne 6 participants par journée. Elle prévoit un taux de marge de 25 % sur le chiffre d'affaires obtenu.

Une étude de marché a permis d'établir des simulations quant au niveau des prix de telles manifestations. (annexe).

QUESTIONS

1. **Déterminer le prix susceptible de convenir au plus grand nombre de clients potentiels.**
2. **Chiffrer la marge supplémentaire annuelle attendue pour ce type de prestations.**

Troisième partie : suivi de la qualité des interventions du service après-vente

Compte tenu de la variété des prestations proposées et d'un dérapage toujours possible des coûts, l'entreprise souhaite suivre mensuellement la qualité de son service après-vente.

QUESTIONS

1. **Analyser les différentes missions du SAV et les différents aspects que doit recouvrir la notion de qualité dans un service de ce type.**
2. **Proposer un tableau de bord « Qualité » pour ce service. Ce document serait mensuel.**

(*d'après DECF 1993*)

ANNEXE
Étude de prix

Prix proposé pour une formation d'une journée	Pourcentage cumulé de clients considérant le prix insuffisant pour un niveau de qualité acceptable	Pourcentage cumulé de clients refusant d'acheter, jugeant le prix excessif
800	100 %	0
1 000	68 %	0
1 200	42 %	0
1 400	25 %	4 %
1 600	10 %	8 %
1 800	4 %	47 %
2 000	0	75 %
2 200	0	100 %

APPLICATION 6

Groupe Lanni (analyse de la valeur)

Coté en bourse, le groupe Lanni est un équipementier automobile dont le siège social se situe dans la région des Pays-de-Loire. D'envergure internationale, le groupe entend être le leader dans son secteur d'activité par sa capacité d'innovation, la qualité de ses produits et de ses services et la force de ses marques.

Le groupe Lanni est engagé dans une démarche de partenariat avec ses propres clients : les grands groupes automobiles européens et les principaux fabricants de motos, scooters, etc. C'est pourquoi il conduit systématiquement des analyses de convergence entre la valeur produite et la valeur perçue par le client final : l'utilisateur du véhicule.

Un fabricant de deux roues souhaite mettre sur le marché une nouvelle gamme de scooter et a mis en œuvre, dans cette perspective, une démarche de « Conception à coût objectif » avec ses principaux partenaires dont le groupe Lanni. Celui-ci est responsable de l'ensemble « tableau de bord » des nouveaux véhicules : cet organe sera ensuite décliné avec des modifications mineures sur l'ensemble de la gamme par une démarche de différenciation retardée.

Une analyse de la valeur a donc été réalisée et plusieurs informations internes et externes ont été obtenues.

A) Informations fournies par l'étude de marché

Principales fonctions demandées au produit par les utilisateurs

Les principales fonctions reconnues à un tableau de bord d'un deux-roues sont les suivantes : visibilité des différents indicateurs, simplicité des réglages, précision des indications fournies, qualité esthétique, robustesse, lisibilité nocturne, efficacité des alertes, accessibilité et qualité d'intégration au véhicule.

Valeur perçue par fonctions

La valeur perçue par fonctions de ce tableau de bord est donnée dans le graphique suivant.

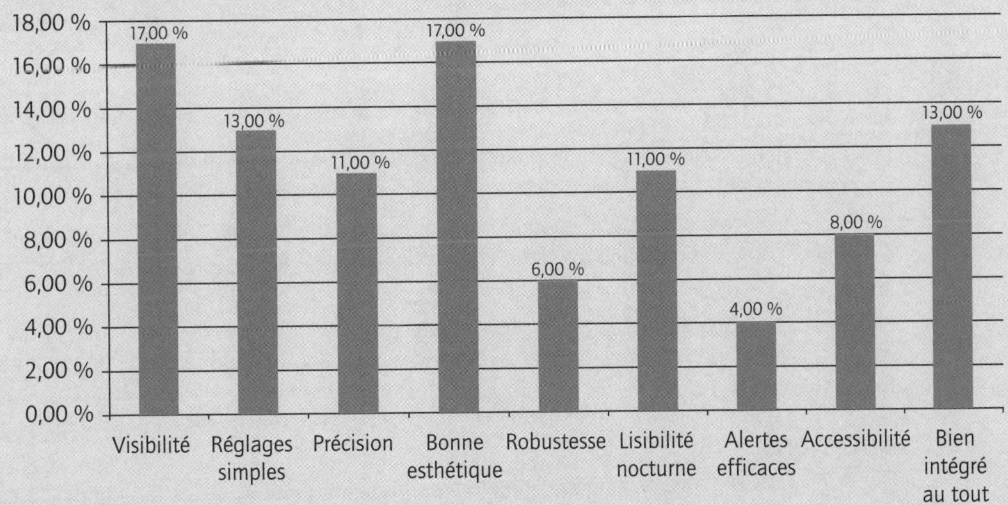

B) Informations internes au groupe Lanni

Répartition des éléments des coûts dans les fonctions retenues

Les services « Études et développement » ont établi le tableau suivant en s'appuyant sur leurs expériences passées.

Composants / Fonctions	Alimentation sécurité	Absorbeur de vibrations	Électronique	Aiguilles et vumètres	Contacts	Boîtier et corps	Alarmes	Rétro-éclairage
Visibilité			20 %	70 %		10 %		
Réglages simples				10 %	90 %			
Précision		70 %	5 %	10 %	15 %			
Bonne esthétique				20 %	5 %	70 %		5 %
Robustesse			70 %	20 %		10 %		
Lisibilité nocturne	5 %							95 %
Alertes efficaces						5 %	95 %	
Accessibilité	60 %		25 %	5 %				10 %
Bien intégré au tout			5 %	10 %	5 %	80 %		

Ventilation des coûts

Après consultation de différents fournisseurs du groupe Lanni, une première proposition de coûts a été collectée :

Composants	Alimentation sécurité	Absorbeur de vibrations	Électronique	Aiguilles et vumètres	Contacts	Boîtier et corps	Alarmes	Rétro-éclairage
Coûts unitaires	50 €	30 €	70 €	90 €	40 €	80 €	100 €	40 €

C) Méthodologie du groupe Lanni

Dans un premier temps, le groupe projet responsable d'un organe dans le cadre d'une démarche de « conception à coût objectif » recense toutes les informations nécessaires internes et externes.

Puis, est calculé, par composant, un indice de valeur, qui exprime, pour chaque composant, le rapport de son importance relative souhaitée dans le coût du produit sur son poids relatif actuel dans la valeur produite ;

Sur cette base, sont ensuite engagées des démarches d'adéquation entre la valeur produite et la valeur perçue des différents composants : modification et amélioration des composants, négociation auprès des fournisseurs ou recherche de composants alternatifs...

QUESTIONS

1. **Présenter une note expliquant pour le groupe Lanni l'intérêt de cette analyse de convergence. Vous évoquerez particulièrement la manière dont elle intègre, entre autres, et en les explicitant, les méthodes du coût cible (target costing), l'amélioration continue (kaizen costing).**

2. Commenter brièvement la répartition de la valeur perçue et celle du coût de production de la fonction « Esthétique ».
3. En reprenant le format du tableau de répartition des éléments de coûts, présenter la participation de chacun des composants aux fonctionnalités reconnues par le marché et en déduire l'importance relative de chaque composant exprimée en pourcentage.
4. En conservant l'intitulé des composants et compte tenu des informations relatives aux coûts des composants :
   - présenter leur indice de valeur ;
   - proposer un graphique pour exprimer ces résultats ;
   - donner la signification d'un indice égal à 1 ;
   - commenter les résultats obtenus et indiquer les politiques à suivre.
5. Que pensez-vous de la procédure du groupe Lanni ? Quelles sont les limites de ce type d'analyse ?

APPLICATION 7

Thalasso Détente

(D'après agrégation 2003.)

La société Thalasso Détente (TD), située en Bretagne Nord, est un complexe complet proposant des soins de thalassothérapie et un hôtel. Ce centre est géré par un directeur général et deux directeurs adjoints (l'un s'occupant de l'activité «soins» et l'autre de l'activité «hébergement-restauration») ; il fonctionne depuis dix ans correctement mais le directeur souhaite faire une analyse de la situation en N.

Un diagnostic est alors établi qui se développe suivant quatre axes :

- le produit se démocratise avec une extension de la gamme des services ;
- la clientèle se diversifie ; au-delà des curistes traditionnels, une population urbaine à fort pouvoir d'achat recherche un niveau plus élevé de qualité de service ;
- le coût de fonctionnement des installations augmente ;
- les investisseurs actionnaires recherchent une rentabilité financière plus importante.

Face à ces constats, une réorientation stratégique est envisagée :

- un élargissement des prestations de soins et un remplacement des appareils par des machines multifonctions aux nouvelles normes ;
- une diversification des services annexes proposés (halte garderie, institut de beauté, salon de thé, boutique) ;
- un développement des activités hôtelières avec des partenaires et une rénovation de l'hôtel existant ;
- l'ouverture du centre à des clients extérieurs à l'hôtel, pour une journée ou une demi-journée, soins à la carte, accès à la piscine, à la salle de gymnastique.

Les charges sont les suivantes :

- coûts d'électricité, eau, chauffage, climatisation ;
- frais de gardiennage (gardien et forfait entretien à société extérieure) ;
- frais administratifs (3 personnes à temps plein) ;
- coût de la halte garderie ;
- coût vestiaire (un salarié à temps plein) ;
- coût nettoyage et remplacement des peignoirs et serviettes ;

– coût des produits d'entretien des installations et piscines ;
– coût du petit matériel de la salle de gymnastique à renouveler tous les ans ;
– amortissement des appareils et amortissement des locaux ;
– coût d'un technicien de l'eau (payé en honoraires).

Au bout d'un an, le mécontentement des clients comme des salariés (administratifs et personnel de soins) apparaît, décrit au travers des remarques annexées.

QUESTIONS

1. **Quelles sont les forces et faiblesses des prestations de service proposées par TD ?**
2. **Caractériser la gestion de la qualité des services chez TD.**
3. **Analyser les écarts de conception, de délivrance et de perception chez TD.**

ANNEXE
Remarques recueillies au cours du mois de décembre

Sentiments des clients

C1 – « Ce centre offre une belle prestation par rapport à d'autres établissements : le site est exceptionnel, le climat très agréable et le personnel de soins attentif, encore que, pour certains soins, il se contente de régler les appareils et, ensuite, on ne le revoit plus ; quelquefois même, je ne savais pas, à l'arrêt des appareils, si le soin était terminé ou si je devais attendre le retour de l'hydrothérapeute. »

C2 – « Je suis satisfait de ma cure en terme de bien-être mais je trouve que l'organisation des soins laisse à désirer ; déjà, le premier jour, il faut se battre pour obtenir des soins groupés et l'accueil a modifié trois fois mon programme avant d'établir mon planning définitif. Pendant la semaine, il n'y a pas de stabilité avec les soigneurs et c'est désagréable : pour apprécier les massages, il faut pouvoir se détendre et établir des liens avec les masseurs, or, ce ne sont jamais les mêmes. »

C3 – « Je ne comprends rien au fonctionnement de ce centre : il vous propose une offre globale dans sa plaquette publicitaire à un prix donné ; déjà, quand vous recevez le bon de commande pour la demande d'acompte, le prix de l'hôtel est distinct de la facturation des soins et il faut faire tout un calcul pour s'apercevoir que c'est la même chose ; mais, le pire, c'est au moment de payer : les consommations prises au salon de thé ou les suppléments de restauration ne sont pas facturés avec la facture de l'hôtel. Pour moi, comme ma femme avait pris un forfait " cure beauté ", j'ai payé les soins esthétiques à l'institut de beauté, les consommations chaudes au salon de thé, les suppléments en vin au restaurant et, enfin, le reste de la cure et l'hébergement à l'accueil de l'hôtel. »

C4 – « J'ai peu apprécié l'organisation des soins de thalasso et de beauté : j'avais pris un forfait " cure beauté " et je pensais que l'accueil gérait toutes les prestations. En fait, il faut patienter deux fois de suite : une fois pour les soins de thalasso, puis une fois pour les soins en institut de beauté. Conclusion, tous les créneaux horaires de soins de beauté étaient pris par des demandes de clients occasionnels et j'ai dû me contenter d'horaires très tardifs et, même, je n'ai pas pu faire une excursion avec mes amis car le dernier soin compris dans le forfait ne pouvait être mis que sur cet après-midi libre. Cela ne tient pas au personnel, il fait ce qu'il peut, il est très aimable, mais c'est mal organisé ! ».

Remarques des hôtesses d'accueil

H1 – « Certes, le logiciel de réservation a été remanié en fonction de nos demandes et de la spécificité de notre centre, mais il reste lourd et peu pratique : chaque lundi matin, c'est très compliqué pour organiser les plannings de la semaine des curistes résidentiels ; nous sommes trois à travailler en parallèle et c'est à qui de nous trois va s'inscrire en premier sur les créneaux horaires. Nous essayons bien de nous ajuster oralement mais, devant les curistes qui demandent, voire exigent, des regroupements horaires, la variété des offres de soins, les offres promotionnelles aux clients occasionnels, ce n'est pas facile, d'autant qu'il n'est pas possible de visualiser le planning d'ensemble à un moment donné ; aussi, souvent, préfère-t-on éditer le planning du curiste et le reprendre s'il apparaît trop morcelé.

Même le planning général informatique répond mal à nos besoins : quand le traitement était manuel, nous avions un planning horizontal à fiches de couleurs différenciées et il était simple de voir les trous dans les emplois du temps du personnel et donc de pouvoir améliorer le programme des curistes et celui des hydrothérapeutes. Aujourd'hui, ce planning général est sur informatique mais il est vertical, sur plusieurs pages écran et sans distinction de couleurs ; la nature des soins est uniquement représentée par des codes. C'est beaucoup moins lisible. »

H2 – « Tout est devenu plus rigide avec l'informatisation : avant, quand les soignants détectaient qu'il y avait un problème sur le planning d'un curiste, ils s'ajustaient entre eux et, pour le curiste, cela n'avait pas d'impact. Maintenant, ils ne peuvent accéder sur le poste écran qu'à leur programme de travail et, donc, ils n'ont plus de vision d'ensemble des disponibilités de chacun. Pour nous aussi, à l'accueil, c'est devenu plus compliqué : pour ouvrir une capacité de soins supplémentaire comme une baignoire à jet ou un drainage lymphatique, il faut une autorisation du directeur et lui démontrer que les postes de soin de même nature sont saturés, alors les clients attendent et constatent nos difficultés à établir leur planning. »

Remarques des hydrothérapeutes

HY1 – « Ce n'est plus comme avant, du temps du Dr X ! À cette époque, on avait la préoccupation du curiste ; maintenant, avec les matériels multifonctions programmables, notre rythme de travail s'est accru et est devenu moins intéressant : on nous demande de surveiller plus de cabines, ce qui fait que l'on a souvent juste le temps de voir le curiste au début et à la fin de son soin. C'est important de passer pendant le soin d'un curiste ; outre l'effet de créer une atmosphère conviviale, cela se révèle indispensable car il arrive que certains d'entre eux ressentent malaises ou angoisses. De plus, on nous programme plus de soins avec machines et moins de soins en face à face (douche à jet ou abdominale) qui demandent d'être présent toute la durée du soin ; or, ce sont ces indications qu'apprécient le plus les curistes et qui, pour nous, sont les plus valorisantes : on se sent utile à quelque chose, pas uniquement à appuyer sur des boutons ! »

HY2 – « L'ambiance n'est plus la même : le rythme de travail s'est accru mais ce n'est pas le plus grave car cela reste acceptable. Non, ce qui me gène le plus, c'est l'ambiance de travail qui se détériore : avant, pour chaque jour, était établi un planning de fonctionnement où les affectations de chacun étaient visibles ; cela nous permettait de nous organiser. Maintenant, notre seul interlocuteur est l'écran et nous ne pouvons voir que notre planning de travail (chacun a un code d'accès) et, normalement, c'est l'accueil qui actualise trois fois par jour ce planning, aussi certains en profitent pour en faire le moins possible. En plus, compte tenu de la chaleur et de l'humidité ambiante, les postes informatiques ne sont pas fiables : les pannes sont fréquentes et, dans ce cas, il faut remonter à l'accueil pour connaître son emploi du temps. »

Remarques des kinésithérapeutes

K1 - « Je suis plutôt contente de la nouvelle organisation, cela me permet de connaître à l'avance mes horaires sur plusieurs jours et, pour la famille, c'est plus pratique. Mais, ce qui me déplaît, c'est l'absence de contrôle médical sur la prescription de certains soins : les clients, pour certains, ne se rendent pas compte de leur état de santé et demandent des soins (enveloppement d'algues, bain en eau chaude, même certains massages) qui sont inadaptés, voire peuvent provoquer un risque cardiaque important ; c'est nous qui sommes au contact du malade, c'est notre responsabilité médicale qui est en jeu. Hier, avec le maître nageur, nous avons eu une altercation avec un curiste qui est resté plus d'une demi-heure au hammam : vu son poids, il n'aurait pas dû dépasser dix minutes. C'est sûr, c'est plus facile de prescrire des soins en baignoires automatiques que des massages ou des douches à jet qui demandent du personnel spécialisé. »

Remarques du responsable de la boutique/salon de thé

« Notre activité marche bien, de nombreux curistes viennent se détendre entre les soins dans nos locaux mais ils seraient demandeurs d'un forfait " boissons chaudes " ou " tisanes à volonté " sur la durée du séjour car la facturation à la consommation leur donne le sentiment de toujours payer, d'autant que le système de facturation suit jour par jour et boisson par boisson les consommations qu'ils nous règlent en fin de séjour. Ce serait plus agréable pour eux et plus facile pour nous si un forfait était compris dans le prix de leur séjour mais il paraît que cela poserait des problèmes de reversement et que le contrat de franchise n'a pas prévu ce cas. »

Remarques du responsable du restaurant

« Le service à table n'est pas simple : on doit répondre à deux types de clientèle opposés, celle qui demande une cuisine du terroir riche et originale, et celle qui profite de son séjour pour respecter une hygiène de vie et manger diététique. Évidemment, en fonction du menu du jour, il y a toujours quelques clients diététiques qui demandent à manger à la carte ; pour nous, cela nous oblige à suivre la suppression du supplément diététique qui leur est facturé dans leur forfait. Comme cela se fait pendant le service, il y a des erreurs et les clients concernés sont mécontents. »

Remarques du responsable de l'hôtel

« Le service de l'hôtel satisfait notre clientèle, tous nos indicateurs l'indiquent, mais des améliorations simples sont délicates à mettre en œuvre : nos clients souhaiteraient trouver dans leur chambre des bouteilles d'eau et des fruits à disposition. Cette amélioration serait peu coûteuse et facile à organiser mais cet approvisionnement devrait passer par le restaurant, et nous n'avons pas pu trouver un moyen simple de refacturation entre nous. De même, le restaurant n'arrive pas à nous faire connaître les changements de menu dans le choix des curistes ; cela crée des problèmes de facturation. Nous avons aussi demandé au comité directeur de changer de logiciel de facturation pour avoir une facturation conforme à nos offres commerciales : un forfait journalier qui inclut soins, hébergement et restauration, mais ce n'est pas à l'ordre du jour ; pourtant, cela éviterait aux agents de comptoir beaucoup d'explications et justifications au moment du règlement du séjour par les curistes. »

15
CHAPITRE

Le pilotage des ressources humaines

Les ressources humaines constituent un capital essentiel pour toutes les entreprises, quelle que soit leur activité.

Le management actuel, à tort ou à raison, requiert de la part de tous les acteurs, dans toutes les fonctions, tout à la fois, une productivité dans leurs tâches, une implication dans des démarches collectives, une participation à la créativité, à l'innovation, et un comportement convergent vers la culture de l'entreprise.

Ainsi, la gestion des ressources humaines élargit son champ d'action en essayant d'évaluer et d'analyser aussi bien la dimension quantitative des coûts des ressources humaines que la dimension qualitative des compétences, des comportements des acteurs et du climat social de l'organisation.

C'est pourquoi le directeur des ressources humaines demande au contrôleur de gestion de lui construire des outils et de lui fournir des informations sur les coûts (section 1 : « Analyse de la masse salariale ») et sur la performance (section 2 : « Analyse de la performance sociale des acteurs et de l'organisation »)

SECTION 1
ANALYSE DE LA MASSE SALARIALE

Dans une conjoncture de forte concurrence, maîtriser les coûts salariaux devient un enjeu important tant sur le plan externe du positionnement commercial qu'interne à l'entreprise dans le cadre de négociation possible de salaires. Cet objectif de maîtrise est délicat à gérer compte tenu des différents aspects qu'il revêt d'autant que certains facteurs structurels font que la masse salariale peut s'accroître alors même que le niveau des rémunérations reste stable. C'est pourquoi cette préoccupation s'inscrit dans une optique de pilotage à court terme dont la logique de base reste celle des budgets.

Mais avant de simuler les évolutions de la masse salariale, il s'agit d'abord de la définir : dans un contexte de gestion budgétaire, la masse salariale représente l'ensemble des salaires versés à une population donnée pour une période donnée généralement l'année. L'objectif est de chiffrer le coût global et réel des salaires ; seront donc pris en compte la masse des salaires telle qu'elle apparaît dans la DADS (déclaration annuelle des données sociales), les charges patronales, les primes non soumises à charges.

Cette masse est très souvent le poste de charges le plus important du compte de résultat : la qualité et la fiabilité des prévisions sont donc aussi importantes que la maîtrise de cette donnée.

Des facteurs structurels expliquent également l'évolution à la hausse de ce poste de charges comme l'accroissement de l'ancienneté ou de la qualification des personnels. Il s'agit ici d'étudier l'influence de ces facteurs par un **calcul d'écarts significatifs**.

1. Mise en évidence d'écarts significatifs

Le nombre et la nature des écarts calculés dépendent des éléments constitutifs de la masse salariale. Dans la vision la plus large, on retient généralement quatre composantes.

1.1 Structure des éléments constitutifs d'une masse salariale

• La masse salariale d'une année donnée est le résultat d'un effectif global (E) par un salaire moyen annuel global (S).

• Cet effectif est composé de catégories : employés, ouvriers, techniciens ou ingénieurs, etc. Le **poids relatif de chaque catégorie** dans l'effectif global définit une **structure de masse salariale** pour une année donnée. Pour chaque catégorie, on connaît l'effectif de la catégorie (E_c) et le salaire moyen annuel global (S_c). Il est évident que le salaire moyen annuel global (S) dépend de la structure de la masse pour l'année concernée. En effet :

$$(S) = \frac{\text{Somme } \{(E_c) \times (S_c)\}}{(E)}$$

• Dans la vision la plus complète de cette méthode, on peut analyser la composition par ancienneté de chaque catégorie. Dans ce cas, on connaît l'effectif par ancienneté (E_a) ainsi que le salaire moyen annuel global de ce niveau d'ancienneté (S_a). Dans tous les cas, on vérifie que :

$$(E_c) = \text{Somme } (E_a) \quad \text{et} \quad (S_c) = \frac{\text{Somme } \{(E_a) \times (S_a)\}}{(E_c)}$$

Ainsi une masse salariale s'exprime par quatre composantes :
– un effectif global (E) ;
– un salaire moyen annuel global (S) ;
– des salaires moyens annuels globaux de catégories (S_c) ;
– des salaires moyens annuels globaux de niveau d'ancienneté (S_a).

Les effectifs des catégories (E_c) et des anciennetés (E_a) n'ont qu'une fonction de pondération dans les calculs de salaires moyens.

THÈME D'APPLICATION

Soit l'évolution d'une masse salariale entre les années N et N+1 composée de deux catégories de personnel. Les salaires moyens annuels sont exprimés en euros.

- Structure année N

Ancienneté	moins de 15 ans	de 15 à 25 ans	plus de 25 ans	Total
Effectifs ouvriers Salaires moyens annuels	**60** 19 200	**100** 24 000	**40** 26 400	**200**
Effectifs techniciens Salaires moyens annuels	**15** 30 000	**22** 28 800	**13** 33 800	**50**

- Structure année N+1

Ancienneté	moins de 15 ans	de 15 à 25 ans	plus de 25 ans	Total
Effectifs ouvriers Salaires moyens annuels	**80** 20 000	**110** 25 200	**30** 27 600	**220**
Effectifs techniciens Salaires moyens annuels	**30** 31 400	**22** 30 400	**08** 35 600	**60**

Le tableau suivant présente la masse salariale pour les deux années successives en positionnant les différentes informations définies au paragraphe 1.

1.2 Calcul des différents écarts

Catégorie	Nature ancienneté (ans)	Masse salariale année N					Masse salariale année N+1				
		Effectif catégorie (E_c)	Effectif ancienneté (E_a)	Salaires catégorie (S_c)	Salaires ancienneté (S_a)	Montant global (en milliers d'euros)	Effectif catégorie (Ec)	Effectif ancienneté (E_a)	Salaires catégorie (S_c)	Salaires ancienneté (S_a)	Montant global (en milliers d'euros)
Ouvriers	– de 15 15 - 25 + 25		60 100 40		19 200 24 000 26 400	1 152 000 2 400 000 1 056 000		80 110 30		20 000 25 200 27 600	1 600 000 2 772 000 828 000
Sous-total		200		23 040		4 608 000	220		23 636		5 200 000
Techniciens	– de 15 15 - 25 + 25		15 22 13		30 000 28 800 33 800	450 000 633 600 439 400		30 22 8		31 400 30 400 35 600	942 000 668 800 284 800
Sous-total		50		30 460		1 523 000	60		31 593		1 895 600
Total général		**250**		(1) **24 524**		**6 131 000**	**280**		(2) **25 341**		**7 095 600**

(1) 6 131 000 / 250 *(2) 7 095 000 / 280*

Compte tenu des composantes définies de la masse salariale et de leur structure de type « gigogne » (le salaire moyen global dépend des salaires moyens des catégories qui, eux-mêmes, dépendent des salaires moyens par niveau d'ancienneté), la décomposition des écarts va consister à « recalculer des masses salariales » en modifiant successivement chacun des paramètres afin d'isoler leur influence dans un écart spécifique.

a) Écart sur effectif

Il s'agit de calculer la différence d'effectif global (E) entre les deux années, valorisé au salaire moyen global annuel de l'année de référence.

$$\text{Écart/effectif} = \{(E)_{n+1} - (E)_n\} \times (S)_n$$

Ce calcul conduit à reconstituer la masse salariale attendue en N+1 si le seul élément de changement avait été le nombre de salariés. Il est possible d'appeler cette donnée « **masse salariale N+1 à salaire global constant** », qui sera notée MS_{sal}.

THÈME D'APPLICATION

Masse salariale à salaire global constant

= Effectif_{n+1} × Salaire moyen global de N = 280 personnes × 24 524 = 6 866 720

Écart sur effectif = $MS_{sal} - MS_n$ = 6 866 720 – 6 131 000 = + 735 720 Défavorable.

b) Écart de structure professionnelle

L'effet effectif ayant été éliminé, il s'agit de mettre en évidence les facteurs qui peuvent modifier le salaire moyen global entre deux années. Ce dernier dépend du poids relatif des différentes catégories qui définit une structure professionnelle. Cet écart cherche à mesurer la différence due aux variations de structure professionnelle entre les deux années.

La masse salariale à salaire global constant a pour référence le poids relatif des catégories de l'année de base : l'effectif des catégories $(E_c)_n$ et les salaires moyens des catégories $(S_c)_n$.

Il faut donc recalculer la masse salariale N+1 en prenant l'effectif N+1 des catégories $(E_c)_{n+1}$ valorisé aux salaires moyens des catégories de l'année de base $(S_c)_n$. Cette masse salariale peut se nommer « **masse salariale à structure professionnelle constante** » et on la note MS_{cat}.

THÈME D'APPLICATION

Masse salariale à structure professionnelle constante = Somme $\{(E_c)_{n+1} \times (S_c)_n\}$

MS_{cat} = (220 ouvriers × 23 040) + (60 techniciens × 30 460) = 6 896 400

Dans notre exemple, l'écart sur structure est égal à :

Écart de structure = $MS_{cat} - MS_{sal}$

Écart/Structure = 6 896 400 – 6 866 720 = + 29 680 Défavorable.

La nature de l'écart de structure professionnelle peut être mise en évidence d'une autre façon :

$$\begin{aligned}\text{Écart sur structure professionnelle} &= MS_{cat} - MS_{sal}\\ &= \Sigma\,\{(E_c)_{n+1} \times (S_c)_n\} - \Sigma\,\{(E_c)_n \times (S_c)_n\}\end{aligned}$$

$$\text{Écart de structure professionnelle} = \text{Somme}\ \{(E_c)_{n+1} - (E_c)_n\} \times (S_c)_n$$

Sous cette forme, il est aisé de constater que ce qui est mesuré ici est l'influence, entre les deux années, des effectifs respectifs des différentes catégories.

Cet écart est provoqué par le glissement des salariés dû à des promotions individuelles parce qu'ils acquièrent une technicité supplémentaire : salaires plus élevés dus au mérite dans la même catégorie, promotion d'une catégorie à l'autre.

L'effet structure ayant été analysé, il faut maintenant s'intéresser à l'influence de l'ancienneté puisque le salaire moyen des catégories dépend des salaires moyens des niveaux d'ancienneté.

c) Écart de composition d'ancienneté

La démarche va être similaire à celle de l'écart précédent. Une « masse salariale N+1 à composition d'ancienneté constante » notée MS_{anc} est calculée et comparée à la masse salariale à structure constante. Elle se définit comme :

$$MS_{anc.} = \text{Somme } \{(E_a)_{n+1} \times (S_a)_n\}$$

Ce calcul revient à recalculer un salaire moyen de la catégorie en s'appuyant sur les salaires moyens de N pondérés par les effectifs par niveau d'ancienneté de N+1. Il est alors possible d'écrire que :

$$MS_{anc.} = \text{Somme } \{(E_c)_{n+1} \times \text{Somme } \{(E_a)_{n+1} \times (S_a)_n\}\}$$

Comme la masse salariale à structure professionnelle constante peut aussi s'écrire :

$$MS_{cat.} = \text{Somme } \{(E_c)_{n+1} \times \text{Somme } \{(E_a)_n \times (S_a)_n\}\},$$

Il est possible de déduire que l'écart de composition d'ancienneté est égal à :

Écart /composition d'ancienneté

$$= \text{Somme } \{(E_c)_{n+1} \times \text{Somme } \{(S_a)_n \{(E_a)_{n+1} - (E_a)_n\}\}\}$$

THÈME D'APPLICATION

Masse salariale à composition d'ancienneté constante = Somme $\{(E_a)_{n+1} \times (S_a)_n\}$

	$(E_a)_{n+1}$	$(S_a)_n$	Total	Salaire moyen de la catégorie
Ouvriers				
moins de 15 ans	80	19 200	1 536 000	
de 15 à 25 ans	110	24 000	2 640 000	
plus de 25 ans	30	26 400	792 000	
Sous-total	*220*		*4 968 000*	*22 582*
Techniciens				
moins de 15 ans	30	30 000	900 000	
de 15 à 25 ans	22	28 800	633 600	
plus de 25 ans	8	33 800	270 400	
Sous-total	*60*		*1 804 000*	*30 067*
Total	**280**	**24 186**	**6 772 000**	**24 186** (1)

(1) 24 186 = 6 772 000 / 280

Écart/ ancienneté $= MA_{anc.} - MS_{cat.} = 6\,772\,000 - 6\,896\,400 = -\,124\,400$ Favorable ou encore
$= (22\,581{,}82 - 23\,040)\ 220 + (30\,066{,}67 - 30\,460)\ 60$

Cet écart est très souvent favorable car il traduit le remplacement des salariés âgés qui partent en retraite par des plus jeunes qui, à qualification égale, sont moins bien rémunérés.

Cet effet de remplacement de générations est appelé « effet de noria ». Il caractérise dans la composition d'une masse salariale, l'influence sur les salaires nominaux du remplacement des salariés âgés par des salariés plus jeunes.

Pour le calculer, il faut impérativement connaître la composition par ancienneté des salaires à l'intérieur d'une catégorie.

Il reste maintenant à mesurer l'influence de la hausse à proprement parler des salaires nominaux d'une année sur l'autre.

d) Écart sur taux nominal

Il suffit de comparer la masse salariale de N+1 à la masse salariale à composition d'ancienneté constante. En effet :

$$MS_{n+1} = \Sigma \{(E_a)_{n+1} \times (S_a)_{n+1}\}$$
$$MA_{anc.} = \Sigma \{(E_a)_{n+1} \times (S_a)_n\}$$

donc la différence évalue, pour des effectifs n+1, la différence de salaires nominaux.

$$\text{Écart/Taux nominal} = \text{Somme } \{(E_a)_{n+1} \times \{(S_a)_{n+1} - (S_a)_n\}\}$$

THÈME D'APPLICATION

Écart sur taux nominal $= MS_{n+1} - MS_{anc.}$

$= 7\,095\,600 - 6\,772\,000 = + 323\,600$ Défavorable

On vérifie aisément que la somme des écarts mise en évidence est égale à la différence entre les deux masses salariales.

$MS_{n+1} = 7\,095\,600$ $MS_n = 6\,131\,000$ Différence = + 964 600

Somme des écarts = (+ 735 720) + (+ 29 680) + (– 124 400) + (+ 323 600) = + 964 600.

Ces écarts expriment les différentes influences des facteurs d'évolution de la masse salariale en valeur absolue ; il peut être plus pratique d'exprimer ces différents effets en valeur relative.

2. Analyse des taux d'accroissement de la masse salariale

Cette analyse s'appuie sur la même décomposition que celle des écarts. Elle peut se calculer sur la base des masses salariales précédemment obtenues ou sur celle des salaires moyens globaux. Le schéma page suivante définit et synthétise les différentes notions entre elles.

Il est alors possible de relier les différents effets définis et d'analyser ainsi l'accroissement global de la masse salariale entre N et N+1.

La masse ainsi nommée :	Masse salariale N+1	Masse salariale à ancienneté constante	Masse salariale à structure constante	Masse salariale à salaire constant	Masse salariale N
notée :	MS_{n+1}	$MS_{anc.}$	$MS_{cat.}$	$MS_{sal.}$	MS_n
est calculée par rapport à un effectif global de :	$(E)_{n+1}$	$(E)_{n+1}$	$(E)_{n+1}$	$(E)_{n+1}$	$(E)_n$
valorisé par un salaire moyen global noté :	$(S)_{n+1}$	$(S)_{anc.}$	$(S_{cat.})$	$(S)_n$	$(S)_n$
par référence à : – une structure de catégories	$(E_c)_{n+1}$	$(E_c)_{n+1}$	$(E_c)_{n+1}$	$(E_c)_n$	$(E_c)_n$
– une composition d'ancienneté	$(E_a)_{n+1}$	$(E_a)_{n+1}$	$(E_a)_n$	$(E_a)_n$	$(E_a)_n$

La comparaison entre les MS permet la mise en évidence d'écarts qui se nomment :	Écart sur taux nominal	Effet noria ou sur composition d'ancienneté	Écart sur structure professionnelle	Écart d'effectif
Le rapport défini comme suit :	$(S)_{n+1}/(S_{anc.})$	$(S_{anc.})/(S_{cat.})$	$(S_{cat.})/(S_n)$	$(E)_{n+1}/(E)_n$
exprime l'effet relatif suivant :	Effet sur taux	Effet de noria	Effet de structure	Effet d'effectif

Mise en œuvre sur le thème d'application

Effectif global	280		280		280		280		250
Salaire moyen global	25 341		24 186		24 630		24 524		24 524
Masse salariale obtenue (en €)	7095 600		6 772 000		6 896 400		6 866 720		6 131 000
Valeur de l'écart (en €)		323 600		– 124 400		29 680		735 720	
Valeur de l'effet		1,0478		0,982		1,0043		1,12	

THÈME D'APPLICATION (SUITE)

Accroissement des salaires nominaux
1,0478

Effet de noria
0,982

Accroissement des salaires moyens par catégories
$1{,}0478 \times 0{,}982 = 1{,}0289$

Effet de structure
1,0043

Accroissement du salaire moyen global
$1{,}0289 \times 1{,}0043 = 1{,}0333$

Effet effectif
1,12

Accroissement général de la masse salariale
$1{,}0333 \times 1{,}12 = 1{,}1573$
ou encore $MS_{n+1} / MS_n = 7\,095\,600 / 6\,131\,000 = 1{,}1573$

3. Notion de GVT (glissement, vieillissement, technicité)

Les trois termes renvoient aux notions suivantes :

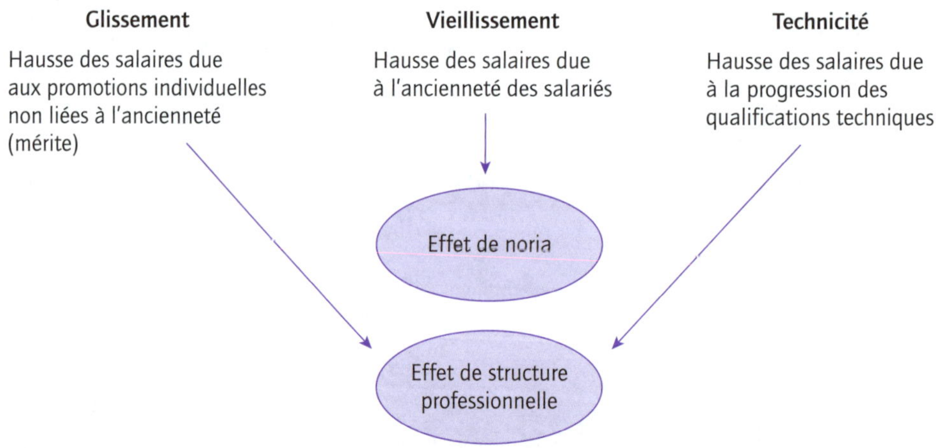

THÈME D'APPLICATION (SUITE)

La masse salariale a été multipliée par 1,1573 au cours de l'année N+1. Sur la même période, il est observé que :

– les salaires nominaux sont multipliés par 1,0478 ;

– les effectifs sont multipliés par 1,12.

Le GVT s'établit à : $1{,}1573/(1{,}0478 \times 1{,}12) = 0{,}986$, soit un GVT négatif de 1,34 %.

Ce calcul peut également être obtenu par :

Effet de noria × Effet de structure = $0{,}9820 \times 1{,}0043 = 0{,}9862$.

Ces calculs et ceux établis pour déterminer une masse salariale prévisionnelle (voir chapitre 10, « Les budgets opérationnels ») permettent de se projeter dans l'avenir à moyen terme et d'envisager les évolutions souhaitables de la masse salariale. Ces anticipations ne peuvent se faire sans intégrer un aspect plus qualitatif d'adaptation des personnels aux besoins des postes en termes de profils et de compétences.

SECTION 2
ANALYSE DE LA PERFORMANCE SOCIALE

Les directions des entreprises cherchent à utiliser le plus efficacement possible, en fonction de leurs compétences et de leurs coûts, les acteurs à tous les niveaux de l'organisation.

Ainsi, la gestion des ressources humaines doit mieux piloter les acteurs tout au long de leur carrière et dans la vie de l'organisation. Elle cherche à évaluer les forces et les faiblesses, les coûts et les performances de tous les processus « ressources humaines » : recrutement, formation, rémunération, carrière et mobilité…

L'ensemble de ces tâches est réalisé en collaboration entre les ressources humaines et le contrôle de gestion. L'observation des pratiques des entreprises montre, en effet, des rattachements hiérarchiques variés et ce nouveau domaine de calcul est rattaché, soit à la fonction « ressources humaines », soit à la fonction « contrôle de gestion ».

Les outils et des informations produites aident le top management, les responsables des fonctions et l'encadrement intermédiaire à prendre des décisions opérationnelles, par exemple :

- nombre et nature des recrutements ;
- évolution des profils de poste ;
- choix de mobilité, évolution des carrières ;
- évolution des rémunérations, attribution des primes ;
- affectation des responsabilités, à des groupes de travail.

Ces informations pour le pilotage en continu des acteurs peuvent aussi déboucher sur des décisions plus stratégiques de long terme sur des sites, des marchés, des produits.

Ainsi, se construit un système d'information pour un pilotage social, réalisé par un contrôleur de gestion sociale (métier émergent associant dimensions quantitatives et qualitatives), positionné dans le service « ressources humaines » ou dans le service « contrôle de gestion ».

B. Martory a formalisé ce domaine en définissant **le contrôle de gestion sociale comme un système d'aide au pilotage social d'une organisation pour gérer des ressources humaines par leurs coûts et leurs performances** (*Contrôle de gestion sociale*, Vuibert, 1999).

Il s'agit donc de :

- concevoir, mettre en place, utiliser des systèmes d'information : bases de données, tableaux de bord ;
- analyser les données et les résultats, écarts, coûts cachés… ;
- faire des propositions pour améliorer le pilotage social.

Plusieurs axes peuvent être déclinés :

- suivi de la masse salariale ;
- suivi du budget personnel ;
- suivi des performances du personnel par des indicateurs.

1. Suivi de la masse salariale

Un premier suivi de la masse salariale est effectué par la décomposition et l'analyse des écarts calculés entre la masse salariale de l'année n et celle de l'année N+1 (c'est l'objet de la section 1 de ce chapitre).

Mais il est possible de poursuivre ce suivi en proposant une analyse de l'évolution des différents postes sur un horizon temporel de moyen terme (3 ou 4 ans). En effet, décider, par exemple, d'un rajeunissement d'une catégorie de personnel demande plusieurs années pour percevoir les impacts de la décision retenue.

1.1 Les entrées et les sorties en nombre et en qualification tout au long des années

Il s'agit de construire un tableau des entrées et des sorties selon des critères définis par le manager.

Il est possible de distinguer selon les niveaux de qualification et/ou selon les services et/ou les années ou les mois, les entrées et les sorties de poste pour analyser leurs impacts. Il n'y a de normes et de cadres pour piloter ces variables. De nombreuses constructions sont possibles en fonction de l'utilité recherchée.

Par exemple, le tableau suivant cherche à donner des informations suivies par année, en séparant les entrées et les sorties par service et par qualification ; de plus les différences entre entrées et sorties, les évolutions des entrées et des sorties par année, sont calculées :

EXEMPLE DE CALCUL ET DE SUIVI

Suivi annuel des mouvements de personnel	Service A			Service B		
	Niveau de qualification			Niveau de qualification		
	Niveau 1	Niveau 2	Tous niveaux	Niveau 1	Niveau 2	Tous niveaux
Année N						
Entrées	2	1	3	2	1	2
Sorties	0	0	0	1	−1	2
Mouvements nets N	+2	+1	+3	+1		0
Année N+1						
Entrées	2	1	3	2	1	3
Sorties	0	1	1	0	0	0
Mouvements nets N+1	+2	0	+2	+2	+1	+3
Variation N+1/N						
Entrées	0	0	0	0	+1	+1
Sorties	0	+1	+1	−1	−1	−2
Mouvements nets N+1/N	0	+1	+1	+1	+2	+3

Ce suivi peut être fait a posteriori ou a priori. Il définit une politique et les moyens d'ajustement sur deux ou trois ans. Ainsi, ici, pour les services A et B, il existe une volonté de privilégier le niveau de qualification 1 dans les recrutements. Ce tableau peut être suivi sur un horizon plus long (5 ans par exemple) avec une prévision de ce que devrait être la structure désirée des qualifications en N+4.

1.2 Le poids des trois effets impactant la masse salariale

De la même manière, la construction du tableau de suivi des effets niveau, masse et report est souple, fonction des informations souhaitées.

Il est possible de mesurer leur impact séparément ou globalement, par année, par niveau de qualification et/ou par service.

L'effet niveau est présenté comme la multiplication des coefficients de l'effet report et de l'effet de masse, décomposé par année, par service et par qualification : dans un tableau de même type que celui présenté dans l'exemple ci-dessus, il serait possible de suivre l'impact des effets niveau, masse et report par année, service et niveau de qualification.

1.3 Le poids des différents écarts étudiés d'une année sur l'autre

Le décideur peut désirer suivre un écart isolément, en valeur absolue ou en valeur relative ou la multiplication des effets sur la masse salariale.

Dans l'exemple suivant, le tableau présente, au cours des années, l'influence des différentes causes globalement et séparément :

E global = écart sur taux × écart d'ancienneté × écart de structure × écart d'effectif

EXEMPLE

Année 1

Masse salariale (MS)	% Variation MS N+1 / MS N	Décomposition par effet			
		Effet taux nominal	Effet ancienneté	Effet de structure	Effet d'effectif
ANNEE N					
MS Entreprise	1,1573	1,0477	0,982	1,0043	1,12
MS service 1	1,089	1,0477	0,910	0,986	1,16
MS service ...	...	...	...	....	...
ANNEE N+1					
MS Entreprise	1,2314	1,138	1,097	1,1156	0,885
MS service 1	1,123	1,058	1,023	0,989	1,049
MS service ...	....	....	....	....	....

Ce suivi permet de comprendre que tous les services ou départements n'ont pas la même évolution de leur masse salariale. Ce travail sur une durée de 3 ou 4 ans permet de suivre et restructurer les effectifs d'un métier (département) que l'on souhaite à terme abandonner vers des départements plus porteurs.

Au total, une analyse globale de tous les effets au travers d'un schéma peut être présentée ainsi qu'une analyse des variations de la masse salariale entre plusieurs périodes.

■ Analyse globale

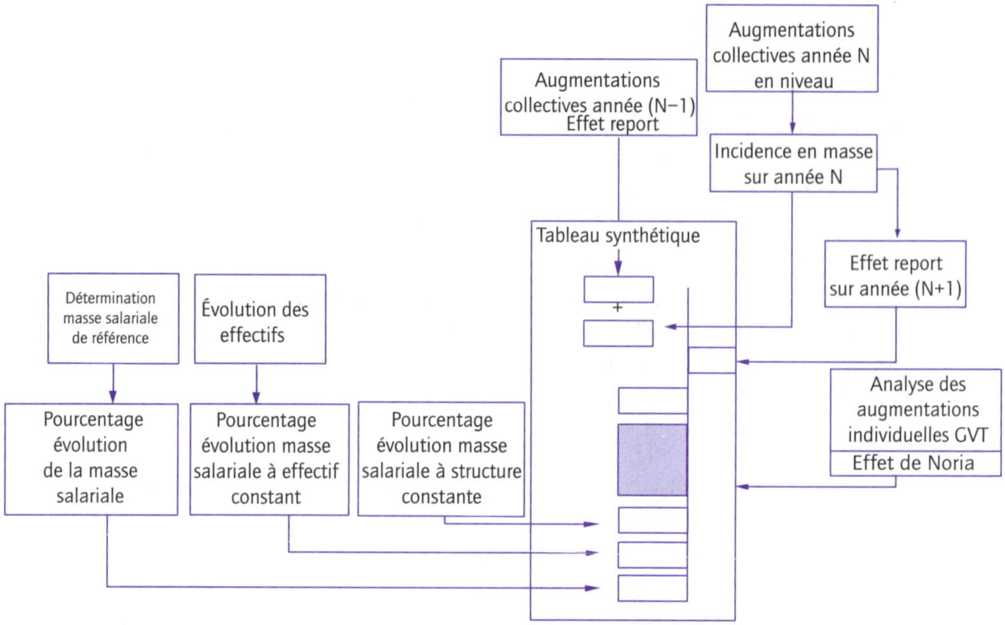

B. Martory, *Contrôle de gestion sociale*, Vuibert, 1999.

■ Analyse des inerties de la masse salariale

Masse salariale année N : 58 648 316		Montant	%
Effets mécaniques	Report sur augmentations individuelles	42 000	0,072 %
	Report sur augmentations générales	200 000	0,341 %
	Report sur embauche	300 000	0,512 %
	Report sur départs	– 476 667	– 0,813 %
	Noria	– 50 000	– 0,085 %
	Vieillissement	251 468	0,429 %
	Sous-total	**266 807**	**0,455 %**
Évolution d'activité et primes	Variation des primes	450 000	0,767 %
	Variation des heures supplémentaires	623 870	1,064 %
	Prime annuelle	– 1 243 667	– 2,121 %
	Sous-total	– 169 797	– 0,290 %
Effectifs	Entrées	1 087 275	0,767 %
	Sorties	– 197 200	– 0,336 %
Augmentations	Générales	222 995	0,380 %
	Individuelles	223 360	0,381 %
	En monnaie	30 000	0,051 %
	Total	1 463 434	2,495 %
Masse salariale Année N+1 : 60 111 750			

B. Martory, *op. cit.*

2. Suivi du budget personnel

Pour élaborer les budgets, les prévisions de la masse salariale sont nécessaires : cela a été présenté au chapitre 10.

Mais ces prévisions élaborées en N-1 apparaissent dans un horizon temporel différent de celui des budgets réels et du pilotage plus continu du personnel.

De plus, une vision synthétique globale du personnel, pour l'instant éclaté dans les différents services utilisateurs de moyens humains, peut permettre une meilleure appréhension des forces et des faiblesses à gérer.

Ainsi, il est demandé au contrôle de gestion sociale de repérer et consolider tous les coûts de personnel répartis dans toutes les fonctions de l'entreprise pour bien visualiser et mieux analyser les évolutions afin d'aider aux décisions.

Là encore, le cadre d'analyse est défini en fonction des besoins d'informations et des variables à piloter.

Il faut repérer les coûts de personnel répartis dans tous les budgets déterminants et secondaires pour les regrouper selon une logique précise : par exemple, par fonctions, ou par produit.

EXEMPLE DE DÉMARCHE

À partir des budgets d'une entreprise, on isole les coûts de personnel et on regroupe par fonction :

Budget(s) de production	Fonctions ⇒ Budget du personnel
Budget des approvisionnements	
Budget des frais commerciaux	
Budget(s) des services fonctionnels	

Ainsi, il peut en résulter un budget qui peut être comparé par année et/ou par ligne pour orienter des décisions de recrutement, de rémunération, de gestion des emplois et des compétences.

EXEMPLE D'ANALYSE ET DE PRÉSENTATION STRUCTURÉE PAR SERVICE

Activités / Budget / Service	Année N			Année N+1			Variation N+1		
	Salaires	H sup.	Primes	Salaires	H sup	Primes	Δ	Δ	Δ
Conception & R&D	À	B	C	A'	B'	C'			
Études & méthodes	D	E	F	D'	E'	F'			
Logistique interne & externe	G	H	I	G'	H'	I'			
Approvisionnement									
Magasinage									
Distribution									
Production									
Toutes les unités et les services									

Activités / Budget	Année N			Année N+1			Variation N+1		
Qualité									
Maintenance									
Vente									
Administration comptable									
Contrôle de gestion et financière									
Gestion des ressources humaines									
Direction générale									

3. Suivi des performances du personnel

La performance de l'entreprise est appréhendée aujourd'hui aussi sous l'angle social et concerne les salariés de l'organisation dans leurs compétences, leur apport à la création de valeur de l'entreprise et la qualité du management des acteurs.

Il s'agit donc de piloter des variables quantitatives et qualitatives diverses qui contribuent à la performance globale de l'entreprise.

On demande alors au contrôleur de gestion (ou de gestion sociale) d'élaborer des indicateurs constituant un système d'information pour aider aussi bien les directeurs de ressources humaines que les directeurs généraux dans leurs décisions de pilotage social.

Quelle que soit la taille de l'entreprise, il semble pertinent de mieux gérer les ressources humaines au plan quantitatif et qualitatif.

Les indicateurs sont construits en fonction des besoins et des objectifs des décideurs et constituent des tableaux de bord sociaux.

Il ne faut pas confondre le bilan social qui est un document légal obligatoire pour les entreprises de plus de 250 salariés, informant dans le rapport d'activité sur des éléments descriptifs des ressources humaines (effectifs, *turn over*...), avec un tableau de bord social qui est un instrument contingent à chaque organisation avec des niveaux de description et d'analyse plus ou moins approfondis.

Plusieurs niveaux d'analyse peuvent être repérés et de multiples indicateurs peuvent être utilisés ; il n'y a pas de normes, de cadre prédéfini ; la souplesse de la conception et de l'utilisation a permis une large diffusion de ces tableaux dans les entreprises.

3.1 Indicateurs selon les variables à gérer

B. Martory délimite quatre axes du contrôle de gestion sociale pour construire des indicateurs (voir tableau page suivante).

Les domaines peuvent être structurés et décomposés différemment. Les indicateurs sont donnés à titre indicatif. Les entreprises peuvent mettre en place progressivement les différents niveaux de pilotage et articuler les variables pour aboutir à un tableau de bord global reliant les quatre domaines car la performance globale résulte de l'interdépendance de tous ces indicateurs.

	Axes	Exemples d'indicateurs
1er niveau descriptif : Système d'information de base indicateurs quantitatifs	EFFECTIFS	• Démographie, sexe • Entrée, sortie, turn over • Mobilité • ...
	RÉMUNÉRATIONS	• Coût du personnel par catégories • Taux de croissance • Rémunération fixe et variable en % • Rémunération individuelle & collective en % • % de collaborateurs actionnaires • ...
2e niveau analytique : système d'information évolué – Indicateurs qualitatifs	PERFORMANCE SOCIOÉCONOMIQUE :	
	• Productivité	• CA/effectif • VA/ effectif • EBE/effectif...
	• Compétences	• % adéquation profil/compétences • % de personnel polyvalent • Capacité à enrichir des compétences • Nombre de projets innovants • Nombre de réunions en retour d'expérience • Budget de formation, investissement par personne
	CLIMAT SOCIAL :	
	• Climat de travail	• Nombre de conflits & grèves • Taux d'absentéisme • Taux de démission • Nombre d'accidents du travail • Niveau de satisfaction du personnel • Nombre litiges sur discrimination • Coûts du contentieux RH • Nombre d'accords signés avec n syndicats représentatifs
	• Capacité de flexibilité	• % de personnel redéployé depuis 2 ans • Taux de mobilité interne
	• Attractivité de l'entreprise	• Nombre de candidatures par poste • Nombre de candidatures spontanées • Taux de maintien du personnel • Taux de départ des nouveaux entrants • Emplois offerts/emplois acceptés • Existence d'une charte éthique • % de femmes cadres supérieurs

3.2 Indicateurs selon les processus de gestion des ressources humaines

Il est également possible de mettre en place des indicateurs de pilotage de la performance sociale selon les processus de ressources humaines qu'une entreprise souhaite maîtriser.

a) Méthode

Il faut déterminer les processus gérés par la fonction « ressources humaines » : par exemple, recrutement, rémunération, formation, gestion de la mobilité et des carrières…

Puis il faut formaliser les objectifs, les missions, les contraintes de chaque processus.

Enfin, il faut construire les indicateurs pertinents pour chaque processus en fonction des variables spécifiques à suivre.

Si l'entreprise veut élaborer un tableau de bord complet des ressources humaines, elle doit construire des indicateurs pour tous les processus et les suivre tous ensemble.

EXEMPLE

Une entreprise décline sa gestion des ressources humaines en 4 processus :
- processus recrutement
- processus rémunération
- processus formation
- processus carrière

Elle élabore les indicateurs pour piloter son **processus de formation** :

Objectifs	**Améliorer la performance de la formation pour augmenter les compétences des acteurs**
Missions	• Élaborer une politique de formation • Mettre en œuvre les moyens et les actions de formation • Contrôler le résultat des actions de formation
Responsable	• DRH
Supports de travail	• Plan de formation • Droit au DIF • Bilan social • Déclaration 2483
Activités et tâches	• Plan prévisionnel des besoins et des actions de formation • Organisation et gestion administrative des actions de formation (sélection, financement, suivi budgétaire, déclarations...) • Informations et communications sur les actions • Suivi et contrôle des résultats à court et moyen terme.
Indicateurs d'efficacité (atteinte des résultats) ***exemples non exhaustifs***	• % de personnes formées par an • Nombre de jours de formation/pers/an • % de progression de personnel polycompétent • Réduction des incidents ou augmentation de la qualité • Taux de croissance des compétences
Indicateurs d'efficience (mise en œuvre des moyens) ***exemples non exhaustifs***	• Coût des formations • Coût de gestion des formations • Nombre d'heures formation/nb heures travaillées • Total budget formation de l'entreprise/ Total budget des entreprises du secteur

Ici, il a été choisi de distinguer des indicateurs d'efficacité et d'efficience pour décomposer la performance mais d'autres critères pourraient être préférés.

Si elle décline les indicateurs de pilotage pour ses 4 processus, elle construira un tableau de bord du style suivant :

		Année N	Année N-1
Processus recrutement	**Indicateurs d'efficacité :** • Nombre de recrutement/service • Taux réussite de recrutement **Indicateurs d'efficience :** • Coût d'un recrutement ...		
Processus rémunération	**Indicateurs d'efficacité :** • Taux de croissance salaires • Taux de croissance primes ...... **Indicateurs d'efficience :** • % coût personnel/ coûts ...		
Processus formation	**Indicateurs d'efficacité :** • Nombre de jours de formation/pers/an • % de progression de personnel poly-compétent **Indicateurs d'efficience :** • Coût des formations • Nb heures formation/nb heures travaillées......		
Processus carrière	**Indicateurs d'efficacité :** • % de salariés en progression de carrière ... **Indicateurs d'efficience :** • Coût des changements de postes...		

Ainsi, de nombreuses pistes de pilotage des ressources humaines s'ouvrent pour les organisations qui souhaitent suivre et gérer les acteurs au plan quantitatif et qualitatif.

Un autre domaine exploré dans le domaine de la qualité, les coûts cachés peut être appliqué et développé pour les ressources humaines.

4. Les coûts cachés en ressources humaines

Parallèlement à l'étude des coûts visibles de la masse salariale, H. Savall a développé une démarche spécifique pour mettre en évidence les coûts cachés générés par la gestion des ressources humaines mais non mis en évidence par le système d'information comptable. Il s'agit principalement concernant la main-d'œuvre :

– l'absentéisme qui donne lieu à des salaires versés sans contrepartie ;
– les accidents du travail qui provoquent des perturbations dans l'organisation ;
– la rotation du personnel qui oblige le nouvel arrivant à devoir être formé par du personnel en place.

La méthode des coûts cachés touche les « vraies » causes des dérèglements. En soi, les dysfonctionnements n'ont pas de coût mais ils obligent à mettre en place des régulations qui engendrent des coûts. Ainsi, il est fréquent de constater :

– des sursalaires constitués par le coût de la personne remplaçante par rapport à celle qui aurait dû tenir le poste ;
– des surconsommations : toutes les dépenses (télécommunications, intérimaire) générées pour mettre en place le système de régulation ;
– des surtemps ou le temps passé à mettre en place la régulation et qui n'est pas consacré aux tâches habituelles ;
– les non-productions générées par les arrêts marchines ou la sous-activité d'un remplaçant moins expérimenté ;
– des non-créations de potentiel stratégique c'est-à-dire le temps des dirigeants consacré à gérer des dysfonctionnements de routine au lieu de concevoir des moyens de remédiation définitive aux problèmes ou d'envisager des projets porteurs de valeur ajoutée.

Dans ce domaine, il faut distinguer la régulation qui est faite par toutes les entreprises à très court terme pour remédier aux dysfonctionnements, de l'action de prévention à long terme qui doit permettre d'éliminer la cause des dysfonctionnements et donc d'éliminer les coûts cachés.

EXEMPLE

Dans une entreprise, il est constaté 10 accidents du travail qui ont pour conséquence l'arrêt de travail d'un salarié accidenté et son remplacement par des intérimaires entraînant les dysfonctionnements suivants :

– l'évacuation du blessé par le Samu en présence du témoin de l'accident : durée 1/4 heure en moyenne ;
– une déclaration d'accident établie par le contremaître qui demande une heure compte tenu de sa complexité ;
– une enquête nécessitant une visite des lieux par 4 personnes : cette visite dure environ 1 heure sur le terrain, à laquelle il faut ajouter 1 heure pour le responsable pour rédiger le rapport circonstancié obligatoire dans un tel cas ;
– un suivi administratif du dossier et de son règlement (durée totale : 1 heure environ).
– des arrêts de production pour 9 personnes pendant 1/4 d'heure en moyenne.

En considérant que :

– chaque heure de travail productive génère une marge sur coût spécifique de 100 € ;
– que l'entreprise prend en charge 100 % des salaires de l'accidenté et récupère 67 % de ces mêmes salaires par la sécurité sociale ;
– que 400 heures sont perdues au taux horaire chargé de 25 € ;
– que les intérimaires, facturés 32 € de l'heure, ont une productivité de 90 % du rendement normal.

Quel est le coût caché d'un tel dysfonctionnement ?

Le coût dysfonctionnel des accidents est de :

Éléments	Détail	Détails des calculs	Total
Enquête	Enquête proprement dit	1 heure × 10 Acc. × 4 personnes × 100 €	4 000 €
	Rapport	1 heure × 10 Acc. × 100 €	1 000 €
Arrêts de production		1/4 heure × 10 arrêts × 9 personnes × 100 €	2 250 €
Logistique soins		1/4 heure × 10 Acc. × 1 témoin × 100 €	250 €
Absentéisme (heures perdues et payées)		400 heures × 25€ × (1 – 67 %)	3 300 €
Intérimaires	Surcoût	400 heures × 32 €	12 800 €
	Sous-activité	(400 heures/90%) × 10% × 100 €	4 444 €
Administration	Déclaration	10 acc. × 1 heure × 100 €	1 000 €

Soit au total 29 044 € et, par accidents du travail, un coût de 2 900 €.

Ce suivi qualitatif et quantitatif des ressources humaines devient indispensable dès lors que le management attend des hommes de l'entreprise une implication totale dans la réussite de l'organisation. La complexité des processus, l'existence de relations de partenariats demande un personnel compétent et motivé.

APPLICATIONS

APPLICATION 1

Évolution de la masse salariale

Soit la structure de masse salariale suivante (en milliers d'euros) :

Catégories	Ancienneté	Masse salariale année N			Masse salariale année N+1		
		Effectifs	Salaire annuel	Total k€	Effectifs	Salaire annuel	Total K€
Ingénieurs	a1	12	40,50	486,00	10	41,50	415,00
	a2	14	45,00	630,00	13	45,50	591,50
	a3	6	52,50	315,00	7	54,25	379,75
Techniciens	a1	45	30,25	1 361,25	52	32,00	1 664,00
	a2	60	36,00	2 160,00	55	38,00	2 090,00
	a3	30	39,25	1 177,50	32	39,75	1 272,00

QUESTIONS

1. **Analyser l'évolution de cette masse salariale entre N et N+1.**
2. **Présenter l'influence des différents effets sur son taux d'accroissement (présentation schématique).**

APPLICATION 2

Soldecor

Vous intervenez dans l'entreprise Soldecor pour procéder à une analyse de l'évolution de la masse salariale dont les données sont fournies dans le tableau suivant :

Catégorie	Année N		Année N+1	
	Effectif moyen	Salaire moyen mensuel par salarié	Effectif moyen	Salaire moyen mensuel par salarié
Ingénieurs	152	6 320	185	7 000
Maîtrise	220	4 480	235	4 800
Employés	85	1 920	80	2 060
Ouvriers	2 315	1 700	2 250	1 770
Total	2 772	2 180,71 (1)	2 750	2 389,2 (1)

1. Moyenne pour l'ensemble du personnel

Vous décidez de procéder en trois étapes

Première étape

Vous décidez d'expliquer l'évolution de la masse salariale globale par l'utilisation d'une méthode dite « volume-prix » en mettant en évidence un écart de sur salaires nominaux et un écart sur volume.

Deuxième étape

Remarquant que la structure des effectifs évolue, vous décidez d'identifier et de mesurer l'effet de cette modification de structure en vous inspirant des méthodes utilisées en contrôle budgétaire pour l'analyse des écarts sur marge (trois sous-écarts).

Troisième étape

Vous relevez que le salaire moyen de décembre toutes catégories confondues est respectivement de 2 230 € pour N et de 2 440 € pour N+1. Par ailleurs, le salaire moyen de décembre N toutes catégories confondues pondéré par la structure des effectifs de N+1 s'élève à 2 340 €. Vous décidez d'étudier les impacts des hausses de salaires sur les années futures. Par ailleurs, vous avez noté que les décisions d'augmentations prises durant l'année N ont engendré un effet report de 2 % sur la masse des salaires de N+1.

QUESTIONS

1. **Procéder à la décomposition demandée dans la première étape : mise en évidence de deux sous-écarts. Commenter vos résultats.**
2. **Procéder à la décomposition demandée dans la deuxième étape : mise en évidence de trois sous-écarts. Commenter vos résultats.**
3. **Analyser la décomposition précédente (question 2) sous forme de taux d'accroissement de la masse salariale en mettant en évidence l'influence de l'accroissement des salaires nominaux, l'effet de structure et celui d'effectif.**
4. **Calculer le GVT (glissement, vieillesse, technicité) de l'année N+1.**
5. **Calculer l'augmentation des salaires en niveau et en masse de N+1 par rapport à N (travail à effectif constant par rapport à ceux de N+1). Déterminer le niveau des hausses de salaires accordé sur N+1 hors effet report.**
6. **Dans l'hypothèse où la hausse de salaires calculée à la question 5 a été accordée en une fois et à tout le personnel le 1er octobre N+1, calculer l'effet report pour l'exercice N+2. Cet effet aurait-il été différent si la hausse de salaires était intervenu le 1er août de la même année ? Justifier votre réponse.**

APPLICATION 3

Entreprise OP

(À partir du sujet 2003, épreuve DESCF 2.)

La société OP produit des machines d'impression et de façonnage d'emballages et étiquettes de bouteilles, de produits alimentaires, de paquets de cigarettes, de produits liquides et surgelés.

Du suivi d'un contrat « G » avec un groupe chinois, sont extraites les données suivantes :

Service : fabrication Limoges — Phase : découpage rotatif
Période : du 01.10.N au 31.12.N — Contrat : Gaoxing

HEURES DE MAIN D'ŒUVRE DIRECTE							
Catégories	**Budget (pour la partie réalisée au 4e trimestre N)**			**Réalisations (4e trimestre N)**			**Taux réel sans majoration(1)**
	Heures	**Taux**	**Montant**	**Heures**	**Taux**	**Montant**	
Ingénieurs	300	28,00 €	8 400	340	28,10 €	9 554	28,10 €
Techniciens	760	19,60 €	14 896	850	20,50 €	17 425	19,70 €
Ouvriers	6 040	14,00 €	84 560	6 460	15,50 €	100 130	13,90 €
Total	7 100		107 856	7 650		127 109	

(1) Ce taux exprime le taux réel de la main d'œuvre sans majoration pour heures supplémentaires.

Vous trouverez ci-joint un extrait du rapport d'activité du 4e trimestre N ; il exprime les réticences du responsable du centre de Limoges sur les modalités de mises en œuvre du contrôle budgétaire de l'entreprise.

« Le service a dû traiter en priorité un contrat de machines signé en début d'année. La direction générale a exigé un traitement prioritaire de ces contrats pour satisfaire le client. Cette priorité a fait prendre du retard sur la réalisation du contrat G.

D'autre part, début octobre N, deux ouvriers professionnels travaillant au découpage rotatif ont démissionné et ont dû être remplacés dans l'urgence. Nous avons recruté deux ouvriers aux qualifications proches qui ont dû suivre une formation sur le tas, alors que l'atelier travaillait sur le découpage rotatif de la machine G. J'estime que cela a provoqué un allongement des temps imputés au contrat : 320 heures chez les ouvriers, 75 heures chez les techniciens.

Ces deux facteurs expliquent le recours important aux heures supplémentaires en novembre et décembre N afin de limiter le retard pris sur le contrat G.

Je suis assez critique sur le calcul des coûts, qui est à la base de l'évaluation des performances de mon service. Je considère que le temps « perdu » en formation des nouveaux ne devrait pas être imputé au contrat G : il s'est trouvé par hasard que leur formation est arrivée alors que mon service travaillait sur ce contrat, mais cela n'est pas directement lié à la réalisation du contrat.

Une autre critique concerne les heures supplémentaires : les contrats venant en dernier dans le planning se voient toujours imputer ces heures supplémentaires, ce qui n'est pas juste, car ces heures sont provoquées par des retards sur les contrats en tête de planning. Je propose que le coût imputé au contrat ne retienne pas les majorations de taux horaire entraînées par le recours aux heures supplémentaires. »

QUESTIONS

1. **Pour le service « fabrication Limoges », vous analyserez l'écart sur la main-d'œuvre directe en le décomposant en écart sur taux (salaires), sur structure et sur quantité (nombre d'heures).**
2. **En prenant en compte les remarques du responsable de Limoges, recalculez le montant des charges de main-d'œuvre imputable au coût du contrat, en déduire les écarts et sous-écarts demandés à la question précédente. Que pensez-vous de l'analyse que vous venez de faire ? Le montant non imputé est-il attribuable au responsable du centre concerné ? Que deviendrait le montant non imputé au coût du contrat (à la question précédente), comment l'interpréter ?**

APPLICATION 4

Auberges Équip

Le groupe d'auberges « Équip » possède cinq restaurants dans la région parisienne. Le *business model* des auberges du groupe est de proposer aux clients une large carte de produits aveyronnais et de l'Aubrac. Le menu moyen à 23 € HT est composé d'une entrée à base de salade, d'un plat principal au choix, d'un dessert glacé et d'un pichet de vin de pays. Le prix du repas moyen consommé (ticket moyen) s'établit à 26 € HT. Le succès des brasseries EQUIP tient essentiellement dans la qualité des produits du terroir proposés.

Les restaurants Équip présentent également la particularité d'avoir des cuisines ouvertes sur les clients. Le chiffre d'affaires HT annuel du groupe est de 15,1 millions.

Le dirigeant fondateur du groupe Équip, Charles Laguillaume, a construit son groupe à la force du poignet. Doté d'une forte personnalité, il est respecté par ses employés. Il a toujours possédé 100 % du groupe qu'il a fondé. La holding du groupe possède, quant à elle, 80% de chacune des brasseries, les 20 % restant étant possédés par les directeurs des brasseries. Chacune des auberges est organisée selon la même configuration.

Un directeur d'auberges s'appuie sur trois cadres : un chef en cuisine, un responsable de salle et un responsable de l'accueil et des réservations et compte 35 salariés, directeurs compris, répartis en cuisine, en salle et à l'accueil. Chaque directeur est responsable du recrutement de son personnel.

Les principales données sociales de N du groupe sont présentées ci-après.

• Nombre de salariés en équivalent temps plein (ETP) :	182 salariés
• Nombre d'heures travaillées par an pour un ETP :	1 670 heures
• Nombre de jours travaillés par an pour un ETP :	225 jours
• Nombre de mois travaillés par an pour un ETP :	10,4 mois
• Nombre de jours d'ouverture par brasserie :	300 jours
• Taux horaire moyen chargé pour un employé et un extra :	14 €
• Taux horaire moyen chargé pour un agent de maîtrise :	25 €
• Taux horaire moyen chargé pour le management :	51 €
• Taux annuel d'absentéisme (1) :	18 %
• Taux annuel de rotation du personnel (2) :	45 %

(1) Nombre d'heures d'absence / Nombre d'heures travaillées, sur l'année.
(2) Nombre de personnes entrées+Nombre de personnes sorties / (Nombre moyen de salariés sur l'année ∞) × $\frac{1}{2}$

A. Coûts des dysfonctionnements

Pour améliorer la gestion du personnel du groupe Équip, Charles Laguillaume a fait réaliser un diagnostic par un cabinet de consultant fin N–1. Ce diagnostic a permis d'identifier huit dysfonctionnements majeurs à savoir :

DYSFONCTIONNEMENTS MAJEURS IDENTIFIÉS DANS LE DIAGNOSTIC

	Nature du dysfonctionnement	Impacts qualitatifs et quantitatifs
1	30% des absences auraient pu être évitées. Elles résultent d'un manque d'organisation et de diffusion anticipée des plannings de travail qui n'est pas imputable aux salariés.	Les heures d'absence sont compensées systématiquement par le recours à des extras.
2	25 départs de collaborateurs auraient pu être évités sur l'année. Ils s'expliquent par des démissions liées à des conflits avec l'encadrement des brasseries portant sur l'ambiance tendue de travail et l'absence d'entretien d'évaluation.	Chaque départ demande à un directeur un temps supplémentaire de recrutement d'environ quatre heures.
3	En moyenne, chaque brasserie commet une erreur significative par semaine dans le planning des réservations de repas des clients par manque de connaissance du logiciel de réservation.	150 couverts sont perdus par brasserie et par an liés à des clients furieux qui ne reviendront pas.
4	Le taux de pertes et de vols de nourriture est excessif comparé à la moyenne du secteur.	5 % du coût d'achat des matières premières résultent de vols.
5	Les règles d'hygiène et de sécurité groupe ne sont pas respectées faute de procédures écrites et de formation données aux nouveaux embauchés.	Risque de fermeture d'au moins une journée frappant l'ensemble des magasins du groupe, en cas de contrôle négatif de l'administration.
6	40 nouveaux collaborateurs en cuisine et en salle n'ont pas eu leur formation interne.	Chaque nouveau collaborateur qui n'a pas eu sa formation interne à son arrivée passe 20 minutes en plus par jour à réaliser ses tâches pendant un mois.
7	Des erreurs dans l'établissement des additions remises aux clients provoquent leur mécontentement, entraînant des compensations sous forme de « gratuits » du fait d'une méconnaissance du logiciel de prise de commandes.	Les gratuits représentent 115 repas par an par brasserie.
8	Les serveurs ne respectent pas les procédures d'orientation des clients dans leur choix de plats.	Les pertes sont estimées à 7 % du coût d'achat des matières premières.

Il souhaiterait que des solutions à ces dysfonctionnements soient étudiées en concertation avec les directeurs des restaurants, puis que celles-ci soient intégrées au plan stratégique du groupe.

Pour ce faire, il décide de valoriser les dysfonctionnements :

- à la contribution horaire à la marge sur coût variable (CHMCV) qui est, à ses yeux, un indicateur pertinent pour évaluer la perte de valeur liée à une heure perdue de travail provoqué par des dysfonctionnements. Cet indicateur est également plus juste économiquement que le coût horaire salarial car une heure de travail doit rapporter plus que son coût horaire. Il retient une CHMCV de 30 € pour les employés et les agents de maîtrise et de 50 € pour les cadres ;

- au coût d'achat de ces biens ou services pour les dysfonctionnements qui engendrent des surconsommations, soit en référence annuelle un montant de 3 200 000 € HT ;
- au montant du chiffre d'affaires perdu dégrevé du taux de marge (pour N considérer un taux de marge égal à 35 %) pour les pertes de chiffre d'affaires.

QUESTIONS

1. **Calculer le coût annuel de chacun des huit dysfonctionnements identifiés dans le diagnostic. Déterminez le coût global résultant de ces dysfonctionnements. Préciser l'utilité du chiffrage de ces coûts, eu égard aux améliorations recherchées.**
2. **Proposer une solution d'amélioration pour chacun des neuf dysfonctionnements.**

B. Gestion des compétences

Charles Laguillaume a fait réaliser une évaluation des compétences des directeurs des auberges en N

Évaluation des compétences des directeurs

GRILLE DE COMPÉTENCES DES DIRECTEURS DE GROUPE EQUIP

Nom	Contrôler l'hygiéne et la sécurité	Réaliser les recrutements	Organiser les plans de formation	Réaliser les entretients d'objectifs des cadres	Réaliser les réunion hebdomadaires d'organisation cuisine – salle – accueil	Élaborer le reporting financier mensuel du restaurant	Gérer les clients prestigieux	Organiser des animations spéciales dans les auberges
LA	▣	■	▣	■	■	■	■	■
AD	▣	■	▣	■	■	■	■	■
ZB	▣	■	▣	■	■	■	■	■
DR	▣	■	▣	■	■	■	▣	■
MP	▣	□	□	■	■	■	▣	■

Légende

■ : maîtrise satisfaisante de l'opération
▣ : manque de maîtrise de l'opération
□ : absence de pratique de l'opération mais formation théorique reçue
– : pas de pratique de l'opération ni de formation théorique reçue

D'autre part, Charles Laguillaume a organisé un stage de formation en N–1 pour ses cinq directeurs en animation et organisation d'événements dans les auberges. Le stage a duré 5 jours et son coût par participant et par jour a été de 800 € HT (prix du stage et frais). Le stage a consisté en l'apprentissage de techniques de promotion, d'animation d'un public et de gestion du temps et de l'espace. Les soirées promotionnelles organisées en N, comparées à N–1 et à coûts d'organisation constants, ont engendré un surplus de chiffre d'affaires de 15 000 € HT par restaurant.

QUESTIONS

1. **Il vous demande votre avis sur les critères retenus lors de l'évaluation des directeurs.**
2. **Quelles conclusions peut-on tirer des compétences de chaque directeur ?**
3. **Indiquer comment évaluer la rentabilité d'une action de formation.**
4. **Calculer la rentabilité de l'action de formation engagée en N–1 au bénéfice des directeurs.**

APPLICATION 5

Thalasso Détente 2

Après avoir analysé les dysfonctionnements de l'entreprise quant à la qualité des prestations fournies aux clients, la direction de thalasso Détente souhaite améliorer la gestion des ressources humaines. Elle envisage comme axes d'études :

A – Un diagnostic sur les compétences du personnel et la création d'indicateurs sur les ressources humaines

En plus du directeur général et des deux directeurs adjoints, la société Thalasso comprend 15 salariés :

- 2 hôtesses d'accueil
- 4 hydrothérapeutes
- 2 kinésithérapeutes
- 1 vendeuse pour la boutique et le salon de thé
- 1 responsable restaurant avec 2 serveurs et 2 cuisiniers
- 1 responsable hôtel avec 2 agents d'entretien.

En vous référant aux informations fournies dans l'application 6 du chapitre 14, « Pilotage de la qualité », il ressort :

- que la croissance de la demande et que l'étendue des besoins exprimés par une clientèle de plus en plus diversifiée avec un segment de seniors important nécessitent une proféssionnalisation accrue des personnels de cure comme des personnels de restauration ;
- que la qualité du relationnel, la disponibilité et la courtoisie du personnel sont perçues comme essentiels pour la satisfaction des clients et donc de la performance de l'entreprise.

QUESTIONS

1. **Quels seraient les qualités et les comportements des ressources humaines nécessaires pour améliorer les prestations de cure et d'hébergement proposées par le complexe ?**
2. **Quelles sont les faiblesses du personnel observées actuellement ? En déduire des pistes d'amélioration.**
3. **Proposer des indicateurs pour suivre les résultats et les comportements des différents acteurs de l'organisation utile pour un pilotage plus précis, quantitatif et qualitatif, des ressources humaines du centre de cure.**

B – La gestion future de recrutement

Les informations recueillies permettent de mieux orienter le recrutement et l'adéquation des personnes aux profils des postes de travail.

QUESTIONS

1. **En quoi consiste la gestion prévisionnelle des emplois et des compétences ?**
2. **Comment les indicateurs construits précédemment peuvent-ils aider le recrutement futur ?**
3. **Quelles informations supplémentaires seraient nécessaires pour avoir une vision exhaustive de toutes les variables du recrutement futur ?**
4. **Proposer une démarche pour aider et suivre les compétences actuelles et l'adéquation aux besoins futurs.**

APPLICATION 6

Entreprise Hitech

Une entreprise industrielle, fortement spécialisée sur des produits de haute technologie électronique, sensible au discours sur la politique des seniors et consciente de leurs apports à l'organisation en termes d'expérience, de mémoire, de méthodes de travail, cherche à mieux gérer ses collaborateurs de plus de 50 ans.

Elle dresse un état des effectifs et des caractéristiques de cette population :

Fonction/âge	– de 30 ans	De 30 à 50 ans	+ de 50 ans
Fonction production			
• ingénieur	1	1	2
• technicien	2	1	0
• ouvrier	3	2	0
Fonction R & D			
• chercheur R appliquée	0	1	2
• ingénieur méthodes & études	1	0	1
Fonction commerciale			
• vendeur terrain	3	1	1
• publicitaires, analystes	1	1	0
Fonction financière comptable			
• financier, relation banque, CT/LT	0	1	0
• comptable	0	1	0
• contrôleur de gestion	0	1	0

QUESTIONS

1. **Quelles tendances peut-on déduire de ces informations ?**
2. **Quelles informations supplémentaires pourraient être utiles pour piloter une gestion des seniors en vue de mieux intégrer leurs compétences et leurs expériences ?**
3. **Le directeur des RH cherche à construire un tableau de bord pour piloter les seniors au plan de leur création de valeur, au plan de leur transfert de compétences, au plan du climat social. Proposer des indicateurs pour les trois domaines de pilotage retenus.**

16

CHAPITRE

Le pilotage des coûts : méthode des coûts par activités (ABC)

Les mutations qui touchent les techniques et l'organisation de la production présentées au chapitre 13 bouleversent le système d'information sur lequel s'appuie les outils classiques de gestion qui deviennent mal adaptés. Il faut donc réfléchir aux évolutions nécessaires pour rendre au système d'information sa pertinence par rapport aux besoins de l'entreprise.

En effet, si la logique de production évolue, les critères de gestion pour la contrôler doivent eux aussi évoluer : la stabilité des fabrications dans le temps et dans l'espace, la diversification, l'adaptabilité des produits, la dimension qualitative rendent plus complexes la gestion des organisations.

D'une part :

– le modèle comptable fondé sur la logique flux-stock ne représente plus la réalité du stock zéro ;

– le modèle de calcul des coûts de production n'est plus cohérent avec la diversité des modalités de fabrication et de distribution des produits actuels ;

– les notions de « centre d'analyse » et « d'unité d'œuvre » compatibles avec des ateliers regroupés sur des activités homogènes ne s'appliquent plus au regroupement modulaire par produit et à la polyvalence des opérateurs ;

– le modèle hiérarchique de classement des fonctions et leur imputation globale aux coûts des produits ne correspondent plus à la vision transversale de création de valeur et d'intégration de toutes les activités à la performance finale du produit.

D'autre part, la structure des charges évoluant, les praticiens prennent conscience que l'affectation des charges indirectes est non satisfaisante devant la variété des gammes, des modalités de fabrication et l'introduction généralisée de la sous-traitance.

Par ailleurs, le modèle classique dont la variable essentielle semble être le volume, conduit à des subventions croisées entre les coûts des produits.

La volonté de retrouver une traçabilité satisfaisante des flux internes ainsi que le désir de réintroduire des liens de causalité dans le calcul du coût des produits ont conduit les praticiens vers une nouvelle méthode de calcul : la comptabilité par activités.

SECTION 1
LES INSUFFISANCES DE LA COMPTABILITÉ DE GESTION

Les faiblesses des méthodes de coûts tiennent à la modification de la structure des charges constitutives des coûts, au périmètre de l'organisation qui contraint à élargir les charges à analyser, à l'horizon temporel sur lequel les coûts sont construits et à la modélisation des coûts inadaptée aux structures organisationnelles actuelles.

1. Les coûts de la comptabilité de gestion

P. Lorino[1] analyse trois évolutions qui rendent la méthode des centres d'analyse inadaptée.

1.1 Le renversement de la pyramide des coûts

Les coûts directs représentaient il y a vingt ans 90 % des coûts totaux. Il était donc envisageable d'asseoir l'analyse de l'activité sur cette base et de répartir arbitrairement et peu précisément les 10 % des coûts indirects restants.

À l'heure actuelle, les coûts indirects représentent 70 % des coûts totaux, la pyramide repose donc sur son sommet.

Il est difficile alors d'avoir une image correcte des coûts réels de l'entreprise et donc risqué de prendre des décisions sur ce système d'information biaisé.

1.2 Les coûts de main-d'œuvre

La « comptabilité analytique » porte son attention à 75 % sur la main-d'œuvre directe, **qui ne représente en fait que, aujourd'hui, 10 % des coûts totaux, alors que la matière en constitue 55 % et la structure 35 %.**

1.3 Les coûts de production

La « comptabilité analytique » se focalise sur la phase de production. Or à l'heure actuelle 70 à 90 % des coûts sont des coûts de conception (en amont de la production) et des coûts de maintenance et de services liés au produit (en aval de la production).

(1) *Lorino P.,* L'économiste et le manageur : élément de micro-économie pour une nouvelle gestion, *La Découverte, 1989.*

Le schéma suivant cherche à indiquer les tendances d'évolution des charges sur le dernier demi-siècle :

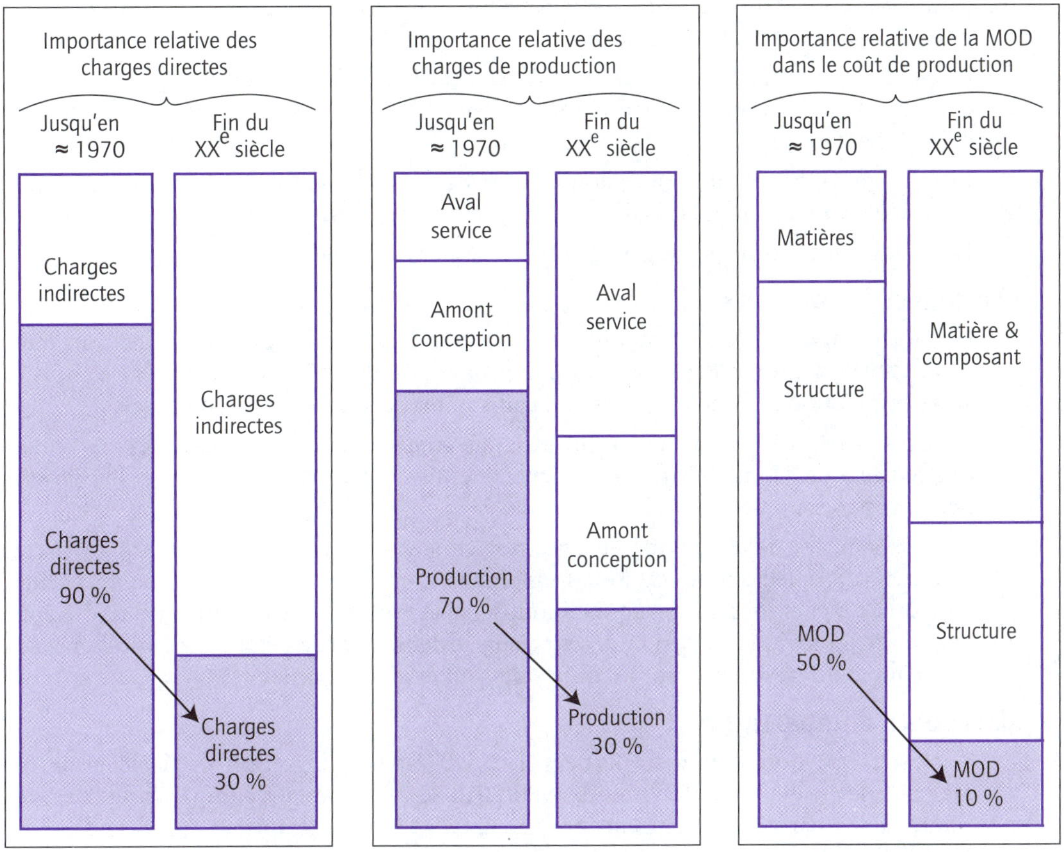

La représentation pertinente des coûts par la comptabilité de gestion est représentée en couleur.

De ces trois évolutions, il devient évident que la pertinence des méthodes traditionnelles de calcul des coûts se réduit puisque ces méthodes se focalisent sur l'analyse et le traitement de charges DE PRODUCTION qui ont fortement perdu de leur importance dans l'ensemble des charges de l'entreprise et qu'elles répartissent les charges INDIRECTES devenues majoritaires sur la base de la MAIN D'ŒUVRE DIRECTE retenue comme unité d'œuvre principale alors même que cette dernière n'est plus explicative des consommations de ressources.

De plus d'autres insuffisances apparaissent.

2. Les coûts en dehors du champ de la comptabilité

L'analyse de l'activité de l'entreprise fait apparaître l'existence de coûts non ou partiellement intégrés dans les systèmes de calcul des coûts.

2.1 Le coût des externalités de l'organisation

Sont considérés comme des externalités (négatives) tous les coûts de l'entreprise mis à la charge d'une autre entité comme une collectivité ou d'autres agents économiques. Il s'agit, entre autres, des coûts de gestion des déchets, de dépollution ou de non-traitement de rejets de l'entreprise. Ces dépenses ont pendant longtemps été jugées hors du champ de la comptabilité de gestion car utilisant des ressources considérées comme gratuites (eau, air et plus généralement toutes consommations de l'environnement).

La prise en compte sociétale du gaspillage de certains modes de développement et des conséquences du réchauffement climatique pousse les États et les entreprises à calculer le coût global des ressources consommées.

L'évolution contemporaine en ce domaine conduit les organisations à concevoir des produits recyclables, à repenser les emballages, à intégrer le coût de traitement de leurs déchets…

C'est alors au contrôle de gestion de répondre à ces demandes.

2.2 Le coût d'opportunité

Le coût d'opportunité s'apparente à un manque à gagner induit par la décision retenue. Ainsi choisir d'affecter des moyens à une production donnée, c'est se priver de choisir une autre production et donc renoncer aux gains potentiels de ce deuxième choix.

L'introduction de ce type de coûts était en comptabilité de gestion très parcellaire et cantonnée à des domaines très particuliers : coût de pénurie en gestion des approvisionnements par exemple.

Aujourd'hui, les demandes de ce type deviennent plus récurrentes : coût du préjudice commercial, traitement des dysfonctionnements dans les calculs de non-qualité, évaluation d'un mode d'énergie dans des choix d'industrialisation ou prise en compte d'une éventuelle empreinte écologique. Cependant, ces calculs restent encore à l'état de prémices et suscitent beaucoup d'interrogations sur les objets de coût et leurs périmètres.

2.3 Les coûts d'impartition

Si la stratégie dominante des années 1960-70 était l'intégration verticale pour mieux maîtriser les coûts, celle des années 1990/2010 serait davantage l'impartition, c'est-à-dire « faire faire » par d'autres entreprises avec un coût moindre dans un contexte d'économie mondialisée, l'entreprise principale se recentrant sur son cœur de métier. Cette stratégie d'externalisation doit cependant être réintroduite dans le calcul du coût de revient total.

Faire faire conduit à l'apparition de charges nouvelles :

- internes et directes comme le coût des transports et de la logistique associée,
- internes et souvent indirectes comme les coûts de transaction : ajustement des deux entités, contrôle pour assurer la conformité et ou la qualité des produits et des processus qui sont difficilement maîtrisables.
- extérieures à l'entreprise car ce sont des coûts de l'entité associée : jusqu'à présent ces charges étaient hors du champ du contrôle de gestion mais aujourd'hui il est demandé à ce système d'information de les intégrer pour un meilleur pilotage de la performance.

3. Les coûts sur un horizon temporel long

Dans l'optique d'une meilleure réactivité, de l'intégration de la variable d'action « temps » dans la gestion et de la recherche de plus de valeur pour un produit, le pilotage essaie de rapprocher voire de superposer les étapes de conception, d'industrialisation, de fabrication et de distribution pour réduire la durée d'un cycle de vie du produit. Cette volonté se traduit dans la prise en compte de charges en fonction de leur date d'engagement indépendamment de leur date réelle d'apparition.

3.1 Cycle de vie et engagement de dépenses

Dans le cadre de l'association des cycles évoquées en introduction, les choix d'investissements qui sont faits pour apporter la valeur aux produits sont décidés dès les premières phases de conception. Ainsi dès le début du cycle de vie du produit, des dépenses sont engagées de manière irréversible, alors même que le produit n'est pas encore achevé et sans qu'il soit possible d'en modifier le contenu et le montant.

Dès la conception, environ 80 % des dépenses futures sont décidées même si les dépenses effectives se répartiront sur l'ensemble de la vie du produit. Il est possible de représenter la situation par un graphique :

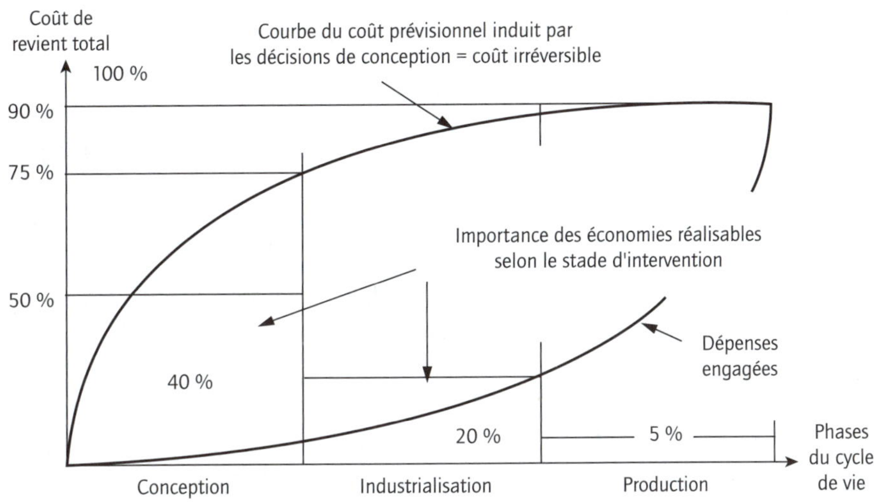

Source : Revue française comptable, n° 253, février 1994.

C'est pourquoi, là encore, le calcul des coûts au sein du contrôle de gestion doit s'adapter à cette évolution pour mieux aider aux choix stratégiques.

3.2 Le concept de coût global ou *life cycle cost*

Déjà, dans les années 80, Tassinari proposait une analyse de l'ensemble des charges reliée au cycle de vie du produit.

Le **coût global** consiste à analyser sur le cycle de vie du produit tous les coûts qui interviennent depuis le coût de conception jusqu'au coût de destruction.

Cette perception du coût global conduit à des évaluations économiques du produit dès son développement. Il nécessite de définir un périmètre spatial des différents acteurs ce qui dépasse largement les frontières de l'entreprise.

Ainsi pour un constructeur automobile, il s'agit de recenser tous les acteurs concernés à un moment ou un autre par le produit tout au long de son cycle de vie. Il est possible d'identifier les usagers, les équipementiers de premier ou de second rang, mais aussi les sociétés de crédit, le réseau de concessionnaires, les garagistes, les loueurs de véhicules, les entreprises de recyclage…

Le schéma suivant montre tous les coûts qui interviennent tout au long du cycle de vie du produit.

Le coût global comprend :

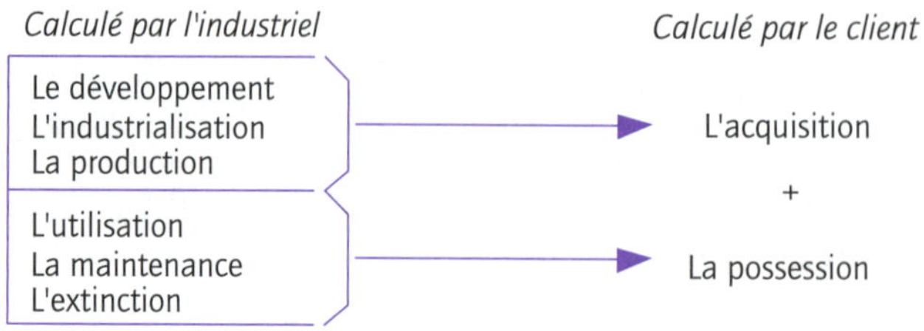

Le coût d'extinction est quelquefois appelé le coût de destruction.

LE COÛT GLOBAL

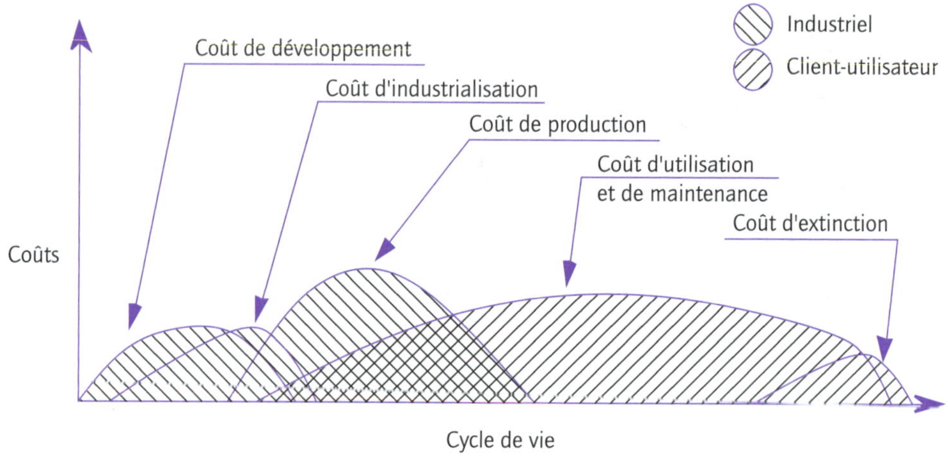

Source : Tassinari, *La maîtrise des coûts*, Éditions d'Organisation, 1987.

L'impact du nouveau produit sur ces acteurs ne concerne sans doute pas leur intégralité mais seulement certaines activités. Il est fondamental de les repérer et de recenser en quoi elles sont importantes.

C'est par la prise en compte des contraintes de ces acteurs qu'il est possible d'améliorer le différentiel coût-valeur sur l'ensemble du cycle de vie du produit.

La notion de coût global est un concept qui devient encore plus pertinent avec la prise en compte de l'impact écologique de toutes les activités humaines et en particulier industrielles. Dans ce contexte, la part du coût d'extinction (gestion du produit en fin de vie) aurait une importance accrue avec l'intégration des coûts de dépollution (charges visibles) tant dans les coûts de production que d'utilisation. De plus, dans une démarche prospective de réglementation de plus en plus exigeante, on peut même envisager l'évaluation d'externalités négatives actuelles et qui seraient, à terme, mises à la charge de l'organisation.

4. Une modélisation de l'organisation inadaptée

Pour gagner en flexibilité, accroître la réactivité face à la concurrence et la réduction de tous les temps de cycle, les entreprises cherchent à adapter leur structure en réduisant les niveaux hiérarchiques et en organisant les tâches horizontalement en fonction des clients et des marchés.

Apparaissent aussi des structures par processus, par activités et par projet qui ont déjà été présentées au chapitre 13.

Face à ce décloisonnement vertical et de l'aplatissement des structures le découpage des coûts doit lui aussi évolué : les différentes méthodes de comptabilité par activités en sont des pistes.

Les règles et la structure du calcul des coûts par la méthode des centres d'analyse paraissent en décalage et incapables de répondre à la multiplication des demandes qui leur sont adressées. La méthode des coûts par activités n'a pas vocation à prendre en charge toutes les insuffisances repérées ci-dessus mais elle cherche :

– à tenir compte de la modification de la structure des charges,
– à redéfinir une nouvelle modélisation de l'organisation conforme à la variété des situations possibles.

Elle se place délibérément dans une perspective de connaissance de la structure du coût du produit pour y relever des leviers d'actions pour réduire le coût sans nuire à la valeur.

Dès lors, elle redéfinit un système de calcul de coût où les notions de traçabilité et de lien de causalité sont centrales, et refuse la simplification excessive, source de subventionnements généralisés.

SECTION 2

LE SUBVENTIONNEMENT DANS LES SYSTÈMES CLASSIQUES DE CALCUL DES COÛTS

Ces subventionnements entre les coûts de différents produits proviennent essentiellement de la diversité des conditions de fabrication. Il s'agit principalement de l'**hétérogénéité** :

– des **activités** dans un centre d'analyse,
– des **coûts** de ces activités,
– des **effets** de taille des séries.

L'exemple suivant cherche à illustrer l'effet sur les coûts (des produits) de cette perte d'homogénéité dans le regroupement des charges.

EXEMPLE

Soit un centre d'analyse de fabrication qui usine trois produits pour un coût total de 72 000 € et dont l'unité d'œuvre est l'heure machine (HM). L'activité prévue est de 1 800 h et le coût d'unité d'œuvre s'élève en conséquence à 40 €. Si l'on considère les conditions suivantes d'exploitation, le coût de fabrication de chacun des produits apparaît dans le tableau suivant :

	A	B	C
Volume de produit	1 200	1 200	1 200
Temps unitaire (HM)	0,20 h	0,80 h	0,50 h
Coût unitaire	**8 €** (= 40 € × 0,20 h)	**32 €** (= 40 € × 0,80 h)	**20 €** (= 40 € × 0,50 h)

1. Hétérogénéité des activités dans un centre d'analyse

Une étude plus précise des tâches de ce centre conduit à mettre en évidence deux activités distinctes : une activité d'usinage à proprement parler, et une activité de mesure préalable à la précédente. Dans le développement de notre exemple, nous choisissons volontairement d'obtenir des coûts unitaires identiques pour les deux activités afin de mettre en évidence l'influence unique des conditions différentes d'usinage et de mesure

EXEMPLE

Imaginons qu'en amont de l'usinage, existe une activité de mesure non automatisée. Les temps suivants pour l'activité « mesure » des trois produits sont :

	A	B	C
Temps unitaire (HMOD)	0,25 h	0,15 h	0,10 h
Temps total (HMOD)	300 h	180 h	120 h

Le tableau de répartition des charges se présente comme suit (le partage des 72 000 € initiaux de charges entre les activités est ici arbitraire) :

	Mesure	**Usinage**
Montant total Nature de l'unité d'œuvre Nombre d'unités d'œuvre	18 000 HMOD 600	54 000 HM 1 800
Coût de l'unité d'œuvre	30 €	30 €

Les nouvelles imputations des charges sur les coûts des produits deviennent :

	A	B	C
Activité « mesure »	7,5 € (= 30 € × 0,25 h)	4,5 € (= 30 € × 0,15 h)	3,0 € (= 30 € × 0,10 h)
Activité « usinage »	6,0 € (= 30 € × 0,20 h)	24,0 € (= 30 € × 0,80 h)	15,0 € (= 30 € × 0,50 h)
Coût unitaire	13,5 €	28,5 €	18,0 €

Il apparaît que le coût du produit A augmente fortement : la mise en évidence de l'activité de mesure dont il est le plus consommateur explique cette différence de coût. Dans l'analyse initiale, les produits B et C subventionnaient le coût du produit A dans la mesure où le coût de l'activité mesure était imputé proportionnellement au temps d'usinage.

Cet effet est amplifié si le coût de l'unité d'œuvre des activités répertoriées est différent.

2. Hétérogénéité des coûts des activités

EXEMPLE

Reprenons les conditions de production précédentes mais considérons un autre partage du coût des deux activités. Le tableau de répartition devient :

	Mesure	Usinage
Montant total Nature de l'unité d'œuvre Nombre d'unités d'œuvre	25 200 HMOD 600	46 800 HM 1 800
Coût de l'unité d'œuvre	42 €	26 €

Les nouvelles imputations des charges sur les coûts des produits deviennent les suivantes :

	A	B	C
Activité « mesure »	10,5 € (= 42 € × 0,25 h)	6,3 € (= 42 € × 0,15 h)	4,2 € (= 42 € × 0,10 h)
Activité« usinage »	5,2 € (= 26 € × 0,20 h)	20,8 € (= 26 € × 0,80 h)	13,0 € (= 26 € × 0,50 h)
Coût unitaire	15,7 €	27,1 €	17,2 €

L'hétérogénéité des coûts accentue ici le subventionnement précédent uniquement parce que dans l'exemple l'activité de mesure est plus coûteuse que l'activité traditionnelle d'usinage. Si la relation de coût avait été inverse, l'effet de subventionnement aurait été atténué.

3. Hétérogénéité de tailles des lots de fabrication

Imaginons que l'activité usinage dépend essentiellement du nombre de lots lancés compte tenu d'un processus automatisé de fabrication.

EXEMPLE

	A	B	C
Volume de produit	1 200	1 200	1 200
Taille des lots	200	300	60
Nombre de lots	6	4	20

soit un total de 30 lots qui engendre unitairement un coût fixe de : 46 800 / 30 = 1 560 €
qu'il faut ventiler sur chaque produit en fonction de la taille du lot, soit :

Coût ventilé par produit	7,8 € (= 1 560 €/200)	5,2 € (= 1 560 €/300)	26 € (= 1 560 €/60)

Les imputations des charges sur les coûts des produits sont :

	A	B	C
Activité « mesure » Activité « usinage »	10,5 € 7,8 €	6,3 € 5,2 €	4,2 € 26,0 €
Coût unitaire	18,3 €	11,5 €	30,2 €

Le coût du produit C est fortement majoré par rapport à son coût initial par la prise en compte du facteur « taille du lot » comme facteur explicatif de la consommation de ressources. Les grandes séries A et B subventionnaient la petite série C.

Cet exemple (volontairement simplifié) tente d'illustrer les effets de subventionnement lorsque l'analyse des charges ne suit pas la diversité des conditions d'exploitation réelles.

Dans son ouvrage[1], P. Mévellec met en évidence de façon très claire les difficultés pour éviter les phénomènes de subventionnements.

En effet, quel que soit le niveau d'analyse et son degré de précision, il semble que les entreprises soient condamnées à construire des systèmes de coûts où subsistent des phénomènes de subventionnements compte tenu de la complexité des structures et des processus de production actuels.

La recherche d'une « bonne » homogénéité conduit à construire des « usines à gaz » dont le caractère de représentation de la réalité est peu propice à de la modélisation compréhensible par les acteurs. Dans ce cas, le système de calcul de coût ne remplit plus son rôle d'aide à la décision.

Il s'agit donc de trouver un bon équilibre entre une représentation des coûts aussi fidèle que possible à la réalité mais compréhensible sans sacrifier trop l'homogénéité nécessaire aux simulations. Pour qu'une comptabilité reste simple tout en respectant au mieux le principe d'homogénéité, il faut au préalable simplifier l'organisation. Le contrôleur de gestion doit donc contribuer à « clarifier et simplifier l'organisation et non complexifier le mode de représentation ».

La comptabilité par activités cherche à proposer une réponse plus adéquate à ces problèmes.

(1) P. Mévellec, Les systèmes de coûts, *Dunod Éditeur, 2005*

SECTION 3
LA COMPTABILITÉ PAR ACTIVITÉS

C'est sur la notion de **valeur** (voir page 18) que se fonde cette nouvelle approche de la comptabilité par activités en partant de l'**articulation activités-produits** : quelles activités sont nécessaires pour donner la valeur aux produits et que coûte chaque activité ?

La notion d'activité favorise une approche dynamique de la prise de décision. Or, les activités sont ce que l'organisation fait. Si l'on veut introduire des changements, il convient de changer le mode de fonctionnement des activités identifiées.

La notion d'activité conduit à une meilleure appréhension de la création de la valeur et à une maîtrise plus grande des coûts : beaucoup de charges indirectes par rapport aux produits sont directes par rapport aux activités.

Les systèmes de coûts traditionnels assimilent la valeur et le travail direct. Actuellement, on constate que ce qui apporte de la valeur pour le client est de plus en plus lié à la qualité, au sérieux des contrôles, au service après-vente, donc au travail indirect.

1. Le cadre d'élaboration de la « comptabilité par activités » : le programme du CAM-I

Un groupement international d'entreprises et de consultants fait des recherches en coopération sur la productique et ses conséquences depuis 1986 : **Consortium Advanced Management International = CAM-I (Arlington, Texas).**

Le programme de recherche s'appelle **CMS : Cost Management System.** Les premiers chercheurs américains à y participer sont Kaplan, Cooper, Porter, Miller, mais d'excellents français travaillent efficacement sur le sujet, Mevellec, Midler, Lorino, Lebas.

La recherche part de la constatation que ce ne sont pas les produits qui consomment les ressources de l'entreprise mais plutôt les activités. Et les diverses activités de l'entreprise permettent l'élaboration des différents produits.

Il semble alors préférable de **découper l'entreprise par activité et non par fonction et par produit.**

Les unités d'œuvre sont remplacées par des **inducteurs d'activités** qui ne sont pas seulement des critères quantitatifs : ce sont les éléments qui mesurent le volume de l'activité et donc sont en principe explicatifs du comportement des coûts.

Il est assez naturel de constater que tout processus de création de valeur dans l'entreprise peut être envisagé comme une suite d'activités consommant des ressources et que c'est de l'analyse fine des processus, des activités et des consommations de ressources, que peut résulter une meilleure analyse des coûts et des performances.

La notion d'activité, définie comme une combinaison de personnes, de technologies, de matières premières, de méthodes et d'environnements qui permet de produire un produit ou un service donné, **est au cœur de la démarche ABC.**

Cette démarche vise donc à représenter l'ensemble de l'entreprise comme une série d'activités ayant des relations entre elles au sein de processus clairement identifiés. Il faut alors comprendre le processus comme une combinaison d'activités reliées entre elles en vue d'atteindre un objectif commun mesurable et qui contribue à la chaîne de valeur.

Cette démarche répond au besoin d'une vision systémique de l'entreprise et d'une approche globale de la productivité, plus proche de la réalité. Elle prend appui sur le concept de **chaîne de valeur** mis en évidence par Porter.

L'entreprise cherche à augmenter la **valeur** de son produit. Pour ce faire, chacune de ses fonctions doit améliorer la valeur apportée par son activité de transformation.

Chaque activité chaînée avec les autres contribue à la création de la valeur générée par l'entreprise.

La comptabilité ignore les activités dites de soutien, essentielles pour l'efficacité des activités principales et pourtant créatrices de valeur donc vecteurs de la performance de l'entreprise.

Les calculs traditionnels de coûts regroupent sous la rubrique «frais généraux» ces activités indirectes.

Concrètement, il faut donc **découper l'activité générale** autrement qu'en centres de responsabilité. La ventilation se fait en **activités élémentaires** et pour chacune est déterminée une **unité de consommation de ressources.**

Cette unité ou **inducteur d'activité** mesure les prestations fournies par cette activité aux produits.

La notion d'activité est ainsi un refus de l'état actuel des systèmes classiques de calcul de coûts où la prédominance des centres de responsabilités sur la notion de centres d'analyse comme concept de regroupement des charges a ôté toute homogénéité de comportement à ces dernières.

La comptabilité par activités cherche à proposer une réponse plus adéquate à ces problèmes.

2. Le développement de la comptabilité par activités (méthode ABC)

La construction du nouveau système de mesure ou méthode des coûts par activité (ABC) s'appuie généralement sur les étapes suivantes :
– identification des activités ;
– évaluation des ressources consommées par chacune d'elles ;
– définition des inducteurs d'activités ;
– affectation du coût des activités aux objets de coûts.

2.1 Identifier les activités

« Une activité est définie comme un ensemble de tâches homogènes caractéristiques d'un processus de réalisation de la chaîne de valeur et consommateur de ressources[1]. »

L'activité décrit ce que les différents services font ; l'entreprise apparaît alors comme un ensemble d'activités ayant des liens entre elles au sein de processus identifiés.

EXEMPLE

- Produire des procédures et des systèmes de contrôle qualité.
- Adresser des factures aux clients.
- Planifier le travail d'un atelier.
- Entretenir le matériel existant.

L'activité intégrant un processus dépasse le cadre strict des découpages fonctionnels et hiérarchiques : c'est en cela qu'elle exprime une vision transversale de l'entreprise. Seule cette perspective permet d'appréhender la création de valeur surtout pour les activités de soutien et d'introduire des processus permanents d'amélioration compatibles avec une démarche de qualité totale.

Nous allons tenter d'illustrer, à l'aide d'un exemple volontairement simplifié, ce que peut être une démarche de coûts par activité.

THÈME D'APPLICATION

Soit une unité de fabrication, où les activités suivantes ont pu être répertoriées :

Centres	Approvisionnement	Méthodes	Entretien	Usinage	Expédition
Activités	• Gestion des fournisseurs • Contrôle des approvisionnements • Magasinage	• Gestion de la nomenclature • Ordonnancement • Gestion des modifications techniques	• Entretien matériel existant • Implantation nouveaux moyens	• Usinage • suivi des moyens implantés	• Contrôle des expéditions • Envoi des produits finis

2.2 Évaluer les ressources consommées par les activités

Il s'agit de faire disparaître l'arbitraire existant dans l'imputation des ressources mise en place dans la méthode des coûts complets.

En effet, si de nombreuses consommations sont indirectes par rapport aux produits, elles sont directes par rapport aux activités ; ainsi les ressources mobilisées pour les activités de support ne sont plus allouées aux coûts des produits par des clés de répartition arbitraires.

Le postulat de la méthode ABC s'écrit :

Les produits consomment les activités et les activités consomment les ressources.

Ce postulat oblige à ventiler différemment les **charges indirectes** dans le but d'en faire des charges attribuables aux activités.

(1) *Bescos et Mendosa,* Le management de la performance, *Éditions comptables Malesherbes, 1994.*

THÈME D'APPLICATION

L'évaluation (en euros) des ressources consommées par chaque activité est présentée ci-après :

Activités \ Centres d'analyse		Approvt	Méthodes	Entretien	Usinage	Expédition
A1	Usinage				348 400	
A2	Contrôle des expéditions					97 900
A3	Contrôle des approvisionnements	115 000				
A4	Envoi des produits finis					230 100
A5	Entretien matériel existant			75 600		
A6	Gestion des modifications techniques		237 500			
A7	Gestion des fournisseurs	132 500				
A8	Gestion de la nomenclature		208 000			
A9	Implantation nouveaux moyens			43 500		
A10	Magasinage	156 800				
A11	Ordonnancement		179 000			
A12	Suivi des moyens implantés				215 300	
Total centres d'analyse		404 300	624 500	119 100	563 700	328 000

Ce travail de ventilation doit être le fruit d'un dialogue entre les opérationnels et les contrôleurs de gestion chargés de la mise en œuvre de la nouvelle analyse. Il s'appuie sur les données de la comptabilité de gestion ou celles des budgets.

Ce recensement effectué, il s'agit de rechercher les facteurs expliquant le mieux possible les consommations de ressources afin de mettre en évidence les « inducteurs d'activités ».

2.3 Définir les inducteurs d'activités

Pour une activité regroupant des coûts homogènes, il est nécessaire de définir une mesure unique d'activité : c'est **l'inducteur d'activité** (similaire à l'unité d'œuvre). Le choix de la nature de l'inducteur est primordial : il doit mettre en évidence un comportement de coût cohérent qui évolue proportionnellement au volume de l'inducteur.

L'expérience montre qu'il est possible de regrouper les activités en quatre grands types possibles :

- les activités liées aux volumes fabriqués : les inducteurs privilégiés sont l'heure de main-d'œuvre ou l'heure machine… ;
- les activités liées aux changements de lots ou de séries : seront retenus comme inducteurs le nombre d'ordre de fabrication ou nombre de séries fabriquées… ;
- les activités de soutien concernant un objet de coût : les inducteurs principaux sont le nombre de composants, le nombre de modifications techniques… ;
- les activités de soutien général dont les charges sont indépendantes du volume et de la gamme de produit : ici l'inducteur s'apparente à une assiette de répartition comme la valeur ajoutée mais on peut préférer ne pas chercher à attribuer le coût de ces activités aux produits.

Ce travail de définition permet souvent un **regroupement d'activités** quand les inducteurs sont identiques afin de ne pas démultiplier le nombre d'activités.
Reprenons notre thème d'application.

THÈME D'APPLICATION (SUITE)

Une première analyse a listé tous les inducteurs acceptables par activité.

Activités		Inducteurs possibles
A1	Usinage	Temps d'usinage
A2	Contrôle des expéditions	Nombre de lots expédiés
A3	Contrôle des approvisionnements	Nombre de lots expédiés Nombre de fournisseurs
A4	Envoi des produits finis	Nombre de lots expédiés Nombre de clients desservis
A5	Entretien matériel existant	Nombre de lignes de production
A6	Gestion des modifications techniques	Nombre de produits Nombre de références
A7	Gestion des fournisseurs	Nombre de fournisseurs Nombre de références
A8	Gestion de la nomenclature	Nombre de produits Nombre de références
A9	Implantation nouveaux moyens	Nombre de lignes de production
A10	Magasinage	Nombre de réceptions Nombre de lots d'usinage
A11	Ordonnancement	Nombre de lots d'usinage
A12	Suivi des moyens implantés	Nombre de lignes de production

Une fois ce travail de recensement effectué, il s'agit de déterminer les inducteurs à retenir. Cette analyse se présente sous forme de matrice et permet d'obtenir des centres de regroupement pour lesquels l'inducteur est le même.

Activités	A1	A2	A3	A4	A5	A6	A7	A8	A9	A10	A11	A12	fréquence
Temps d'usinage	x												1
Nombre de lignes de production					x				x			x	3
Nombre de lots expédiés		x	x	x									3
Nombre de réceptions										x			1
Nombre de clients desservis				x									1
Nombre de produits						x		x					2
Nombre de références						x	x	x					3

Activités	A1	A2	A3	A4	A5	A6	A7	A8	A9	A10	A11	A12	fréquence
Nombre de fournisseurs			x				x						2
Nombre de lots d'usinage										x	x		2
	1	1	2	2	1	2	2	2	1	2	1	1	18

Ces centres de regroupement peuvent être numérotés pour les distinguer les uns des autres ; on parlera alors de CR_1, CR_2…

Il pourra être préféré de leur donner un nom qui évoquera souvent la nature de l'inducteur ; on voit alors des dénominations comme : « gestion des références », pour des activités regroupées autour d'un inducteur « nombre de références ».

THÈME D'APPLICATION

Ici les inducteurs les plus fréquents sont :

- nombre de références (3 fois) ⇒ centre de regroupement appelé « Gestion des références » avec les activités A6, A7 et A8
- nombre de lots expédiés (3 fois) ⇒ centre de regroupement intitulé « Gestion des lots expédiés » avec les activités A2, A3 et A4
- nombre de lots fabriqués (2 fois) ⇒ centre de regroupement nommé « gestion des lots fabriqués » avec les activités A10 et A11.
- nombre de lignes de production (3 fois) ⇒ centre de regroupement intitulé « Gestion des moyens » avec les activités A5, A9 et A12

Enfin, l'Usinage comprendra uniquement l'activité 1.

Le total des ressources est obtenu en agrégeant le coût des différentes activités constitutives du centre de regroupement.

Gestion des références = 237 500 (A6) + 132 500 (A7) + 208 000 (A8)
Gestion des lots expédiés = 97 900 (A2) + 115 000 (A3) + 230 100 (A4)
Gestion des lots fabriqués = 156 800 (A10) + 179 000 (A11)
Gestion des moyens = 75 600 (A5) + 43 500 (A9) + 215 300 (A12)
Usinage = 348 400 (A1)

Cette étape terminée, il est alors possible de calculer le coût des produits ou tout autre objet de coût.

2.4 Affecter le coût des activités aux « objets de coûts »

Il s'agit très souvent d'obtenir un coût de revient des produits mais la richesse de la méthode permet de calculer les coûts de production d'autres éléments, par exemple :

– les lignes de produits ;
– les processus ;
– les clientèles ;
– les projets et les unités organisationnelles.

Il s'agit de déterminer, pour chaque objet de coût, les activités auxquelles il a recours et la quantité d'inducteurs consommée par ces activités. Le coût obtenu est composé de consommation de charges directes en fonction d'indications extraites de la nomenclature et la gamme opératoire et du coût des activités consommées : il s'agit d'un coût qui peut être qualifié de « **coût attribuable** » au produit car à tout moment le principe de causalité de consommation de ressources est respecté.

Pour obtenir le coût unitaire de production des produits, il faut au préalable dans un tableau spécifique calculer le coût global des activités consommées par chaque produit. Cette étape nécessite d'intégrer la notion de volume de production.

La logique de ces calculs consiste à répartir le coût unitaire de l'inducteur (coût fixe le plus souvent) dans le coût unitaire du produit en tenant compte du nombre de produits fabriqués.

EXEMPLE

Soit un coût unitaire d'inducteur de 20 000 € pour une activité consommée par deux produits A et B dont le volume de production est respectivement 2 000 et 3 000 unités.

Coût attribuable à une unité de produit A ou B = 20 000/5 000 = 4 €.

Cette démarche va être appliquée au thème développé dans ce chapitre.

Dans notre cas, on peut remarquer que les charges indirectes sont attribuées en fonction d'inducteurs qui traduisent au mieux la consommation de ressources par chacun des produits.

Ainsi, si le temps d'usinage reste un inducteur volumique, la prise en compte de la complexité des produits (nomenclature plus ou moins riche en composants) est exprimée par l'inducteur « Nombre de références ».

De même, les conditions spécifiques de production sont illustrées par les inducteurs « lots de production » et « lignes de production », alors que celles relatives à la distribution seront suivies par l'inducteur « lots expédiés ».

Ce travail de définition effectué, il est calculé un coût unitaire d'inducteur selon la formule suivante :

$$\text{Coût unitaire d'un inducteur} = \frac{\text{Coût des ressources attribuées à l'activité}}{\text{Volume de l'inducteur}}$$

THÈME D'APPLICATION

Pour calculer le coût unitaire de chaque inducteur, nous avons besoin d'informations techniques sur les conditions de fabrication qui nous permettront de déterminer le volume des inducteurs. Ces données sont réunies dans le tableau suivant :

GAMMES ET NOMENCLATURES				
Produits	**P1**	**P2**	**P3**	**Coût**
Quantités produites	1 000	2 000	5 000	Unitaire
Composant 1	1	1	1	12 €
Composant 2		2	1	18 €
Composant 3	2	2		30 €
Composant 4			1	27 €

☞

☞

GAMMES ET NOMENCLATURES				
Produits	**P1**	**P2**	**P3**	**Coût**
Main d'œuvre directe	0,2	0,8	0,5	30 €
Temps d'usinage indirect	0,3	1,2	0,8	
Lignes de production	L1	L2	L1	
Nombre de lots expédiés	8	5	25	
Nombre de lots d'usinage	2	4	50	

Le calcul du coût unitaire des inducteurs est présenté dans le tableau suivant (en euros).

Centre de regroupement	G. des références	G des lots expédiés	G. des lots fabriqués	G. des moyens	G. de l'usinage
Total des ressources	578 000	443 000	335 800	334 400	348 400
Nature de l'inducteur	Référence	Lots expédiés	Lots d'Usinage	Lignes de production	Heures machine
Volume de l'inducteur	4	38	56	2	6 700
Coût unitaire de l'inducteur	144 500	11 658	5 996	167 200	52

Inducteur	Coût fixe de l'inducteur (€)	Volume global (2) = (3) + (5) + (7)	Produit 1		Produit 2		Produit 3	
			Volume (3)	Coût unitaire (4) = (1)/(3)	Volume (5)	Coût unitaire (6) = (1)/(5)	Volume (7)	Coût unitaire (8) = (1)/(7)
Gestion des références								
Composant 1	144 500	8 000	1 000	18,063	2 000	18,063	5 000	18,063
Composant 2	144 500	9 000			4 000	16,056	5 000	16,056
Composant 3	144 500	6 000	2 000	48,167	4 000	48,167	–	
Composant 4	144 500	5 000	–				5 000	28,900
Gestion des lots (9)								
• Lots expédiés	11 658	dépend de la taille du lot	125	93,263	400	29,145	200	58,289
• Lots fabriqués	5 996		500	11,993	500	11,993	100	59,964
Gestion des lignes de production								
Ligne 1	167 200	6 000	1 000	27,867			5 000	27,867
Ligne 2	167 200	2 000			2 000	83,600		

☞

Inducteur	Coût fixe de l'inducteur (€)	Volume global (2) = (3) + (5) + (7)	Produit 1 Volume (3)	Produit 1 Coût unitaire (4) = (1)/(3)	Produit 2 Volume (5)	Produit 2 Coût unitaire (6) = (1)/(5)	Produit 3 Volume (7)	Produit 3 Coût unitaire (8) = (1)/(7)
Gestion de l'usinage								
Heures machine	52	NS	0,3	15,600	1,2	62,400	0,8	41,600
Coût des activités par produit				214,953		269,424		250,739

(9) Explications relatives au calcul des coûts unitaires quand l'inducteur est un lot. Par rapport aux lots, la notion de volume n'est pas à retenir. Chaque lot de production consomme le coût de l'inducteur concerné mais la part attribuable au coût unitaire du produit dépend du nombre de produits par lots. Ainsi toutes les productions consomment le coût de l'inducteur « lots expédiés », soit 11 658 €, mais ce coût concerne 125 produits P1, c'est-à-dire 11 658 €/125 = 93,263 € par P1, alors qu'il concerne 400 produits P2, c'est-à-dire 11 658/400 = 29,145 € par unité de P2 : la prise en compte au niveau du coût de production unitaire des produits est quatre fois plus faible pour P2 que pour P1.

Suite à ce tableau, il apparaît que, entre autres choses :

- la gestion des composants n'a pas la même incidence sur les coûts unitaires des produits : celle du composant 4 est plus onéreuse car s'imputant sur de faibles quantités ;
- la fabrication du produit P2 sur une ligne spécifique conduit à fortement majorer ses coûts par rapport aux autres produits ;
- les lots de petites tailles induisent une majoration des coûts unitaires des produits : voir P1 pour les lots expédiés, P3 pour les lots fabriqués.

Il est possible alors de finaliser les calculs.

	Produit 1		Produit 2		Produit 3	
	Quantité	**Coût**	**Quantité**	**Coût**	**Quantité**	**Coût**
Matières premières						
• composant 1	1	12,000	1	12,000	1	12,000
• composant 2	0		2	36,000	1	18,000
• composant 3	2	60,000	2	60,000	0	
• composant 4	0		0		1	27,000
Sous-total composants		72,000		108,000		57,000
Main d'œuvre	0,2	6,000	0.8	24,000	0.5	15,000
Sous-total : coût direct		**78,000**		**132,000**		**72,000**
Coût des activités		214,953		269,424		250,739
Coût de production		**292,953**		**401,424**		**322,739**

CONCLUSION

Cette méthode, dont la démarche reste sujette à de nombreuses interrogations et discussions, semble apporter des réponses à certaines préoccupations actuelles du contrôle de gestion tant dans le management des coûts que dans celui de la performance.

■ *Une certaine pertinence*

La meilleure pertinence du coût de revient obtenue par un respect des liens de causalité entre produits et consommation de ressources représente déjà une avancée importante **en termes d'aide à la décision stratégique pour la gestion des portefeuilles de produits**.

La demande de précision dans l'estimation des coûts est également justifiée par les risques d'investissement croissants en raison d'une part de l'augmentation des prix des installations de production due à la sophistication de ces dernières, d'autre part de l'incertitude croissante sur l'évolution des marchés.

Le besoin se développe donc d'outils de simulation permettant de mesurer les conséquences de divers scénarios de décision, que ce soit sur le plan commercial pour répondre à des appels d'offres, sur le plan de stratégie industrielle pour orienter des décisions d'équipement, de modernisation, et/ou de réorganisation.

La représentation de l'organisation autorisée par la méthode ABC, aidée par **une informatique puissante, souple et paramétrable**, permet la prise en compte d'une multiplicité d'« objets de coût » comme les types de clientèle, les commandes mais aussi de dépasser largement le cadre annuel des budgets pour permettre un **calcul sur la durée du cycle de vie des produits**, ou encore, sur des projets spécifiques qui s'étalent sur plusieurs années.

On a rappelé précédemment l'imprévisibilité de plus en plus grande des évolutions techniques, économiques et commerciales ainsi que la tendance à une augmentation de la rapidité de ces évolutions. Il en résulte que les systèmes d'aide à la gestion doivent être capables de conserver leur pertinence lorsque des évolutions importantes du système opérationnel ou du système de décision apparaissent : automatisation, modernisation des ressources de production, ou « ré-ingénierie ».

Intégrée à d'autres méthodes comme celle du coût-cible ou du management par projets, la méthode ABC semble fournir une base fiable **pour orienter les politiques de fixation des prix de vente et d'amélioration continue des processus**.

Par ailleurs, elle représente la maille d'analyse de base pour un management par les activités (ABM) ou les processus. En effet, elle permet de choisir, pour un processus donné (et donc un résultat à atteindre) des inducteurs de coûts pertinents pour chacune des activités du processus, permettant d'analyser la performance du processus. Ses résultats permettent :

– dans un premier temps, d'épauler la prise de décision ;
– dans un deuxième temps, suivre les impacts des décisions prises grâce à des indicateurs de performance plus pertinents pour les processus concernés.

L'ABC est donc particulièrement adapté aux organisations qui se « réalignent » régulièrement et où les méthodes classiques, par sections homogènes, se révèlent difficiles à adapter au changement.

Pour passer de l'optique comptable du contrôle de gestion à l'optique gestion, contrôle de la gestion, il faut intégrer toutes les activités de l'entreprise qui sous-tendent la production (activités de soutien au sens de Porter).

La logistique interne et externe est une de ces activités de soutien les plus importantes.

La logistique voit son importance s'accroître dans cette nouvelle problématique de la production car elle permet différenciation et baisse importante des coûts.

Des collaborations étroites entre les fournisseurs, l'entreprise et ses clients dans le cadre de Supply Chain voient cette activité, hier considérée comme mineure devenir essentielle dans la recherche d'un accroissement de valeur par une réduction des délais et des coûts.

Le contrôle de gestion doit donc s'adapter pour mesurer les performances de cette activité de soutien, essentielle aux activités principales et intégrer les coûts de cette logistique au coût du produit. La méthode ABC le permet.

■ *Des critiques*

Des critiques sont cependant adressées par les gestionnaires à la méthode ABC.

Sur la nature des inducteurs

La méthode introduit des inducteurs exprimant la complexité et l'efficacité. Par rapport aux méthodes classiques, qui ne reconnaissent que les indicateurs volumiques, cette prise en compte est positive à la représentativité du modèle des coûts. Mais leurs impacts sur le résultat final restent limités, l'influence des indicateurs volumiques demeurant prépondérante. La méthode ABC n'aurait donc qu'un faible apport du point de vue des indicateurs non volumiques.

Sur le coût d'obtention des données

La méthode ABC nécessite de réaliser des relevés au cœur même des processus à chaque fois que l'on souhaite une analyse des coûts réels. Le coût de mise en œuvre doit pouvoir être absorbé par les gains réalisés.

Sur la nature des charges analysées

Toutes les charges ne sont pas directes et donc leur affectation n'est pas simple, voire pas souhaitable. Les coûts obtenus seront souvent des coûts partiels, directement relatifs à la mise en œuvre du processus et des activités étudiées. Cet aspect rend plus difficile la consolidation des résultats obtenus et il peut se faire que certaines charges soient hors du champ de toute analyse.

APPLICATIONS

APPLICATION 1

Société Parabol

Première partie

La société Parabol appartient à un groupe dont l'activité principale est la production et la vente de produits en plastique. La société Parabol est spécialisée dans le moulage et vernissage plastique et écoule la majeure partie de sa production auprès d'autres sociétés du groupe dont elle reçoit les produits à œuvrer. Elle dispose d'une certaine autonomie de gestion bien que le contrôle de gestion soit centralisé au siège du groupe.

Son unique site de production fabrique dans un seul atelier les produits A, B, C. La production des produits A, B, C est respectivement de 50 000, 10 000 et 32 000 unités.

Le budget de cette unité est établi pour une activité normale de 3 000 HMOD à 648 000 € dont 453 600 de charges fixes.

Les temps de passage standard sont de : 1,2 minute pour A ; 1,2 minute pour B ; 3 minutes pour C.

Les frais réels de la période s'élèvent à 635 040 €. Les rendements standard ont été respectés.

Le responsable de l'atelier est contacté par un client extérieur au groupe pour une commande additionnelle de 5 000 produits D qui nécessite un temps de travail de 2 minutes par unité. Le client ne demande qu'une opération de moulage-vernissage à façon sur des produits qu'il fournirait. Dans cette optique, la société Parabol facturerait uniquement son temps atelier. Le responsable de l'atelier veut que le prix facturé pour ce travail permette, au moins, de couvrir la sous-activité du centre.

QUESTIONS

1. **Calculer les coûts réels unitaires de fabrication des produits A, B et C.**
2. **Calculer le coût de sous-activité de l'atelier. En déduire les coûts rationnels unitaires de fabrication des produits A, B et C.**

3. **Compte tenu des informations fournies et sur la base des données budgétaires, quel est le prix de vente minimum qui doit être demandé pour le travail à façon exécuté sur le produit D ?**
4. **Chiffrer le résultat net attendu pour la société si on retient un prix de vente unitaire de 8,5 € pour le produit D.**

Deuxième partie

Dans le même temps, le contrôle de gestion du siège soucieux d'améliorer la pertinence du calcul des coûts des produits publie une étude sur l'atelier de l'entreprise Parabol : compte tenu du process de production actuel, l'atelier a deux activités bien séparées :

– le moulage où le facteur humain reste prépondérant ;

– le vernissage où le processus est très automatisé.

Par ailleurs, l'utilisation des « cabines de vernissage » dépend fortement des tailles des lots de fabrication des différents produits.

Dans cette optique, une analyse plus fine des charges de l'atelier a été faite :

	Activité moulage	Activité vernissage
Activité normale	180 000 minutes	90 000 minutes
Charges totales	360 000 €	261 000 €
dont charges fixes	*165 600 €*	*261 000 €*

Par ailleurs, le lancement d'un lot de fabrication génère 1 800 € de charges directes. Les conditions de fabrications des produits A, B, C et D sont regroupées dans le tableau suivant :

Produits	Taille des lots	Temps de moulage (en minutes de MOD)	Temps de vernissage (en minutes de temps machines)
A	5 000	1,2 minute	0,15 minute
B	10 000	1,2 minute	0,15 minute
C	8 000	3,0 minutes	2,00 minutes
D	500	2,0 minutes	2,80 minutes

QUESTIONS

1. **Calculer les coûts prévisionnels unitaires des produits A, B, C et D compte tenu des nouvelles données. Comparer les résultats avec ceux obtenus avec l'ancienne analyse. Commenter les résultats.**
2. **Chiffrer le coût de sous-activité (les volumes de production sont inchangés) dans l'hypothèse où Parabol ne produit que A, B et C et celle où elle fabrique les quatre produits. Qu'en pensez-vous ?**
3. **Si les conditions de fabrication prévues sont respectées, chiffrer le montant des frais réels attendus dans les deux hypothèses précédentes. Qu'en pensez-vous ? Expliquer la différence obtenue.**
4. **Dans le cadre de cette nouvelle analyse, faut-il revoir la décision de fabriquer le produit D ? Justifier la réponse par des éléments chiffrés.**

APPLICATION 2

Société Ricard

La société Ricard est une entreprise industrielle qui a récemment fortement réorganisé son processus de production. Le contrôle de gestion s'attache à suivre les programmes de fabrications en termes de délais, quantités et qualité des produits.

• **La comptabilité analytique date de la création de l'entreprise :** les engagements financiers sont suivis par l'intermédiaire de budgets. La structure des centres de responsabilité s'appuie sur le découpage comptable de centres d'analyse mis en place au lancement de l'activité. L'unité d'œuvre retenue est la main-d'œuvre directe qui correspondait au facteur dominant dans l'ancien processus de fabrication.

Les gammes opératoires du centre de conditionnement mises à jour fournissent les renseignements suivants :

Produits	Taille de série	Nombres d'heures machines	Nombres d'heures de main-d'oeuvre	Volume de production
A	10 000	0,008	0,05	300 000
B	2 500	0,03	0,025	200 000
C	3 750	0,05	0,01	75 000
D	1 000	0,04	0,03	100 000
E	500	0,01	0,02	25 000

La nouvelle organisation a conduit à automatiser certaines tâches de montage. Chaque type de produit passe donc dans une machine à conditionnement automatique avant d'être pris en charge par des opérateurs pour les dernières opérations de contrôle et d'étiquetage.

Les charges indirectes du centre s'élèvent à 2 910 000 €.

• Le directeur est conscient que la nouvelle organisation productive retentit sur le calcul des coûts des produits mais il perçoit mal comment la prendre en compte. Il a demandé au **responsable de l'atelier** d'essayer d'exprimer son budget par rapport au coût de chaque traitement. Dans une **première analyse**, le budget a pu être réparti de la façon suivante :

– 1 091 250 € pour les contrôles manuels,

– 1 818 750 € pour le conditionnement automatisé.

• Cependant, le **responsable logistique** a fait remarquer que les productions demandaient des manipulations identiques quelle que soit la taille des séries. Une **deuxième étude** a permis de scinder les charges du centre de conditionnement en trois catégories :

– 1 030 625 € pour l'activité manuelle,

– 1 871 227 € pour l'activité automatisée,

– 8 148 € pour le lancement des séries de fabrication.

QUESTIONS

1. **Quel est le coût du conditionnement de chaque produit dans le système de la comptabilité analytique de l'entreprise Ricard ?**
2. **En tenant compte des informations fournies par le responsable de l'atelier, calculer le nouveau coût du conditionnement. Analyser les écarts obtenus avec la méthode traditionnelle. De quel type de subventionnement s'agit-il ? Justifier et retrouver les écarts.**

3. **Calculer le montant des frais de conditionnement à imputer aux produits en prenant pour base les données de l'étude du responsable logistique. Qu'en pensez-vous ?**
4. **En quoi les chiffres obtenus à la question 3. sont-ils plus pertinents que les précédents ? Proposer des moyens d'obtenir une réduction des coûts.**

APPLICATION 3

Société Lux

L'entreprise Lux est une PME de 30 personnes implantée en Auvergne. Son métier est la conception, la fabrication et la commercialisation de matériel d'éclairage à destination des grandes surfaces commerciales et des immeubles tertiaires.

Le marché

Les prix de vente des produits sont en baisse en raison d'importations massives en provenance de nouveaux pays où le coût de la main d'œuvre est beaucoup moins élevé.

L'envol du coût de certaines matières premières augmente les prix des nombreux composants achetés.

Certains clients pratiquent le système des « enchères inversées » sur internet. Ils réunissent leurs fournisseurs potentiels autour d'un principe simple consistant à proposer le moins cher pour emporter le marché. En N–1, un client important a ainsi été perdu.

Processus productif

À partir d'un cahier des charges arrêté avec le client, Sunlux achète les composants, effectue les opérations de peinture, câblage et assemblage. Elle travaille en juste à temps et en étroite collaboration avec ses fournisseurs et sous-traitants.

Objectifs

Rompre avec la baisse continue depuis 3 ans de sa marge brute. Le principal indicateur d'alerte de la direction est le « taux de marge brute », c'est-à-dire : (chiffre d'affaires – coût de production direct)/chiffre d'affaires.

En N, L'entreprise envisage de délocaliser une partie de sa production.

Dans un premier temps, le contrôleur de gestion vous demande votre appréciation sur les méthodes de calcul de coûts des produits de l'entreprise pour N.

Dans un second temps, il sollicite votre avis pour confirmer des choix stratégiques importants relatifs aux produits, dictés par l'évolution rapide du marché.

Projections N initiales dictées par le marché :

Produits	A	B	C	D
Quantités vendues	10 000	15 000	40 000	35 000
Prix de vente unitaire HT en €	100	58	67	132

Budget des charges directes par produit

	A	B	C	D
Coût direct des composants en €	16	21	25	46
Main d'œuvre directe (20 €/h)	0,8 h	0,15 h	0,2 h	0,5 h
Autres charges directes en €		2,00	1,00	1,16

Budget des charges indirectes

Centres	Coût total en €	Nature de l'unité d'œuvre
Approvisionnement	1 542 500	100 € de composants utilisés
Ateliers	2 681 250	Heure de main d'œuvre directe
Administration	917 000	100 € de chiffre d'affaires

Le contrôleur de gestion soucieux d'améliorer la pertinence du calcul des coûts, vous donne les éléments d'une étude pour la construction d'un nouveau système de mesure ou méthode des coûts par activités (ABC).

L'analyse des charges indirectes prévisionnelles de l'année N a conduit après simplifications à l'identification de 6 activités.

Activités	Inducteurs de coûts	Charges en €
Gestion des composants	Références composants utilisés	627 380
Peinture	Lots de produits entrés en fabrication	1 213 520
Câblage	Heures de main d'œuvre directe	1 042 750
Assemblage	Heures de main d'œuvre directe	852 000
Gestion des clients	Nombre de livraisons	623 100
Administration	Références fabriquées	782 000

Organisation de la production

Modèles	A	B	C	D
Production prévue en unités	10 000	15 000	40 000	35 000
Lots de 1 000 unités	10			28
Lots de 500 unités			80	10
Lots de 100 unités		150		10
Lots de 50 unités				20
Nombre de livraisons	4	30	80	20

Imputation du coût de l'inducteur référence composant

Le nombre de composants utilisés pour l'ensemble des quatre produits est de 30. Cet inducteur est imputé sur les produits utilisateurs du composant en tenant compte des volumes consommés et des produits concernés.

À partir des nomenclatures, on obtient l'imputation par produit suivante (valeurs arrondies) :

Modèles	A	B	C	D
Coût unitaire imputé	1,80 €	4,24 €	2,43 €	12,82 €

QUESTIONS

1. **Calculer, en unitaire, le coût direct par produit, le taux de marge brute et le taux de marge moyen pour l'année N.**
2. **Calculer les coûts de revient complets unitaires et les résultats unitaires pour l'année N.**
3. **Commenter vos résultats.**
4. **Calculer le coût unitaire de chaque inducteur (à l'euro près).**
5. **Calculer les coûts unitaires moyens des luminaires selon la méthode ABC.**
6. **Chiffrer l'impact de la taille des lots sur le coût du produit D. Discuter de la pertinence de l'utilisation d'un coût moyen dans ce cas.**
7. **Pour chaque produit, justifier et commenter l'importance ou la faiblesse de l'écart de coût constaté entre les deux méthodes.**
8. **Dans une note, expliquer l'origine de tels écarts, préciser l'intérêt de la méthode ABC pour la prise de décision, indiquer si cette méthode vous paraît conceptuellement différente des méthodes traditionnelles et conclure en précisant dans quels contextes la méthode ABC vous paraît être la plus pertinente.**
9. **Calculer le coût attribuable du luminaire A si la société Lux choisit conjointement la délocalisation de sa production en N et de s'approvisionner auprès du sous-traitant installé en Roumanie (voir annexe).**
10. **Ce mode de calcul vous paraît-il suffisant pour donner un avis ?**

ANNEXE

Luminaire A

Hypothèse de travail : On considérera pour cette étude que les coûts unitaires des inducteurs sont **rationnels**.

• Le luminaire A est considéré comme le produit de référence du marché de l'éclairage. Il est très banal, bien que des différences de qualité puissent être constatées selon sa provenance. Sa vente a représenté jusqu'à 15 % de l'activité. Son coût de production direct est composé de main d'œuvre pour moitié.
En N–1, la concurrence extrêmement forte sur ce produit a contraint l'entreprise à baisser fortement ses prix.

• Deux projets d'évolution sont à l'étude :

– délocaliser la production du luminaire A à partir de N en Slovaquie avec un coût direct moindre. Le coût de la main d'œuvre directe y est 10 fois inférieur à celui prévu en France. A l'effet baisse du coût du travail, s'ajoute celui des charges indirectes locales de production, réduites à 15 € par luminaire fabriqué, suite à une réorganisation du processus productif (en faisant le choix de l'aluminium plus léger que l'acier). Cette préférence atténue la hausse du prix des composants. À ce coût total de production, il convient d'ajouter les coûts internes à la société Lux concernant la gestion des références et celle des modèles pour connaître le coût total attribuable au produit ;

– profiter de la délocalisation de notre principal sous-traitant français qui a monté une usine en Roumanie. Il serait en mesure d'offrir le montant total des composants nécessaires à ce type de produit à un prix 30 % inférieur à celui des composants prévus pour N.

APPLICATION 4

Entreprise Julien

La société Julien est une entreprise spécialisée dans la fabrication de flacons de parfum. Ce «flaconnier» français de grand renom travaille pour toute la parfumerie. Ainsi, parmi ses clients, figurent les noms des grands couturiers, des groupes de cosmétique, des groupes pharmaceutiques... intervenant dans le domaine de la parfumerie de luxe. Mais, cette société propose également ses flacons à des parfumeurs peu connus.

1. Analyse du processus de fabrication des flacons

a) Les flacons industriels

De manière générale, le verre est obtenu à partir des substances de base suivantes : silice, chaux, potasse, soude. Il est possible d'ajouter, à ces substances de base, différents composants spéciaux, selon un dosage savamment calculé, pour personnaliser le verre (coloration, luminosité, indice de réfraction...). Cette composition (substances de base + composants spéciaux), appelée «pâte de verre», est déposée dans un immense four où la température est portée à plus de 1 000°C. La pâte de verre en fusion est ensuite déversée vers les lignes de moulage des flacons. À l'issue du moulage, les flacons sont alignés automatiquement sur un tapis roulant, progressivement refroidis, et polis avant d'être expédiés.

b) Les flacons de luxe

Les flacons de luxe, quant à eux, sont fabriqués de manière plus artisanale. La composition de la «pâte de verre» nécessite les mêmes composants. Néanmoins, ce mélange est préparé, de manière plus rigoureuse, en très petits volumes et il fait l'objet de nombreux tests. Cette composition est alors déposée dans des petits fours en terre. Un artisan verrier prélève une partie de ce mélange en fusion pour le déposer dans un moule. Le moule est nettoyé après chaque flacon. Les flacons sont refroidis pendant trois heures. Un contrôle manuel, visant à repérer la moindre aspérité et la résistance du verre, est effectué sur chaque flacon. Puis, intervient un polissage. La dernière étape, spécifique à certains flacons de luxe, est l'impression d'un « chromo » (gravure) sur le verre.

2. Analyse de la production de la période

a) Volume de production

La société Julien propose, sur la période étudiée, 4 modèles de flacon : Lavande, Myosotis, Jasmin, Œillet.

Les modèles Lavande et Myosotis sont totalement conçus, fabriqués et distribués par la société Julien. Ils sont proposés à tous les parfumeurs. Compte tenu du nombre de concurrents, la **société aligne ses prix** sur ceux du marché.

Les modèles Jasmin et Œillet, quant à eux, appartiennent à la catégorie « flacons de luxe ». À ce titre, ils sont conçus en étroite collaboration avec les *designers* des parfumeurs. Ils sont fabriqués sur commande. La société fixe son prix de vente de manière unilatérale en fonction du coût de revient.

- Modèle Lavande : 4 lots de 25 000 flacons ;
  3 lots de 100 000 flacons ;
  4 lots de 50 000 flacons.
- Modèle Myosotis : 10 lots de 5 000 flacons ;
  15 lots de 8 000 flacons ;
  10 lots de 13 000 flacons.
- Modèle Jasmin : 10 lots de 500 flacons ;
  10 lots de 1 000 flacons ;
  50 lots de 1 500 flacons ;
  5 lots de 2 000 flacons.
- Modèle Œillet : 100 lots de 100 flacons ;
  50 lots de 200 flacons ;
  25 lots de 400 flacons ;
  2 lots de 500 flacons ;
  180 lots de 50 flacons.

Pour simplifier, nous considérerons que tous les flacons produits présentent les mêmes dimensions.

b) Analyse d'un flacon

	Lavande	Myosotis	Jasmin	OEillet
Composants de base :				
Silice	1 unité	1 unité	1 unité	1 unité
Chaux	1 unité	1 unité	1 unité	1 unité
Soude	1 unité	1 unité	1 unité	1 unité
Composants spéciaux :				
Sélénium	0 unité	0 unité	0 unité	1 unité
Silicate de plomb	0 unité	0 unité	0 unité	1 unité
Oxyde de fer	0 unité	0 unité	1 unité	0 unité
Oxyde de cuivre	0 unité	1 unité	0 unité	0 unité
Oxyde de cobalt	0 unité	0 unité	1 unité	0 unité
Potasse	0 unité	0 unité	1 unité	1 unité
Produits sous-traités :				
Bouchon lavande	1	0	0	0
Bouchon myosotis	0	1	0	0
Chromo	0	0	0	1
Temps de moulage en minutes	4 min	5 min	8 min	18 min

c) Coût direct d'un flacon

	Lavande	Myosotis	Jasmin	OEillet
Composants de base :				
Silice, soude et chaux	1,50	1,50	1,50	1,50
Composants spéciaux :				
Sélénium	–	–	–	1,00
Silicate de plomb	–	–	–	2,50
Oxyde de fer	–	–	0,25	–
Oxyde de cuivre	–	0,50	–	–
Oxyde de cobalt	–	–	0,50	–
Potasse	–	–	0,50	0,50
Produits sous-traités :				
Bouchon	*0,25*	*0,30*	–	–
Chromo	–	–	–	2,50
	1,75	2,30	2,75	8,00

d) Prix de vente du flacon observé sur la période

	Lavande	Myosotis	Jasmin	Œillet
Prix de vente	4,00	7,50	23,00	75,00

3. Analyse des charges indirectes fixes de la société

Approvisionnement	936 000 €
Études	2 106 000 €
Fusion, moulage	1 667 600 €
Polissage, finition	906 000 €
Expédition, administration	624 400 €
	6 240 000 €

a) Diagnostic de la comptabilité de la société Julien

La société Julien doute de plus en plus de la pertinence de ses coûts de revient : actuellement, elle calcule un coût complet par modèle de flacon. Le montant des charges indirectes fixes de toute la société est réparti en fonction du temps de moulage d'un flacon.

QUESTIONS

1. **Calculer le coût complet unitaire et le résultat unitaire de chacun des quatre modèles proposés. Commenter brièvement.**
2. **La société Julien doit-elle abandonner un modèle ? (Justifier votre réponse.)**

NB : **Faire le travail en coût unitaire en mettant en évidence le coût indirect d'une minute de moulage. (Prendre 3 chiffres après la virgule.)**

b) Élaboration d'une nouvelle comptabilité analytique

En tant que contrôleur de gestion, vous considérez que la comptabilité analytique de cette société est beaucoup trop sommaire. Vous tentez donc de répartir les charges fixes indirectes différemment. Ce faisant, vous vous inspirez des réflexions de Porter relatives à la notion de « chaîne de valeur » : selon ce raisonnement, l'entreprise apparaît comme un « enchaînement d'activités aboutissant à un produit valorisable sur le marché ».

4. Analyse des activités et inducteurs de coûts sélectionnés

	Activités	Coûts en euros	Facteurs explicatifs retenus
Approvisionnement	Étude des marchés (a) Gestion des sous-traitants Réception	374 400 280 800 280 800	Nombre de références Nombre de références Nombre de références
Études	Conception, étude Ordonnancement	1 160 000 946 000	Nombre de modèles Nombre de lots
Fusion, moulage	Fusion industrielle Moulage industriel Maintenance industrielle Fusion artisanale Moulage artisanal Maintenance artisanale	221 000 250 000 75 000 330 000 450 000 341 600	Nombre de lots industriels Nombre de lots industriels Nombre de lots industriels Nombre de flacons de luxe Nombre de flacons de luxe Nombre de flacons de luxe
Polissage, finition	Polissage industriel Polissage manuel Contrôle manuel Impression du chromo	270 000 212 000 212 000 212 000	Nombre de flacons industriels Nombre de flacons de luxe Nombre de flacons de luxe Nombre de flacons de luxe
Expédition, administration	Expédition (b) Administration (b)	312 400 312 000	« Coût ajouté » aux flacons « Coût ajouté » aux flacons

(a) : fournisseurs de composants et sous-traitants.
(b) : les charges d'expédition et d'administration seront réparties de manières plus conventionnelle, en fonction des coûts ajoutés aux flacons par la société Julien (hors coûts directs et hors frais d'expédition-administration) exprimé en %.

QUESTIONS

1. **Calculer le coût des inducteurs sélectionnés. (Prendre 3 chiffres après la virgule.)**
2. **Calculer le *coût unitaire* des quatre modèles de flacon selon cette comptabilité à base d'activités. Commenter brièvement les résultats obtenus et l'intérêt de la méthode ABC. (Même règle d'arrondi.)**

17 CHAPITRE

Le pilotage de l'organisation : les tableaux de bord

Le tableau de bord n'est pas une démarche nouvelle. Les entreprises ont l'habitude de mesurer la performance en termes de coût et de productivité ; mais jusqu'aux années 90, dans une approche taylorienne de l'organisation, l'établissement d'un tableau de bord consistait à constater, à échéances fixes, les résultats financiers filtrés par la comptabilité. Aujourd'hui, les décideurs cherchent à piloter leurs unités, leurs équipes, leurs tâches sur un ensemble de variables et les tableaux de bord sont de plus en plus utilisés pour aider, en temps réel, au pilotage de **toutes les dimensions de la performance**.

Il s'agit de comprendre les rôles attribués aux tableaux de bord dans la gestion des entreprises, avant d'en voir les modes de construction et les évolutions dans l'utilisation.

SECTION 1
DÉFINITION ET RÔLES DES TABLEAUX DE BORD

La définition première des tableaux de bord est enrichie par l'étendue des rôles qu'on lui assigne.

1. Définition

Le contrôle et le pilotage du système « entreprise » reposent sur des informations récentes, de toute nature, relatives à toutes les dimensions de la performance de l'entreprise.

Or les systèmes d'information comptables ne répondent pas forcément à ces exigences.

La comptabilité financière produit de nombreuses informations sur les **réalisations** mais les règles comptables présentent des **insuffisances** qui réduisent la portée des informations :
- aucun critère d'importance n'est pris en compte ;
- la durée du traitement de l'information (au mieux J+30 et souvent plus) interdit des réactions rapides ;
- la présentation des documents ne permet pas une localisation des responsabilités et des performances de chacun ;
- l'information traitée reste essentiellement monétaire et relative aux flux externes.

La comptabilité de gestion permet de juger des performances et d'identifier les responsabilités puisqu'elle traite des flux internes mais elle présente le même défaut de lenteur dans la présentation des résultats du fait de sa forte imprégnation comptable.

C'est pourquoi le contrôle de gestion éprouve le besoin de construire un **outil qui réponde mieux aux besoins d'un pilotage rapide, permanent sur un ensemble de variables tant financières, quantitatives que qualitatives : c'est le tableau de bord.**

Il semble nécessaire aujourd'hui de piloter toutes les dimensions de la performance pour toutes les parties prenantes de l'entreprise, avec un système d'information qui intègre des variables diversifiées.

> Un **tableau de bord** est un document rassemblant, de manière claire et synthétique, un ensemble d'informations organisé sur des variables choisies pour aider à décider, à coordonner, à contrôler les actions d'un service, d'une fonction, d'une équipe.

Le document final élaboré ne peut être déconnecté de toute la démarche organisationnelle qui le précède, impliquant des acteurs, des méthodes et des procédures.

2. Rôles d'un tableau de bord

Les attentes associées au tableau de bord sont nombreuses : il a du d'abord compenser des limites d'autres outils et puis, au fur et à mesure du temps, la souplesse de ses utilisations a suscité un développement de plus en plus large de ses rôles.

2.1 Le tableau de bord, instrument de contrôle et de comparaison

Le tableau de bord permet de **contrôler** en permanence les réalisations par rapport aux objectifs fixés dans le cadre de la démarche budgétaire.

Il attire l'attention sur les points clés de la gestion et sur leur dérive éventuelle par rapport aux normes de fonctionnement prévues.

Il doit permettre de **diagnostiquer** les points faibles et de faire apparaître ce qui est anormal et qui a une répercussion sur le résultat de l'entreprise.

La qualité de cette fonction de comparaison et de diagnostic dépend évidemment de la pertinence des indicateurs retenus.

2.2 Le tableau de bord, aide à la décision

Le tableau de bord donne des informations sur les points clés de la gestion et sur ses dérapages possibles mais il doit surtout être à l'**initiative de l'action.**

La connaissance des points faibles doit être obligatoirement complétée par une analyse des causes de ces phénomènes et par la mise en œuvre d'actions correctives suivies et menées à leur terme. Ce n'est que sous ces conditions que le tableau de bord peut être considéré comme une aide à la décision et prendre sa véritable place dans l'ensemble des moyens du suivi budgétaire.

De manière idéale, un tableau de bord devrait aider :
- pour une prise de décision en temps réel dans l'entreprise ;
- pour une prise de décision répartie ;
- pour des informations adaptées à chaque décideur ;
- pour le pilotage d'objectifs diversifiés.

2.3 Le tableau de bord, outil de dialogue et de communication

Le tableau de bord, dès sa parution, doit permettre un dialogue entre les différents niveaux hiérarchiques.

Il doit permettre au subordonné de commenter les résultats de son action, les faiblesses et les points forts. Il permet des demandes de moyens supplémentaires ou des directives plus précises.

Le supérieur hiérarchique doit coordonner les actions correctives entreprises en priviligiant la recherche d'un optimum global plutôt que des optimisations partielles.

Enfin, en attirant l'attention de tous sur les mêmes paramètres, il joue un **rôle intégrateur**, en donnant à un niveau hiérarchique donné, un langage commun.

Il peut être un levier pour une **coordination et une coopération des acteurs** dans un consensus actif

SECTION 2

CONCEPTION ET CONSTRUCTION DES TABLEAUX DE BORD

Au-delà des principes de conception et de construction qui concourent à une cohérence et à une lisibilité des tableaux de bord (points 1, 2, 3) il est important d'analyser précisément le cœur du tableau de bord, les indicateurs (point 4). L'importance des tableaux de bord est telle qu'au-delà de l'évolution des rôles assignés, il apparaît également une évolution dans la construction même des indicateurs avec de nouvelles démarches, comme par exemple la méthode OVAR (point 5).

1. Principes de conception

Un tel système d'information n'est efficace et donc utile que si sa conception répond à certaines règles précises tant pour son fonctionnement que pour son contenu. La présentation des informations, si elle peut revêtir des formes variées, se doit de respecter certaines contraintes de concision et de pertinence. Dans ce cas, l'ensemble des tableaux de bord de l'entreprise incite au dialogue et à la motivation des responsables. Son rôle dépasse alors la stricte fonction de contrôle qu'il était censé remplir.

C'est la définition même du tableau de bord qui impose ces principes de conception :

– une cohérence avec l'organigramme,
– un contenu synoptique et agrégé,
– une rapidité d'élaboration et de transmission.

1.1 Une cohérence avec l'organigramme

Un des reproches formulés à l'encontre des systèmes d'information comptables traditionnels est la non-localisation des responsabilités. Le **découpage des tableaux** de bord doit donc respecter le découpage des responsabilités et des **lignes hiérarchiques**.

Pour l'ensemble de la firme, la cartographie des tableaux de bord doit se calquer sur celle de la structure d'autorité.

Très souvent, la structure s'apparente à une pyramide où chaque responsable appartient de fait à deux équipes :

– **il reçoit une délégation de pouvoir** du niveau hiérarchique supérieur et doit, périodiquement, rendre compte ;
– **il délègue au niveau inférieur** une partie de son pouvoir.

Cette structure oblige chaque niveau de responsabilité à trois types de communication :

– une communication **descendante** quand un niveau donne une délégation de pouvoir assortie d'objectifs négociés au niveau inférieur ;
– une communication **transversale** entre les responsables de même niveau hiérarchique ;
– une communication **montante** quand un niveau rend compte de la réalisation des objectifs reçus.

Le **réseau des tableaux de bord** est donc une **mécanique « gigogne »** aux caractéristiques suivantes :

– chaque responsable a son tableau de bord ;
– chaque tableau de bord a une ligne de totalisation des résultats qui doit figurer dans le tableau de bord du niveau hiérarchique supérieur ;
– chaque tableau de bord d'un même niveau hiérarchique doit avoir la même structure pour permettre l'agrégation des données ;
– l'empilage des informations des tableaux de bord doit respecter la ligne hiérarchique.

Une illustration d'un tel réseau dans une entreprise de grande distribution est présentée ci-dessous.

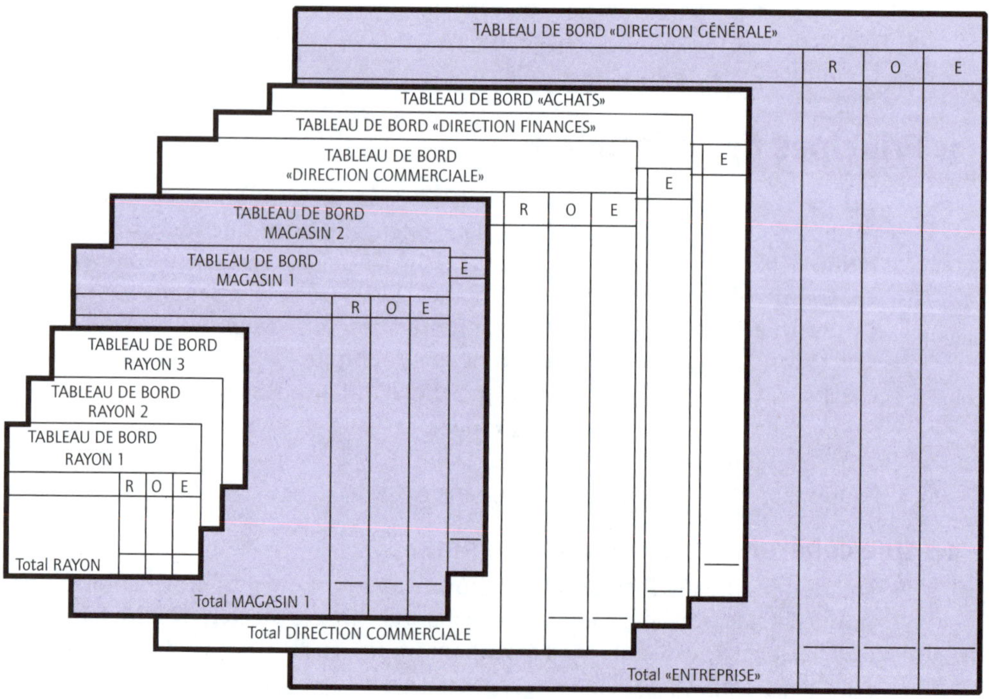

Avec R = réalisation ; O = objectifs ; E = écarts.

Pour chaque responsable, les informations retenues concernent spécifiquement sa gestion car il en est le premier destinataire. Il doit y trouver les éléments dont il a besoin pour éclairer ses décisions mais uniquement ceux dont il a la maîtrise en accord avec la délégation qu'il a reçue.

Voici des exemples d'indicateurs possibles selon les niveaux hiérarchiques.

INFORMATIONS CLASSEES PAR NIVEAU ET PAR NATURE

Niveau ↑ / Nature →	Main-d'œuvre	Ventes	Stock	Action de promotion
Magasin	• Effectifs magasin (tous services confondus) • Coût MOD par rayon	• Chiffre d'affaires par rayon • Marge brute par rayon	• Cumul par rayon (en % du CA HT) • Taux de rotation	Analyse des frais de promotion maîtrisables à chaque niveau
Rayon	• Effectifs • Absences • Cumul des heures par période (Cumul par équipes)	• Détail par famille d'articles des quantités vendues	• Détail par référence • Taux d'invendus	
Équipe	• Effectifs • Taux d'absen-téisme (par individus) • Détail du nombre d'heures effectuées			

Dans le cas d'une entreprise de distribution de stature nationale, les tableaux de bord « Magasins » peuvent être regroupés par zone géographique au sein d'un tableau de bord général.

1.2 Une méthodologie pour élaborer les indicateurs

Il s'agit de sélectionner parmi toutes les informations possibles **celles qui sont essentielles** pour la gestion du responsable concerné.

Le choix consiste à déterminer les **indicateurs pertinents** par rapport au champ d'action et à la nature de la délégation du destinataire du tableau de bord.

Cette recherche doit, par ailleurs, permettre l'addition d'informations cohérentes entre elles afin d'obtenir des **indicateurs agrégés de plus en plus synthétiques**.

Pour chaque centre de responsabilité ou entité ou service ou fonction, il faut donc suivre la démarche présentée ci-après.

Étapes	Démarche	Exemple : centre de production – Objectif : MAXIMISER la production en respectant un taux donné de rebut
MISSIONS du centre de responsabilité	Définir les objectifs du centre concerné	Exemple : centre de production Objectif : MAXIMISER la production en respectant un taux donné de rebut
VARIABLES de la gestion	Retenir les variables qui devront traduire les objectifs	• Effectifs • Productivité • Fonctionnement du matériel • Qualité de la production
PARAMÈTRES qui expriment les variables	Définir le ou les paramètres (informations) qui peuvent exprimer les variables retenus	• Variation des effectifs • Rendement de la main-d'œuvre • Fiabilité du matériel • Pièces valides
INDICATEURS des paramètres	S'accorder sur les indicateurs de gestion qui traduiront les paramètres	• $\frac{\text{Effectifs N} - \text{Effectifs N-1}}{\text{Effectifs N-1}}$ • $\frac{\text{Quantité produite hors rebuts}}{\text{Heures de travail effectif}}$ • Nombre de pannes • $\frac{\text{Nombre de pièces rebutées}}{\text{Total des pièces fabriquées}}$

Pour autant, la recherche d'indicateurs performants ne doit pas conduire à la publication tardive du tableau.

1.3 La rapidité d'élaboration et de transmission

En ce domaine, la rapidité doit l'emporter sur la précision : il est souvent préférable d'avoir des éléments réels estimés plutôt que des données réelles précises mais trop tardives.

Le rôle principal du tableau de bord reste d'alerter le responsable sur sa gestion. Il doit mettre en œuvre des actions correctives rapides et efficaces.

La précision des résultats est de toute façon obtenue dans les rapports d'activité à périodicité mensuelle de la comptabilité de gestion.

Cette rapidité et la fréquence de publication expliquent que les Anglo-saxons nomment souvent les informations collectées dans les tableaux de bord « Flashs ».

L'ensemble de ces documents, tableaux de bord, rapport d'activité de gestion et plan d'actions correctives, constitue le suivi budgétaire.

Le contenu du tableau de bord est variable selon les responsables concernés, leur niveau hiérarchique et les entreprises. Pourtant, dans tous les tableaux de bord des points communs existent dans :

– la conception générale,
– les instruments utilisés.

2. La conception générale

La maquette d'un tableau de bord type fait apparaître quatre zones.

Tableau de bord du centre			
Indicateurs	**Résultats**	**Objectifs**	**Écarts**
Rubrique 1 • Indicateur A • Indicateur B • • • Rubrique 2			

Zone « paramètres économiques » — Zone « résultats » — Zone « objectifs » — Zone « écarts »

• La **zone « paramètres économiques »** comprend les différents indicateurs retenus comme essentiels au moment de la conception du tableau. Chaque rubrique devrait correspondre à un interlocuteur et présenter un poids économique significatif.

• La **zone « résultats réels »** : ces résultats peuvent être présentés par période ou/et cumulés. Ils concernent des informations relatives à l'activité :
– nombre d'articles fabriqués ;
– quantités de matières consommées ;
– heures machine ;
– effectifs, etc. ;

mais aussi des éléments de nature plus qualitative :
– taux de rebuts ;
– nombre de retours clients ;
– taux d'invendus, etc.

À côté de ces informations sur l'activité, figurent souvent des éléments sur les performances financières du centre de responsabilité :
– des marges et des contributions par produit pour les centres de chiffres d'affaires ;
– des montants de charges ou de produits pour les centres de dépenses ;
– des résultats intermédiaires (valeur ajoutée, capacité d'autofinancement) pour les centres de profit.

• La **zone « objectifs »** : dans cette zone apparaissent les objectifs qui avaient été retenus pour la période concernée. Ils sont présentés selon les mêmes choix que ceux retenus pour les résultats (objectif du mois seul, ou cumulé).

• La **zone « écarts »** : ces écarts sont exprimés en valeur absolue ou relative. Ce sont ceux du contrôle budgétaire mais aussi de tout calcul présentant un intérêt pour la gestion.

Si cette présentation est souhaitable, la forme des informations peut être très variée.

3. La forme des indicateurs utilisés

Les instruments les plus fréquents sont les écarts, les ratios, les graphiques et les clignotants.

3.1 Les écarts

Le contrôle budgétaire permet le calcul d'un certain nombre d'écarts. Il s'agit alors de repérer celui (ou ceux) qui présente(nt) un intérêt pour le destinataire du tableau de bord.

EXEMPLE

Un directeur commercial ne sera pas intéressé par un écart de rendement d'un atelier alors qu'il désire des informations sur des écarts sur les ventes (par familles de produits).

En règle générale, un tableau de bord doit uniquement présenter les informations indispensables au niveau hiérarchique auquel il est destiné et seulement celles sur lesquelles le responsable peut intervenir.

3.2 Les ratios

Les ratios sont des rapports de grandeurs significatives du fonctionnement de l'entreprise.

$$\text{exemple : } \frac{\text{Réalisé à fin Mois}}{\text{Budget total de l'exercice}} \times 100$$

En règle générale, un ratio respecte les principes suivants :

– un ratio seul n'a pas de signification : c'est son évolution dans le temps et dans l'espace qui est significative ;
– il faut définir le rapport de telle sorte qu'une augmentation du ratio soit signe d'une amélioration de la situation.

La **nature** des ratios varie selon le **destinataire** et son **niveau hiérarchique** : voici des exemples de ratios possibles mais non exclusifs.

Directeur d'usine	Directeur commercial	Directeur financier	Directeur du personnel	Direction générale
$\frac{\text{Coût de production total}}{\text{Nombre de pièces usinées}}$	$\frac{\text{Résultat d'une unité}}{\text{Capitaux engagés par l'unité}}$	$\frac{\text{Capitaux propres}}{\text{Capitaux permanents}}$	$\frac{\text{Charges de personnel}}{\text{Effectif}}$	$\frac{\text{Valeur Ajoutée}}{\text{Effectif}}$
$\frac{\text{Quantités fabriquées}}{\text{Heures machine}}$	$\frac{\text{Marge sur achats}}{\text{Chiffre d'affaires}}$	$\frac{\text{Ressources stables}}{\text{Immobilisations nettes}}$	$\frac{\text{Charges sociales}}{\text{Effectif}}$	$\frac{\text{Résultat}}{\text{Chiffre d'affaires}}$
$\frac{\text{Rebuts}}{\text{Quantités produites}}$	$\frac{\text{Chiffre d'affaires}}{\text{Nombre de vendeurs}}$	$\frac{\text{Charges financières}}{\text{Emprunts}}$	$\frac{\text{Chiffre d'affaires}}{\text{Effectif}}$	$\frac{\text{Résultat}}{\text{Capitaux propres}}$

3.3 Les graphiques

Ils permettent de **visualiser les évolutions** et de mettre en évidence les changements de rythme ou de tendance. Leurs formes peuvent être variées :

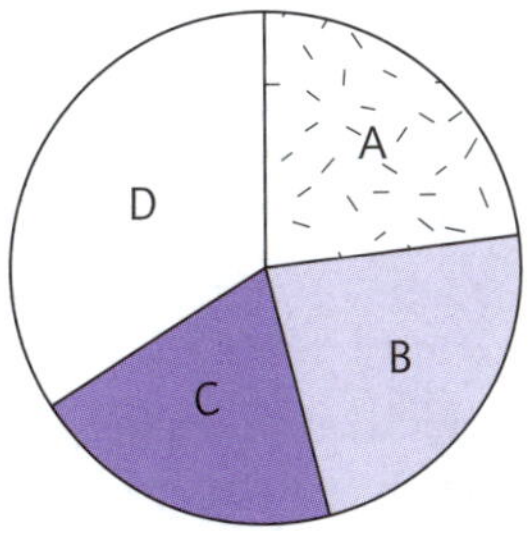

a) Graphique en « camembert » : nature des ventes par famille

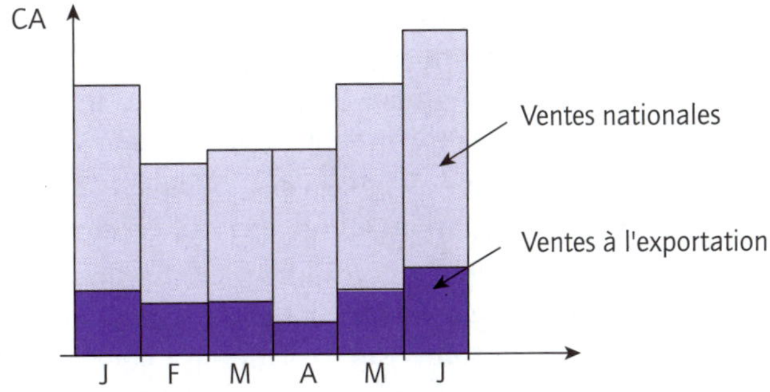

b) Histogramme : structure de ventes

3.4 Les clignotants

Ce sont des **seuils limites** définis par l'entreprise et considérés comme variables d'action. Leur dépassement oblige le responsable à agir et à mettre en œuvre des actions correctives.

Les formes variées que peuvent prendre les indicateurs ne doivent pas faire oublier l'essentiel. La pertinence de l'outil tableau de bord tient d'abord aux choix des indicateurs.

Toute la difficulté réside dans leur définition, puisqu'il faut choisir l'information pertinente parmi la masse des informations disponibles.

4. Indicateurs

4.1 Définition

Un **indicateur** est une information, ou un regroupement d'informations, précis, utile, pertinent pour le gestionnaire, contribuant à l'appréciation d'une situation, exprimé sous des formes et des unités diverses.

Les fonctions des indicateurs sont multiples :
- suivi d'une action, d'une activité, d'un processus ;
- évaluation d'une action ;
- diagnostic d'une situation, d'un problème ;
- veille et surveillance d'environnements et de changements.

Les champs d'analyse des indicateurs sont multiples puisque tous les domaines peuvent être mesurés en fonction des besoins des utilisateurs par des paramètres qui portent sur toutes les variables d'action : rendement, temps, qualité, flux, productivité, taux de marge, stock, sécurité, service, complexité, etc.

4.2 Typologies d'indicateurs

Plusieurs critères peuvent être utilisés pour classer les indicateurs.

***a)* la nature de l'indicateur lui-même :**

- indicateurs de résultat ou de progression : information sur le résultat d'une action finie ou sur une action en cours ;
- indicateur financier ou non financier ;
- indicateur global ou ponctuel : un indicateur peut être synthétique, calculé à partir de plusieurs informations pour donner une image à plusieurs dimensions ou au contraire très ciblé sur un seul paramètre très précis ;

***b)* l'utilisation ou le rôle de l'indicateur :**

- de reporting ou de pilotage : un indicateur peut être demandé par un niveau hiérarchique en vue de contrôler des engagements (reporting) mais il peut aussi aider le responsable à orienter son action ; c'est plutôt la tendance actuelle donnée aux indicateurs ;
- indicateur d'alerte : un indicateur pour pointer un seuil, un dépassement d'une variable, de manière rapide et simple ;
- indicateur d'équilibration : un indicateur pour constater un état, un degré d'avancement par rapport à un objectif ;
- indicateurs d'anticipation : un indicateur pour donner une tendance future, une extrapolation ou une simulation d'une variable.

C'est pourquoi, il est possible de résumer les caractères des indicateurs utilisés aujourd'hui : pour être des indicateurs de performance globale, ils sont plutôt synthétiques et ponctuels, financiers et non financiers, de progression et de pilotage.

EXEMPLE

Construction d'indicateurs dans une entreprise industrielle fabriquant des menuiseries en PVC pour traiter une commande (extrait de Cérutti, Gattino, Indicateurs et tableaux de bord, Afnor Gestion).

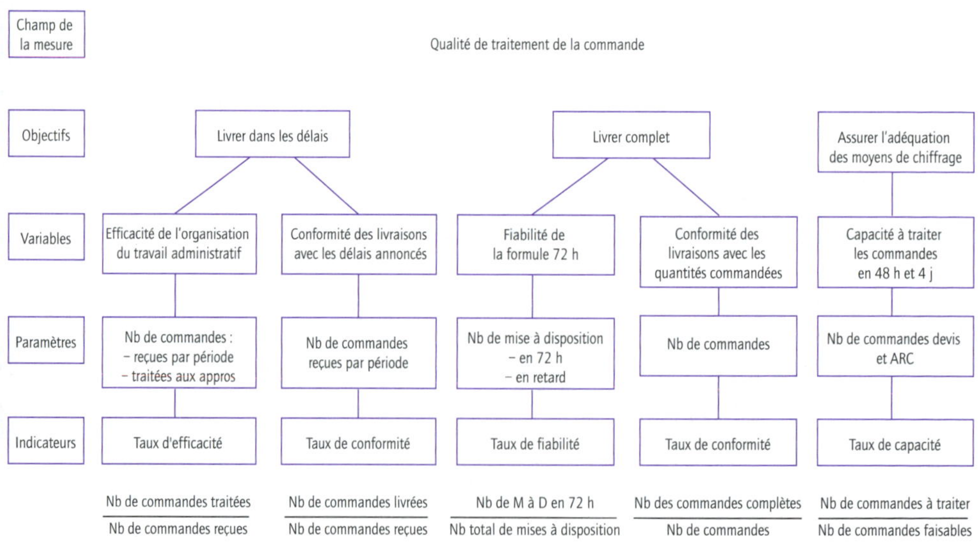

4.3 Évolution des indicateurs

Dans un cadre stratégique de recentrages et d'alliances, dans un contexte concurrentiel fondé aussi bien sur les coûts que sur la qualité et les services, les gestionnaires éprouvent la nécessité de mettre en place des indicateurs non plus seulement financiers qui impliquent davantage les responsables et qui aident à un suivi permanent.

Ainsi, aujourd'hui la performance globale implique la mise en place de trois types de fonctions pour bien la mesurer et la piloter.

• Une **fonction de coordination** : les compétences, les métiers sont variés au sein d'une organisation changeante et apprenante mais il faut que la synergie s'établisse entre tous les acteurs ; c'est pourquoi il est nécessaire d'assurer une coordination entre les objectifs de différents niveaux par une connaissance permanente des indicateurs de chacun.

• Une **fonction de suivi** : la collaboration entre de nombreux partenaires internes et extérieurs induit un suivi nécessaire pour recentrer, si besoin est, par des indicateurs qui intègrent toutes les dimensions quantitatives, financières et qualitatives.

• Une **fonction de diagnostic** : les facteurs clés de succès actuels et potentiels doivent être connus en permanence pour assurer les orientations stratégiques les plus performantes ; là encore, des indicateurs sur des paramètres variés internes et externes doivent aider à surveiller les évolutions en temps réel.

4.4 Conditions de pertinence des indicateurs

Il y a de nombreuses règles et conditions à respecter pour que les indicateurs jouent pleinement leurs rôles.

De manière générale :
– la définition des indicateurs doit être **cohérente** pour l'ensemble de l'organisation ;
– les indicateurs doivent être **conçus**, **reconnus et acceptés par les acteurs** utilisateurs.

Pour être utile et pertinent, un indicateur doit avoir plusieurs qualités :
– être quantifiable et mesurable ;
– être fiable dans sa mesure et simple à renseigner ;
– être clair et facile à comprendre, lisible pour tous (si possible construit par les utilisateurs) ;
– être consolidable ;
– être lié à une référence, une norme, un historique ;
– être utilisable en temps réel.

De ce fait, les indicateurs **ne doivent pas être trop nombreux**, d'autant que les moyens informatiques permettent de multiplier à l'infini, les mesures et les calculs.

Plusieurs questions permettent d'aider à élaborer et à choisir un indicateur :
– que cherche-t-on à mesurer ?
– quelle précision est nécessaire ?
– à quelle fréquence faut-il mesurer ?
– qui génère l'information de base ?
– quels sont les utilisateurs intéressés ?

Mais il faut rester vigilant quant au rôle de l'indicateur :
– un indicateur ne représente qu'une partie de la réalité d'un problème ;
– aucun indicateur n'est parfait ni exhaustif ;
– un indicateur est interprété différemment selon les acteurs ;
– un indicateur peut focaliser sur une variable, sans qu'elle soit pertinente pour l'action.

5. La méthode OVAR

La méthode « Objectifs Variables d'Action Responsables » (**OVAR**) développée par des enseignants de HEC est une **démarche de pilotage de la performance** en déclinant les objectifs poursuivis à chaque niveau de responsabilité et en s'assurant que les axes stratégiques sont en concordance avec les plans d'action grâce au suivi de variables d'action (étapes 1 et 2 de la démarche). C'est aussi une **méthode de conception des tableaux de bord** et des **indicateurs** (étapes 3 et 4 de la démarche).

Les étapes de la démarche sont les suivantes :

a) délimitation des objectifs et des variables d'action

Compte tenu de la mission de l'entité organisationnelle :
– on détermine les objectifs de cette entité (**O**) ;
– on identifie les variables d'action (**VA**).

Une grille d'analyse est élaborée entre variables d'action et objectifs pour tester leurs cohérences.

	Objectif 1	Objectif 2	Objectif 3	....
Variable d'action 1	X		X	
Variable d'action 2	X	X		

b) Délimitation des responsabilités

R = analyse des responsabilités.

Pour chaque niveau de responsabilité, il s'agit d'articuler les objectifs stratégiques et les plans d'action des différents niveaux hiérarchiques, de repérer la cohérence ou les conflits entre les différents objectifs et leurs variables d'action, à partir d'une grille :

	Objectif 1	Objectif 2	Objectif 3	....
Responsable 1	X	X		
Responsable 2	X		X	
Direction générale		X	X	

EXEMPLE

Une direction commerciale se voit assignée quatre objectifs et considère que cinq variables d'action ont une influence prépondérante, dans son contexte, sur l'atteinte de ces objectifs. On se trouve ici dans un cas de figure où les variables d'action ont un impact sur plusieurs objectifs, parfois même sur la quasi-totalité d'entre eux.

Objectifs (O) / Variables d'action (VA)	Objectif n° 1	Objectif n° 2	Objectif n° 3	Objectif n° 4
	CA + 20 %	Part de marché + 20 %	Crédit client – 15 % en valeur	Stabilité des coûts commerciaux
Motivation force de vente	x	x		
Prospection	x	x		
Mix clients	x	x	x	
Organisation de l'action commerciale	x	x		x
Formation des vendeurs : • produits • générale • niveau de qualification et de compétences	x	x	x	x

Ensuite, on détermine, pour chaque niveau de responsabilité, les variables concernées :

Objectifs / Variables d'action	Objectif n° 1	Objectif n° 2	Objectif n° 3	Objectif n° 4	DG	Resp. 1	Resp. 2	Resp. 3
VA n° 1	x		x		x		x	
VA n° 2		x		x		x	x	
VA n° 3	x						x	
VA n° 4			x					x
VA n° 5		x				x		

Analyse de la délégation et grille OVAResponsabilités,
D'après Löning *et alii*, *Le contrôle de gestion*, Dunod.

En poursuivant la démarche OVAR, nous aboutissons à l'élaboration du tableau de bord.

En tant que méthode de conception des tableaux de bord, OVAR s'appuie sur les deux premières étapes exposées ci-dessus et en développe deux autres :

c) Selection des indicateurs

- Choix des indicateurs pertinents, quantitatifs et qualitatifs, de résultat et d'action.
- Confrontation aux données disponibles.

d) Mise en forme des tableaux de bord

- Choix de la présentation.
- Réalisation de la maquette.
- Informatisation.

Ici, c'est la phase 3 de la méthode OVAR qui peut améliorer la construction des indicateurs : en effet, ils ne sont pas choisis *ex nihilo*, mais **déterminés, triés, hiérarchisés en fonction de l'analyse des étapes précédentes**, pour un **véritable alignement aux objectifs** et aux stratégies de l'entreprise. À partir de l'analyse des responsabilités de chaque niveau hiérarchique, des variables d'action choisies, la construction des indicateurs, dans leur périmètre et leur mesure peut être en meilleure adéquation avec les besoins.

Les tableaux de bord alors s'emboîtent selon les différents niveaux de responsabilité selon un principe « gigogne ».

Dans le tableau de bord d'un responsable, il y a des indicateurs correspondant à ses objectifs, ses variables d'action et des informations qui se trouveront agrégées dans le tableau de bord de son supérieur hiérarchique.

PRINCIPE GIGOGNE DES TABLEAUX DE BORD

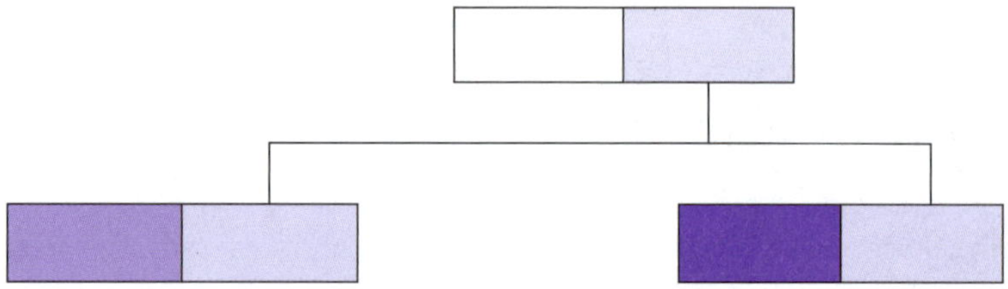

La démarche OVAR **structure en amont** le choix des indicateurs en permettant de mieux cibler les informations pertinentes pour un niveau de responsabilité. Faute d'une telle démarche, le choix des indicateurs devient hasardeux et intuitif, sans être relié à la stratégie ni à l'action.

Enfin, OVAR permet de disposer d'une grille de lecture des tableaux de bord.

(Pour un approfondissement, *cf.* l'ouvrage de Löning et alii, *Le contrôle de gestion*, Dunod.)

SECTION 3
ÉVOLUTIONS ET UTILISATIONS ACTUELLES DES TABLEAUX DE BORD

À partir des premières utilisations des tableaux de bord dans les grandes entreprises françaises et anglo-saxonnes, plutôt à tendance financière, de reporting de niveau N–1 à niveau N, des réflexions et des formalisations ont été menées pour étendre à de nouveaux champs, à de nouvelles variables l'outil « tableau de bord » très souple dans sa conception et sa construction.

1. Les demandes actuelles au tableau de bord

Les entreprises françaises utilisent depuis de nombreuses années les tableaux de bord.

L'observation de leurs pratiques anciennes montre des évolutions bien distinctes : ou bien une entité, un service, une fonction élabore un tableau de bord bien délimité pour ses besoins de suivi d'exploitation, ou bien, dans les groupes, des « reporting » sont mis en place pour remonter les données financières de chaque entité à la direction générale.

Ces tableaux de bord sont construits dans une optique qui ne correspond plus aux attentes actuelles des managers.

1.1 Les limites des tableaux de bord traditionnels

Cette évolution des rôles **vers un outil de diagnostic, de dialogue, de motivation, de suivi de changement** ne correspond pas toujours à la pratique traditionnelle des tableaux de bord conçus et utilisés seulement comme des reporting financiers.

Plusieurs **insuffisances** apparaissent dans la réalité actuelle des entreprises :

- Il n'y a pas de tableau de bord adapté à chaque service ou niveau hiérarchique mais un tableau unique qui ne correspond pas toujours aux spécificités de l'activité.
- Le tableau de bord est souvent figé pendant des années sans souci d'adaptation à de nouveaux besoins, de nouveaux objectifs ou moyens.
- L'objectif du tableau de bord reste trop souvent celui du contrôle sans aide au changement ou aux améliorations.
- La périodicité du tableau de bord est souvent la même pour tous les services alors qu'elle peut apparaître inadaptée pour certains métiers.
- La conception des tableaux de bord est trop peu souvent laissée à l'initiative de ceux qui vont les utiliser mais plutôt centralisée loin du terrain.
- Les indicateurs utilisés sont parfois déconnectés de la stratégie globale et ne permettent pas d'orienter l'action au bon moment.
- Les tableaux de bord sont souvent conçus de manière interne, en fonction du style de gestion de l'entreprise sans souci de comparaison avec des organisations concurrentes meilleures (benchmarking).
- Les tableaux de bord ne mettent pas assez en évidence les interactions entre les indicateurs, ne favorisant pas la gestion transversale.
- Les indicateurs ne sont pas remis en cause et le manque de recul sur une longue période conduit à une gestion routinière.

Au total, on peut résumer les défauts du tableau de bord utilisé jusqu'aux années 80 en quatre points :

– pas assez adapté aux spécificités de chaque service ;
– pas assez relié aux actions de pilotage, dans une approche transversale ;
– élaboré de manière séquentielle, avec retard ;
– ponctuel, dans une optique de contrôle.

Il était construit pour être par définition omniscient, omnipotent, rationnel, dans un contexte de production taylorienne (coût, productivité) et de performance financière.

1.2 Les attentes pour des tableaux de bord plus pertinents

Il faut resituer les demandes actuelles faites aux tableaux de bord pour un pilotage de la performance, dans le cadre de la remise en cause des démarches et procédures organisationnelles traditionnelles ; les structures s'aplatissent, les technologies de l'information et de la communication induisent de nouveaux processus intégrant le client comme acteur majeur, la réactivité des stratégies est nécessaire face aux turbulences rapides de l'environnement. Il s'ensuit des **besoins de gestion en temps réel**, en fonction de la stratégie de l'entreprise.

Les demandes sont ambitieuses :

– offrir une vision cohérente du système à piloter en fonction des objectifs
– mesurer une performance multicritères, l'effort accompli et l'effort à accomplir
– signaler les dysfonctionnements

– permettre des simulations
– communiquer et faire coopérer les acteurs
– intégrer plusieurs dimensions : opérationnel passé, stratégique prospectif, social, sociétal.

Il s'agirait de passer d'un tableau de bord synthétisant rapidement des informations déjà présentes dans l'entreprise à un **tableau de bord en temps réel pour suivre et améliorer tous les niveaux d'action, de décision, en termes financiers mais aussi non financiers.**

Tableau de bord = « reporting financier »
⇓
Tableau de bord = pilotage permanent des Facteurs Clés de Succès

Ainsi, de nouveaux tableaux de bord apparaissent tant au niveau opérationnel que stratégique, plus ou moins transversaux pour une structure, plus ou moins focalisés sur une variable ou un domaine de la gestion.

2. Des tableaux de bord pour piloter des variables spécifiques

Des variables considérées aujourd'hui comme facteurs clés de succès et avantages concurrentiels, soit comme sources de création de valeur et de performance, sont pilotées, donc mesurées et suivies, pour aider à des prises de décisions stratégiques, par exemple, la qualité, le risque, les ressources humaines.

2.1 La qualité

Il s'agit de suivre certaines variables spécifiques de qualité ou de piloter des procédures entières certifiées : un service, un atelier, ou une entité plus importante va utiliser un tableau de bord pour enregistrer des dysfonctionnements, pour comparer des résultats avec des seuils d'alerte.

EXEMPLE

Le service ressources humaines d'une entreprise a été certifié ISO 9001 version 2000 pour l'ensemble de ses activités ; pour piloter la qualité du processus de formation et suivre les dysfonctionnements, elle met en place des indicateurs sur toutes les étapes de ce processus

Étapes « processus formation »	Document ou support ou logiciel	Personne ou service	Indicateurs de résultat	Dysfonctionnements	Solutions apportées
Sélection des stages retenus	Catalogues Fournisseurs	DRH	• Nb stages/an • % stages techniques • % stages généraux	Date Type	Date Type
Organisation Administrative et financière des stages	Logiciel interne	Service comptable	• % financement région • % financement stagiaire • Coût de gestion • Coût du personnel	Date Type	Date Type

Étapes « processus formation »	Document ou support ou logiciel	Personne ou service	Indicateurs de résultat	Dysfonction-nements	Solutions apportées
Transmissions d'informations sur les stages	Fiches par stage + site	Secrétaire RH	• Nb retour/nb envoi	Date Type	Date Type
Inscription des stagiaires	Logiciel interne	Secrétaire RH	• Nb/stage • Relance	Date Type	Date Type
Organisation matérielle des stages	Planning salle + planning formateurs	Secrétaire RH	• Lieu • Planning	Date Type	Date Type
Recrutement des formateurs	Dossiers individuels + planning formateurs	DRH	• Qualité formateur • Coût formateur	Date Type	Date Type
Bilan pédagogique des formations	Imprimé standard + fiche récap par stage	DRH	• Taux satisfaction stagiaire • Taux satisfaction formateur	Date Type	Date Type
Suivi et Bilan financier	Logiciel interne + doc comptables	Service comptable	• Coût total • Coût/pers • Contentieux • Déficit	Date Type	Date Type
Suivi post stage	Fiche d'évaluation + bilan global	Secrétaire RH	• Taux satisfaction • Taux mobilité après 6 mois	Date Type	Date Type

2.2 Le risque

La notion de **risque**, inhérent à toute activité économique, consubstantiel à l'entrepreneur et au décideur, est considérée aujourd'hui par toutes les parties prenantes de la société comme devant être réduit voire annulé.

Un risque est une apparition possible d'un événement produisant un certain dommage.

Un risque est défini par deux éléments : son degré d'occurrence (fréquence d'apparition) et son degré de gravité.

Si on demande aux entreprises de gérer les risques, de toute nature (technologique, industriel, commercial, financier, politique, social, environnemental...) directs et indirects à leur activité, il s'agit d'abord de les repérer, de les hiérarchiser avant de déterminer quel niveau de gestion il faut mettre en place (prévention, assurance...).

Ainsi, pour tous les risques envisageables dans et pour une entreprise, il est possible de construire une cartographie des risques avant de décider lesquels elle va gérer et comment.

EXEMPLE

Exemple de cartographie de risques pour une entreprise

Cartographie des risques de rupture de production (arrêt de la chaîne par panne, approvisionnement, absence...)

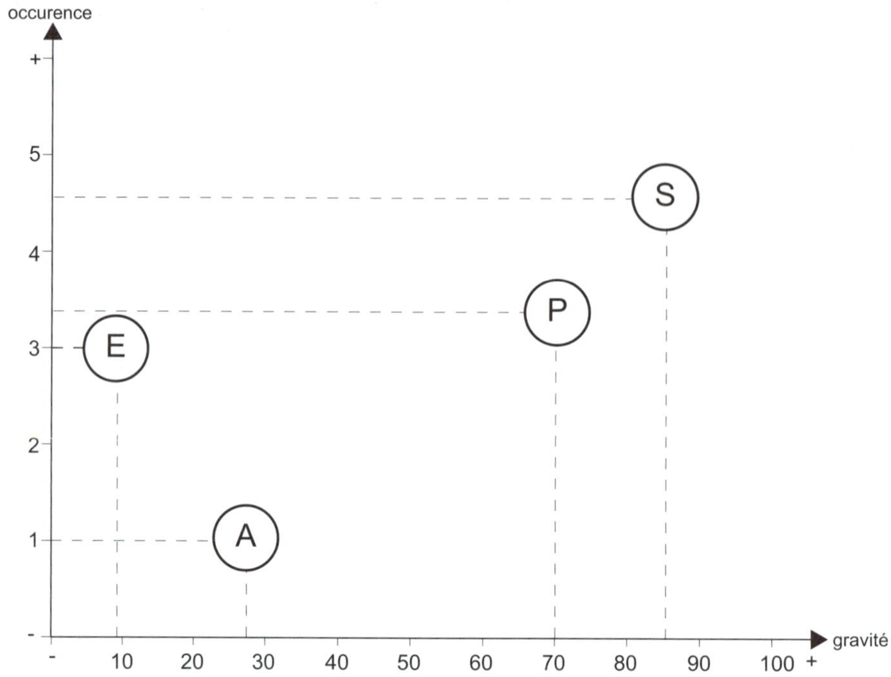

4 risques ont été observés et mesurés pour être cartographiés :

P = panne machine

S = rupture de stock

À = absence de personnel

E = rupture d'énergie

L'entreprise décide alors de gérer plus particulièrement les risques de panne machine (P) et de rupture de stock (S) qui apparaissent les plus graves pour le processus de production.

Pour ce faire, le contrôleur de gestion, avec le directeur de la ligne de production, élabore des indicateurs pour ces deux paramètres et construit un tableau de bord pour suivre, communiquer et décider pour gérer ces risques, les anticiper ou les maîtriser.

Indicateurs de suivi et d'alerte pour les deux variables, panne et stock sur le processus de production comportant 3 étapes de transformation

Le contrôleur a défini 2 indicateurs pour suivre le risque de panne machines (P) (identiques pour les 4 machines ou différents) et 2 pour suivre le risque de rupture de stock (S) par étapes de production (identiques ou différents pour les 4 stocks).

Les responsables des machines remplissent tous les jours la colonne « réel » du tableau de bord avec la valeur de l'indicateur ; l'alerte est déclenchée si l'écart ou le seuil est atteint.

Des automatismes peuvent être mis en place pour prévenir ou arrêter directement la tâche.

Pour alléger le tableau, seule l'étape 1 est remplie pour le jour J.

EXEMPLE

Suivi Processus « Usinage »						
Étape gérée / Risques suivis	Poste 1 : Machine 1			Poste 2 : Machine 2		
	Stock : Pièces usinées brutes			Stock : pièces usines finies		
	Niveau d'alerte	Réel fin de journée	Actions	Niveau d'alerte	Réel fin de journée	Actions
Risque : Pannes machines • Mesure d'usure (*à lire sur machine*)	Max 12	13	Alerte	Max 8	7	RAS
• **Délai entre 2 maintenances**	Max 5 jours	4 jours	RAS	Max 5 jours	3 jours	RAS
• Risque : Rupture de Stock Stock d'alerte	110	120	RAS	80	75	Alerte
• Nb containers vides (*en attente à ce poste*)	Max 3	6	Alerte	Max 4	2	RAS

Ce suivi doit être lié à des actions pour lever les alertes : prévoir une maintenance urgente avec changement de la pièce d'usure sur la poste 1, mobiliser les caristes pour déplacer les containers vides vers le poste amont, etc.

2.3 Les ressources humaines

La prise de conscience de l'importance des acteurs à l'activité des entreprises, tant par les compétences que par les comportements, incite les managers à piloter les ressources humaines de manière plus précise et plus continue au plan quantitatif et qualitatif.

C'est l'apparition du contrôle de gestion sociale et des tableaux de bord sociaux qui doivent permettre de piloter les coûts et les performances des acteurs avec de multiples indicateurs. (*cf.* chapitre 15, section 2).

2.4 La société

Des pressions de plus en plus fortes s'exercent sur les entreprises et les managers pour intégrer dans leurs objectifs et leur gestion, les dimensions écologiques et sociétales.

Dans tous les secteurs, les firmes nationales ou internationales, moyennes ou grandes ne peuvent échapper, dans le rapport d'activité et le site web, à justifier leur responsabilité sociale et à présenter leurs actions liées au développement durable.

Pour transmettre ces informations, il faut donc construire des tableaux avec des indicateurs qui évaluent ces performances sociétales.

Il s'agit de mesurer et de suivre des variables liées à l'environnement naturel, à la participation de l'entreprise à la vie locale, au climat social de l'entreprise, aux informations transmises aux diverses prenantes.

Des indicateurs d'efficacité et d'efficience de cette performance sociétale peuvent être élaborés mais les attentes de chaque partie prenante sont différentes et donc on risque d'aboutir à une multiplicité des variables difficiles à lire, à intégrer et à synthétiser.

Des organismes indépendants nationaux ou internationaux proposent des listes d'indicateurs pour présenter cette performance sociétale (Vigéo, GRI, ISO…).

La structure de ce type de tableau de bord sociétal est souvent composée de cinq axes pour les cinq parties prenantes de l'entreprise : salariés, clients, actionnaires, société civile, environnement, avec des domaines plus ou moins décomposés et des indicateurs par domaine.

Il n'y a aucune norme ni aucun standard et les entreprises peuvent construire comme elles le souhaitent ces tableaux.

EXEMPLE

Parties prenantes du tableau de bord sociétal	Variables du domaine	Indicateurs pour piloter les variables
Actions vis-à-vis des salariés	Conditions de travail	Taux d'accidents du travail Taux d'absentéisme Nb de conflits Taux de satisfaction du personnel…
	Rémunérations	Salaire moyen homme Salaire moyen femme Écart de salaires % des primes/salaires…
	Formation	Nb jours formation/pers Investissement formation/per Taux de mobilité après 6 mois de formation…
Actions vis-à-vis de l'environnement	Processus de production	Taux de rejet de CO2 Taux de recyclage des matières premières Consommation d'eau Consommation d'électricité…
	Produits & emballages	Taux de recyclage du produit Type d'emballage % de matières recyclables dans le produit…
	Fournisseurs et partenaires	Charte auprès des fournisseurs Critères de sélection des fournisseurs…
Actions vis-à-vis de la société	Local	Participation à l'emploi local Participation au sport local Participation à l'environnement local…
	National	Sponsoring culturel ou sportif…
	International	Financement de projets (école, puits…)
Actions vis-à-vis des clients	Informations	Étiquettes informatives…
	Traçabilité	Capacité à repérer les lots défectueux…
Actions vis-à-vis des actionnaires	informations	Périodicité de diffusion des informations Complétude (% de précision) de l'information diffusée…

De nombreuses variables stratégiques qu'une entreprise veut piloter précisément en continu peuvent donner lieu à des tableaux de bord.

3. Des tableaux de bord pour les structures organisationnelles

Des réflexions et des formalisations de nouveaux tableaux de bord apparaissent pour essayer d'aider au pilotage de la performance. Il est possible de repérer quelques-unes de ces pistes, par rapport à la structuration de l'organisation et par rapport au déploiement de la stratégie.

3.1 Tableau de bord calqués sur les structures

De même que les calculs de coûts et les budgets ont évolué pour mieux s'adapter au découpage de l'organisation (coût par activité et par processus, budget par activité et par processus), les tableaux de bord peuvent être élaborés en se calquant sur la même décomposition plus transversale et dynamique de la structure : tableau de bord par activité, tableau de bord par processus.

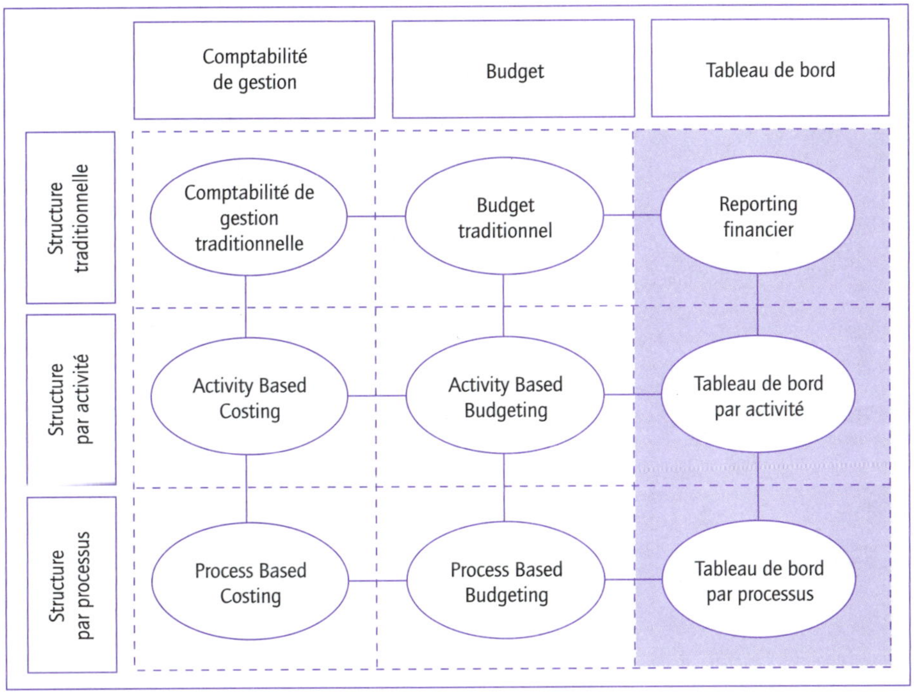

Pour un tableau de bord par activité, voici un exemple de propositions d'indicateurs pour l'activité « gestion de commandes » :

**INDICATEURS DU DIALOGUE DE GESTION PAR ACTIVITÉ
(CAS : GESTION DE COMMANDES)**

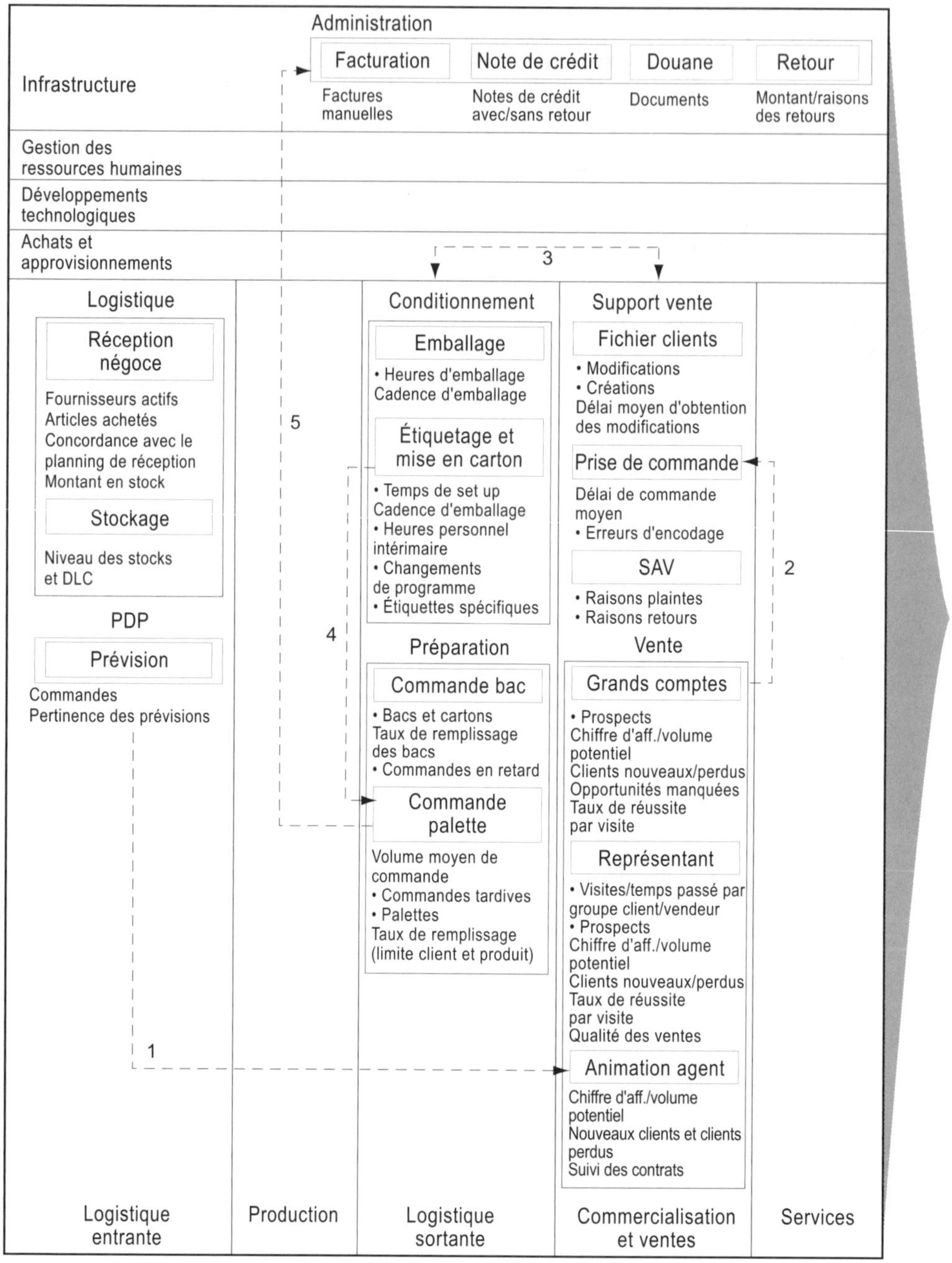

« 47 indicateurs pour mesurer la performance en termes
de qualité-délai-service-coût des activités… »

Source : M. Vlasselear, *Le Pilotage de l'entreprise*, Publi-Union, 1997.

Ainsi, plusieurs niveaux de champ de pilotage et plusieurs objectifs peuvent être repérés avec ces tableaux de bord.

3.2 Champ de pilotage

- Tableau de bord pour une fonction : exemple, le reporting pour la fonction financière.
- Tableau de bord pour une activité, un processus : exemple pour un processus de vente.
- Tableau de bord pour une chaîne d'entreprises intégrées ou pour un réseau d'entreprises.

3.3 Objectifs de pilotage

Les tableaux de bord fondés sur le découpage structurel d'une organisation, en tant qu'outils de communication et de dialogue, au-delà de l'aide aux décisions et au pilotage, peuvent aussi participer à l'apprentissage et à l'amélioration permanente des acteurs et des organisations.

a) Une démarche d'apprentissage permanent pour les acteurs

Les indicateurs permettant un suivi des actions et des acteurs au sein d'une organisation peuvent aussi constituer une trame pour accumuler et capitaliser des résultats, des succès et des échecs, des expériences.

Ces informations constituent une base de données permanente et actualisée qui peut être source d'apprentissage pour les acteurs et pour l'organisation ; c'est le domaine de la **gestion des connaissances** (*knowledge management*) et la notion d'**apprentissage organisationnel** de C. Argyris.

b) Une démarche d'amélioration permanente pour les structures

De même, ces bases de données issues des tableaux de bord peuvent déclencher des idées et des démarches de qualité pour réduire les dysfonctionnements et améliorer les procédures existantes, au-delà des solutions immédiates trouvées pour réagir à court terme.

La performance dépend autant de l'efficacité que de l'efficience, et donc les indicateurs qui permettent de piloter les moyens, les structures, les procédures, les acteurs sont des leviers pour gérer en permanence les capacités d'adaptation et d'amélioration des structures organisationnelles.

4. Des tableaux de bord pour des horizons temporels différents

Les tableaux de bord sont réalisés par les contrôleurs de gestion avec les décideurs utilisateurs concernés. Ils peuvent être construits pour des décisions de nature et de durée différente, du pilotage à court terme au pilotage stratégique. La tendance actuelle est d'essayer d'aider les décisions stratégiques par des tableaux globaux portant sur le présent et le futur.

Tableau de bord opérationnel	Tableau de bord stratégique	Tableau de bord prospectif
Pilotage courant permanent pour aider les décisions de routine et tactiques	Pilotage pour aider des décisions stratégiques	Pilotage pour aider à la mise en œuvre intégrée de décisions stratégiques
Jour, semaine, mois, trimestre	Semestre, année	Année N à année N+3
Pour une fonction, un service, un domaine Tableau de bord isolé ou articulé dans un réseau de tableaux de bord	Pour le portefeuille des produits (couple produit/marché)	Pour l'ensemble de l'entreprise, vision externe et interne de la performance
Indicateurs ponctuels : • Indicateurs d'activité • Indicateurs de coûts • Indicateurs de rentabilité…	**Indicateurs globaux ou synthétiques :** • Indicateurs de résultats, de marges • Indicateurs de moyens	**Indicateurs par grands domaines, isolés ou articulés :** • Indicateurs financiers • indicateurs commerciaux • Indicateurs organisationnels • indicateurs d'efficacité • Indicateurs d'efficience

Les tableaux de bord se développent de plus en plus dans toutes les organisations et il faut être capable d'en percevoir les avantages et les inconvénients :

Intérêts	Limites
• Repérage des variables essentielles à piloter • Possibilité d'avoir une vision globale et transversale • Suivi permanent en continu • Mobilisation et implication des acteurs	• Pertinence des variables difficile à évaluer • Difficulté de fiabilité et de périodicité des informations • Trop d'indicateurs rendant la lisibilité et la synthèse difficiles • Longueur et complexité de construction

APPLICATIONS

APPLICATION 1

Entreprise Delyse

L'entreprise Delyse traite une matière première, la mélasse de betteraves. Celle-ci fermente dans de grandes cuves ; il en sort alors du moût, produit intermédiaire, qui doit être purifié dans une station de purification. On récupère la « lysine » et des effluents. Les effluents donnent naissance au sous-produit, le « sirional ».

Les techniques de gestion mises en œuvre à Zedlyne procèdent de la direction participative par objectifs, aussi la comptabilité analytique s'attache-t-elle particulièrement à l'analyse des causes des écarts significatifs entre les réalisations et les objectifs assignés à chaque centre de responsabilité, dans un document appelé le «tableau de bord». Ce document permet d'envisager des actions correctives en retour. L'objectif de mise en jeu de responsabilité a conduit l'entreprise à n'incorporer dans les coûts de production d'un centre que les éléments pour lesquels le contrôle de la consommation peut être attribué au responsable.

Le tableau de bord regroupe l'ensemble des charges et des produits budgétés conformément aux objectifs de production fixés et des charges et des produits budgétés et constatés relatifs à la production réelle. Les coûts unitaires budgétés appelés « unité de compte industriel » (UCI) sont le résultat d'études techniques et aussi de négociations. Chaque centre de production (auxiliaire ou principal) devient centre de responsabilité. Il lui est affecté les charges directes et indirectes le concernant.

La société calcule un écart sur prix des achats de matières premières dès l'entrée en stock des matières.

Une gestion par exceptions conduit à n'analyser que les écarts sur éléments de coûts de production supérieurs à 10 % du coût préétabli.

Document 1 : État des consommations constatées du centre Fermentation et Contrôle biologique (pour une production réelle de moût de 2 418,3 tonnes)

(en euros)

	Quantité	Coût unitaire	Coût total
Mélasse	2 698,00	4,000	10 792
Fournitures de laboratoire	2 696,40	0,25	674,1
Services extérieurs	2 692,30	0,156	420
Charges de personnel			220
Centre gestion des personnels			50
Centre gestion des bâtiments			254
Centre gestion des matériels			270
Centre prestations connexes			135

Document 2 : Extrait du tableau de bord du centre Fermentation et Contrôle biologique

Production budgétée du centre.. 2 700 t de moût.

Activité budgétée du centre.. traitement de 3 000 t de mélasse.

Les unités de comptes industriels (UCI) sont établies pour chaque centre d'analyse, par unité d'activité.

		Objectifs			Réalisations		
		Q	UCI	Total	Q	Coût unitaire	Total
Produits et services entrants :							
Mélasse	V	3 000	4,00	12 000	Q_R	UCI	R
Fournitures de laboratoire	V	3 000	0,28	840	Q_R	C_R	R
Services extérieurs indirects	V	3 000	0,05	150	Q_R	C_R	R
	F			150			
Charges de personnel	V	3 000	0,075	225	Q_R	UCI	R
Prestations des centres auxiliaires :							
Gestion des personnels	V	3 000	0,02	60	Q_R	UCI	R
Gestion des bâtiments	V	3 000	0,01	300	Q_R	UCI	R
Gestion des matériels			Forfait	270		Forfait	
Prestations connexes	V	3 000	0,05	150	Q_R	UCI	R
Total des charges				14 145			
Produits sortants :							
Moût		2 700	5,239	14 145			

Écarts sous la responsabilité du centre.
R : Résultat réel constaté.
C_R : Coût réel constaté.
Q_R : Quantité réelle calculée.
Les variations de coûts, lorsque les coûts unitaires sont des UCI, sont assimilées à des variations de quantité.
V : Partie variable des charges.
F : Partie fixe des charges.
Forfait : Allocation de charges facturées par le centre fournisseur, indépendante de l'activité du centre consommateur.

QUESTIONS

1. **Présenter le tableau de bord du centre «Fermentation et contrôle biologique».**
2. **Calculer les écarts des composants du coût du centre « Fermentation et contrôle biologique ».**
3. **Analyser les écarts significatifs.**
4. **Dire comment l'on peut justifier la prise en compte par le consommateur d'un montant forfaitaire de charges de « Gestion des matériels » (service entretien notamment) et non des consommations réelles. Dire qui serait responsable d'un éventuel écart de consommations.**
5. **Expliquer l'intérêt des UCI. Pourquoi les prestations réelles sont-elles valorisées à l'aide de l'UCI ?**

(*d'après DECF*)

APPLICATION 2

Conseil plus

Une société de service en conseil et formation commence son activité et cherche à piloter ses premières années d'activité pour ne pas s'écarter de son *business model* initial.

Avec la démarche méthodologique classique, elle a élaboré la liste d'indicateurs suivants :

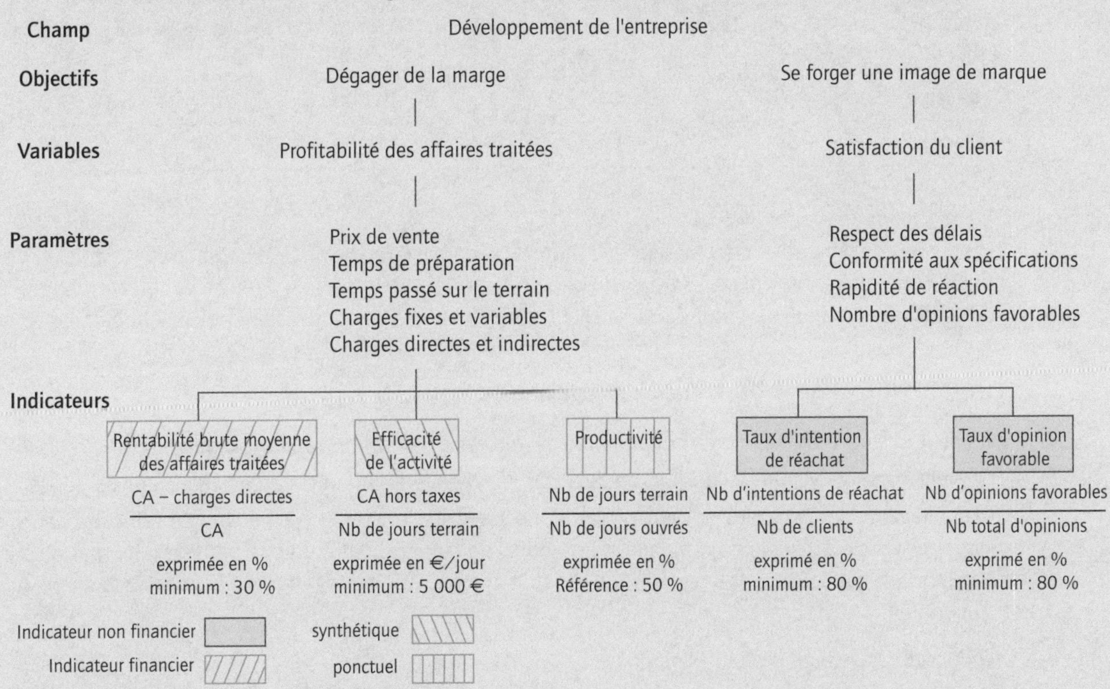

Les indicateurs en termes de seuil permettent le pilotage.

QUESTION

Analyser la pertinence des indicateurs proposés par rapport aux objectifs et aux variables définis.

APPLICATION 3

SA Garage du Lauragais

La SA Garage du Lauragais est une entreprise implantée dans la zone industrielle de Villefranche-de-Lauragais et dont l'objet social réside essentiellement dans l'achat et la vente de véhicules neufs et de véhicules d'occasion, les travaux de réparation-mécanique, la vente de pièces détachées, d'accessoires, de carburants et de pneumatiques de toutes marques.

En vue de la constitution de tableau de bord, trois activités sont retenues :

– vente de véhicules neufs ;

– vente de véhicules d'occasion ;

– travaux de réparation-mécanique.

M. Mabil, PDG du Garage du Lauragais, vous fournit les renseignements consignés ci-après :

1) Activité « Vente de véhicules neufs »

La SA Garage du Lauragais est agent exclusif de la marque «Recigeot» ; les engagements commerciaux et les commissions ont été définis comme suit avec le concessionnaire du canton :

Véhicules neufs	Ventes mensuelles	Prix de vente moyen (HT)	Commissions sur vente
Bas de gamme : BG	3	13 000	3,60 %
Milieu de gamme : MG	4	19 000	5 %
Haut de gamme : HG	1	34 000	7 %

Garantie des véhicules neufs

Les travaux de réparation effectués dans le cadre de la garantie légale et de la garantie contractuelle constituent une opération « blanche » pour l'entreprise, car les frais de main-d'œuvre et le coût des pièces défectueuses échangées, gratuits pour le client, sont refacturés au constructeur aux prix habituels.

2) Activité « Vente de véhicules d'occasion »

On peut estimer à quatre-vingt-dix le nombre de véhicules d'occasion vendus chaque année.

Ces véhicules sont vendus au prix moyen de 8 000 € HT en réalisant une marge bénéficiaire de 800 € HT.

Généralement, ces véhicules ont fait l'objet d'une « reprise » auprès des acheteurs de véhicules neufs et leur remise en état exige, en moyenne, trois heures de réparation-mécanique par véhicule ; par ailleurs, M. Mabil estime à 80 € HT par véhicule le coût d'achat des pièces détachées utilisées pour ce type d'opération.

Garantie des véhicules d'occasion

Ces véhicules sont garantis six mois « pièces et main-d'œuvre » par le Garage du Lauragais. L'expérience a montré que l'exercice de cette garantie représentait en moyenne une heure de réparation par véhicule, la proportion « main-d'œuvre/pièces détachées » étant identique à celle des travaux de réparation facturés habituellement à la clientèle.

3) Activité « Travaux de réparation-mécanique »

Cette activité est assurée par quatre personnes, un chef d'atelier et trois mécaniciens, dont on peut estimer le temps productif annuel à 45 semaines par an, à raison de 35 heures par semaine et la demande locale est suffisante pour envisager une activité régulière sur l'ensemble des jours ouvrés.

Par ailleurs, une heure productive est facturée 1 heure et quart en moyenne, en raison des gains sur temps barémés par les constructeurs.

L'analyse des factures portant sur des travaux de réparation-mécanique a permis de constater que le montant hors taxes d'une facture est formé à raison de 60 % par de la main-d'œuvre facturée et à raison de 40 % par des pièces facturées.

L'heure de main-d'œuvre est facturée 45 € HT ; on estime à 25 % la marge commerciale sur les pièces détachées facturées.

QUESTIONS

1. **Définir les missions, les objectifs et les facteurs clés de succès du centre de profit « Travaux de réparation-mécanique ».**
2. **Proposer un tableau de bord permettant à la direction d'avoir un suivi périodique de cette activité.**
3. **Proposer un système de mesure des performances du centre de profit « Véhicules d'occasion » par rapport à ses objectifs, à sa mission et à ses moyens.**

(*D'après DESCF*)

APPLICATION 4

Sablières de Sologne

Les Sablières de Sologne, dont l'activité première était l'exploitation de carrières distantes de quelques kilomètres et la fabrication de sable et de gravier dans deux centres de traitement, s'est diversifiée dans la fabrication de grave et de béton (centre de traitement 3) à destination de grands chantiers régionaux de BTP.

Sa dirigeante, Mme Chantereau, avait le sentiment que le contrôle de son entreprise lui échappait : baisse du chiffre d'affaires, problèmes incessants de trésorerie, désorganisation au niveau de la production, arrêts fréquents des matériels ayant pour cause un matériel vieillissant et un laxisme du service d'entretien.

La force de vente était peu motivée car son responsable était absorbé par des problèmes liés à la gestion des véhicules qui doivent tout à la fois servir au transport des matériaux des carrières, aux centres de traitement et aux livraisons aux clients.

Une première mission d'organisation a été confiée à votre cabinet, mission qui a débouché sur la mise en place d'une comptabilité analytique permettant de suivre les mouvements de matériaux, de les valoriser et de connaître les coûts de revient des différents produits finis (cf. exercice 4 du chapitre 3).

Suite à votre mission, un jeune technicien spécialiste en logistique a été embauché pour prendre en charge la gestion des camions et optimiser leur rotation et l'organisation des tournées de livraisons en termes de délais et de coûts. Il est également chargé du suivi et du coût de l'entretien du parc de véhicules, entretien qui a été confié à un prestataire extérieur à l'entreprise.

Par ailleurs, une réflexion a été engagée afin de développer le chiffre d'affaires et de trouver de nouveaux clients. Il a été décidé :

– d'améliorer la rapidité de livraison des chantiers de BTP compte tenu des pénalités prévues contractuellement et de la volonté de développer les ventes à destination de ces clients ;
– de développer des produits spécifiques à destination des particuliers : l'urbanisme de la région entraîne de nombreux chantiers de constructions neuves ou de rénovation pris en charge par des ménages.

Ces derniers sont demandeurs de produits facilement transportables ou de livraisons de petites tailles. Une installation d'ensachage a été acquise d'occasion et elle permet de proposer les différents sables et graviers en sacs de 50 kg. Parallèlement, l'entreprise a acquis en leasing deux toupies de petites tailles qui, jointes à une pompe facilement transportable, permettent de livrer du béton en petites quantités et à domicile.

Mme Chantereau vous confie donc une nouvelle mission : elle souhaite la conception et la réalisation de tableaux de bord. Sa demande se structure autour de deux axes :

– un **tableau de bord de gestion** à destination du responsable « gestion des camions » qui permette de suivre facilement la réalisation des objectifs et les moyens alloués à ce dernier ;
– un **tableau de bord de direction**, optique tableau de bord stratégique pour elle-même afin de fédérer les responsables de son entreprise autour d'axes d'amélioration clairs :
  - développer à 3 ans le marché des particuliers de sorte qu'il représente 20 % du chiffrre d'affaires de l'entreprise et dégage une rentabilité de 20 % avant impôt sur les moyens nouveaux acquis,
  - satisfaire les clients BTP de sorte que le chiffre d'affaires augmente de 10 % l'an,
  - optimiser la gestion du parc de camion,
  - diminuer notablement les arrêts matériels en améliorant la qualité de l'entretien et la motivation des hommes.

QUESTIONS

1. **Concevoir le tableau de bord de gestion à destination du responsable « gestion des camions ». Expliciter la démarche et proposer un document finalisé.**
2. **Concevoir le tableau de bord à destination de Mme Chantereau.**

APPLICATION 5

Cabinet Expert

Le cabinet comptable Expert est une structure de taille moyenne (une trentaine de personnes) qui envisage de racheter un cabinet de taille légèrement inférieure (une vingtaine de personnes).

Conscients de la difficulté de valoriser leur savoir-faire auprès de la clientèle et de la concurrence accrue qui les oblige à une baisse du prix de facturation des prestations, les quatre experts-comptables associés souhaitent profiter de cette acquisition pour engager une réflexion sur le développement de leur entreprise et son potentiel d'amélioration. Ils ont contacté un cabinet de conseil organisationnel qui leur propose une démarche originale de segmentation de leur clientèle.

Vous disposez des documents suivants :

- Annexe 1 : Organisation actuelle du cabinet
- Annexe 2 : Démarche de segmentation de la clientèle proposée par le cabinet conseil.

• Annexe 3 : Éléments de stratégie retenus par les dirigeants du cabinet d'expertise.

Dans le but de suivre la réalisation de leurs choix stratégiques, de mobiliser leurs collaborateurs et d'analyser les facteurs de performance du cabinet, les dirigeants souhaitent promouvoir de nouveaux indicateurs. Ils envisagent la mise en œuvre de nouveaux tableaux de bord inspirés d'une démarche de tableau de bord prospectif.

QUESTIONS

1. **Analyser la pertinence des tableaux de bord utilisés actuellement par le cabinet.**
2. **Préciser les éléments de management qui doivent prévaloir dans la mise en place de tableaux de bord.**
3. **Proposer une architecture générale de tableaux de bord adaptés au Cabinet Expert. Pour chaque tableau, préciser les finalités, la nature des indicateurs, le ou les destinataires, et la périodicité de sa publication.**

ANNEXE 1
Organisation actuelle du cabinet

Le cabinet est organisé en 6 groupes de travail structurés autour d'un chef de mission et de collaborateurs de qualification différente. Chaque groupe est responsable d'un portefeuille clients, sauf un qui s'occupe spécifiquement du domaine social (établissement des bulletins de salaires, conseils liés aux mouvements de personnel) et qui travaille pour les 5 autres. L'organisation du travail est gérée au niveau des groupes : certains chefs de mission privilégient la polyvalence des collaborateurs sur tous les dossiers du groupe, d'autres affectent les dossiers clients à des collaborateurs précis.

Les missions du cabinet sont classiques pour une structure de cette taille :

- dossier de tenue et de petite révision comptable avec quelques travaux fiscaux (TVA) pour des TPE (très petites entreprises) ;
- expertise comptable (« montage » de bilan et de documents fiscaux pour des comptabilités tenues chez le client) à destination des PME ;
- révision légale ou contractuelle ;
- quelques missions exceptionnelles comme des dossiers de fusion ou d'audit dans le cadre de restructuration.

Les clients, au nombre de 372, se répartissent en 178 entreprises de petites tailles (TPE), 80 PME et 112 missions de commissariat aux comptes.

Principes de facturation

Les honoraires sont définis par les experts en fonction du temps à passer estimé et du niveau de difficulté du dossier.

Ce niveau de difficulté définit le niveau de compétence du ou des collaborateurs qui doivent intervenir sur la mission. Le taux de facturation est de 2 pour mille de la rémunération brute annuelle du collaborateur concerné. À l'estimation obtenue, un « bonus » de 10 % de temps d'expert ou de chef de mission est ajouté pour conseils récurrents sur le dossier.

Dans 70 % des dossiers, un acompte mensuel est demandé avec réajustement semestriel en fonction de la réalité du temps passé sur le dossier. Les travaux à caractère exceptionnel sont facturés au coup par coup.

Les clients paient majoritairement par chèque, 30 % par prélèvement, 15 % par traite. Le délai moyen de paiement est de l'ordre de 3 mois et demi et a tendance à s'allonger.

Suivi des performances

Il est constitué essentiellement du suivi des heures facturables. Chaque collaborateur remplit des feuillles de temps où il spécifie tous les temps passés en travail sur un dossier, en formation, en tâches administratives, etc. Les heures facturables sont celles qui permettent une facturation aux clients. Chaque collaborateur a ainsi un objectif de productivité compte tenu de son niveau de qualification et d'une norme en termes de niveau d'activité demandé.

La gestion du temps de travail est très décentralisée et annualisée : un excès d'heures permet des demi-journées de récupération selon un système souple au grè de chacun sous la responsabilité du chef de groupe.

Un budget existe mais il est simpliste et se contente de grandes masses : chiffre d'affaires facturé, chiffre d'affaires facturable, masse salariale, loyers.

L'ensemble de ces informations est regroupé dans un **tableau de bord mensuel** à deux niveaux :
– un pour chaque chef de groupe ;
– un pour les trois experts-comptables.

La structure est identique pour les deux types de destinataires mais le niveau de détail diffère : les informations fournies à chaque chef de groupe concernent chaque collaborateur, celles à destination des experts ne reprennent que des totalisations par niveau de qualification au sein de chaque groupe de travail.

Les informations fournies concernent :
– l'avancement par dossier : les heures réelles passées sur le dossier par chaque collaborateur, compte tenu de leur taux horaire, déterminent une facturation théorique qui est comparée à la facturation réelle sous forme d'écart calculé en valeur absolue et en valeur relative ;
– la productivité des collaborateurs : il s'agit d'un récapitulatif du temps des collaborateurs selon sa nature : absence (maladie, congé, récupération), temps facturé, temps de formation, temps d'administration non facturable. Un ratio de pourcentage de facturation est établi et confronté aux normes de la profession.

Dans le tableau de bord à destination des dirigeants, il a été ajouté quelques informations globales : chiffre d'affaires facturé du mois, chiffre d'affaires encaissé du mois, nombre de factures, montant moyen d'une facture, montant moyen de la facturation par collaborateur.

Par ailleurs, les experts suivent plus spécifiquement la trésorerie du cabinet.

ANNEXE 2

Démarche de segmentation de la clientèle proposée par le cabinet conseil

Ce cabinet conseil propose d'établir une segmentation de la clientèle afin de connaître les clients qualitativement et de mettre en évidence des possibilités de développement de produits nouveaux.

Chaque collaborateur doit alors intégrer dans sa relation avec le client une fonction commerciale et développer une logique marketing. Cette étude est élaborée collectivement par chaque groupe de travail et demande la participation de chaque collaborateur afin de sensibiliser le personnel à son nouveau rôle de prescripteur.

Un dossier client est analysé par rapport à trois critères :
– critère 1 : la personnalité du dirigeant ;
– critère 2 : la nature de l'activité de l'entreprise cliente ;
– critère 3 : la capacité de l'entreprise cliente à s'organiser.

Critère 1 : la personnalité du dirigeant

La personnalité du dirigeant est répertoriée en deux types de profil :

Profil A : le dirigeant est avant tout un homme d'action, de flair et d'instinct. Il présente de bonnes capacités à développer son affaire si le secteur d'activité le lui permet. Le monde de l'administratif, de l'organisation, de la rigueur lui est étranger, voire considéré comme une perte de temps. Il est sensible au contact et au relationnel mais le langage de l'expert-comptable n'est pas adapté à ce type de personne. Cependant, son critère de choix est souvent le prix de la prestation.

Profil B : le dirigeant est un homme d'action mais aussi de réflexion, il sait correctement s'entourer, ses décisions sont réfléchies. Il apprécie une démarche qualité. Il attend de l'expert-comptable d'être l'interlocuteur privilégié qui le sécurise dans la réflexion.

Critère 2 : la nature de l'activité de l'entreprise cliente

Dans une première approche, seuls trois types d'activités sont retenus :

Activité 1 : activité caractérisée par un faible niveau de concurrence, un rayon d'action local, une obligation de qualité faible. Les entreprises de ce secteur ont peu de personnel, un chiffre d'affaires inférieur au plafond du réel simpllifié. Cette activité ne nécessite pas de son dirigeant des qualités managériales développées. Le marché du conseil y est délicat et difficile.

Activité 2 : activité plus stressante, présentant un niveau d'investissement plus élevé, demandant une plus grande réactivité et des efforts de communication interne et externe. Ces activités demandent des capacités managériales supérieures et un fort degré d'analyse. Ce secteur est porteur pour les missions de conseil.

Activité 3 : activité régulée par des contraintes institutionnelles ou ne relevant pas directement du secteur marchand : il s'agit des associations, des collectivités territoriales ou du commissariat aux comptes.

Le maillage de ces deux critères fait alors apparaître des catégories de clients dont la potentialité est plus ou moins forte, voire risquée pour le cabinet d'expertise comptable.

Compte tenu de l'entité retenue pour tester la démarche au sein du cabinet Expert, seules les activités 1 et 2 sont analysées.

	TABLEAU DE MAILLAGE	
	Activité 1	Activité 2
Profil A	Adéquation bonne entre l'homme et l'activité **Type de marché pour le cabinet :** • Missions basiques externalisées chez le client, • Documents simples mais parlants, • Standardisation de la production , • Politique de prix « marché »	Personnalité inadaptée, voire dépassée par les événements. Entreprises fragiles qui présentent un fort risque de dépôt de bilan. **Type de marché pour le cabinet :** • Missions d'accompagnement, • Vigilance en termes de délai de règlement.
Profil B	Le dirigeant est « surqualifié » pour le type de marché sur lequel il se situe. Potentiel intéressant pour le cabinet. **Type de marché pour le cabinet :** Aide au développement de l'entreprise pour « faire passer » l'activité 1 en activité 2.	Maillage de bonne qualité **Type de marché pour le cabinet :** • Développement du conseil, • Documents analytiques, • Formation et implication des clients, • Politique « rapport qualité/prix », • Standardisation des méthodes, • Production décentralisée chez le client (portable).

Critère 3 : la capacité de l'entreprise cliente à s'organiser

La capacité d'une entreprise cliente à s'organiser dépend du niveau de maturité de l'entreprise et de la personnalité de son dirigeant. Elle génère des besoins de conseil et une plus ou moins bonne compréhension des services vendus par le cabinet d'expertise. Or, cette capacité des clients à comprendre ce qui leur est fourni retentit sur le paiement et le niveau des honoraires : « un client ne paie bien que ce qu'il comprend ».

Il s'agit d'analyser le portefeuille du cabinet dans une perspective qualitative : à chaque stade d'organisation administrative et financière de l'entreprise cliente corrrespond des missions à mettre en place chez le client. Cette segmentation permet de détecter les clients « mûrs » pour certaines prestations.

Le cabinet conseil a retenu, dans des expériences antérieures, sept stades d'organisation. Un groupe de travail du cabinet d'expertise comptable Expert a accroché des produits possibles à chaque stade d'organisation. Les résultats de ces travaux sont les suivants :

Stade d'organisation	Produits potentiels à proposer aux clients par le cabinet
Stade 1 : Démarrage	*Juridique :* Création de la société (statuts, formalités). Organisation : Aide au recrutement au personnel administratif (profil, compétences). *Social :* Embauche (contrat, formalités).
Stade 2 : Mise en place d'une organisation	*Organisation :* Outil de suivi simple de la trésorerie. Procédures administratives simples, règles de classement ou d'archivage.
Stade 3 : Recherche d'une qualité des opérations	*Comptabilité :* Organisation d'une tenue comptable. Procédures informatiques. *Gestion :* Esquisse de tableau de bord (résultat flash).
Stade 4 : Demande de maîtrise de l'entreprise	*Comptabilité :* Surveillance, situation comptable périodique, révision et établissement de bilan.
Stade 5 : Suivi à court terme	Gestion : Analyse financière. Tableau de bord d'exploitation. Contrôle budgétaire.
Stade 6 : Recherche d'une amélioration de l'organisation	*Gestion :* Choix d'investissement et de financement. *Fiscalité :* Diagnostic fiscal. *Social :* Diagnostic social. *Juridique :* Modification statutaire.
Stade 7 : Organisation mature	Très souvent, les entreprises qui atteignent ce stade de maturité organisationnelle ont un service interne de conseils et le recours au cabinet d'expertise comptable est exceptionnel. Conseils stratégiques. Transmission d'entreprises.

Chaque groupe de travail du cabinet doit analyser son portefeuille client sous ces différents aspects afin d'en connaître le profil. Cette étude permet de connaître la composition de la clientèle par rapport aux critères suivants :
– la nature de l'activité,
– la personnalité des dirigeants,
– les phases d'organisation des entreprises clientes,
– le volume horaire par type de dossier et sa facturation,
– la pyramide des âges de la clientèle,
– la qualité des encaissements par dossier,
– la qualité des relations avec les clients.

Cette étude met donc en perspective les dossiers en fonction de leur qualité pour le cabinet : dossiers à fort potentiel, clients à choyer, à fidéliser ou dossiers à risques. Elle permet de visualiser tous les dossiers où il existe un potentiel de développement en termes de proposition de produits nouveaux et donc détermine un chiffre d'affaires virtuel qu'il s'agit de transformer en honoraires réels.

Un plan de progrès peut donc être mis en œuvre par chaque groupe de travail compte tenu de la structure de sa clientèle et des objectifs prioritaires définis par la direction.

Par ailleurs, une réflexion sur la qualité des prestations proposées par le cabinet est engagée et doit conduire à définir un manuel de production pour chaque mission spécifiant la définition de la prestation, le contenu du dossier remis au client, le délai de réalisation, le compétence du collaborateur, le lieu de réalisation, le processus d'élaboration...

Ce travail de standardisation, transversal à chaque groupe de travail, est le produit d'une réflexion collective et devient par la suite la règle pour le cabinet.

ANNEXE 3

Éléments de stratégie retenus par les dirigeants du cabinet d'expertise

Conscients que la réussite et la pérennité du cabinet Expert les obligent à développer une logique de marché où la profession ne vend plus du temps passé mais des produits, les dirigeants souhaitent mettre en avant des facteurs de différenciation suivants :
– fidélisation des clients par une proposition systématique de produits nouveaux adaptés ;
– consolidation de la qualité de la clientèle en termes adéquation hommes-activités ;
– optimisation des activités de base ;
– sécurisation des règlements par réduction des délais et règlement systématique par prélèvement ;
– standardisation de la production (établissement des manuels de production proposés par le cabinet conseil) ;
– valorisation des compétences de chacun et facilitation de la compréhension de la stratégie du cabinet par la participation à un programme de rédaction d'un manuel commercial spécifiant la définition de la cible, un argumentaire de vente, le support marketing, un plan d'entretien et une proposition de prix, ce travail devant être fait pour tous les produits nouveaux recensés dans l'annexe 2.

Ces éléments de stratégie s'appuient sur les constats obtenus suite à la mise en œuvre de la démarche de segmentation proposée par le cabinet conseil.

Les résultats principaux sont les suivants :

Structure de la clientèle

	Activité 1	Activité 2	Activité 3
Nombre de clients	51 %	15 %	34 %
CA (en %)	32 %	24 %	45 %
Heures expert ou chef de groupe	4 %	8 %	88 %
Heures collaborateurs	52 %	26 %	22 %
Taux facturation moyen par dossier	77	109	140
CA moyen par dossier	4 130	11 928	8 152

Les hommes de profil A représentent 85 % des clients en activité 1 et 42 % en activité 2. Les problèmes d'organisation pénalisent 37 % des clients (essentiellement de très petites entreprises) et ce sont ces dossiers qui ont le taux horaire le plus faible. La majorité des clients de l'activité 1 n'ont pas dépassé le stade 4 d'organisation alors que ceux de l'activité 2 sont en stade 5 ou au-delà.

Structure des honoraires

Volumes honoraires	Moins de 2 000 €	De 2 à 4 999 €	De 5 à 6 999 €	Plus de 7 000 €
% clients	19 %	18 %	17 %	46 %
% chiffre d'affaires	4 %	10 %	14 %	72 %
% temps	4 %	14 %	17 %	65 %
Taux de facturation moyen	92	69	87	115
Prix moyen du dossier	1 950	3 554	6 172	11 070

Respect des règlements clients

Retard de paiement/dates convenues	Néant	Moins de 15 jours	de 16 à 30 jours	Plus d'un mois
% clients	55 %	12 %	15 %	18 %
% chiffre d'affaires	58 %	10 %	16 %	16 %
% temps	63 %	10 %	11 %	16 %
Taux de facturation moyen Prix moyen du dossier	112 7 124	82 4 558	91 9 459	93 7 060

18
CHAPITRE

Le pilotage par activités : management par activités (ABM)

Les entreprises d'aujourd'hui sont confrontées à des marchés versatiles, une concurrence accrue, une incertitude accentuée dans leur connaissance du futur.

Il leur faut être flexible et réactive, maîtriser la qualité mais aussi les délais, réduire les coûts mais sans détériorer la valeur.

Elles doivent piloter leur organisation en fonction du marché en déclinant les contraintes stratégiques en objectifs opérationnels.

La logique taylorienne centrée sur les consommations de ressources et les responsabilités individuelles n'est plus valable. Il faut **piloter les processus et les compétences afin d'améliorer la performance dans une démarche de progrès continu.**

Le management par activités s'appuie sur un découpage de l'entreprise par activités assez similaire à celui défini par la méthode ABC. Pourtant, les liens entre ABC (calcul des coûts par activités) et ABM (management par les activités) sont complexes et diffèrent selon la lecture effectuée des deux méthodes.

Pour les uns, le management par activités est perçu comme un développement, une amélioration de la méthode ABC. Pour d'autres, l'ABC n'est qu'un sous-produit de l'ABM. Enfin, certains défendent une conception différente : l'ABC ne serait qu'un outil de calcul des coûts, alors que l'ABM devrait être considéré comme une philosophie du management de la performance et du progrès continu. Nous ne trancherons pas le débat mais nous proposerons des éléments de réponses avec pour objectif de montrer en quoi le bloc ABC/ABM peut être un outil complet de management.

SECTION 1
DE L'ABC À L'ABM

Le calcul des coûts par activités à été présenté au chapitre 16. C'est pourquoi nous définirons l'ABM en partant des enseignements tirés de l'ABC sans que cette présentation crée dans notre esprit une hiérarchie entre les deux approches.

1. Les gains apportés par l'ABC

La mise en œuvre d'un calcul des coûts par l'ABC permet d'éviter la prise en compte de subventionnements éventuels entre produits, et traduit la réalité de la diversité des conditions de fabrication des produits. Ce faisant, il améliore la modélisation de l'architecture des coûts de l'entreprise.

Les critères de **traçabilité** et de **causalité** sont réintroduits dans le système de calcul des coûts, ainsi la structure des coûts (hors matières) passe de « 30 % coûts directs/70 % coûts indirects » à une structure de type « **70 % de coûts traçables/30 % de coûts non traçables** ».

Mais calculé à un instant T, ce système ré-alloue les consommations de ressources entre les objets de coûts selon des critères plus pertinents mais ne donne pas de moyens d'action pour agir sur la réduction des coûts et, sous cette forme, ne peut être considéré comme une technique de pilotage.

Le calcul des coûts par la méthode ABC permet l'**abandon d'une vision de « contrôle des ressources » au profit d'une vision « contrôle des activités »** mais elle ne fournit pas en l'état le moyen d'un pilotage des activités et d'un apprentissage collectif.

Enfin sa mise en œuvre dépend d'une implication forte des opérationnels dans le repérage des activités, de leur inducteur et permet une sensibilisation à des démarches de progrès continu et d'apprentissage organisationnel. Or, une démarche complète d'ABC pour s'assurer que les produits sont bien « dans le marché » ne demande pas un rythme plus fréquent que le semestre. Comment, dans ces conditions, pérenniser l'implication des opérationnels ?

Sans oublier que notre présentation ne signifie aucunement que l'introduction de l'ABM soit dépendante de l'existence d'une méthode de calcul des coûts par l'ABC, nous pouvons essayer de définir l'ABM.

2. Un essai de définition de l'ABM

Il semble possible de définir l'**ABM** comme une **méthode de management de l'entreprise** qui doit permettre un pilotage stratégique de l'organisation dans le but d'améliorer la performance par des démarches de progrès continu.

L'ABM conçoit l'entreprise comme un **réseau d'activités** organisées en **processus** transversaux qui concourent tous à la création de la valeur.

L'utilisation de la notion de processus permet de maîtriser le fonctionnement des entreprises dans un contexte de réalignement continu tant des stratégies que des organisations et des systèmes d'information.

Les processus structurent les activités qui composent la chaîne de valeur de l'entreprise. Ils sont définis et décrits comme des enchaînements d'acteurs réalisant des activités afin d'obtenir un résultat.

Le résultat est destiné à un client, interne – dans ce cas le résultat est consommé par un autre processus – ou externe et possède une valeur. La valeur du résultat s'évalue via des indicateurs (temps de livraison, qualité intrinsèque du résultat, services associés, confiance dans l'entreprise...).

2.1 Notion de processus

P. Lorino[1] définit le **processus** comme un ensemble d'activités reliées entre elles par des flux d'information ou de matière significatifs et qui se combinent pour fournir un produit matériel ou immatériel important et bien défini.

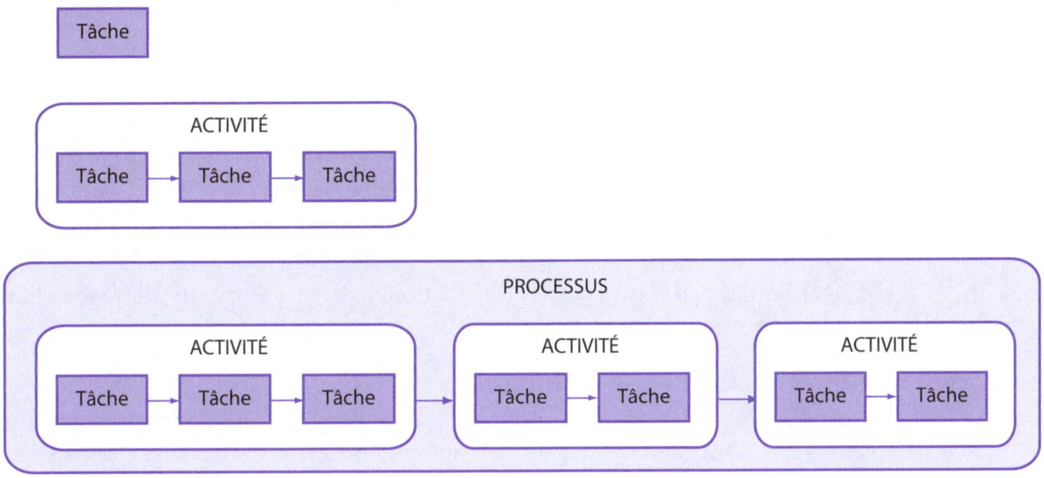

EXEMPLE

- Le processus de fabrication : ensemble des activités concourant à la transformation de la matière première en produit fini.
- Le processus de ventes combinant l'ensemble des activités nécessaires pour assurer la vente.
- Le processus logistique qui regroupe toutes les activités permettant en partant de la commande d'assurer une livraison physique.

Il est possible de classer les processus en 3 types.

a) Les processus opérationnels en liaison avec des clients externes à l'entreprise (vente et livraison par exemple)

Par définition, ces processus sont ceux portant le chiffre d'affaires de l'entreprise. L'évaluation de leur performance économique va avoir pour objet l'augmentation de la marge ou des volumes (et donc du chiffre d'affaires opérationnel du processus) :
– soit en augmentant les volumes ;
– soit en augmentant les prix ;
– soit en augmentant les services associés (et donc la valeur de vente) ;

– ou deux des trois, ou les trois simultanément.

Pour cet usage, on aura recours à une analyse de la valeur produite (et des coûts pour la produire) et à une analyse des enjeux et des objectifs.

b) Les processus opérationnels en liaison avec des clients internes (production)

Par définition ces processus ne portent pas directement le chiffre d'affaires de l'entreprise, mais ils sont les étapes critiques de la réalisation de ce dernier.

Pour les étapes de production « aval » et mettant en œuvre des sous-ensembles du produit, il est possible, en réalisant une analyse de coûts, de déduire « un prix de cession interne » égale à la somme des coûts mis en œuvre.

Mais pour les étapes de production « amont » ou très excentrées par rapport au produit support de valeur, leur contribution est très indirecte et parfois même très partielle, il est, alors, plus simple de rechercher la diminution des coûts (ou l'optimisation de l'utilisation des ressources) et le réalignement opérationnel de l'organisation, en réalisant une double analyse : objectifs et coûts.

c) Les processus « support »

L'enjeu de ces processus est le « service rendu » aux processus opérationnels. Leur collaboration est plus indirecte encore que les processus précédents. Devant la difficulté de calculer des prix de cession interne, seule une analyse « objectifs et coûts » sera efficace.

Cette description des processus **dépasse les découpages par métiers**, par fonctions ou par domaines de responsabilité pour privilégier une vision transversale de l'organisation.

L'**ABM par l'analyse des processus** et des activités permet alors, un **pilotage cohérent** avec la nouvelle définition du concept de produit.

2.2 Une « nouvelle vision » du produit

L'analyse stratégique retient des couples « produit-marché » qui deviennent des supports de marge. Il s'agit donc d'analyser, pour le segment concerné, les facteurs clés de succès (FCS) de façon à pouvoir prendre des décisions qui améliorent ces FCS dans la mise en œuvre de la gestion au jour le jour.

Ces couples « produit-marché » n'ont de valeur que parce que le marché leur en reconnaît une. Pour l'entreprise cette orientation vers le marché a deux conséquences :

- il faut chercher à optimiser le **couple « valeur-coût »** par des actions qui agissent sur les deux aspects du binôme : réduire les coûts et jouer sur la valeur ;
- il faut percevoir le coût dans une **vision de coût global** en intégrant les coûts d'utilisation ou de destruction du bien car ces coûts peuvent être facteurs de différenciation et porteurs de valeur pour les clients.

Ces deux aspects doivent être établis, segment par segment, et dans une logique de portefeuille de produits actuels et futurs afin de maîtriser les FCS, facteurs clés de succès en développant des indicateurs de pilotage cohérents avec les choix stratégiques.

Pour traduire en termes opérationnels cette création de valeur indispensable au client et porteuse de la rentabilité de l'entreprise, il faut repérer au sein de l'entreprise les activités et les processus.

Cette vision transversale n'est pertinente que si elle est reliée à celle de création de valeur entendue comme réponse aux besoins des clients. **Les activités sont le lien entre valeur et**

processus. Elles doivent être analysées par rapport au questionnement suivant : est-ce que cette activité concourt à la création de valeur ? Cette problématique s'appuie sur la notion de **chaîne de valeur** de Porter qui a mis en évidence l'interaction entre les différentes activités dans la recherche de la performance (voir chapitre 1).

EXEMPLE

La Redoute s'engage à livrer ses clients en 48 heures chrono et recherche par cette action un avantage concurrentiel fort par rapport à ses concurrents. Pour réussir, elle doit s'assurer que les fonctions de prise de commande, achats, de logistique et de facturation sont parfaitement coordonnées. C'est l'activité combinée de ces différents services au sein d'un processus qui crée la performance de l'entreprise.

La force du management par activités c'est qu'il semble en phase avec toutes les pratiques managériales apparues récemment, comme la gestion par projet, la qualité totale, le juste-à-temps…, voire qu'il facilite leur mise en œuvre.

2.3 Une cohérence avec les pratiques managériales actuelles

L'ABM, par le réseau des activités qu'il instaure, par les paramètres qu'il analyse pour les activités, est compatible avec de nombreuses techniques ponctuelles de management et peut les organiser dans une cohérence d'ensemble.

- Les **démarches de ré-ingénierie** deviennent plus lisibles puisque l'ABM fournit une clé pour déterminer les activités porteuses de valeur ajoutée et celles qui ne le sont pas,

- Les **démarches de qualité totale** ont besoin d'analyses des dysfonctionnements et du repérage des points critiques d'une chaîne d'activités pour en analyser les causes. L'analyse par activité permet d'appliquer des outils développés en production à des activités répétitives du tertiaire comme le contrôle statistique de processus ; d'autre part, les démarches de qualité totale cherchent à responsabiliser les opérationnels sur la qualité de leur prestation en obligeant à s'insérer dans une démarche client-fournisseur interne. La démarche ABM en développant des logiques de coopération interne et une vision transversale et collective permet d'éviter la reconstruction de territoires indépendants.

Enfin, le chiffrage du coût des actions qualité, comme celui des **coûts d'obtention de la qualité** (COQ) et celui du **coût de non-qualité**, est facilité par une analyse par activités grâce à la traçabilité retrouvée des consommations de ressources.

- Les **démarches de juste-à-temps** cherchent à éliminer au sein de la fonction productive les activités non créatrices de valeur ajoutée : manutention, attente, stockage, contrôle en bout de ligne et à fiabiliser les processus productifs. L'ABM permet, ici aussi, une meilleure lisibilité des processus et de la carte des activités performantes. En définissant pour chaque activité des paramètres d'efficience autres que monétaires, il redonne aux opérationnels des outils de pilotage et de mesure de leur performance plus adaptés aux exigences actuelles.

- Enfin, en apprenant aux acteurs de l'entreprise à travailler ensemble, dans des démarches de progrès continu, en se focalisant sur des optimums globaux, en privilégiant des visions transversales des processus, l'ABM peut enrichir la **gestion par projets** en ayant sensibilisé les participants à une démarche collective de résolution des problèmes.

SECTION 2

ANALYSE ET GESTION DES PROCESSUS

1. Les méthodes de réduction des coûts

Pour un pilotage par processus, il faut connaître, pour chaque processus, les activités qui le composent et leurs paramètres principaux comme les ressources utilisées, le coût de l'activité, les fournisseurs de ressources, le client (interne ou externe), l'inducteur d'activité, une capacité, des indicateurs d'efficience comme des ratios de productivité, un délai moyen de réponse, d'attente ou de fabrication, un taux de service… Ces paramètres seront ceux sur lesquels s'appuieront les opérationnels pour orienter leur action.

Cette action sur la réduction des coûts s'organise en trois grands axes.

– une **restructuration des activités** conduisant à éliminer les processus et les activités sans valeur ajoutée afin de rationaliser l'organisation interne ;
– une recherche de l'efficience des activités restantes et porteuses de valeur ajoutée par des **études d'étalonnage concurrentiel,** ou ***benchmarking***, qui consiste à chercher à acquérir le savoir-faire et la performance en se comparant systématiquement à un « meilleur » choisi parmi les concurrents ou un partenaire ;
– une action de **réduction des coûts** par identification de leviers d'action.

La mise en œuvre de ces politiques de réduction de coûts ne doit pas perdre de vue un certain nombre de questionnements liés aux activités constitutives des processus.

– la fourniture d'une prestation par une activité est toujours antérieure à la création de valeur reconnue par le client : comment alors piloter cette activité et juger de sa performance ?
– certaines activités ne semblent pas créer de valeur pour le client final et pourtant elles sont indispensables pour l'obtention du produit : Shank[(1)] évoque l'exemple du transfert d'un atelier à l'autre d'une caisse automobile non peinte ;
– la performance ne peut plus être jugée **individuellement** mais par rapport à « **l'utilité** » **de l'activité dans le processus pour la création de valeur finale** : comment alors mesurer une performance sans intégrer une vision globale qui remet en cause tous les systèmes d'évaluation actuels ?

Les entreprises y répondent en développant des modèles de **types « cause-effets »** dont l'objectif principal est de rechercher les facteurs déclenchant les coûts.

L'essentiel de l'action en faveur de la performance et par conséquence, de la réduction des consommations de ressources, est une action sur la baisse des coûts en remontant à la source et en cherchant les leviers d'action qui permettent la réelle diminution des ressources consommées pour une même quantité d'outputs sans détérioration des délais et de la qualité.

Cette démarche conduit à distinguer plusieurs notions d'inducteurs dans la gestion par activités. La terminologie n'étant pas stabilisée, nous proposons les définitions suivantes :

Inducteur de coût : cause du niveau du coût de l'activité, il se situe en amont très généralement de l'activité et représente le levier d'action qui permettra d'améliorer la performance.

Inducteur d'activité : facteur explicatif du niveau de l'activité. Il sert à imputer le coût des activités aux produits.

(1) *Shank S., Sovindarajan V., La gestion stratégique des coûts,* Éditions d'Organisation, *1995.*

Certains auteurs définissent également des **inducteurs de ressource** assimilés à des « clés de répartition » pour affecter les ressources aux activités.

EXEMPLE

Pour une activité de facturation, l'**inducteur de ressource** permettra d'affecter la part du salaire du responsable du service à cette activité.

L'**inducteur d'activité** sera sans doute la ligne de facturation.

En revanche, le facteur explicatif du niveau du coût ou **inducteur de coût** de l'activité dépend de la variété des produits proposés et de la spécificité des clients qui commandent plus ou moins de produits par factures.

Seule une action sur le volume des inducteurs de coûts permet une réduction efficace des ressources consommées : réduire le nombre de lignes de facturation conduirait à une diminution du chiffre d'affaires, résultat contraire à celui recherché. Ici, il faut analyser les causes explicatives au nombre de lignes de facturation sur les factures et mener une réflexion en amont sur les moyens de réduire ces causes : ainsi la performance de l'activité facturation dépend d'améliorations apportées en amont du processus et oblige à une vision transversale et collective de l'analyse et de la résolution du problème.

EXEMPLE

Proposer à des clients professionnels et compétents de structurer ses propres configurations informatiques en choisissant chacun des composants peut être perçu comme une offre de valeur appréciable du fait de la souplesse qu'elle propose à cette clientèle avertie.

La même offre destinée à une clientèle grand public peut être non porteuse de valeur car trop complexe : elle entraînera des demandes de conseils en *hot-line* consommatrices de ressources. Un véritable questionnement sur la cause de l'activité « conseil » conduira à revoir l'offre catalogue : il sera alors proposé un choix plus réduit de configurations standards avec des variantes limitées qui satisferont la majeure partie de la clientèle « particuliers ».

La mise en œuvre des trois axes d'amélioration de la performance oblige à un apprentissage de l'action collective en termes organisationnels et la nécessité d'une démarche de progrès continu.

2. Une gestion plus systématique des coûts de capacités

L'ABM conduit à définir pour chaque activité :

- une **mesure** de l'activité : par exemple, la ligne de facturation ;
- un **volume** d'activité : par exemple, 11 000 lignes de facturation en mars ;
- une **capacité** pour cette activité : par exemple, 12 000 lignes de facturation par mois.

Dans ce contexte, la maîtrise des coûts ne redescend plus jusqu'au produit mais se contente d'une maîtrise du coût unitaire de l'inducteur. Cependant cette analyse de l'aspect coût de la performance cherche à distinguer dans la notion d'efficience ce qui relève :

- du non-gaspillage comme le nombre de lignes traitées/heures de personnel nécessaires ;
- de l'oisiveté des structures par l'inadéquation entre le nombre de lignes traitées par rapport à la capacité de traitement.

EXEMPLE

Pilotage des coûts de surcapacité dans l'entreprise de jouets électroniques Videorev

Le marché de Videorev croît en moyenne très vite, mais avec des oscillations du taux de croissance assez importantes et difficiles à prévoir et des incertitudes majeures sur les produits particuliers. Le pilotage des coûts de surcapacité est un véritable enjeu, qui met en cause :

- la pertinence des prévisions à moyen-long terme qui fondent les plans et les décisions d'investissement (**pilotage stratégique**),
- la pertinence des prévisions à court-terme et des budgets qui fondent l'engagement de ressources (**pilotage tactique**),
- la flexibilité et la réactivité des opérationnels pour **ajuster leurs moyens** sur le court terme.

Videorev décide de définir le coût de surcapacité comme « sous-absorption des coûts fixes ». Le niveau « normal » d'activité est le niveau d'activité planifié dans le dossier d'investissement. Le coût de surcapacité est décomposé en trois éléments complémentaires :

1. Le coût imputable à la différence entre activité planifiée et activité budgétée : ce coût est imputée aux planificateurs, qui en répondent. Ils doivent notamment déterminer si la situation de surcapacité est conjoncturelle ou durable et proposer des plans d'action en conséquence (réduction de la capacité si la surcapacité n'est pas simplement conjoncturelle).
2. Le coût imputable à la différence entre activité budgétée et activité réelle, jusqu'à concurrence de 10 % d'écart : ce coût est imputé aux opérationnels de production, à qui on demande de pouvoir s'adapter sans surcoût à des variations de charge de plus ou moins 10 %.
3. Le coût imputable à la différence entre activité budgétée et activité réelle, au-delà de 10 % d'écart : ce coût est imputé aux commerciaux, dont les prévisions de vente servent de base au budget de production. Au-delà de 10 % de variation de charge, on juge que les commerciaux ne peuvent pas s'en remettre à la flexibilité des usines.

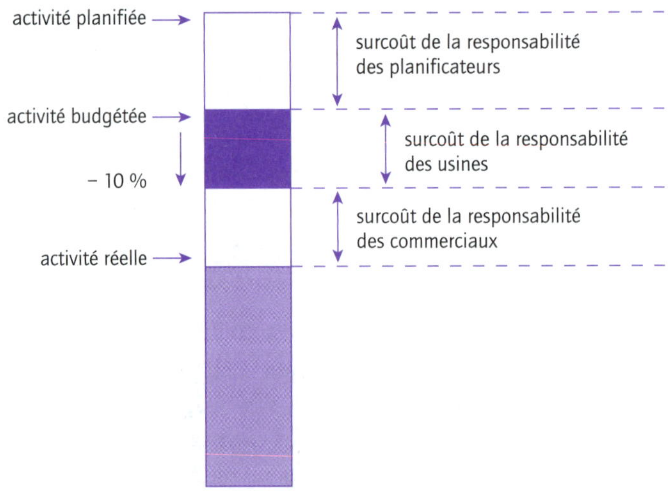

Source : P. Lorino, *op. cit.*

De cette façon, Videorev estime avoir établi des règles du jeu claires et équitables pour un bon pilotage des capacités et des coûts éventuels de surcapacité.

SECTION 3

L'ABM ET LE PILOTAGE DE LA PERFORMANCE

La vision transversale par processus demande une autre mesure de la performance.

La mesure de la performance structurée autour d'une vision traditionnelle de l'efficience et évaluée par des indicateurs uniquement monétaires, codifiés dans la procédure budgétaire, dont le but est de contrôler des consommations de ressources de centres de responsabilité autonomes, **n'est plus adaptée**.

Il faut donc redéfinir la notion de performance et celle de sa mesure.

1. Une nouvelle vision de la performance

La performance devient multicritère : elle doit intégrer des aspects de coûts, de délais, de qualité de prestation et de participation à la valeur. De locale, elle doit maintenant exprimer les efforts de l'ensemble des activités qui concourent aux processus : elle est devenue inter-fonctions.

Sa mesure se doit d'inciter à développer des comportements cohérents avec les objectifs stratégiques et d'éviter les effets pervers du positionnement de certains indicateurs.

EXEMPLE

Il est reconnu qu'une focalisation excessive des entités opérationnelles des firmes américaines sur le niveau du ROI a conduit ces dernières à une baisse du niveau des investissements pour ne pas détériorer le dénominateur du ratio sur lequel les responsables étaient jugés. Ces choix, logiques à court terme, se révèlent désastreux sur le long terme et pour la survie de l'entreprise.

Des psychosociologues ont montré que toute organisation, face à un paramètre d'évaluation de sa performance, développe, à terme, des comportements qui conduisent à concentrer l'ensemble des efforts sur l'obtention d'un bon chiffre au détriment du sens de l'action opérationnelle.

Par ailleurs, les facteurs de la performance sont trop souvent non localisés à l'endroit où la mesure est opérée : la performance des activités d'aval est déterminée par des choix effectués par des activités amont. Ce problème entre mesure et possibilité d'action sur la performance est au centre de la démarche de réduction des coûts en conception (voir chapitre 20, la méthode des coûts cibles) : il s'agit alors de mesurer une performance virtuelle.

EXEMPLE

Hewlett-Packard a mis en évidence neuf inducteurs de coût à limiter de façon prioritaire au moment de la conception comme facteur de performance dans une division qui fabrique des systèmes informatiques dont la durée de vie est extrêmement courte.

2. De nouveaux indicateurs de performance

Il est possible, en s'appuyant sur les paramètres définis pour chaque activité, et en accord avec les opérationnels, de définir des **indicateurs de mesure de la performance** et des **indicateurs de maîtrise de la performance** ainsi que des **indicateurs de suivi des plans d'action et de progrès**.

• Les **indicateurs de mesure** de la performance évaluent le résultat de l'activité ou du processus. Ils sont recherchés dans les systèmes d'information existants mais intègrent une vision multicritère.

EXEMPLE

Le coût unitaire d'un inducteur, le délai moyen d'attente, le taux de satisfaction des clients...

Ces indicateurs doivent donner une bonne vision de l'atteinte des objectifs et leur calcul doit être effectué dans un délai court.

• Les **indicateurs de maîtrise** de la performance regroupent l'ensemble des leviers d'action qui permettent de maîtriser la performance. Ils correspondent aux facteurs de cause de performance dans une analyse cause-effets. Leur repérage est réalisé avec l'aide des outils de la gestion de la qualité pour retrouver les causes de dysfonctionnements : les cinq pourquoi, le diagramme d'Ishikawa...

Le choix d'indicateurs de maîtrise ou de leviers d'action détermine, de fait, un choix entre actions prioritaires.

EXEMPLE

Pour une activité d'ordonnancement de la production, il est possible d'évaluer la mesure de la performance par le nombre de séries lancées mais les indicateurs de maîtrise de la performance seront le nombre de ruptures de charge ou le nombre de versions de chaque produit.

• Les **indicateurs de suivi ou de progrès** regroupent l'ensemble des indicateurs qui permettent de juger de l'avancement du plan d'action.

EXEMPLE

Pour améliorer la qualité de l'accueil d'un service en liaison avec la clientèle, on peut retenir comme **indicateur de mesure** le pourcentage de clients satisfaits et le délai moyen d'attente au guichet, comme **indicateur de maîtrise du processus** la formation du personnel aux techniques d'accueil, ou l'adéquation entre le nombre de clients et le nombre de guichets ouverts. Un **indicateur de suivi** pourra être le pourcentage de personnel ayant reçu une formation à l'accueil.

L'ensemble de ces indicateurs seront regroupés dans l'architecture de tableaux de bord et du système de reporting de l'entreprise (*cf.* chapitre 17).

Ce travail de mise en place et d'exploitation des indicateurs doit être fait dans une approche transversale d'apprentissage collectif qui se positionne en contradiction complète avec les modes d'animation traditionnels des structures.

P. Lorino[1] résume les différences de culture entre les deux approches dans le tableau suivant :

Responsabilité individuelle	Apprentissage collectif
Autonomie locale/discipline hiérarchique/ « verticalisation »	Interdépendances et solidarités transversales/ coordinations non hiérarchiques
Pilotage centré sur l'utilisation des ressources (le responsable est responsable, avant tout, de l'utilisation de «ses» ressources : le patrimoine qu'on lui a délégué)	Pilotage centré sur la production de savoirs collectifs (la bonne utilisation des ressources découle de la maîtrise des bons savoir-faire collectifs et la production de nouveaux savoirs)
Risque de rétention d'information, opacité (défense de la marge de liberté propre, dissimulation de l'échec par crainte des sanctions)	Besoin de transparence, circulation de l'information (mise en commun des informations pour dynamiser le diagnostic collectif)
Maîtrise locale des ressources	Fluidité/mobilité dans l'utilisation des ressources au mieux de l'apprentissage organisationnel
Responsabilité individuelle	Engagement collectif
Pilotage par les résultats individuels	Pilotage par des objectifs partagés
Sanction de l'échec et du succès (récompense et punition), recherche du responsable de l'échec.	Utilisation cognitive de l'échec et du succès, recherche de la cause de l'échec pour capitaliser le retour d'expérience

L'ABM, doté d'indicateurs de performance variés, d'un mode de pilotage spécifique, est donc un outil d'amélioration organisationnelle. Dans ce contexte, le contrôle de gestion est un soutien actif à cette démarche par les calculs de coûts qui permettent d'asseoir les décisions, par la réflexion et la définition d'indicateurs pertinents qui lui confèrent sa légitimité.

CONCLUSION : UNE VISION GLOBALE ET COHÉRENTE DE MANAGEMENT ?

La notion d'activités est au centre des méthodes ABC et ABM qui fournissent des réponses à des logiques différentes.

Le schéma suivant positionne les différents liens entre ABC et ABM :

(1) *Op. cit.*

LES ACTIVITÉS, PIVOT DES DÉMARCHES ABC ET ABM

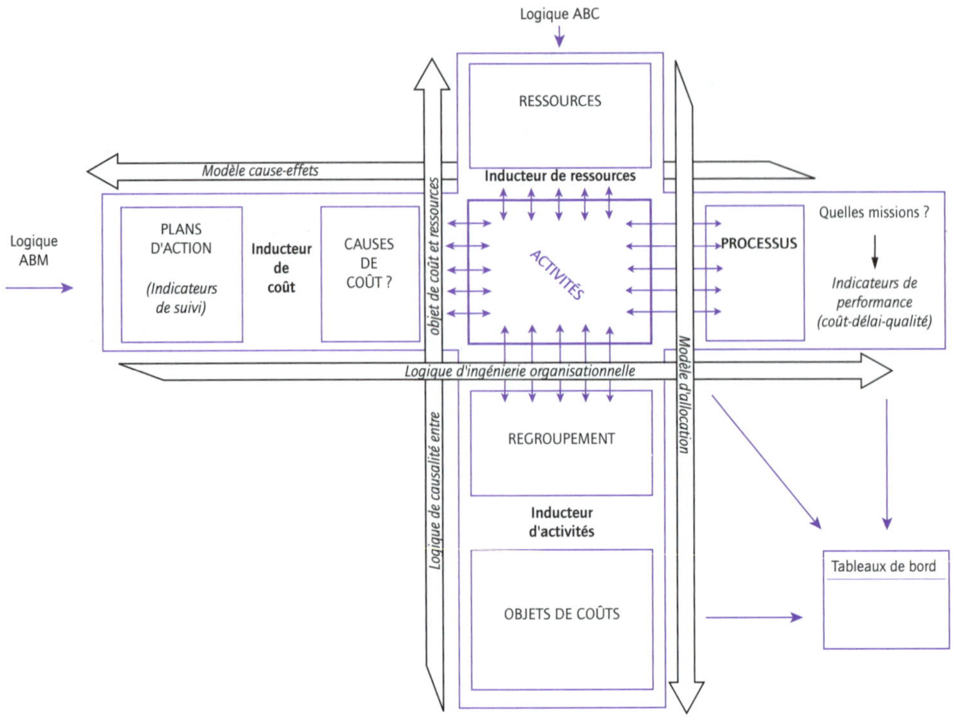

La verticale de la logique ABC peut se lire :

– de bas en haut quand il s'agit de questionner la modélisation de l'organisation et la variété des activités consommées par les différentes familles de produits/clients : c'est une logique de causalité ;

– de haut en bas quand, sur cette modélisation créée, elle sert au calcul des coûts des produits/clients dans une démarche d'allocation des ressources. Ces calculs longs et dont la pertinence dépend de la qualité de la modélisation précédente n'ont pas vocation à être réalisés au rythme d'un contrôle opérationnel mensuel. Ils doivent donner une image du coût des produits pour s'assurer qu'ils restent « dans le marché ».

L'horizontale de la logique ABM traduit le pilotage de l'organisation :

– de droite à gauche, elle positionne les différents processus, les activités qui les composent et, par un questionnement adéquat, remonte aux causes réelles des coûts. Elle définit les plans d'action sources de progrès et d'économie qui doivent permettre de proposer autant de valeur au client en consommant moins ou mieux les activités et donc en réduisant les ressources ;

– de gauche à droite, elle renvoie à la remise à plat des processus par des logiques de re-ingénierie qui visent à simplifier les processus, en évitant les doublons d'activité, en supprimant les activités non porteuses de valeur.

Dans cette perspective, le pilotage se situe au niveau des processus et des activités qui les composent : réduire le volume des activités ou réduire les consommations de ressources nécessaires aux activités conduit nécessairement à la réduction du coût des produits/clients de la méthode ABC.

Le suivi de ce pilotage est alors encadré de façon tranverse dans des tableaux de bord qui regroupent tout à la fois des indicateurs financiers, qualitatifs ou de maîtrise de délais. Il semble que sur cette représentation, il soit possible d'inscrire une procédure de budgétisation en se servant de prévisions de ventes et en remontant aux ressources consommées par la logique ABC : c'est ce qui est proposé par la démarche du budget à base d'activités (ABB) développée dans le chapitre suivant.

Enfin, la vraie « révolution » n'est pas dans la mise en place de nouveaux outils mais dans la **culture de coopération et de progrès** continu qu'elle implique car il sera difficile aux entreprises de se débarrasser de plusieurs dizaines d'années de culture taylorienne.

APPLICATION

Entreprise Delta

L'entreprise Delta possède, dans une unité spécialisée, une chaîne de montage d'appareils de mesure pour l'industrie mécanique. Ces appareillages intègrent différents composants fabriqués en interne ou obtenus auprès de fournisseurs mais dans tous les cas livrés en juste à temps à la chaîne de montage.

À l'origine, le succès de cette entreprise s'est construit sur un produit P1 dont la solidité et la longévité ont été fortement appréciées par les entreprises clientes. Très vite, l'entreprise a proposé une version plus basique du produit de référence appelé P2 et une version plus élaborée et faisant appel à des composants spécifiques qui permettaient une meilleure flexibilité d'utilisation, le produit P3. Assemblés sur une même ligne de production, les trois produits constituaient une offre de produits homogènes issus d'une même technologie.

Le système d'information de l'entreprise permet une gestion budgétaire construite sur une vision hiérarchique de l'entreprise et un découpage en centres d'analyse.

Le contrôleur de gestion désireux d'améliorer la performance de l'entreprise, décide de tester sur cette unité une analyse en termes d'activités et de processus. Il souhaite en accord avec le responsable de l'unité de production, dans un premier temps tester la qualité du système de suivi des coûts (*partie 1*), puis par la suite à entreprendre des démarches de réduction de coût dans une perspective de management par les activités (*partie 2*).

Partie 1

Dans cette optique, il vous communique un ensemble d'informations comptables et productives correspondant à une **activité mensuelle normale** pour cette unité de montage.

	Produit 1	Produit 2	Produit 3
Quantités produites mensuelles normales	40 000	30 000	16 000

Données de production

- Nomenclature des produits et prix d'achat des composants

	Produit 1	Produit 2	Produit 3	Prix unitaire
Composant A (en kg)	0,08	0,10	0,05	20,00 € le kg
Composant B (en kg)			0,1875	35,00 € le kg
Composant C (en kg)		0,24	0,30	50,00 € le kg
Composant D (en kg)	0,10		0,1875	45,00 € le kg
Composant E (en kg)	0,20			10,00 € le kg
Pièce G (unité)	1	2	1	20,00 € pièce

- Taille des lots et nombre de lots

Taille des lots de livraison	
Composant A (en kg)	500
Composant B (en kg)	500
Composant C (en kg)	2 000
Composant D (en kg)	500
Composant E (en kg)	2 000
Pièce G (unités)	2 900

Nombre des lots de production		
	Lot de 1 000	Lot de 200
Produit 1	20	100
Produit 2	30	
Produit 3		80
Nombre de lots de production	50	180

- Temps de gamme

	Produit 1	Produit 2	Produit 3
Temps de gamme en HMO	0,80	0,20	0,40
Temps de gamme en HM	1,00	0,60	0,80

Données comptables

- *Tableau des charges indirectes*

	X	Y	Z	W	K
	Approvisionnement	Atelier 1	Atelier 2	Contrôle	Adminis-tration
Charges indirectes	586 550	1 275 400	1 789 200	368 000	339 200
Nature U.O.	kg achetés	HMO	HM	Nbre produits	Coût de production
Nombre U.O.	37 000	44 400	70 800	86 000	7 579 132
Coût U.O.	15,8530	28,7250	25,2710	4,2790	0,0448

• *Coût de revient des trois produits selon la méthode des centres d'analyse*

	Produit 1			Produit 2			Produit 3		
	Qté	**C.U.**	**Montant**	**Qté**	**C.U.**	**Montant**	**Qté**	**C.U.**	**Montant**
Charges directes									
Composant A (en kg)	0,08	20	1,600	0,10	20	2,000	0,05	20	1,000
Composant B (en kg)							0,19	35	6,563
Composant C (en kg)				0,24	50	12,000	0,30	50	15,000
Composant D (en kg)	0,10	45	4,500				0,19	45	8,438
Composant E (en kg)	0,20	10	2,000						
Pièce G (unité)	1,00	20	20,000	2,00	20	40,000	1,00	20	20,000
Sous-total			**28,100**			**54,000**			**51,000**
Charges indirectes									
Approvisionnement	0,38	15,85	6,024	0,34	15,85	5,390	0,73	15,85	11,493
Atelier 1	0,80	28,73	22,980	0,20	28,73	5,745	0,40	28,73	11,490
Atelier 2	1,00	25,27	25,271	0,60	25,27	15,163	0,80	25,27	20,217
Contrôle	1	4,28	4,279	1	4,28	4,279	1	4,28	4,279
Sous-total			**58,554**			**30,577**			**47,479**
Coût de production			**86,654**			**84,577**			**98,479**
Administration	86,654	0,04475	3,878	84,577	0,04475	3,785	98,479	0,04475	4,407
Coût de revient			**90,532**			**88,362**			**102,887**

• Activités et inducteurs retenus

Centre	Activités	Inducteurs	Montant
X	Relations fournisseurs	Nombre de références	80 000
X	Contrôle réception	Nombre de lots réceptionnés	161 280
X	Suivi des stocks	Nombre de références	160 000
X	Logistique interne	Nombre de manipulations	185 270
Y	Ordonnancement	Nombre de lots fabriqués	115 000
Y	Conception	Nombre de modèles	450 000
Y	Production	Temps main d'œuvre	710 400
Z	Ordonnancement	Poids des composants	444 000
Z	Production	Temps machine	1 345 200
W	Contrôle réception	Nombre de lots fabriqués	368 000
K	Coût ajouté	Coût ajouté	339 200
	Total des charges indirectes		**4 358 350**

TRAVAIL À FAIRE

1. **Déterminer le nombre de lots réceptionnés, le nombre de lots de fabrication et le nombre de manipulations.**
2. **Calculer le coût de tous les inducteurs proposés.**
3. **Calculer le coût de revient attribuable des trois produits en méthode ABC :**
   a) En retenant une taille moyenne des lots de fabrication pour le produit P1
   b) En distinguant le coût des produits P1 en lots de 1 000 unités et celui de P1 en lots de 200 unités.
   c) Commenter vos résultats ? Quelle solution assure la meilleure pertinence du système d'information ?

Partie 2

Sur la base de ces résultats, le contrôleur de gestion décide de se servir de ce nouveau système d'information pour améliorer les performances.

Plusieurs propositions ont été adressées au responsable de l'unité pour améliorer les processus productifs ou réduire les coûts.

Proposition 1

Le responsable de la logistique affirme que sous réserve d'accepter un niveau de stockage plus important et pour un coût global mensuel de 110 000 € (locaux et personnel), la fabrication des produits P1 et P3 pourrait s'effectuer en lots de 1 000 unités. Toutefois, ce mode de fabrication obligerait pour le produit P3 à une étape de conditionnement : afin de respecter les demandes des clients, les lots de 1 000 seraient séparés en lots de livraison de 200 unités. Cette étape pourrait être prise en charge par l'opérateur du stockage sans coûts additionnels autres que le coût direct des emballages : 120 € par unité.

Proposition 2

Dans le cadre de notre stratégie de qualité totale, nous avons engagé une démarche de partenariat avec le fournisseur du composant D. Ce dernier qui dispose de capacités de production non utilisées, est prêt à revoir son tarif à la baisse si nous lui commandons des quantités plus importantes de ce composant. Il semble, en effet que le composant B puisse être remplacé par le composant D à qualité et poids égaux. Cependant le service des études fait savoir que le coût de « reconception » du produit 1 est évalué à 55 000 €.

Proposition 3

Le responsable commercial a été contacté par un client qui souhaiterait nous confier en sous-traitance la fabrication d'un produit décliné de nos produits actuels. Ce donneur d'ordre a conçu un modèle spécifique et l'unité spécialisée devrait se charger uniquement des approvisionnements et du montage du nouveau produit.

- Volume de production : 10 000 unités à fabriquer en lots de 100
- Composant A : 0,10 kg par produit
- Composant B : 0,10 kg par produit
- Composant C : 0,24 kg par produit
- Composant G : 3 unités par produit
- Temps de gamme (en HMO) : 0,30

• Temps de gamme (en HM) : 0,70

Après études du comportement des ressources consommées par les différentes activités, le contrôleur de gestion considère, en accord avec le responsable de l'unité spécialisée, que :

– les ressources consommées par la gestion des modèles et la gestion administrative sont des charges fixes qui sont immuables dans un horizon court terme,
– les ressources consommées par la gestion des références et celle de manipulations dépendent uniquement du volume des inducteurs retenus,
– les ressources consommées pour la gestion des lots sont, par contre, proportionnelles en partie seulement au volume des inducteurs (nombre de lots) : à 70 % pour les lots réceptionnés et à 40 % pour les lots fabriqués.

QUESTIONS

Pour la proposition 1 :

1. **Analyser l'impact sur les différentes activités de la proposition du responsable logistique**
2. **Chiffrer ces impacts. Commenter.**

Pour la proposition 2 :

3. **Analyser l'impact sur les différentes activités de la proposition du responsable logistique**
4. **Dans une optique de « donnant-donnant », quelle doit être la baisse de coût du composant D à obtenir du fournisseur pour que cette décision soit acceptable pour l'entreprise.**
5. **Évaluer la réponse du fournisseur.**

Pour la proposition 3(1) :

6. **Calculer le coût de production marginal du produit sous-traité.**
7. **À quel prix peut-on accepter cette commande additionnelle dans la mesure où l'entreprise souhaite dégager sur ce contrat une marge de 12 % du prix du contrat.**

(1) On admettra que l'entreprise peut satisfaire cette nouvelle commande avec les capacités de production installées.

CHAPITRE 19

Le pilotage avec ou sans les budgets

La gestion budgétaire est apparue dans les années 20, mais elle s'est essentiellement diffusée dans les années 60. Il s'agit depuis de nombreuses décennies du dispositif de contrôle de gestion le plus utilisé quelles que soient les limites reconnues par les managers à cet outil.

Ainsi, en 1980, un sondage KPMG donnait les informations suivantes :

Sondage KPMG sur 600 réponses d'entreprises européennes dont 75 % appartiennent à des groupes : 60 % avec CA > 100 millions d'euros et 30 % avec un CA > 300 millions d'euros

99 % des entreprises interrogées déclarent faire un budget, 83 % tiennent compte des prévisions économiques, 60 % l'inscrivent dans un plan à moyen terme, mais 29 % seulement se positionnent par rapport à la concurrence.

45 % des entreprises dépassent trois mois pour boucler leur budget. Trop long, le budget est aussi trop détaillé et trop complexe. Ainsi, 70 % des sociétés de moins de 3 000 salariés pratiquent la facturation interne.

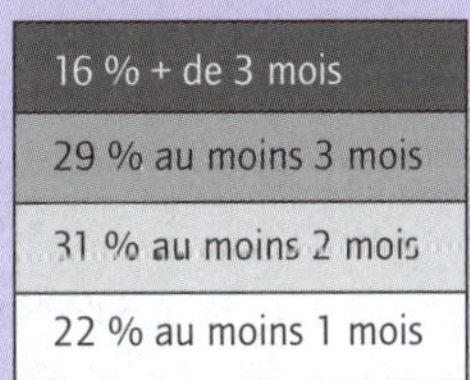

Dans 70 % des entreprises, le budget tue l'initiative. Seulement trois entreprises sur dix prévoient un bonus pour leurs cadres à partir des réestimations en cours d'année.

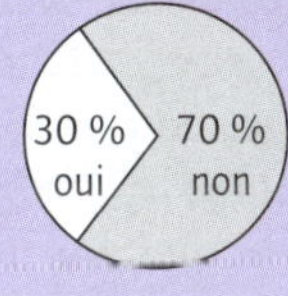

90 % des entreprises tiennent à leur budget.

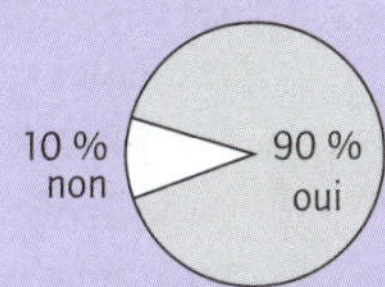

Une entreprise sur deux seulement le juge trop lourd. Un tiers le trouve trop financier et trop long à boucler. Mais 67 % des grandes entreprises se déclarent prêtes à en simplifier les procédures.

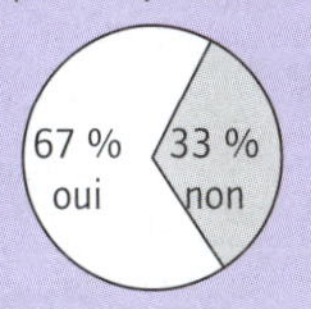

En 2004, Bescos, Cauvin, Langevin et Mendoza confirment les tendances précédentes.[1]

Lourd, coûteux et excessivement formaliste, ce dispositif est actuellement clairement remis en cause car inadapté aux besoins de pilotage des entités aux structures aplaties aux frontières mouvantes qui agissent dans un environnement extrêmement turbulent et concurrentiel.

(1) *« Critique du budget : une approche contingente », CCA, juin 2004*

Face à ces nombreuses critiques, on voit apparaître de nouveaux modèles de gestion tels que la gestion sans budget.

SECTION 1

LA GESTION BUDGÉTAIRE : UN OUTIL DEVENU INADAPTÉ

L'approche classique consiste à préparer, à partir d'hypothèses d'activité stable, des budgets dont l'horizon est annuel et qui constituent des objectifs immuables servant de base au calcul d'écarts et à l'évaluation de la performance. Toutes ces caractéristiques sont actuellement remises en cause.

1. Le budget et le temps

Le temps du budget est celui de l'exercice comptable, il est rythmé par les arrêtés de comptes et le contrôle financier nécessaire à toute organisation de grande taille.

Très formalisé, il nécessite en moyenne quatre mois d'élaboration au cours de l'exercice précédent, consacrés à la coordination des services, à l'obtention de consensus, à l'étude de tous les scénari possibles et à la définition des différences de priorités. Ces processus sont autant de contraintes qui rendent la phase d'élaboration des budgets longue et complexe. La consolidation du budget peut s'avérer longue surtout en l'absence de standardisation. Cette phase de construction est donc extrêmement consommatrice de temps et d'énergie.

Le suivi budgétaire rythme le déroulé de l'année en cours et permet un reporting financier mensuel qui autorise des consolidations de résultats. Il focalise l'attention des managers sur des objectifs à court terme et induit un mode de raisonnement trop orienté par le passé.

Aujourd'hui, l'accent est mis sur les actions à développer dans le groupe pour conduire la stratégie plutôt que sur leur image financière et les chiffres qui en découlent. Dans cette perspective, le budget couvre une période trop courte pour la stratégie (un an) mais trop longue pour le pilotage opérationnel. Les organisations demandent des outils de contrôle, de communication et de coordination adaptées aux actions entreprises :

- soit un horizon plus long qui permet le lien entre réflexion stratégique et plans opérationnels ;
- soit un horizon plus court adapté en termes de réactivité aux décisions opérationnelles des plans de progrès.

2. Le budget et l'incertitude

Le budget est un outil de réduction de l'incertitude : dans un contexte donné réputé prévisible, il prévoit les objectifs de l'entité qui vont guider, encadrer son fonctionnement sur la durée des prévisions.

Tant que prévoir le futur consistait à reprendre le passé et y ajouter un pourcentage d'augmentation dans un contexte de concurrence stable, cette procédure gardait sa pertinence et les prévisions arrêtées en comité directeur pouvaient avoir le statut de normes intangibles à respecter.

Aujourd'hui, cette rigidité joue contre l'outil. L'environnement concurrentiel est devenu complètement incertain, les couples produit-marché sont à réactualiser dans des horizons de deux à trois ans, les consommateurs deviennent versatiles, et l'incertitude existe au sein même des organisations quant aux processus ou aux technologies à mettre en œuvre.

D'après des études faites, il apparaît que les firmes qui sont le plus confrontées à l'incertitude sont celles qui récusent le plus le budget.

Le budget doit donc se transformer : il doit abandonner sa fonction de mise en œuvre d'objectifs stables, et devenir un outil d'analyse et de simulation permettant d'anticiper et d'exploiter les changements de l'environnement par des procédures de « re-prévisions » systématiques.

3. Le budget et la structure

Le budget traditionnel correspond le plus souvent à un découpage fonctionnel, en cohérence avec les structures organisationnelles des années 1970. Ce découpage induit d'ailleurs des jeux de pouvoirs entre responsables nuisibles à la qualité de l'outil.

Ce découpage est aujourd'hui obsolète. Les organisations se sont structurées autour de configurations plus aplaties, privilégiant les coopérations transversales qui s'adaptent à leur analyse de la chaîne de valeur et aux processus qui la composent.

Il faut donc un découpage budgétaire en adéquation avec l'organisation actuelle des firmes, ce qui introduit un nouveau facteur d'incertitude puisque la structure est devenue une variable stratégique à gérer.

4. Le budget et la performance

Le budget est un outil de suivi des réalisations essentiellement financières sur lesquelles est accrochée une partie des rémunérations des managers.

Cette focalisation sur le critère financier est inadaptée à la notion actuelle de performance qui est devenue multicritère. Il faut désormais gérer la valeur, la qualité et les délais tout en maîtrisant les coûts. La réussite consiste à développer des capacités de réactivité aux changements de l'environnement.

Il semble que les firmes qui ont choisi des stratégies de différenciation plutôt que des stratégies de domination par les coûts soient plus critiques sur le manque de réactivité des budgets que les autres. Elles sont, en effet, plus souvent confrontées à l'incertitude et privilégient des indicateurs sur la qualité, l'efficience de leurs opérations promotionnelles.

Les secondes opèrent dans un environnement mieux maîtrisé et les indicateurs pour comparer les coûts réels et les coûts standards, informations fournies par les budgets traditionnels, répondent à leurs attentes.

L'ensemble des insuffisances relevées précédemment ont conduit certaines entreprises à des réajustements dans leur procédure budgétaire en cherchant à rénover leurs pratiques et d'autres à récuser complètement cet outil en supprimant le budget.

SECTION 2

UN BUDGET RÉNOVÉ : LE BUDGET À BASE D'ACTIVITÉS

1. Budget et transversalité

Transversaliser est un mode de gestion qui doit donner à chacun la possibilité de comprendre et de mesurer sa contribution aux efforts collectifs. Les budgets doivent s'adapter aux structures organisationnelles nouvelles caractérisées par un regroupement des hommes autour des activités et des processus.

Dans cette conception, les budgets sont structurés sur les choix organisationnels réalisés par l'entité à savoir l'organisation en activités et en processus.

Ainsi, il est possible de positionner l'ABB (Activity Based Budgeting ou Budget fondé sur les activités) par rapport au budget traditionnel en montrant leur complémentarité plutôt que leur opposition.

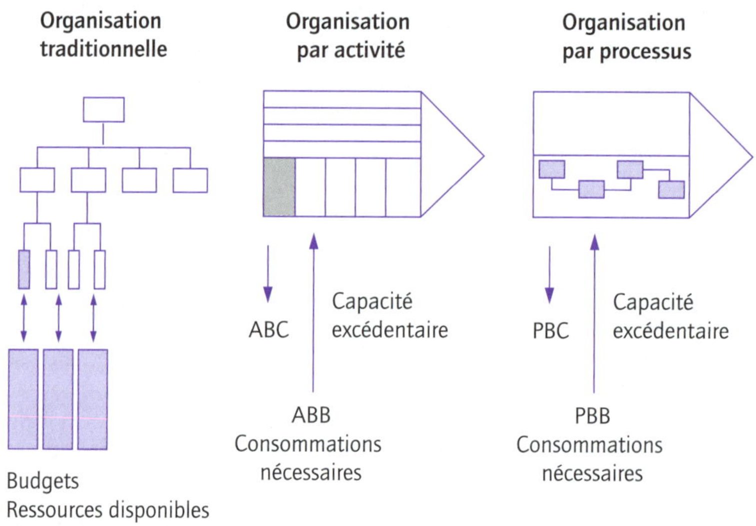

Le budget fondé sur les processus ou PBB (*Process Based Budgeting*) s'appuie sur les principes de consommation de processus : il représente une consolidation de la démarche par activités. Les budgets sont alors déclinés en termes d'activités consommatrices de ressources très liés à la méthode ABC et deviennent des budgets à base d'activités.

La procédure d'élaboration s'articule autour d'une démarche « *bottom-up* » plutôt que « *top-down* ». Plus proches de la réalité du terrain, les constructions budgétaires liées aux activités et aux processus peuvent être plus objectives surtout si la cartographie des activités est une bonne représentation de la réalité de l'entreprise.

Cette procédure peut permettre également de repérer les activités critiques en termes de capacité ou de moyens qualifiés.

Mieux reliés à la stratégie, les budgets transversaux sont plus interactifs car ils permettent un échange continu entre la direction et les niveaux opérationnels : ils deviennent outil de dialogue, d'apprentissage et de coordination informelle.

2. Budget à base d'activités

2.1 Principe de base

Le budget fondé sur l'activité ou ABB (*Activity Based Budgeting*) s'appuie sur une démarche de l'ABC. Le principe consiste à calculer les coûts prévisionnels d'une activité à partir des consommations prévues par cette activité.

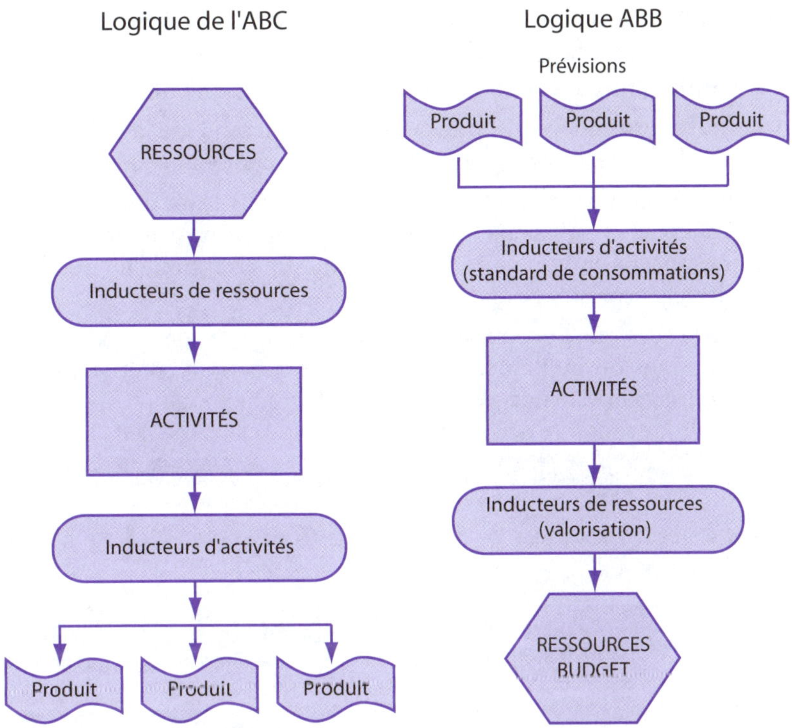

Sur la base d'une estimation des volumes de vente et de production (similaire à celle des budgets traditionnels), on construit une prévision de la charge de travail de chaque activité.

Ensuite, on évalue les ressources nécessaires à chaque activité et on les valorise pour obtenir le budget des ressources.

Par une procédure d'aller-retour, un processus d'ajustement des capacités est engagé pour mettre en évidence les éventuelles capacités excédentaires.

La réalisation des budgets est effectuée à partir des ressources mises à disposition et des ressources réellement consommées par les activités.

Ainsi, le budget traditionnel, fondé sur les centres de responsabilité, traduit les ressources mises à disposition de l'entreprise : c'est une approche « disponible ». Le budget fondé sur l'activité traduit la consommation des activités : c'est l'approche « consommation ».

La mise en œuvre des budgets ABB maintient la procédure de contrôle budgétaire et le calcul très fréquent d'écarts y subsiste.

2.2 Des re-prévisions possibles

Si la structuration des budgets est assise sur les activités, souvent également le dogme des prévisions intangibles est remis en cause.

Les outils informatiques actuels permettent lors de l'élaboration des budgets de :

- simuler sans problème différents scenari pour tester des hypothèses relatives aux prévisions des ventes devenues incertaines ;
- de décliner en périodicité fine (mois, semaine) des prévisions annuelles ou semestrielles ;
- d'ouvrir automatiquement de nouvelles périodes de prévision (N+5 ou N+6) dès qu'une période N devient réelle.

Le rythme annuel est alors abandonné au profit d'un budget en continu.

Ces moyens sont devenus indispensables à la totalité de la procédure budgétaire ; sans ces moyens, le travail de prévision serait extrêmement lent et coûteux.

Ces moyens informatiques permettent ainsi de penser les budgets selon des périodicités variées, en plans glissants (*forecast budgeting*) : ainsi les prévisions sont, par exemple, déclinés sur dix-huit mois, le premier semestre en rythme mensuel, le second en trimestre, et le dernier semestre en global.

De même, dès que l'organisation a connaissance des données réelles qui rendent illusoires les prévisions ou impliquent d'infléchir les prévisions précédentes, une procédure de re-programmation est engagée. De la sorte le budget joue pleinement son rôle de réducteur d'incertitude sans être déconnecté du réel.

THÈME D'APPLICATION : BUDGET À BASE D'ACTIVITÉS

Soient les coûts théoriques de deux produits (A et B) établis en méthode par activités, pour les charges attribuables.

Activités	Nature des inducteurs	Volume consommé par une unité de A	Volume consommé par une unité de B	Coût de l'inducteur
Gérer des fournisseurs communs	Le nombre de fournisseurs	2 fournisseurs	2 fournisseurs	1 170 €
Gérer les fournisseurs spécifiques	Nombre de commandes aux fournisseurs spécifiques	Variable selon les périodes	Variable selon les périodes	420 €
Magasinage des commandes	Nombre de commandes de tous les achats	Nombre de commandes	Nombre de commandes	12 €
Gestion des composants communs	Références	4 références	4 références	320 €
Gestion des composants spécifiques	Références	6 références	12 références	320 €

Activités	Nature des inducteurs	Volume consommé par une unité de A	Volume consommé par une unité de B	Coût de l'inducteur
Montage Manuel	Le container	Container de 20 unités	Container de 6 unités	43 €
Montage automatisé	Ordre de fabrication	Ordres de fabrication	Ordres de fabrication	100 €
Contrôle de qualité	Le contrôle type	1 contrôle type	3 contrôles type	42 €
Expédition	Le poids expédié	5 kg	12 kg	2 €

En admettant que l'atelier ne fabrique que les deux produits A et B et sur la base de prévisions de ventes, les différents responsables ont élaboré les données techniques prévisionnelles suivantes.

Produits	A		B	
Prévisions de ventes	Période 1	Période 2	Période 1	Période 2
Quantités	12 000	10 000	4 000	3 000
Nombre de commandes fournisseurs communs	12	10	4	3
Nombre de commandes fournisseurs spécifiques	36	28	10	10
Ordres de fabrication	16 lots de 500 4 lots de 1 000	16 lots de 500 2 lots de 1 000	Lots de 200	Lots de 200

1) Présenter le budget de cet atelier

- *Première étape :* Compte tenu des volumes de ventes prévues, estimation du volume d'inducteurs d'activités.

	Période 1			Période 2		
Nature des inducteurs	**Volume consommé par A**	**Volume consommé par B**	**Total**	**Volume consommé par A**	**Volume consommé par B**	**Total**
Gérer des fournisseurs communs			2			2
Gérer les fournisseurs spécifiques (1)	36	10	46	28	10	38
Magasinage des commandes (2)	48	14	62	38	13	51
Gestion des composants communs			4			4
Gestion des composants spécifiques	6	12	18	6	12	18
Montage Manuel (3)	600	500	1 100	500	375	875
Montage automatisé (4)	20	20	40	18	15	33

☞

☞

Nature des inducteurs	Période 1			Période 2		
	Volume consommé par A	Volume consommé par B	Total	Volume consommé par A	Volume consommé par B	Total
Contrôle de qualité (5)	12 000	12 000	24 000	10 000	9 000	19 000
Expédition (6)	60 000	48 000	108 000	50 000	36 000	86 000

(1) Gérer les fournisseurs spécifiques : nbre de commandes auprès de fournisseurs spécifiques (pour A en P1 = 36 cdes)

(2) Magasinage des commandes : nbre des commandes de tous les fournisseurs (pour A en P1 = 12 + 36)

(3) Montage manuel : production/taille du container (pour A en P1 = 12 000/20)

(4) Montage automatisé : nbre d'ordre de fabrication (pour A en P1 = 16 + 4)

(5) Contrôle qualité : Production × nbre de contrôle type (pour A en P1 = 12 000 pdts × 1)

(6) Expédition : Production × kg à expédier (pour A en P1 = 12 000 pdts × 5 kg)

- *Deuxième étape* **:** Compte tenu des volumes d'inducteurs, déterminer les moyens nécessaires pour réaliser l'activité : nombre d'hommes, de moyens industriels, de locaux...

Ici par simplification, on donne le coût de chaque inducteur : ce peut être le coût réel de la période précédente.

- *Troisième étape* : Valorisation des volumes d'inducteurs d'activités

Activités	Période 1			Période 2		
	Volume inducteurs	Valeur	Budget	Volume inducteurs	Valeur	Budget
Gérer des fournisseurs communs	2	1 170 €	2 340 €	2	1 170 €	2 340 €
Gérer les fournisseurs spécifiques	46	420 €	19 320 €	38	420 €	15 960 €
Magasinage des commandes	62	12 €	744 €	51	12 €	612 €
Gestion des composants communs	4	320 €	1 280 €	4	320 €	1 280 €
Gestion des composants spécifiques	18	320 €	5 760 €	18	320 €	5 760 €
Montage Manuel	1 100	43 €	47 300 €	875	43 €	37 625 €
Montage automatisé	40	100 €	4 000 €	33	100 €	3 300 €
Contrôle de qualité	24 000	42 €	1 008 000 €	19 000	42 €	798 000 €
Expédition	108 000	2 €	216 000 €	86 000	2 €	172 000 €

Cette démarche emprunte les mêmes concepts que l'ABC mais en en inversant la logique.

2) Six mois plus tard

Sur la fin de la période P1, le service des ventes fait part d'informations qui obligent à redéfinir les ventes prévisionnelles. Elles sont de 8 000 produits A mais légèrement modifiés. En effet, c'est la version colorée du produit qui se vend très bien : il nécessite 2 composants spécifiques supplémentaires dont la taille des commandes est réduite pour suivre au mieux les demandes de coloris. Le nombre total de commandes adressées aux fournisseurs spécifiques est donc prévu à 120.

En revanche, l'ensemble des produits A sera produit en lot de 500 unités.

Par ailleurs, le plan de progrès instauré dans le processus qualité a permis d'améliorer le montage du produit B. En conséquence les contrôles sur B sont réduits et ils ne représentent plus que 2,5 contrôles type.

• ***Recalculer le budget des activités concernées par cette nouvelle donne.***

Toutes les activités sauf la gestion des références communes sont modifiées.

	Période 2 – Re-prévision		
Activités	**Volume inducteur revu pour A**	**Volume inducteur revu pour B**	**Total**
Gérer des fournisseurs communs			2
Gérer les fournisseurs spécifiques (1)	60	40	280
Magasinage des commandes (2)	70	13	83
Gestion des composants communs			4
Gestion des composants spécifiques	8	12	20
Montage Manuel (3)	400	375	775
Montage automatisé (4)	16	15	31
Contrôle de qualité (5)	8 000	7 500	15 500
Expédition (6)	40 000	36 000	76 000

(1) Gérer les fournisseurs spécifiques : 60 commandes auprès de fournisseurs spécifiques

(2) Magasinage des commandes : nbre des commandes de tous les fournisseurs (60 + 10)

(3) Montage manuel : production/taille du container (pour A = 8 000/20)

(4) Montage automatisé : nbre d'ordres de fabrication (pour A = 8 000/500)

(5) Contrôle qualité : Production × nbre de contrôle type (pour B = 3 000 pdts × 2,5 contrôle)

(6) Expédition : Production × kg à expédier (pour A = 8 000 pdts × 5 kg)

Il suffit donc ensuite de revaloriser les différents volumes par le coût des inducteurs.

Activités	Volume inducteur P2 re-prévision	Coût inducteur	Budget P2 re-prévu	Budget P2 initial
Gérer des fournisseurs communs	2	1 170 €	2 340	2 340 €
Gérer les fournisseurs spécifiques	280	420 €	29 400	15 960 €
Magasinage des commandes	83	12 €	996	612 €
Gestion des composants communs	4	320 €	1 280	1 280 €

☞

☞ Activités	Volume inducteur P2 re-prévision	Coût inducteur	Budget P2 re-prévu	Budget P2 initial
Gestion des composants spécifiques	20	320 €	6 400	5 760 €
Montage Manuel	775	43 €	33 325	37 625 €
Montage automatisé	31	100 €	3 100	3 300 €
Contrôle de qualité	15 500	42 €	693 000	798 000 €
Expédition	76 000	2 €	152 000	172 000 €

Dans la comparaison de la « re-prévision » avec le budget initial de P2, il est possible de voir l'influence des différents facteurs modifiés :

- la baisse des quantités impacte les inducteurs volumiques comme le montage manuel ou l'expédition ;
- l'augmentation des composants spécifiques (coloris variés entre autres) conduit à rendre la gestion des fournisseurs spécifiques plus coûteuse puisque le meilleur respect des coloris demandés (porteur de valeur pour le client) entraîne des commandes additionnelles ;
- la normalisation de la taille des ordres de fabrication jointe à la baisse de la demande de A se traduit par la baisse du coût du montage automatisé ;
- enfin l'amélioration de la qualité qui se traduit par une baisse des contrôles sur B permet une baisse importante de cette activité de contrôle ; sans doute que cette modification libère des moyens humains ou matériels.

Cette démarche a pour but de comparer le réel à des prévisions réalistes qui puissent servir de guide aux responsables opérationnels.

3. ABB et Budget traditionnel

Alors même que le budget fait l'objet de nombreuses critiques, la logique budgétaire semble ancrée dans la culture de management ainsi majoritairement, les structures qui déclarent utiliser les budgets transversaux, déclarent avoir toujours recours aux budgets par fonction et ou par centres de responsabilités[1]. De fait, ce sont les budgets classiques qui sont déclinés par activités, métiers et processus. L'importance dans ce double maillage est le respect d'une cohérence entre structure et découpage budgétaire (voir schéma page suivante).

Les avantages avancés pour les budgets transversaux sont :

- une meilleure déclinaison de la stratégie ;
- une orientation centrée sur les besoins du client plutôt que sur les ressources ;
- une meilleure pertinence de la représentation de la stratégie.

Le processus budgétaire est perçu et porteur potentiellement d'interactions dans l'organisation : il reste le support privilégié de rencontre entre les niveaux opérationnels et les membres fonctionnels autour de la stratégie et des objectifs de l'organisation. À ce titre, il reste un rituel auquel les entreprises restent attachées comme outil de communication et de dialogue.

(1) *Vers une transversalisaton des budgets : un essai d'observation et d'interprétation – Villeseque-Dubus – CCA décembre 2005.*

COHÉRENCE ET PERTINENCE DES REPRÉSENTATIONS BUDGÉTAIRES CLASSIQUES ET TRANSVERSALES

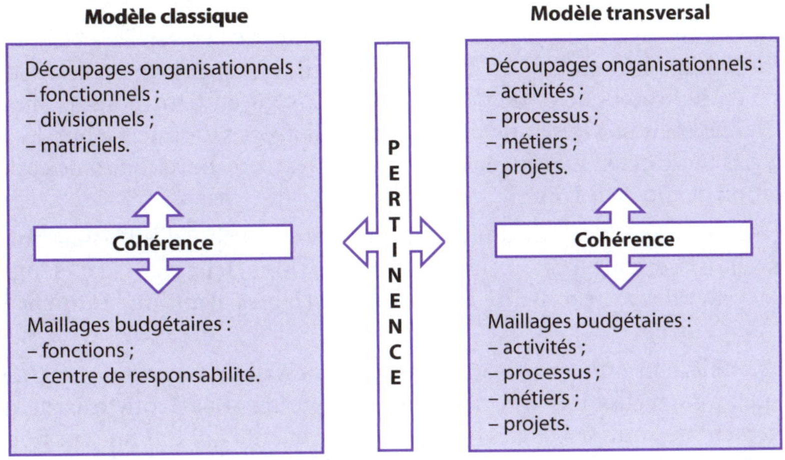

Villeseque-Dubus, « Vers une transversalisation des budgets : un essai d'observation et d'interprétation », Comptabilité, Contrôle, Audit, tome 11, vol. 2, déc. 2005

Quels que soient les avantages avancés pour les budgets transversaux, certaines entreprises ont fait le choix réfléchi de rénover leur procédure budgétaire.

SECTION 3
LES DÉMARCHES DE « GESTION SANS BUDGET » OU DE « BEYOND BUDGETING »

La gestion budgétaire classique annuelle n'est plus adaptée à une économie globale dans laquelle tous les paramètres bougent très rapidement. La gestion budgétaire classique « coince » les managers dans une vision du passé et les empêche de se tourner vers le futur.

Les entreprises doivent orienter leurs stratégies dans un pilotage continu pour s'adapter aux turbulences de l'environnement et ne peuvent se fonder sur un système d'informations figé.

Pour s'ajuster rapidement aux marchés (*time to market*), l'outil central classique du budget, avec des objectifs et allocations des ressources inflexibles, n'est pas adapté.

La tendance est d'essayer de mettre en place un processus intégré du stratégique à l'opérationnel dans lequel le centre informationnel n'est plus un budget fixe mais est une démarche budgétaire périodique dynamique. Ainsi, depuis 2001, le CAM-I Beyond Budgeting Round Table réfléchit pour formaliser une démarche d'alignement de la gestion budgétaire aux ajustements périodiques de la stratégie.

1. Des pratiques variées et contingentes

Les entreprises ont mis en œuvre, de manière partielle ou complémentaire, plusieurs pistes qui peuvent être regroupées en trois axes.

1.1 Un pilotage avec des indicateurs clés de performance ou KPI (*keys performance indicators*)

Pour suivre une entité de manière plus pertinente, des entreprises élaborent des objectifs d'amélioration pluriannuels et non pas des cibles rigides annuelles. Ces objectifs sont traduits en indicateurs clés de performance. Ils sont en petit nombre, financiers dans les niveaux hiérarchiques les plus élevés mais aussi opérationnels pour les managers dans l'esprit des indicateurs mis en place dans les tableaux de bord : ratio de chiffre d'affaires, de satisfaction client, de qualité…

Alors que le budget traditionnel regroupe une masse d'informations générales, ces firmes choisissent de privilégier les informations relatives aux éléments réellement créateurs de valeur, c'est-à-dire les 20 % de variables ayant une influence sur 80 % de la valeur de l'entreprise.

Elles revendiquent que leurs managers aient une vision à moyen / long terme et puissent participer à la réalisation des objectifs stratégiques. Elles construisent des systèmes de management où sont privilégiés des critères de réussite qui ont un sens pour l'organisation plutôt que des objectifs strictement financiers à atteindre.

Il s'agit donc de construire un tableau de bord regroupant des indicateurs pour suivre les activités et les processus considérés comme facteurs de performance.

1.2 Un pilotage avec une planification glissante

D'autres pratiques s'orientent vers une budgétisation re-programmée périodiquement.

L'entreprise élabore une planification complète de l'activité mais avec des prévisions glissantes, constamment mises à jour, pour avoir une vision plus fiable et plus proche de la réalité.

Elle peut aussi se focaliser sur quelques variables stratégiques qu'elle suit précisément.

Ces prévisions ne constituent pas des engagements pour les responsables d'unités mais une aide pour un pilotage opérationnel plus continu, sans les effets « couperet » de fin d'année. Ainsi, l'horizon temporel des prévisions est raccourci : par exemple, prévisions mensuelles sur les trois prochains mois, trimestrielles sur quatre ou huit trimestres, annuelles sur trois et quatre ans.

1.3 Un pilotage par l'implication et la motivation des acteurs

Les pratiques budgétaires classiques, plus que l'outil, ont conduit à figer les comportements des responsables budgétaires, à minimiser les objectifs pour être sûr de les atteindre, à ne pas chercher des améliorations et des innovations.

Pour redonner une dynamique de fonctionnement et stimuler les acteurs, des entreprises introduisent des systèmes de concurrence entre les entités.

La réussite budgétaire n'est plus assise sur des objectifs ou de standards à respecter mais sur un système de challenge et de classement entre entités.

Les responsables budgétaires ont plus d'autonomie dans la fixation des objectifs, dans les actions et les ressources pour obtenir des résultats plus performants. Dans cette ambiance de compétition interne et externe, des tableaux de classement, des comparaisons sont largement diffusés, avec des systèmes d'incitations et de récompenses pour les entités innovatrices et/ou très performantes.

Ce type de pilotage doit souvent être associé à des prévisions glissantes ou des indicateurs de performance pour bien orienter les décisions et les actions.

1.4 Un contexte organisationnel spécifique

Ces outils de gestion demandent surtout une évolution organisationnelle et un changement culturel.

Les pistes de « gestion sans budget » demandent une culture souple, fondée sur des acteurs impliqués et motivés, avec un degré de délégation et de décentralisation plus élevé que dans les structures traditionnelles.

Ce mode de fonctionnement est plutôt mis en place dans des structures aplaties où il est possible de transformer un maximum de départements en centres de profit autonomes (Business Units, BU).

Plus qu'une décentralisation élargie, est alors recherchée une autonomie des responsables même juniors : il s'agit de donner la possibilité d'agir et de prendre des décisions sur l'utilisation des ressources par exemple : les BU peuvent choisir d'embaucher ou non, investir ou non et doivent pouvoir réaliser elles-mêmes les arbitrages pour le choix des indicateurs clés de performance qui encadreront leur activité.

Les outils seuls, même nouveaux, ne peuvent suffire à dynamiser des procédures de pilotage : les compétences et les comportements des acteurs sont essentiels.

2. Une formalisation méthodologique de *beyond budgeting* (BB)

Le BB est défini comme un processus de management flexible et efficient associant des budgets glissants et des stratégies redéfinies en permanence.

Selon la définition de Juergen Daum 2005, c'est une dynamique avec deux boucles liées :

– une boucle de management stratégique de 6 à 12 mois ;

– une procédure de gestion de la performance opérationnelle de 1 à 3 mois.

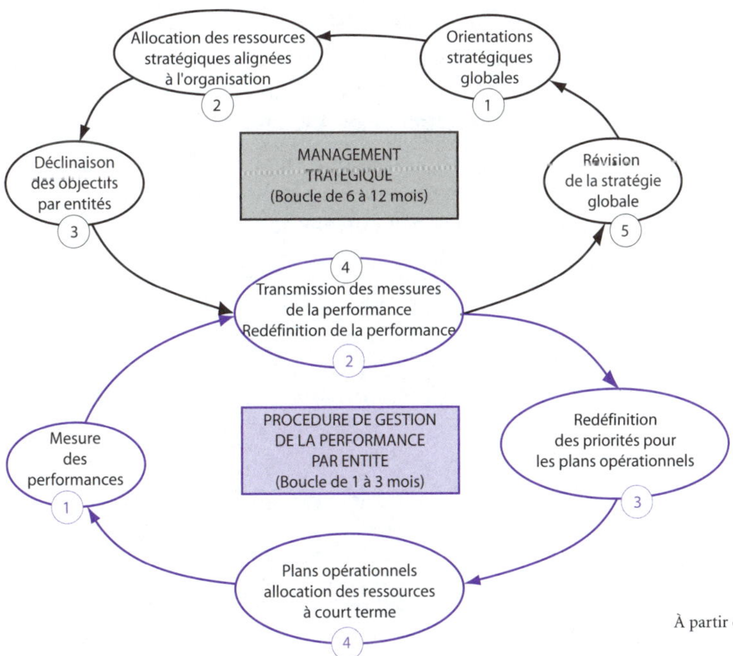

À partir de J. Daum, *Intangible Assets et Values Creation*, 2002

Ainsi, les directions opérationnelles peuvent traduire les ajustements stratégiques dans leur management mais aussi dans leurs plans d'utilisation des ressources. Les résultats de leurs actions étant, à leur tour, intégrés dans les réorientations stratégiques.

2.1 Modalités de fonctionnement

Pour fonctionner, ce BB nécessite une culture managériale fondée sur six éléments qui permettent la mise en place de six étapes pour piloter ce management adaptatif.

a) Critères de fonctionnement

Pour que les managers soient performants, **ce nouveau modèle de gouvernance** demande :

- un climat de performance ;
- une motivation des collaborateurs en leur offrant des responsabilités et des challenges ;
- une responsabilité de la performance dévolue aux managers opérationnels ;
- une décentralisation qui donne un réel pouvoir de décisions aux opérationnels ;
- une organisation en direction du client ;
- un système d'information ouvert et transparent.

b) Étapes du processus de management adaptatif

Les étapes du processus de mesure de la performance sont les suivantes :

1) objectifs réajustés financiers et non financiers fondés sur un benchmark externe ;

2) responsabilités et valeurs assignées à l'équipe (et acceptées) ;

3) coordination du plan opérationnel avec le plan stratégique ;

4) allocation des ressources avec critères de classement ;

5) organisation et coordination des processus ;

6) mesure et contrôle des résultats du processus.

Ce mode de budgétisation s'appuie sur des logiciels spécifiques, des bases de données et des transferts d'informations permanents pour organiser l'articulation entre les niveaux stratégiques et opérationnels (voir schéma page suivante).

La tendance est plutôt de construire un ensemble d'outils, pertinents et adaptés aux besoins spécifiques d'une organisation, à un moment donné, et de les faire évoluer en fonction des modifications internes et externes de l'entreprise.

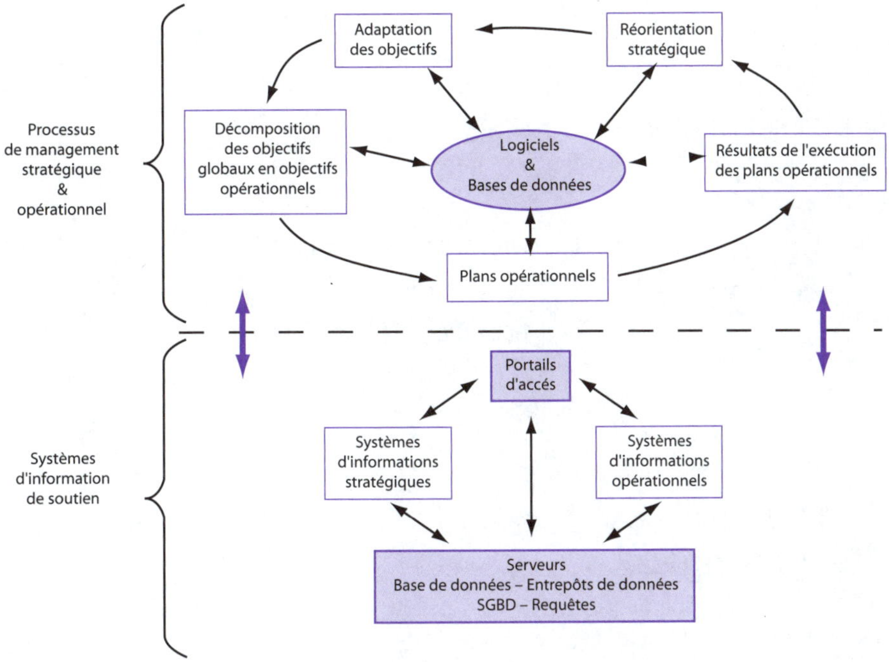

En conclusion, les tenants du *beyond budgeting* estiment que tous les secteurs, industriels traditionnels ou immatériels, peuvent utiliser un système de management pour agir et réagir vite ; ces pistes seraient donc généralisables.

Pour autant, « gérer sans budget » ne veut pas dire absence de gestion ! C'est en effet une centaine de plans d'action que le contrôleur de gestion peut avoir à valoriser et à suivre en permanence au niveau d'une entreprise chef de file de métier chez Rhodia qui a fait le choix d'abandonner ses budgets traditionnels, d'où une charge de travail identique, voire supérieure, depuis la suppression du budget. Mais il participe davantage aux décisions des opérationnels et est plus réactif.

APPLICATION

APPLICATION 1

De l'utilité du budget

QUESTION

Quelle analyse se dégage des idées développées dans les deux extraits d'articles suivants :

1) LES ENTREPRISES TESTENT LA GESTION SANS BUDGET
(Revue *Option finance*, n° 650, juillet 2001.)

Clarifier la statégie. Or le budget, par son processus même d'élaboration, ne contribue pas à la clarification de la stratégie. Notamment parce que le personnel n'est pas associé à sa définition, ce qui pour Rhodia créait un vrai problème de management. « Le budget était une mécanique de validations successives par les échelons hiérarchiques, avec en bout de course des arbitrages finaux qui ne redescendaient pas vers les opérationnels » déplore Jean-Pierre Tirouflet. Une enquête conduite parmi les commerciaux de Rhodia a ainsi révélé que 81 % d'entre eux fixaient eux-mêmes leurs objectifs ! Il devenait donc nécessaire de fonctionner différemment, pour associer l'ensemble du groupe à la définition et à l'application de la stratégie. Ce nouveau processus s'est axé autour d'un plan stratégique à 5 ans. « Notre fonctionnement se caractérise maintenant par un double mouvement : du siège vers l'ensemble du groupe, pour donner les grands objectifs stratégiques à 5 ans, puis de la base vers le siège, pour proposer en retour toutes les actions stratégiques propres à les atteindre », explique Jean-Pierre Tirouflet. La quarantaine d'entités (fonctionnelles et opérationnelles) chefs de file reçoit en début d'année une lettre d'orientation donnant pour les cinq ans à venir les impératifs stratégiques à intégrer en priorité dans leur réflexion (objectifs de rentabilité, enveloppes globales de trésorerie, zones géographiques cibles...). En réponse, « chaque entité bâtit son propre plan stratégique à 5 ans en proposant quatre ou cinq axes de progrès (croissance interne ou externe, innovation...). Pour chaque axe, elle identifie des actions stratégiques concrètes à 5 ans (« développer le produit Y au Benelux »...) explique le chef de projet du nouveau système, Jacky Pinçon. Le siège valide et consolide les plans proposés, ce qui permet la formulation de la stratégie du groupe à 5 ans ». La stratégie à moyen terme est claire, chacun dans son domaine a contribué à la définir et tous l'appliquent sur le court terme : pour chaque action stratégique, les entités définissent des plans d'action pour la première année. Le contrôleur de gestion en valorise l'impact par

4 indicateurs (chiffre d'affaires, résultat opérationnel, trésorerie disponible et capitaux engagés). « Chacun est acteur : le responsable d'un atelier d'usine peut définir et prendre la responsabilité d'un plan d'action, explique Jean-Pierre Tirouflet. Les opérationnels sont autonomes, leurs plans d'action ne sont validés que par l'échelon N+1, et un seul responsable est désigné par plan d'action ou action stratégique ». D'autre part, le système associe bien l'ensemble du personnel, le tableau de bord gigogne (axe de progrès-action stratégique-plan d'action) se démultipliant à tous les échelons du groupe. Outil fréquent dans la gestion sans budget, particulièrement sous la forme d'un tableau de bord équilibré (« balanced score card »), il « permet de prendre en compte des indicateurs non financiers (taux de fidélisation, qualité...) stratégiquement importants et d'assigner des priorités claires ». commente Marcel Lemahieu, responsable marketing chez l'éditeur de logiciel SAS. Ce système a eu ses précurseurs : en France, Jean-Marie Descarpentries, considéré par CAM-I comme un des pionniers de la gestion sans budget, a piloté Carnaud dès 1982, puis Bull, par un tableau de bord limité à 6 indicateurs clés, mais démultiplié à tous les niveaux du groupe. Toutefois, le tableau de bord ne suffit pas à mobiliser le personnel autour de la stratégie du groupe : il faut aussi une responsabilisation de chacun, qui passe par la confiance *a priori* et la décentralisation. « Elle instaure une logique entrepreneuriale créatrice de valeur, commente Jean-Marie Descarpentries. Le groupe devient une fédération de PME réactives, car autonomes et solidaires. » Même bilan chez Rhodia ; « Ce fonctionnement a changé les comportements, qui sont beaucoup plus réactifs remarque Christophe Clemente, contrôleur d'une entité opérationnelle. Face à un problème sur un plan d'action, le responsable a immédiatement le réflexe de déclencher un plan d'action correctif. »

Séparer prévisions et bonus. Cette réactivité est beaucoup plus difficile à obtenir avec un budget, le manque de fréquence des prévisions n'assurant pas toujours la visibilité voulue. « Le rythme du budget et de ses deux révisions en juin et en octobre n'était pas adapté, commente Jean-Pierre Tirouflet. Nous sommes en effet sur des métiers de faible visibilité, où le carnet des commandes n'a qu'un horizon de 2 à 3 mois. » En outre, dans de nombreux groupes, « l'élaboration et l'approbation du budget étant très longue, les filiales sont obligées de le commencer trop tôt, en août, ce qui pose un vrai problème d'anticipation de la demande des clients, regrette Maurice Pedreno, chez Schneider Electric. En 1999, nous n'avions pas suffisamment anticipé la vigueur de la croissance économique aux États-Unis en 2000, ni l'explosion de la demande pour les intranet data centers », avec, à la clé, un problème de mécontentement des clients, dont la demande a été sous-estimée. Rhodia, pour sa part, fonctionne désormais par prévisions trimestrielles glissantes, une fréquence qui assure une visibilité plus conforme à son activité. Tout plan d'action du groupe étant valorisé par un contrôleur des gestion de même que sa modification, son impact financier est connu, d'autant que les plans d'action doivent couvrir environ 80 % du compte de résultat. La partie du compte de résultat non couverte par des plans d'action est, quant à elle, valorisée à partir du réalisé et des évolutions attendues de l'environnement (inflation...). Le contrôleur de gestion peut donc remonter au siège des prévisions glissantes sur les cinq trimestres à venir (sous la forme d'indicateurs de compte de résultat jusqu'à l'Ebitda, plus les capitaux engagés et la trésorerie disponible), ainsi qu'un commentaire sur les risques liés à ses prévisions et les opportunités non prises en compte. « Il s'agit d'un exercice qui reste limité aux 20 entreprises chefs de file des métiers du groupe », insiste Jean-Pierre Tirouflet. Le siège consolide ces remontées et y rajoute les éléments groupe (frais financiers...) pour parvenir à un compte de résultat et à une analyse du cash prévisionnel. Ces prévisions restent aujourd'hui à améliorer en adaptant la procédure des investissements, qui est encore annuelle.

Boréalis, un modèle scandinave

Le groupe pétrochimique danois Boréalis représente un modèle scandinave abouti de la gestion sans budget, tel que lancé en 1982 par la Svenska Handelsbanken. « Le budget remplissait trois fonctions », explique Thomas Boesen, contrôleur financier.

1. Effectuer des prévisions financières :

dorénavant, des prévisions glissantes trimestrielles sur 5 trimestres sont effectuées.

☞

☞

2. Contrôler les coûts fixes et les investissements :

• les coûts fixes sont à présent jugés par benchmarking. Des études de benchmarking achetées à un institut spécialisé fournissent les coûts fixes de la concurrence, qui est classée en 4 familles d'entreprises, selon le degré de performance. Les usines se comparent avec leur famille et expliquent les écarts ;

• les investissements sont suivis et autorisés par des projections trimestrielles glissantes comprenant à la fois les investissements en cours et les investissements futurs, accompagnés de leur analyse des cash-flows.

3. Fixer des objectifs et évaluer la performance du management pour les bonus :

• un tableau de bord équilibré rassemble des objectifs accompagnés de 8 à 12 indicateurs de mesure (relatifs à la concurrence) ; il se démultiplie à tous les échelons du groupe et donne lieu à des plans d'action ;

• les bonus : la moitié des objectifs sont en montants absolus, et la moitié sont des objectifs relatifs issus du tableau de bord. Le bonus est perçu selon le nombre d'objectifs atteints.

Les points fondamentaux d'une gestion sans budget

« La gestion sans budget ne signifie pas se priver de gestion prévisionnelle », souligne Michel Lebas, professeur à HEC et à l'université de Washington, consultant-chercheur en gestion sans budget.
Cela constiste à supprimer :

1. *le lien entre les prévisions et les objectifs servant à fixer les bonus ;*

2. *les objectifs que le budget exige d'atteindre, quelle que soit l'évolution du marché.* Le marché pouvant être différent des prévisions d'origine, les objectifs seront relatifs et généralement liés à la concurrence ou à l'année précédente ;

3. *le cloisonnement des fonctions* dans le cadre de certains suivis transversaux (satisfaction client, benchmarking) ;

4. *les contrôles ou autorisations a priori*, qui diminuent la réactivité et freinent l'adaptation à des retournements comme la crise asiatique ;

5. *la centralisation.* L'autonomie des unités opérationnelles signifie que les prévisions ne sont pas détaillées, mais constituées d'indicateurs clés, et le travail d'explication ne se fait qu'avec le niveau N+1. Le siège s'oblige à une politique de non-intervention, difficile à tenir lorsqu'on reçoit des reportings détaillés... ce qui explique que leur suppression soit préconisée ;

6. *l'opacité.* Les indicateurs clés d'objectifs et de performance de toutes les entités doivent être connus de tous.

2) ORGANISATION MATRICIELLE ET COORDINATION TRANSVERSALE, LE BUDGET DEMEURE L'OUTIL PRIVILÉGIÉ

(C. Thomas, Revue *Comptabilité, Contrôle, Audit*, numéro spécial, mai 2003.)

L'étude de cas a été réalisée dans une des filiales de production d'un groupe industriel européen, appelé ici Oméga. ce groupe nous paraît tout à fait intéressant pour étudier la mise en œuvre d'un processus budgétaire rénové, parce qu'il a mis en œuvre une coordination dynamique, horizontale et décentralisée dans le cadre d'une structure matricielle. En effet, du fait de sa constitution (croissance externe), il présente une structure fortement décentralisée et tente d'opérer depuis 1990, date de son arrivée sur le secteur des cosmétiques, une rationalisation de ses activités par un jeu subtil de centralisation/décentralisation, qui constitue en d'autres termes un maillage. Ce maillage a des implications fortes sur la structure des différentes filiales. Un raccourcissement des niveaux hiérarchiques entre les filiales et le groupe s'est opéré ; ce qui a pour effet d'impliquer les managers intermédiaires avec le top management tout en renforçant l'autonomie à chaque niveau hiérarchique.

Le processus décisionnel de la holding cosmétique

La maillage transversal concerne, pour le moment, quatre fonctions clés : la finance, les ressources humaines, les opérations et le marketing. Une coordination transversale de recherche est envisagée dans l'avenir. La structure décisionnelle de la division cosmétique peut être schématisé de la façon suivante :

ORGANIGRAMME DE LA HOLDING COSMÉTIQUE

« Executive officer board » –Chairman officer executive –Président			
Chairman officer (CO par fonction)	Chairman officers (CO par division)		
	Division « Sélectif »	Division « Mass-Market Europe »	Division « Mass-Market reste du monde »
CO Finance	Responsable financier	Responsable financier	Responsable financier
CO Ressources humaines	Responsable Ressources humaines	Responsable Ressources humaines	Responsable Ressources humaines
CO Opérations • VPS (vice-président senior) Développement • VPS Achat • VPS Planning • VPS	Responsable Opération • Directeur d'usine (2) • Reponsable du centre de distribution • VP (vice-président) Développement • VP Achat • VP Planning	Responsable Opération Responsable Recherche	Responsable Opération Responsable Recherche
	Responsable commercial	Responsable commercial	Responsable commercial
CO marketing	Responsable marketing	Responsable marketing	Responsable marketing
	Responsable recherche		

Les fonctions Ressources humaines et Opération sont prioritairement gérées de façon transversale. Les fonctions Finances et Marketing sont coordonnées transversalement mais restent pilotées par la ligne hiérarchique (le responsable de la division). La fonction commerciale dépend uniquement de la ligne hiérarchique.

L'étude a été réalisée au niveau Opération de la division « sélectif », c'est-à-dire dans une unité où le maillage transversal est prépondérant. Ce maillage transversal est d'abord réalisé par l'approche matricielle du processus décisionnel : implication très forte du « Chairman Officer Opération » et de son équipe, composée de quatre « vice-présidents senior » (VPS), relayés au sein de la division « sélectif » par des « vice-présidents » (VP). Cette structure exprime clairement le choix de favoriser les synergies, d'une part entre le niveau global et les niveaux locaux (les usines) et d'autre part entre les différentes fonctions clés des « Opérations » ; le développement, les achats, le planning et la qualité. Ce processus transversal est ensuite piloté par la mise en place de réunions régulières qui croisent les niveaux et les métiers : deux réunions déclinées au niveau local (les usines) et global (la division) sont organisées tous les mois. La première concerne le suivi des résultats et la seconde la coordination entre le marketing et les opérations. Cette dernière a essentiellement pour objet le suivi du lancement des nouveaux produits, très nombreux nous l'avons vu, dans la division « sélectif ». Certaines personnes sont présentes aux réunions des deux niveaux, assurant ainsi une cohérence inter-niveaux ; c'est notamment le cas du Responsable Opération et des VP développement, achat et planning. Ce pilotage transversal est enfin soutenu par le processus budgétaire, socle de la construction d'une double régulation conjointe inter-niveaux et inter-métiers. En effet, un usage modifié du processus budgétaire favorise l'élaboration d'un compromis efficace entre les différentes régulations en distribuant autrement les initiatives et les sanctions.

Redistribuer les initiatives

Coordination des activités versus coordination des savoirs

Le potentiel clarificateur et unificateur des langages véhiculés par les outils de gestion est largement reconnu. Toutefois, dans le modèle classique, c'est le sommet de la pyramide qui est en charge de centraliser les expériences et les savoirs et de les diffuser au reste de l'organisation. Dans ce cas, il suffit de coordonner des activités à partir d'un savoir centralisé. Cette approche est peu adaptée à un environnement complexe. En effet, la centralisation des savoirs entraîne une réduction de la complexité, génère des modèles faussement simplificateurs et conduit inéluctablement à des comportements inadéquats. Elle est tout aussi inadaptée à un environnement instable : en favorisant des comportements de conformité, les dispositifs de contrôle traditionnels inhibent les conduites d'expérimentation.

L'élaboration des budgets ne constitue plus alors une déclinaison verticale d'une connaissance centralisée et non partagée. Il est à souligner que dans l'approche traditionnelle, le processus budgétaire n'est pas seulement un levier de diffusion des connaissances mais également une source d'apprentissage et de maintenance des compétences de la direction. Dans l'exemple étudié, l'élaboration des budgets constitue plutôt une articulation des différents savoirs dispersés dans l'organisation, à partir desquels sont coordonnées, dans l'action, les activités.

Sur la base d'une hypothèse de croissance en volume négociée (4 % pour le budget 2001) entre les responsables de la division « sélectif » et les membres de l'« Executive Officer Board », les budgets ont été construits principalement par trois acteurs clés, qui ont travaillé de concert. Le responsable marketing utilise sa connaissance des marchés pour élaborer un plan stratégique des nouveautés. Le VP Planning mobilise son savoir-faire sur l'ensemble des flux physiques et informationnels pour concrétiser ce plan en unités et volumes de production (volume d'unités par ligne de produits, déclinaison des gammes, mix vente/échantillons...). Enfin, le contrôleur de gestion de la division valorise les différents budgets établis en volume et coordonne l'ensemble du processus. Bien entendu, chaque responsable (production, achat...) intervient ponctuellement lors de la réalisation de son budget. Mais la cohérence de l'ensemble est garantie par la coopération des trois acteurs clés, représentant les principaux métiers de la division : marketing, opération et finance. Un certain nombre d'allers-retours entre ces acteurs d'une part, ces acteurs et les niveaux supérieurs (hiérarchiques et matriciels) d'autre part, sont nécessaires pour qu'un compromis inter-métiers et inter-niveaux se dessine. Ce compromis, une fois réalisé, ne devient pas une norme à respecter à tout prix, mais un guide pour l'action parce qu'il a permis, lors de son élaboration, l'émergence d'une représentation commune sur l'enchaînement des activités et leurs interdépendances, ainsi que sur les contraintes de chaque métier.

Le seul élément du compromis qui devient une contrainte est le résultat comptable pour le département opération (Country Operational Profit, COP), qui est le résultat agrégé des usines et du centre de distribution et pour la division (Division Operational Profit, DOP). Le résultat prévisionnel est le minimum à atteindre pour assurer une rémunération correcte des apporteurs de capitaux. Il est piloté de façon interactive entre le niveau opérationnel, « producteur du résultat », et le niveau supérieur, lors des réunions mensuelles du suivi du résultat (Contrôle interactif vertical). Les débats qui s'engagent autour des résultats doivent permettre d'apprécier très rapidement les décisions stratégiques (timing et succès des nouveaux produits, actions des concurrents, évolution des besoins consommateurs) et de construire ensemble les actions correctives. Cet indicateur est simple, concret, pertinent au niveau d'une entité et facilement interprétable par des managers non spécialistes en comptabilité. Ces caractéristiques sont essentielles dans le cadre d'un pilotage interactif [...]. Outre sa simplicité, le choix du résultat comme variable de pilotage interactif semble parfaitement adapté à la situation de l'entreprise. [...] Enfin, il convient de souligner que ce résultat se construit également dans l'interaction au niveau opérationnel (contrôle interactif horizontal). En effet, c'est un objectif commun, dans la mesure où il engage chaque responsable ; l'évaluation de la performance étant collective.

En tant que compromis construit dans l'interaction, l'élaboration des budgets facilite la mise en œuvre d'une régulation conjointe effective inter-métiers et inter-niveaux. Dans cette perspective, ce compromis n'est pas l'expression d'une lutte de pouvoirs entre régulations mais plutôt la construction d'une logique commune. Lors de sa mise en œuvre, cette logique pourra être enrichie et modifiée par toute personne selon sa compétence, inscrivant ainsi le processus budgétaire dans une perspective d'apprentissage et dotant l'organisation d'une réelle flexibilité cognitive. Pour ce faire, il apparaît nécessaire de définir les domaines de compétence décisionnelle.

Définir des espaces de compétence décisionnelle et leurs modes d'interactions

Les budgets constituent ici un réseau de décisions et produisent un certain nombre de règles, définies en compréhension, sur les interactions entre les différentes décisions qui appartiennent à des métiers différents ou à des niveaux différents. Ils permettent donc de définir des espaces de compétence décisionnelle dans des organisations complexes où la forme matricielle place les individus dans un référentiel à plusieurs dimensions qui brouillent les frontières de rationalité. Les champs d'action des managers [...] deviennent flous et mouvants.

Dans l'exemple étudié, le processus budgétaire participe à la construction des espaces décisionnels qui délimitent le territoire des solutions admissibles à chaque niveau. [...] Toutefois, il convient de souligner que, dans le cas cité, cette construction n'est pas donnée a priori, elle se reconstruit en permanence dans l'action. L'analyse des résultats, lors des deux réunions mensuelles (niveau division et niveau opération), permet l'élaboration progressive des conventions qui déterminent le niveau où doit se prendre la décision et quels sont les différents services concernés... Le fait que plusieurs personnes (le Responsable Opération et les VP) participent régulièrement aux deux réunions facilite la mise en place de conventions inter-niveaux.

À ce stade de l'analyse, une question se pose : qu'est-ce qui incite les acteurs à jouer le jeu ? On ne peut plus user ici des modèles d'incitation à des comportements d'exécution. En effet, les budgets sont purement indicatifs ; leur importance réside dans les règles d'interactions qu'ils fournissent. Il s'agit donc ici d'inciter les acteurs à adhérer à ces règles, à les enrichir, à les contextualiser afin de coopérer dans l'acte productif.

Redéfinir les sanctions et les contrôles

Il s'agit donc de gérer autrement un certain nombre de couples paradoxaux comme : individuel/collectif, court terme/long terme, valeur pour l'actionnaire/valeur pour le client...

L'évaluation de la performance collective comme support de la coopération

La performance est globale, elle se construit sur la base d'arbitrages locaux entre des contraintes contradictoires, qui reposent sur la coopération des acteurs. Pour favoriser cette coopération l'entreprise étudiée a choisi d'évaluer prioritairement une performance collective.

L'évaluation des managers est décomposée de la façon suivante :

- 70 % de l'évaluation portent sur des indicateurs quantitatifs qui traduisent une préoccupation à court terme, orientée vers l'actionnaire. Le principal indicateur (60 %) est le résultat réalisé par l'unité du niveau supérieur (n+1). Les autres indicateurs (10 %) traduisent l'activité de la personne concernée (ex. : les coûts de revient, la main d'œuvre directe pour le responsable production) ;
- 30 % de l'évaluation, plus qualitative, portent sur des projets qui s'inscrivent dans le temps. Il s'agit principalement d'objectifs personnels sur projets spécifiques (25 %). Les 5 % restants représentent le résultat réalisé par l'unité de niveau (n+2).

La caractéristique première de ce mode d'évaluation est d'opérer une réelle distinction entre le champ de responsabilité (niveau n) et l'évaluation, réalisée sur la performance du niveau n+1. Par exemple, le directeur de production d'une usine a comme champ de responsabilité direct le budget de production mais il est évalué principalement sur le résultat de l'usine COP. Le respect du budget de production n'a en soi qu'une importance très faible, ce qui compte c'est le résultat de l'usine. Ce principe se reproduit quel que soit le niveau concerné. Le Responsable Opération, les directeurs d'usine, le directeur du centre de distribution et les trois VP sont évalués sur le résultat de la division (DOP). L'évaluation de la performance est donc prioritairement collective : 60 % au niveau n+1 qui représentent le sous-système pertinent, celui où les actions de la personne vont contribuer à créer de la valeur et 5 % au niveau n+2, qui constitue le niveau englobant.

La seconde caractéristique est, nous l'avons vu, de privilégier le résultat. Ce dernier représente plus de 60 % de l'évaluation et est le seul élément qui possède la faculté d'annuler toute l'évaluation. « *C'est un indice tueur* » (contrôleur de gestion de l'usine). Dans la mesure où le résultat prévisionnel est considéré comme étant le résultat minimum à atteindre, le bonus associé à l'évaluation est affecté d'un coefficient multiplicateur qui augmente (1 – 1,5 – 3) lorsque les performances obtenues sont supérieures à celles prévues. Ce coefficient est égal à 1 si les résultats obtenus sont ceux prévus, c'est-à-dire ceux sur lesquels la direction s'est engagée vis-à-vis des apporteurs de capitaux. Il s'élève à 1,5 si les résultats obtenus sont supérieurs à ceux prévus dans une limite qualifiée « d'attendue » (5 à 10 %, selon les résultats). Il peut atteindre 3 lorsque les résultats obtenus sont exceptionnels.

En évaluant toutes les personnes qui sont directement en interaction (sous-système pertinent), sur un même objectif, on favorise la coopération. L'existence d'un objectif commun autorise la mise en place de règles du jeu suffisamment claires pour que s'instaure un dialogue constructif et non polémique. Récem-ment, suite à une tension des prix sur le marché des composants, les écarts sur achats d'une des usines se sont rapidement dégradés. Le VP Achats, qui vient d'arriver dans la société, a dans un premier temps eu une réaction classique : il est face à un problème dont il est responsable et qu'il doit résoudre ; pour ce faire, il augmente les quantités afin d'obtenir une diminution des prix. Cette attitude a très vite été stoppée lors de la réunion mensuelle puisqu'elle risquait très fortement d'avoir un impact négatif sur les futurs résultats de l'usine (gonflement des stocks et des obsolètes). La démarche adoptée a été double : d'une part, reporter une partie du problème au niveau supérieur en faisant intervenir le VPS Achat afin qu'il négocie (effet de groupe) avec les fournisseurs (contrôle interactif vertical) ; d'autre part, trouver des solutions au niveau local pour compenser cette perte et maintenir le résultat (contrôle interactif horizontal). Une analyse de la valeur a été menée conjointement entre les achats et le développement afin de simplifier certains conditionnements, d'en standardiser d'autres. Les solutions trouvées sont proposées au marketing (intervention d'un autre service) qui les valide ou les rejette. Par exemple, une standardisation des notices a été retenue, ce qui a permis de renégocier les prix avec le fournisseur.

Réintroduire la responsabilité individuelle, support de l'implication sur le long terme

Une partie de l'évaluation (25 %) porte sur des actions individuelles non mesurables par des indicateurs quantitatifs. Il s'agit d'inciter les managers à s'engager sur des projets de long terme qui sont susceptibles d'améliorer à l'avenir la création de valeur. Ces projets sont proposés par les managers et négociés avec leur supérieur hiérarchique direct et leur supérieur fonctionnel s'il existe. Dans tous les cas, une attention toute particulière est portée aux capacités relationnelles développées par le manager lors de la mise en œuvre de ses projets et à son plan de communication.

Le VP Planning par exemple s'est engagé sur deux projets qu'il a négociés avec le Responsable Opération et le VPS Planning. Le premier, à horizon de 18 mois, vise à réorganiser le service logistique des deux usines. Le deuxième, à un horizon plus lointain, a pour ambition d'imprimer une culture « *Critical Path Scheduling* » (timing de lancement des nouveaux projets). Il s'agit de sensibiliser tous les acteurs du processus, depuis les équipes de la Recherche/Développement jusqu'aux commerciaux, à identifier les étapes du processus, percevoir rapidement les déviations, élaborer les corrections en tenant compte des interactions entre les étapes, et enfin à rechercher si nécessaire de nouveaux arrangements. Dans les deux cas, il s'agit bien d'améliorer le rôle du service logistique afin qu'il devienne une réelle structure d'interface tant au niveau de l'usine que de la division. L'enjeu est une meilleure maîtrise des flux susceptible d'accroître la création de valeur.

APPLICATION 2

Les bons outils du pilotage : pourquoi pas le budget ?

[...]

Les propositions les plus récentes pour répondre à ces critiques, baptisées « beyond budgeting », visent carrément à la suppression du budget. Elles sont représentatives de la multiplication des offres de nouveaux instruments de gestion (VBM, ABC, BSC...) appuyées par un marketing de plus en plus actif de la part des entreprises de conseil, qui bousculent les systèmes de gestion en place.

Partant des constats des limites du budget, les gourous de la suppression du budget proposent : la mise en place d'objectifs relatifs, c'est-à-dire fixés par rapport à des références non plus internes, mais externes (« benchmarking » par rapport aux concurrents, notamment).

Par exemple, l'objectif n'est plus d'avoir une rentabilité de 12 %, mais de se trouver dans le premier quartile d'un groupe d'entreprises de référence ; l'utilisation de prévisions glissantes (« rolling forecast : il ne s'agit plus de faire des prévisions pour une année calendaire (du 31/12/N au 31/12/N+1), mais de faire régulièrement, par exemple tous les trimestres, des prévisions à 12 mois (successivement du 31/12/N au 31/12/N+1, puis du 31/03/N au 31/03/N+1...). Ainsi, la fixation d'objectifs relatifs permettrait d'éviter que la négociation des objectifs prenne le pas sur la recherche de plans d'action visant à améliorer la performance et donc de répondre aux objections en matière d'innovation.

Quant aux prévisions glissantes, dont la finalité est de favoriser la réactivité, elles constitueraient une réponse aux critiques sur la rigidité des procédures classiques. Cependant, ces propositions ne sont pas resituées dans un cadre d'analyse globale. Pour juger de la pertinence et de la possibilité de généraliser ces exemples, il serait souhaitable d'analyser les pratiques actuelles et les propositions avec une grille théorique.

Une possibilité est de s'interroger sur les réponses qu'elles apportent aux différents enjeux auxquels le budget doit répondre. Parmi eux : **l'alignement des décisions locales avec la stratégie globale, la coordination des actions, la motivation des salariés, l'apprentissage organisationnel et l'innovation**. Si les procédures budgétaires classiques ne répondent qu'imparfaitement à ces enjeux, – elles ne permettent, notamment, que des révisions locales des plans d'action en cours d'année alors que des révisions globales sont de plus en plus nécessaires –, les propositions de suppression des budgets sont tout aussi imparfaites.

Ces dernières n'apportent, en particulier, aucune solution aux enjeux de coordination ou d'apprentissage. Contrairement à ce qu'affirment leurs promoteurs, ces propositions du *beyond budgeting* ne sont donc pas universelles. Elles ne s'appliquent que dans des situations de pilotage d'entités disposant d'une forte autonomie et indépendantes les unes des autres, ce qui peut être le cas de directions générales de grands groupes.

Dans tous les autres cas, plutôt que de supprimer le budget, avec le risque de « jeter le bébé avec l'eau du bain », la suggestion est de le renouveler, ce qui est évidemment bien moins « vendeur » que de le remettre en question, comme nous y invitent les modes actuelles.

[...]

Les promoteurs de ces innovations peuvent arguer qu'elles sont effectivement adoptées par les entreprises afin d'en démontrer la pertinence. Mais, les développements théoriques récents sur la diffusion des innovations managériales montrent que de nombreuses firmes affirment adopter ces innovations parce que cela conforte la légitimité de leurs dirigeants, mais sans que les pratiques sur le terrain soient réellement modifiées. Au final, fort peu d'entreprises ont supprimé leur budget en pratique. Il faut en tirer les enseignements et plutôt que d'acheter un produit « sur catalogue », ne pas hésiter **à se faire une idée de ces outils par soi-même,** en expérimentant les pratiques innovantes localement et en tirant les enseignements de ces expériences avant, le cas échéant de les généraliser. Cela rallonge des temps de mise en oeuvre déjà longs, et nécessite donc une gestion renouvelée de l'implication des directions générales dans ce type de projet. Mais c'est certainement le prix à payer pour éviter que les pratiques locales soient totalement déconnectées des intentions managériales.

Par ailleurs, il est exemplaire de constater que les propositions du *beyond budgeting* reposent sur la diffusion d'incitations objectives au travers de classements. Il s'agit là d'un nouvel avatar des tentatives de diffusion des mécanismes de marché au sein des organisations avec l'idée que la compétition interne dynamiserait les organisations et favoriserait notamment l'apprentissage et la créativité (comme ce serait aussi le cas dans le sport de haut niveau, métaphore de plus en plus utilisée dans l'univers économique). Mais ce raisonnement fait fi de nombreux problèmes ou questions. En premier lieu, pourquoi créer des organisations plutôt que de laisser faire le marché si c'est pour tenter de mimer le marché au sein des organisations ?

Or, la compétition si elle peut favoriser l'apprentissage lorsque les enjeux sont simples, lui est nuisible lorsque ceux-ci sont complexes particulièrement lorsqu'il s'agit d'innovation. La généralisation des classements est en fait représentative d'un courant du management qui vise à renforcer les incitations et fait l'hypothèse illusoire que si les incitations sont bien conçues, les bonnes stratégies seront naturellement mises en œuvre par les acteurs de l'organisation.

Cette orientation vers un pilotage par les incitations repose par construction sur un management à distance. Or il est plus probable que l'innovation naît du dialogue. C'est la raison pour laquelle il faut aller au-delà des solutions qui reposent sur un dispositif unique (supposé à lui seul permettre de retrouver la croissance et la performance comme les premiers chapitres de nombreux livres présentant des innovations managériales, par exemple le BSC ou l'EVA, le prétendent sans sourciller) et envisager des systèmes de pilotage qui allient des dispositifs favorisant le dialogue et d'autres plus orientés vers l'économie de temps et donc le management à distance. Mais cette piste est plus complexe et moins propice aux démarches marketing.

[...]

C. Mauboussin, « Les bons outils de pilotage – Pourquoi pas le budget ? », le quotidien de la communauté de la finance opérationnelle, 15.11.2009 (www.cfo-news.com)

QUESTIONS

1. À quelles insuffisances veut répondre le *beyond budgeting* ?
2. En quoi consiste le *beyond budgeting* d'après le texte ?
3. Le *beyond budgeting* vient-il de pratiques d'entreprises ou d'une mode d'un cabinet conseil ? Quelle est l'opinion de l'auteur ?
4. Quels sont les biais de l'outil et de la démarche ?
5. Comment sont intégrés les acteurs dans la démarche ?
6. Comment est utilisée la notion de marché dans la démarche ?
7. Comment doivent être utilisés les outils à disposition des entreprises selon l'auteur ?

20 CHAPITRE

Le pilotage de l'amélioration des processus : méthode des coûts cibles

Les entreprises cherchent par tous les moyens à répondre aux exigences des clients dans un contexte de concurrence accrue et mondiale. Face à ces impératifs, elles ont choisi des structures aplaties qui permettent une meilleure transversalité, un pilotage par processus qui respecte leur chaîne de valeur.

Dans le même esprit, elles ont réfléchi à leur planification et mis en œuvre des méthodes budgétaires transversales, des plans d'actions glissants qui doivent leur assurer une mise sous tension de leur organisation orientée client.

La démarche des coûts cibles ou *target costing* s'inscrit dans une démarche d'amélioration des processus et en particulier de celui stratégique de la conception des produits.

Dans cette approche, le produit est considéré sur la totalité de son cycle de vie (présenté au chapitre 16). La mise en œuvre de cette méthode renvoie à la capacité d'apprentissage de l'organisation pour repenser tous les processus.

SECTION 1
CONTEXTE ET DÉFINITIONS

Cette méthode pratiquée initialement par les entreprises japonaises est diffusée en Europe après avoir été importée aux États-Unis. Elle correspond à des préoccupations actuelles de management et compte tenu de sa large diffusion demande à être définie.

1. Le contexte

Partant du constat que ce sont les produits qui génèrent le profit de l'entreprise et que cette profitabilité est définie dès les phases de conception, la méthode du *target costing* s'appuie sur le constat de la prédominance de l'amont dans le cycle de vie d'un produit. Mais le contexte économique oblige également à tenir compte du marché, de la demande, et donc à gérer le changement en permanence.

1.1 L'amont du cycle de vie

Actuellement, il est acquis que 80 % des coûts du cycle de vie d'un produit sont déterminés lors des phases de conception du produit alors même que cette même proportion de coûts ne sera effectivement dépensée qu'après le lancement de la première unité. Ce point a été étudié et explicité dans le chapitre 16.

En conséquence :

– les coûts réels (production et distribution) constatés au moment de la mise en fabrication dépendent de décisions prises lors de la conception : ce sont donc des **choix de conception qui déterminent la performance future** du produit ;

– l'activité de conception induit des coûts qui sont décalés dans le temps : les résultats présents ne prennent en compte que les consommations (limitées) de l'activité de conception alors que celle-ci détermine les coûts opérationnels futurs et donc les résultats attendus par ces choix en matière de conception de produit.

Les nouvelles organisations de la production ont profondément rénové les processus productifs et logistiques. Les démarches de juste-à-temps, de qualité, de « *lean management* », ont permis des gains de productivité importants par l'élimination systématiques des gaspillages, des temps d'attente, de manutention inutiles, et la standardisation des tâches de production, pré-requis indispensable à l'amélioration continue.

En logistique, le progrès obtenu par le suivi des stocks en temps réel qui permet de régler le rythme de production sur le « *talk time* », c'est-à-dire le rythme qui permet de produire exactement le niveau de biens demandé par les clients de l'entreprise, est mis en œuvre.

En conséquence les potentiels de progrès sont à rechercher en amont de la production, lors de la conception du produit, au début de son cycle de vie.

1.2 Nécessité de gérer le changement

La perception du marché a profondément changé : la demande, la valeur espace « estimée » des produits par le marché, la satisfaction des clients, l'écoute du marché aval constituent le point de départ des décisions, des choix et des actions des entreprises.

Ce renversement dans l'analyse du marché a joué également dans la détermination des prix de vente. Comme ce prix est (ou sera) imposé par le marché et que le profit à réaliser sur le produit est imposé par des choix en termes de gestion de portefeuille, décisions de nature stratégique, la **variable d'action devient le coût**, c'est-à-dire la cible à atteindre si l'entreprise veut réaliser ses objectifs stratégiques.

Coût cible = Prix de vente imposé – Profit désiré (voire imposé)

Compte tenu des compétences et des savoir-faire de l'entreprise au moment du calcul, très souvent, l'évaluation du coût du produit fait apparaître un coût dit « **coût estimé** » supérieur au coût cible précédent.

L'un des objectifs de la méthode du *target costing* va consister à réduire l'écart entre coût estimé et coût cible : il s'agit d'analyser les raisons de l'écart, de trouver des solutions et donc de mettre en œuvre des pratiques de changement systématique. En ce sens, elle se sert du présent pour modéliser le fonctionnement futur de l'entreprise dans une **perspective d'amélioration continue et de progrès.**

DÉMARCHE DE *TARGET COSTING* DÉCRITE PAR NISSAN SELON HORVATH

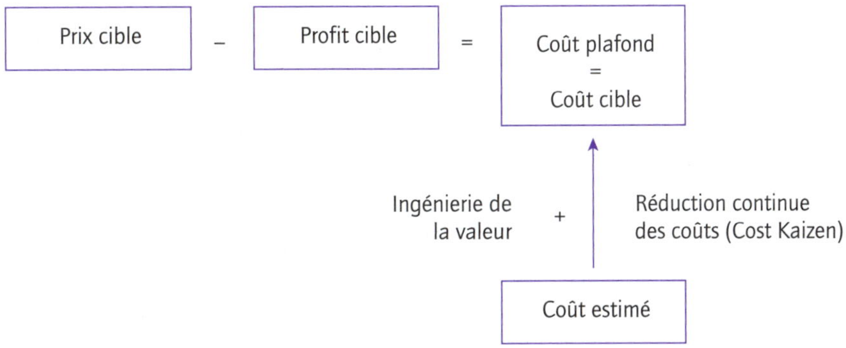

Dans cette perspective, la méthode des coûts cible n'est pas une nouvelle comptabilisation des coûts mais une **démarche globale d'optimisation du processus de développement d'un produit, tout au long de son cycle de vie.** Cette démarche utilise de nombreux outils techniques et des outils de gestion mais la réussite dépend d'abord du comportement et de l'implication des acteurs qui y participent.

2. Plusieurs définitions pour cerner la notion de coût cible

Le **coût cible** est un concept de gestion des coûts développé et utilisé dans les entreprises japonaises depuis les années 70.

- Pour Sakurai (1989), « le **coût cible est un outil de gestion des coûts** permettant de réduire le coût total d'un produit sur l'intégralité de son cycle de vie, grâce aux départements de la production, de la recherche et développement, du marketing et de la comptabilité ».
- Pour Cooper (1992), « l'objectif du coût cible consiste à identifier le coût de production d'un produit de manière à ce que, une fois vendu, ce dernier génère la marge bénéficiaire souhaitée ».

La CAM-I donne une définition assez large : « Le coût cible est un ensemble de méthodes et d'outils de gestion permettant de passer d'objectifs de coûts et d'activité à la conception et à la planification de nouveaux produits, de fournir une base au contrôle effectué par la suite lors de la phase opérationnelle, et de s'assurer que ces produits atteignent les objectifs de profitabilité fixés pour leur cycle de vie. »

P. Horvath[1] précise les objectifs du coût cible :

« Les objectifs principaux du *target costing* sont :

- une orientation d'ensemble de l'entreprise, et notamment de sa gestion des coûts vers le marché ;
- un lien stratégique grâce à une R & D tournée vers le marché ;
- un soutien à la gestion des coûts dans les premières phases de conception d'un produit ;
- une gestion des coûts dynamique, puisque les coûts cibles sont constamment réévalués ;
- des améliorations en termes de motivation, car les comportements sont directement influencés par des contraintes issues du marché, et non par des objectifs abstraits valables pour toute l'entreprise.

(1) P. Horvarth, Revue française de gestion, *n° 104, p. 73-74.*

Pour couvrir cette grande variété d'objectifs, nous suggérons une définition assez large du *target costing* :

Le **target costing** est construit sur un large ensemble d'instruments de prévision, de gestion et de contrôle des coûts, appliqués en premier lieu aux premières étapes de conception du produit et des process, afin de permettre de faire évoluer les structures de coût du produit résultant des contraintes déduites du marché. L'utilisation du *target costing* nécessite la coordination, dans une optique de coûts, de toutes les fonctions liées au produit (voir le tableau ci-dessous). »

LES PRINCIPES D'ORIENTATION DU *TARGET COSTING*

Principe \ Application	Organisation	Outils	Motivation
Orientation marché	• Poids important du directeur de production • Engagement obligatoire (prix, coûts, etc.)	Éclatement du coût cible Table de coût Calculs accompagnant le process de développement	• Responsabilité individuelle
Orientation équipe	• Interdisciplinaire • Interne et externe • Couverture de toute la chaîne de procédure jusqu'au lancement de la production		• Autocontrôle • Système d'incitation
Orientation procédure	• Consignes claires • Couverture de toute la chaîne de valeur		• Encadrement par l'activité de contrôle

SECTION 2
LA MISE EN ŒUVRE DE LA MÉTHODE

1. La détermination du coût cible

1.1 La fixation du prix cible

Ce prix doit être établi sur la **durée de vie du produit**, c'est donc plus une **famille de prix** que d'un prix unique dont il s'agit. Il est obtenu par des techniques d'études de marché.

Il s'appuie sur un recensement des différents besoins des consommateurs et en particulier sur les éléments de valeur retenus par les consommateurs dans leurs relations avec le produit. Ces études doivent permettre d'identifier des créneaux présentant suffisamment de clients potentiels pour un produit donné à un prix fixé par le marché.

Enfin ces segments potentiels doivent être analysés dans une perspective de pilotage stratégique. Cette vision doit conduire à ce que les choix de développement de produits d'aujourd'hui définissent un **portefeuille de produits compatibles avec les exigences de gammes et d'équilibrages entre produits pour le futur** dans le cadre d'un respect des choix stratégiques définis globalement.

THÈME D'APPLICATION

Soit une entreprise qui fabrique des articles de golf. Elle décide de mettre en œuvre une démarche de *target costing* dans le cadre du lancement d'un nouveau modèle de caddy référencé F56.

Éléments de commercialisation

Ce produit serait commercialisé par deux types de canaux : des revendeurs spécialisés et des distributeurs de produits sportifs. Les prix de vente publics TTC retenus dans l'un et l'autre réseau sont de 450 € et 358 €. Les canaux dégagent respectivement des marges de 40 % et de 25 % du prix de vente HT.

L'entreprise a retenu des taux de marge proportionnels aux prix de vente en gros aux distributeurs ; il s'agit de 15 % pour les centrales d'achat et de 20 % pour le commerce traditionnel.

	Commerce spécialisé		Grande distribution	
Prix de vente public TTC		450,00		358,00
Prix de vente public HT	450/1,196	376,25	358/1,196	299,33
Prix de vente gros HT	376,25 × 0,60	314,59	299,33 × 0.75	224,50
Coût cible	314,59 × 0,80	251,67 = 252	224,50 × 0,85	190,83 = 191

1.2 La fixation du profit cible

Cette fixation découle de la planification stratégique de l'entreprise à moyen terme et de son portefeuille de produits à cet horizon. Ce n'est pas un montant fixe mais une **courbe de profit en fonction du cycle de vie du produit** qui simule, à l'aide d'analyses financières, la rentabilité attendue du produit compte tenu d'hypothèses en volume.

Ces simulations permettent de prévoir la rentabilité des modèles futurs, le même travail d'anticipation étant fait pour les modèles existants, il est possible d'évaluer la rentabilité générale de la société sur plusieurs années à différents niveaux de vente. Ces résultats seront comparés aux objectifs de rentabilité à long terme définis par la direction générale. Lorsque la définition du portefeuille de produits est satisfaisante en termes de rentabilité et en accord avec l'objectif défini, le profit cible des nouveaux modèles est alors arrêté.

Ce processus d'élaboration ne doit pas être perçu comme unique et linéaire. En fait, **la procédure** qui consiste à définir un coût cible d'un prix imposé et compte tenu d'un profit désiré est **répétée plusieurs fois en affinant à chaque itération** la qualité des informations traitées et connues. Si les estimations de profit sont globales et approximatives au début du processus, elles deviennent plus précises et plus fiables dès lors que les caractéristiques du produit futur sont plus clairement définies, que les attentes du marché sont mieux cernées et que les grands aspects de choix de conception sont clarifiés.

1.3 Le coût cible

Le coût cible se déduit des calculs précédents par simple soustraction.

À ce stade, **il n'est pas opératoire car trop global** : il doit donc être décomposé en fonction des composants et des sous-ensembles du produit en coûts cibles partiels.

Cette décomposition peut être faite à l'aide de deux grandes familles de méthodes.

• La **décomposition organique** qui décompose le produit en sous-ensembles compte tenu de sa structure physique. Cette méthode s'appuie sur la connaissance des coûts actuels des composants et de la capacité de l'entreprise à les réduire. Elle suppose une continuité et la conservation des techniques existantes. Elle sera peu adaptée si les caractéristiques du produit sont innovantes car il faut alors inventer la structure du produit.

• La **décomposition fonctionnelle** qui analyse le produit en partant des besoins repérés du client : chaque fonction représente un besoin du client que le produit doit satisfaire. Ainsi présenté le produit ne souffre d'aucun *a priori* technique et peut permettre la meilleure analyse en termes de progrès ou de mise en place de nouvelles techniques.

Cette méthode est plus conforme à la philosophie du *target costing* puisqu'elle s'appuie sur les **besoins du client et du marché.**

Compte tenu de son mode d'élaboration, le coût cible n'est pas un coût additif de consommations de ressources mais plutôt une « **mesure de la valeur** » telle qu'elle peut être évaluée par l'étude de marché : le **coût cible traduit ce que les clients sont prêts à payer pour l'ensemble des services attachés au produit.** Ce que doit gérer l'entreprise ce n'est pas la réduction des coûts de conception mais l'optimisation du couple « valeur-coût » du produit.

En ce sens, P. Lorino(1) définit « le ***target costing* comme le lieu de rencontre entre le marché et les compétences internes de l'entreprise : entre la valeur et le coût.** Il consiste à évaluer et à gérer la performance virtuelle d'un concept de produit, son couple valeur-coût.»

À ce stade, l'entreprise est en possession d'une cible en termes de coût qui doit être confrontée aux capacités de l'entreprise de faire le produit demandé avec des fonctionnalités précises : cette capacité se traduit dans l'expression du **coût estimé souvent supérieur au coût cible qui devient alors un coût plafond** qu'il ne faut pas dépasser. C'est cette confrontation entre coût cible et coût estimé qui va devoir faire l'objet d'une démarche de réduction de coût.

THÈME D'APPLICATION (SUITE)

Une étude menée auprès de 500 consommateurs potentiels de ce type d'articles distribués en magasins spécialisés a montré la valeur accordée aux principales fonctions attribuées au produit. Il a été demandé aux personnes interrogées de noter de 3 à 1, les qualités attendues d'un caddy de golf. Les réponses obtenues exprimées en pourcentage vous sont fournies dans le tableau suivant

Fonctions	Portage et transport	Maniabilité et autonomie	Confort d'utilisation	Esthétique	Encombrement et poids
Cité en n° 1	47	12	13	13	15
Cité en n° 2	32	18	12	18	20
Cité en n° 3	30	16	20	16	18

Lecture : La qualité « portage et transport » est citée comme qualité n° 1 par 47 % des personnes interrogées

Le responsable de l'étude de marché propose de déterminer la valeur attendue de chaque fonction en pondérant les réponses obtenues en fonction du rang auquel est située la qualité citée :

Rang 1 ⇒ pondération 3 – Rang 2 ⇒ pondération 2 – Rang 3 ⇒ pondération 1

(1) *Lorino P.,* Méthodes et pratiques de la performance, *Éditions d'Organisation, 1996.*

Solution :

Il s'agit maintenant en s'appuyant sur l'étude des fonctionnalités retenues par les consommateurs de calculer l'importance de l'utilité relative de chaque fonction.

Chaque avis nommé en 1 sera retenu pour 3, les avis nommés en 2 auront un poids de 2 et ceux nommé en 3 une pondération de 1 ainsi pour la fonction « portage » les 47 avis cités en 1 sont repris pour 141, les 32 avis cités en 2 pour 64 et les 20 avis cités en 3 pour 20, soit un total de :

141 + 64 + 20 = 235

Fonction	Portage et transport	Maniabilité et autonomie	Confort d'utilisation	Esthétique	Encombre-ment et poids	Total
Citée en 1 – coeff. 3	47 –141	12 – 36	13 – 39	13 – 39	15 – 45	300
Citée en 2 – coeff. 2	32 – 64	18 – 36	12 – 24	18 – 36	20 – 40	200
Citée en 3 – coeff. 1	30 – 30	16 – 16	20 – 20	16 – 16	18 – 18	100
Total	235	88	83	91	103	600
Poids de la fonction en % = Total/6	39.16	14.67	13.83	15.17	17.17	100 %

En conséquence et compte tenu du profil du produit attendu par les clients potentiels, on peut éclater le coût cible global en coût éclaté par fonctions.

Fonction	Portage et transport	Maniabilité et autonomie	Confort d'utilisation	Esthétique	Encombre-ment et poids	Total
Poids de la fonction Total / 6	39,16 %	14,67 %	13,83 %	15,17 %	17,17 %	100 %
Valeur cible de chaque fonction en € : 252 € × Poids en %	98,68 €	36,97 €	34,85 €	38,23 €	43,27 €	252 €

Ce calcul appelle quelques remarques :

- il concerne le coût complet des fonctions : matières composants et coût de production, et n'est pas forcément opératoire à ce stade ;
- il considère que l'importance de la fonction est explicative de son coût, ce qui n'est pas forcément le cas. À ce stade, il donne une indication sur le profil souhaité du produit tel qu'il est perçu par les clients potentiels.

2. Politiques de réduction des coûts

La pertinence des politiques de réduction des coûts en conception s'appuie sur la qualité de l'estimation du coût estimé. Aussi nous nous intéresserons aux méthodes d'obtention de ce coût puis aux pratiques connues de réduction de l'écart entre coût estimé et coût cible.

2.1 Le coût estimé

Calculer le coût d'un produit *a priori* en amont de son existence est une pratique connue des entreprises sur la base de données techniques répertoriées dans les nomenclatures et les gammes. Cependant, **il faut clarifier**, dans ce domaine, certains points compte tenu de son aspect stratégique : connaître le coût futur d'un produit avec précision et justesse est un avantage concurrentiel certain.

De quel coût parle-t-on ? S'agit-il d'un coût partiel ou complet, d'un coût de production ou d'un coût de revient ?

Il semble que les entreprises s'accordent à considérer que le **coût estimé doit inclure tous les coûts qui peuvent être déterminés par la conception ou la planification des produits** : il comprend donc les coûts directs de production mais aussi tous les frais de soutien générés par son mode de production et de distribution : nombre de composants, taille des lots, nature des services après-vente, nature des réseaux de distribution… En revanche, sont exclus du coût estimé les frais sans rapport avec l'existence du produit : publicité institutionnelle, recherche et développement par exemple. Il ne s'agit donc pas d'un coût complet optique « plan comptable » mais d'un **coût attribuable** au produit assez proche d'une vision ABC.

Comme le profit cible ou le coût cible, le coût estimé n'est pas unique ni instantané : il s'agit d'**une vision du coût sur la durée de vie du produit** intégrant phénomènes d'apprentissage et phénomènes d'échelles.

Les méthodes d'évaluation du coût estimé sont multiples et peuvent être mises en œuvre successivement dans les phases itératives du *target costing*. Il s'agit principalement :

– de **méthodes paramétriques** : des lois de corrélation sont établies entre le coût des produits et des paramètres physiques comme le poids ou le volume ; ces méthodes approximatives seront utilisées plutôt dans les premières estimations ;
– de **méthodes analogiques** : le coût est dérivé du coût d'un produit similaire ; elles nécessitent des conditions techniques stables et un concept de produit pas trop innovant ;
– des **méthodes analytiques** qui se fondent sur une analyse technique du produit, de sa complexité, de ces modes d'industrialisation. Les coûts sont obtenus en valorisant les données techniques élaborées par des éléments monétaires fournis par la comptabilité de gestion.

Ce point nécessite d'être approfondi car de la pertinence des éléments comptables dépend celle du *target costing*.

THÈME D'APPLICATION (SUITE)

D'après des études préliminaires menées par Monsieur Charles, le coût des fournitures, charges d'approvisionnement incluses, représente 30 % du coût de production d'un chariot électrique.

Le coût estimé des cinq types de composants d'un chariot « F56 » (châssis, roues, motorisation, sangles et supports, accessoires) est de 90 €.

Le modèle « F56 » a été conçu sur la base d'un modèle simple, de référence, assurant seulement la fonction de portage et de transport; la participation des éléments de ce modèle de référence aux autres fonctions attendues par les clients est jugée négligeable.

L'amélioration du modèle de référence pour obtenir le modèle « F56 » entraîne des surcoûts imputables aux diverses fonctions attendues.

• ***Châssis***

Le châssis du modèle de référence ne coûte que 12 €. Celui du modèle « F56 » coûte 32 €.

Il inclut :

– des tubes d'aluminium haute résistance permettant un gain de poids par rapport au modèle de référence (surcoût de 10 €);

– un système de verrouillage automatique permettant un meilleur confort d'utilisation que le modèle de référence (équipé d'un système de fermeture manuel) mais entraînant un surcoût de 3 €;

– une poignée escamotable pour faciliter le rangement dans le coffre des voitures (surcoût de 3 €) et réglable pour un meilleur confort d'utilisation (surcoût de 1 €), alors que le modèle de référence comporte une simple poignée fixe et soudée.

– De plus, alors que le châssis du modèle de référence est en aluminium brut, celui du modèle « F56 » est décliné en trois couleurs pour en améliorer l'esthétique (surcoût de 3 €).

- ***Roues***

Les roues du modèle de référence, standards et fixes, ne coûtent que 6 €. Celles du modèle « F56 » coûtent 12 €, du fait :

– d'un diamètre et d'une largeur supérieurs ainsi que d'un double système de roulement à billes permettant une meilleure maniabilité pour un surcoût de 4 € ;

– de la possibilité de les démonter aisément pour faciliter le rangement (surcoût de 2 €).

- ***Motorisation***

Le coût du moteur électrique et de la batterie équipant le modèle « F56 » est de 30 €. Par rapport au modèle de référence dont le coût est de 21 € :

– il comporte une batterie lui conférant une plus grande autonomie tout en étant rechargeable plus rapidement, ce qui entraîne un surcoût de 6 € ;

– le moteur et sa batterie sont, par esthétisme, enfermés dans un carénage (surcoût de 3 €).

- ***Sangles et supports***

Le jeu de sangles et de supports du modèle de référence ne coûte que 3 €. Celui d'un modèle « F56 » coûte 8 € du fait:

– du caractère réglable des sangles, assurant un meilleur confort d'utilisation (surcoût de 3 €) ;

– de couleurs assorties au châssis par souci esthétique (surcoût de 2 €).

- ***Accessoires***

Le modèle de référence est équipé d'un élément plastique permettant de ranger la carte de score, 2 balles et 5 tees (supports servant à surélever la balle). Le coût de cet accessoire de 3 € intègre la fonction maniabilité.

Le modèle « F56 » est équipé du même accessoire, mais il comporte, en plus, une housse de protection contre la pluie, un porte-serviettes et un porte-bouteilles. Ces accessoires supplémentaires, d'un coût de 5 € permettent un plus grand confort d'utilisation.

Solution

Coût estimé des composants du modèle « F56 »

Fonction / Composant	Portage et transport	Maniabilité et autonomie	Confort d'utilisation	Esthétique	Encombrement et poids	Total
Châssis	12,00		3,00 + 1,00	3,00	3,00 + 10,00	32,00
Roues	6,00	4,00			2,00	12,00
Motorisation	21,00	6,00		3,00		25,00
Sangles et supports	3,00		3,00	2,00		8,00

Composant \ Fonction	Portage et transport	Maniabilité et autonomie	Confort d'utilisation	Esthétique	Encombrement et poids	Total
Accessoires		3,00	5,00			8,00
Total par fonction	42,00	13,00	12,00	8,00	15,00	90,00
Poids de la fonction dans le coût estimé	46,67 %	14,44 %	13,33 %	8,89 %	16,67 %	100 %

2.2 Coût estimé et méthode ABC

La pertinence du modèle d'allocation des coûts aux produits est fondamentale pour obtenir un coût estimé pertinent.

Une perception juste des subventionnements évite de faire des choix qui se révèlent désastreux pour le futur : la production en petites séries doit être le résultat d'une contrainte de fonctionnalité du produit et allouée sur une base juste au produit au risque de sous-estimer le coût futur réel.

La prise en compte dans le coût des produits :
– de leur complexité (nombre de composants, niveau de standardisation des pièces, sous-traitance ou pas),
– de leur mode de fabrication (nombre d'opérations, taille des séries ou des lots),
– de leur mode de distribution (type de réseaux ou nature de clientèle),

doit être correctement évaluée, ce qui suppose un système d'allocation des coûts aux produits qui soit sensible à ces paramètres ; c'est pourquoi les méthodes ABC sont très utilisées dans une démarche de *target costing*.

Ces méthodes de calcul fondées sur les activités permettent également d'envisager différents scénarios de conception et d'évaluer les gains de chacun de ces choix, voire d'y apporter des améliorations en termes de coûts.

2.3 Ajustement entre le coût estimé et le coût cible

La plupart du temps, le coût estimé calculé est supérieur aux coûts cibles obtenus du marché. Il s'agit donc de réduire l'écart entre coût estimé et coût cible par une meilleure conception (plus économe) et par une amélioration des gammes opératoires et de l'organisation de la production future. Ces améliorations doivent toujours être élaborées dans une perspective valeur-coût : il ne s'agit pas de réduire le coût si cela doit affecter la valeur reconnue au produit mais d'optimiser les rapports entre les deux notions.

Ce processus d'optimisation s'effectue par les **analyses de la valeur successives** afin de ramener le coût estimé à un niveau acceptable. Là encore, il s'agit d'un **processus itératif d'améliorations continues.**

La réduction des coûts est généralement envisagée en plusieurs étapes.

• Une première réduction de l'écart de coût est obtenue par l'optimisation en phase de **conception** ① (environ 80 %). À ce stade, le coût prévisionnel du produit futur peut être assimilé à un coût standard plus bas que les coûts actuels pratiqués par l'entreprise. Ce coût estimé est un coût planifié.

• Une deuxième étape est prise en compte dans la phase de production proprement dite qui consistera à contrôler les coûts réels pour les maintenir proches des coûts cibles : on parle alors de « **maintenance du coût** » ② de sorte que les conditions réelles de fabrication et de distribution ne gaspillent pas les gains obtenus par la réduction des coûts. Cet ajustement est illustré par le schéma suivant, connu sous le nom de modèle de T. Makido :

LA MAÎRISE DES COÛTS : LE MODÈLE DE MAKIDO

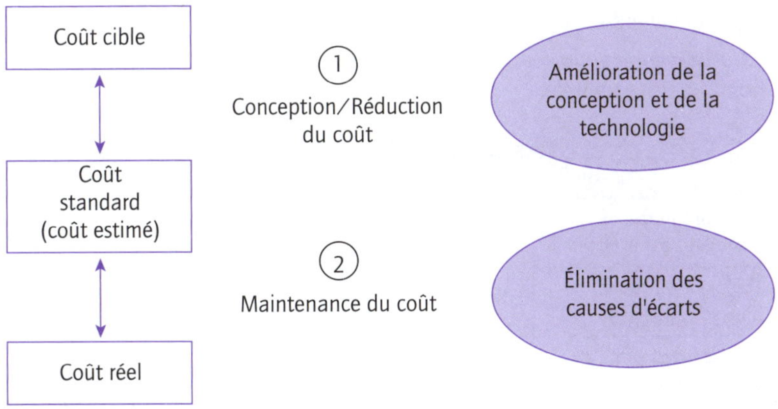

D'autres praticiens envisagent une réduction de l'écart entre coût estimé et coût cible en trois temps.

• Une réduction des coûts au **moment de la conception** ① permet de définir un niveau de coût intermédiaire qui est appelé coût plafond. Ce coût plafond bien que plus faible que le coût estimé reste supérieur au coût cible.

• Une nouvelle réduction est anticipée **lors de la production** ② par la mise en œuvre de phénomènes d'apprentissage ou d'améliorations prévues des méthodes de production. À ce stade, le coût plafond est quasiment égal au coût cible.

• La dernière étape est celle de la **maintenance du coût** ③ où l'on assure que le coût réel reste fidèle au coût cible prévu.

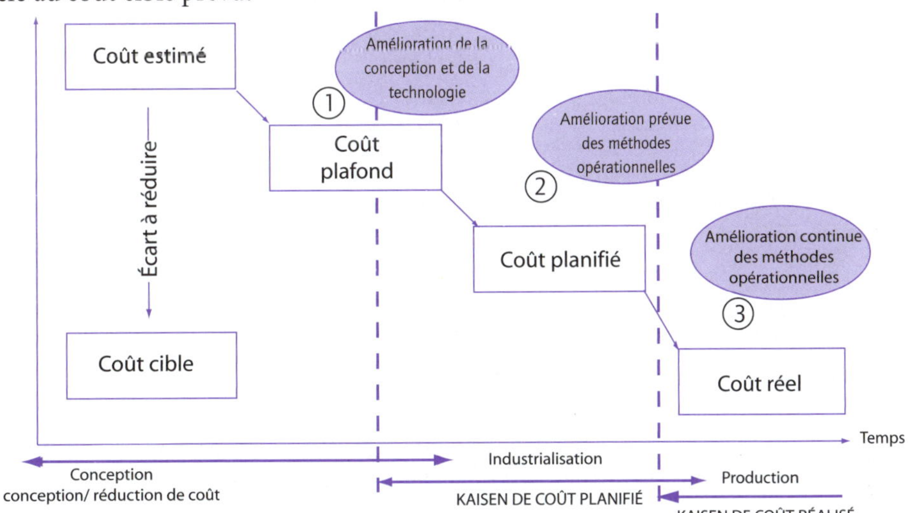

D'après le modèle de SAKURAÏ

THÈME D'APPLICATION (SUITE)

Ajustement coût estimé – coût cible

Le profil du coût estimé traduit ce que sait faire l'entreprise en s'appuyant sur son état de l'art actuel : sa connaissance du modèle de base qui a servi à estimer le coût des composants du nouveau produit.

D'autre part, si on respecte la part des composants dans le coût cible, ces composants ne devraient pas globalement coûter plus de 252 € × 30 % = 75,60 €

À ce stade, il s'agit de confronter le profil des fonctions tel qu'il apparaît dans le coût estimé à celui attendu par la clientèle.

Fonction	Portage et transport	Maniabilité et autonomie	Confort d'utilisation	Esthétique	Encombrement et poids	Total
Poids des fonctions attendues par la clientèle	39,16 %	14,67 %	13,83 %	15,17 %	17,17 %	100 %
Poids des fonctions dans le coût estimé	46,67 %	14,44 %	13,33 %	8,89 %	16,67 %	100 %
Différence de profil (Ct estimé – ct cible)	+ 7,51 %	– 0,23 %	+ 0,50 %	– 6,28 %	– 0,5 %	
Coût cibles des composants (€)	29,60	11,09	10,46	11,47	12,98	75,60
Coût estimé des composants (€)	42,00	13,00	12,00	8,00	15,00	90,00
Écart de coût (Ct estimé – Ct cible)	+ 12,40 €	+ 1,91 €	+ 1,54 €	– 3,47 €	+ 2,02 €	+ 14,40 €

Si l'on se focalise sur le différentiel en %, on peut remarquer que :

- pour trois fonctions sur cinq le poids des fonctions est proche ; il s'agit des fonctions « maniabilité », « confort d'utilisation » et « encombrement et poids » ;
- pour la fonction principale « portage et transport », les projets de l'entreprise conduisent à survaloriser cette fonction. Il semble que le choix du moteur soit inadapté car trop onéreux. Il faudrait peut-être choisir un modèle moins puissant ;
- la fonction « esthétique » est à ce stade sous-dimensionnée.

Si l'on se focalise sur les différentiels de coûts, le coût estimé du produit F56 est surestimé de 14,60 € soit un surcoût global de 19,40 % du coût cible. Ce surcoût concerne toutes les fonctions, mais évidemment plus fortement celles qui n'étaient pas en adéquation avec le profil recherché du produit.

À ce stade et compte tenu du niveau de réduction à atteindre (moins de 20 %), une démarche d'analyse de la valeur devrait proposer des solutions alternatives en termes de composants.

Les actions à entreprendre sont alors :

- sélectionner les fournisseurs, négocier les prix d'achat ou diminuer le nombre d'accessoires ;
- faire de la différenciation retardée : garder le modèle de base et le différencier en fin de montage par des éléments spécifiques : par exemple, même moteur mais châssis différent.

Il est peut-être aussi possible de récupérer ses surcoûts sur composants en améliorant les procédures de montage et de distribution qui représentent encore 70 % des coûts.

SECTION 3

LES APPORTS DE LA MÉTHODE

Cette méthode, utilisatrice de nombreux outils, est une philosophie complète de gestion et de communication de et dans l'entreprise qui combinent plusieurs pratiques managériales apparues récemment en les intégrant dans une logique de gestion de la performance.

1. Une vision transversale et une gestion des décloisonnements

La méthode implique de nombreuses fonctions dans une démarche unique : le marketing pour les études de marché, les études et les méthodes pour la conception du produit et les choix en termes de process industriels, le contrôle de gestion pour les éléments de valorisation, les achats pour le choix des composants achetés et celui des fournisseurs.

La coopération entre ses fonctions n'est pas hiérarchisée, elle est multiple, variée, en réseau et les décisions d'une fonction retentissent sur toutes les autres.

EXEMPLE

Une modification de process conduit à une modification du cahier des charges, donc des achats ce qui modifie également la valorisation d'un composant.

Ces liens entre fonctions obligent à des décloisonnements, à la prise en compte des contraintes des autres, à l'abandon des hiérarchies entre métiers, à percevoir une solution dans une vision globale d'optimisation du couple « valeur-coût » et pas comme une « belle solution technique » et ce dès les premières phases de réflexion sur les nouveaux produits.

Cette obligation de communiquer doit être portée par un système de mesure de la performance cohérent : il faut abandonner les cultures de gestion budgétaire et de DPO qui relèvent de la responsabilisation sur des territoires autonomes au profit de **systèmes de mesure de la performance collective** : primes sur des résultats collectifs, responsabilisation collective par des démarches de projet…

Enfin, le **décloisonnement ne doit pas se limiter aux frontières de l'entreprise** mais intégrer les fournisseurs en amont et, éventuellement, les distributeurs en aval. Compte tenu des informations critiques qui doivent leur être diffusées si l'on souhaite qu'ils intègrent la stratégie de réduction des coûts, il s'agit de développer des relations claires sur la confidentialité et un haut degré de confiance réciproque.

Tous ces besoins doivent se traduire par la mise en œuvre d'outils de gestion adaptés :

- la constitution de **tableaux de bord** et de comité de pilotage sur des paramètres clés et transversaux ;
- la **gestion de projet** qui permet transversalité et maîtrise du temps ;
- l'**ingénierie simultanée** qui réduit les temps de conception et qui évite que des décisions aval de process soient contraintes par des choix amont dans la conception. Elle permet

plus facilement la mise en œuvre de la différenciation retardée, standardisation des pièces et des process.

2. Une méthode tournée vers le marché

La vision du *target costing* est une **vision orientée marché**. C'est lui qui détermine la valeur d'un produit et qui met sous tension l'organisation pour optimiser le couple valeur-coût. Il donne un objectif pour piloter les activités de l'entreprise par rapport à un questionnement du style : est-ce que cette activité concourt à l'augmentation du couple valeur-coût ? Il donne donc une orientation à un management de type ABM.

Il reste totalement compatible avec des démarches de **benchmarking** ou de qualité totale.

3. Un moyen de gérer la performance future

Le *target costing* permet une simulation du futur de l'entreprise et l'oblige à réfléchir dès l'amont des processus à leurs implications futures. Or cette démarche d'anticipation est positive dans des domaines autres que la conception des produits comme, par exemple :

– les choix d'investissements,

– les systèmes d'informations,

– les formes d'organisation,

– les choix stratégiques.

C'est au tout début de la réflexion que le degré de liberté par rapport au choix est le plus élevé : en être conscient et savoir le mettre en œuvre, c'est un moyen de capitaliser une expérience qui peut se révéler un avantage compétitif certain.

Ce regard sur la gestion de l'entreprise déplace l'horizon de la mesure de la performance : il faut mesurer, à un instant T, la performance définie à des instants antérieurs à T. Il s'agit donc au moment de la mise en œuvre du *target costing* de **construire la performance d'une entreprise virtuelle.**

4. Un processus d'apprentissage collectif

La multiplicité des outils mis en œuvre dans une démarche de *target costing* ne trouvera son aboutissement que si il y a mobilisation des compétences et informations de toutes les parties prenantes.

Ce point est d'autant plus important que l'objet du discours, le produit, est virtuel, que les anticipations et les choix de production le sont tout autant et donc qu'il y a matière à discussion puisque la performance du produit est sujette à interprétation.

Pour être performant, le *target costing* demande une **participation de tous**, une **transparence en termes d'informations et d'évaluations** et une prise en charge collective des choix et des erreurs qui peuvent en résulter. Il demande la création de langages communs, de visions communes et de transferts sur des savoirs expérimentaux pour une réelle transversalité.

Il nécessite de la part des dirigeants une implication forte afin de surmonter les habitudes en place, la culture budgétaire des territoires afin de promouvoir une coordination non hiérarchique, ouverte à la critique, négociée en termes d'objectifs.

APPLICATIONS

APPLICATION 1

Société Alix

La société Alix est la filiale d'un groupe textile qui s'est constitué après la Seconde Guerre mondiale par la fusion et le rachat de plusieurs entreprises de dimension moyenne. Le groupe s'est doté d'une structure de holding et chaque filiale jouit d'une indépendance pour sa gestion. Le groupe s'adresse à différents marchés.

La société Alix a été créée pour répondre aux besoins spécifiques de la grande distribution (Carrefour, Cora, Auchan...).

La société Alix est une entreprise spécialisée dans la commercialisation de lingerie féminine de jour (soutiens-gorge, body...). Elle a son siège dans la région de Troyes. Elle emploie 45 personnes.

Alix élabore les modèles, choisit les tissus et donne des ordres à une société sous-traitante qui s'occupe de la coupe, du montage et de la finition des modèles féminins. La société sous-traitante est une filiale à 90 % de la société Alix. Elle emploie 90 personnes.

Alix vend sa lingerie en France par le réseau des grandes surfaces. Elle vous soumet les problèmes auxquels elle est confrontée aujourd'hui.

La société Alix désire pénétrer le marché haut de gamme des magasins spécialisés en leur proposant des produits de grande qualité. Dans ce but, elle a racheté un atelier équipé pour fabriquer des bodys. L'atelier constitue un centre de gestion autonome.

M. Gillard, nommé directeur de cette unité, travaille en étroite relation avec l'équipe de direction de la société Alix. Il a la responsabilité de la mise en place du système d'information de gestion de l'atelier. Celui-ci doit permettre une véritable optimisation des coûts pour atteindre une rentabilité égale à 10 % du prix de cession à la société Alix.

D'après une étude de marché, 30 % de la production de la première collection pourrait être écoulée dans les magasins spécialisés en leur proposant trois modèles différents en exclusivité.

Le reste de la production, composé de deux autres modèles différents, pourrait être acheté par les centrales d'achat des grands groupes de distribution.

On considérera que les tailles n'ont pas d'incidence, ni sur les prix de vente, ni sur les coûts.

Première partie : Préparation de la réunion

M. Gillard doit préparer la réunion ayant pour ordre du jour la fixation du prix de cession des produits entre l'atelier et la société Alix. Il vous demande de l'aider dans sa réflexion.

Les calculs des coûts unitaires seront arrondis au centime le plus proche et les prix de cession seront arrondis à la dizaine de centimes par excès.

QUESTIONS

1. **À l'aide des annexes 1 à 4 et en considérant que le *coût de revient unitaire est une donnée essentielle pour la fixation des prix de vente,* déterminer les prix de cession à proposer pour chacun des produits de façon à réaliser l'objectif de marge.**
2. **Dans une note d'une page environ, commenter l'affirmation suivante : « La question du coût de revient dans la démarche de fixation des prix est un faux problème car c'est le marché qui fixe le niveau des prix. »**
3. **Présenter les conséquences de cette constatation sur *les méthodes de suivi des coûts* et sur les *méthodes de fixation des prix.***

Deuxième partie : Mise en place d'un système d'information

La réunion ayant pour objet la fixation du prix de cession a eu lieu. Les responsables de la société Alix convaincus que le prix de vente doit être déterminé à partir des données du marché n'ont pas retenu les propositions de M. Gillard. Ils ont fait faire une étude approfondie des couples produit-marché. Les négociations qu'ils ont ensuite menées avec les centrales d'achat et un panel représentatif des magasins spécialisés ont permis de déterminer les prix de vente qui seront proposés au client final :

CIRCUIT DE DISTRIBUTION					
	Centrales d'achat		Magasins spécialisés		
Modèles	B1	B2	B3	B4	B5
PV TTC	65,10	92,90	123,50	181,20	241,10

M. Gillard doit maintenant mettre en œuvre la production en tenant compte de ces prix de vente. Il vous demande de l'aider.

Pour cette partie, garder 3 chiffres après la virgule comme nombre significatif.

QUESTIONS

1. **À l'aide de l'annexe 5 :**
   - **a) calculer le prix de cession qui sera appliqué lors du transfert des produits de l'atelier à la société Alix (*rappel* : chaque modèle ne concerne qu'un circuit de distribution) ;**
   - **b) en déduire le coût cible qui devra être atteint pour réaliser l'objectif de rentabilité ;**
   - **c) pourquoi la méthode de calcul du coût minute est-elle insuffisante pour mettre en œuvre une politique de réduction des coûts ?**
2. **L'annexe 6 présente une analyse détaillée des coûts. Après avoir procédé au regroupement des activités par inducteurs de coûts, calculer le volume de chaque inducteur et son coût unitaire (en pourcentage pour l'inducteur « valeur ajoutée »).**

3. **L'annexe 8 présente un tableau de calcul des nouveaux coûts estimés hors administration générale, puis administration générale comprise par unité de produit (les calculs ont déjà été réalisés pour les modèles B1, B2 et B3).**
   a) **terminer le tableau en calculant les coûts estimés pour les modèles B4 et B5.**
   b) **comparer ces coûts avec ceux obtenus à la question a) de la première partie. Quelles conclusions en tirez-vous ?**
   c) **comparer ces coûts avec ceux obtenus à la question 1). Quelles conclusions en tirez-vous ?**
4. **Supposons que le calcul des coûts à base d'activités ne soit pas mis en place. Calculer, à partir des coûts cibles obtenus en 1, le montant global d'économies de coût à réaliser. En tenant compte des remarques faites par les collaborateurs (annexe 9), proposer une optimisation des coûts globaux. Quelles conclusions en tirez-vous ?**

ANNEXE 1
Organisation de l'atelier

Il comprend :

– une section approvisionnement matières et fournitures diverses ;

– une section coupe où sont conçus et dessinés les modèles de chaque collection, où sont élaborés les patrons servant à la coupe et où sont coupés les tissus après avoir organisé l'ordonnancement de la production ;

– une section piquage, organisée en fonction du processus de production et regroupant deux unités de vingt machines disposées en ligne de part et d'autre d'un convoyeur, système de transport suspendu ;

– une section conditionnement ;

– une section contrôle ;

– une section administrative et comptable.

ANNEXE 2
Description des produits et prévision des ventes pour la saison printemps-été N

La fabrication prévue est de 210 000 bodys se décomposant ainsi :

• Ventes dans les centrales d'achats des grands magasins :

– 90 000 modèles B1 (sans armatures, blanc, effet broderie anglaise),

– 57 000 modèles B2 (à armatures, vert, en maille, façon soulignée de dentelle extensible).

• Ventes dans les magasins spécialisés :

– 30 000 modèles B3 (à armatures, bleu porcelaine avec demi-bonnets et jambes, garnis de dentelle de Calais extensible).

– 22 000 modèles B4 (à manches longues, blanc en dentelle extensible, se fermant au dos avec fermeture à bouton),

– 11 000 modèles B5 (d'une très grande originalité, noir en dentelle élastique et satin, soutien-gorge intégré avec fermeture à crochets).

ANNEXE 3
Nomenclature des produits et prix d'achat unitaire des matières

Les quantités nécessaires de tissus ont été calculées en mètre par les responsables de la coupe en fonction de la laize (largeur de la pièce d'étoffe prise entre deux lisières) et du placement des différentes pièces de tissu à couper.

Références matières	B1	B2	B3	B4	B5	Prix d'achat unitaire
Références « tissu »						
Doublure fond coton	0,002	0,002	0,003	0,003	0,003	25,000 €
Dentelle élastique	–	–	–	–	0,16	65,000 €
Dentelle extensible	–	0,05	0,06	0,08	–	57,500 €
Maille 48 % polyamide	–	0,15	–	–	–	36,500 €
Maille 92 % polyamide	–	–	0,15	–	–	38,500 €
Maille 95 % coton	–	–	–	0,14	–	45,000 €
Broderie anglaise	0,16	–	–	–	–	40,000 €
Autres références						
Bretelles réglables	2	2	2	–	2	2,000 €
Boutons-pression	2	2	3	3	2	0,100 €
Crochets soutien-gorge	–	–	–	–	1	0,075 €
Boutons et attaches	–	–	–	1	–	0,250 €
Armature	–	2	2	–	–	0,025 €
Motif	1	1	1	–	–	0,600 €
Dentelle en 5 cm	–	–	–	0,35	–	3,500 €
Dentelle en 8 cm	–	–	–	0,40	–	5,000 €
Ruban élastique	0,8	–	–	0,8	–	1,250 €
Cintre	1	1	–	–	–	0,250 €
Emballage individuel	–	–	1	1	1	0,750 €

ANNEXE 4
Détail des coûts indirects prévus pour la saison

Le système de gestion actuel est articulé autour du coût-minute, calculé deux fois par an, au début de chacune des collections printemps-été et automne-hiver.

Le coût-minute est le coût de revient de la minute de piquage. Il est égal au montant de l'ensemble des charges autres que les achats de tissus et fournitures diverses, divisé par le temps global de piquage exprimé en minutes. Toutes les charges de personnel et toutes les charges de fonctionnement sont présumées consommées en fonction des minutes de piquage.

Les temps de passage dans la section piquage, établis à partir du chronométrage de jeux d'essais, sont les suivants :

Modèles	B1	B2	B3	B4	B5
Temps	6 min 30	11 min	9 min 30	13 min	10 min

Le total des frais de personnel, pour la saison, est de 2 218 860 €.

Le montant des frais de fonctionnement, pour la saison, est de 1 169 610 €.

ANNEXE 5

Niveau des marges successives

Le prix de cession des produits à la société Alix est égal à 60 % du prix de vente aux distributeurs (le reste couvre les frais de distribution, les frais généraux et la marge de Alix).

La marge réalisée par les grands magasins est de 25 % de leur prix de vente hors taxes, celles des magasins spécialisés est de 50 %. La TVA est au taux normal.

ANNEXE 6

Analyse détaillée des coûts

Une première analyse des charges, autres que les matières, a permis de les affecter de la manière suivante :

Total	Approvisionnement	Coupe	Piquage	Conditionnement	Contrôle	Administration
3 388 470	285 850	781 450	1 597 670	141 750	71 100	510 650

La production se fait en juste-à-temps et les produits finis sont expédiés vers la société Alix. Le nombre de lots à fabriquer ainsi que leur importance sont présentés dans le tableau suivant :

Modèles	B1	B2	B3	B4	B5
Production prévue	90 000	57 000	30 000	22 000	11 000
Lots de 5 000	10	6	–	–	–
Lots de 2 000	20	10	–	–	–
Lots de 1 000	–	7	5	2	1
Lots de 500	–	–	10	10	5
Lots de 100	–	–	150	100	50
Lots de 50	–	–	100	100	50

ANNEXE 7

Dans un deuxième temps, après consultation de l'ensemble du personnel, on a dénombré les principales activités de l'atelier et les inducteurs de coûts correspondants et la ventilation des charges prévues entre les activités.

Les résultats de ces travaux sont présentés dans le tableau ci-après :

	Activités	Inducteurs de coût	Charges ventilées
Approvisionnement	relation fournisseurs	nombre de références matières	49 000
	contrôle réception	nombre de références matières	24 500
	suivi des stocks	nombre de références matières	18 000
	approvisionnement de la coupe	nombre de manipulations (1)	150 850
	approvisionnement autres sections	nombre de lots mis en fabrication	43 500
Coupe	étude-élaboration des patrons	nombre de modèles	197 500
	ordonnancement	nombre de lots mis en fabrication	107 500
	matelassage et coupe	nombre de manipulations	476 450
Piquage	piquage	nombre de minutes	1 597 670
Conditionnement	conditionnement magasins spécialisés	nombre de produits pour magasins spécialisés	99 000
	conditionnement pour centrales d'achat	nombre de lots pour centrales d'achat	42 750
Contrôle	contrôle	nombre de lots mis en fabrication	71 100
Administration	comptabilité fournisseurs	nombre de références matières	87 500
	administration générale	valeur ajoutée aux matières (hors coût administration générale et hors résultat)	423 150

(1) Nombre de manipulations = $\sum_{j=1}^{5} \left(\begin{array}{c}\text{nombre de lots}\\ \text{mis en fabrication}\\ \text{par modèle i}\end{array} \times \begin{array}{c}\text{nombre de}\\ \text{références tissus}\\ \text{par modèle}\end{array} \right)$ (il y a 7 références possibles)

ANNEXE 8

Calcul des coûts estimés par la méthode des coûts à base d'activités

	B1	B2	B3	B4	B5
Matières	12,50	13,50	15,00	16,50	15,50
Coût des inducteurs					
a) Inducteurs « référence matières »					
Doublure	0,041	0,041	0,062		
Dentelle élastique					
Dentelle extensible		0,078	0,093		
maille 48 %		0,174			
maille 92 %			0,331		
maille 95 %					
Broderie anglaise	0,110				
Bretelles réglables	0,053	0,053	0,053		
Boutons pressions	0,042	0,042	0,063		
Crochets soutien-gorge					
Boutons et attaches					
Armature		0,114	0,114		
Motif	0,056	0,056	0,056		
Dentelle 5 cm					
Dentelle 8 cm					
Ruban élastique	0,089				
Cintre	0,068	0,068			
Emballage			0,158		
b) Autres inducteurs					
Manipulation	0,236	0,429	9,381		
Lot de fabrication	0,116	0,141	3,085		
Référence produit	0,439	0,693	1,317		
Minute de piquage	5,486	9,284	8,018		
Produit vendu en magasin			1,571		
Lot vendu en centrale	0,269	0,325			
Coût de revient hors administration	**19,505**	**24,998**	**39,302**		
Inducteur « valeur ajoutée »	1,000	1,641	3,468		
Coût de revient estimé	**20,505**	**26,639**	**42,770**		

ANNEXE 9

Réflexions des collaborateurs

Marie Marocatir, contremaîtresse dans la section piquage :

« Le temps de marche disponible est de 33 696 heures. Le temps nécessaire calculé à partir des gammes opératoires est de 31 550 heures. Cependant, il me semble nécessaire de prévoir une marge de battement de 10 % du temps nécessaire pour les retards, pannes et retouches éventuelles. Sans cette marge, on risque la saturation, les heures supplémentaires, donc des coûts supplémentaires.

Avec le nombre d'employées actuel, on assure le fonctionnement de deux postes de piquage supplémentaires.

D'autre part, il me semble possible d'intégrer le contrôle au piquage. Avec une formation qualité et la mise en place de contrats qualité, on pourrait alors envisager de muter les deux personnes affectées au contrôle, dans la société mère, qui d'après mes informations doit embaucher quatre personnes.»

La suppression des deux postes de contrôle entraînerait 21 000 € d'économie par poste (charges sociales 40 %), la mise en place de contrats-qualité coûterait 9 465 € (par saison).

Paul Roca, responsable de l'ordonnancement :

« En changeant légèrement la conception des bodys B3 et B4 tout en conservant la même matière première consommée, on pourrait gagner une minute de piquage pour un body B3 et deux minutes pour un body B4. Je rappelle qu'une employée dans la section piquage coûte 25 000 € par saison .»

Bruno Durand, chargé du suivi des stocks :

« Avec un coût stockage minime (6 000 € par saison) car il y a de la place, il me semble que la production pourrait se faire par lots de 100 au minimum ; beaucoup de transactions seraient ainsi évitées. »

Jeanne Gilles, responsable de la coupe :

« L'acquisition d'un nouveau système de gradation et de placement permettrait de faire des économies à la coupe en réduisant les déchets de tissus. Avec un coût supplémentaire de 34 997 € par saison, on pourrait réduire les quantités nécessaires de tissu par produit de 5 % pour les composants suivants : dentelle élastique, dentelle extensible, maille 48 % polyamide, maille 92 % polyamide, maille 95 % coton et broderie anglaise. »

Armelle Majape, responsable de l'approvisionnement :

« Un nouveau fournisseur d'emballages propose des produits adaptés à 0,50 € pièce, si on s'engage à commander une quantité de 75 600 sacs par saison.

Par ailleurs, il me semble que l'on pourrait mettre une dentelle de 5 cm autour des manches du body B4 et ne pas acheter ainsi de dentelle de 8 cm. »

APPLICATION 2

Société Ventilo Star

Pour élargir la gamme de produits et étendre le marché de l'entreprise le comité de direction a décidé d'étudier le projet de lancement d'un sèche-cheveux mural destiné à l'hôtellerie et aux collectivités qui doit respecter l'objectif de marge sur coût de production de 40 % imposé à tous les produits de l'entreprise. Ce taux de marge est calculé par rapport au prix de vente HT.

De fait, l'entreprise est capable d'augmenter sa production avec des investissements limités puisque la fabrication des composants des nouveaux produits serait sous-traitée et les usines actuelles peuvent facilement accroître leur capacité de montage/finition des produits.

L'équipe de vente actuelle pourrait très aisément assurer la commercialisation de ces produits.

Pour initier cette évolution, une étude de marché a été confiée à un cabinet spécialisé dont les renseignements sont donnés ci-après.

Un millier de clients potentiels a été interrogé sur divers aspects du produit projeté et sur le prix que ces personnes accepteraient de payer.

Pour cela, il leur a été posé deux questions :

- Question 1 : à quel prix n'achèteriez-vous pas ce produit en raison de son prix trop élevé ?
- Question 2 : à quel prix n'achèteriez-vous pas ce produit en raison d'un doute sur sa qualité ?

Les résultats de cette enquête sont résumés dans le tableau ci-dessous :

Prix	20 €	40 €	60 €	80 €	100 €	120 €	140 €	160 €
Q 1	0	0	60	190	370	660	980	1 000
Q 2	1 000	610	350	200	100	20	0	0

Le cabinet chargé de l'étude de marché a également demandé aux clients potentiels interrogés d'évaluer, par une note variant de 0 à 10, l'importance qu'ils accordent aux fonctions du produit étudié. La synthèse de ces fonctions et des notes moyennes attribuées à chacune d'elles sont les suivantes :

Fonctions objectives		Fonctions subjectives	
FO 1 Facilité d'installation :	6	FS 1 Design du produit :	6
FO 2 Facilité d'entretien :	7	FS 2 Couleur :	6
FO 3 Dispositif antivol :	8		
FO 4 Solidité :	6		
FO 5 Sécurité de l'utilisateur :	9		
FO 6 Légèreté :	6		
FO 7 Maniabilité :	7		
FO 8 Adaptabilité :	6		

La direction technique s'est chargée de concevoir les composants nécessaires à la réalisation de ce produit.

Référence	Composant	Coût estimé
C 1	Socle mural de fixation	7,00
C 2	Coque métallique blanche	9,00
C 3	Ventilateur silencieux	7,00
C 4	Résistance de chauffage rapide	5,00
C 5	Dispositif Marche / Arrêt automatique	4,50
C 6	Flexible extensible jusqu'à 1,50 mètre	6,00
C 7	Poignée ergonomique	13,00
C 8	Variateur de température	3,00
C 9	Variateur de puissance de souffle	3,00
C 10	Plaquette adhésive de fonctionnement	0,50
		58,00

L'estimation des fonctions remplies par les composants retenus est donnée en pourcentage de la fonction considérée :

	FO1	FO2	FO3	FO4	FO5	FO6	FO7	FO8	FS1	FS2
C 1	80		90	30						
C 2	20	70	10	40	30				50	50
C 3					10			20		
C 4								20		
C 5					20					
C 6		10		15	10	40	60		10	10
C 7		20		15	20	60	40		40	40
C 8								30		
C 9								30		
C10					10					
	100	100	100	100	100	100	100	100	100	100

Il vous est confié la détermination du prix psychologique et l'étude du coût cible.

QUESTIONS

1. **Définir la notion de prix psychologique.**
2. **Présenter en une dizaine de lignes la méthode du coût cible.**
3. **Calculer le prix psychologique. Justifier le calcul. L'entreprise décide de fixer le prix de vente public HT à 80 €.**
4. **Déterminer le coût cible total.**
5. **Compte tenu des évaluations faites par les clients potentiels, calculer, en pourcentage, l'importance relative de chaque fonction dans la valeur totale du produit.**
6. **Calculer le coût cible par composant et le comparer au coût estimé.**
7. **Commenter les résultats obtenus et indiquer comment l'entreprise peut rapprocher le coût estimé du coût cible.**

D'après DCG 2009.

APPLICATION 3

Entreprise Nettcar

L'entreprise Nettcar monte et commercialise des nettoyeurs haute pression à destination des industriels. Dans le cadre d'une stratégie de différenciation retardée, elle décide de mettre en œuvre une analyse de la valeur afin de définir un modèle de base de nettoyeurs à destination des particuliers. Ce modèle est censé être distribué dans un réseau d'hypermarchés de bricolage sous une marque de réseau et auprès de revendeurs agréés sous le nom de la société.

Structure du produit

L'étude technique du produit a permis de lister les éléments constitutifs du produit qui sera **identique sur le plus d'aspects possibles afin de bénéficier d'économie d'échelle** pour le montage, les éléments de différenciation devant être assemblés le plus tard possible. Dans ce contexte, et dans une première approche, l'entreprise cherche sur une base commune (pompe moteur châssis flexible) à structurer ses deux modèles.

Un nettoyeur haute pression est positionné sur un *châssis* monté avec ou sans roulettes. Il supporte un ensemble *moteur-pompe haute pression* qui détermine la puissance du jet. L'ensemble est recouvert d'une *coque de protection* pouvant intégrer un *réservoir à détergent*. Le châssis peut présenter des espaces de rangement pour les *accessoires* : lances, buses ou brosses. Un *flexible haute pression* est branché à la sortie de la pompe. Sur ce flexible est fixée une *lance haute pression* qui reçoit les accessoires de jet. Des dispositifs de raccordement alimentent le moteur en électricité et la pompe en eau.

- **Bloc moteur pompe**

La qualité des composants de la pompe est un élément fondamental de sa durabilité et de la pression du jet. Le moteur sert à développer plus ou moins de puissance. Les critères de choix se situent entre la pression du jet exprimé en bars et le débit d'eau exprimé en litres/heure. La qualité de la pompe et la puissance du moteur interviennent dans leur prix d'achat. Quatre types de pompes ont été retenus : ils combinent pression et débit. La pression conditionne la « performance en nettoyage ». Le débit est un aspect de la « modularité du produit ».

Débit maximum	Pression 100 bars	Pression 120 bars	Pression 150 bars
2000 l/h	60 €	72 €	81 €
4 000 l/h	70 €	80 €	85 €

- **Flexible haute pression**

Deux systèmes sont envisagés :

– un flexible haute pression en caoutchouc de 6 m de long, coût 26 € ;

– un flexible haute pression armé tressé métal, plus solide, de 10 m de long : coût 46 €.

L'enrouleur pour le flexible armé tressé métal oblige à un axe plus solide : surcout par rapport au modèle de base prévu sur le châssis : 2 €.

La solution technique la plus simple est indispensable à la fonction « puissance du jet », la qualité du flexible est un élément de durabilité assimilé au « confort d'utilisation ».

- **Châssis**

Trois types de châssis sont compatibles avec les modèles de pompe envisagés :

– modèle de base : coût 4 € ;

– modèle simple avec roulettes : coût 6 € ;

– même modèle que ci-dessus mais équipé d'enrouleurs pour les flexibles et l'alimentation électrique : 13 €.

Un arceau peut être fixé au châssis pour le rangement des accessoires :

– kit 1 : quatre accessoires et une lance : coût 12 € ;

– kit 2 : six accessoires, deux lances : coût 16 € ;

– kit 3 : système de rangement pour brosse rotative : coût 1,5 €.

Les roulettes assurent la fonction « mobilité » ; les enrouleurs sont à rapprocher de la fonction « confort d'utilisation et mise en service » ; l'arceau assure la fonction de « facilité de rangement ».

• **Alimentation électrique**

Trois systèmes sont proposés par le fournisseur :

– système simple de 6 m de fil, coût : 5 € ;

– même système avec deux crochets à fixer sur l'arceau pour enroulement manuel : coût 7 € ;

– système avec enrouleur exclusif du premier, mais permettant de développer 20 mètres de fil, coût : 10 €.

Le système électrique de base est considéré comme lié à la fonction « puissance du jet » (alimentation du moteur en énergie). Le système d'accroche manuelle améliore les performances de « rangement ». La longueur de fil déroulé est un élément de « confort d'utilisation ».

• **Lances et accessoires : buses et brosse rotative**

Les différences dans les solutions proposées tiennent :

– aux lances haute pression qui peuvent être réglables ou non réglables ;

– à la nature du jet : simple ou jets modulés ;

– au nombre d'accessoires fournis.

	Jet simple		Jet combiné	
	Kit 1	Kit 2	Kit 1	Kit 2
Lance réglable	8 €	10 €	11 €	13 €
Lance non réglable	6 €	9 €	8 €	12 €

La solution « lance non réglable, jet simple » est rattachée à la fonction « puissance du jet » non réalisable en l'absence de lances. L'adoption d'un jet combiné ainsi que celle d'une lance réglable sont des éléments de « confort d'utilisation » alors que la multiplication du nombres d'accessoires améliore « l'adaptabilité du nettoyeur ». Adjoindre une brosse rotative ne se comprend que si son rangement est prévu sur le châssis : coût de la brosse 5 €.

• **Coque**

Le fournisseur propose deux modèles de coque : modèle « standard » et modèle « design » respectivement retenus pour les produits distribués sous la marque du distributeur et pour les produits Nettcar, afin de différencier l'image commerciale des produits. Les coûts respectifs sont de 4 € et 15 €. L'entreprise a demandé une proposition de prix pour une coque plus « mode » pouvant contenir un réservoir à détergent incorporé ; le surcoût serait de 24 € par unité (nécessité de fabriquer un nouveau moule et d'assurer l'étanchéité du contenant). Ce surcoût serait affecté par tiers aux fonctions « confort », « modularité » et « esthétique ».

Modalités de fabrication

Cette activité serait organisée en deux étapes :

• **Atelier de montage du bloc châssis moteur pompe**

La chaîne de montage autoriserait la fabrication de plusieurs types de modèle. Le coût mensuel de cette chaîne s'élèverait à 72 000 €. Un personnel qualifié surveillerait le passage de blocs sur la chaîne ; son coût horaire prévu est de 54 € et le temps de main d'œuvre par unité assemblée serait de 2 minutes.

En fonction des choix de conception, la production s'organisera de façon différente :

– soit les blocs châssis moteur pompe sont identiques et dans ces conditions fabriqués en continu ;

– soit ils sont différenciés selon les modèles et la production sera alors organisée en lots alternés de 2 000 unités de chaque modèle afin de permettre une flexibilité en termes de distribution. Compte tenu de l'automatisation de cette installation, chaque changement de séries entraîne des temps d'immobilisation de 3 heures à faire supporter à la série en fabrication.

• **Atelier de montage diversifié de la coque et des accessoires**

À ce niveau et compte tenu des modèles, les blocs moteurs recevront les coques ainsi que les accessoires : arceau de fixation, flexible, lances et systèmes d'alimentation. Les coûts horaires seront de 22,5 € pour la main-d'œuvre et 40 € pour les coûts d'atelier. Le temps d'intervention prévu est de 0,10 heure par unité assemblée sans arceau et 0,12 heure pour un modèle avec arceau (main-d'œuvre et atelier inclus).

Les coûts de montage du bloc châssis moteur pompe sont affectés à la fonction « puissance du jet », les coûts d'assemblage de la coque et des accessoires sont représentatifs de la fonction « confort d'utilisation » pour le coût sans arceau. Le surcoût dû à la pose d'un arceau relève de la fonction « facilité de rangement ».

Tarification du produit

Ce produit serait commercialisé sous deux versions : l'une basique pour le modèle réseau, l'autre plus élaborée pour le modèle vendu sous la marque Nettcar. Les prix de vente public TTC retenus sont de 271 € et 389 €. La grande distribution demande une marge de 35 % sur le prix public HT alors que les revendeurs agréés se contentent de 20 % de marge.

L'entreprise a retenu des taux de marge proportionnels aux prix de vente en gros à savoir : 15 % pour la grande distribution et de 25 % pour les revendeurs.

Aspirations des consommateurs

Une étude menée auprès de 1 000 consommateurs potentiels a montré la valeur accordée aux principales fonctions attribuées au produit et évalué le marché mensuel à 30 000 unités pour les nettoyeurs vendus sous la marque du distributeur et à 22 000 unités pour les produits écoulés sous le nom de l'entreprise.

Fonctionnalités demandées au produit	Puissance du jet	Mobilité et facilité de rangement	Confort d'utilisation et mise en marche	Modularité d'utilisation	Esthétique
Modèle grande distribution	64 %	14 %	12 %	8 %	2 %
Modèle de marque	49 %	11 %	17 %	16 %	7 %

QUESTIONS

1. **Rappeler brièvement en quoi consiste une stratégie de différenciation retardée. Quels sont les facteurs de différenciation que peut choisir l'entreprise pour un même produit, de sorte à justifier des prix de vente différents selon la nature de la distribution ?**

2. Calculer le coût d'assemblage d'un nettoyeur en envisageant :
   - les deux modes de production au niveau de l'atelier automatisé ;
   - les deux types de modèles (avec ou sans arceau) au niveau de l'atelier de montage manuel.
3. Calculer le coût objectif ou coût cible obtenu à partir des prix de vente public de chaque modèle.
4. Calculer le coût estimé d'un modèle en supposant que l'entreprise retient, pour chaque composant, la solution de base et la solution la plus performante.
5. Éclater le coût estimé entre les fonctions assumées par le produit, de manière à calculer le pourcentage du coût total consacré à la satisfaction de chacune de ces fonctions.
6. Comparer le coût objectif et le coût estimé pour le modèle destiné à être vendu sous la marque Nettcar. Commenter les résultats. Proposer des ajustements en fonction des deux types de produits afin d'aligner la structure du coût des fonctions sur celle de l'utilité reconnue aux produits par les consommateurs.

21
CHAPITRE

Le pilotage de processus intégrés : *supply chain management*

Face à la globalisation des marchés, à l'externalisation et aux alliances pour réduire les coûts, les délais, l'espace et grâce aux potentialités de technologies de l'information et de la communication, les entreprises cherchent la rentabilité par la maîtrise des flux intra et inter-organisationnels.

Se constituent ainsi progressivement, en fonction des besoins, des capacités, des technologies, des chaînes de plus en plus intégrées entre des partenaires.

Le concept de *supply chain* est présenté comme l'innovation majeure en gestion de production de ces 20 dernières années. Elle poursuit un objectif de performance multicritère, combinant tout autant des objectifs financiers que stratégiques et organisationnels par nature plus qualitatifs.

Après avoir défini la chaîne logistique et le management de la chaîne logistique, nous nous intéresserons aux caractères constitutifs d'une chaîne logistique pour finir par évoquer les impacts de cette organisation inter-firmes.

SECTION 1
DE LA LOGISTIQUE ET LA CHAÎNE LOGISTIQUE

Après une approche historique de la logistique, nous préciserons les notions de chaîne logistique et de réseau.

1. Évolution de la logistique

1.1 La logistique

La logistique est la gestion des flux physiques de matières qui circulent entre tous les acteurs qui travaillent pour une activité ou un ensemble d'activités.

Les coûts logistiques représentent, en moyenne, pour tous les secteurs de l'industrie française, environ 10 à 12 % du chiffre d'affaires, avec plus de 50% constitués par les coûts de transport et environ 20% pour les coûts de stockage.

La vision moderne de la gestion industrielle vise à éliminer de façon systématique tous les gaspillages et à rechercher l'amélioration continue de la flexibilité et de la réactivité sans nuire à la productivité.

1.2 Importance stratégique

Avec la notion de la chaîne de valeur de Porter, quelle que soit la stratégie adoptée, domination par les coûts ou différenciation du produit, le contrôle des coûts logistiques et l'amélioration de la performance des services fournis augmentent la valeur qu'offre une entreprise et conduit à une meilleure rentabilité.

1.3 Évolution progressive

Dans ce contexte, la logistique est devenue une fonction transversale en liaison avec :

– les achats pour fiabiliser les livraisons ;

– la production pour réduire les transferts inter-sites ;

– la fonction commerciale pour la prévision des commandes.

Il s'agit alors de passer d'une organisation compartimentée à une organisation fluide et continue en synchronisant les flux physiques, informationnels et financiers à l'intérieur et à l'extérieur de l'organisation.

D'une logistique, fonction transversale interne, on cherche maintenant à évoluer vers une fonction transversale externe, possible grâce aux technologies de l'information et de la communication.

Cette intégration de la logistique entre plusieurs entités est reconnue comme un moyen de réduire les coûts, de pénétrer de nouveaux marchés et d'améliorer le service au client.

Le tableau suivant, emprunté à S. Ayadi, illustre cette évolution.

LES NIVEAUX DE MATURITÉ DE LA CHAÎNE LOGISTIQUE

<table>
<tr><th>Niveau 0
Logistique traditionnelle</th><th>Niveau 1
Logistique fonctionnelle</th><th>Niveau 2
Chaîne logistique intégrée</th><th>Niveau 3
Logistique globale
(supply chain)</th><th>Niveau 4
E-chain</th></tr>
<tr><td>• Fonction d'exécution des opérations physiques d'entreposage et de transport</td><td>• Fonction opérationnelle de pilotage des flux physiques de production et de distribution</td><td>• Fonction tactique de planification des flux Approvisionnements / Production / Distribution / Ventes</td><td colspan="2">• Fonction stratégique d'intégration et d'optimisation globale des flux au niveau de la supply chain : le concept de supply chain management</td></tr>
<tr><td>• Qualité et fiabilité des livraisons peu prévisibles
• Pas de réflexion approfondie sur les processus logistiques
• Peu d'indicateurs et de suivi...</td><td>• Vision linéaire de la chaîne logistique
• Chaque fonction est motivée par ses propres indicateurs
• Une sous-optimisation d'ensemble en résulte</td><td>• Vision intégrée de la chaîne logistique au niveau de l'entreprise
• Indicateurs communs motivant toutes les fonctions
• Partage de l'information incomplet entre l'entreprise, ses fournisseurs et ses clients</td><td colspan="2">• Vision étendue de la chaîne logistique : « entreprise étendue »
• Partage de l'information aboutissant à un partage optimisé des prises de décision
• Intégration des systèmes d'informations interentreprises
• Commerce électronique / Gestion de la relation clientèle</td></tr>
</table>

S. Ayadi, « Externalisation et création de valeur au sein de la supply chain : l'entreprise étendue », La Revue des Sciences de gestion, Direction et Gestion, n° 236, mars-avril 2009.

2. Définitions de la chaîne logistique et du management de la chaîne logistique

2.1 Chaîne logistique

La chaîne logistique ou *supply chain* est définie comme un ensemble d'au moins trois entreprises, liées par un ou plusieurs flux amont et aval de produits, de services, d'information, du point d'origine au point de consommation final.

Dans la notion de chaîne logistique, se retrouvent toutes les caractéristiques des variables à gérer contemporaines : les entreprises partenaires doivent passer d'un système structuré par fonctions à une **logique en termes de processus**, d'une notion de profit à **une notion de performance**, d'une gestion des produits à une **gestion des clients**, d'une logique verticale à une **logique transverse et horizontale.**

L'objectif de cette chaîne est d'assurer la conception, la production et la mise à disposition des produits pour les utilisateurs finaux.

Elle dépend tout à la fois :

– des acteurs, et en particulier, de la qualité de la coopération de chaque firme participante,

– des interfaces informationnelles, technologiques et de leur capacité à communiquer, pour obtenir un système de pilotage intégré et ou coordonné dont la finalité sera l'optimisation de l'ensemble plutôt que celle d'un des éléments de l'ensemble.

2.2 Le management de la chaîne logistique

Le management de la chaîne logistique ou *supply chain management* (SCM) est défini par J. T. Mentzer et *al.* en 2001 comme « la coordination systématique, stratégique, des fonctions opérationnelles classiques et de leurs tactiques respectives à l'intérieur d'une même entreprise et entre les partenaires au sein de la chaîne logistique, dans le but d'améliorer la performance à long terme de chaque entreprise membre et du réseau »(1).

Ce groupement d'entreprises légalement séparées mais stratégiquement alignées et opérationnellement interdépendantes peut être considéré comme une première étape vers une entreprise étendue.

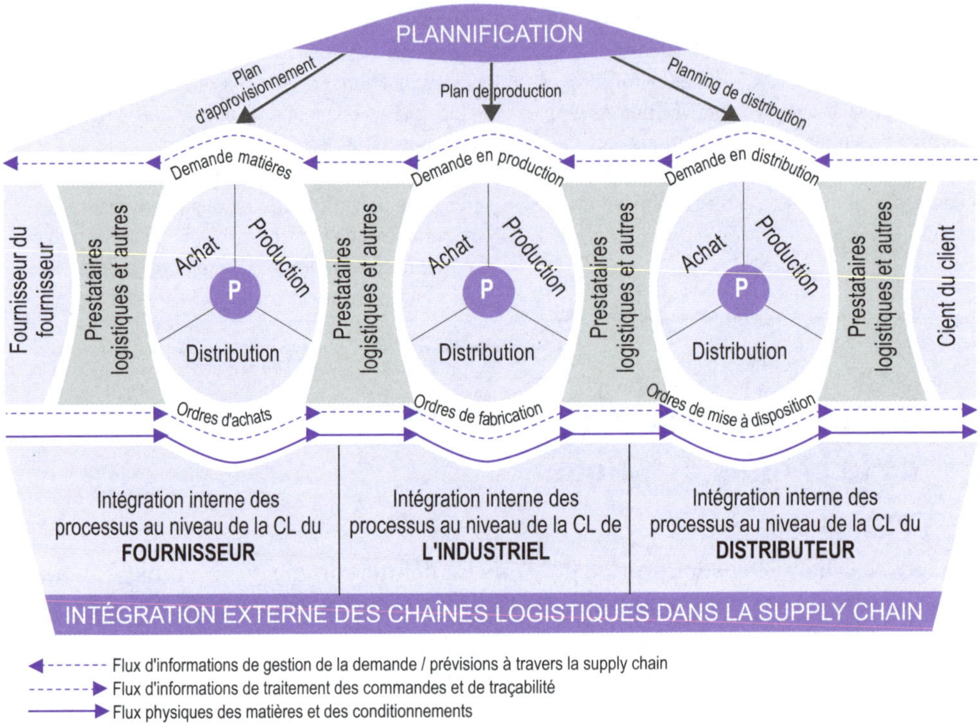

S. Ayadi, « Externalisation et création de valeur au sein de la *supply chain* : l'entreprise étendue », *La Revue des Sciences de gestion, Direction et Gestion*, n° 236, mars-avril 2009.

Une définition du MLI (management logistique intégré) ou SCM insiste sur l'importance des relations de coopération entre les acteurs pour développer des liens logistiques structurés permettant d'atteindre une performance globale.

3. Chaîne logistique et réseau d'entreprise

Il semble qu'il soit possible de distinguer deux types de construction de réseau d'entreprises qui induisent des modes de régulation différents même si avec le temps les différences peuvent s'estomper.

(1) J. T. Mentzer et al., « Defining supply chain management », Journal of Business Logistics, vol. 22, n°2, 2001 ; p. 1-25.

– le réseau type entreprise « Pivot » : une entreprise leader est au centre d'un réseau d'entreprises partenaires (fournisseurs, clients) sont entre elles par des contrats à long terme ;
– le réseau type « alliance» : plusieurs entreprises décident de travailler ensemble, sans constituer une structure spécifique, mais des relations contractuelles : ici, c'est la recherche d'une réactivité et d'une flexibilité accrue qui structure les relations des firmes du réseau, en s'appuyant sur une collecte d'informations sur les clients et les besoins.

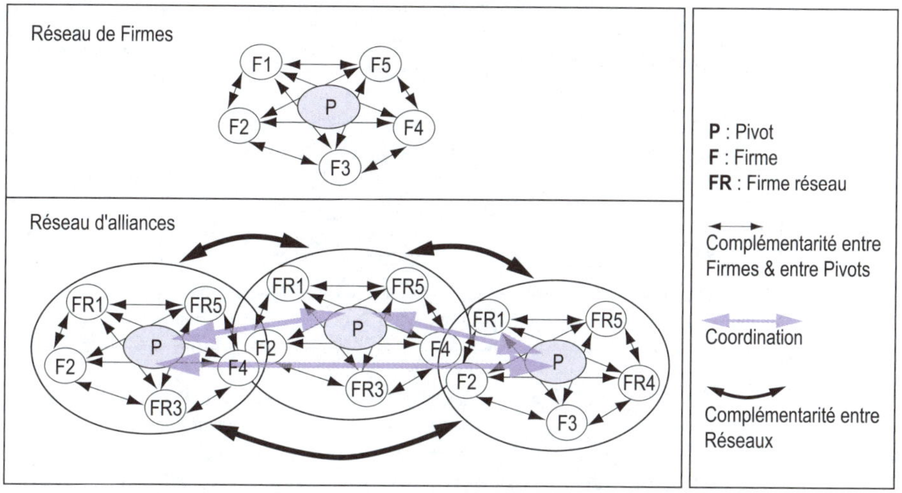

F. Jawab, A. Talbi, D. Bouami, « La GPA dans la grande distribution »,
La Revue des Sciences de gestion, Direction et Gestion, n° 218, mars-avril 2006.

L'efficacité d'un réseau, quel qu'il soit, dépend en grande partie de la qualité de l'intégration des flux physiques et informationnels entre les acteurs. Donc la chaîne logistique constitue un élément stratégique essentiel pour les réseaux.

SECTION 2

LE PILOTAGE D'UNE CHAÎNE LOGISTIQUE INTÉGRÉE

La chaîne logistique se construit donc sur l'articulation des flux physiques et sur l'intégration des flux informationnels.

Pour analyser son pilotage, il faut décliner les acteurs agissant sur les flux, les variables et les coûts à piloter, les circuits d'information et de communication avec l'utilisation des moyens informatiques.

1. Les acteurs de la chaîne

1.1 Acteurs et infrastructure

Mettre en place une chaîne de logistique intégrée consiste à déterminer les acteurs participant à la chaîne, aussi bien fournisseurs que clients, tout en conservant la possibilité de faire entrer d'autres partenaires dans le futur.

On peut se fonder sur la chaîne de valeur que veulent construire les partenaires de la chaîne logistique.

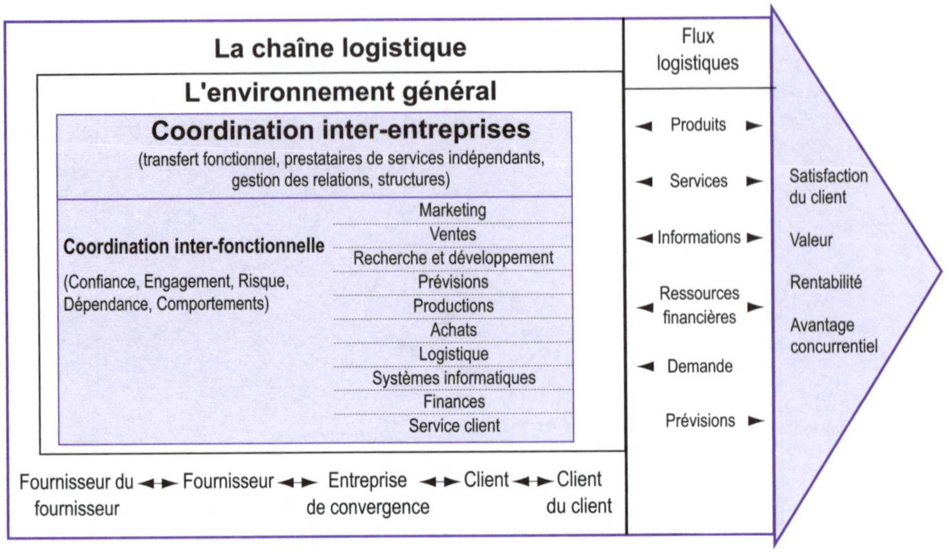

J. T. Mentzer et al., « Defining supply chain management », *Journal of Business Logistics*, vol. 22, n°2, 2001 ; p. 1-25.

Il s'agit de décider des infrastructures (routes, rails...), des moyens (camions, trains...) qui relient les sites des différents acteurs.

Il faut aussi organiser les structures en interne et entre les entités qui gèrent les flux.

1.2 Les relations entre les acteurs

Ces modes de coopérations inter-organisationnelles sont le plus souvent le fait d'équipes transfonctionnelles dans le cadre d'une relation gagnant-gagnant qui peuvent intégrer des représentants de fournisseurs et de clients. Ces équipes permettent de décentraliser la prise de décision autour de processus de décision horizontaux et ce faisant, elles accélèrent la prise de décision et accroissent encore la coopération.

Il semble cependant que les relations entre l'entreprise/pivot et les membres du réseau dépendent de la nature des réseaux :

- dans les réseaux de type firme « pivot », fournisseurs et sous-traitants, la donnée partagée est principalement de l'information : le leader informe les membres du réseau de ses programmes d'activités et d'approvisionnement compte tenu de ses ventes ou du lancement des produits nouveaux qu'il prévoit. Les fournisseurs peuvent améliorer leur propre fonctionnement car ils peuvent planifier leurs propres flux d'approvisionnement de production et de livraison aux spécifications de l'entreprise pivot. Ces relations s'appuient sur un engagement de long terme de l'entreprise réseau, sur un volant d'affaires. Des relations de collaboration peuvent aussi diffuser des pratiques d'amélioration continue, des aides en conception ou autre. Ces relations se retrouvent principalement dans les industries d'assemblage comme l'automobile ;
- dans les réseaux de grande distribution, les relations semblent plus équilibrées : le fabricant obtient une visibilité immédiate sur les ventes de ses produits puisqu'il a accès aux données qui étaient auparavant celles du distributeur, ce qui lui permet une meilleure

optimisation de ses productions. En contrepartie, le distributeur obtient une meilleure mise en place dans ses linéaires, une diminution de ses stocks et un accroissement de la rotation de ces derniers.

Dans tous les cas, il semble que les relations entre membres du réseau oscillent entre des relations contractualisées et des relations plus informelles fondées sur des relations de confiance établies sur des partenariats de longue durée.

2. Les variables à piloter

Les entreprises intègrent une chaîne logistique avec les objectifs de réduire les coûts de stockage, de livraison, de production, mais aussi d'accélérer la rotation des stocks, de réduire les délais de tous les cycles, sans rupture, d'améliorer les taux de service.

Donc il faut optimiser en permanence tout le processus en pilotant les variables de gestion de la chaîne.

Le management logistique intégré ou SCM se construit autour d'un ensemble de facteurs clés de succès plus variés que le simple prix :

– la **qualité** qui était déjà un critère de performance dans le processus d'achat traditionnel voit son importance s'accroître ; ainsi sur la base de ce critère, cela peut conduire à ne retenir que des fournisseurs certifiés qui en acceptant cette démarche de validation ont montré leur aptitude à progresser ;

– le **délai**, c'est-à-dire la capacité du fournisseur à livrer les produits à temps ;

– la **continuité** de la relation, c'est-à-dire la capacité à livrer sans interruption.

La gestion intégrée de la logistique doit arbitrer entre les différentes étapes de la chaîne en fonction de leurs coûts, délais, qualité.

Le contrôle de gestion doit ainsi donner des éléments sur les **coûts spécifiques de la chaîne logistique** :

Les coûts de transports entre chaque étape	• Coût selon mode de transport
Les coûts d'entreposage	• Coût par produit et par entrepôt
Les coûts de traitement des commandes	• Coût selon mode de traitement
Les coûts intrinsèques des stocks	• Coût de financement des investissements en stocks • Coûts associés à la tenue de stock (assurances, taxes) • Coûts associés à l'espace de stockage, (entrepôts privés, loués, publics) • Coûts associés aux risques sur stock (dégats, obsolescence, vols, transbordement)
Les coûts de production définis par lots : c'est-à-dire les coûts engendrés par la mise en place d'un lot supplémentaire pour satisfaire un niveau de service supérieur, en quantité ou qualité	• Coût de préparation et de mise en route de la production du lot • Coût de capacité perdue par changement de production • Coût de manutention, d'ordonnancement, d'expédition du lot

Le contrôle de gestion peut aussi analyser **la productivité**, pour aider au pilotage de la chaîne d'approvisionnement :

– il est possible de mesurer le rapport entre un output et un input réel : par exemple, dans un entrepôt, le **nombre de palettes chargées-déchargées par hommes-heures** ;
– le rapport à des standards : par exemple, le nombre réel de palettes chargées-déchargées sur le nombre standard planifié ;
– l'utilisation d'une capacité disponible : par exemple, le nombre d'hommes-heures disponibles par rapport au nombre d'hommes-heures effectivement occupés.

Ainsi, à partir de mesures, de standards, de calcul d'écarts, il est possible avec le temps et l'expérience, de construire un ensemble de données sur la productivité de chaque étape de la chaîne logistique, de fixer des objectifs pour améliorer cette productivité et donc ensuite d'optimiser le coût logistique total.

Il peut également être mis en place un **audit interne** des opérations logistiques : des mesures de performances opérationnelles sont faites et comparées avec celles désirées par les clients ou offertes par les concurrents. D.M. Lambert et R.L. Cook proposent six éléments pour élaborer cet audit (*Business 40*, n° 3, septembre 1990) :

Niveaux de service-clientèle	• Rupture de stock • Cycle de commande • Précision des systèmes • Capacités
Transports	• Modes et nombre d'expéditeurs • Nombre et taille des expéditions • Coût • Refus, retours, erreurs
Opération d'entreposage	• Productivité • Degré d'automatisation • Erreur d'enlèvement • Endommagement, pertes • Précision des envois
Traitement des commandes	• Degré d'automatisation • Temps pour compléter les tâches • Coût de la commande • Retard, erreur de commande
Considérations sur les quantités à produire par lot	• Fournisseurs • Taille des commandes • Précision des prévisions • Nombre/coût des changements de production • Identification des problèmes de production
Gestion des stocks	• Investissement en stocks • Rotation des stocks • Système de gestion des stocks

3. Le pilotage des flux

Dans l'entreprise étendue, une planification d'ensemble et unique permettant d'établir un plan d'approvisionnement, un plan de production et un planning de distribution structure les activités de chacun à partir des demandes des clients réelles ou très probables. Cette planification harmonisée permet une optimisation de toutes les chaînes logistiques des différentes firmes.

Ainsi, la planification des flux de la demande apparaît comme un élément clé de la réussite d'un système logistique intégrée. Point d'entrée de la chaîne, elle permet de prévoir la fabrication des produits ainsi que celle des approvisionnements.

EXEMPLE

Chez Fleury Michon, les commandes en portefeuille sont suivies heure par heure, produit par produit, client par client en fonction d'historiques passés et des prévisions de vente. Si des écarts sont constatés, des ajustements et des corrections interviennent immédiatement sur les plannings de production.

Mais, grâce aux logiciels de calcul et de transmission des données, toute information nouvelle en provenance de la chaîne intégrée en temps réel peut être introduite et induire des re-prévisions et des adaptations de flux physiques et informationnels.

Ainsi, une planification glissante continue peut permettre de piloter au plus juste, sur toutes les variables, l'ensemble de la chaîne intégrée.

De même, des tableaux de bord peuvent être construits pour suivre des indicateurs communs et transversaux à toutes les étapes de la chaîne et alerter des dérives pour réorienter les décisions et les actions tout au long du processus.

TABLEAU DE BORD D'UNE CHAÎNE LOGISTIQUE INTÉGRÉE

Étape	Paramètres	Objectifs	Réel	Écart
1 Entreprise 1	• Niveau activité • Délai de traitement • Niveau de stock • Taux de rebut • Coût du traitement			
2 Entrprise 2				
3				

Un partage des informations sur tous les paramètres de pilotage de la chaîne favorise la communication inter-organisationnelle et peut permettre de renforcer l'engagement, la confiance des acteurs au sein de ce management.

4. Intégration par les technologies de l'information

La gestion physique des flux logistiques doit s'appuyer sur un système d'information intégré, regroupant toutes les étapes du processus, pour aider aux décisions, aux transferts des données entre partenaires, aux suivis des résultats.

4.1 Un système d'information intégré

■ *Au sein de chaque firme*

Certains systèmes de type MRP (*management resources planning*) permettent de construire des plans intégrés de production et d'approvisionnement et donc de renforcer les liens avec les fournisseurs.

Les ERP (*enterprise resource planning*) ou PGI en français (progiciels de gestion intégrée) permettent à toutes les fonctions à l'intérieur de la firme d'accéder et de transmettre des données d'une fonction à une autre engendrant une intégration horizontale ou trans-fonctionnelles à l'intérieur de l'organisation.

■ *Entre les firmes*

Pour la communication et l'interface l'utilisation d'internet, d'intranet et de protocoles d'EDI (échanges de données) est devenue essentielle et incontournable.

■ *Pour la chaîne logistique :*

Des logiciels spécifiques de gestion logistique comme ceux de gestion partagée des approvisionnements ou de ECR (*efficient consumer response*) sont utilisés.

Des bases de données communes sont construites.

Pour chacune des étapes majeures, approvisionnement, production, distribution, et chaque acteur, il est possible de repérer des outils de gestion liés à des logiciels pour aider à prendre des décisions sur les flux physiques, pour communiquer et suivre les engagements entre partenaires et pour mesurer les opérations effectuées, la satisfaction des clients.

On peut essayer de visualiser les actions, les relations de chaque acteur avec quelques outils de gestion et de communication pour chacune des étapes du processus.

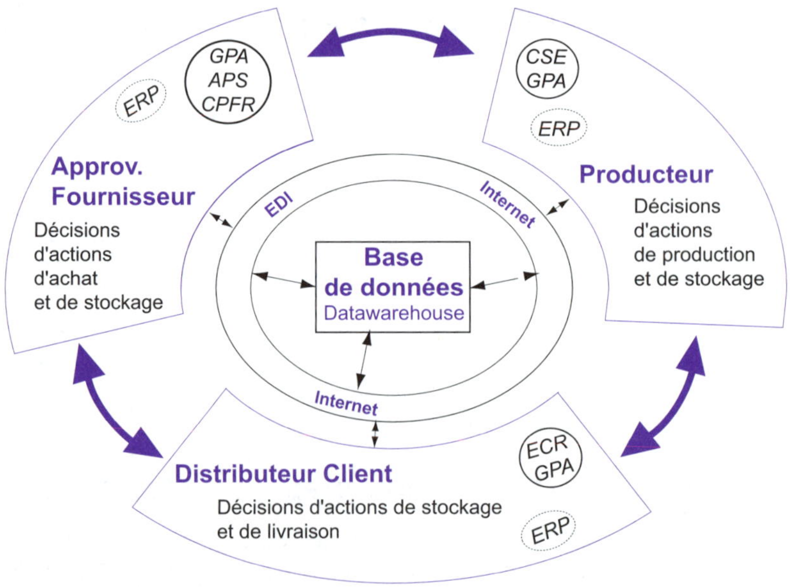

CSE Supply chain execution
GPA Gestion partagée des approvisionnements
APS Advanced Planning System
ECR Efficient Consumer Response
CPFR Collaborative planning

Cependant, un progiciel qui prendrait en charge, à tous les niveaux du réseau, la planification complète des flux d'approvisionnements, de production et de distribution, n'existe pas encore.

Avoir recours à des technologies d'information intégrées accélère la collecte de données des processus critiques. Nous nous intéresserons à deux logiciels qui sont au cœur du fonctionnement du réseau logistique.

4.2 ECR, *Efficient Consumer Response*

Les ECR assurent la compatibilité organisationnelle et informationnelle entre systèmes logistiques des fabricants et des clients : ainsi les sorties de caisse chez le distributeur vont déclencher d'aval vers l'amont une série d'opérations en vue d'assurer le réassortiment des linéaires dans les meilleures conditions de coût et de délais.

Ces outils, initialement positionnés chez le distributeur, proposent maintenant des versions plus globales qui intègrent les besoins amont de la chaîne d'approvisionnement. Dans ces cas, ils s'articulent autour de 4 modules :

- la gestion de la demande à savoir l'activité promotionnelle et l'introduction des nouveaux produits ;
- la gestion des approvisionnements ;
- les technologies de support ;
- les intégrateurs tels le CPFR (*collaborative planning, forecasting and replenishment*).

L'impact de l'intégrateur est essentiel comme le montre le schéma suivant :

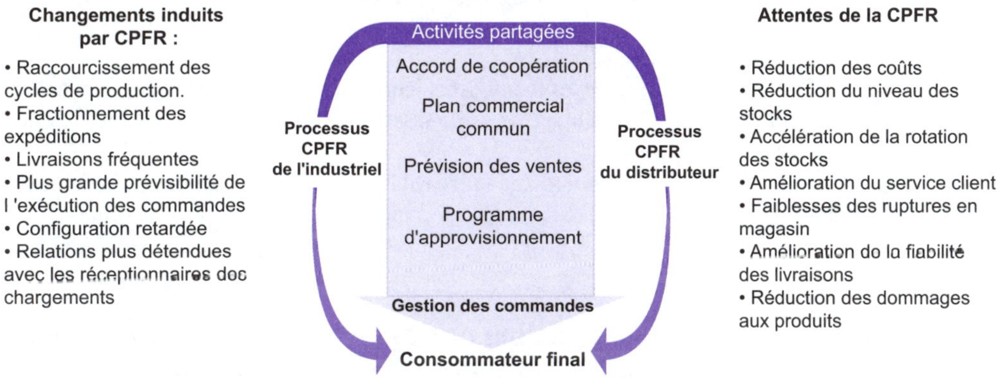

F. Jawab, A. Talbi, D. Bouami, « La GPA dans la grande distribution », *La Revue des Sciences de gestion, Direction et Gestion*, n° 218, mars-avril 2006.

EXEMPLE

L'expérience ECR entre Carrefour et ses fournisseurs

L'**ECR (Efficient Customer Response)** consiste en un ensemble de méthodologies techniques et organisationnelles matérialisant l'existence d'un véritable partenariat distributeur-fournisseurs. Les gains, destinés à être partagés, peuvent être considérables avec une augmentation du chiffre d'affaires de l'ordre de 5 % et une économie de 40 % à 60 % sur le coût de la gestion des flux. Les fournisseurs acquièrent une meilleure visibilité sur leurs carnets de commandes qu'ils peuvent anticiper. Le distributeur bénéficie d'une meilleure maîtrise de ses approvisionnements. En contrepartie, l'ECR requiert un

engagement sur le long terme ce qui permet l'échange d'informations confidentielles. Cet engagement se concrétise par l'établissement d'une culture commune, voire d'un langage commun, ou encore par la mise en œuvre de fabrications dédiées. Toutes ces adaptations concourent à une parfaite synchronisation des flux. « Autrefois, le fournisseur recevait des commandes d'une manière qui lui paraissait aléatoire. Désormais, c'est lui qui, dans certains cas, déclenche ses sorties », déclare Jean-Marie Picard, directeur logistique alimentaire chez Carrefour.

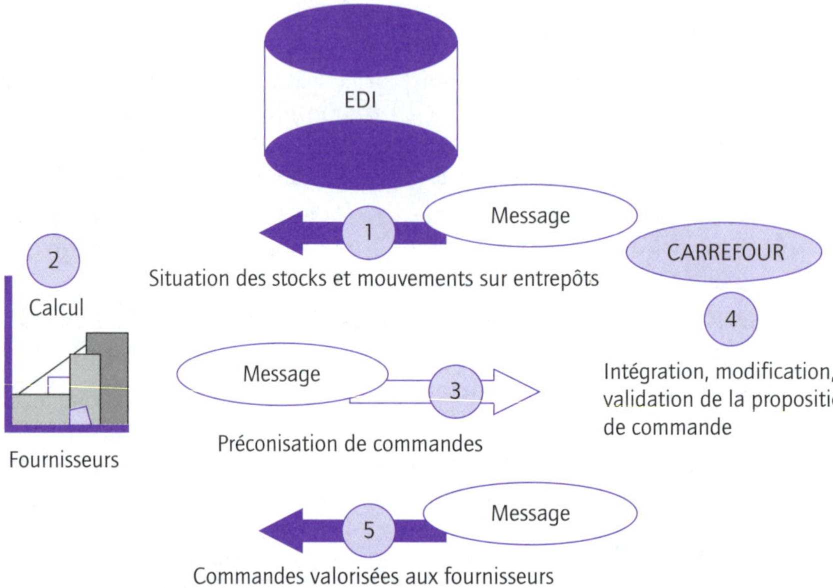

Pour l'instant, l'ECR concerne les fournisseurs représentant 40 % du volume des produits alimentaires vendus par Carrefour. L'objectif est de généraliser le processus aux 1 700 autres fournisseurs agroalimentaires.

La clé de voûte de l'ECR, garante de la réactivité du système de distribution, repose sur l'Échange de Données Informatisées (EDI) reliant tous les points de vente, en France et à l'étranger.

Source : d'après un entretien avec Jean-Marie Picard, Directeur logistique alimentaire de Carrefour, publié dans *Logistiques Magazine*.

4.3 Les progiciels de GPA ou gestion partagée des approvisionnements

Ils permettent au fournisseur de maîtriser les stocks de ses clients et de générer les propositions de commandes qui seront envoyées ensuite au client afin d'effectuer le réapprovisionnement : l'objectif est tout à la fois le lissage des livraisons, la réduction des stocks et la réduction des ruptures en entrepôt ainsi que l'optimisation du chargement des camions.

Ces progiciels peuvent également, pour certains, assurer, dès les sorties de caisse ou des entrepôts, le réapprovisionnement calculé au plus juste et le distributeur peut voir ses stocks réduits de moitié.

Enfin, il semble qu'ils réduisent significativement les litiges entre distributeur et fabricant.

On peut même associer un ERP et une GPA pour intégrer la prévision des ventes comme le montre le schéma ci-dessous :

Liaison entre la gestion partagée des approvisionnements (GPA) et la prévision des ventes

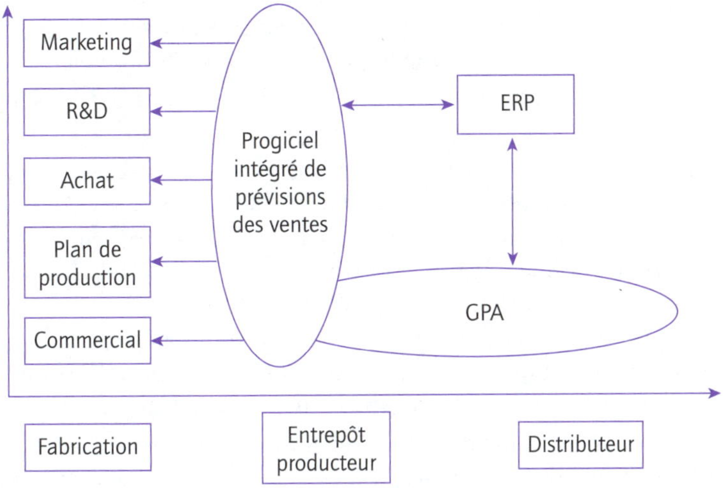

Source : C. Fiore, *Supply Chain en action*, Les Échos Éditions, 2001.

Des évolutions dans les logiciels GPA pour améliorer l'intégration et l'efficacité des approvisionnements sont constatées.

Principales innovations	Systèmes verticaux contractualisés	JAT et quick réponse	ECR
Le temps	1950-1969	1970-1989	1990...
Caractéristiques	Début de recherche de l' efficacité des réapprovisionnements	Accentuation du processus d'intégration entre les membres du réseau	Identification de la demande sur le marché et amélioration de l'efficacité des opérations promotionnelles
	Développement de la GPA		

F. Jawab, A. Talbi, D. Bouami, « La GPA dans la grande distribution »,
La Revue des Sciences de gestion, Direction et Gestion, n° 218, mars-avril 2006.

L'interconnexion de tous ces flux physiques et informationnels est proposée pour les relations dans la grande distribution.

Parmi les flux informationnels utiles au pilotage de la chaîne logistique, les informations comptables sont susceptibles d'orienter les décisions. Par informations comptables, on considère autant les informations brutes comme l'enregistrement d'une facture qu'une information plus élaborée comme un coût partiel ou complet.

5. Intégration des systèmes comptables

Dans un cadre de relations inter-organisationnelles au sein d'une chaîne logistique, la compatibilité entre les différents systèmes comptables est un élément fondamental, d'autant que le MLI doit intervenir sur le contenu des informations comptables de chaque entité.

Deux types de facteurs semblent pousser des organisations à collaborer en matière comptable :

– la pression concurrentielle qui, sur un marché en maturité, pousse les acteurs du réseau dans une stratégie de réduction continue des coûts ;

– la confiance construite dans le temps entre partenaires, confiance qui permet la communication de données sur les coûts utilisées de façon non abusive et qui accroît la loyauté des partenaires dans une sorte de cercle vertueux.

Dans une logique de coopération, le système d'information comptable, constitué de toutes les données et indicateurs comptables élaborés par l'entreprise, est susceptible d'être enrichi par les données comptables transmises par les partenaires.

Cette coopération comptable inter-organisationnelle est apparue dans les années 90 avec le développement du « *lean management* » et de la logistique intégrée. Les techniques le plus souvent identifiées dans les contextes variés de chaînes logistiques concernent principalement :

– le coût cible ou *target costing* ;

– la comptabilité à livre ouvert (*open book accounting*).

De fait, il semble que l'utilisation des techniques dépend avant tout de la nature des réseaux et de l'interaction de deux logiques : la logique contractuelle et la logique de confiance.

5.1 Les démarches de coût cibles

Elles répondent majoritairement à des logiques contractuelles.

Elles concernent des chaînes logistiques structurées autour d'une firme pivot ayant une position hiérarchique et dominante. Une analyse fonctionnelle du produit est élaborée dès la phase de conception ; chaque fonction est exprimée en coût maximum acceptable par le client. Une fois les différentes marges déduites, le coût des composants obtenu devient un objectif pour les fournisseurs à ne pas dépasser. La pression sur les prix supportée par l'entreprise leader se répercute sur les fournisseurs de rang en rang et contraint tous les acteurs de la chaîne logistique dans cette démarche de cible de coût.

Ces démarches sont essentiellement observées dans des secteurs à forte pression concurrentielle et où la variété des composants du produit est grande.

La gestion du triptyque « fonctionnalité, prix, qualité » conduit les fournisseurs à subir les contraintes et à ne retirer du fonctionnement du réseau qu'un avantage en termes de stabilité ou de croissance de son chiffre d'affaires d'autant qu'ils doivent participer à leur tour à la coordination des fournisseurs de rang inférieur.

Ce mode organisationnel construit un réseau logistique tiré par la demande.

5.2 La comptabilité à livre ouvert

Cette modalité répond plutôt à des logiques de confiance.

Ce mode de fonctionnement suppose un partage d'informations internes à chaque entreprise. L'information devenue transparente entre les partenaires est alors utilisée pour réguler les flux de produits et pour mesurer la performance du réseau.

Très souvent, pour soutenir la diffusion de données jugées confidentielles, des clauses de partage de profit ou des prestations de soutien d'un partenaire pour aider un autre membre du réseau sont introduites dans les relations inter-firmes.

Quand le système est mature, il peut servir à une logique d'investigation organisationnelle des coûts dans laquelle l'entreprise leader coordonne une démarche de réalignement des activités dans les différentes entreprises du réseau.

Cette coopération peut trouver des limites dans la mauvaise qualité des systèmes comptables internes et leur hétérogénéité, dans le manque d'homogénéité de répartition des charges indirectes entre les systèmes des différentes firmes du réseau, ce qui pose problème pour évaluer la structure des coûts.

SECTION 3
LES EFFETS DE L'INTÉGRATION DE LA CHAÎNE LOGISTIQUE

Le management de la chaîne logistique intégrée a des conséquences organisationnelles et financières.

1. L'impact sur la performance opérationnelle

La mise en place d'une chaîne logistique intégrée modifie toute l'organisation en apportant des économies de temps et de coûts importantes.

Tous les acteurs de la chaîne logistique s'accordent sur les gains de coût obtenus par la synchronisation des flux. Il s'agit :

- des baisses de niveau des stocks aval et amont,
- d'amélioration de la rotation des stocks,
- des coûts de transport en baisse par une optimisation des livraisons et des chargements des camions,
- d'une minimisation des coûts de rupture en linéaire, et aussi une baisse significative des litiges entre partenaires.

C'est donc l'efficience des processus qui est améliorée par l'intégration des flux, ce qui se répercute sur la performance financière mais aussi sur la performance globale des entreprises.

EXEMPLE 1

O. Songeur (2002) cite les enjeux quantifiés rencontrés par IBM dans des missions de déploiement de *supply chain* :

- Qualité du service : + 2 à 5 % des ventes.
- Planification : baisse de 5 à 10 % des coûts de production.
- Distribution : baisse de 10 à 20 % des coûts des stocks.
- Transport : baisse de 10 à 20 % des coûts des transports.
- Mise sur le marché : 15 à 30 % de réduction de temps.

EXEMPLE 2

OPTIMISATION DU REMPLISSAGE DES CAMIONS GRÂCE À UNE GPA MUTUALISÉE ENTRE CARREFOUR, HAYS LOGISTIQUE ET PANZANI

		Nombre Palettes au sol	Nombre Livraisons	Nombre Palettes au sol / Livraison	Taux de remplissage
Fonctionnement si industriels seuls	Industriel 1	1 347	354	4	12 %
	Industriel 2	1 784	268	7	20 %
	Industriel 3	177	89	2	6 %
	Industriel 4	3 311	377	9	27 %
	Industriel 5	15 002	949	16	48 %
	Total	**21 621**	**2 037**	**38**	**32 %**
Fonctionnement type GPA avec synchronisation	**Au global**	**21 621**	**743**	**29**	**88 %**

F. Jawab, A. Talbi, D. Bouami, « La GPA dans la grande distribution », *La Revue des Sciences de gestion, Direction et Gestion*, n° 218, mars-avril 2006.

2. L'impact sur la performance financière

Cette mesure des effets (bénéfiques) de l'organisation en réseau et du management de la chaîne logistique intégrée peut être analysée selon deux points de vue : celui de la firme participante et celui de la chaîne logistique.

2.1 La mesure financière du point de vue de la firme

Participer à un réseau logistique conduit l'organisation à éliminer systématiquement les gaspillages, à optimiser les frais de structure, coûts de transport et même les coûts externes dans des démarches d'éco-logistiques. Cette focalisation sur la maîtrise des stocks, des délais, la rationalisation des activités, la meilleure connaissance des inducteurs de coûts, devrait contribuer, via la baisse du besoin en fonds de roulement, à la rentabilité économique de l'entreprise ou, pour de plus grandes structures, à l'amélioration de l'EVA.

À notre connaissance, aucune mesure financière de ces aspects n'a été mise en œuvre.

2.2 La mesure financière du point de vue de la chaîne logistique

Il s'agit, dans ce contexte, de lier les principaux indicateurs de performance et le management logistique. On évoque la satisfaction du client en tant que critère majeur d'appréciation de la performance, qu'elle soit opérationnelle ou financière.

Il semble que le respect des délais, celui du cycle de livraison, l'adaptation à des demandes spécifiques, l'ajustement à l'introduction de nouveaux produits, l'amélioration de la réactivité, augmentent la satisfaction globale des clients internes et externes de la chaîne logistique et se mesurent par l'augmentation de la part de marché ou de la profitabilité ou celle de la marge opérationnelle.

Cependant, il semble qu'aujourd'hui que, si tout le monde s'accorde à penser que la satisfaction du client améliore la performance financière, la contribution directe de la qualité du service client à cette dernière n'a pas été formellement mesurée.

Dans ce cadre, les outils de mesure classiques limités au coût des produits, aux marges et à la valeur des stocks, ne suffisent plus comme indicateurs de la performance globale de la chaîne logistique.

Il faut construire un système intégré de mesure de la performance globale qui tienne compte de toutes les variables (coût, délai, qualité, satisfaction...) des flux physiques de la chaîne logistique.

Une piste peut être explorée avec le tableau de bord prospectif (*balanced scorecard* de Kaplan et Norton) avec ses quatre axes, mais il n'existe pas encore de système de planification et d'évaluation globale de la chaîne.

CONCLUSION

L'organisation en chaîne logistique est présentée comme une recherche de flexibilité et de réactivité des organisations qui y participent.

Elle semble nettement répondre à ces objectifs par la synchronisation des flux qu'elle permet.

Cependant, ces organisations intégrées peuvent à terme se trouver confrontées à certaines rigidités :

- l'utilisation des logiciels standardisés de GPA risque d'uniformiser les solutions proposées et donc de ne plus créer d'avantages concurrentiels une fois que tous les réseaux les auront mis en place ;
- le choix des partenaires est peu évolutif ; une fois mis en œuvre, il semble difficile d'en changer ou de faire intervenir de nouveaux partenaires. Ainsi, dans les industries d'assemblage, la mise en place de réseaux a réduit de façon importante le nombre de fournisseurs.

APPLICATION

Étude Benchmark ASLOG 2008/2009 : L'état de l'art de la logistique globale des entreprises en France

L'état de l'art de la logistique globale des entreprises en France...
Tel est l'objectif premier de la 4e enquête benchmark de l'ASLOG.

« Le benchmark concrétise l'ouverture et la volonté d'accélérer le changement dans l'entreprise...
Le benchmarking est un processus continu et systématique d'évaluation des produits, des services et des méthodes par rapport à ceux des concurrents les plus sérieux et des entreprises reconnues comme leader ou chef de file ». Ainsi s'exprime Thierry Dromigny, directeur associé d'Axeflow, cabinet de conseil en Supply Chain Management et en Ingénierie Logistique, et par ailleurs président de la Commission Benchmarking de l'ASLOG : « "benchmarking" se traduit en français par "étalonnage concurrentiel" ». Tous les deux ans, l'ASLOG réalise une enquête benchmark pour répondre à l'attente de ses adhérents en quête d'indicateurs de performance. Il s'agit aussi de créer un référentiel des meilleures pratiques et processus logistiques des entreprises en France. Cette enquête de la Commission Benchmarking ASLOG a été réalisée avec l'aide des écoles et des universités pour la collecte des données de base, ainsi qu'avec les Délégations régionales de l'ASLOG, des entreprises, des institutions et associations. Elle fournit des indicateurs couvrant l'ensemble des processus de la Supply Chain (acheter, approvisionner, manufacturer, distribuer, vendre, concevoir), plus les deux indicateurs globaux que sont le taux de rotation et le coût logistique.

Concrètement, on tire une moyenne, ou MIC (Mean Value In Class) de l'ensemble des réponses apportées à une même question posée à tous les participants du panel d'entreprises consultées (c'est l'échantillon, ou la classe). Si l'on ne considère que 20 % des meilleures réponses et que l'on calcule la moyenne de leurs réponses, on trouve le Best In Class ou BIC, auquel on va en général se comparer. Bien entendu, au top du top, le meilleur de la classe, c'est le Top In Class ou TIP.

Le panel interrogé en 2008/2009 compte 346 entreprises (soit 17 % de plus qu'en 2005/2006)... Des entreprises installées en France, et dont l'activité en conception, transformation, assemblage ou distribution, est aussi bien purement régionale (16 %), que nationale (17,6 %), européenne (14,7 %), ou mondiale (41 %), sachant que 10 % environ des entreprises interrogées couvrent plusieurs zones géographiques. Ce panel est constitué pour 20 % par des représentants du secteur de la mobilité (automobile, ferroviaire...). Y figurent aussi des représentants des secteurs du commerce (14 %), de l'agroalimentaire (14 %), du bâtiment (12 %), des produits de grande consommation (6 %), et d'autres secteurs divers (26 %). Les entreprises consultées appartiennent pour :

– 18 % au cercle de la petite entreprise (moins de 50 salariés, CA inférieur à 10 M€),

– pour 24 % à celui de la moyenne entreprise (moins de 250 salariés, CA inférieur à 50 M€),

– et pour 58 % au monde de la grande entreprise.

Des résultats significatifs

Parmi les nombreux résultats fournis par cette enquête, signalons que :

- Le taux de réclamations des clients a fortement baissé, et s'établit à 3,3 %, contre 9,7 % lors de la précédente enquête 2005/2006.
- Le taux de service de distribution aux clients croît au fil des ans et s'établit à 91,2 % dans l'enquête 2008/2009, contre 90,8 % lors de la précédente enquête. La surprise vient du secteur agroalimentaire pour lequel le taux de service culmine à 96 %... contre 95,1 % en 2005.
- Le taux de service de production se positionne à 89 %, contre 87 % en 2005. Ici encore, le secteur agroalimentaire se distingue avec un taux de 94 %.
- Au niveau de l'approvisionnement, le taux de service fournisseur a notablement augmenté : 88 % en valeur moyenne en 2008/2009, contre 84 % lors de la précédente enquête. Le score du secteur agroalimentaire culmine à 95 %.
- Le taux de fiabilité des prévisions d'achat, à 79 %, avoisine la valeur obtenue (80 %) en 2005. C'est ici l'industrie qui obtient la meilleure fiabilité des prévisions (85 %).
- Le taux moyen de rotation des stocks s'établit à 15 (contre 16 en 2005). Le ténor reste l'automobile qui atteint un taux de rotation de 21 (avec 2,5 semaines de stock), suivi par l'agroalimentaire (taux de rotation de 20).

EXTERNALISER : ÉVOLUTION DE LA SOUS-TRAITANCE

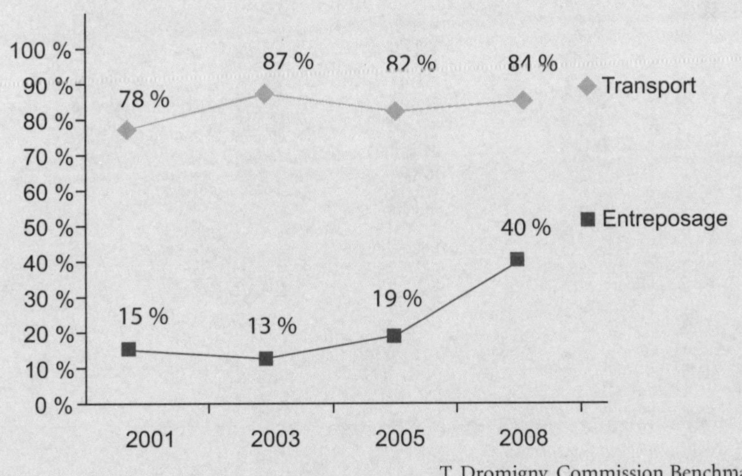

T. Dromigny, Commission Benchmarking, ASLOG.

- Le niveau d'externalisation de la fonction entreposage, qui était de 19 % en 2005/2006, est passé à 40 % en 2008/2009, ce qui paraît relativement fort, et à considérer avec précaution. Il n'empêche que l'externalisation du transport reste élevée : 85 % actuellement, contre 81 % en 2005. L'enquête s'est penchée cette année pour la première fois sur le cas de la manutention, qui, pour 51 % des répondants, est externalisée.

• Le coût logistique global (y compris les transports d'approvisionnement et de distribution, l'entreposage et les frais financiers des stocks, et la logistique interne) s'établit en valeur moyenne à 11,9 % du chiffre d'affaires net, contre 9,9 % en 2005. C'est le secteur du commerce qui enregistre les coûts les plus élevés (14,3 %), et l'industrie automobile les coûts les plus bas (9,9 %). L'analyse de la répartition statistique du panel fait apparaître un Best In Class ayant un taux de 6,2 % du chiffre d'affaires net, ce qui représente un écart notable avec la valeur moyenne de la classe (11,6 %).

La hausse inéluctable des coûts logistiques

L'analyse de la répartition des coûts logistiques globaux indique que les coûts de transports représentent plus de la moitié des coûts globaux (54 % du chiffre d'affaires net, contre 51 % en 2005, soit une augmentation de + 6 %). Force est aussi de constater l'importance prise par les traitements administratifs et les frais financiers (20 % en 2008/2009, contre 13 % lors de l'enquête précédente), alors que le coût de la prestation purement logistique (entreposage et manutention) a chuté de 36 % en 2005, à 26 % aujourd'hui : « dans un monde où la contrainte économique est de plus en plus importante dans les décisions, on a besoin de traduire toute action logistique en termes de coût », note Thierry Dromigny : « si aujourd'hui, l'ensemble des entreprises sait traduire les transports en euros, très peu d'entre elles sait traduire les stocks immobilisés en euros. Le coût de ces stocks est pris en compte dans la rubrique portant sur les frais financiers ».

« Il est clair que réduire les stocks impliquerait pour nombre d'entreprises de tendre leurs flux, voire franchir le pas des flux tirés, donc changer l'organisation de leur Supply Chain et adopter de nouveaux outils de pilotage… », insiste Thierry Dromigny, «…ce qu'elles ne possèdent pas encore. Pour ne pas risquer une rupture de leurs livraisons, elles ne sont pas prêtes à réduire leurs stocks et à limiter leurs frais financiers ».

Répartition des coûts logistiques globaux

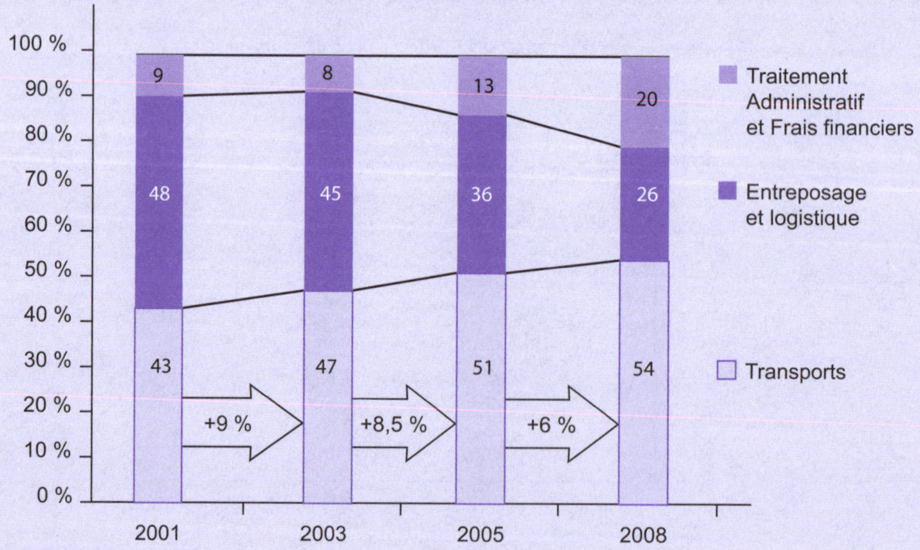

T. Dromigny, *id.*

Impressionnant ! En valeur absolue, la croissance des frais financiers est voisine de + 50 % entre 2005 et 2008. Cela s'explique en partie par la volonté des entreprises de considérer de plus en plus leur stock comme une valeur financière à maîtriser et donc à quantifier. La part de 20 % des coûts logistiques globaux correspond à la somme des coûts informatiques (3 %), des frais financiers (11 %) et des frais administratifs (6 %).

La démarche Supply Chain parvient au stade de la maturité

L'étude Benchmark de l'ASLOG donne par ailleurs l'impression d'une stagnation de la démarche Supply Chain Management. Est-ce à dire que le concept SCM s'essoufflerait ? Ou bien qu'il se stabiliserait après avoir connu un pic d'intérêt très fort à la fin des années quatre-vingt-dix, suivi par une phase de désillusion profonde au cours des années 2000 ? C'est en fait ce que traduit la courbe du « Hype Cycle » de Gartner : elle caractérise la trajectoire d'une technologie émergente. Celle-ci évolue d'une période d'émergence, puis de surenthousiasme, avant de connaître une phase de désillusion, pour se stabiliser au moment de la compréhension de sa pertinence et de son rôle sur son marché.

HYPE CURVE (GARTNER)

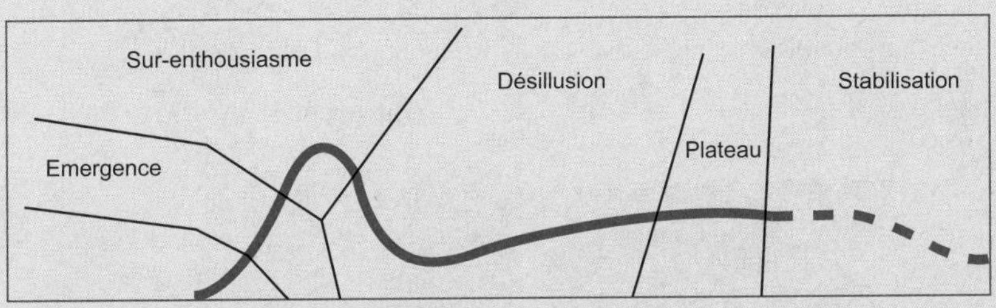

ÉVOLUTION DE LA DÉMARCHE SCM

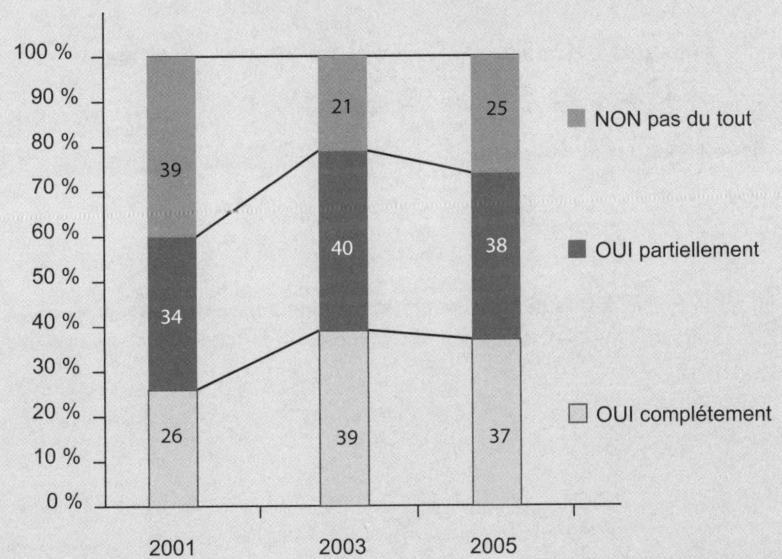

T. Dromigny, *id.*

De nouvelles questions se posent dès lors : à qui est aujourd'hui rattachée la logistique, et y a-t-il un manager pour piloter la Supply Chain ?

La réponse se trouve dans l'étude Benchmark de l'ASLOG. Pour 29 % des entreprises qui ont répondu, la logistique est l'affaire de la direction générale. Pour 15 % d'entre elles, à la direction industrielle, et pour 16 % à la production... On en conclut qu'un tiers revient au monde industriel au cœur de la Supply Chain, loin de l'aval (la distribution) et loin de l'amont (les approvisionnements).

Dans ce contexte, 54 % des répondants admettent l'existence d'un manager qui pilote la Supply Chain au sein de l'entreprise, mais on ne parvient pas à connaître exactement le périmètre de ses attributions : pour 29 % des répondants, il a un rôle fonctionnel, donc un rôle transverse de coordination et d'optimisation (il joue pleinement son rôle de chef d'orchestre auprès de la direction), tandis que pour 38 % un rôle opérationnel (il est directement aux leviers de commande), alors que pour 33 % d'entre eux, son rôle est à la fois opérationnel et fonctionnel (il fait tout !).

Alors... Comment analyse-t-il la performance logistique de son entreprise ? Avec l'aide des indicateurs de tableau de bord pour 43 % des répondants, en s'appuyant, dans 76 % des cas, sur un référentiel logistique propre à l'entreprise (et 6 % sur celui de l'ASLOG). Ce qui conduit Thierry Dromigny à constater que, « les entreprises sont beaucoup trop souvent introverties, repliées sur elles-mêmes et fermées au monde extérieur. La direction qui doit gérer rapidement des réductions de coût, demande instamment à ses collaborateurs de ne considérer que le propre monde interne à l'entreprise, sans chercher la rentabilité partagée que pourrait procurer l'optimisation de leur Supply Chain globale, en jouant sur l'amont et sur l'aval ».

CONCLUSIONS

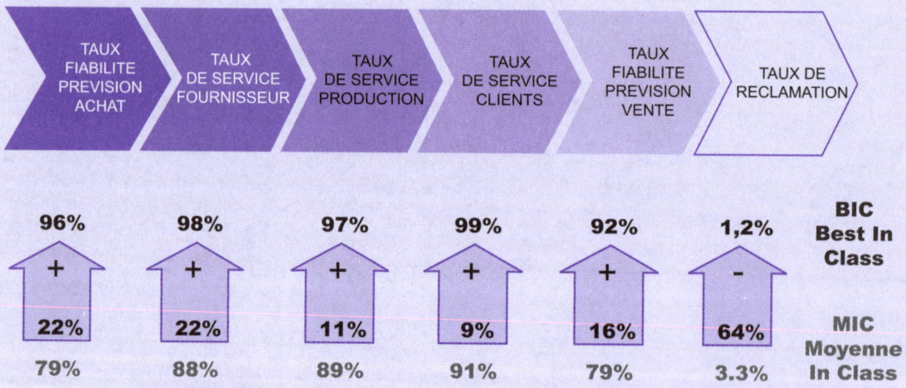

T. Dromigny, *id.*

En résumé, voici les six indicateurs tirés de l'étude Benchmark, avec les valeurs moyennes et les Best In Class indiquées pour les secteurs qui s'y rapportent, ainsi que les gains attendus pour chaque secteur.

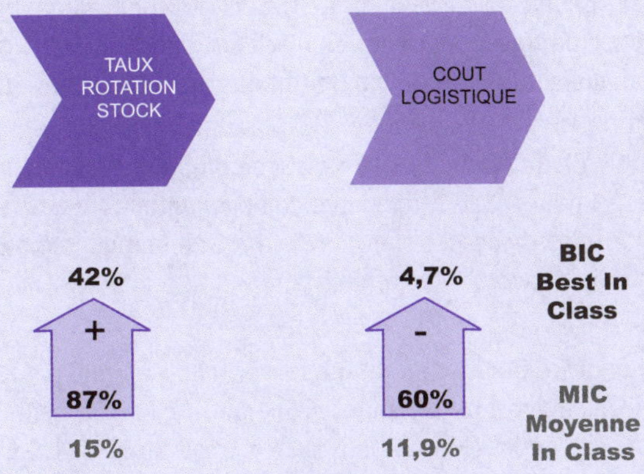

T. Dromigny, *id.*

Les deux indicateurs globaux.

Le développement durable en plus

Le benchmark, déclencheur d'actions de progrès, a donné cette année de la cohérence à la relation entre les choix logistiques, le transport et le développement durable. La réglementation en vigueur, la volonté de la direction d'entreprise, la quête à la réduction des coûts et le souhait d'améliorer l'image de l'entreprise sont autant de motivations qui incitent les entreprises à développer durablement.

En France, le transport terrestre de marchandises intérieur correspond à 380 milliards de tonnes kilomètres. La route représente 87 % du budget de transport des entreprises en France. Certes, les émissions de CO_2 dues à la combustion d'énergie fossile ont évolué au fil du temps dans une proportion comparable à la croissance de la route. La forte augmentation (+ 30% en t.km entre 1998 et 2008) des TRM (Transports Routiers de Marchandises) a toutefois été compensée en partie par l'amélioration de l'efficacité énergétique (– 6,3 %). En outre, dans le cadre des principales actions de réduction des émissions de CO2, apparaissent au cours de ces dix dernières années de grandes familles d'actions : le renouvellement de parc avec son apport sur la motorisation et sur l'amélioration de son rendement énergétique (– 6,2 %), et l'optimisation logistique (– 0,2 %).

Développer durablement Les pistes de diminution des émissions de GEF et CO_2e :	
Report modal routier ⇒ ferroviaire et fluvial :	20 G.t.km en 2025
Renouvellement du parc de véhicules :	respect des normes Euro V.
Utilisation des bio-carburants :	7 % en 2010, 10 % en 2015
Amélioration efficacité énergétique :	20 g CO_2/t.km dans les 15 ans
Optimisation logistique TRM :	Quels schémas pour l'avenir ?

T. Dromigny, *id.*

Les pistes à suivre... Le rôle du logisticien est de parvenir à une optimisation globale prenant en compte les niveaux de décision opérationnelle, tactique et stratégique.

Ce constat coïncide avec les objectifs du Grenelle de l'Environnement émanant du ministère de l'Écologie, de l'Énergie, du Développement durable et de la Mer, à savoir :

• Pour les transports, réduire les émissions de gaz à effet de serre de 20 % d'ici à 2020 et réduire la dépendance de ce secteur aux hydrocarbures au travers du report modal de la route vers le fleuve et le rail. À cet égard, un groupe de travail a été mis en place au sein de l'ASLOG, afin d'identifier les leviers et les freins à la multimodalité sur la base de retours d'expériences abouties ou non de Chargeurs et de Prestataires logistique.

• Pour la Supply Chain : optimiser la logistique globale des flux et maîtriser les coûts « verts » des choix modaux. Il s'agit pour l'ASLOG de rendre complémentaires les différents modes de transport de façon à tirer mieux parti des modes de transport ayant une empreinte carbone minimale, sans pour autant les mettre en opposition avec les modes existants.

Et demain...

Une nouvelle enquête Benchmark va être lancée à court terme par l'ASLOG en la focalisant sur le travail à réaliser avec le ministère de l'Écologie, de l'Énergie, du Développement durable et de la Mer, en charge des Technologies vertes et des Négociations sur le climat, dirigé par Jean-Louis Borloo, ministre d'État. Au travers du comité de pilotage, et de la mise en commun de données, d'analyses et de prospectives, le ministère devrait contribuer à la réponse aux questions sur les aspects environnementaux. Le développement durable devrait donc trouver une large place dans la prochaine enquête Benchmark de l'ASLOG, de façon à marier deux sujets qui ne sont pas antinomiques : l'écologie et l'économie.

Propos recueillis par Jean-Claude Festinger,
Benchmark ASLOG 2008/2009, Association française pour la logistique, décembre 2009 (www.aslog.org).

QUESTION

Synthétiser les grandes tendances présentées dans cette étude sur la logistique globale.

Conclusion générale : L'utilisation et les tendances du contrôle de gestion

SECTION 1

À QUOI SERVENT LES OUTILS DU CONTRÔLE DE GESTION ? UNE AIDE AUX DÉCISIONS DANS DE NOMBREUX DOMAINES

Les premières formalisations du contrôle de gestion ont été construites dans un contexte stable, avec comme objectif principal de mesurer des coûts de production, puis de déterminer des coûts d'autres fonctions (budgets), et enfin d'aider au pilotage de nombreuses variables (performance).

Les outils du contrôle de gestion construits dans un contexte stable peuvent aussi être utilisés dans des contextes non stabilisés mais ne sont pas suffisants pour piloter certaines variables ; c'est pourquoi, selon les contextes, les entreprises et les besoins, des outils et des méthodes sont apparus au fur et à mesure du temps et sont utilisés dans différentes perspectives.

1. Les coûts

Toute méthode de calcul de coût doit être cohérente avec le modèle organisationnel de l'entreprise. Le choix de la méthode de calcul de coût dépend du rôle qu'on veut lui faire jouer dans le pilotage de l'entreprise.

Face aux évolutions de l'environnement et à l'instabilité du contexte organisationnel, de nouvelles demandes sont faites au système d'information « contrôle de gestion » : certaines pistes et démarches émergent et se développent qu'il est possible de repérer en fonction de la nature de l'instabilité ;

1.1 Face à l'instabilité interne de la structure

La recherche permanente de flexibilité conduit à adapter les structures à partir des processus et des activités nécessaires à la création de valeur pour le client et donc à adopter la **méthode des coûts par activité** pour mieux analyser les différentes étapes du processus.

En cas de problème, de dysfonctionnement, et pour réagir vite, la **traçabilité des coûts** est également recherchée à travers des méthodes qui suivent de près le processus de transformation.

1.2 Face à l'instabilité externe de la structure

Le périmètre évolutif de l'organisation, fruit des alliances et des partenariats, oblige à rechercher des méthodes qui calculent des coûts sur des produits et des activités diversifiées, éclatées dans plusieurs organisations. Les méthodes et les **logiciels** qui permettent d'analyser les coûts le long d'une **chaîne d'approvisionnement** (*supply chain*) sont alors recherchés.

1.3 Face à l'instabilité du temps

Les méthodes classiques de coût donnent une vision globale difficilement sécable selon des optiques différentes. Le besoin d'un pilotage en temps réel conduit à orienter les calculs de coûts vers des possibilités de simulation et de recalcul permanent.

Avec l'introduction de l'informatique et en particulier des **logiciels intégrés** (ERP) pour calculer les coûts lors des différentes fonctions ou étapes des processus, chaque acteur peut « piocher » les informations dont il a besoin, à son poste, pour un pilotage plus efficace en temps réel.

Le maillage plus fin proposé par ces logiciels permet une réactivité et une précision plus grande, dans les limites de la pertinence des segmentations de coûts effectuées.

Les calculs de coût peuvent être des outils d'aide à la gestion dans quatre domaines :

– réguler l'exploitation.

– aider aux décisions stratégiques de production ;

– aider aux décisions stratégiques commerciales ;

– aider à améliorer l'organisation.

Un essai non exhaustif de l'utilisation des coûts est présenté dans les tableaux suivants.

LES COÛTS, INFORMATIONS POUR RÉGULER L'EXPLOITATION

	Type de coût	Contexte d'utilisation	Limites de la méthode
Suivi de résultats	Coût complet	Produits homogènes	Il faut la stabilité des conditions d'exploitation et de la structure des coûts
	Coût standard ou préétabli		Capacité à mettre à jour les standards
Suivi des marges	Coûts partiels	Environnement instable en termes de volume de produits	Si la part des charges fixes est faible
Mesure du risque d'exploitation	Coût variable	Tous contextes	Capacité à distinguer charges fixes et charges variables

LES COÛTS, INFORMATIONS POUR AIDER À DES DÉCISIONS STRATÉGIQUES DE PRODUCTION

	Type de coût	Contexte d'utilisation	Limites de la méthode
Abandonner un produit	Coûts spécifiques	Part importante des charges fixes liées à la production des produits	Part des charges fixes communes faible dans l'ensemble des charges
Accepter une nouvelle commande	Coût marginal	Tous contextes	Il faut des informations correctes sur des coûts additionnels
Choix entre deux produits	Coûts variables	Tous contextes	Part des charges variables faible dans le total des charges

LES COÛTS, INFORMATIONS POUR AIDER À DES DÉCISIONS STRATÉGIQUES COMMERCIALES

	Type de coût	Contexte d'utilisation	Limites de la méthode
Fixation de prix d'un produit dans un horizon à long terme	Méthode des centres d'analyse	Produits standardisés, homogènes	Il faut une bonne traçabilité des coûts par rapport à la réalité organisationnelle
	Méthode de l'imputation rationnelle	Production avec variations saisonnières	Il faut connaître les coefficients d'imputation
Tarification différenciée de produits à court terme	Coûts variables	Produits à demande instable Capacités installées dont il faut optimiser le remplissage (avion, train...)	Les charges fixes doivent être couvertes par les ventes

LES COÛTS, INFORMATIONS POUR AIDER À AMÉLIORER L'ORGANISATION ET LES ACTEURS

	Type de coût	Contexte d'utilisation	Limites de la méthode
Corriger les dysfonctionnements	Coûts cachés	Pour tous les processus	Difficulté à isoler les causes de dysfonctionnement
Réduire les coûts	Coûts cibles	Pour tous les processus	Démarche organisationnelle longue
Améliorer les processus de l'organisation	Méthode ABC Méthode ABM	Pour tous les processus	Démarche organisationnelle longue Implication des acteurs nécessaire

2. Les budgets

2.1 Les réponses utilisables dans tous les contextes

a) Le champ d'action

L'analyse budgétaire – élaboration des budgets et contrôle budgétaire – a été conçue pour aider à la gestion des différentes fonctions des entreprises en termes financiers et humains. La gestion budgétaire doit donc servir pour le suivi **opérationnel** et pour la **structure**.

b) Les besoins de gestion satisfaits par la gestion budgétaire

Là encore les demandes sont nombreuses et se sont développées avec le temps.

■ *Besoin de prévisions et de contrôle*

Tout d'abord pour les entreprises de grande taille, découpées en fonctions et départements, il a été nécessaire de mettre en place un suivi opérationnel pour contrôler la réalisation des objectifs fixés.

■ *Besoin d'animation de la structure, responsabilité des acteurs*

Puis, dans l'optique de l'organisation « groupe social », les dirigeants ont cherché à responsabiliser les acteurs, à leur donner plus d'initiatives et de pouvoirs à tous les niveaux de la hiérarchie, tout en contrôlant leurs actions.

Au-delà de l'animation de la structure, le gestionnaire cherche à gérer l'organisation en tant que variable clé de la performance, c'est pourquoi il essaie d'adapter les méthodes budgétaires au suivi des activités et des processus.

2.2 Les réponses face aux tendances récentes

a) Face à l'instabilité interne de la structure

De la même manière que pour les coûts, il semble nécessaire de mettre en œuvre une gestion budgétaire fondée sur un découpage de la structure en activités si l'organisation évolue vers des configurations fluctuantes : **Activity Based Budgeting**.

La gestion budgétaire peut aussi être fondée sur un découpage de la structure en processus : **Process Based Budgeting**.

b) Face à l'instabilité du temps en pilotage en temps réel

La gestion budgétaire, considérée comme une « usine à gaz » gaspillant temps et ressources humaines, semble peu adaptée pour une entreprise qui veut réagir vite. Deux pistes pour répondre à cette attente :

- certaines entreprises essaient de gérer **sans budget** ;
- des simulations de procédures sont possibles grâce à l'**informatique** pour accélérer le temps et construire plusieurs scenarii budgétaires pour aider à la décision. On assiste ainsi à une grande fréquence des révisions des budgets en relation avec une instabilité de marché pendant le cycle budgétaire : le budget perd son caractère de « norme intouchable ».

3. Les indicateurs de pilotage

3.1 Les réponses utilisables dans tous les contextes

Les calculs de coûts et les budgets peuvent constituer une aide à la décision pour piloter la performance d'une entreprise en se limitant aux variables d'action classiques : quantité, prix, productivité. Pour mieux piloter l'efficacité et l'efficience, les managers cherchent à intégrer d'autres variables qualitatives et non financières.

Parmi de nombreux outils, le contrôle de gestion a élargi son domaine d'analyse en proposant des **tableaux de bord** pour aider à la gestion et à l'amélioration des processus. Cette évolution commencée dans les années 80 se développe dans toutes les formes d'organisation et peut répondre à des demandes d'informations dans un contexte plus ou moins stable, puisque par définition, les tableaux de bord sont souples et modulables.

Les tableaux de bord permettent de s'adapter à tous les problèmes de gestion, pour le niveau opérationnel comme pour le niveau stratégique.

Les indicateurs permettent de suivre des variables de toute nature et sont construits en fonction des besoins, des contraintes du contexte.

Ainsi, au-delà des coûts et des budgets strictement quantitatifs et financiers, le contrôle de gestion peut élaborer des indicateurs qui peuvent aider au pilotage des processus, de la qualité, de l'amélioration du management de l'ensemble de l'organisation.

Les tableaux de bord compris comme un reporting financier existent depuis de nombreuses années dans les grandes entreprises françaises ; en revanche aujourd'hui, quel que soit le contexte, ils sont construits et utilisés dans un cadre plus large comme diagnostic permanent sur de nombreuses variables diversifiées. Le tableau de bord équilibré proposé par Kaplan et Norton en est une illustration.

3.2 Les réponses face aux tendances actuelles

La performance comprise comme l'efficacité et l'efficience peut être pilotée en essayant de construire des outils pour gérer les variables stratégiques et organisationnelles en intégrant mieux la valeur, le temps, les acteurs de l'organisation.

a) Pour mieux piloter la valeur

■ *Piloter la valeur pour les différentes parties prenantes*

Il faut développer divers indicateurs pour piloter les ressources humaines, donner des informations aux clients sur les produits et services, aux actionnaires sur les résultats financiers, à la société civile sur la responsabilité sociale de l'entreprise (pollution, emploi...).

Des **tableaux de bord sociaux et sociétaux** se développent, une extension du contrôle de gestion émerge : le contrôle de gestion sociale pour une meilleure gestion des effectifs, des rémunérations, dans un contexte instable et incertain.

Au-delà des indicateurs « classiques » de l'activité économique et financière de l'entreprise (EVA...), il est nécessaire de mettre en œuvre des **baromètres qualitatifs** fluctuants en fonction de l'instabilité interne et/ou externe pour s'adapter aux variables à piloter.

■ *Piloter la valeur perçue par le client*

Avec l'importance des alliances, de la logistique, de la gestion des flux dans et hors l'organisation, il devient plus difficile de proposer et de gérer la qualité, perçue par le client, car l'instabilité des frontières et des réseaux crée de l'incertitude. Il faut alors piloter et **internaliser la qualité** (délai, service, disponibilité) dans des processus. Pour que tous les acteurs de la chaîne soient gagnants il est nécessaire de calculer et de suivre **plusieurs paramètres de manière transversale à plusieurs organisations.**

■ ***Piloter la valeur en se différenciant des concurrents***

Fonder la valeur sur les facteurs clés de succès de l'organisation, c'est chercher en permanence à gérer les caractéristiques, les forces de la structure, des capacités organisationnelles pour appuyer des stratégies. Il faut alors améliorer les processus organisationnels pour se différencier des concurrents ; les méthodes de l'**ABM** et du **target costing** peuvent constituer une aide pour ce pilotage.

Dans un contexte instable, il s'agit aussi de prévoir les risques qui peuvent influencer la structure et les changements qui peuvent s'avérer nécessaires ; pour gérer le changement, le contrôle de gestion peut proposer des indicateurs d'efficience de la structure, de capacité de changement organisationnel.

b) Pour mieux piloter l'organisation : le temps et les acteurs

■ ***Tenir compte de l'accélération du temps en actualisant les indicateurs rendus obsolètes***

L'audit organisationnel et le contrôle interne sont de plus en plus utilisés dans les grandes entreprises pour analyser les procédures de fonctionnement et remédier aux dysfonctionnements ; il apparaît ainsi que l'instabilité du contexte rend rapidement obsolète les paramètres de pilotage ; il s'agit donc de **réactualiser plus souvent les indicateurs**, de réfléchir à leur sens et d'améliorer la collecte des informations pour les renseigner.

Il s'agit aussi de piloter en temps réel, de construire des tableaux de bord et d'utiliser des **simulations** qui permettent de modifier les paramètres, en fonction de l'instabilité interne ou externe, pour aider aux prises de décisions.

■ ***Piloter le comportement des acteurs internes***

Face à l'instabilité de l'environnement mais aussi à celle des attitudes des acteurs au sein de l'organisation, face aux conceptions évolutives du travail et de l'implication, il est nécessaire de gérer les ressources humaines dans leur motivation, leur confiance, leur participation aux activités de l'entreprise ; il faut alors développer des **indicateurs personnels et collectifs**, pour gérer les effectifs, la masse salariale, le système de rémunération dans son ensemble, la stabilité et la mobilité. Au-delà de la responsabilité liée à l'outil budgétaire, il semble nécessaire aujourd'hui de développer d'autres outils du contrôle de gestion pour « canaliser » le comportement des acteurs.

SECTION 2

Y A-T-IL VRAIMENT BEAUCOUP DE CHANGEMENT DU CONTRÔLE DE GESTION ? UNE CERTAINE STABILITÉ

Au-delà des pressions managériales, des nouvelles demandes d'information et des modes diffusées par des cabinets conseils, le contrôle de gestion conserve une certaine stabilité dans ses objectifs, son cœur de métier.

Le rôle des acteurs et le repositionnement plus stratégique du contrôle de gestion sont peut-être aujourd'hui les deux tendances les plus marquées.

1. La permanence du rôle du contrôle de gestion

Le **rôle d'aide au pilotage** (régulation, décision) du contrôle de gestion perdure quelles que soient les entreprises et quels que soient les contextes, même si son champ d'action s'est élargi. On constate que, pour ces rôles, les outils du contrôle de gestion ont évolué en fonction du poids des parties prenantes :

Orientation pour les actionnaires de la comptabilité de gestion et de la comptabilité financière	⇒ Outils de coûts, rentabilité, marges ⇒ ROI *Return On Investment* reliant exigence de rentabilité des actionnaires et budgets
1980 Orientation pour les managers	⇒ *Target costing, balanced scorecard, beyond budgeting, better budgeting*, ABB
1990 Orientation vers les actionnaires et le capitalisme financier	⇒ EVA *economic value added*

L'optique du contrôle de gestion a évolué au cours du temps en fonction des tendances économiques et managériales mais les demandes au système d'information « contrôle de gestion » restent des outils d'aide aux décisions, au pilotage et à la régulation :

SYNTHÈSE DE L'ÉVOLUTION DU CONTRÔLE DE GESTION

1re période Contrôle de gestion à logique financière	= division de l'organisation en centres de profit + contrôle ex post
2e période Contrôle de gestion à logique stratégico-fonctionnelle	= division de l'organisation en centres d'activité et de responsabilité + performance globale de toutes les fonctions
3e période Contrôle de gestion à logique création de valeur	= vision financière stratégique et organisationnelle + systèmes d'information de toute l'organisation

2. Le poids des acteurs dans le contrôle de gestion

L'analyse peut se faire à trois niveaux :

– le contrôle de gestion canalise les acteurs ;

– les outils de contrôle de gestion pour gérer les ressources humaines ;

– l'influence des acteurs sur les outils du contrôle de gestion.

2.1 Le contrôle de gestion pour canaliser les acteurs

Le contrôle de gestion a aussi comme rôle de « normer » les comportements des acteurs au sein d'une organisation.

Le contrôle de gestion est un langage pour coordonner les actions, pour communiquer entre les acteurs.

Lié aux caractéristiques de la structure dans laquelle il est développé, le contrôle de gestion traduit une représentation de l'organisation qui conditionne nécessairement les coûts, les niveaux hiérarchiques, donc les marges de décision, de responsabilité et les rôles de chaque acteur.

Si le degré de complexité de l'organisation n'est pas représenté, les comportements des acteurs seront donc biaisés par rapport à des choix faits dans la réalité complète.

L'analyse de l'organisation, de ses caractéristiques intrinsèques, de ses procédures de fonctionnement est donc essentielle avant d'élaborer des outils utilisés par des acteurs.

La compréhension des routines de travail, des formes de collaboration entre services, l'intégration de la sociologie et de la psychologie des acteurs doivent permettre une meilleure acceptation et utilisation des outils, pris comme des supports de travail et non comme des contraintes imposées.

LE CONTRÔLE DE GESTION POUR CANALISER LES ACTEURS

Le contrôle de gestion cherche à coordonner le travail des acteurs, à les faire coopérer en normant leur comportement.

- Le contrôle de gestion cherche à agir sur :
  - LE COMPRENDRE par des connaissances diffusées ;
  - LE VOULOIR par des incitations et des motivations ;
  - LE POUVOIR par la confiance et la responsabilité déléguée.
- Le contrôle de gestion influence directement les acteurs par les outils, et indirectement par le style de management et la structure.

2.2 Les outils de contrôle de gestion pour gérer les ressources humaines

LE CONTRÔLE DE GESTION POUR GÉRER LES ACTEURS

- Le contrôle de gestion cherche à piloter le personnel de l'entreprise **en tant de ressources** ayant un coût et **en tant que compétences** engendrant de la performance.
- Le contrôle de gestion calcule et analyse le personnel avec la masse salariale, les tableaux de bord sociaux (contrôle de gestion sociale).

2.3 L'influence des acteurs sur les outils du contrôle de gestion

LE CONTRÔLE DE GESTION CONSTRUIT PAR LES ACTEURS

La construction des outils du contrôle de gestion est faite par les acteurs :
Le choix des indicateurs, des seuils d'alerte, de la présentation hiérarchisée des informations, des méthodes de calculs et de budgets, effectué par les acteurs conditionne le système d'information, donc l'image donnée par l'entreprise et son management.
L'utilisation des outils du contrôle de gestion est faite par les acteurs
Chaque acteur peut utiliser, analyser, interpréter, manipuler les informations et les résultats du contrôle de gestion différemment et selon ses besoins.
L'interprétation des informations financières et non financières est différente selon les objectifs et les attentes des parties prenantes.
La culture nationale et entrepreneuriale influence implicitement les acteurs aussi bien dans la construction que dans l'utilisation des outils. Ainsi, par exemple, il est facile de comparer le comportement des acteurs anglo-saxons fondé sur la logique du contrat et le comportement des acteurs latins et français fondé sur la logique de l'honneur.
L'outil n'est rien, l'acteur est tout.

3. L'informatique modifie les pratiques sans modifier les principes

L'informatique a largement modifié le paysage de la gestion des entreprises et en particulier les outils du contrôle de gestion.

Aussi bien dans le domaine des coûts, des budgets, des indicateurs, les apports de l'informatique sont nombreux :

– il est possible de calculer et d'intégrer de multiples variables ;
– le temps de traitement est très réduit ;
– il est possible de simuler de nombreuses hypothèses et situations ;
– la transmission des informations peut être faite à l'intérieur et à l'extérieur d'une organisation, en temps réel, pour communiquer et décider de manière collaborative.

En revanche, les logiciels sont souvent des modules standards paramétrés pour chaque entreprise, ce qui peut conduire à une certaine homogénéisation des procédures de calculs et donc de pilotage de toutes les entreprises.

De ce fait, on peut s'interroger sur l'évolution du rôle du contrôleur de gestion. Participe-t-il à la mise en place des logiciels en hiérarchisant les variables à piloter ? Est-il un simple exécutant à la fin de la procédure ?

4. Le contrôle de gestion migre vers le domaine stratégique

4.1 Vers un contrôle de gestion étendu

Le contexte stratégique actuel obligeant toutes les entreprises à satisfaire un système d'objectifs contradictoires (productivité + flexibilité + qualité + coût), à répondre à un fort degré de concurrence et à un raccourcissement des temps de réaction pour leurs décisions et leurs actions, induit des demandes d'information de plus en plus précises et nombreuses.

Le contrôle de gestion est alors sollicité pour aider ce niveau de pilotage stratégique alors que son apparition au début du XXe siècle était liée au seul domaine de la production.

De nombreuses pistes pour des méthodes et des démarches sont apparues dans le champ du contrôle de gestion pour essayer de répondre à ces attentes :

– les coûts par activité (ABC) débouchant sur le management par activité (ABM) ;
– l'alignement stratégique des budgets et le glissement permanent avec le *beyond budgeting* ;
– les tableaux de bord globaux, prospectifs qui associent des indicateurs de performance ;
– des logiciels qui permettent d'associer et d'intégrer des variables de domaines différentes, de niveaux stratégiques et opérationnels pour les suivre de manière continue (ERP, chaîne intégrée).

4.2 Les limites du contrôle de gestion

Cependant, tout ne peut être piloté par le contrôle de gestion.

La performance, telle qu'elle est définie aujourd'hui avec des dimensions financières, économiques, mais aussi sociales et sociétales, engendre des indicateurs quantitatifs et qualitatifs qui peuvent dépasser le champ du contrôle de gestion.

La responsabilité sociale de l'entreprise, le développement durable, le respect de l'environnement, la maîtrise des risques sont des domaines incontournables de la performance globale, peut-être inatteignables pour les entreprises que le contrôle de gestion a du mal à mesurer.

Il est difficile de délimiter aujourd'hui les frontières du contrôle de gestion, boîte à outils qui se remplit sans logique spécifique, au gré des modes.

Les managers cherchent en permanence des outils pour réduire l'incertitude ou se cacher derrière des techniques mais sont aussi noyés sous trop d'informations.

Le contrôle de gestion ne peut tout englober et ne peut pallier les insuffisances d'analyse et de réflexion.

Annexes

Synthèse des outils mathématiques*

Le lecteur trouvera ici un rappel synthétique des outils mathématiques nécessaires.

L'ouvrage Outils d'aide à la décision *de José Destours (collection Express, Dunod Éditeur) lui offrira par ailleurs, outre des développements sur les thèmes traités, une série de fiches complémentaires ainsi que des exercices corrigés.*

FICHE 1

LA THÉORIE DES GRAPHES

1. Caractéristiques

• Un graphe est un ensemble de couples (x_i, x_j) formés à partir d'une correspondance (relation) définie entre deux ensembles E et F : E = F $\{x_1, x_2 ... x_n\}$.

• Un graphe orienté est un graphe représenté par des flèches ou des arcs. Il est composé :

– d'un ensemble de sommets notés X = $\{x_1, x_2 ... x_n\}$.

– d'un ensemble de flèches U = $\{u_1, u_2 ... u_n\}$ définies par une relation entre les couples (x_i, x_j).

Le graphe est noté G = (X,U).

• En recherche opérationnelle, seuls les graphes sans circuit sont utilisés. Ils sont alors ordonnancés en classant les sommets par niveau (rang).

• Ordonnancer un projet ou un processus consiste à ordonner dans le temps l'ensemble de tâches qui concourent à sa réalisation.

Le but de l'ordonnancement est de :

– déterminer la durée totale de réalisation du projet ;

– connaître le chemin critique ou l'ensemble de tâches qui ne peuvent pas être retardées ;

– pouvoir adapter le projet aux contraintes de résultat (réduire les délais, les coûts...).

• Le déroulement des tâches doit tenir compte des contraintes d'antériorité et des contraintes de temps la tâche (a) est réalisée après la tâche (b) ou à une certaine date.

Les flèches sont munies d'une valeur (durées, coûts, quantités...) à partir desquelles on cherchera à déterminer, parmi tous les chemins ayant la même origine et la même extrémité, celui dont la longueur est optimale (maximale ou minimale).

2. Utilisation des graphes

a) Graphe

Le concept de graphe, largement utilisé en mathématiques, est très utile pour résoudre les problèmes en recherche opérationnelle : optimisation de la gestion d'un processus de production, d'un circuit de distribution, de l'organisation d'une activité administrative, l'ordonnancement d'un projet.

Les graphes sans circuit permettent de déterminer parmi tous les chemins du graphe ayant la même origine et la même extrémité ceux dont la longueur minimale ou maximale (chemin optimal).

* *Par José Destours, professeur au lycée d'Aulnay-sous-Bois.*

b) MPM et PERT

Les problèmes d'ordonnancement sont traités à l'aide d'un graphe présenté, soit à partir de la méthode MPM (Méthode des Potentiels METRA) développée en France, soit à partir de la méthode PERT (*Program Evaluation Research Task*) d'origine américaine. Quelle que soit la forme utilisée, les résultats sont les mêmes.

• La date au plus tôt d'une tâche est la date à partir de laquelle une tâche peut démarrer (toutes les tâches précédentes étant terminées) sans retarder la durée du projet.

• La date au plus tôt de la dernière tâche (dernier sommet) permet de trouver la durée minimale de réalisation du projet.

• Le chemin critique est le chemin le plus long reliant le premier au dernier sommet du graphe.

• La date au plus tard d'une tâche est la date **limite** de démarrage d'une tâche sans retarder la réalisation au plus tôt de la tâche suivante.

• Les marges ou intervalles de flottement permettent d'évaluer le retard que l'on peut prendre dans le démarrage d'une tâche sans remettre en cause la durée globale du projet :

- marge totale de la tâche (a) : retard maximum acceptable si (a) est réalisée au plus tôt et que la tâche suivante (b) démarre au plus tard ;
- marge libre de la tâche (a) : retard maximum acceptable si (a) est réalisée au plus tôt et que la tâche suivante (b) démarre au plus tôt.

3. Méthode MPM

a) Tâches

Chaque opération est représentée par un sommet ou un cercle dans lequel figure le nom de la tâche ou un code.

Tâches A

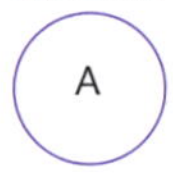

• Les sommets sont reliés entre eux (sauf le dernier) par des arcs associés à valeur numérique correspondant au temps minimum qui sépare le début de deux tâches.

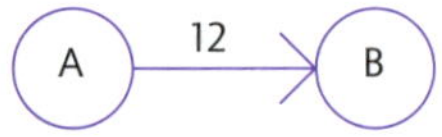

La tâche (B) ne peut démarrer que 12 jours après le début de la tache (A). Lorsqu'il n'y a pas de contrainte de date, la longueur de l'arc est égale à la durée de la tâche qui précède.

• La fin du projet est matérialisée par une tâche FIN (dernier sommet).

b) Construction d'un graphe MPM

Après avoir défini les tâches, on commence par présenter un dictionnaire des précédents.

Soit l'arc $(x_i,x_j) \in$ à G = (X,U).

Si x_i est le précédent immédiat de x_j et x_j est le suivant immédiat de x_i, on appelle $P(x_j)$ l'ensemble des sommets immédiatement précédents de x_j.

Puis il y a lieu de déterminer le rang ou le niveau de chaque tâche.

Un rang ou un niveau est un nombre entier positif ou nul associé à chaque sommet. Les sommets étant ensuite ordonnancés par niveaux, le graphe sera beaucoup plus facile à tracer et à interpréter.

c) Algorithme de recherche de niveau

1)	Présenter le dictionnaire des précédents
2)	Le niveau 0 est attribué aux sommets sans précédent
3)	Barrer dans la colonne des précédents, les sommets ayant reçu le niveau 0
4)	Le niveau 1 est attribué aux sommets sans précédents
5)	Reprendre l'étape 3 en augmentant de 1 la valeur des niveaux jusqu'à ce que tous les sommets soient barrés

Construire le graphe en plaçant les sommets de gauche à droite en fonction de leur niveau.

- Les sommets sont reliés entre eux en fonction des précédents.
- Chaque sommet sera surmonté d'un rectangle partagé en deux, à gauche la date de début au plus tôt (1) et à droite la date de début au plus tard (2) de la tâche.

(1)	(2)

Dans le graphe, il y aura plusieurs chemins parmi lesquels il faudra choisir celui correspondant à l'optimum recherché (chemin critique)

Un chemin de G = (X,U) est une suite d'arcs tels que l'extrémité de chacun d'eux coïncide avec l'origine de l'arc suivant sauf pour le premier arc de la suite.

d) Dates au plus tôt, dates au plus tard et chemin critique

Dates au plus tôt

Soient :

- a = tâche (a) au sommet de niveau 0
- b = tâche (b) sommet de niveau 1
- c = tâche (c) sommet de niveau 2
- $L(a,b)$ = valeur de l'arc (a,b)
- $L(b,c)$ = valeur de l'arc (b,c)
- TO_a = date de début au plus tôt de la tâche (a)
- TO_b = date de début au plus tôt de la tâche (b)
- TO_c = date de début au plus tôt de la tâche (c)

Dates au plus tôt : il faut partir du sommet de niveau 0.

1) Sommet de niveau 0 :	$TO_a = 0$
2) Sommet de niveau 1 :	$TO_b = \text{Max}\,[TO_a + L(a,b)]$
3) Sommet de niveau 2 :	$TO_c = \text{Max}\,[TO_b + L(b,c)]$
4) Continuer ainsi jusqu'au dernier sommet.	

La date au plus tôt de la tâche fin correspond à la durée de réalisation du projet.

■ *Dates au plus tard*

Soient :

- z = tâche (z) dernier niveau n (dernier sommet)
- y = tâche (y) niveau $n-1$
- x = tâche (x) niveau $n-2$
- $L(y,z)$ = valeur de l'arc (y,z)
- $L(x,y)$ = valeur de l'arc (x,y)
- Ta_z = date de début au plus tard de la tâche (z)
- Ta_y = date de début au plus tard de la tâche (y)
- Ta_x = date de début au plus tard de la tâche (x)

Dates au plus tard : il faut partir du sommet fin.

1) Sommet de niveau n :	$Ta_z = TO_z$
2) Sommet de niveau $n-1$:	$Ta_y = \text{Min}\ [Ta_z - L(y,z)]$
3) Sommet de niveau $n-2$:	$Ta_x = \text{Min}\ [Ta_y - L(x,y)]$
3) Remonter ainsi jusqu'au premier sommet	

■ *Chemin critique*

Le chemin critique est composé d'une succession de tâches critiques pour lesquelles tout retard pris dans leur réalisation se traduit par un allongement de la durée du projet. Il correspond au chemin qui garantit que toutes les tâches antérieures ont bien été réalisées. En définitive, c'est le plus long chemin caractérisé par les dates au plus tôt.

e) Calcul des marges

Soient :

- MT_a = marge totale de la tâche (a)
- ML_b = marge libre de la tache (b)
- To_a = date au plus tôt de début de la tâche (a)
- Ta_b = date au plus tard de début de la tâche(b)
- Ta_b = date au plus tard de début de la tâche (b)
- $L(a,b)$ = valeur de l'arc qui relie les tâches a et b

■ *Marge totale*

La marge totale est basée sur l'hypothèse que les dates au plus tard ne seront pas modifiées.

$$MT_a = \text{Min}[Ta_b - To_a - L(a,b)]$$

■ *Marge libre*

La marge libre d'une tâche exprime le retard que l'on peut accepter sans modifier la date au plus tôt de la tâche suivante.

$$ML_a = \text{Min}[TO_b - TO_a - L(a,b)]$$

■ *Règles*

Les marges totales et les marges libres sont nulles pour les tâches critiques.

$$\text{Marges totales} \geqslant \text{Marges libres}$$

■ ***Intérêt des marges***

Les marges permettent de mesurer l'élasticité d'un projet, c'est-à-dire les marges de manœuvre dont on dispose pour traiter certaines tâches.

La méthode MPM est utilisée lorsqu'on veut connaître la date de réalisation au plus tôt d'un projet. On en déduit les taches critiques et celles pour lesquelles on dispose d'une marge de manœuvre.

On peut ensuite chercher à améliorer la durée du projet en réduisant la durée des tâches critiques.

FICHE 2

RÉSOLUTION D'UN PROGRAMME LINÉAIRE À N VARIABLES

1. Caractéristiques

Un programme linéaire est une série d'équations ou d'inéquations exprimant des contraintes à respecter simultanément et une fonction économique correspondant à un objectif à atteindre (recherche d'un résultat maximum).

L'objectif d'un programme linéaire est la recherche d'un optimum : chiffre d'affaires maximum, coût minimum...

L'optimum est le niveau de la fonction économique qu'il n'est plus possible d'améliorer.

La résolution du programme linéaire consistera à déterminer la valeur à affecter à chaque variable compte tenu de la fonction économique à optimiser.

Méthodes de résolution :

– méthode graphique (voir chapitre 9, « Les outils pour préparer les budgets ») ;

– méthode du simplexe ou méthode de Dantzig quand le nombre de variables est supérieur à 2.

2. Utilisation des programmes linéaires

La programmation linéaire est très souvent utilisée en gestion de la production et gestion commerciale pour déterminer un programme d'allocation optimale des ressources rares en vue d'atteindre un objectif économique.

L'entreprise peut être amenée à déterminer :

– le niveau de production permettant d'assurer le plein-emploi de ses ateliers ou ses centres de production ;

– le résultat maximum en tenant compte des prix de vente ou des marges ;

– la production conduisant au coût minimum pour assurer un marché ou le fonctionnement d'un atelier ;

– les quantités à vendre en fonction des contraintes commerciales.

3. Formulation d'un programme linéaire de maximisation

Le programme linéaire sera formulé à partir des trois éléments suivants :

1) les variables : notées x, y, z... elles représentent les quantités respectives de produits A, B, C... à fabriquer ;

2) les contraintes : facteurs rares utilisés par les variables (nombre d'heures à ne pas dépasser dans un atelier) ;

3) la fonction économique : maximiser un résultat ou une marge.

4. Résolution par le simplexe

a) Intérêt de la méthode

Dans le cas où le nombre de variables est supérieur à 2, il devient difficile voire impossible de résoudre graphiquement un programme linéaire.

La méthode du simplexe permet par un processus itératif d'analyser les sommets correspondant aux solutions admissibles puis de trouver la solution optimale.

Cette méthode s'applique dans les conditions suivantes :

– les contraintes sont des égalités ;

– les variables peuvent prendre une valeur nulle.

La transformation des inégalités en égalités se fait par introduction de variables d'écart (e_i). On obtient alors un programme linéaire présenté sous sa forme standard.

Le processus de résolution démarre à partir de la solution de départ appelée solution de base. La solution optimale est atteinte lorsque les coefficients de la fonction économique sont tous négatifs ou nuls. Dans le cas contraire, il faut continuer les itérations.

b) Mise en œuvre de la méthode

La méthode peut être mise en œuvre algébriquement ou à l'aide de tableaux.

La solution de départ consiste à transformer les inéquations ($\geqslant$) en équations (=) en introduisant dans chaque équation de contrainte, une variable d'écart (e_i) de coefficient 1. Dans la fonction économique, les coefficients des variables d'écart sont nuls. L'introduction des variables d'écart ne doit pas modifier le résultat de la fonction économique

Chaque solution réalisable est présentée sous forme de tableau.

Les variables de base sont en ligne (vecteur ligne) et les variables hors base sont en colonne (vecteur colonne).

■ *Solution de départ*

La solution de départ correspond au sommet où les variables hors base (x et y) sont égales à 0 et, dans ce cas, les variables d'écart ou variables hors base sont égales à la valeur de saturation de la contrainte (deuxième terme de l'équation).

Base	x	y	.	.	C
e_1	a	b	1	0	C1
e_2	c	d	0	1	C2
F.E.	M1	M2	0	0	0

- x et y : variables hors base
- e_1 et e_2 : variables de base
- a, b, c, d : coefficients des variables hors base dans les équations de contrainte
- C1 et C2 : montant de saturation des contraintes ou valeur des variables de base
- M_1 et M_2 : coefficients de la fonction économique.

■ *Amélioration de la solution de départ*

La solution de base correspond à un résultat économique nul. Pour améliorer ce résultat, il faut faire rentrer dans la base, l'une des variables hors base à la place d'une variable de la base, afin qu'elle prenne une valeur positive.

1) Sélection de la variable entrante

Variable entrante (variable améliorant le résultat économique) :

⇒ Variable hors base dont le coefficient est le plus élevé dans la fonction économique.

2) Sélection de la variable sortante

Variable sortante (variable permettant de porter la variable entrante à sa valeur maximale) :

⇒ Variable de base dont le rapport entre le niveau de la contrainte (C) et les coefficients de la variable entrante est le plus faible.

3) Trouver le pivot

Il correspond à l'intersection de la colonne de la variable entrante (vecteur colonne) et la ligne de la variable sortante (vecteur ligne). Puis, il convient de l'entourer.

4) Pivotage

• Diviser la ligne du pivot par la valeur du pivot (valeur du pivot ramenée à 1).

• Recopier la ligne ainsi obtenue dans un nouveau tableau (ligne de la variable entrante dont le coefficient de la ligne = 1).

• Remplir les autres lignes y compris celle de la fonction économique en faisant l'opération suivante pour chaque ligne :

Valeur de la ligne − Ligne du nouveau pivot × Coefficient de l'ancienne valeur de la colonne du pivot

On obtient le vecteur colonne de la variable entrante dont le coefficient est égal à 1 pour le pivot et 0 pour les autres éléments du vecteur.

La lecture du tableau donne la solution de cette transformation :

– en ligne : valeurs relatives aux variables de la base ;

– en colonne : valeurs des variables hors base (0) ;

– le niveau de la fonction économique = valeur absolue de la somme figurant dans la dernière colonne.

5) Reprendre les itérations étapes 1 à 4 si la solution optimale n'est pas atteinte

6) Solution optimale

La solution optimale est atteinte lorsque toutes les valeurs de la fonction économique sont nulles ou négatives.

5. À retenir

■ *Présentation du programme linéaire*

On commence par définir un objectif à atteindre, par exemple des productions permettant de maximiser une marge.

Il faut ensuite identifier les ressources rares ou les moyens disponibles (heures d'atelier, main d'œuvre, possibilités de stockage, marché potentiel...).

Les consommations de ressources rares par produit permettront de présenter les inéquations. La fonction économique représente l'objectif à atteindre.

■ ***Résolution par le simplexe***

Les itérations successives correspondent au passage d'un sommet à un autre du polygone des solutions acceptables.

Les tableurs et les calculatrices programmables permettent de résoudre les simplexes.

FICHE 3

NOTIONS DE PROBABILITÉS

1. Caractéristiques

Une probabilité est une application de l'ensemble des événements E réalisables, appartenant au segment [0,1]. La probabilité que l'événement A se réalise s'écrit P(A) :

– la probabilité associée à l'ensemble des événements est égale à 1 ;

– la probabilité de réalisation de tout couple d'événements incompatibles est égale à la somme des probabilités de ces événements : $P(A \cup B) = P(A) + P(B)$;

– $P(A) + P(\bar{A}) = 1$, donc : $P(\bar{A}) = 1 - P(A)$;

– P(A) = 1 : événement certain ;

– P(A) = 0 : événement impossible.

2. Utilisation des probabilités

• La prise de décision peut utiliser les résultats des expériences antérieures lorsque l'on dispose de statistiques sur les fréquences de réalisation d'un événement soumis au hasard.

• La réalisation d'un événement peut-être :

– certaine ;

– aléatoire (soumis au hasard) ;

– équiprobable ou probable (deux événements aléatoires ont autant de chance l'un comme l'autre).

3. Méthode

a) Calcul de la probabilité d'un événement élémentaire

C'est le rapport du nombre de cas favorables à la réalisation de l'événement et du nombre de cas possibles, tous les cas étant équiprobables.

La probabilité de l'événement A = $\frac{n}{N}$ $\qquad$ $P(A) = \frac{n}{N}$

• n nombre de cas favorables à la réalisation de A ;

• N nombre de cas possibles.

b) Probabilités composées

La probabilité est réalisée si les événements A et B se trouvent réalisés conjointement.

Cela signifie que les éléments sont compatibles, toutefois ils peuvent être soit dépendants soit indépendants. Quel que soit le lien de dépendance, la probabilité s'exprime par P(A et B), c'est-à-dire $P(A \cap B)$.

■ ***Les événements A et B sont dépendants***

La réalisation préalable de l'événement A modifie la réalisation de l'événement B et réciproquement.

Deux formules sont possibles :

- P(A et B) = P(A) × P(B/A)
- P(A et B) = P(B) × P(A/B)

P(B/A) est une probabilité conditionnelle de B sachant que A est réalisé :

P(B/A) = P(A et B)/P(A)

De la même façon, la probabilité conditionnelle de A, sachant que B est réalisé, s'écrit :

P(A/B) = P(B et A)/P(B)

■ ***Les événements A et B sont indépendants.***

P(A et B) = P(A) × P(B)

c) Probabilités totales

C'est le cas où on cherche la probabilité de réalisation de l'un des deux événements A ou B, c'est-à-dire P(A ou B).

■ ***Événements incompatibles : $A \cap B = 0$***

P(A ou B) = P(A) + P(B)

■ ***Événements compatibles $A \cap B \neq 0$***

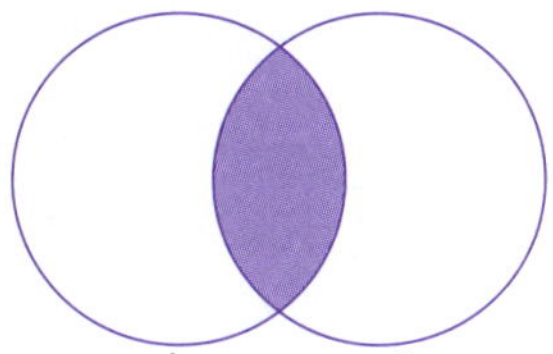

P(A ou B) = P(A) + P(B) − P(A et B).

P(A et B) = P($A \cap B$)

4. À retenir

Un événement E est défini à partir d'une combinaison d'événements élémentaires. Sa probabilité se calcule à partir de l'association de ces probabilités (probabilités composées, probabilités totales) et des résultats des dénombrements.

Calcul des dénombrements

1) Nombre de permutations

Une permutation de n éléments est le rangement dans un certain ordre, sans répétition, de n éléments. On note P_n le nombre de permutations de n éléments.

$$P_n = n!$$

$$n! = 1 \times 2 \times 3 \times 4 \times 5 \times \ldots n$$

2) Nombre d'arrangements

On appelle arrangement de p éléments (sans répétition) choisis parmi n éléments, toute permutation de p des n éléments.

Le nombre de permutations de p éléments parmi n éléments est noté A_n^p :

$$A_n^p = \frac{n!}{(n-p)!}$$

3) Nombre de combinaisons

On appelle combinaison un ensemble de p éléments non ordonné, choisis parmi les n éléments. C'est en quelque sorte un arrangement de p éléments choisis parmi n, dont l'ordre n'importerait pas. Le nombre de combinaisons possibles de p éléments pris parmi n est noté C_n^p :

$$C_n^p = \frac{n!}{p!(n-p)!}$$

FICHE 4

VARIABLES ALÉATOIRES

1. Caractéristiques

a) Variables aléatoires

Soit un événement X qui peut prendre plusieurs valeurs x_i (nombres réels). Si on peut associer une probabilité $P(x_i)$ à chaque valeur de x_i, on dit que l'ensemble des $P(x_i)$ associées à x_i forme une loi de probabilité. X est alors considérée comme une variable aléatoire.

Il existe deux sortes de variables aléatoires :
- les variables aléatoires discrètes ;
- les variables aléatoires continues.

Une variable aléatoire X est discrète lorsqu'elle peut prendre une valeur correspondant à un nombre entier (par exemple : les gains d'un jeu).

Une variable aléatoire X est dite continue lorsqu'elle peut prendre toutes les valeurs comprises dans un intervalle $[a,b]$, par exemple : poids d'un paquet d'un produit *P* compris entre 199,45 grammes et 200,86 grammes.

b) Paramètres

Une variable aléatoire X est caractérisée par :
- une fonction de distribution : probabilité associée à chaque valeur observée ;
- une fonction de répartition : cumul des probabilités sur un intervalle donné ;
- une valeur centrale, l'espérance mathématique : la moyenne arithmétique des x_i pondérées par les $P(x_i)$ correspondantes ;
- une dispersion autour de la moyenne : la variance égale à la somme des écarts entre les x_i et la moyenne, pondérées par les $P(x_i)$. L'écart type est la racine carrée de la variance.

2. Utilisation des variables aléatoires

Les variables aléatoires sont des outils d'aide à la décision. Le choix de la variable dépendra des caractéristiques de la population à étudier :
- pièces conformes pour un contrôle qualité ;
- ventes pour une prévision de chiffre d'affaires ;
- taux de service dans une gestion de stock ;
- délais de règlement pour un contrôle des recouvrements des créances.

3. Méthode

a) Variables aléatoires discrètes

Fonction de distribution

C'est la représentation des différentes probabilités $P(x_i)$ associées à toutes les valeurs possibles de $X = x_i$.

De ce fait la somme des fréquences observées est égale à 1 :

$$\sum_{i=1}^{i=n} P(X = x_i) = 1$$

Fonction de répartition

Elle donne la probabilité que la variable X prenne une valeur inférieure à x_i : $P(X \leqslant x_i) = F(x_i)$.

Cette probabilité se calcule à partir des x_i ordonnées par valeurs croissantes.

b) Espérance mathématique

L'espérance mathématique ou la moyenne probable de la variable aléatoire X s'écrit : E(X).

$E(X) = [x_1 \times P(x_1)] + [x_2 \times P(x_2)] + [x_3 \times P(x_3)] \ldots + [x_n \times P(x_n)]$

$$E(X) = \sum_{i=1}^{i=n} x_i \times P(x_i)$$

Variance

La variance mesure la dispersion des x_i autour de la moyenne.

La variance de X est notée V(X) :

$$V(X) = \sum_{i=1}^{i=n} [x_i - E(X)]^2 \times P(x_i)$$

Cette formule peut-être présentée différemment :

$$V(X) = \sum_{i=1}^{i=n} [x_i^2 \times P(x_i)] - [E(X)]^2 = E(X^2) - [E(X)]^2$$

Écart type

L'écart type élimine le caractère quadratique de la variance, ainsi on dispose d'une caractéristique de dispersion plus significative par rapport à la moyenne.

L'écart type de X est calculé par la formule suivante : $\sigma(X) = \sqrt{V(X)}$.

L'écart type est utilisé pour mesurer l'importance du risque.

Le coefficient de dispersion relative = Écart type/Moyenne

c) Variables aléatoires continues

Fonction de répartition

La fonction de répartition d'une variable aléatoire continue X est définie par $P(X < x_i)$.

Si $X_i \in [a,b]$, $P(X < x_i) = F(x_i) = \int_b^{x_i} f(x)d(x)$

$F(x)$ est la primitive de la fonction de répartition $f(x)$.

Probabilité attachée à un intervalle

La probabilité attachée à l'intervalle $[x_1, x_2]$ correspond à la somme des probabilités élémentaires comprises dans l'intervalle $[x_1, x_2]$.

$$P(x_1 < X < x_2) = P(X < x_2) - P(X < x_1) = F(x_2) - F(x_1)$$

Fonction de densité

C'est la somme des probabilités attachées à l'intervalle de l'ensemble de définition $[a,b]$.

$$\int_a^b f(x)d(x) = F(b) - F(a) = 1$$

Espérance mathématique

L'espérance mathématique d'une variable aléatoire X continue s'exprime par l'expression suivante :

$$E(X) = \int_a^b \times f(x)d(x)$$

Variance et écart type

La variance d'une variable aléatoire continue X dont l'intervalle de définition est $[a,b]$ est obtenue par l'expression :

$$V(X) = \int_a^b x^2 \times f(x)d(x) - [E(x)]^2$$

L'écart type :

$$\sigma(X) = \sqrt{V(X)}$$

d) Propriétés relatives à l'espérance mathématique et à la variance

Soient deux variables aléatoires X et Y et a un nombre constant :

- $E(X + Y) = E(X) + E(Y)$
- $E(aX) = a\,E(X)$
- $E(a) = a$
- $V(aX) = a^2 \times V(X)$
- $V(a) = 0$

Si X et Y sont indépendantes $V(X + Y) = V(X) + V(Y)$

Si X et Y sont dépendantes : $V(X + Y) = V(X) + V(Y) + 2COV(X,Y)$

FICHE 5

LA LOI BINOMIALE ET LA LOI DE POISSON

1. Caractéristiques

• On dit que la variable X suit une loi binomiale de paramètres n et p si la même épreuve se répète n fois et que sa probabilité de réalisation p à chaque épreuve reste constante au cours des n épreuves.

Soit X une variable aléatoire représentant le nombre de fois que se réalise l'événement : $X \rightarrow \beta(n,p)$

Conditions :

– n : nombre de répétitions élémentaires d'une épreuve ;

– p : probabilité de réalisation de l'événement à chaque épreuve (p est constante quel que soit le nombre de répétitions) ;

– q : probabilité de non-réalisation de l'événement $\rightarrow q = (1 - p)$

• La loi de Poisson est une loi de probabilité qui s'applique lorsque la probabilité de réalisation d'un événement E pendant un temps infiniment petit dt est très faible et indépendante du nombre de réalisations antérieures. La loi de poisson est aussi appelée loi des petites probabilités. La loi de poisson est associée à la réalisation d'événements dont les probabilités sont très faibles (*exemple* : nombre d'arrivées de clients à un guichet).

Soit X une variable aléatoire qui suit une loi de Poisson, on écrit $X \rightarrow (m)$, m étant la moyenne ou E(X).

2. Utilisation de la loi binomiale et la loi de Poisson

La loi binomiale et la loi de poisson sont les principales lois portant les variables discrètes utilisées dans les problèmes de prise de décision en gestion :
- acceptation d'un niveau de qualité ;
- réponse à une demande information.

3. Méthode

a) Loi binomiale

On s'intéresse en général à la réalisation de k événements élémentaires au cours de n épreuves. La probabilité de réalisation de cet événement est obtenue par la formule :

$$P(X = k) = C_n^k \times p^k \times q^{n-k}$$

$$\text{avec } C_n^k = \frac{n!}{k!(n-k)!}$$

- espérance mathématique : $E(X) = n \times p$
- variance : $V(X) = n \times p \times q$
- écart type : $\sigma(X) = \sqrt{n \times p \times q}$
- somme de deux variables indépendantes :

  si $X \rightarrow \beta(n_1, p)$ et $Y \rightarrow \beta(n_2, p)$, alors $X + Y \rightarrow \beta(n_1 + n_2, p)$

b) Loi de Poisson

La loi de Poisson est définie par la fonction : $P(X = k)\ e^{-m} \dfrac{m^k}{k!}$

avec
- $e = 2{,}71828$
- $m = E(X)$
- k = nombre de réalisations recherché

Le calcul de $P(X = k)$ est simplifié par l'utilisation des tables de loi de Poisson : table 1 pour $P(X = k)$ et table 2 pour $P(X > k)$:
- espérance mathématique : $E(X) = m$
- variance : $V(X) = m$
- écart type : $\sigma(X) = \sqrt{m}$

Somme de deux variables indépendantes :

si $X \rightarrow p(m_1)$ et $Y \rightarrow p(m_2)$, alors $X + Y \rightarrow p(m_1 + m_2)$

c) Approximation de la loi binomiale par la loi de Poisson

La loi Binomiale peut être approchée par une loi de Poisson quand $n \geq 50$ et p proche de 0.

Si ces conditions sont réunies, alors $\beta(n\ ;\ p) \approx p(m = n \times p)$.

Exemple : $\beta(100\ ;\ 0{,}01) \approx P(m = 1)$

FICHE 6

LOI EXPONENTIELLE

1. Caractéristiques

Une variable aléatoire X suit une loi exponentielle de paramètre α, un réel > 0, si elle est continue et que sa fonction de densité est égale à :

$f(x) = 0$, pour $x < 0$ ou $f(x) = \alpha\, e^{-\alpha x}$, pour $x \geqslant 0$.

Fonction de répartition

La fonction de répartition F(X), c'est-à-dire $P(X < x) = 1 - e^{-\alpha x}$, si $x \geqslant 0$

ou $F(X) = 0$ si $x < 0$

Espérance mathématique

$$E(X) = \int_0^{+\infty} \alpha x \times e^{-\alpha x} dx$$

après simplification : $E(X) = \dfrac{1}{\alpha}$

Variance

$V(X) = E(X^2) - [E(X)]^2$, soit $\dfrac{1}{\alpha^2}$

Écart type

$$(X) = \frac{1}{\alpha}$$

L'espérance mathématique et l'écart type d'une loi exponentielle sont identiques.

$$E(X) = \sigma(X) = \frac{1}{\alpha}$$

2. Utilisation de la loi exponentielle

Loi utilisée pour modéliser des durées entre deux événements ou avant un événement.

La variable aléatoire X suit une loi exponentielle de paramètre α, on écrit $X \to \varepsilon(\alpha)$.

3. Méthode

L'espérance mathématique correspond à la moyenne des durées observées au cours d'une période, *exemple* : le temps moyen d'attente d'un client lors d'un appel téléphonique est de 3 minutes.

X = « le temps d'attente d'un client en minutes »

Dans l'exemple précédent, $E(X) = 3 = 1/\alpha$, donc : $\alpha = 1/3$.

Le nombre α représente ainsi l'intensité de l'attente au cours d'une période, soit un client toutes les 3 minutes ou 20 clients toutes les heures.

$$P(X > x) = F(x) = 1 - e^{-x}, \text{ si } x \geqslant 0 \text{ ou } 0 \text{ si } x < 0$$

Probabilité ponctuelle

La probabilité que X soit égal à 2 minutes, $P(X = 2)$, est nulle, X étant une variable aléatoire continue.

Probabilité cumulée

La probabilité que X soit supérieur à 4 minutes, $P(X > 4)$, est égale à $1 - P(X \leqslant 4) = 1 - F(4)$.

■ ***Probabilité d'intervalle***

La probabilité que X soit compris ente 2 et 5 minutes est égale à $P(X \leqslant 5) - P(X \leqslant 2)$ ou $F(5) - F(2)$.

■ ***Probabilité conditionnelle***

Un évènement s'est produit il y a 5 minutes ; la probabilité qu'il s'écoule 3 minutes avant le prochain événement se traduit par une probabilité conditionnelle.

$P(X > 5 + 3)$, sachant que $X > 3) = P(X \geqslant 8/P(X \geqslant 5) = \dfrac{P(X \geqslant 8 \text{ et } X \geqslant 5)}{P(X \geqslant 5)} = \dfrac{P(X \geqslant 8)}{P(X \geqslant 5)}$.

4. À retenir

L'espérance mathématique et l'écart type sont identiques. Le paramètre est calculé à partir de E(X).

FICHE 7

LA LOI NORMALE OU LOI DE GAUSS

1. Caractéristiques

• La loi normale ou loi de Gauss est une loi continue très répandue qui s'applique à toutes les variables qui sont la résultante d'un grand nombre de causes mais dont aucune n'est prépondérant (*exemples* : la taille des individus, la fluctuation autour d'une moyenne...).

• Les paramètres qui permettent de définir mathématiquement une loi normale sont la moyenne notée m et l'écart type noté σ.

• La loi normale peut être mise en évidence, soit de manière empirique en observant la courbe des fréquences cumulées (courbe gaussienne), soit par des tests statistiques (droite de Henri).

Une variable aléatoire X (demande pour un produit) qui suit une loi normale de moyenne m et d'écart type σ est exprimée de la façon suivante : $X \rightarrow N(m,\sigma)$.

• Afin de calculer rapidement les probabilités, on utilise une loi normale centrée réduite dont la variable aléatoire T, obtenue par un changement de variable, suit une loi normale de paramètres $m = 0$ et $\sigma = 1$.

2. Utilisation de la loi normale

En gestion, la loi normale est très souvent utilisée pour :

• la gestion des ventes : seuil de rentabilité probable ;
• la gestion de projet : durée probable de réalisation ;
• la gestion des stocks : se fixer un stock de sécurité pour assurer un taux de service ;
• la gestion de la qualité : niveau de risque acceptable à partir d'un échantillon.

La loi normale peut être obtenue par approximation d'une loi binomiale.

3. Méthode

a) Définition générale de la loi normale

La loi normale est définie par la fonction :

$$f(x) = P(X = x) = \frac{1}{\sigma\sqrt{2\Pi}}\, e^{\frac{1}{2}\left(\frac{x-m}{\sigma}\right)^2}$$

• m = moyenne de X ou espérance mathématique E(X)
• σ = écart type de X ou $\sigma(X)$
• $x \in]-\infty\,;+\infty[$ et $\sigma > 0$

b) La loi normale centrée réduite

Afin de simplifier les calculs des probabilités, on a l'habitude d'utiliser la table de la loi Normale centrée réduite.

Après avoir remplacé la variable aléatoire X par la variable aléatoire $T = (X - m)/\sigma$, on obtient une nouvelle loi normale dont la moyenne $m = 0$ et l'écart type $\sigma = 1$.

$$T \rightarrow N(0{,}1)$$

$$f(t) = \frac{1}{\sqrt{2\Pi}} e^{-\frac{1}{2}t^2}$$

Cette loi normale centrée réduite s'adapte à toutes les lois normales et évite de faire des calculs complexes.

■ ***Propriétés de la fonction f(t)***

Définie sur $]-\infty\,;+\infty[$

Paire : $f(-t) = f(t)$.

Symétrique par rapport à l'axe d'origine.

$E(T) = 0$ et $\sigma(T) = 1$.

Fonction de densité : $f(t)$ permet de trouver les probabilités ponctuelles $P(T = t)$.

Fonction de répartition : F(T) donne les probabilités cumulées $P(T < t)$.

■ ***Utilisation de la table et des courbes représentatives de f(t)et F(T)***

Les fonctions $f(t)$ et F(T) sont tabulées pour les valeurs positives de t.

La table des probabilités cumulées F(T)donne les valeurs (t) correspondant à $P(T < t)$.

La courbe de la fonction de densité permet de visualiser les valeurs de (t).

■ ***Lecture directe à partir de la courbe de la fonction de densité***

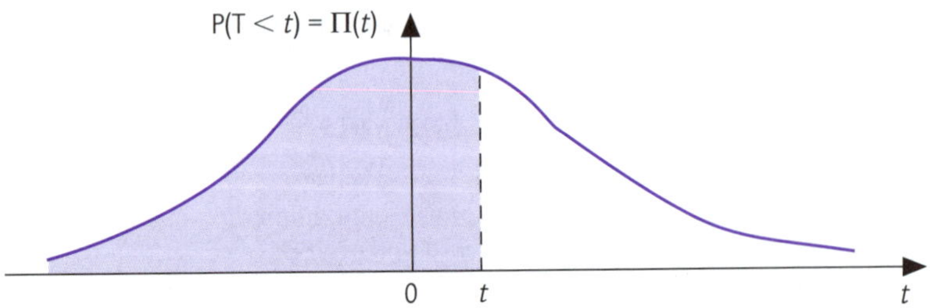

■ ***Propriétés découlant de la symétrie par rapport à l'axe d'origine***

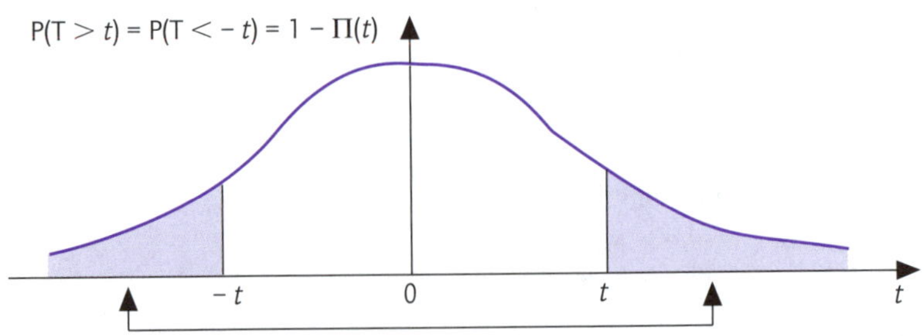

$P(T > -t) = P(T < t) = \Pi(t)$

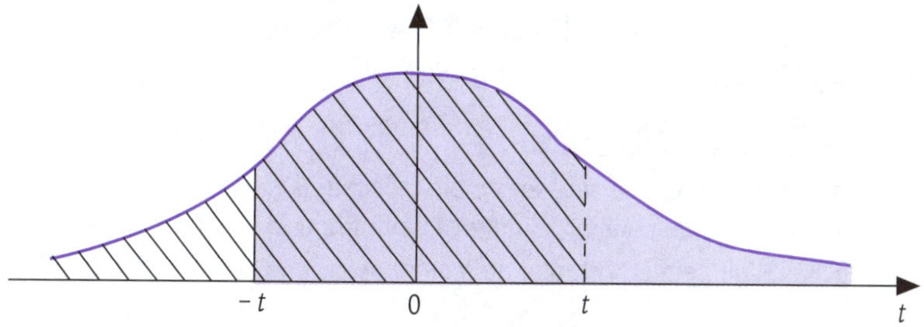

■ ***Probabilité liée à un intervalle***

$P(t_i < T < t_j) = \Pi(t_j) - \Pi(t_i)$

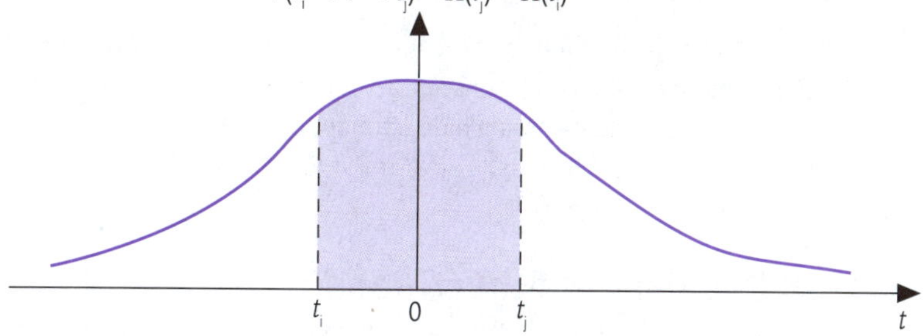

3. Propriétés de la loi normale

■ ***Somme de deux variables aléatoires indépendantes***

Soient deux variables aléatoires indépendantes X et Y :

- X suit une loi normale de paramètres m_1 et σ_1
- Y suit une loi normale de paramètres m_2 et σ_2
- Z = X + Y

Z suit une loi normale de paramètres $m = (m_1 + m_2)$ et $\sigma = \sqrt{V[(\sigma_1) + (\sigma_2)]}$

■ ***Produit d'une constante par une variable aléatoire***

X suit une loi normale de paramètres *m* et , et *a* est un nombre réel. On déduit que *a*X suit une loi normale de paramètres $m = (a \times m)$ et $\sigma = \sqrt{(a^2 \times \sigma^2)}$ ou $a\sigma$.

4. À retenir

L'utilisation de la loi normale centrée réduite permet d'obtenir rapidement les probabilités cumulées (probabilité que $T < t$) directement dans la table la table.

Il faut dans tous les cas calculer *t* à partir de *m* et qui sont généralement fournis ; $t = (x - m)/\sigma$.

La table donne les probabilités pour les valeurs $P(T < t)$ et l'aire située en dessous de la courbe est égale à 1 (densité de probabilité).

La réalisation de la courbe de densité autour de l'axe de la moyenne (0) permet de visualiser la zone de probabilité souhaitée.

FICHE 8

ÉCHANTILLONNAGE ET ESTIMATION STATISTIQUE

1. Caractéristiques

Un échantillon est un sous-ensemble d'éléments (individus, d'objets, valeurs...) issus d'un ensemble plus vaste appelé population mère. Il peut être aléatoire (tiré au hasard) ou empirique.

L'échantillon permet d'étudier au moindre coût une population ou un processus à partir d'un modèle réduit.

Soient :

- N = taille de la population mère
- m = moyenne de la population mère
- σ = écart type de la population mère
- n = la taille de l'échantillon tiré au hasard
- m_e = moyenne de l'échantillon
- σ_e = écart type de l'échantillon

M_e, la variable aléatoire correspondant aux moyennes observables dans l'ensemble des échantillons tirés au hasard suit une loi normale de paramètres m et $\sigma/\sqrt{n}$

$$M_e \rightarrow N\left(m, \frac{\sigma}{\sqrt{n}}\right)$$

2. Utilisation des échantillons

Les entreprises utilisent un échantillon pour connaître les paramètres (moyenne, proportion, variance, écart type) d'un ensemble qu'elles souhaitent étudier (délai de règlement des clients, fréquences d'erreurs, qualité de la production...).

Les conclusions seront applicables à l'ensemble de la population. Cependant, elles doivent se demander si les résultats issus de l'échantillon correspondent bien aux caractéristiques de la population mère.

3. Méthode

a) Estimation de la moyenne et de l'écart type de la population mère à partir de l'échantillon

■ *Estimation de la moyenne*

L'espérance mathématique des moyennes issues des échantillons est égale à la moyenne de la population mère : $E(M_e) = m$.

M_e est un estimateur sans biais de la moyenne m.

■ *Estimation de l'écart type*

L'espérance mathématique des écarts types issus des échantillons n'est pas égale à l'écart type de la population mère.

$E(\sigma Me) \neq \sigma$: σ_e, n'est pas un estimateur de σ.

D'où l'utilisation d'un estimateur $s = \sqrt{\frac{n}{n-1}} \times \sigma_e$

b) Estimation par intervalle de confiance de l'intervalle

C'est une fourchette centrée autour de la moyenne, affectée d'un coefficient de confiance ou d'un degré de faisabilité.

■ *Intervalle de confiance de la moyenne de l'échantillon*

On sait que $M_e \rightarrow N\left(m, \frac{\sigma}{\sqrt{n}}\right)$

On cherche à situer M_e dans une certaine fourchette $[a,b]$ centrée autour de la moyenne avec une probabilité P.

L'intervalle de confiance $I = [a,b]$ est estimé à partir de $P(M_e \in [a,b])$, soit $P(a < M_e < b]$

$$P(M_e \in [a,b]) = P(m - t \times \frac{\sigma}{\sqrt{n}} < M_e < m + t \times \frac{\sigma}{\sqrt{n}}) = \beta$$

$$I = [m - t \times \frac{\sigma}{\sqrt{n}}, m + t \times \frac{\sigma}{\sqrt{n}}]$$

t est calculé à partir de $P(- t < T < t) = P$; pour $P = 0{,}95$, $t = 1{,}96$

■ *Estimation de la moyenne de la population mère par de l'intervalle de confiance*

Le raisonnement est fondé sur l'hypothèse inexacte que M, la moyenne de la population mère, est une variable aléatoire.

L'intervalle de confiance I est estimé à l'aide des réels a et b pour lesquels $P(a < M < b]$

$$P(M_e \in [a,b]) = P(\overline{m}_e - t \times \frac{\sigma}{\sqrt{n}} < M < \overline{m}_e + t \times \frac{\sigma}{\sqrt{n}}) = \beta$$

$$I = (\overline{m}_e - t \times \frac{\sigma}{\sqrt{n}}, \overline{m}_e + t \times \frac{\sigma}{\sqrt{n}}) = \beta$$

Quand on ne connaît pas σ, il est remplacé par l'estimateur s.

c) Estimation d'une proportion ou d'un pourcentage

■ *Distribution d'échantillonnage*

- N = taille de la population mère
- p = proportion observée dans la population mère
- σp = écart type de la proportion observée dans la population mère
- n = la taille de l'échantillon
- f = proportion observée dans l'échantillon
- σf = écart type de la proportion observée dans l'échantillon

Par ailleurs, F est la variable aléatoire des proportions observables dans des échantillons tirés au hasard.

$$F \rightarrow N\left(p, \sqrt{\frac{p.q}{n}}\right)$$

■ *Estimation de la proportion dans la population mère*

L'espérance mathématique des fréquences issues des échantillons est égale à p : $E(F) = p$; f est un bon estimateur de p.

■ *Intervalle de confiance de la proportion (f) observée dans l'échantillon*

$$P(F \in [a,b]) = P(p - t \times \sqrt{\frac{p.q}{n}} < F < p + t \times \sqrt{\frac{p.q}{n}} = \beta$$

$$I = \left[p - t \times \sqrt{\frac{p \times q}{n}} ; p + t\sqrt{\frac{p \times q}{n}}\right]$$

■ *Estimation de proportion (p) dans la population mère à partir de l'intervalle de confiance*

En reprenant le raisonnement précédent :

$$P(P \in [a,b]) = P(p - t \times \sqrt{\frac{p.q}{n}} < P < p + t \times \sqrt{\frac{p.q}{n}}) = \beta$$

$$I = [f - t \times \sqrt{\frac{p.q}{n}} \; ; f + t \times \sqrt{\frac{p.q}{n}}]$$

Lorsque p n'est pas connu, on remplace $\sqrt{\frac{p \times q}{n}}$ par un estimateur : $s^* = \sqrt{\frac{f \times (1-f)}{n-1}}$

$$I = \left[f - t \times \sqrt{\frac{f \times (1-f)}{n-1}}, f + t\sqrt{\frac{f \times (1-f)}{n-1}}\right]$$

d) Tests d'hypothèse

La théorie des tests permet de faire un choix lorsque l'on est confronté à plusieurs estimations ou une estimation avec une norme (comparaison d'une moyenne par rapport à une norme).

Le test conduit à accepter ou à refuser la moyenne m_e, quand la moyenne de la population mère m est égale à une norme m'.

- H_0 : hypothèse où $m = m'$
- H_1 : hypothèse où $m \neq m'$

Au seuil de signification (risque d'erreur limité à α), la zone d'acceptation pour H_0 est définie par :

$$m' - t\alpha/2 \frac{\sigma}{\sqrt{n}} < M_e < m' + t\alpha/2 \frac{\sigma}{\sqrt{n}}$$

$$P(T > t\alpha/2) = \alpha/2 \text{ ; pour } \alpha = 5\ \%, t = 1{,}96$$

Dans le cas contraire, c'est l'hypothèse H_1 qui est acceptée.

4. À retenir

	Population mère	Échantillon	Estimateur
Estimation ponctuelle Moyenne	m	m_e	m_e
Écart type	σ	σ_e	$s = \sqrt{\frac{n}{n-1}} . \sigma_e$
Proportion	p	f	f
Écart type	p	σf	$\sqrt{\frac{f \times (1-f)}{n-1}}$

	Échantillon
Intervalle de confiance	
Moyenne	$P(M_e \in [a,b]) = P(m_e - t \times \frac{\sigma}{\sqrt{n}} < M < m_e + t \times \frac{\sigma}{\sqrt{n}}) = \beta$
Proportion	$P(P \in [a,b] = P(p - t \times \sqrt{\frac{p.q}{n}} < P < p + t \times \sqrt{\frac{p.q}{n}}) = \beta$

FICHE 9

TABLES

Table 1 : Loi de Poisson

$$P\{x = k\} = e^{-m}\frac{m^k}{k!}$$

k \ m	0,5	1,0	1,5	2,0	2,5	3,0	3,5	4,0	5,0	6,0	7,0	8,0
0	0,606 5	0,367 9	0,223 1	0,135 3	0,082 1	0,049 8	0,030 2	0,018 3	0,006 7	0,002 5	0,000 9	0,000 3
1	0,303 3	0,367 9	0,334 7	0,270 7	0,205 2	0,149 4	0,105 7	0,073 3	0,033 7	0,014 9	0,006 4	0,002 7
2	0,075 8	0,183 9	0,251 0	0,270 7	0,256 5	0,224 0	0,185 0	0,146 5	0,084 2	0,044 6	0,022 3	0,010 7
3	0,012 6	0,061 3	0,125 5	0,180 4	0,213 8	0,224 0	0,215 8	0,195 4	0,140 4	0,089 2	0,052 1	0,028 6
4	0,001 6	0,015 3	0,047 1	0,090 2	0,133 6	0,168 0	0,188 8	0,195 4	0,175 5	0,133 9	0,091 2	0,057 3
5	0,000 2	0,003 1	0,014 1	0,036 1	0,066 8	0,100 8	0,132 2	0,156 3	0,175 5	0,160 6	0,127 7	0,091 6
6		0,000 5	0,003 5	0,012 0	0,027 8	0,050 4	0,077 1	0,104 2	0,146 2	0,160 6	0,149 0	0,122 1
7		0,000 1	0,000 8	0,003 4	0,009 9	0,021 6	0,038 5	0,059 5	0,104 4	0,137 7	0,149 0	0,139 6
8			0,000 1	0,000 9	0,003 1	0,008 1	0,016 9	0,029 8	0,065 3	0,103 3	0,130 4	0,139 6
9				0,000 2	0,000 9	0,002 7	0,006 6	0,013 2	0,036 3	0,068 8	0,101 4	0,124 1
10					0,000 2	0,000 8	0,002 3	0,005 3	0,018 1	0,041 3	0,071 0	0,099 3
11						0,000 2	0,000 7	0,001 9	0,008 2	0,022 5	0,045 2	0,072 2
12						0,000 1	0,000 2	0,000 6	0,003 4	0,011 3	0,026 4	0,048 1
13							0,000 1	0,000 2	0,001 3	0,005 2	0,014 2	0,029 6
14								0,000 1	0,000 5	0,002 2	0,007 1	0,016 9
15									0,000 2	0,000 9	0,003 3	0,009 0
16									0,000 1	0,000 3	0,001 4	0,004 5
17										0,000 1	0,000 6	0,002 1
18											0,000 2	0,000 9
19											0,000 1	0,000 4
20												0,000 2
21												0,000 1

Table 2 : Loi de Poisson cumulée

$P\{x > k\}$

k \ m	1	2	3	4	5	6	7	8
0	0,632	0,865	0,950	0,982	0,993	0,998	0,999	0,999
1	0,264	0,594	0,801	0,908	0,960	0,983	0,993	0,997
2	0,080	0,323	0,577	0,762	0,875	0,938	0,970	0,986
3	0,019	0,143	0,353	0,567	0,735	0,849	0,918	0,968
4	0,004	0,053	0,185	0,371	0,560	0,715	0,827	0,900
5	0,001	0,017	0,084	0,215	0,384	0,554	0,699	0,809
6		0,005	0,034	0,111	0,238	0,394	0,550	0,687
7		0,001	0,012	0,051	0,133	0,256	0,401	0,547
8			0,004	0,021	0,068	0,153	0,271	0,407
9			0,001	0,008	0,032	0,084	0,170	0,283
10				0,003	0,014	0,043	0,099	0,184
11				0,001	0,005	0,020	0,053	0,112
12					0,002	0,009	0,027	0,064
13					0,001	0,004	0,013	0,034
14						0,001	0,006	0,017
15							0,002	0,008
16							0,001	0,004
17								0,002
18								0,001

Table 3 : Fonction de répartition de la loi normale centrée réduite

$P(T < t) = \pi(t)$

k \ m	0,00	0,01	0,02	0,03	0,04	0,05	0,06	0,07	0,08	0,09
0,0	0,500 0	0,504 0	0,508 0	0,512 0	0,516 0	0,519 9	0,523 9	0,527 9	0,531 9	0,535 9
0,1	0,539 8	0,543 8	0,547 8	0,551 7	0,555 7	0,559 6	0,563 6	0,567 5	0,571 4	0,575 3
0,2	0,579 3	0,583 2	0,587 1	0,591 0	0,594 8	0,598 7	0,602 6	0,606 4	0,610 3	0,614 1
0,3	0,617 9	0,621 7	0,625 5	0,629 3	0,633 1	0,636 8	0,640 6	0,644 3	0,648 0	0,651 7
0,4	0,655 4	0,659 1	0,662 8	0,666 4	0,670 0	0,673 6	0,677 2	0,680 8	0,684 4	0,687 9
0,5	0,691 5	0,695 0	0,698 5	0,701 9	0,705 4	0,708 8	0,712 3	0,715 7	0,719 0	0,722 4
0,6	0,725 7	0,729 0	0,732 4	0,735 7	0,738 9	0,742 2	0,745 4	0,748 6	0,751 7	0,754 9
0,7	0,758 0	0,761 1	0,764 2	0,767 3	0,770 4	0,773 4	0,776 4	0,779 4	0,782 3	0,785 2
0,8	0,788 1	0,791 0	0,793 9	0,796 7	0,799 5	0,802 3	0,805 1	0,807 8	0,810 6	0,813 3
0,9	0,815 9	0,818 6	0,821 2	0,823 8	0,825 4	0,828 9	0,831 5	0,834 0	0,836 5	0,838 9
1,0	0,841 3	0,843 8	0,846 1	0,848 5	0,850 8	0,853 1	0,855 4	0,857 7	0,859 9	0,862 1
1,1	0,864 3	0,866 5	0,868 6	0,870 8	0,872 9	0,874 9	0,877 0	0,879 0	0,881 0	0,883 0
1,2	0,884 9	0,886 9	0,888 8	0,890 7	0,892 5	0,894 4	0,896 2	0,898 0	0,899 7	0,901 5
1,3	0,903 2	0,904 9	0,906 6	0,908 2	0,909 9	0,911 5	0,913 1	0,914 7	0,916 2	0,917 7
1,4	0,919 2	0,920 7	0,922 2	0,923 6	0,925 1	0,926 5	0,927 9	0,929 2	0,930 6	0,931 9
1,5	0,933 2	0,934 5	0,935 7	0,937 0	0,938 2	0,939 4	0,940 6	0,941 8	0,942 9	0,944 1
1,6	0,945 2	0,946 3	0,947 4	0,948 4	0,949 5	0,950 5	0,951 5	0,952 5	0,953 5	0,954 5
1,7	0,955 4	0,956 4	0,957 3	0,958 2	0,959 1	0,959 9	0,960 8	0,961 6	0,962 5	0,963 3
1,8	0,964 1	0,964 9	0,965 6	0,966 4	0,967 1	0,967 8	0,968 6	0,969 3	0,969 9	0,970 6
1,9	0,971 3	0,971 9	0,972 6	0,973 2	0,973 8	0,974 4	0,975 0	0,975 6	0,976 1	0,976 7
2,0	0,977 2	0,977 9	0,978 3	0,978 8	0,979 3	0,979 8	0,980 3	0,980 8	0,981 2	0,981 7
2,1	0,982 1	0,982 6	0,983 0	0,983 4	0,983 8	0,984 2	0,984 6	0,985 0	0,985 4	0,985 7
2,2	0,986 1	0,986 4	0,986 8	0,987 1	0,987 5	0,987 8	0,988 1	0,988 4	0,988 7	0,989 0
2,3	0,989 3	0,989 6	0,989 8	0,990 1	0,990 4	0,990 6	0,990 9	0,991 1	0,991 3	0,991 6
2,4	0,991 8	0,992 0	0,992 2	0,992 5	0,992 7	0,992 9	0,993 1	0,993 2	0,993 4	0,993 6
2,5	0,993 8	0,994 0	0,994 1	0,994 3	0,994 5	0,994 6	0,994 8	0,994 9	0,995 1	0,995 2
2,6	0,995 3	0,995 5	0,995 6	0,995 7	0,995 9	0,996 0	0,996 1	0,996 2	0,996 3	0,996 4
2,7	0,996 5	0,996 6	0,996 7	0,996 8	0,996 9	0,997 0	0,997 1	0,997 2	0,997 3	0,997 4
2,8	0,997 4	0,997 5	0,997 6	0,997 7	0,997 7	0,997 8	0,997 9	0,997 9	0,998 0	0,998 1
2,9	0,998 1	0,998 2	0,998 2	0,998 3	0,998 4	0,998 4	0,998 5	0,998 5	0,998 6	0,998 6

Table pour les grandes valeurs de *t*

t	3,0	3,1	3,2	3,3	3,4	3,5	3,6	3,8	4,0	4,5
$\Pi(t)$	0,998 65	0,999 04	0,999 31	0,999 52	0,999 66	0,999 76	0,999 841	0,999 928	0,999 968	0,999 997

Remarque : La table donne les valeurs pour t positif. Pour les valeurs négatives, il faut prendre le complément de la valeur lue dans la table.

Index

Table des matières

54905-(I)-(5,8)-OSB 80°- PMS 266-IDT-VCT
dépôt légal : août 2010
Imprimé en France par I.M.E. - 25110 Baume-les-dames